U0922014

牛津创新手册

The Oxford Handbook of Innovation

[挪] 詹 · 法格博格
[美] 戴维 · C. 莫利
[美] 理查德 · R. 纳尔逊
主编

柳卸林　郑　刚
蔺　雷　李纪珍
译

東方出版中心

作者简介

詹·法格博格(Jan Fagerberg),挪威奥斯陆大学技术、创新与文化研究中心教授。

戴维·C. 莫利(David C. Morle),美国加州大学伯克利分校哈斯商学院教授。

理查德·R. 纳尔逊(Richard R. Nelson),美国哥伦比亚大学教授。

译者简介

柳卸林,中国科学院大学大学生创业创新研究中心主任、教授。研究领域为: 技术创新的管理,科技政策、产业政策。

郑　刚,浙江大学管理学院管理科学与工程系副教授。研究与教学领域为:技术与创新管理、新产品开发与项目管理等。

蔺　雷,清华大学技术创新研究中心兼职研究员。研究领域为:服务创新与服务管理、技术创新管理、项目投融资评价。

李纪珍,清华大学经济管理学院副院长、教授。研究与教学领域为: 技术创新、科技政策和研发项目管理。

自主创新丛书
编辑委员会

出版者的话

党的十八大明确提出:“科技创新是提高社会生产力和综合国力的战略支撑,必须摆在国家发展全局的核心位置。”进入新发展阶段,面对中华民族伟大复兴战略全局和世界百年未有之大变局,面对日趋复杂激烈的“贸易战”和“技术战”,如何突破“卡脖子”技术,实现科技自立自强,已成为事关我国生存和发展的关键问题。

党的十九届五中全会通过的《中共中央关于制定国民经济和社会发展第十四个五年规划和二〇三五年远景目标的建议》进一步提出,“坚持创新在现代化建设全局中的核心地位,把科技自立自强作为国家发展的战略支撑”。

策划出版这套“自主创新丛书”,旨在为我国科技的自立自强和创新型国家建设提供强有力的智力支持和精神动力。丛书包括政策研究、理论研究、创新实务、创新普及四个系列,通过系统介绍经典和前沿的理论、方法、工具和优秀案例,为政府创新政策制定者和实施者、大学工程技术及科技与经济管理专业师生、科研院所研究人员、企业管理者和研发人员,以及广大读者提供权威的指南和实务参考。

我们认为,在经济全球化的背景下,我国的自主创新必须也必然是开放合作条件下的自主创新。丛书将在系统推出国内创新成果的同时,积极引进出版国际上经典和前沿的创新著作。

随着中国进入现代化建设新阶段,我国经济已进入高质量发展时期。改革开放四十多年的实践产生了一批具有中国特色的优秀创新管理理论成果,中国特色的创新制度体系和理论体系正逐步形成并在全球产生日益重要的影响。同时,越来越多的优秀创新型企业以其卓越的产品和服务向世界展示中国的崭新形象。认真而系统地组织和筛选优秀理论成果和实践案例,向世界讲好中国的创新故事，是我们的责任。

为确保丛书的出版水平，我们邀请了中国科学院科技战略咨询研究院研究员顾淑林，中国科学技术发展战略研究院院长、研究员胡志坚，浙江大学社会科学学部主任、教授吴晓波等国内从事创新政策、创新理论研究的知名学者以及优秀青年学者、企业家，组成了丛书编辑委员会，进行丛书的选题论证策划和学术把关，以期能够保证高质量地满足读者的需要。

作为中国出版的"国家队"—中国出版集团的一员，我们将竭尽所能高质量地做好丛书的编辑和出版工作。

丛书将分辑出版。第一辑包括《牛津创新手册》《剑桥创造力手册》《创新的先知：熊彼特传》《研发组织管理：用好天才团队》《用户创新：提升公司的创新绩效》等精品力作。

期待丛书的出版能为我国的现代化建设和新时期高质量发展，为我国科技自立自强和创新型国家建设，起到助推的作用，竭尽一份绵薄之力。

东方出版中心

2021 年 3 月

译者序

附着自主创新一词在中华大地的迅速普及，创新，一个学术上的用语，已经成为媒体，官员和学者中的常用语。这一词语的普及本身说明，需要一本书能够对创新这一学科作非常好的普及兼学术性的解读。因为词语越普及，越缺乏规范性，歧义就越大，就越容易产生误解和偏见。

《牛津创新手册》一书是牛津大学出版社《牛津手册》系列丛书的一种。作为一个著名品牌中的一本书，本书继承和发扬了这一丛书的特点。正如主编在前言中的所说的那样，首先，全书的一个特点是对创新总体性的解读。它从宏观的创新与经济增长，国家创新体系，到中观的产业创新体系，区域创新体系，再到微观的创新网络，企业创新，都进行了专门的导读。其次全书具有很高的权威性。全书的选题是经过精心选择，每一章的作者都是当今创新学界的权威。这种集全球著名教授的努力完成这样一本书的行动，保障了这一书的高质量，既有很强的可读性，又有很大的启发性。第三，本书是一本非常有价值的导读性著作。它对于创新的入门学者，对硕士生，对博士生，对于国家创新政策的制订者和企业创新管理的实施者，都是人手必备的好书。本书每一章都对概念的起源与含义，研究的演化，存在的问题，未来的重要问题，都给出了很好的说明和阐述，起到了正本清源的作用。

中国的创新学研究自 20 世纪 90 年代开始介绍外国的学说，到提出自主创新的概念，学者们经过两代人的努力，尤其是老一代学者，如傅家骥教授、许庆瑞院士的开拓性工作，创新管理和政策研究已经在中国的生根开花。今天，进入 21 世纪，创新驱动发展已经成为国家的发展战略。创新已经成为国家发展的第一动力。因此，各行各业，都需要系统地掌握创新相关的知识。创新管理和政策研究者们经常产生困惑，不知什么书是经典的书，是权威的书，可以作为一个标杆。我想,《牛津创新手册》的出版,帮助我们解决了这样一个问题。

本书第一部分由柳卸林主持翻译;第二部分由浙江大学郑刚教授主持翻译;第三部分由蔺雷主持翻译;第四部分由清华大学教授李纪珍教授主持翻译。

参与各章初稿翻译的人员有:第1章,陈卉;第2章,许清波;第3章,龚俊、许清波;第4章,徐晨;第5章,李艳华;第6章,徐晨;第7—8章,郑刚;第9章,金鑫;第10—11章,余芳珍;第12章,郑刚;第13-17章,蔺雷;第18章,蒲欣;第19章;王程韡;第20章,汪樟发;第21—22章,李纪珍。

值得指出的是,为了保障这一本书成为学术界的经典,译者和校者们作出了艰辛的努力,本书的出版时间不断推迟,为的是保证书的高质量。当然,是否是真正做到了高质量,有待读者的检验。

非常感谢东方出版中心再次出版此书。

柳卸林

中国科学院大学经济管理学院

2021年2月于北京

前　言

在《盲人与大象》这首著名的诗歌中，约翰·戈弗雷·萨克斯(John Godfrey Saxe,1816~1887)描述了不同观察者从各自角度对同一事物进行观察所得到的完全不同的答案。在这个故事中，萨克斯让几个盲人挨个触摸大象的不同部分，其中的一个盲人在摸了大象的侧面后认为大象"非常像一堵墙"；另一个摸了大象腿的盲人认为大象"更像一棵树"……最终，盲人们针对大象究竟像什么展开了长时间激烈的争论。由此，萨克斯得出了如下寓理：

在经院式的争论中
争辩者经常在
完全无知的情境下
批评他人的观点
如同瞎扯没有人看见过的大象

这首诗的寓意是：虽然每一个争辩者都有自己的灼见，但必须结合其他人的观点，才能形成一个完整的理解。如果我们用"创新"代替大象，并用"不同学科领域的社会科学家"代替盲人，我们就更容易理解编撰本书的目的。创新是一个多层面的现象，不能仅限于一个特定的社会科学或人文学科的研究。其结果是，迅速增加的创新文献具有众多的视角，这些视角基于或者说跨越了现有的学科和专业。然而，这有可能造成一种危险——不同学者研究创新的起点大不相同，以致不能或没有兴趣展开交流探讨，这会阻碍对创新现象更为全面的理解。

本书的目的是向读者提供理解创新的综合性视角。本书包含4个部分共

21章经过精选和设计的内容,每章聚焦于创新的某个特定方面,每章的开篇有一篇引言,对本章进行概述。本书各章的作者都是其所在研究领域中的学术带头人,包括了经济学家、地理学家、历史学家、心理学家和社会学家。有些作者既有社会科学的背景,又有工程学的背景。读者可以独立阅读本书中的任何一章,但最好先阅读每章前面的引言。对某一主题有更浓厚兴趣的读者可以查阅每章参考文献列表中带有 * 号的著作,这些著作将有助于您进一步的研究。

和所有书一样,本书的背后也有一段历史——实际上有好几段历史。其中很长的一段历史是有关近几十年来创新研究如何演进的。本书的许多章节,尤其是第1章,讲述了这一段历史的构成要素。其中更近的一段历史起始于20世纪90年代中期,欧盟"框架"计划对欧洲创新研究的重要推动。几位积极参加这一研究的学者,也是本书的作者,决定建立一个旨在支持相关研究讨论和评价其效果的网络组织。为达到这一目的,詹·法格博格(Jan Fagerberg)在挪威研究委员会的支持下,于1999年组织成立了一个创新研究的国际性网络,该网络不定期聚会,对创新研究中的特定主题展开讨论。该网络的聚会产生的一项提议得到了大家的认可,即出版一本反映现阶段创新知识的书籍。该网络随即联系了牛津大学出版社并得到了该出版社的认同。来自欧洲委员会和挪威研究委员会的经费支持使得该网络中的作者可以每年聚会两次,相互交流对稿件的看法并提出建议,这极大地提升了本书的质量并保证了其内容的一致性。

推动本书出版的网络中的一个中心人物是基斯·帕维特(Keith Pavitt)——萨塞克斯大学(Sussex, SPRU)的教授、《研究政策》(*Research Policy*)的主编,《研究政策》是该领域最权威的期刊。凭借深厚的工程学和经济学背景,基斯成为跨学科创新研究中的先行者。他强调一种基于"事实发现"的方法,敢于推翻不被事实支持的"权威理论",他影响了一代又一代年轻学者并积极推动将创新研究引入"问题驱动"的一种经验分析驱动的轨道。基斯满腔热情地支持本书的出版,并率先迅速发出了自己所撰写的一章完整的书稿,同时积极参与了 2002 年 11 月在里斯本召开的第一次讨论会。但不久后他因意外离我们而去。本书主编和作者们谨以此书缅怀基斯本人及其卓越的工作。

法格博格　莫利　纳尔逊

于奥斯陆、伯克利和纽约

2004 年 1 月

致　谢

鼎承挪威研究委员会(项目：131468/510 和 139867/510)和欧洲委员会(项目：TEARI——HPSE-CT-2002-60052)的经费支持,本书得以顺利出版。我们向挪威研究委员会的提格·兰德斯(Trygve Lande)和赫尔基·瑞宁(Helge Rynning)和欧洲委员会的尼古拉斯·卡斯翠诺斯(Nicholaus Kastrinos)给予的精诚合作致以谢意。奥斯陆大学的技术、创新和文化中心(TIK)专门给詹·法格博格一段时间,以方便他在里斯本理工大学的 ISEG 展开此项目工作。詹非常感谢 ISEG 和 Gulbenkian 基金对他的大力支持,它们推动了本项工作的顺利完成。同样,戴维·莫利(David Mowery)感谢哈佛商学院研究分部在 2003~2004 年期间给他提供的研究基金以帮助他完成本书的工作。ISEG 的曼纽尔·戈丁赫(Manuel Godinho)组织了 2002 年 11 月在里斯本的第一次工作讨论会,ECIS(隶属于埃因霍温大学)的巴特·菲思佩奇(Bart Verspagen)组织了 2003 年 6 月在罗蒙召开的第二次工作讨论会。除了若干位对这些讨论会的召开和对本项目工作进展做出贡献的人员之外,我们还要特别感谢弗尔维奥·卡斯特拉奇(Fulvio Castellacci)、热奥·加拉加(Joao Caraca)、莫林·麦克凯尔文(Maureen McKelvey)、桑德里·蒙多卡(Sandro Mendonca)、理查德·斯坦基维茨(Richard Stankiewicz)和莫纳·怀伯(Mona Wibe)。在为出版整理书稿的最后阶段,迈克·哈伯迪(Mike Hobday)、克里斯·弗里曼(Chris Freeman)、伊安·迈尔斯(Ian·Miles)和苏珊·李(Susan Lees)在编辑、校对和准备基斯·帕维特所负责一章的出版工作中提供了大量颇有价值的帮助。在最后阶段,查尔斯·麦肯(Charles McCann)为非英语和非美国作者提出了有益的建议。TIK 的欧菲·安德里亚·约翰森(Ovar Andreas Johansson)是一名非常高效和乐于助人的项目助理。牛津大学出版社的戴维·马森(David Musson)和马修·德比夏尔(Matthew Derbyshire)是两位富有激情并颇有耐心的合作者。

本书编写组

弗吉尼亚·阿查(Virginia Acha)　英国萨塞克斯(Sussex)大学创新政策研究中心(SPRU)研究员

比约恩·阿歇姆(Bjørn Asheim)　瑞典隆德(Lund)大学社会和经济地理系,学习经济与创新竞争力研究中心(CIRCLE)教授,挪威奥斯陆大学技术、创新与文化研究中心(TIK)教授

苏珊娜·博拉斯(Susana Borrás)　丹麦罗斯基勒(Roskilde)大学社会科学系副教授

克里斯丁·布鲁兰德(Kristine Bruland)　挪威奥斯陆大学历史系教授

约翰·坎特威尔(John Cantwell)　美国罗格斯(Rutgers)大学教授,英国雷丁(Reading)大学教授

查尔斯·埃德奎斯特(Charles Edquist)　瑞典隆德大学学习经济与创新竞争力研究中心主任,教授

詹·法格博格(Jan Fagerberg)　挪威奥斯陆大学技术、创新与文化研究中心教授

莫瑞克·哥特勒(Meric Gertler)　加拿大多伦多大学地理系和孟克(Munk)国际研究中心教授,挪威奥斯陆大学技术、创新与文化研究中心教授

马努埃尔·哥丁赫(Manuel M. Godinho)　葡萄牙里斯本理工大学 ISEG 副教授

奥弗·格兰斯坦德(Ove Granstrand)　瑞典查尔姆斯理工大学技术管理和经济学院产业管理与经济系教授、知识产权研究中心教授

斯汀·格罗达尔(Stine Grodal)　美国斯坦福大学管理科学与工程博士

布鲁温·霍尔(Bronwyn Hall)　美国加州大学伯克利分校经济系教授

艾丽斯·兰姆(Alice Lam)　英国布鲁内尔(Brunel)大学工商管理学院教授

威廉·拉佐尼克(William Lazonick)　美国马萨诸塞大学卢维尔(Lowell)分

校教授,法国欧洲工商管理学院(INSEAD)杰出研究教授

本特阿克·伦德瓦尔(Beng-Åke Lundvall)　丹麦奥尔堡(Aalborg)大学商业学系教授

弗兰克·马勒巴(Franco Malerba)　意大利博科尼(Bocconi)大学 CESPRI 和政治经济学院教授

伊安·迈尔斯(Ian Miles)　英国曼彻斯特大学 PREST 和创新研究所教授

戴维·C. 莫利(David C. Mowery)　美国加州大学伯克利分校哈斯商学院教授

拉吉尼施·纳如拉(Rajneesh Narula)　丹麦哥本哈根商学院国际经济管理系教授,挪威奥斯陆大学技术、创新与文化研究中心教授

理查德·R. 纳尔逊(Richard R. Nelson)　美国哥伦比亚大学教授

玛丽·奥沙利文(Mary O'Sullivan)　法国欧洲工商管理学院战略管理副教授

基斯·帕维特(Keith Pavitt)　英国萨塞克斯大学创新政策研究中心教授

马里奥·皮安特(Mario Pianta)　意大利乌尔比诺(Urbino)大学经济学院教授

沃尔特·W. 鲍威尔(Walter W. Powell)　美国斯坦福大学教育、社会学和组织行为学教授

布汉文·N. 山姆帕特(Bhaven N. Sampat)　美国乔治亚理工学院公共政策学院助理教授

基斯·史密斯(Keith Smith)　瑞典查尔姆斯理工大学工业动力系教授

尼克·冯·图兹曼(Nick von Tunzelmann)　英国萨塞克斯大学 SPRU 教授

巴特·菲思佩奇(Bart Verspagen)　荷兰埃因霍温(Eindhoven)科技大学埃因霍温创新研究中心(Ecis)教授,挪威奥斯陆大学技术、创新与文化研究中心教授

安东尼洛·赞菲(Antonello Zanfei)　意大利乌尔比诺大学经济学院教授

目录

出版者的话 *III*

译者序 *V*

前言 *VII*

致谢 *XI*

本书编写组 *XIII*

第 1 章 创新：文献综述 *001*

第一部分

创新的形成 ***035***

导言 *036*

第 2 章 创新型企业 *037*

第 3 章 创新网络 *070*

第 4 章 创新过程 *109*

第 5 章 组织创新 *145*

第 6 章 创新测度 *186*

第二部分

创新的系统属性 ***225***

导言 *226*

第 7 章　创新系统：观点与挑战　*227*

第 8 章　国家创新系统中的大学　*260*

第 9 章　金融与创新　*295*

第 10 章　创新与知识产权　*326*

第 11 章　创新地理学：区域创新系统　*357*

第 12 章　创新全球化：跨国企业的作用　*392*

第三部分

创新的差异　*427*

导言　*428*

第 13 章　创新的演变　*429*

第 14 章　产业系统：创新的产业差异及其成因　*466*

第 15 章　“低技术产业”的创新　*500*

第 16 章　服务业创新　*529*

第 17 章　创新及其扩散　*561*

第四部分

创新与绩效　*595*

第 18 章　创新与经济增长　*597*

第 19 章　创新和追赶　*632*

第 20 章　创新与竞争力　*667*

第 21 章　创新与就业　*696*

第 22 章　科学、技术和创新政策　*733*

第1章 创新:文献综述

詹·法格博格(Jan Fagerberg)

1.1 引 言*

创新并不是一个新的现象,可以说,它的历史和人类的历史一样悠久。在人类的发展过程中,似乎存在一种固有的驱动力,它驱使着人类去探寻解决问题的新方法、好方法,并且努力去实现。如果没有这种驱动力,我们所生活的这个世界将会截然不同。试想,如果没有飞机,没有汽车,没有电信,也没有冰箱……没有这些出现还不太久的重要创新,世界该会是什么模样。从更远的角度看,如果没有农业、车轮、文字或者印刷术这样的基础性创新,我们今天又会是怎样。

尽管创新很重要,但在学术研究上却一直未得到足够的重视。例如,研究长期经济变迁的学者过去总是关注诸如资本积累、市场运作机制这样的因素,却不重视创新。当然,目前这一局面正在改观。近年来,对于创新在经济和社会变迁中之作用的研究数量迅速增长,特别是在社会科学的领域尤为突出,而且越来越具有跨学科特性。如图1.1所示,近几年,在社会科学出版物中,关注创新的论文的增长速度已经远远超过社科类论文的总体增长速度。由此,我

---

* 我要感谢本书另外两位主编和所有作者给我提出的意见和建议。同样感谢欧菲·安德里亚·约翰逊在此项研究中给我的帮助,感谢桑德里·蒙多卡为我提供的许多建设性的素材(很遗憾我没能完全采纳他的建议),感谢路易丝·埃尔(Louise Earl)给我提出了许多宝贵建议。本章存在的错误和疏漏,由我承担责任。

们对创新的认识——包括创新过程、创新的决定因素以及它对社会和经济的影响等方面——都有了很大的提高。

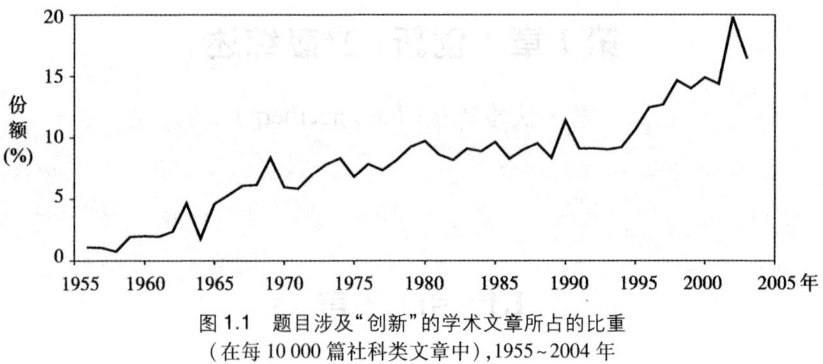

图 1.1 题目涉及“创新”的学术文章所占的比重
(在每 10 000 篇社科类文章中),1955~2004 年

注:以上数据来源于 ISI 知识网,具体包括 1956 年至今的所有社会科学引用文献索引(SSCI)。从 1975 年至今,研究人员对每个数据库中学术论文的数量、英文论文的数量以及所有出版物的数量进行了研究,并以其占全部学术出版物的比重来反映创新类研究的发展。因此,当年社科类文章的统计数量与后来统计的数量可能不完全一致。

20 世纪 60 年代,创新研究作为一个独立的研究领域开始出现,但它既不是当时已有的学科,也不是在最著名的大学里产生的。这期间有一个相当重要的事件发生在 1965 年,即英国萨塞克斯大学的科学政策研究中心(SPRU, Science Policy Research Unit)的成立(见专栏 1.1)。该机构的名称也体现了当时的一种趋势:有关创新的研究是在其他研究名目下进行的(或许这在当时更易被人们接受),比如,“科学研究”或者“科学政策研究”。然而,就如我们下面即将看到的,该中心的主要研究成果,就是发现科学仅仅是决定创新成功的诸多因素中的一个。正是由于这些发现,人们不仅对创新研究领域的关注点发生了改变,而且用来描述创新的特征的概念也发生了变化。在 20 世纪末和 21 世纪初,一系列新的研究中心和研究部门成立,他们开始关注创新在经济和社会变迁中的作用。其中的许多研究机构都具有交叉学科的研究方向,这表明他们已经认识到从不同学科角度研究创新的必要。与此同时,许多相关的期刊和专业协会也出现了。

专栏1.1

科学政策研究中心(SPRU)、弗里曼、创新研究的扩散

科学政策研究中心(SPRU)设在英国萨塞克斯大学，成立于1965年，克里斯托夫·弗里曼(Christopher Freeman)是第一任主任。从一开始，该机构就拥有一个由经济学、社会学、心理学和工程学的交叉学科背景构成的研究团队。SPRU还设立了自己的交叉学科硕士和博士课程，并且开展了由外部基金支持的研究工作，这些研究大部分关注创新在经济和社会变迁中的作用。SPRU吸引了一大批国外的年轻学者前来实习和工作。

伴随着SPRU研究的发展，产生了一大批与之有关的学术项目、学术会议和学术期刊。1972年创刊的《研究政策》已成为创新研究领域的核心期刊，弗里曼是该期刊的第一任主编(在他之后由同样来自SPRU的基斯·帕维特担任)。两年后，弗里曼出版了颇具影响力的《工业创新经济学》(*The Economics of Industrial Innovation*)，至今已再版两次。1982年，弗里曼、克拉克(Clark)、索易特(Soete)合著的《失业和技术创新》(*Unemployment and Technical Innovation*)出版，该书引入了一种新的系统方法，用以分析创新在长期的经济和社会变迁中的作用。1987年，弗里曼用此方法对日本国家创新系统进行了分析。弗里曼对大型合作组织——国际高级研究机构联合会(IFLAS)的建立也作出了贡献，该联合会于1988年推出了由多西(Dosi)、弗里曼、纳尔逊(Nelson)、席维伯格(Silverberg)和索易特联合主编的颇有影响力的著作《技术变革与经济理论》(*Technical Change and Economic Theory*)(多西和索易特均获得SPRU的博士学位)。

SPRU在许多方面一直是欧洲和亚洲的研究机构学习的典范，这些研究机构大多建立于20世纪80年代之后，它们都把交叉学科的硕士、博士研究生培养与广泛的外部基金项目研究相结合。像SPRU一样，大部分创新研究机构都设在较年轻的大学(所谓的“红砖墙”)里，与那些惰性较大的名牌大学或商学院、工程学院之类的机构相比，这些新建的大学无疑会更容易接受社会上新的

需求、新的想法和观念。许多 SPRU 的毕业生,特别是来自欧洲国家的毕业生,都在推动其国家的创新研究与教学中作出了贡献。

创新研究领域中的许多学术工作都具有向交叉学科倾斜的特征,这表明:单靠一个学科无法解决创新研究中涉及的所有方面。因而,要想对创新做全面的研究,必须具备多学科的视角。比如,从传统上看,经济学主要研究创新资源配置(相对于其他目标)及其经济效果,而创新过程本身一直或多或少地被视为一个"黑匣子"。这个"黑匣子"里所发生的一切都留给了其他学科的学者们去研究。创新究竟是如何发生的?显而易见,这其中的许多内容都与"学习"——这个认知科学中的核心话题有关。"学习"发生在有组织的环境之中(例如群体、团队、企业和网络),而这些组织的运行都是社会学、组织科学、管理和商业研究等学科研究的内容。不仅如此,正如经济地理学家所指出的,学习过程趋向于与特定的背景或所处区域有关,并且随着时间推移,组织创新的方式及其所处区域也会发生重大的变化,这正是经济史的研究所强调的。技术史学家也指出,在创新中存在一个技术维度,创新的组织方式以及它的经济和社会效应,关键取决于该项技术自有的特征。

20 年前,如果一个勤奋的学生花上几年的时间集中精力学习,就有可能对创新的学术研究有一个相当全面的了解。但如今却大不相同了,涉及创新的文献极其丰富繁多,即便要持续跟踪一个特定的研究领域的最新进展,也是非常具有挑战性的。本书的目的就在于,引导读者去了解迅速增加的创新文献。我们在下列四个大标题下进行阐述:

第一部分　创新的形成

第二部分　创新的系统属性

第三部分　创新的差异

第四部分　创新与绩效

第一部分集中阐述创新发生的过程和参与主体：个人、企业、其他组织、网络等。正如下面将要详细讨论的，创新从最本质上说是一个系统现象，它是在不同参与主体和组织之间不断相互作用下产生的；第二部分简述了创新研究的系统视角，并且从国家、地区两个层面，对创新过程中机构、组织和其他参与主体的作用进行了讨论；第三部分探讨了随着时间的推移，这些创新系统在不同部门或产业中运作方式的多样性；最后，第四部分分析了创新带来的更为广泛的社会经济结果和相关的政策问题。本章的其余部分通过概述创新研究中的一些中心话题（包括概念性的问题），为本书后面各章的讨论搭建舞台。

1.2　什么是创新

通常认为，发明和创新之间存在着重大区别。① 发明是指首次提出一种新产品或新工艺的想法；而创新则是首次尝试将这个想法付诸实施。有时，发明和创新是紧密联系的，难以对二者进行区分（例如生物技术）。但在多数情况下，二者之间有着明显的时间差。事实上，几十年甚至更长的时间差都是正常的（Rogers 1995）。这种时间差反映出，提出想法与实施想法的要求是不相同的。发明可能发生在任何地方（比如大学里），而创新虽然也可能发生在其他组织（比如公立医院）里，但主要还是发生在企业里。为了能将发明转化为创新，企业通常需要将各种知识、能力、技能和资源组合起来。比如说，企业可能需要生产方面

① 发明和创新这两个术语一直都在使用，可能是为了分别说明新想法/概念的首次出现和商业化。但现实中它们的区分不会总是这么容易。例如，人们各自独立构思，却得出同样的想法，从历史角度看，这种例子有很多。比如书写，在历史上被发明了很多次（并且在不同的文化背景下；Diamond 1998），但无疑，随着交流在全球范围内的发展，这种发明的重要性被削减了。

的知识、技能和设施，还需要市场营销知识、运作良好的分销系统、充足的财务资源等。因此，创新者的角色[①]，即负责组合各种必要资源的人或组织[创新理论家约瑟夫·熊彼特(Joseph Schumpeter, 1883~1950，见专栏 1.2)称之为企业家]的角色，与发明人的角色存在着很大的区别。在历史上，有许多重要技术进步的发明人都没能从他们的重大突破中得到回报，这种例子屡见不鲜。

发明和创新之间存在较长的时间差也许与这样一个事实有关，即在许多情况下也许还不具备商业化的部分或全部条件。比如，可能市场上还没有足够的需求，也可能由于一些关键的投入或互补因素还不到位，以致产品的生产或销售难以实现。因此，虽然据说达芬奇对飞行器有一些很不错的想法，但由于缺乏必备的材料、制造技能和——最重要的——动力源，他的想法就不可能付诸实施。事实上，这些好想法的实现，最终还要等待内燃机[②]的发明和随后的商品化(及不断改进)。这个例子表明，许多发明需要其他互补的发明和创新才能在创新阶段取得成功。

专栏 1.2

创新理论学家约瑟夫·熊彼特

约瑟夫·熊彼特是 20 世纪最有创造性的社会科学家之一。他于世纪之交在维也纳长大，并在那儿学习法学和经济学。在他一生的大部分时间里，熊彼特是一个学者，他还尝试做过政治家。熊彼特曾在一战后奥地利的第一届(社会民主党)政府中短期担任过财政部长，也当过银行家(但建树不多)。1925 年，熊

---

① 在社会学文献对扩散(即创新的传播)的解释中，普遍将新技术、新产品或新服务的采纳者定义为创新者。这使得人们按照采纳新创新的速度而对不同创新者进行区分，并由此引发了对哪些因素可能导致这种差异的探讨(Rogers 1995)。虽然“创新者”术语的使用在给定环境下很有用，但是在其他环境下却不尽然。在这种情况下，人们可能更倾向于使用“模仿者”或“采纳者”这类术语。

② 这种情形同样发生在汽车上：虽然关于动力驱动的交通工具的想法已经存在了很长时间，并且人们在使用蒸汽、电力和其他动力源促进汽车商品化方面付出了很多努力，但直到一种低成本、容易得到的汽油来推动的内燃机出现，才使得汽车真正走向市场(Mowery and Rosenberg 1998)。

彼特成为波恩大学的教授，后于1932年受聘为哈佛大学教授直至去世。熊彼特早期在德国发表了许多著述和论文，其中《经济发展理论》(*The Theory of Economic Development*)于1911年出版，并于1934年以英语再版。在他后期的著作中，最著名的是《商业周期》(*Business Cycles*)(2卷，从1939年开始出版)、《资本主义、社会主义与民主》(*Capitalism, Socialism and Democracy*, 1943)以及在他过世后发表的《经济分析史》(*History of Economic Analysis*, 1954)。

创新在经济和社会变迁中起着重要作用，熊彼特很早就提出了这一观点。他指出，静态地关注给定资源的分配问题，这种经济研究是不够的。他认为，经济发展是一个质变的过程，经济发展在某个历史时期会被创新推动而产生质变。他所提到的创新的例子包括：新产品、新的生产方法、新的供应源、开辟新市场以及新的企业组织形式。他将创新定义为现有资源的"重新组合"。这种重新组合资源的活动，他称之为"企业家职能"(由企业家履行)，并认为这一职能非常重要。熊彼特指出，企业家在创新成功中发挥着重要作用，主要原因之一是：面对社会各阶层普遍存在的惯性(inertia)，或用他的话讲"对新方法的抵制"，企业家必须为了实现他们的目标而奋斗。在他早期的著述中[有时被称为"熊彼特Ⅰ型"("Schumpeter Mark Ⅰ")]，熊彼特主要关注企业家个体，但是后来他开始强调大企业在创新中的重要性[所谓"熊彼特Ⅱ型"("Schumpeter Mark Ⅱ")]，并且提出今后在这一领域要注重历史过程并展开定性研究(案例研究)的方法。

在分析创新扩散时，熊彼特很重视创新在一定行业或一定时期"集群"("cluster")的趋势(并且由此产生增长效应)，以及这种"集群"对在世界经济范围内促成经济周期和"长波"的形成可能发挥的作用(Schumpeter 1939)。后一种观点一直是学者们争议的焦点。同样引起争议的(或许更为人们所知的)，是他在《资本主义、社会主义与民主》中关于资本主义条件下的制度变革(以及资本主义向社会主义过渡的内在可能性)的令人深思的言论。

资料来源：Swedberg 1991；Shionoya 1997；Fagerberg 2003

另外一个复杂的因素是：发明和创新是一个持续的过程。比如，我们今天看到的汽车，是在第一批商业化的车型基础上做了重大的改进，融入了大量的各种发明和创新。事实上，几乎所有有价值的创新，其最初的版本都是粗糙的、不可靠的装置，经过不断的改进和创新最终才得到广泛的扩散，无论蒸汽机，还是飞机，都概莫能外。克莱恩和罗森博格（Kline and Rosenberg 1986）在一篇很有影响的论文中指出：

> 将创新视为一个定义完美的、纯粹的事物，以至能在一个精确的时间进入市场，或在一个精确的时点实现，这是一个严重的错误……实际上，大部分重要的创新在其生命周期中都经历了剧烈的变化，这些变化可能而且经常是完全改变了它们的经济意义。在发明第一次导入后，其后续的改进在经济上可能会比这项原始发明最初的获得要重要得多。（Kline and Rosenberg 1986：283）

因此，我们所认为的单个创新，往往是包含了许多相互关联的创新的漫长过程的结果。考虑到这一因素，许多技术创新领域的学者往往不是去孤立地关注单个的发明或创新，而是很自然地应用系统观点。

创新也可以按“类型”分类。熊彼特（见专栏 1.2）将创新划分为五个不同的类型：新产品、新的生产方法（工艺）、新的供应源、开辟新市场、新的企业组织方式。然而在经济学中大多只关注前两类创新。例如，施莫克勒（Schmookler 1966）在其关于“发明与经济增长”的经典论述中指出了“产品技术”与“生产技术”的区别，这对我们理解这一现象非常“关键”。他将“产品技术”定义为：如何**创造**或**改进**产品的知识；而把“生产技术”定义为：如何**生产**产品的知识。与此相似，“产品创新”与“流程创新”（process innovation）①也相应地被用来描述产生

① process innovation，本书根据不同语景将其翻译为“流程创新”“工艺创新”或“过程创新”。——译注

新的或改进的产品和服务，以及对产生这些产品和服务的方式的改进①。特别关注产品创新和流程创新的区别的观点，往往基于这样的假设——二者的经济和社会影响可能不同。比如，新产品通常被认为对增加收入和就业有明显积极的影响，而认为流程创新由于具有削减成本的特征，它的影响会更加难以清晰描述（Edquist 2001；本书：第21章）。然而，虽然在单个企业（或产业）的层面二者有明显的区别，但是从整个经济的层面来看，这种区别就趋于模糊了。因为一个企业（或产业）的产品可能为另一个企业（或产业）产品或服务所用②。

虽然关注产品和流程的创新对我们分析某些问题大有裨益，但是不能因此而忽略创新的其他重要方面。例如，在20世纪上半叶，使美国经济"领先"于其他资本主义国家的原因在于产生了许多组织方面的创新，包括全新的组织生产和分销的方法（本书：第13章；兰姆在本书第5章概述了组织创新）。埃德奎斯特（2001）等曾建议将流程创新划分为"技术流程创新"和"组织流程创新"，前者指产生新型的机械，后者指应用新的方法去组织工作。然而，组织创新并不只局限于在特定的企业内部采用新的方法组织生产过程。按照熊彼特的观点③，组织创新还包括企业之间的安排，比如整个产业的重组。而且，正如20世纪前半叶美国的例子一样，许多最重要的组织创新都发生在分销配送环节，它们在所有产业范围内产生了重大影响（Chandler 1990）。

另一个基于熊彼特理论的创新分类，是基于新技术相对已有技术的差异程度（Freeman，Soete 1997）。从这一角度出发，上文提到的持续改进型的创新常被

① 赫德森（Henderson）与克拉克（1990）提出了类似的区别。他们将产品与服务的部件（或模块）与这些部件的组合方式（比如产品"设计"与产品"构建"）相区别，变革只发生在前者，称之为"模块化创新"；发生在后者，则称之为"结构性创新"。他们认为这两种类型的创新依赖于不同类型的知识（因而给企业带来了不同的挑战）。

② 事实上，许多经济学家甚至认为单个企业或产业的流程创新所带来的成本节约，将必然为整个经济创造更多的需求和收入，这也会弥补流程创新对整个就业造成的消极影响。详见：Edquist 2001；本书第21章：Pianta Ch. 21。

③ Schumpeter 1934：66。

称为"增量性"或"渐进性"创新[①],以与"根本性"创新(例如引入一种全新类型的机器)或"技术革命"(由一组创新集群构成,集成在一起可以产生深远的影响)相区别。熊彼特尤其关注后两类创新,认为这两类创新有着更大的意义。然而,人们普遍认为渐进性创新的累积影响与根本性创新的影响一样(如果不是更大的话),而且忽略渐进性创新会导致不能正确看待长期经济和社会变迁(Lundvall et al. 1992)。不仅如此,在大多数情况下(包括上文提到的飞机和汽车的发明),要实现根本性创新带来的经济收益,需要一系列渐进性改进。毋庸置疑,大部分经济收益来自渐进性创新与改进。

如何考虑不同环境来进行分析也是一个问题。如果 A 首次在一种环境下引入一种创新,而 B 于之后将这种创新引入另外一种环境,我们能将二者都称为创新者吗?如何判断取决于惯例。一个基于熊彼特理论被广泛应用的做法是,称 A 为创新者,而称 B 为模仿者。但可能有人会反驳说,按照熊彼特自己的定义,也可以称 B 为创新者,因为 B 是首次将这种创新引入一个新的环境的人。霍布德(2000)在一次亚洲"新兴工业化国家"[②]创新的讨论中就持这种观点。然而,有人可能会反对他的观点,因为在"首次商业化"和"复制并将其引入另一个环境"之间,存在质的不同。后者无疑有更多的模仿行为,或者有时被称为"技术转移"。但这并不排除这种可能,即模仿可能导致创新。实际上,正如克莱恩和罗森博格(1986,见专栏 1.3)所指出的,许多经济上有价值的创新,都发生在产品或工艺扩散过程中(本书:第 17 章)。将某个事物引入到一个新的环境中,需要进行大量的调整(进而形成渐进性创新),并且正如历史所表明的,还需要组织变革(或创新),进而大大地提高生产率和竞争力(本书:第 19 章)[③]。

---

① 在有关创新的社会学文献中,术语"再发明"通常被用来描述对一项产品或服务的改进,而这种产品或服务的改进已经被一部分消费者接受。

② 在共同体创新调查(CIS)中,要求企业根据环境(对企业、产业乃至整个世界来说都是新的)来形容新颖性。详见本书史密斯对这个调查的详细描述。

③ 金(Kim)和纳尔逊(2000a)针对生产商提出了"积极模仿"的概念,这些生产商通过模仿现有的产品来完善、提高自身。

专栏 1.3

哪些不是创新：线性模型(the linear model)

有时,描述一个复杂现象的简便方式是清晰地指出什么是非复杂现象。在1986年发表的一篇著名文章中,克莱恩和罗森博格就是用这种方法提出了“线性模型”的概念,来描述一个流传甚广但他们认为是错误的创新观念。

基本上,“线性模型”基于这样的假设,即创新是应用科学。称其为“线性”是因为它假定创新按照一系列定义好的阶段顺序进行。先有研究(科学),随后是开发,最后是生产和营销。既然先进行研究,很容易将其作为关键要素。人们经常将这种观点与万尼瓦尔·布什(Vannevar Bush)关于美国科研系统的组织的纲领性表述联系起来(Bush 1945)。这一观点迎合了科学家和研究人员以及他们所效力的组织的利益。

克莱恩和罗森博格指出,这个模型的问题表现在两个方面。首先,它建立的创新因果链仅适用于一小部分创新。的确有些重要的创新是来自科学突破,但这种情况并不多见。通常,企业进行创新是因为有商业需求,而且他们通常都从对现有知识进行评估和组合开始,只有当这样的做法搁浅时,他们才会考虑投资研究(科学)。实际上在许多情况下,用户的经验(而不是科学研究)才是创新最重要的源泉(Von Hippel 1988;Lundvall 1988)。其次,“线性模型”忽视了创新过程各阶段之间的反馈与循环。每一个阶段的缺点和失败都可能导致对前一阶段的重新设计,而这就有可能最终导致全新的创新的产生。

1.3 创新的形成

暂且不谈定义,创新研究的基本问题当然是解释创新是如何发生的。创新被主流社会科学忽视了那么长的时间,其中的一个原因是人们认为创新的发生是无法解释的。因此人们通常假设创新是一种偶然现象(或如一些学者形容的"上天的恩赐"),这是最容易的解释。熊彼特在其早期的研究中,首次反对这一说法。他在个人的论述中强调了创新过程的三个主要方面。第一,所有创新项目均具有根本的内在的不确定性;第二,创新需要快速进行,以防后来者跟进(进而获得潜在经济回报)。在实践中,熊彼特认为,创新的这两个方面意味着经济学中的标准行为规则(如调研所有信息,评估这些信息,找到"最优的"选择)是行不通的。人们会找到其他更快的方法。在他看来,这就涉及与企业家相关的领导力和愿景这两个特质。创新过程的第三个方面是普遍存在于社会各阶层的"抵制新方法"的力量——或者说惯性,这种惯性威胁着要扼杀所有的创新,迫使企业家为了实现自己的目标而苦苦奋斗。正如熊彼特指出的:"当有人希望做一些全新的事情时,习惯的力量就会冒出来,搜罗例证以反对这种新事物的萌芽。"(Schumpeter 1934: 86)在熊彼特看来,这种惯性在一定程度上具有内在性,由于它反映了现有知识和习惯的内在特征,这些现有知识和习惯虽然"省力省事",却容易导致在决策上对新的做事方法产生偏见。

因此,在熊彼特的早期研究中(有时称此为"熊彼特Ⅰ型"),认为创新就是对特定问题持新思路的个体企业家和社会惯性之间在一定历史时期持续斗争的结果,而且社会惯性具有(一部分)内生性。在一定程度上,这或许是对19世纪末欧洲的创新事件的解释。但是在20世纪最初的几十年中,创新越来越多地发生在团队和大型组织之中(本书:第13章、第5章和第2章)。在熊彼特后来的研究中,他认识到了这一点,并且强调有必要对大公司中的"合作型"企业家精神的系统研究(称之为"熊彼特Ⅱ型")。不过,熊彼特未能对这一现象进行详细的分析(虽然他强烈希望其他人做这项工作)①。

① 例如,在熊彼特的后期著述中,他指出:"别考虑是否遭扼杀,启动我最后的研究吧,现在真正需要的是,根据同一个计划将大量有关产业和地域的专著都收集起来,一方面要适当关注生产和消费功能持续不断的历史变迁,另一方面也要适当关注领导者的特质与行为。"(Schumpeter 1949/1989: 328)

对企业中创新项目(以及对这些项目的管理)的系统的理论和实证研究,发展得非常缓慢,但在过去几十年中,涌现出了大量的研究文献(本书:第4章和第5章)。通常,这一领域的研究与熊彼特关注不确定性是不谋而合的(Nelson, Winter 1982; Nonaka, Takeuchi 1995;Van de Ven et al. 1999)。事实上,研究认为:对于有潜在收益的创新来说,人们可能连哪些是最相关的资源,哪些是最优选择都不清楚(更不要说创新成功的机会了)。[①] 研究也强调指出,创新型企业需要警惕出现“路径依赖”这个潜在问题(Authur 1994)。例如,如果一个企业最早选择了一个特定的创新模式,它将(如果幸运的话)获得“首次进入者”的优势,但同时也要冒通过各种自我加强的效应最终被这种特定的路径“锁定”的风险。如果最后证实,还存在着一种更优的路径,而且这一路径被其他的企业通过更多的耐心(或运气)恰巧找到了,则首次进入者将可能面临大危机,因为对它来说,此时的转换成本太高,或为时已晚。因此专家们建议,在创新项目的初期,在尚无充分了解替代方案的情况下,最好的策略莫过于避免被某一特定的路径“粘住”,并且保持着对不同(或对立的)观点和方案的开放态度。在企业层面,这需要一种“多元领导力”(pluralistic leadership),多元领导力能够包容各种对立性的观点(Van de Ven et al. 1999),它与同质的、单一的领导风格针锋相对,而后者有时在管理文献中被认为是最有优势的。[②]

对创新项目而言,对新观点和新方案保持“开放”态度十分关键,在项目初期尤其如此。这其中的主要原因与创新的基本特征有关,即每一项新的创新都是现有思想、能力、技能、资源等的新的组合,因此可以很自然地得出结论:

---

① 即使在创新项目最终实现了其目标的情况下,企业家还面临说服企业的领导层去努力进行商业化实施的挑战(这可能比开发创新项目的成本更高)。如果企业领导层怀疑其商业可行性,就会功亏一篑。对于管理者来说能够预见到一个项目的潜在经济效益是很困难的,即使在“技术”上已经成功的情况下。记住这个例子:IBM 领导人托马斯·沃森(Thomas Watson)在1948年说过一句名言:“全世界只有五台计算机的市场!”(Tidd et al. 1997: 60)

② “一种统一、同质的领导结构,在一个相对稳定和明确的环境中不断进行累积性和渐进性的改进,这对日常试错(trial-and-error)的学习是有效的。然而,这种学习是一个保守的过程,它按照现有的战略愿景来维持和汇集组织的日常事务和组织关系……虽然这种学习在稳定环境下是明智的,但在不断变化的世界中,它产生了迟钝和能力发展的困境。”(Van de Ven et al. 1997: 117)

给定系统中的各种因素越丰富,它们的组合形式就越多,越能创造出更复杂、更高级的创新。这种进化逻辑一直被用来解释为什么在古代种族和人口众多的欧亚大陆居民逐渐变得比地球上其他人口少、生活封闭地区的种族更富有创新性和技术上的先进性(Diamond 1998)。将这一逻辑直接用来分析企业,可能会推出大企业要比小企业更具创新性的结论。[①] 然而,现代企业不像古代那些生活封闭的种族那样,是一个封闭的系统,企业已经本能地学会了密切关注其他企业的行动,并且广泛搜寻新观点、新输入要素、新的灵感源泉。一般来说,企业越是能够通过与外部资源互动进行学习,就越是能够对其他企业的跟随施加压力,这就极大地加强了单个企业及其所属经济系统(例如:地区或国家)的创新能力。无疑,这对小企业也是尤为重要的,因为它们必须通过与外界保持良好的互动关系,来弥补内部资源的相对贫乏。不过,随着创新必需的知识基础越来越复杂,在创新活动中,就连大企业也越来越依赖外部资源(Granstrand and Patel 1997;本书:第 3 章、第 4 章和第 12 章)。

因此,培养对(外部)知识的"吸收能力"(Cohen and Levinthal 1990)是创新型企业必须具备的一项职能,不论这个企业是大是小。这对于企业来说极具挑战性。"外来发明综合征"(not invented here),是所有类型的企业都有的一个众所周知的特点。这无疑反映出了企业自身知识的累积性、内在性特点。大多数情况下,企业是逐步积累其如何行事的知识的,这些知识由"惯例"(routines)构成,通过实践进行复制("组织记忆":Nelson and Winter 1982)。随着时间的推移,企业的组织结构和知识基础会共同演变为一种典型的体系,这个体系有利于企业的日常运作。然而,虽然这个体系为企业日常的内部交流和互动提供了便利,事实上却可能限制企业吸收外部新知识的能力,尤其是当这种外部知识严重地挑战了企业现有体系或知识的时候(所谓"破坏技术变革的能力":Tushman and Anderson 1986)。实际上,即使创新发生在企业内部,也会出现这种问题。美国施乐公司

① 例如,按照"新增长"理论(Romer 1990)的预言,这也预示着大国将比小国更有创新性。参见本书:Verspagen。

就是一个例子。虽然施乐公司开发了 PC 和鼠标，但是却未能将这两项创新成功地推向市场，这主要是由于这两项创新看起来对该公司现有的复印机业务并没有多大价值（Rogers 1995）。

因此，为创新构建相应的组织形式是一项很精细的任务。这一领域的研究建议：创新型企业有必要给予组织内的创新团队在试验新方案上以充分的自由（Van de Ven 1999），同时要在面临新的挑战时，在内部建立起互动模式以便调动企业的全部知识积累（Nonaka and Takeuchi 1995；本书：Lam Ch.5）。这种组织行为不应局限于企业内部，还需要延伸到与外部的合作伙伴的关系之中。与合作伙伴交流频繁的关系往往称之为“强关联”（strong ties），若这种交流只是偶尔发生，则可称之为“弱关联”（weak ties）（Granovetter 1973；本书：第 3 章）。不管是通过直接方式，还是间接通过共同的伙伴，只要合作伙伴之间结成强关联关系，他们都会自组织（self-organize）成一个（相对稳定的）网络。这个网络可能对于管理和保持开放性大有帮助，但是正如企业具有路径依赖特征一样，网络也存在同样问题，当网络成员形成一个对现实的共识时，它也可能无法避免路径依赖（称之为“群体思维”，group-think）。因此创新型企业时常发现维持与一些伙伴的“弱关联”关系，对于保持调整企业发展方向的能力大有裨益（如果企业认为有必要的话）。

1.4　创新的系统属性

综上所述，创新研究文献中有一个显而易见的重大发现就是：大多数情况下，企业的创新活动非常依赖外部资源。最近的一项研究对此做了很好的总结：“尽管是流行的说法，但创新的旅程确实是一个集体成就，需要来自公共和私营部门的众多‘企业家’发挥各自的重要作用。”（Van de Ven et al. 1999：149）在这个专门的研究领域中，“创新发展的社会系统”这一术语被用来描述“集体成就”的特征。当然，在过去几十年中，对于如何应用系统概念去分析企业中的创新活动与这些活动所处的范围更广的框架中的创新活动之间的关系,这样的研究还不少,上述研究只是其中之一(本书:第7章)。

主要的研究方法之一是:基于技术的、产业的或部门的特征去描述创新系统(Freeman et al. 1982;Hughes 1983;Carlsson and Stankiewicz 1991;本书:第14章),但在不同程度上融入其他相关因素,例如制度(法律、规定、规则、习惯等)、政治进程、公共研究基础设施(大学、研究机构、公共资源的支持等)、金融机构、技能(劳动力)等。探究创新的技术动力、创新的不同阶段,以及两者如何影响更为广泛的社会、制度和经济架构或受这些架构所影响,已经成为这类研究的主要关注点。另一种对创新系统研究的重要方法是关注空间范畴,并且使用国家或地区边界来区分不同的创新系统。例如,伦德瓦尔(1992)和纳尔逊等(1993)就使用了"国家创新系统"来描述一个国家范围内的创新系统各要素在系统上的互相依赖性(本书:第7章,Braczyk 1997),而布拉齐克(Brarzyk)也类似地提出了"区域创新系统"的概念(本书:第11章)。既然空间上的创新系统以政治和行政边界为基础进行描述,很自然这些因素在基于这种方法的分析中起重要作用,事实证明这些因素对该领域的政策制定者具有影响,尤其是在欧洲(本书:第22章)。本书第2章更为详细地分析了这类系统中的一些构成要素。①

从系统的角度去研究创新意味着什么?系统像网络一样是一组相互联系的活动(或行为主体)结合而成的整体,这自然使人们关注创新系统的连接机制(the working of the linkages)。② 通过现有的连接,交流和互动的潜力是否得到了充分的挖掘?在创新系统中是否应该建立潜在的连接,从而在经济上获益?这些问题当然既适用于网络,也适用于系统。然而,在通常情况下使用这一术语,系统将比网络更具有"结构性",更具有持久的特征。系统的"结构性"将会促成某些互动模式和结果(同时限制其他模式和结果),从这个意义上,系统中的"结构性"与企业中"惯性"的角色类似。一个动态系统中也存在反馈,这些反馈将

① 请特别关注本书第10章、第8章和第9章。
② 这正是波特(Porter 1990)的基本观点。

会加强(或弱化)系统中的现有结构和功能,并导致“锁定”(一种稳定的结构),或者在系统发展方向上的变化,或者最终导致整个系统的解散。因此,系统也可能像企业一样,被锁定到一个特别的发展路径上,并支持某些类型的活动,限制其他类型的活动。这可以被视为一种优势,因为系统按照被认为是有益的方向来推动其内部的企业和其他行为主体。但是,如果系统的结构使得企业忽视了有潜在效益的探索途径,那么系统又是一种劣势。这些过程的特征将受到系统与其外部环境之间的相互冲击程度的影响。系统对外部的冲击因素越开放,它被外界出现的有前景的新发展路径排斥的可能性越小。因此,保持系统的开放性,避免创新活动被自我强化的路径依赖消极地限制,对“系统的管理者”(比如政策制定者)来说是相当重要的。

系统的另外一个渐受关注的重要特征是:系统内部各组成部分之间普遍存在很强的互补性。如果在一个动态系统中,缺乏一个重要的补充要素,或不能改进和发展,这会阻碍甚至延缓整个系统的发展。正如前文所说,在发明和创新之间经常存在一个相当长的时间差,这就是其中的一个主要原因。经济史学家通常用诸如“反向突出”(reverse salients)和“瓶颈”的概念来描述此类现象(Hughes 1983,Rosenberg 1982)。然而,这些限制并不一定只是单纯的技术原因(例如,因未能发明出一种像样的电池而大大限制了电动汽车的推广,时间长达一个世纪),而是可能与缺乏适当的基础设施、资金、技能等有关。近现代一些最重要的创新,比如电和汽车(Mowery and Rosenberg 1998),都依赖于非常广泛的基础设施投资(电线和道路及燃油的分销系统)。不但如此,要发挥创新的潜能,这些投资需要与生产及分销配送组织的根本性变革相结合(对此更为全面的看法请参见:Perez 1983/1985;Freeman and Louçã 2001)。这方面有许多值得企业和政策制定者们借鉴的重要经验教训。企业需要考虑单个创新背后的更为广泛的社会和经济含义。创新越是根本性的,它的成功就越是可能需要广泛的基础设施投资和(或)组织及社会层面的变革。如果是这样的话,企业就需要想方设法与创新系统中的其他主体一道共同推进私营或公共部门的变革。对于政策制定者来说,需要从系统的层面考虑,哪一级政府能够防止“瓶颈”的发生,比如技能、研究的基础设施和更广范围的经济基础设施方面的瓶颈。

1.5 创新的差异

创新的一个突出特征是它随着时间和空间的变化而表现出的多样性。正如熊彼特指出的(见专栏 1.2),创新不仅“集群”在某些部门,还会“集群”在某些区域或时间阶段。随着时间推移,创新的中心会从一个部门、区域和国家转移到另外一个部门、区域和国家。例如,在很长一段时间内,全世界的创新中心在英国,与它的邻国相比,英国的生产率和居民收入增长较快,因而到 19 世纪中期,它的生产率(和收入)水平比其他国家高出 50%。到了大约 20 世纪初,创新的中心,至少对于当时的现代化学和电子技术而言,已转移到了德国;而现在,世界创新中心早已转到了美国。在 20 世纪的大部分时间里,美国是世界上生产率和收入水平最高的国家。正如本书中布鲁兰德(Bruland)和莫利的分析,美国上升到世界科技的领先位置与其新产业的发展有很大关系,这些新产业是建立在规模和范围经济的开发以及大规模生产与分销的基础上的。

如何解释这一动态性?熊彼特将早期的研究追溯到卡尔·马克思(Karl Marx)①,并认为技术竞争(通过创新的竞争)是经济发展的驱动力。这一研究认为,如果特定产业或部门的一个企业成功地引入了一项重要创新,它将充分享受到高额利润的回报,这就向其他企业(模仿者)发出了信号,如果进入条件允许,这些模仿者将“蜂拥”进入这个产业或部门,以期分享收益(这会导致初始创新者作为第一个进入者所获得的优势可能会被很快侵蚀)。这种模仿者的“蜂拥”行为意味着:引入创新的产业或部门会在一段时间内表现出快速的增长。但迟早这种(创新

① 对“马克思-熊彼特模型”的分析参见:Fagerberg 2002/2003。

创造出的）增长效应会耗竭，增长速度会随之放慢下来。

对于这一马克思主义的基本理论熊彼特加入了一个重要的修正。他认为，如果模仿者在原始创新的基础上加以改进，也就是说自己也成为创新者，就有更大可能成功地实现目标。他认为这是很自然的，因为一项（重要的）创新会推动（诱发）同一领域或相关领域的其他创新。通过这种方式，创新扩散会成为一种创造性的过程——在这个过程中，一项重要的创新会为所有一系列的后续创新搭建一个平台——而不是许多创新扩散研究中通常假定的被动、适应的过程（本书：Hall）。在原始创新和被诱发的创新之间存在着系统的相互依赖性，这也表明创新（和增长）“倾向于集中在特定的部门和这些部门所处的环境中”，或者“集群”在一起（Schumpeter 1939：100~101）。众所周知，熊彼特将这种创新的动态性作为一个可能的因素来解释不同长度的商业周期（Freeman and Louçã 2001）。

这个简洁的观点在鼓励其他不同领域的应用方面非常有效。例如，为数众多的研究采纳了马克思-熊彼特技术竞争模型去研究产业增长、国际贸易以及竞争，[①]虽然必须要承认，有些时候这些研究人员不知道这些观点的来源。其中较早且很有影响的贡献是弗农（Vernon 1966）提出的“产品生命周期理论”（product-life-cycle theory），该理论指出，紧随一项重要产品创新之后的产业增长由几个阶段组成，这些阶段按照生产的条件和位置变化划分。[②] 该理论的基本假设是：在早期阶段，市场上有许多不同版本的竞争性产品，因而对产品进行创新的能力尤为重要，经过一段时间，产品逐渐标准化，这个阶段更应强调的是工艺创新、规模经济和成本竞争。该理论认为，这些竞争条件的变化会引起技术从创新国家（高收入水平）转移到市场规模大、成本低的国家。这种技术转移也可能与以所谓的外国直接投资（FDIs）形式的国际资本流动一起发生，因而这一理论也被用来作为解释国际资本和技术流动的分析框架（本书：第 12 章）。

---

① 参见：Fagerberg 1996，Wakelin 1997，本书：Cantwell 第 20 章。

② 欲了解按照这一精神进行的近期分析（通过许多实证的案例研究），参见：Utter-back（1994）。

"产品生命周期理论"由于简单易懂而颇具吸引力,但并不总能够被后期的研究所支持。虽然一些人推测它(借鉴了熊彼特的观点)是正确的,但它所阐释的严格的框架,包括对产品阶段、标准化和竞争条件变化的清晰界定,仅适合于少数产业(Walker 1979,Cohen 1995)。尽管难以取得理想的数据,但实证研究所揭示的情形是相当复杂的①,不同的产业部门(industrial sectors)之间在形成这种动态系统(dynamic)的方式上存在着巨大的差异。就如帕维特(参见专栏 1.4)用分类法所展示的,对这些差异["工业动力学"(industrial dynamics)]的探讨已经成为创新研究中的一个主要领域(本书:第 14 章、第 15 章、第 16 章)。很大程度上受纳尔逊和温特(Winter,参见专栏 1.5)做出的具有巨大影响的研究的启发,后来对这个领域的研究探讨了不同产业和部门在其内部动态系统[或"技术体制"(technological regimes),参见:Malerba and Orsenigo 1997]上的不同特征,尤其关注各部门(sectors)之间在知识基础、行为主体、网络和制度方面(被称为"部门系统")的差异。这个研究的重要结论就是,既然影响创新的因素在不同产业存在差异,政策制定者就必须在制定政策时考虑这些差异。同样的政策(和政策工具)不一定在每个地区都有效。

专栏 1.4

帕维特的分类法:何为高科技?

各个产业或部门的复杂性和创新程度引起了许多研究者的兴趣,很多人按照这一标准在探讨对产业和部门进行分类的方法方面做出了许多努力。其中最广泛使用的是按照"高科技""中等科技""低科技"进行划分,虽然在确切定义这三种分类方面还不十分清晰。通常人们用生产过程中的 R&D 密度(或附加值)的高、中、低程度来界定以上三种分类,R&D 密度要么是直接存在于产业本身的,要么包含了内置于机器设备和其他输入中的 R&D。基于此标准,航

① 现有经济计量学的证据表明,创新可以通过不同的方式进行测度(本书:Smith),这在许多产业都很重要,而不是只在那些能被界定为正处于产品生命周期早期阶段的产业(Soete 1987,Fagerberg 1995)。

空、计算机、半导体、电信、制药、仪器等产业通常被归入“高科技”产业；“中等科技”一般包括电器和非电器设备、运输设备、部分化工业；低科技则包括像纺织、服装、皮革制品、家具、纸制品、食品等产业（Fagerberg 1997，本书：第6章）。

然而，虽然在当代资本主义国家中，有组织的R&D活动是创新一个重要的源泉，但创新的源泉不只此一个。仅关注研发会使一个组织忽视或忽略以其他源泉（比如像工程师类的高技能员工、“做中学”、“用中学”、互动交流中学等）为基础的创新活动。鉴于此，帕维特（1984）发展了一种将其他因素纳入考虑范围的分类法和分类结构。在针对英国创新研究的非常翔实的数据集基础上（在本书第6章中有详细论述），他确定了经济中的两个高科技部门，这两个部门均为其他部门提供技术服务，但是在创新的方式上迥然不同。其中一个，他称之为“基于科学的”部门，拥有大量的有组织的R&D活动并与科学有紧密联系；另外一个——称为（设备、仪器等的）“专业供应者”——以工程能力为基础，并且与用户有频繁的互动。帕维特还选出了一个规模密集型（scale-intensive）的部门（比如运输设备），这个部门也相对具有创新性，但与其他部门的互动较少。最后，他还发现了另外许多产业，这些产业虽然需要在某些方面进行创新，但它们的大部分技术均从其他部门获得。

帕维特的研究的一个重要成果就是发现了，导致各个产业（部门）创新成功的因素存在很大差异，若技术或创新政策仅关注一种因素（比如对研发的资助）就会出现问题，这是显而易见的。

专栏1.5

工业动力学——解释的演变

理查德·纳尔逊和西德尼·温特撰写的《经济变迁的演化理论》（*The Evolutionary Theory of Economic Change*，1982）对于研究创新和长期经济与社会变迁做出了重要贡献。纳尔逊和温特受熊彼特学派影响，“视资本主义为一架变革的发动机”。不过，在赫伯特·西蒙（Herbert Simon）等人早期研究［所谓“程序化的”

(“procedural”)或“有限”理性(“bounded” rationality)]的基础上,纳尔逊和温特引入了一个在企业行为方面更加详细的理论观点。根据纳尔逊和温特的模型,企业行为受例行活动(routines)引导,这些例行活动通过实践被复制下来,成为企业“组织记忆”的组成部分。例行活动在企业之间有着明显的区别,例如,有些企业可能会更倾向于创新,而另一些企业则可能选择难度较小(但是回报也较少)的模仿路线。如果企业的一种例行活动不能产生满意的结果,企业便会利用它的资源去探索新的模式,若这种模式符合企业的标准,将最终被采纳(称之为“令人满意的”行为)。

因此,纳尔逊和温特没有像多数经济理论研究者那样从一个样本外推到整个全体(所谓的“分类学思维”),而是考虑总体中不同的主体间相互作用的社会和经济后果(所谓“群体思维”)。他们还强调机遇(随机因素)在决定各主体相互作用所产生的结果中的作用。在他们所写的书中,通过模拟的方式来探究这些结果。模拟方式使他们能够研究关键参数价值的变化结果(以此反映对技术进步、企业行为等的不同假设)。他们还区分了“创新体制”(innovation regime)与“累积体制”的区别,前者假设,技术前沿是独立于企业自身行为而独立发展的(“基于科学”的体制);而在后者,技术的进步是内生的并依赖于企业自身行为。这两种体制还在创新和模仿的难易程度上有所不同。

纳尔逊和温特的研究对于针对“知识型公司”“技术体制”“工业动力学”,尤其是演化经济学的后续研究具有重要的启发,这里只提到部分重大研究课题。

来源:Nelson and Winter 1982;Anderson 1994;Fagarberg 2003

1.6 创新与经济绩效

马克思-熊彼特模型并不是作为工业动力学的模型来设计的,其主要目的是解释长期经济变迁(熊彼特称之为“发展”)。这一模型的核心是：(1) 技术竞争是资本主义竞争的主要形式(不能回应这种竞争的企业将失败)；(2) 创新，比如现有知识和资源的“新组合”，为新商业机会和未来的创新提供了可能性，并为持续变革提供了平台。虽然这个观点令人信服，但其出版后却未对当时的经济学学科产生影响，这可能是因为它没有给出正式的数学模型，而数学模型在当时的经济学领域很普遍。不过，最近经济学家们(Romer 1990)正利用新的经济现象数学模型的工具，试图将上述思想中的一部分引入到正式增长模型中(即“新增长理论”或“内生增长理论”)。①

为了发展其理论，熊彼特(1939)特别关注特定环境下的创新“集群”趋势以及进而引发的生产、组织、需求等的结构性改变。虽然这些观点未被当时的经济学界很好地接受，但20世纪70年代的一场遍及全球的经济大萧条引起了人们对这一理论的重新关注，许多研究从此观点出发，对长期经济和社会变迁的研究做出了贡献。比如说，蒙奇(Mensch 1973)和佩雷兹(Perez 1983/1985)都认为像当今的信息通信技术和一个世纪前的电力这样的重大技术变革都自然而然地需要大规模的组织和制度变革帮助其完成整个进程。然而由于现有组织和制度模式的持续影响，其变革是艰难的。他们认为，这种组织和制度上的惯性是技术变革快速发展时期的一个主要增长阻碍因素，这可以解释在资本主义经济中随着时间推移会发生一些变化(比如繁荣或萧条)。虽然后一个观点存在争议，但技术变革、组织变革和制度变革之间的关系一直是一个重要的研究课题(Freeman and Louçã 2001)，它对于新技术扩散的分析(本书：第17章)和政策研究都有很重要的意义。

马克思和熊彼特都未能将他们的动态观点引入到不同国家增长绩效的差异分析上。从20世纪60年代初期以后，出现了一些用此观点来解释不同国家增长差异的理论。其中波斯那(Posner 1961)的观点很有影响力，他用两个因素解

① 参看：Aghion and Howitt 1998，Fagerberg 2002/2003，本书：Verspagen 第18章。

释了经济和技术发展水平不同的两类国家在经济增长上存在的差异：其一是创新，它加大了差异；其二是模仿，它倾向于缩小差异。波斯那的观点对“技术差距”或“南-北”模型（或方法）的一系列研究产生了的影响，这些研究主要是解释不同发展水平的国家之间经济发展差异的原因（详细论述参见：Fagerberg 1994/1996）。该领域有位学者将这一结论作了很好的总结：“就像爱丽丝和红桃皇后一样，为了保住现有的地位，发达地区必须不停地奔跑。”（Krugman 1979：262）

这一领域的研究存在一个弱点，它是建立在一个非常格式化的陈述之上的，即认为全球的创新分布集中在发达国家，并且主要集中在美国。事实上，就像本书中法格博格和戈丁赫所认为的那样，欠发达国家在技术和收入水平上能够成功地实现追赶，并不仅仅依靠模仿，从很大程度上也依靠创新。无疑，这一观点也是受到了熊彼特的影响，认为创新是一个具有扩散性的现象（pervasive）。法格博格发现了三个影响不同国家发展水平的因素：创新、模仿，以及其他技术的商业化利用方面的努力。他认为，在 20 世纪 70～80 年代初期，使得亚洲和拉丁美洲新兴工业化国家在经济绩效上存在巨大差异的主要原因是高水平的创新活动。同样，法格博格和菲思佩奇（2002）发现：在随后的 10 年里，亚洲新兴工业化国家相对于其他国家群（groupings）保持着持续快速的发展，主要是由于这个地区创新绩效的快速发展。而且，研究表明（Fagerberg 1987；Fagerberg and Verspagen 2002），随着时间的推移，对模仿的要求越来越高（因而更加困难，成本更高），创新已经逐渐成为解释不同国家经济发展差异的更为有力的因素。

1.7　我们对创新了解了多少？我们还需要了解什么

无疑，我们已经对创新在长期经济与社会变迁中的作用，以及它的后果有了很好的了解：

- 创新的职能，是把新颖性（变化）引入到经济领域。如果这种新颖性（创新）的"源泉"枯竭了，那么经济将进入增长很慢或没有增长的"停滞状态"（Metcalfe 1998）。因此，创新对于长期经济发展是至关重要的。
- 创新有在特定的产业（部门）"集群"的趋势，这将使创新发展更快，也会带来生产和需求上的结构性变化，并且最终带来组织和制度上的变革。进行组织和制度变革的能力对于能够产生创新并从创新中获益是很重要的。
- 创新是解释企业、地区和国家经济绩效差异的一个有力因素。企业通过创新而兴旺发达，那些创新能力弱的竞争对手将付出代价。创新水平高的国家和地区比创新水平低的国家具有更高的生产率和收入水平。一个国家或地区要想赶上创新的领先者，就必须面对挑战，增加自身创新活动（和"吸收能力"），努力实现对领先者的赶超（本书：第19章）。

鉴于创新能产生上述这些好的结果，政策制定者和商界领袖都十分关注促进创新的各种方法。然而，尽管在过去50年中出现了大量对创新的研究，但是我们了解得更多的是创新能带来什么，而对它为什么发生及如何发生了解甚少。虽然现在大家普遍认为创新是一种组织行为，但是大部分理论研究还是从传统的个体角度来看待创新，典型的例子就是熊彼特关于企业家行为的"心理学"理论（Fagerberg 2003）。类似地，大部分对认知和知识的研究关注的是个体，而不是组织。当然，纳尔逊和温特的研究（1982）是一个例外，他们注重"组织记忆"及其与实践的联系，为这一领域的许多后续研究铺平了道路①。但是我们对于组织层面的知识、创新的运作方式的理解仍然不完整，仍需要更多的概念上的、应用层面的研究。

在创新的文献研究中，一个主要发现是：单个企业不能独自完成创新，还

---

① 要了解包括组织层面在内的不同类型知识在经济中的作用的讨论，参见：Cowan et al. 2000，Ancori et al. 2000。

需要与外部环境进行广泛的互动。目前已经引入了各种概念来加深我们对这个现象的理解。其中最重要的概念包含了“系统”或(一定程度上更具体的)“网络”这些术语,其中的一些概念,比如“国家创新系统”已经广为政策制定者所熟悉,但是政策制定者们由于缺乏制定和评估政策所需的完整框架,其决策能力受到了限制。迄今为止,从提出创新过程(在研究的不同层次上)的系统属性,到形成一个能够系统分析和评估政策问题的完整方法,还有很长一段路要走。无疑,要在这方面发挥作用,这些系统方法还需要经过充分的论证和提炼(本书:第7章)。

阻碍我们进一步理解创新的一个原因是:不同学科、不同学术背景的研究人员都在从事创新研究,不同学科之间、不同学术背景的研究人员之间不能有效地进行沟通,这就阻碍了该领域的发展。这种沟通障碍的后果之一就是创新研究在基本概念方面存在一定程度的“模糊不清”,这种状况只有将不同的学科联合在一起进行建设性对话才能改善。本书可视为达到这一目的所进行的一个努力。不同的、在一定程度上甚至是冲突的观点不应被看成是个问题,许多社会现象太复杂了,单从一个学科的角度去分析是远远不够的,创新无疑正是这样一种社会现象。

参考文献

AGHION, P., and HOWITT, P. (1998), *Endogenous Growth Theory*, Cambridge, Mass.: MIT Press.

ANCORI, B., BURETH, A., and COHENDET, P. (2000), “The Economics of Knowledge: The Debate about Codification and Tacit Knowledge,” *Industrial Dynamics and Corporate Change* 9: 255~287.

ANDERSEN, E. S. (1994), *Evolutionary Economics, Post-Schumpeterian*

Contributions, London: Pinter.

ARTHUR, W. B. (1994), *Increasing Returns and Path Dependency in the Economy*, Ann Arbor: University of Michigan Press.

BRACZYK, H. J. et al. (1998), *Regional Innovation Systems*, London: UCL Press.

BUSH, V. (1945), *Science: The Endless Frontier.* Washington: USGovernment Printing Office. CARLSSON, B., and STANKIEWIGZ, R (1991), "On the Nature, Function and Composition of Technological Systems," *Journal of Evolutionary Economics* 1: 93~118.

CHANDLER, A. D. (1962), *Strategy and Structure: Chapters in the History of the American Industrial Enterprise*, Cambridge, Mass.: MIT Press.

——(1990). *Scale and Scope: The Dynamics of Industrial Capitalism*, Cambridge, Mass.: Harvard University Press.

COHEN, W. (1995), "Empirical Studies of Innovative Activity," in P. Stoneman (ed.), *Handbook of the Economics of Innovation and Technological Change*, Oxford: Blackwell, 182~264.

* ——and LEVINTHAL, D. (1990), "Absorptive Capacity: A New Perspective on Learning and Innovation," *Administrative Science Quarterly* 35: 123~133.

COWAN, R., DAVID, P. A., and FORAY, D. (2000), "The Explicit Economics of Knowledge Codification and Tacitness," *Industrial Dynamics and Corporate Change* 9: 211~253.

DIAMOND, J. (1998), *Guns, Germs and Steel: A Short History of Everybody for the Last* 13000 *Years*, London: Vintage.

DOSI, G. (1988), "Sources, Procedures and Microeconomic Effects of Innovation," *Journal of Economic Literature* 26: 1120~1171.

——FREEMAN, C., NELSON, R., SILVERBERG, G., and SOETE, L. G. (eds.) (1988), *Technical Change and Economic Theory*, London: Pinter.

EDQUIST, C., HOMMEN, L., and McKELVEY, M. (2001), *Innovation and Employment: Process versus Product Innovation*, Cheltenham: Elgar.

FAGERBERG, J. (1987), "A Technology Gap Approach to Why Growth Rates Differ," *Research Policy* 16: 87~99, repr. as ch. 1 in Fagerberg (2002).

——(1988), "Why Growth Rates Differ," in Dosi et al. 1988: 432~457.

——(1994), "Technology and International Differences in Growth Rates," *Journal of Economic Literature* 32(3): 1147~1175.

——(1995), "Is There a Large - Country Advantage in High - Tech?," NUPI Working Paper No. 526, Norwegian Institute of International Affairs, Oslo, repr. as ch. 14 in Fagerberg (2002).

——(1996), "Technology and Competitiveness," *Oxford Review of Economic Policy* 12: 39~51, repr. as ch. 16 in Fagerberg (2002).

——(1997), "Competitiveness, Scale and R&D," in J. Fagerberg et al., *Technology and International Trade*, Cheltenham: Edward Elgar, 38~55., repr. as ch. 15 in Fagerberg (2002).

——(2000), "Vision and Fact: A Critical Essay on the Growth Literature," in J. Madrick (ed.), *Unconventional Wisdom: Alternative Perspectives on the New Economy*, New York: The Century Foundation, 299~320, repr. as ch. 6 in Fagerberg (2002).

*——(2002), *Technology, Growth and Competitiveness: Selected Essays*, Cheltenham: Edward Elgar.

——(2003), "Schumpeter and the Revival of Evolutionary Economics: An appraisal of the Literature," *Journal of Evolutionary Economics* 13: 125~159.

——and VERSPAGEN, B. (2002), "Technology - Gaps, Innovation -

Diffusion and Transformation: An Evolutionary Interpretation," *Research Policy* 31: 1291~1304.

FREEMAN, C. (1987), *Technology Policy and Economic Performance: Lessons from Japan*, London: Pinter.

——CLARK, J., and SOETE, L. G. (1982), *Unemployment and Technical Innovation: A Study of Long Waves and Economic Development*, London: Pinter.

* ——and SOETE, L. (1997), *The Economics of Industrial Innovation*, 3rd edn. London: Pinter.

——and LouÇĀ, F. (2001), *As Time Goes By: From the Industrial Revolutions to the Information Revolution*, Oxford: Oxford University Press.

GRANOVETTER, M. (1973), "The Strength of Weak Ties," *American Journal of Sociology* 78: 1360~1380.

GRANSTRAND, O., PATEL, P., and PaVITT, K. (1997), "Multi - technology Corporations: Why They Have 'Distributed' rather than 'Distinctive Core' Competencies," *California Management Review* 39: 8~25.

HENDERSON, R. M., and CLARK, R. B. (1990). "Architectural Innovation: The Reconfiguration of Existing Product Technologies and the Failure of Established Firms," *Administrative Science Quarterly* 29: 26~42.

HOBDAY, M. (2000), "East versus Southeast Asian Innovation Systems: Comparing OEM-and TNC-led Growth in Electronics," in Kim and Nelson 2000: 129~169.

HUGHES, T. P. (1983), *Networks of Power, Electrification in Western Society* 1880~1930, Baltimore: The Johns Hopkins University Press.

KIM, L., and NELSON, R. R. (2000a) "Introduction," in Kim and Nelson 2000b: 13~68.

——(2000b), *Technology, Learning and Innovation: Experiences of Newly*

Industrializing Economies, Cambridge: Cambridge University Press.

* KLINE, S. J., and ROSENBERG, N. (1986), "An Overview of Innovation," in R. Landau and N. Rosenberg (eds.), *The Positive Sum Strategy: Harnessing Technology for Economic Growth*, Washington, D. C.: National Academy Press, 275~304.

KRUGMAN, P. (1979), "A Model of Innovation, Technology Transfer and the World Distribution of Income," *Journal of Political Economy* 87: 253~266.

LUNDVALL, B. Å. (1988), "Innovation as an Interactive Process: From User - Producer Interaction to the National System of Innovation," in Dosi et al. 1988: 349~369.

——(ed.) (1992), *National Systems of Innovation: Towards a Theory of Innovation and Interactive Learning*, London: Pinter.

MALERBA, F., and ORSENIGO, L. (1997), "Technological Regimes and Sectoral Patterns of Innovative Activities," *Industrial and Corporate Change* 6: 83~117.

——NELSON, R. R., ORSENIGO, L., and WINTER, S. G. (1999), "'History - friendly' Models of Industry Evolution: The Computer Industry," *Industrial Dynamics and Corporate Change* 8: 1~36.

MENSCH, G. (1979), *Stalemate in Technology*, Cambridge, Mass.: Ballinger Publishing Company.

METCALFE, J. S. (1998), *Evolutionary Economics and Creative Destruction*, London: Routledge.

* MOWERY, D., and ROSENBERG, N. (1998), *Paths of Innovation, Technological Change in 20th - Century America*, Cambridge: Cambridge University Press.

NELSON, R. R. (ed.) (1993), *National Systems of Innovation: A*

Comparative Study, Oxford: Oxford University Press.

——and WINTER, S. G. (1982), *An Evolutionary Theory of Economic Change*, Cambridge, Mass.: Harvard University Press.

* NONAKA, I., and TAKEUCHI, H. (1995), *The Knowledge Creating Company*, Oxford: Oxford University Press.

* PAvITT, K. (1984), "Patterns of Technical Change: Towards a Taxonomy and a Theory," *Research Policy* 13: 343~374.

PEREZ, C. (1983), "Structural Change and the Assimilation of New Technologies in the Economic and Social System," *Futures* 15: 357~375.

——(1985), "Micro - electronics, Long Waves and World Structural Change," *World Development* 13: 441~463.

PORTER, M. E. (1990), "The Competitive Advantage of Nations," *Harvard Business Review* 68: 73~93.

POSNER, M. V. (1961), "International Trade and Technical Change," *Oxford Economic Papers* 13: 323~341.

* ROGERS, E. (1995), *Diffusion of Innovations*, 4th edn., New York: The Free Press.

ROMER, R. M. (1990), "Endogenous Technological Change," *Journal of Political Economy* 98: S71~S102.

ROSENBERG, N. (1976), *Perspectives on Technology*, New York: Cambridge University Press.

——(1982), *Inside the Black Box: Technology and Economics*, New York: Cambridge University Press.

SGHMOOKLER, J. (1966), *Invention and Economic Growth*, Cambridge, Mass.: Harvard University Press.

SCHUMPETER, J. (1934), *The Theory of Economic Development*,

Cambridge, Mass.: Harvard University Press.

——(1939), *Business Cycles: A Theoretical, Historical, and Statistical Analysis of the Capitalist Process*, 2 vols., New York: McGraw - Hill.

* ——(1943), *Capitalism, Socialism and Democracy*, New York: Harper.

——(1949), "Economic Theory and Entrepreneurial History," *Change and the Entrepreneur*, 63 ~ 84, repr. in J. Schumpeter (1989), *Essays on Entrepreneurs, Innovations, Business Cycles and the Evolution of Capitalism*, ed. Richard V. Clemence, New Brunswick, NJ: Transaction Publishers, 253 ~ 261.

SCHUMETER, R. (1954), *History of Economic Analysis*, New York: Allen & Unwin.

SHIONOYA, Y. (1997), *Schumpeter and the Idea of Social Science*, Cambridge: Cambridge University Press.

SOETE, L (1987), "The Impact of Technological Innovation on International Trade Patterns: The Evidence Reconsidered," *Research Policy* 16: 101 ~ 130.

SWEDBERG, R. (1991), *Joseph Schumpeter: His Life and Work*, Cambridge: Polity Press.

TIDD, J., BESSANT, J., and PAVITT, K. (1997), *Managing Innovation: Integrating Technological, Market and Organizational Change*, Chichester: John Wiley & Sons.

TUSHMAN, M. L., and ANDERSON, P. (1986). "Technological Discontinuities and Organizational Environments," *Administrative Science Quarterly* 31(3): 439 ~ 465.

UTTERBACK, J. M. (1994), *Mastering the Dynamics of Innovation*, Boston: Harvard Business School Press.

VAN DE VEN, A., POLLEY, D. E., GARUD, R., and

VENKATARAMAN, S. (1999), *The Innovation Journey*, New York: Oxford University Press.

VERNON, R. (1966), "International Investment and International Trade in the Product Cycle," *Quarterly Journal of Economics* 80: 190~207.

VON HIPPEL, E. (1988), *The Sources of Innovation*, New York: Oxford University Press.

WAKELIN, K. (1997), *Trade and Innovation: Theory and Evidence*, Cheltenham: Edward Elgar.

WALKER, W. B. (1979), *Industrial Innovation and International Trading Performance*, Greenwich: JAI Press.

*星号表示建议延伸阅读的条目。

第一部分

CHAPTER ONE 创新的形成

导　言

大部分创新都发生在企业或其他类型的组织中。本部分主要介绍创新过程的组织结构和背景的现有理论。第2章由拉佐尼克(Lazonick)撰写,该章从历史角度描述了创新型企业的发展过程,即由第一次工业革命的中小型企业过渡到20世纪美国和日本的多部门、多元化的工业企业,进而发展到当前所关注的“新经济”和以网络为基础的商业模式。在第3章,鲍威尔(Powell)和格罗达尔(Grodal)从更广泛的角度论述创新网络的作用。第4章中,帕维特(Pavitt)重点分析了企业内部的创新过程,同时通过对相关文献的广泛研究,给出了一个关于影响大型企业创新绩效与管理诸因素的分析视角。在第5章,兰姆(Lam)介绍了企业在组织创新中的经验。最后,史密斯(Smith)在第6章中论述了创新研究、对创新相关的活动进行测度(尤其是企业中的创新活动)的不可分割的先决条件。

第2章 创新型企业

威廉·拉佐尼克(William Lazonick)

2.1 引　　言

是什么使得企业具有创新力?创新型企业的特征如何随着时间的推移而演化?为了解决这些问题,需要一个理论框架来分析企业是如何将生产性资源转变成消费者需要的,并且有能力购买的产品和服务。为了实现这种生产性的转变,企业必须致力于三类活动:战略、财务和组织。随着时间的推移,支持创新过程的这三种活动的类型也在不断地改变,并且在不同的产业活动中、不同的制度环境下以及在任何时间点上也会发生显著的变化。因此,必须从历史比较的角度来分析创新型企业。本章借鉴先进的经济体中的历史比较经验,提出并阐明一个理论框架,来分析"创新型企业的社会环境"。

第2.2节以著名的创新型企业理论为基础,推导出"创新型企业的社会环境"的研究框架。第2.3节关注创新能力的区域聚集(agglomerations),也就是现在所称的"马歇尔工业区",它曾在19世纪末推动英国成为世界头号工业国家。第2.4节对美国的经理制企业的出现和发展进行了探讨,美国的经理制企业在20世纪上半叶推动美国经济,使其成长为世界工业领袖[①]。

在过去的几十年里,对美国经理制企业的最大挑战来自日本。第2.5节解

① 关于对英国、法国、德国及意大利等欧洲国家的经理制企业与美国模式的对比,参见:Lazonick 2003。

释了日本模式里创新型企业的社会环境特点，而第2.6节则描述了美国新经济企业的显著特征，这些企业在信息通信技术产业的许多关键产品市场上已经获得了竞争优势。第2.7节从本章中对创新型企业战略、财务及组织的历史比较的研究角度，得出一些具有普遍意义的结论，以及研究这些现象的方法论。

2.2 创新型企业的社会环境

当一个企业确定了它的目标产品市场，并选择了能够增强自身竞争力的技术后，便会制定战略；当企业投资于技术改进，并只投资于获得能在将来某个时候产生利润的市场时，便会进行财务管理；当企业整合资源，以便将资源转变成可出售的产品时，便会构建组织。战略、财务及组织并不一定能形成创新。创新需要学习如何能以生产出低成本、高质量的产品的方式改进技术并投入市场。学习是一种社会活动，它使得创新过程具有不确定性、累积性和集体性（O'Sullivan 2006b）。创新过程具有不确定性，因为在改变技术和进入市场过程中究竟需要学习些什么，只有通过这个过程本身的实践才会为人所了解。因此，在学习过程中，创新战略就会遇到一个不确定性的问题。学习不可能一次性完成，因此创新过程是一个累积性的过程；今天学到的东西为明天可能学到的东西奠定了基础。因此，投资于累积性的学习过程，需要持续而可靠的资金支持。学习无法单独完成，因此创新过程便具有集体性；学习需要拥有不同技能的人们进行合作。因此，投资于集体性的学习过程，需要把这些人的工作整合成一个组织。

什么样的理论能够解释企业的战略、财务和组织是如何支持创新过程的？在20世纪，经济学家的理论研究主要集中于最优化型企业而非创新型企业。最优化型企业利用既有的技术能力和市场价格（包括投入和产出），并在这些技术和市场制约的基础上，寻求利润的最大化。与此截然相反，为了能以更低的成本,生产出比以往更高质量的产品,并借此将自己与行业中的竞争者区别开来,创新型企业致力于改进技术及市场条件,而这些技术和市场条件相对于最优化型企业来说,则是“既定的”约束。因此,创新型企业并不追求有限的最优化效果,而是参与到我所称之为“历史性变革”——一种资源配置模式中,这种模式需要对产业和组织结构的变革过程进行一种理论上的探讨(Lazonick 2002a)。

在阿尔弗莱德·马歇尔(Alfred Marshall)的著作中,创新型企业和最优化型企业之间的区别并不十分明确。在他1890~1920年之间出版了八版的《经济学原理》(*Principles of Economics*)里,企业理论成为经济学分析的中心。尽管他的追随者利用他的观点构建了经济学教科书中关于最优化型企业的坚实理论,马歇尔(1961:315)自己却洞察了创新型企业的动态发展,如下所述:

> 一个能干的人,靠几分运气,使他的企业在行业中站住脚。他勤劳节俭,私人资本增加得很快,而他的信誉也与日俱增,这使他可以借到更多的资金。他身边的下属具有非凡的热情和能力,在他的事业发展过程中他们追随着他,并彼此信任,每个人都在自己适合的岗位上竭尽全力地工作,因此既不会大材小用,也不会将重要的任务所托非人。伴随着技术、经济实力的稳步增长,企业在发展过程中会采用专业化机器和各种设备。每一项改进的工艺都会被迅速地采用并且成为下一步改进的基础。成功带来信誉,而信誉又促使成功,成功和信誉帮助企业留住老客户,同时又吸引了新客户。生意的增长使得他在进货时有很大的优势,他的货物口碑如此之好,使得他在销售方面的困难大为减少。生意规模的扩大,使他的竞争优势迅速增加,而且让货物的销售价格得以降低。

那么,是什么限制了这样一个企业的发展呢?在1919年出版的《产业与贸易》(*Industry and Trade*)中,马歇尔指出,在过去的几十年里,大规模企业已经在发达国家里——比如美国和德国——占据了优势。然而他引用了一句谚语——“富不过三代”(Marshall 1961：621)——来说明企业增长的局限会阻止少数几个大企业对行业的控制。能力卓越的企业家可以建立起一个成功的企业；在第二代,创始者的后人掌握了控制权,他们并不具有创始者的能力或者动力,因此企业会增长得较慢甚至陷入停滞;第三代人则与第一代人的创新精神基本脱节,企业将在新一轮的企业家竞争中逐渐衰败。

在20世纪初期的著作里,熊彼特也关注了具有创新精神的企业家,这些企业家通过对生产资源进行“新的组合”,破坏了“由当时环境决定的经济生活的循环流动”。实际上,熊彼特的观点是,凭借企业家精神,也就是他所称的“经济发展的基本现象”,创新型企业可以对最优化型企业提出挑战,并因此推动经济的发展。1911年,当他第一次出版《经济发展理论》(*The Theory of Economic Development*,德文版)时,像马歇尔一样,熊彼特把创新型企业看作是非凡人物的创业成果。但在接下来的几十年里,熊彼特考察了领先经济体的实际发展,逐渐见识了大企业作为创新型企业,致力于他称之为“创造性破坏”的活动;新的生产性变革模式的出现破坏了现有模式,而后者本身曾是过去创新变革所取得的成果。

在1942年第一次出版的《资本主义、社会主义与民主》中,熊彼特(1950：118/132)论证,当技术进步成为“受过训练的专业团队的任务,且这个专业团队能够创造出技术进步所需的条件,并使进步了的技术按照人们的愿望工作时”,“技术‘发展过程’往往通过研究和管理的系统化与合理化,变得更有效更可靠”。在一系列的主要著作中,钱德勒(1962/1977/1990)回顾了美国经理制企业在19世纪最后几十年的兴起、自20世纪20年代以来多部门结构的发展,以及经理制企业在英国和德国的出现。在1959年首次出版的《企业成长理论》(*The Theory of the Growth of the Firm*)中,伊迪丝·彭罗斯(Edith Penrose 1995)将现代法人企业定义为一个管理着人力资源和物质资源的集合的组织。人们为企业贡献他们的劳务——此时他们不仅是作为独立的个人,而且是作为致力于学习如何最佳利用企业生产性资源(包括他们自己本身)的团队中的成员。

企业随时可以从这种学习过程中积累经验，并由此发掘出生产机会；而即使在同一行业中，其他没有相同经验的企业是无法获得这些机会的。创新性经验的积累使得企业能够克服“管理的局限”，而在最优化型企业的相关理论中，这一局限会招致成本的提高，并阻碍企业的发展（Penrose 1995 第 5 章、第 7 章、第 8 章）。创新型企业可以转移并重塑自己现有的生产性资源，以利用新的市场机会。在向新的产品市场迈进的每一步中，企业都能利用到在组织学习过程中积累的、未曾被使用过的生产性服务。这些未使用过的生产性服务通过两种方式为企业的发展壮大奠定基础，一是对内部新产品开发的辅助投资，二是购并已经开发出辅助性生产性服务的其他企业。

20 世纪 80 年代以来，很多商学院中研究战略问题的学者，都把彭罗斯在 1959 年的著作当作是“基于资源”（resource-based）企业观的理论基础而加以引用。基于资源的理论关注一个企业所拥有而其竞争者难以仿制的那些宝贵资源的特征。然而，基于资源的理论并没有解释为什么某些企业能够获得这些资源而其他企业却不能，这些企业又是如何获得这些资源的，以及这些资源究竟为什么是珍贵且不可仿制的（Lazonick 2002a）。不过，与基于资源的观点不同，理查德·纳尔逊和西德尼·温特（1982）建立了一个新的理论，该理论认为大企业的持续发展是以组织的能力为基础，以隐性知识（tacit knowledge）为特征，并且植根于组织的日常活动中。这便为企业理论增加了一个新的分析维度。折衷吸收了多派理论后，布鲁斯·库古特（Bruce Kogut）和尤多·赞达（Udo Zander 1996：502）论证道，“企业是代表协调和学习等社会知识的组织”，并因此强调企业理论中的集体因素。

在《企业间为什么会有差异，这又有何重要性？》（*Why Do Firms Differ, and How Does It Matter?*）这篇文章中，纳尔逊（1991：72）提出：“企业之间持久且不易效仿的区别并非来源于各自所掌握的特殊技术的差别，而是来源于组织上的差异，尤其是产生创新的能力以及能够从创新中获利的能力的差异。”戴维·蒂斯（David Teece）、格雷·皮萨罗（Gray Pisano）及艾米·苏（Amy Shuen 1997：516）将这种动态的能力定义为“企业整合、建立以及重塑内外部竞争力以适应不断迅速变化的环境的能力”。他们还认为,企业战略必须对企业能力发展长期的轨迹和路径的选择作出决策,并持之以恒(Teece et al. 1997: 524)。尽管企业的资产地位随时决定着企业的竞争优势,发展路径限定着企业能够参与竞争的产业活动,企业的组织过程却将随着时间的推移改变企业的能力。

尽管蒂斯等人(1997: 519)强调学习过程的重要性,并指出这个过程“在本质上具有社会性和集体性”,但他们提出的动态能力的观点仍旧缺乏社会性的内容。研究框架里并没有提出下列问题:什么人能够并且愿意进行战略性的投资以便促成创新,这些战略决策者如何争取到必需的资金,以及他们如何动员企业管理层及业务人员通力合作以实现创新战略。在被玛丽·奥沙利文(Mary O'Sullivan)和我称为“创新型企业的社会条件”的观点里,战略、财务以及组织在创新型企业里所扮演的角色成为研究的中心问题(Lazonick and O'Sullivan 2000, O'Sullivan 2000b, Lazonick 2002b)。

这一观点提出了一个问题:战略控制的实施是如何又是在什么条件下保障企业通过集体化的步骤,并沿着累积性的路径去实现自身的发展壮大——这些集体化的步骤和累积性的路径是企业独有的获得竞争成功的基础。这一观点强调人在决定企业是否以及怎样积累创新能力中的作用,并由此为“动态能力”(dynamic capabilities)的研究工作增加了一个明确的社会维度。战略控制决定了战略决策者如何选择建立“资产地位”(asset positions);财务状况决定了企业是否有可利用的资源沿着“进化之路”进行持续投资,直到积累起的创新能力足以获得经济上的回报;组织行为决定了企业的激励机制,这一机制表现了能将个人行为和个人能力(包括战略管理者的)转化为集体学习的“组织过程”的特征。

对于知识密集型产业的能力积累和转化来说,最核心的问题是企业为追求创新战略而投资的技能基础(skill base)。在企业内部,分工由不同职能专业和层级职责构成。企业在职能和层级上的分工,在任何时候都决定着企业的技能基础。为了促进集体性和累积性的学习,负责战略控制的人可以选择如何建构这种技能基础,包括雇员在他们的职业生涯中,如何在职能部门和层级之间流动。但是同时,技能基础的组织将受到两个因素的约束:一是企业参与竞争的特定产业活动的特殊学习要求,二是企业所需人才面临的其他就业机会。

从跨国比较的角度来看,企业借以改变技术和获得市场的技能基础,即使在同一历史时期、同一产业活动中,也可能会有显著的不同,并会导致不同的创新结果。准确地说,这是因为创新型企业对社会环境的依赖,在一个制度环境下技能基础得到发展并发挥作用,但在另一个制度环境下就未必如此,至少是暂时未必如此。此外,即使在同一国家同一产业内,在一个历史时期里能促成创新成果的动态能力,也有可能在随后的历史时期里变成阻碍创新反应的静态能力。

创新型企业要求那些实施战略控制的人能够识别企业现有技能基础的竞争优势和弱势,以及这个技能基础在面对竞争挑战而必须有所创新时的改变。这些战略决策者也必须能够动用相应资金来维持对技能基础的投资,以保证企业能够生产出比以往质量更好、价格更低的产品。正如下文历史比较法的综合推理所表明的,创新型企业拥有战略控制和资金投入后,关键便是对参与到集体性、累积性学习过程中的技能基础进行组织性的整合。

2.3 英国工业区

19世纪后半叶,英国成为“世界工场”。英国在世界经济中的地位在很大程度上归功于其贸易能力。在过去的几个世纪里,通过全球贸易以及与其他领先国家之间的战争,英国商业得到了发展。重商主义促使英国打开了世界市场,获得了原材料来源。但让英国成为世界领先(事实上是头号)工业国家的,是自18世纪后期的生产变革。

19 世纪后期,英国在工业区积累了巨大的生产能力,能够制造机器并使用机器大批量生产布料、轮船等各种产品。除了当地“技工学会”(mechanics' institute)办的夜校以外,正规的职业教育并没有对英国技术劳动力的发展起到作用。英国工业也没有利用企业、大学和政府研究实验室开发新技术。当时这个世界头号工业强国的“国家创新系统”是在职学徒制度,各地的技术工人(craft worker)通过这种方式将自己的技能传授给下一代。

技术工人对英国取得工业领袖地位的重要性是什么?虽然工厂机械化是英国工业革命的核心特点——当时算是个世界奇迹——但站在历史的角度来回顾,工业革命时期英国工业所达到的材料标准化和机械自动化程度还只属于初级水平,机器不算完善,原料也不够理想,在确保高产量的过程中,熟练的技术工人始终起着关键作用。在企业里,资深工人负责对年轻工人进行技能培训,监督他们工作,并在生产过程中协调工作流程。在一些行业里,主要雇佣关系采取一种内部转包合同制的形式,例如,在棉纺织行业里,雇主对那些称为“自己管理自己”(self-acting minder)的资深工人按件计酬,这些人轮流训练并监督“接头工”“落纱工”等初级工人,并按时间为他们计酬。在金属加工行业里,“车床工”“装配工”等专业工人一般被归类为“技师”,在英文里,这一称呼意味着他们作为熟练的产业工人,是“劳动贵族”中的一员。

技能形成的地域性和在职特性是促使工业区发展壮大的主要因素,这些工业区利用了特有的专业工艺技能。正如马歇尔(1961:273)的著名观点所描述的,在英国工业区里,“手艺不再神秘而是无处不在”。在产品市场需求旺盛的时期,随叫随到的、具有专业技能的劳动力促使这些地区出现了新的专业化生产的企业,这些企业常常是由技术工人自己创建的。一个工业区的发展吸引其他企业投资于地区性的通信和商品流通设施,以方便原料的供给和半成品在垂直专业化企业之间的转移,以及成品的上市。

区域的集中促成垂直专业化,这又使得企业更容易具有特殊的专业性,因此造成高度的横向竞争。企业的所有者可以同时是企业的管理者;没有必要投资于经理制组织——这种组织在19世纪后期对于美国、德国和日本企业的发展非常重要。如马歇尔所论述的，在工业区，经济规模的大小对企业来说是一种外部因素，而非内部因素。

作为机器的制造者和使用者，技术工人在某一特定区域内是创新的主要来源。随着时间的推移，他们创造出越来越多的先进技术和组织改良；这些先进技术和组织改良经由本地商业报刊（包括工人的报纸）以及工人（尤其是受过培训的学徒）转投其他雇主而在工业区的企业间散播。通过内部学习，一些专业化的技术企业变得与众不同。但即使是它们中实力最强的企业——比如波拉特（Platt）兄弟在奥德汉建立的纺织机器厂——也没有内部研发，而且从19世纪下半叶起，就没有出现过什么重要的技术创新了。它们的实力来自那些受雇的技术工人，后者能够灵活地为大量不同用户定制机器。

本地化的技术劳动力对当地企业的创新能力很重要，这意味着构成学习实体的并不是单个企业，而是整个工业区，而且常常是这个区中某个特定的村镇。在企业层面，技术工人做了无数的"战略"决策以改进产品和工艺。从历史比较的角度来看，无论是对单个企业，还是对整个工业区，开发这种创新源泉的固定费用都是比较低的。同时，技术定位的雇佣制度也鼓励了对工厂和设备的高度利用。工会谈判保障资深工人的任期和报酬；这些享受计件工资的人愿意工作很长时间，勤奋而踏实。这对拿计时工资的初级工人的诱惑是，他们最终将有可能加入这个劳动者的贵族阶层。有证据表明，在工业区里那些达成计件协约并在雇主和雇员之间稳定而公平地分配生产利润的地方，产量和市场份额增长得最快（Lazonick 1990：Chs.3~5，Huberman 1996）。

在工艺型组织（craft organization）的基础上，英国工业区具有高度的创新性（参见本书：Bruland and Mowery）。创新主体是作为一个整体的工业区，而不是其中的单个企业，这一事实引发了这样一种观念：在产业活动中，企业之间的区别对业绩的影响并不重要。事实上，所有这些企业的特点都可以用"典型性企业"来概括，它们在给定的技术和市场限制下追求最优化。在马歇尔学派看来，即使是地区水平的创新活动也不需要战略指导,因为行业诀窍是“广为流传”的(in the air)。事实上,马歇尔(1919:600~601)曾这样描述具有高度横向竞争性和垂直专业化的兰开夏(Lancashire)棉纺织产业组织:“或许现在集中化组织的实例大体上都是自动调节的。”但就在马歇尔写下这些话的同时,到一战前夕已占据英国出口量四分之一的棉纺织业开始进入漫长的衰败时期,并且一直都没有恢复过来,英国其他主要工业区也难逃此运(Elbaum and Lazonick 1986)。

然而,从20世纪70年代后期开始,“马歇尔式工业区”的观点作为创新性企业的一大驱动力,经历了一场理论复兴。这场理论复兴源于20世纪六七十年代在号称“第三意大利”①的许多高度专业化和本地化的工业区的迅速发展(Bruce 1982,Sabel 1982,Becattini 1990)。在此基础上,以查尔斯·萨伯(Charles Sabel)、迈克尔·皮埃尔(Michael Piore)和乔纳森·赞特林(Jonathan Zeitlin)为首的一些美国学者建立了一个“灵活专业化”新模型,以替代美国企业模式中的大批量生产(Piore and Sabel 1984, Sabel and Zeitlin 1985)。正如以前的英国工业区那样,第三意大利地区的工业活动集中于生产纺织品、鞋袜和轻机械等。每一项工业活动中都有大量垂直专业化的私有企业,在这些企业里,技术劳动力是企业竞争优势的主要来源,很多企业主都曾经当过技术工人。

但是,马歇尔所研究的19世纪晚期的英国工业区和在近期迅速发展的第三意大利地区有两个重要的区别。第一个区别是意大利的合作制度(collective institutions)对小企业创新活动的支持程度。塞巴斯蒂安·布鲁斯科(Sebastiano Brusco 1992)曾强调过积极筹划政策以支持小型企业创新的艾米利亚-罗马格纳(Emilia-Romagna)“红色”当地政府的重要性,尤其是这一政府推动企业间建立合作体,为这些企业在企业管理、市场和培训方面提供“真正的服务”(real service)。尽管在19世纪后期的英国工业区内,消费者合作社纷纷涌现,生产商合作社却很少见。另一个区别是“领导型”企业在一些地区和产业中的发展程度,这些

① 第三意大利的概念最初由经济社会学家 Amaldo Bagnasco 提出,是指20世纪70年代经济快速崛起的意大利东北和中部。编者注。

企业在吸收工业区资源的同时,通过自身的发展,转变整个工业区的创新能力(Belussi 1999)。这一区别在20世纪90年代变得更加明显。相反,在20世纪上半叶英国工业区面临竞争挑战时,并未出现过能领导重组过程的支配型企业。

2.4 美国经理制企业

马歇尔指出,企业创始人的继承问题会限制企业的发展。与此同时,在《经济发展理论》里,熊彼特(1934: 156)以形象的语言异曲同工地描述了这一美国现象:"有句美国谚语说: 富不过三代。"这个观点关键有两点假设: 首先,企业家是创新型企业的灵魂;其次,所有权和经营权的结合是成为企业家的必要条件之一。尽管在《工业与贸易》中对工业组织中的比较趋势做了重要的研究,马歇尔(1919)并没有认识到,所有权和经营权的分离可以解决创新的继承问题;而熊彼特最终认识到了这一点。

就在马歇尔写下他那些颇有影响力的著作的几十年里,美国商界发生了被钱德勒(以及其他人)称为"管理革命"的变化,其核心就是股票所有权从战略经营权里分离出来。在这期间,德国和日本也经历了管理革命(Chandler 1990; Chandler et al. 1997, Morikawa and Kobayashi 1986, Morikawa 1997)。很多英国企业,尤其是化学和电力科技行业中的企业,也对管理机构进行了投资;但是仅凭这种有限的举动,很难说英国在20世纪上半叶也发生了一场管理革命(Hannah 1983; Lazonick 1986; Chandler 1990; Owen 2000)。

美国的管理革命开始于19世纪90年代的一些行业里,如: 钢铁、石油冶炼、肉类加工、烟草、农业设备、电信及电力。在过去几十年里,这些行业里都建立起了企业家所有者制(owner-entrepreneurs)。华尔街(尤其是摩根集团)将一些领先企业组织合并起来,并在此过程中促成了后人称之为"首次公开募股"(IPOs)的出现,以便允许企业所有者兑现他们的所有权。于是他们中的很多人都不再负责企业管理。拿薪酬的经理人在战略决策制定方面取代了他们的位置，大多数经理人为帮助建立这些他们如今进行管理的创新型企业，已为企业工作了几年甚至几十年。因此，马歇尔所提出的"企业家"对企业发展的限制便被克服了。到19世纪末和20世纪初，在很多最成功的企业里，所有权和经营权的分离成为对青年才俊的极大诱惑；对那些渴望在职业生涯中成为企业主管的白种人、盎格鲁-撒克逊人和新教徒来说，尤为如此。

也是从20世纪初开始，为进入管理阶层，四年制大学学位变得重要起来。1908年，哈佛大学设立了第一个商业管理研究生院。1900年，大约有2%的18~24岁的年轻人接受过高等教育；1930年，这个比例超过7%；1950年，超过了14%。到20世纪20年代，很多大型企业的最高管理人员都拥有大学学位。作为大学毕业生的雇主和大学研究的受益人，大企业在高等教育的形式和内容的形成过程中扮演了积极的角色，以满足自己对"知识财富"的需要(Noble 1977，Lazonick 1986)。

随着知识财富的增长，美国企业朝着各种不同的新的商业方向发展。在为某个产品市场生产商品的过程中，自身的能力得到发展，进而能够打入新的产品市场。此外，由于企业发展成功，它们可以用内部创收支持这些新的投资。赢利的美国企业通常会向股东支付丰厚的红利，而且仍有足够的收益为将来投资，包括对研发的日益增长的投资(Mowery and Rosenberg 1989：Ch.4)。

除了改进技术以外，经理制组织的关键任务之一就是开拓产品市场。如果没有高销售额，为开发技术和投资生产设备而花费的高额固定成本只能导致高额的亏损。国家运输与通信基本设施的建立——经理制企业为此出了很大的力——为生产型企业的大规模销售提供了可能。但是，为了利用这个机会，企业不得不追加对销售能力的投资，包括对销售人员、销售办事处、广告，有时候甚至是应客户要求而定制的运输设备(customized transportation facilities)的投资。正如钱德勒(1990)所指出的那样，从19世纪后期开始，对生产、销售和管理的"三叉式"(three-pronged)投资，成为工业企业发展的必要条件。

如果美国企业发展的社会条件是完整的经理制组织，这种企业便有一个显著的特点，就是拿薪水的经理与被称为“小时工”的工人之间，存在明确的组织分隔（segmentation）。这种分隔的根源可以追溯至19世纪上半叶，那时候，行业经理人面对的是具有高度流动性的技术型劳动力，他们不仅从一个企业换到另一个企业，而且从一个行业或地区换到另一个行业或地区。与此相反，英国的学徒制产生地区性的专业化技术劳动力资源，这意味着雇主有极其充足的熟练劳动力供给。因此，与美国的经理相比，英国的经理在对技能替代型技术进行投资时，所面对的压力就要小得多。在美国，企业会专门为此将技术专家纳入管理层，但在英国就没有类似的情况。所以，19世纪中期出现了颇具特色的“美国式生产体系”（Hounshell 1984：Chs.1～2）。

这一体系的关键在于那些标准化的、精密设计的部件的大规模生产，不需要熟练工人把这些部件安装在一起，它们就能在一个产品上被互换使用。正如戴维·豪歇尔（David Hounshell 1984）所指出的那样，经过一个世纪大量企业在美国工业众多部门对生产能力的投资，在20世纪20年代的繁荣时期里，想象中的大规模生产终于变成了现实。然而，大规模生产企业的生产能力依然取决于“半熟练”生产工人的长期受雇，这些工人操作着那些高产量、价格高昂的机器（Lazonick 1990：Ch 7/8）。

在20世纪30年代的大萧条时期，这种稳定的雇佣关系消失了，主要大规模生产商手中的那些半熟练工人转而奉行行业工会主义（Brody 1980：Ch.3）。美国大规模生产工会主义的主要成就是为所谓的“小时工”争取到了长期雇佣保障，资历是企业内部的管理原则，资深工人将加薪晋级，并在企业裁员时能够继续留任。相应地，参加工会的雇员在工作组织和技术变革上须接受单方面的管理控制。在二战后的几十年里，生产工人享受到了雇佣保障和工资增长，但是他们普遍没有与经理人员一起加入到企业的组织学习过程中去。

其结果是，进入20世纪下半叶，美国工业企业拥有了强大的管理型组织来开发新技术。这些企业又与参加工会的劳动力达成协议，以保证高度使用这些技术。但是,由于雇佣了数以千计,有时甚至数以万计的没有参与进企业组织学习过程中的生产工人,这种美国创新企业的模式存在一个根本缺陷,这一缺陷在20世纪七八十年代的国际竞争中暴露无遗。日本企业的经验证明,为了培养创新能力,不仅可以像美国企业那样建立起高度集成的管理组织,还可以培育车间工人的技能,并将他们的努力整合到企业的集体性学习过程中作为补充。

即使是最有见解的美国经理制企业理论也没能详尽地解释日本企业所带来的挑战(Lazonick 2002c)。彭罗斯(1995)和钱德勒(1962/1977)都完全专注于经理制组织,连提出"技术结构"(technostructure)是现代企业的精髓这一颇具影响力的观点的约翰·肯尼斯·加尔布雷思(John Kenneth Galbraith 1967)也是如此。彭罗斯没有认识到,一旦面临日本企业的挑战,美国经理制企业将不得不培养车间工人的能力,以利用以前从未被使用过的管理资源。钱德勒把速度或生产量作为取得规模经济效益的基础,但忽视了车间工人在将高额固定成本转化为低廉单位成本过程中的作用,因此也就未能察觉到美国经理制模式中的这一重大的局限(Lazonick 1990)。

2.5 日本的挑战

在经济大萧条时期的各种矛盾冲突中,出现了新的产业合作关系。美国工业企业利用了二战后的经济繁荣得以重建,并成为世界上最杰出的耐用消费品制造商,如汽车、电器以及钢铁、机床等相关的资本商品。靠美国政府的研究支持和政府订单,美国企业也成为计算机及半导体行业中的翘楚。

但是,在20世纪七八十年代,日本企业在大规模生产行业(如钢铁、存储芯片、机床、电气机械、消费电子品和汽车)威胁着美国工业企业;在这些行业里,直到20世纪60年代末，美国企业都似乎具有不可超越的竞争优势。在五六十年代，很多日本企业往往靠引进国外技术为国内市场服务，以此发展出创新的生产能力。70年代后期，日本对美国的出口迅速增长，很多观察家将这一挑战归因于日本企业广泛采用的更低报酬和更长工作时间。但是到80年代初，日本的实际工资不断上升，这清楚地表明日本的优势来源于其生产高质量、低成本产品的杰出能力。

交叉持股、主要银行体系和终身雇佣制这三大社会制度的组合，是日本非凡成就的基础。交叉持股制赋予日本工业企业的经理以战略控制权，因此他们能分配资源进行投资，以生产出更高质量、更低成本的产品。主要银行体系为这些企业提供资金投入，使它们能够维系其创新过程，直到先后在国内外产品市场上得到回报。战略产业获得资金支持后，终身雇佣制让企业能够采用一种新的等级与职能整合模式，为集体性和累积性的学习提供更广阔更深入的技术基础(Lazonick 2001)。让我们简略地看一下，在二战后的几十年里，这些制度是如何在日本工业企业的运营中扎根的。

1948年，盟军最高指挥官——驻日占领当局——开始解散财团。财团是从19世纪末的明治时代直到二战，在日本经济中始终处于支配地位的巨型控股企业。这一解散过程不仅把拥有财团的家族驱逐出去，而且把财团的控股企业以及主要附属企业的最高层管理人员也驱除出了办公室(Morikawa 1997)。取得战略决策权的是“第三阶层主管”，他们主要是从中层管理人员中选拔出来的工程师，在获得企业领导地位后，他们面临着如何用企业已积累的能力开辟非军事市场的挑战。

1949年股市重开以后，这些雄心勃勃的年轻主管们害怕新的公共股票持有者联合起来，他们要求作为企业所有者所应有的传统权利。为了保护自己免受这些外部利益的干扰，企业主管阶层开始实行交叉持股。商业银行和工业企业通过相互控股，保持市场的平衡。尽管没有合同约定，但基于整个日本商界的共同期望，一家企业决不会出售它在另一家企业的股权，交叉持股结构由此得以维系。[①] 根据交叉持股最广泛也是最相关的定义，由于股票被掌握在稳固的股东手中，到1975年，东京股票交易市场上最绩优的股票中有60%都是交叉持股的股票；到1988年，这一比例高达67.4%，但到了2000年又下降到57.1%，这主要是因为四面受敌的银行被迫减少它们的股票持有量。

在20世纪50年代初到70年代初的"高速增长时期"，日本企业的大部分资金投入都来自银行贷款，企业自有资金负债率(debt-equity)常常达到6∶1或7∶1。每个大的工业企业都有一个"主要银行"，这个银行的任务便是说服其他银行和它一起，为企业提供贷款；如果客户企业陷入财务困境，它便会带头重组这个企业。一些经济学家(如：Aoki，Patrick 1994)曾认可过主要银行在监控日本企业管理者的行为中所扮演的重要角色。但是，在为日本企业发展提供资金的同时，日本银行在执行政府发展政策方面相对被动。为了资助发展中的企业，使其能够高额举债经营，日本银行向其成员银行"超额贷款"。日本的银行在提供资金投入方面发挥了关键作用，但是在实施战略控制方面并没有什么显著的影响。

监督日本高层行为的是经理人和工人共同组成的组织，而不是财务收益(Lazonick 1999)。实现这一组织构成的主要模式是包括从总裁到男性车间工人(但并不包括女性)都在内的终身雇佣制。终身雇佣制的起源可以追溯至20世纪早期，那时产业中广泛雇佣大学毕业生作为拿薪水的技术和管理人员(Yonekawa 1984)。20世纪40年代后期，当经济环境的恶劣以及民主思想的高涨引发起一场工人暴力运动时，一些企业也对车间工人承诺了终身雇佣制。新的产业工会的目标是实施"生产控制"——接管闲置的工厂，以便工人将它们投入使用并且以此养家糊口(Gordon 1985)。丰田、东芝和日立等领先企业解雇了暴动工人，并创建白领(技术和管理人员)与蓝领雇员的企业工会。领班、主管以及所有

① 当陷入财务困难的时候，公司可以通过按照市场价格向其他公司出售交叉持股的股票来换取现金，但是有一个共识，即当公司的财务状况好转以后，这些股票将以市场价格被买回。

受过大学教育的人员都是企业工会的成员，在他们正式转入经理层之前起码要在这个工会里待上10年。

企业工会最重要的成就是将终身雇佣制度化，尽管没有契约保证，但这个制度让白领人员和蓝领工人有了就业保障，起初只保障到55岁退休，然后在20世纪80年代开始推迟到60岁，近年来（过渡时期）又推迟到65岁（Sako and Sato 1997）。这个就业保障既赢得了工人对企业的忠诚，又刺激企业去开发工人的生产能力。这个制度与美国管理革命的中心思想——技术与管理人员在组织上的整合——并没有什么原则上的不同，但在一个极其重要的方面除外：在美国，拿薪水的经理与车间工人之间有明显的区别，而二战后的几十年内，日本企业里的车间工人都被整合到整个企业范围内的组织学习过程中去了。

通过参加降低成本的活动，日本的车间工人一直更为普遍地参与着产品与工艺改进的过程，这促使日本企业在20世纪70年代成为工厂自动化的世界领先者（Jaikumar 1989）。到90年代早期，日本工厂的机器人产量是美国的7倍多。日本制造商在生产中消除浪费的能力也非常重要，例如，到70年代后期，日本电视机的竞争优势并不在劳动成本或规模经济上，而在于对材料成本的节约（Owen 2000：278，本书：第19章）。这个生产变革在80年代的国际竞争中变得尤其重要，当时日本的工资已经接近北美和西欧的水平，特别是从1985年起，随着日元的急剧升值，情况更是如此。在八九十年代，受日本出口业绩的影响和日本对北美及西欧直接投资的冲击，很多西方企业都试图采用日本这种高质量低成本的批量生产方法，并获得了不同程度的成功。

20世纪80年代期间，大多数分析日本竞争优势缘由的专家都关注将车间工人融入到组织学习过程中的层级整合。但是到90年代早期，日本企业在它们参与竞争的产品市场上占据了有更高附加值的那部分，工作重点便转向“交叉职能管理”“全企业范围的质量控制”或“并行工程”对在高速加快的产品开发周期的过程中生产更低成本、更高质量产品所发挥的作用。许多对职能整合的讨论从国际比较的角度出发，关注它在“新产品开发”中的作用，结果比较出美国经理制企业相当糟糕的表现,正如同克拉克和藤本(Fujimoto 1991)在汽车工业研究中所揭示的那样。

如果美国企业的创新能力在于它完整的经理制组织,那它为什么会在与日本企业的竞争中遭受职能分隔呢?一个原因是美国企业里的等级制分隔,即车间活动被排除在组织学习过程之外,因此,美国工程师不会被迫跨专业学科进行交流,以解决"真实世界"的生产问题。另一个原因与美国工程师从20世纪60年代起在各企业间日益增加的流动性有关;正如我们将要看到的,这种流动性与"新经济"高科技企业的兴起有关。企业间的流动性使科学家和工程师能够在他们本专业领域的同行里建立威望,即使这会有损他们为之工作的某一特定企业里的专业知识在跨职能部门之间的整合。相反,在日本企业里,经理人和工人之间的层级联合,以及工程人员在企业间的低流动性,促进了职能的整合。

半导体产业的发展生动地说明了日本组织整合的竞争能力,但也同时说明了它的局限性。从20世纪70年代末开始,日本企业在生产动态随机读写存储器(DRAM)芯片方面对美国造成了强大的威胁,促使包括英特尔在内的大多数美国企业,在1985年后都撤出了这一市场。面对日本的挑战,在半导体行业内实力原本就很强大的英特尔,在90年代作为微处理器的领先者重新崛起时变得更为强大;早在70年代初,英特尔就是生产微处理器的先锋,到80年代,它将此技术授权给IBM个人电脑及其后续产品(Burgelman 1994)。

组织整合对日本在DRAM方面具备挑战能力起关键作用。正如丹尼尔·冲本(Daniel Okimoto)和美绪(Yoshio Nishi 1994)所揭示的那样,在日本半导体企业里,产品与工艺开发中最重要的互动发生在各部门的研发实验室与工厂技术实验室的人员之间,而工程技术能力正在朝工厂实验室里集中。他们称:在日本,"实际操作(hands-on)的制造经验……几乎是升迁和退休后流动性(post-career mobility)的一个必要条件;(然而)在美国却恰恰相反,制造工程师背负着二等公民的耻辱"(Okimoto and Nishi 1994: 195)。

微处理器的附加值在于设计，它决定产品的使用效果，这方面美国的半导体技能基础更为合适。芯片的附加值在于工艺工程，它可以减少缺陷并增加芯片产量，在这方面日本的半导体技能基础则更为合适。到20世纪80年代，富士通、日立和NEC等日本企业的DRAM产量比最好的美国企业还要高40%。

20世纪90年代，日本经济整体发展停滞，对此，现在很多西方观察家指责其独特的制度框架缺乏创新性，至今这一制度框架仍没有什么大的改变。但是，在电子和汽车等行业，索尼、丰田等日本企业一直是各自行业里的领先创新者，正如在过去几十年里，他们全面的技能基础使他们具备国际竞争优势一样。日本经济中存在的主要微观经济问题应该从金融体系以及围绕建立新创新型企业有关的制度中去寻找。

在20世纪80年代的繁荣时期，领先的日本制造企业可以减少他们对银行贷款的依赖，而银行也有充足的资金可以出借。于是银行将资金投放到土地和股票等投机生意中，造成了80年代后期的“泡沫经济”。当1990年泡沫破裂的时候，银行承担的坏账堆积如山。尽管大多数的坏账现在已经注销，但大部分款项都贷给了没有发展潜力的较小企业，银行的状况一直很不景气；而在之前经济高速增长、出口膨胀的时期，很多日本企业都具备发展潜力（Lazonick 1999）。但是，“发展潜力”对于“创新型企业的社会环境”来说并非外因，这一点已被在美国创新型企业“新经济”模型的兴起中出现的更有力的战略、财务和组织模式所证明。

2.6　新经济模式

20世纪七八十年代，当日本企业在多个行业对已占优势的美国经理制企业造成挑战时，美国的信息通信技术（ICT）产业开始复兴，为90年代后半期兴起的“新经济”奠定了基础。从历史的角度来看,新经济出现的原因是:二战后,为发展计算机和通信技术,美国政府进行大规模投资,并联合研究型大学和各企业的共同努力。

到20世纪50年代末,这种企业、政府联合投资的努力不仅促成了以IBM为首的第一代计算机的出现,而且造就了嵌入式硅片集成电路的生产能力——仙童半导体公司(Fairchild Semiconductor)和德州仪器公司(Texas Instruments)是这一技术的领先开发者,后来这一技术成为半导体行业的标准。20世纪60年代早期,美国政府实际上是半导体的唯一需求方。但从60年代后半期开始,电子芯片的商业机会不断增多,推动了许多半导体企业的出现。许多在半导体行业具有出色管理经验或技术经验的新型风险资本家,支持着聚集在斯坦福大学周围地区的众多半导体企业的发展;这一地区在70年代初被称为“硅谷”。半导体行业内的创新,尤其是微处理器的开发——实际上是芯片上的电子计算机——为70年代后期微型计算机的出现奠定了基础,这导致了计算机在家庭与办公室里大量使用,又为90年代的互联网革命提供了可能。

安娜尼·萨克森宁(AnnaLee Saxenian 1994)曾指出,激烈的而且常常是非正式的、超出企业边界的学习网络造就了硅谷的成功。正如一个世纪前的马歇尔式工业区,无疑,在硅谷,“手艺的秘密……是广为流传的”。但是在战略、财务和组织方面,硅谷的新经济商业模式与马歇尔式工业区的有着显著的不同,尤其重要的是在硅谷的单个企业内部的组织学习的发展程度。这种组织学习使得一些创新力强的企业成长为能雇佣好几万雇员的大企业,并推动整个区域的发展。在初期阶段,这种组织学习往往靠风险资金支持,这种融资方式通过20世纪60年代起在硅谷的成功,逐渐发展成专门的行业。在支持高科技产业区的技术开发和企业人才培养方面,各州的资助以及对美国公司经理制起核心作用的大学发挥了极为重要的作用。

新的信息通信技术(ICT)企业的创建者一般都是在现有ICT企业里已积累了专业经验的工程师,有时也会是试图将自己的学术知识商业化的大学教员。

这些企业家中有一部分人来自现有的旧经济(Old Economy)企业,在这些企业里,他们的新想法常常很难得到内部支持。于是他们离开现在的雇主并创办新的企业。新经济企业作为新企业家的摇篮便变得越来越重要(Gompers et al. 2003)。新经济企业的创建者通常从风险资本家那里寻求资金投入,并与后者一同分享企业的所有权和战略控制权。除了加入新企业的董事会以外,风险资本家一般还会招募职业经理人,并发给他们企业的股票及优先认股权,以便引导企业由新的风险投资转变为能持续运转的企业。这种以股票为基础的酬劳机制给予这些经理人有力的物质激励,激励他们开发企业的创新能力,直到企业能够首次公开募股,或被别的企业收购。但是,无论在这种转变之前还是之后,他们的任期以及对企业的价值都取决于他们的管理能力,而不是他们拥有的那部分股份。

对于由新的风险投资到持续运转的企业这一转变过程来说,关键是对不断壮大的技术与管理"人才"队伍进行组织上的整合。优先认股权成为一种重要的酬劳形式,通常作为现金薪酬的部分替代,吸引具有高度流动性的人员加盟并一直为企业服务。当优先股转换成公开交易股时,就变得颇有价值。缩短企业从建立到首次公开募股之间的时间的做法是在纳斯达克交易市场上市,这是大多数风险投资支持的高科技新企业所期望的,因为纳斯达克的上市要求比旧经济纽约股票交易市场的上市要求要宽松得多。当企业公开募股,或者被另一家上市企业收购时,风险资本家便可以在股票市场上出售自己的股权,并由此撤出他们对该企业的投资,而企业家也可以把他们持有的部分或全部所有权股票转换成现金。随着企业股票的公开交易,持有优先认股权的雇员就可以轻易地把他们的股票变成现金。

在20世纪八九十年代,企业慷慨地使用股票作为一种酬劳货币,分发给高层主管,这和50年代以来旧经济企业里的情形一样;但分发给人数众多的非主管人员,这成为新经济企业的一个显著特点。比如,思科公司在1990年首次公开募股时,仅有200名左右员工,到2001年有38 000名员工,它的所有雇员都享受到优先认股权；到 2001 年，优先股的发行量占企业发行全部股票的 14%多。自从思科几乎不再自己制造产品后——这是新经济“系统集成者”的又一显著特点——享有优先认股权的技术人群几乎都是受过高等教育的员工，在劳动力市场上，他们有着高度的潜在流动性。

企业除了使用自己的股票作为一种酬劳的货币，在 20 世纪 90 年代期间，一些新经济企业还使用自己的股票，而非现金，去买进其他更小的、一般是新建立的新经济企业，以获取新的技术和市场，并不断发展壮大。思科就很精通这种通过并购发展自己的战略；1993～2002 年，思科完成了 78 起并购(其中 41 起发生在 1999～2000 年期间，这是新经济繁荣时代的高峰期)，这些并购的总价值中有 98%多都是由股票支付的。

同时，思科保留现金而不派红利，这种资金投入方式也是新经济企业与旧经济企业之间的区别。因此，思科在 20 世纪 90 年代惊人的迅猛增长并没有让企业背上长期债务。然而，随着新经济泡沫在 2000 年年中破碎，思科花费几十亿美元买回自己的股票，以支撑下跌的股价(Carpenter et al. 2003)。即使在繁荣时期，当股价不断上升的时候，新经济企业靠发行股票实行并购并酬劳员工的方式，意味着其中一些企业要花费几十亿美元来买回股票。比如在 1997～2000 年期间，英特尔买回的股票共达 188 亿美元，微软买回的共达 134 亿元。比较而言，这些年英特尔在研发上的总支出是 142 亿美元，微软的是 112 亿美元。

和英特尔、微软和思科的情形一样，到 20 世纪末，一批新经济企业不可思议地成长为迅猛发展的大企业(Lazonick 2004)。2002 年根据销售额排列的前 500 位美资企业里，包括 20 家在 1965 年或之后建立起来的信息通信技术企业，这些企业既不是从旧经济企业里分离出去的，也没有与旧经济企业进行合并。这 20 家企业的年收入从戴尔电脑(Dell Computer)的 354 亿美元到冠群电脑(Computer Associates International)的 30 亿美元不等，平均为 104 亿美元。它们的员工总数从英特尔的 78 700 人到高通(Qualcomn)的 8 100 人不等，平均员工人数为 30 084 人，而在 1993 年，这 20 家企业的平均员工人数为 6 347 人。这 20 家企业中有 9 家(其中有 7 家排在所有企业中的前 10 名)是在硅谷建立的,另外有 2 家在加利福尼亚南部,还有 9 家在其他 8 个州。康柏(Compaq)电脑在 2001 年是美国的第 46 大企业,销售额为 336 亿美元,员工有 70 950 人;如果没有被惠普收购的话,它在 2002 年排名会更靠前。

这些大型的新经济企业中,有很多成为美国企业专利数量增加的重要贡献者。塞缪尔(Samuel)和乔希·勒乐(Josh Lerner 2000)曾揭示,在 20 世纪 80 年代前 5 年里,美国企业获专利数的锐减与早期风险投资支出的大量增加相互抵消。但是从 80 年代后 5 年开始,专利数又有所回升,部分原因是对于高速增长的新经济企业的竞争战略来说,专利变得很重要。在 2001 年,英特尔的专利项目在美国所有企业中排行第 18,在美资企业中排行第 7 位。排在英特尔前面的不仅有 IBM、朗讯(Lucent Technologies)、通用电器和惠普等旧经济企业,而且还有两个稍小但仍具相当规模的新经济半导体企业,即在 1978 年建立于爱达荷州的微技术公司(Micro Technology),排行第 4,以及在 1969 年建立于硅谷的 AMD 公司,排行 14。到 2003 年,AMD 按销售额排名是美国第 535 大企业,拥有 12 146 名员工;而微技术公司排在第 554 位,拥有 18 700 名员工。

创新的新经济企业往往通过在自己的业务主线上升级和扩大自己的产品来不断发展壮大。迄今为止,至少它们还没有 20 世纪六七十年代很多领先的旧经济企业那样,不加选择地涉足无关的技术和市场,旧经济企业的这个特征最终破坏了自己的业绩。同时,与旧经济企业相比,新经济企业更少垂直一体化,因为思科、戴尔和太阳微系统(Sun Micro Systems)等设备生产商将投资战略集中于核心能力所需的组织学习活动中;而外部采购活动,比如半导体的制作,由于昂贵和复杂而不能在内部完成,或者内外部完成都可以,比如印刷线路板组装,但外包已经成为常规。美国一些规模最大的信息通信技术企业是上游电子元件供应商,大部分都是新经济企业。2002 年,按销售额排在前 1 000 位的美国企业中,有 11 家半导体企业,员工总数达 212 354 人,从英特尔的 78 700 人到 Nvidia(1993 年成立的图像处理器专业生产商)的 1 513 人不等。设备制造商把印刷线路板和其他元件的大规模生产外包给全球五大合同制造商——英飞凌(Flextronics)、旭电(Solectron)、新美亚(Sanmina-SCI)、天弘(Celestica)和捷普(Jabil Circuit)——这五大企业在2003年初雇佣的员工在260 000~270 000人之间。

信息通信技术产业在2001~2002年间的严重低迷,使人们对新经济模式的可持续性产生了疑问。新经济模式的一个主要缺陷在于高级主管可以利用股票收益,从不稳定的股票市场上获得动辄上千万甚至上亿美元的巨额私人财富。当股价上升的时候,主管们受强大的个人利益驱使去配置企业资源(或者在表面上做出如此举动),这样便会鼓励投机市场。很多这种配置决定都会破坏企业的创新能力,而这些主管的职责便是控制企业的创新能力(Carpenter et al. 2003)。而当股价开始下跌的时候,这些主管又会在强大的个人利益驱使下,迅速卖掉股票换取现金,并获取巨大的财富(在大部分情况下不会违反法律),甚至不顾企业受损和企业正在生存的挣扎之中(Gimein et al. 2002)。

对于一部分这样的企业来说,一个主要的问题是,在新经济繁荣时期使用股票作为一种组合和补偿货币,会影响到股票市场发挥其作为现金来源的作用(O'Sullivan 2003)。在20世纪20年代后期股票市场繁荣时期,美国企业以投机的价格售出股票,支付债务或者购买国债,这样,当繁荣时代结束的时候,他们在财务上就不会那么脆弱。而在90年代后期的繁荣中,企业没有利用投机市场出售股票;相反,这些企业购买股票来支持他们已经膨胀的股价。企业员工,尤其是高层主管们,从股票升值中获利,但企业的财务实力却削弱了;从2000年年中开始,随着股票市场的低迷,很多信息通信技术企业痛苦地认识到了这一点。

2.7 了解创新型企业:理论建议

本章阐明了创新型企业的社会特征随着时间的推移和制度环境的改变而

发生显著的改变。离开能使企业生产出高质量低成本产品的特殊的社会环境来研究创新型企业,等于不去了解企业在最初为什么会具有创新性,而后来它的创新能力又是如何可能过时的。历史比较的分析方式使我们能够从历史中学到经验教训,并且为正在进行中的研究提供初步假设。

首先,创新型企业的历史比较经验意味着,与从马歇尔时代以来一直广为人们所相信的观点相反,企业所有权的形式对于了解支持创新型企业的战略控制类型来说,并不是关键因素。那些执行战略控制的管理者的能力和动力才是关键。无论他们是企业的主要所有者,还是国家工作人员,或是上市企业的雇员,我们都需要了解这些战略管理者在何处以及如何积累经验并在创新过程中分配资源的,以及在何种条件下,他们的个人回报取决于企业的创新成果。

其次,创新型企业的资金投入最根本的来源——如果并非是唯一的来源——应该是企业自身创造的资金。当采用银行贷款补充资金投入时,就需要在金融机构和创新企业之间存在着密切的联系,正如日本的模式中所体现的那样。在一定的时期和地区内,股票市场可以为一些经营到位的企业提供资金投入。但是作为一个金融机构,股票市场的基本角色是提供资产流动性,而不是资金投入。这使得企业所有者和风险资本家能够将他们的投资套现;也使得一般家庭能够分散储蓄投资,也就可能(希望如此)从股票市场上获益,却不用费时费力去了解他们所持有价证券的企业的创新能力。

第三,战略控制和资金投入对创新型企业来说不可或缺,但决定企业实际具有创新能力的因素是组织整合(organizational integration)。产生创新的组织整合的种类随着产业、制度环境以及时间的不同而不同。当劳动力的层级和职能分工被整合进学习型组织时,在过去能够产生创新,但在将来面对技术、市场和竞争上的变化时,却未必能够如此——这些变化在某种程度上是成功的创新自身带来的。

当一个社会中过去具有创新能力的企业不再能产生创新成果时,这些企业将被迫重新配置资源,把投资对象从现有的技能基础转移到新的组织形式。这种组织的重建并不总是能够顺利或成功地进行,就像英国工业区、美国经理制企业和日本的企业集团的历史经验所揭示的那样。正是因为创新型企业是一个社会组织,它的资源再配置是一个社会过程,在这个过程中不同集团的人们可能有着完全不同的利益。对创新型企业组织变化的了解,不仅对于了解一个社会是如何创新的很重要,而且对于了解一个社会如何应付社会瓦解(disruption)的过程,也很重要;在这个瓦解过程中,一些人的收益也许正是另一些人的损失。

在创新型企业的理论中,战略、财务和组织是环环相扣的动态过程,而学习就是它们的结果。想要充分理解创新型企业,就得了解真实的学习过程:隐性知识和显性知识(codified knowledge)之间的关系、个人能力和团队能力之间的关系,以及某一时刻所学到的知识与知识如何随着时间的推移而不断积累之间的关系。创新型企业赖以生存的社会环境为这种学习过程提供了背景,并决定了可能的学习、学习持续的程度,以及人们在认知和行为上互动的方式。技能基础在职能和层级上的整合表明了社会环境的影响;这一技能基础因产业、制度环境以及时间的变化而可能发生显著的变化,如同前述。

创新型企业的理论必须基于对历史比较经验的理解,这一理解具有足够的广度和深度,使人们相信其构成理论实质的假设和关系抓住了现实的本质,从而证明该理论的相关性(正确性)。相关理论的发展需要一种反复方法(iterative approach),即从研究历史资料中推出理论假设,这一理论结论再把历史当作一个正在进行和逐渐展开的过程加以分析(Lazonick 2003a)。把理论与历史结合起来,是一种智力上的挑战。

彭罗斯(1989: 11)在其职业生涯后期所写下的一篇文章里,敏锐地提出:

> 从定义上讲,“理论”是对“现实”的一种简化,但是这种简化对于从根本上领会现实和理解“历史”来说,是必要的。如果每一事件、每一制度和

> 每一事实在所有方面都确确实实是独一无二的，我们又如何去了解或者宣称自己已了解每一事件、制度和事实在过去甚或是现在的情况呢？另一方面，如果存在共同特征，而且这些特征在决定事态发展过程中意义重大，那么既要分析这些特征，又要分析它们的意义，并且为此目的，有必要将这些特征及其意义“从理论上”隔离开来。

如果我们需要理论来理解历史，那么我们也需要历史来理解理论。正如彭罗斯总结的：“没有涉及时间和空间的普遍真理，是不可能概括出经济事件的特征的。”

参考文献

AOKI, M., and PATRICK, H. (eds.) (1994), *The Japanese Main Bank System: Its Relevance for Developing and Transforming Economies*, Oxford: Oxford University Press.

BECATTINI, G. (1990), “The Marshallian Industrial District as a Socio-Economic Notion,” in F. Pyke, G. Becattini, and W. Sengenberger (eds.), *Industrial Districts and Inter-Firm Cooperation in Italy*, International Institute for Labour Studies, 37~51.

BELUSSI, F. (1999), “Path-Dependency versus Industrial Dynamics: An Analysis of Two Heterogeneous Districts,” *Human Systems Management* 18: 161~174.

BRODY, D. (1980), *Workers in Industrial America: Essays on the Twentieth Century Struggle*, Oxford: Oxford University Press.

BRUSCO, S. (1982), “The Emilian Model: Productive Decentralisation and

Social Integration," *Cambridge Journal of Economics* 6: 167~184.

——(1992),"Small Firms and the Provision of Real Services," in F. Pyke and W. Sengenberger (eds.), *Industrial Districts and Local Economic Regeneration*, International Institute for Labour Studies, 177~196.

BURGELMAN, R. (1994),"Fading Memories: A Process Theory of Strategic Business Exit in Dynamic Environments," *Administrative Science Quarterly* 39(1): 24~56.

* CARPENTER, M., LAZONICK, W., and O'SULLIVAN, M. (2003), "The Stock Market and Innovative Capability in the New Economy: The Optical Networking Industry," *Industrial and Corporate Change* 12(5): 963~1034.

CHANDLER, A. (1962), *Strategy and Structure: Chapters in the History of the American Industrial Enterprise*, Cambridge, Mass.: MIT Press.

* ——(1977), *The Visible Hand: The Managerial Revolution in American Business*, Cam bridge, Mass.: Harvard University Press.

——(1990), *Scale and Scope: The Dynamics of Industrial Capitalism*, Cambridge, Mass.: Harvard University Press.

* ——AMATORI, F., and HIKINO, T.(eds.)(1997), *Big Business and the Wealth of Nations*, Cambridge: Cambridge University Press.

CLARK, K., and FUJIMOTO, T. (1991), *Product Development Performance: Strategy, Organization and Management in the World Auto Industries*, Cambridge, Mass.: Harvard Business School Press.

* ELBAUM, B., and LAZONICK, W. (eds.) (1986), *The Decline of the British Economy*, Oxford: Oxford University Press.

FARNIE, D. (1990),"The Textile Machinery - Making Industry and the World Market, 1870~1960, *Business History* 32(4): 150~170,

GALBRAITH, J. K. (1967), *The New Industrial State*, Boston: Houghton

Mifflin.

GIMEIN, M., DASH, E., MUNOZ, L., and SUNG, J. (2002), "You Bought. They Sold." *Fortune* 146(4): 64~72.

GOMPERS, P., LERNER, J., and SCHARFSTEIN, D. (2003), "Entrepreneurial Spawning: Public Corporations and the Genesis of New Ventures, 1986~1999," NBER Working Paper 9816, July.

GORDON, A. (1985), *The Evolution of Labor Relations in Japan: Heavy Industry*, 1853~1955, Cambridge, Mass.: Harvard University Press.

* HANNAH, L. (1983), *The Rise of the Corporate Economy: The British Experience*, 2nd edn., London: Methuen.

HOUNSHELL, D. (1984), *From the American System to Mass Production*, 1800~1932, Baltimore: Johns Hopkins University Press.

HUBERMAN, M. (1996), *Escape from the Market: Negotiating Work in Lancashire*, Cambridge: Cambridge University Press.

JAIKUMAR, R. (1989), "Japanese Flexible Manufacturing Systems: Impact on the United States," *Japan and the World Economy* 1(2): 113~143.

KOGUT, B., and ZANDER, U. (1996), "What Firms Do? Coordination, Identity, and Learning," *Organization Science* 7: 502~518.

KORTUM, S., and LERNER, J. (2000), "Assessing the Contribution of Venture Capital to Innovation," *Rand Journal of Economics* 31(4): 674~692.

LAZONICK, W. (1986), "Strategy, Structure, and Management Development in the United States and Britain," in K. Kobayashi and H. Morikawa (eds.), *Development of Managerial Enterprise*, Tokyo: University of Tokyo Press, 101~146.

——(1990), *Competitive Advantage on the Shop Floor*, Cambridge, Mass.: Harvard University Press.

——(1999),"The Japanese Economy and Corporate Reform: What Path to Sustainable Prosperity?," *Industrial and Corporate Change* 8 (4): 607~633.

——(2001), "Organizational Learning and International Competition: The Skill-Base Hypothesis," in W. Lazonick and M. O'Sullivan (eds.), *Corporate Governance and Sustainable Prosperity*, Basingstoke: Palgrave, 37~77.

——(2002a), "Innovative Enterprise and Historical Transformation," *Enterprise & Society* 3 (1): 35~54.

——(2002b), "Innovative Enterprise, the Theory of," in M. Warner, (ed.), *International Encyclopedia of Business and Management*, 2nd edn., Stamford, Conn.: Thomson Learning, 3055~3076.

——(2002c),"The US Industrial Corporation and The Theory of the Growth of the Firm," in Christos Pitelis (ed.), *The Growth of the Firm: The Legacy of Edith Penrose*, Oxford: Oxford University Press, 249~277.

——(2003), "The Social Foundations of Innovative Enterprise," Franco Momigliano Lecture, Instituto per la Cultura e la Storia d'Impresa, TerM, Italy, July 10.

——(2004), "Corporate Restructuring," in S. Ackroyd, R. Batt, P. Thompson, and P. Tolbert (eds.), *The Oxford Handbook of Work and Organization*, Oxford: Oxford University Press (forthcoming).

LAZONICK, W., and O'SULLIVAN, M. (2000), "Perspectives on Corporate Governance, Innov - ation, and Economic Performance," Report prepared for the project on Corporate Governance, Innovation, and Economic Performance under the Targeted Socio-Economic Research Programme of the European Commission, June (www. insead. edu/cgep).

LESLIE, S., and KARGON, R. (1996), "Selling Silicon Valley: Frederick Terman's Model for Regional Advantage," *Business History Review*, 70 (4):

435～472.

MARSHALL, A. (1919), *Industry and Trade*, London: Macmillan.

——(1961), *Principles of Economics*, 9th (variorum) edn., London: Macmillan.

MORIKAWA, H. (1997), "Japan: Increasing Organizational Capabilities of Large Industrial Enterprises, 1880s～1980s," in A. Chandler, F. Amatori, and T. Hikino (eds.), *Big Business and the Wealth of Nations*, Cambridge: Cambridge University Press: 307～335.

——and KOBAYASHI, K. (eds.) (1986), *Development of Managerial Enterprise*, Tokyo: University of Tokyo Press.

* MOWERY, D., and ROSENBERG, N. (1989), *Technology and the Pursuit of Economic Growth*, Cambridge: Cambridge University Press.

NELSON, R. (1991), "Why Do Firms Differ, and How Does It Matter?," *Strategic Management Journal* 12, Special Issue: 61～74.

——and WINTER, S. (1982), *An Evolutionary Theory of Economic Change*, Cambridge, Mass.: Harvard University Press.

NOBLE, D. (1977), *America by Design: Science, Technology, and the Rise of Corporate Capitalism*, New York: Knopf.

OKIMOTO, D., and NISHI, Y. (1994), "R&D Organization in Japanese and American Semiconductor Firms," in M. Aoki and R. Dore (eds.), *The Japanese Firm: The Sources of Competitive Strength*, Oxford: Oxford University Press: 178～208.

* O'SuLLiVAN, M. (2000a), *Contests for Corporate Control: Corporate Governance and Economic Performance in the United States and Germany*, Oxford: Oxford University Press.

——(2000b), "The Innovative Enterprise and Corporate Governance,"

Cambridge Journal of Economics 24(4): 393~416.

——(2003), "The Stock Market as a Source of Cash in the US Corporation," INSEAD working paper.

* OWEN, G. (2000), *From Empire to Europe: The Decline and Revival of British Industry since the Second World War*, New York: HarperCollins.

PENROSE, E. (1989), "History, the Social Sciences and Economic 'Theory', with Special Reference to Multinational Enterprise," in A. Teichova, M. Lévy-Leboyer, and H. Nussbaum (eds.), *Historical Studies in International Corporate Business*, Cambridge: Cambridge University Press, 7~13.

* ——(1995), *The Theory of the Growth of the Firm*, 3rd edn., Oxford: Oxford University Press [first published 1959].

PIORE, M., and SABEL, C. (1984), *The Second Industrial Divide: Possibilities for Prosperity*, Basic Books.

SABEL, C. (1982), *Work and Politics*, Cambridge: Cambridge University Press.

——and ZEITLIN, J. (1985), "Historical Alternatives to Mass Production: Politics, Markets and Technology in Nineteenth-Century Industrialization," *Past and Present* 108: 133~176.

* SAKO, M., and SATO, H. (eds.) (1997), *Japanese Labour and Management in Transition: Diversity, Flexibility, and Participation*, London: Routledge.

SAXENIAN, A. (1994), *Regional Advantage: Culture and Competition in Silicon Valley and Route 128*. Cambridge, Mass.: Harvard University Press.

SCHUMPETER, J. (1934), *The Theory of Economic Development*, Cambridge, Mass.: Harvard University Press.

——(1950), *Capitalism, Socialism, and Democracy*, 3rd edn., New York:

Harper.

TEECE, D., PISANO, G., and SHUEN, A. (1997), "Dynamic Capabilities and Strategic Management," *Strategic Management Journal* 18(7): 509~533.

YONEKAWA, S. (1984), "University Graduates in Japanese Enterprises before the Second World War," *Business History* 26(3): 193~218.

* 星号表示建议延伸阅读的条目。

第3章 创新网络

沃尔特·W.鲍威尔(Walter W. Powell)
斯汀·格罗达尔(Stine Grodal)

3.1 引　言

2001年2月,《自然》(*Nature*)和《科学》(*Science*)杂志上刊出了人类基因序列的研究结果(约完成90%),这是由两个互为竞争对手的研究联合体(*consortia*)共同发布的。其中,"公共的"人类基因项目组,由美国国家卫生研究院(US National Institutes of Health)、能源部(Department of Energy)以及英国的维尔康姆信托公司(Wellcome Trust)共同资助,包括5个核心机构和11个合作单位①。它的竞争对手,即"私立的"联合体,则是由赛勒拉(Celera)生物技术公司领导,其成员既有商业公司,也有来自各个高校(加州大学、宾夕法尼亚州立大学、华盛顿天主教大学、约翰·霍普金斯大学、加州理工学院、耶鲁大学和洛克菲勒大学等)的研究者,以及西班牙、以色列和澳大利亚的科学家。这两个项目因其出色的科学成就而备受称赞,同时,它们也是大量组织创新的成果。和等级森严的国家项目——曼哈顿项目和阿波罗项目——不同,人类基因项目(HGP)和赛勒拉团队是多样化多元组织的跨国联盟。团队之间有着激烈的竞争,但各自的

---

① 5个人类基因序列测定的核心成员单位是:怀特黑德研究所(Whitehead Institute),华盛顿大学(Washington University),贝勒医学院(Baylor College of Medicine),联合人类基因研究所(Joint Genome Institute,是由美国能源部下属的三个联邦实验室联合成立的),以及英国的桑格研究所(Sanger Institute)。

团队内部非常团结(Lambright 2002)。人类基因项目由两个政府部门和一个英国私营基金会共同管理,它们负责协调两国的政府实验室、大学以及公益机构的活动。而赛勒拉作为领先企业,组织更加集中化,但其项目组中的科学家和顶尖的设备却是来自四个不同国家的私营公司、公立大学、私立大学以及非营利机构。

这两个项目都以大型网络形式运行,相互之间的竞争促使双方展开了一场高难度的学习竞赛。也许这两个项目从耗资、规模和分布特点等方面来说还相当罕见,但它们的组织形式——跨越重重组织界限和多种机构形式的合作——已不再罕见。实际上,很多研究者已注意到,这种创新网络的模式在过去20年里已经变得很平常了(Powell 1990, Rosenbloom and Spencer 1996,Roberts and Liu 2001,Chesbrough 2003)。

竞争对手之间的合作曾被看作是为打入新市场、分散风险,或者分担早期研发经费而采取的一个临时性或过渡性的举措(Mowery 1988)。当这些短期行为被纳入企业层面时,随着这样的开创性尝试而来的常常是合并。但是,近来研究表明,如今不同形式的组织间合作关系是企业战略的核心组成部分。即使这些关系持续相对长一段时间,也不一定会导致垂直化整合(Gomes-Casseres 1996, Hagedoorn 1996,Noteboom 1999,Ahuja 2000a)。产业绩效的当代研究中充斥着关于不同类型的组织间合作急剧高涨的报告。这些合作可以采取多种不同的形式(包括研究联合体、合资企业、战略联盟和转包合同),在很大范围内都具有重大的功能。一份关于产业研发倾向的国家研究委员会的分析报告指出,创新进程在上个10年内经历了意义最为重大的转变(Merrill and Cooper 1999)。在对1960~1998年间的一次调查中,汉格多尔(Hagedoorn 2002)发现研发合作急剧增长,这次增长始于20世纪70年代晚期,并一直持续到90年代中期。

国家研究委员会对以美国的11个产业——这11个产业在特征和技术上都不同,但都是在20世纪90年代复苏——的一份评估观察到,每个部门在新产品和新工艺的发展进程中,都对外来研发资源,尤其是大学、联合体和政府实验室,产生越来越大的依赖,而在国内外竞争者以及消费者之间,则存在越来越多的合作(Mowery 1997：7)。其他调查也指出组织间合作集中化程度的提高,尤其是在研发领域内。例如,国家科学基金会的数据显示出,1980~1994 年间,美国和西欧诸国之间组建国际联盟的次数有显著的增长。但是到 20 世纪 90 年代中期,美国公司与其国内竞争者之间的合作几率超过了国际合作(National Science Board 1998)。前一种合作主要受进入市场的利益驱使,而后一种则更多地关注新技术的发展。

同样地,现在有大量研究表明,美国企业和大学之间的联系在增多(Powell and Owen-Smith 1998),公司和政府实验室则更多地参与到研究合资企业中(Link 1996/1990)。希克斯和卡茨(Hicks and Katz 1996)发现,在自然科学领域,研究论文越来越多的是合作完成,并且这些作者有着多重机构联系——横跨大学、政府和产业。业务的分布式网络已经成为很多技术团体的组织基础,既表明了知识的源泉现在更加广泛地分散,也表明了管理机制开始将分散的知识协调组织起来。开放软件源代码运动正是这一趋势非常明显的例子(O'Mahony 2002, Weber 2003),表明了信息技术的进步是如何大大地便利了虚拟的网络。简而言之,正如莫利(1999：9)评论的:"产业创新过程中,机构主体及关系的多样性已经大量增加。"企业、高校和政府实验室之间的复杂网络是很多产业的重要特征,尤其是在那些技术进步迅猛的领域——如计算机、半导体、药物和生物技术——情况更是如此。

在这一章中,我们的目标是:评估关于网络在创新过程中作用的学术研究状况。我们首先回顾引发网络异军突起的那些因素。随后讨论不同类型的网络,并将其区分为两类,一类更多地是基于合同关系或市场因素;另一类则是基于不太正式的、更为原始的关系,如技术社团(community)或区域经济中普通的成员关系。然后我们转而讨论网络分析工具所提供的分析优势。这一研究潮流涵盖社会学、社会心理学、组织行为学以及商业战略,强调两种不同网络的重要区别,其中一种是高度集群、高密度的网络,充满着重重叠叠的连接;另一种是信任度高、连接度弱的网络,能为获取新颖而非冗余的信息提供渠道。再次,我们回顾了一些关于网络对企业创新成果的贡献的经验研究。我们讨论知识转移的问题,以及知识的编码化(codification)是如何能够决定在网络间传达的信息内容的。我们简短地讨论了网络的治理,然后以一个评估作为总结,这个评估分析了哪种类型的组织和环境能够从参与网络中产生对创新的最大影响。

对网络和创新之间关系的研究是一项相对新的研究领域。尽管对这一领域的大量研究正在进行,但对于测度企业间网络对企业绩效的影响的直接分析仍然有限。现有的很多研究专注于网络对获取专利、获得信息和产生新想法的影响。此外,研究者往往关注于研发投资集中的高技术产业,而有关网络关系对于企业财务绩效的影响的研究则相对较少。

3.2 为什么网络越来越重要

社会学理论和网络分析都很好地证实了异质性群体进行沟通接触的优势。传统的理论研究——从塞缪尔(Simmel 1954)到默顿(Merton 1957),再到格兰菲特(Granovetter 1973),最后到伯特(Burt 1992)——都非常清晰地表明,拥有广泛多样的社交圈,将在信息、地位和资源方面都具有优势。以下我们将回顾一下近期的一系列经验研究,这些研究表明了组织间的关系是如何在信息扩散、资源共享、获取专门资产以及组织间学习等方面带来益处。在科技领域,从各种不同的信息和资源中积累起的优势是相当可观的。随着知识的商业化在经济增长中的作用越来越重要,跨组织的合作也变得越加平常。组织间的网络成为各个组织共享和交换资源、共同开发新创意和新技能的一种方式。在技术发展迅速、知识来源分布广泛的领域,任何一家企业都不可能拥有能在所有领域内保持领先并给市场带来重大创新所必需的全部技能(Powell and Brantley 1992,

Powell, Koput and Smith-Doerr 1996, Hagedoorn and Duysters 2002)。在这样的背景下,网络成为创新的中心,因为知识的创造是提高竞争地位的关键。

合作性网络早已在以下一些领域内成为生产过程的核心:工业区(Brusco 1982, Piore and Sabel 1984)、技能型行业(Craft-based industries)(Eccles 1981),以及如航空航天业这种基于对不同关键部件进行装配的产业。知识密集型产业的增长提高了网络在研发以及产品开发与销售中的重要性。从各种经验研究中不难发现,内部研发的强度、技术的先进性与战略联盟的数量和强度都是直接相关的(Freeman 1991, Hagedoorn 1995)。

对于那些发展迅速的领域里的组织来说,合作者构成中的异质性能让企业学到广泛的知识。拥有更宽更广网络的组织则可能学到更多的经验,获得不同的能力以及更多的机会(Beckman and Haunschild 2002)。这样的便利能创造出一种环境,使"创造性碰撞"——多种观点的综合——更有可能发生。从这个观点来看,"创新发生在各种思想的交界处,而不是在某一种知识和技能基础的局限内"(Leonard-Barton 1995: 62)。由于有机会参与更多不同的活动、获得更丰富的经验,接触到各式各样的合作者,企业拓宽了自身可以利用的资源和知识基础。通过发展和某个合作者之间更多元的关系——或者通过多种合作,或者通过将现有的研发合作关系扩展到下游的发展——企业之间增加了接触点。当关系加深后,更多的投入与更彻底的知识共享便随之而来。与其他组织有更多重或多面关系的组织有可能为交换信息和解决分歧提供更好的选择(Powell 1998)。相应地,那些已发展出更广泛的交流带宽的组织则更有能力传输复杂的知识。在科学驱动型领域里(如生物技术),不同类型的组织建立起联系,这些组织经常一起开展各种活动,它们是产业网络中的主要活动者(Powell et al. 2004)。这些处于中心位置的组织既能将有前途的新参与者拉进网络,也能和各种不同种类的现有组织合作。另外,研究表明,在生物技术领域,缺乏这种联系的组织则跟不上其他组织的步伐而落后(Powell et al. 2005)。

3.3 网络的多样性

关于网络的文献强调，在介于市场的灵活性、自发性与组织权威的力量和控制力中，网络的影响体现得最显著（Powell 1990）。网络将市场的某些激励结构与权力等级结构所具有的监控能力、行政监督结合起来（Mowery, Oxley and Silverman 1996）。在此，我们所指的网络既包括建立在正式合同关系上的网络，如转包关系、战略联盟或产业研究联合体的参与者；也包括那些非正式的关系，即某个专业或行业协会的普通会员，或者只是与某一技术社团有更为松散的联系。

人们可以从各个方面去分析网络——持续性、稳定性，以及它们是否是为了完成某个特殊的任务组建起来或从一个已有的关系中演化而来的。网络分为短期项目和长期关系，不同的时间维度对治理而言有重要的意义。一些网络是等级制的，受中央权威机构的监控，而其他的网络则更具异质性，其特征是权力分散且自组织性强。格兰柏赫（Grabber）和鲍威尔（2004）以时间上的持续性和治理形式为主要依据，区分了四种主要的网络：非正式网络（基于经验共享）、项目网络（为完成特定任务的短期组合）、地域性网络（靠空间上的邻近性而维系的共同体）以及商业网络（双方有目的的战略联盟）。这些类型的区别并不一定很严格，相反地，它们可能互相重叠和交叉。可以说，这些形式是按照不同的组合要素来定位网络的很有用的坐标。

一些重要的概念提供了有效的分析工具，这些分析工具应用于不同类型的网络，并能对其效果进行评估。首先，考虑一下强关联和弱关联之间的区别（Granovertter 1973）。在人际关系中，强关联是指和你有正规交往的人，而弱关联是指熟人或朋友的朋友。对于社会支持，强关联很重要，但是个人所接受到的很多新信息都来自弱关联。强关联基于共同的兴趣，因此，流通中的大部分信息都加强了已有的观点;弱关联则以不同想法和品位的形式引进新奇的内容,如引入极有价值的有关就业和其他的新信息,这种信息,量不大但极有价值。弱关联比强关联的延伸范围更长,而带宽较窄,但强关联更具有黏着性,而且往往被证明在复杂信息的交换中更为有效。图 3.1 说明了强关联和弱关联之间的不同。

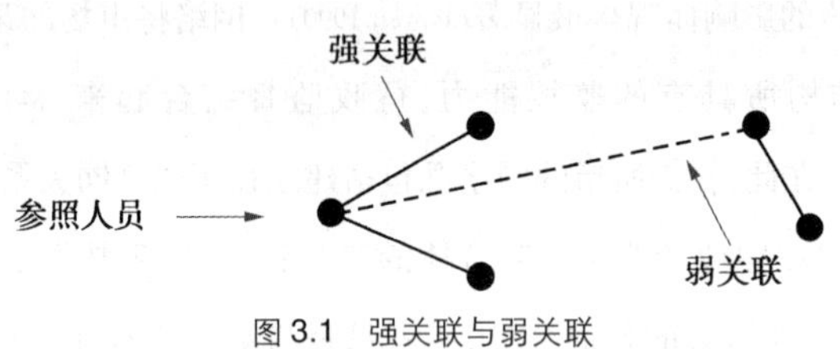

图 3.1 强关联与弱关联

很多关于企业间网络的研究都是从人际关系外推而来的①。一般说来,这种分析似乎是可信的,但是它忽略了企业层面上的关系是否取决于现有的人际关系,也没有考虑到如果重要的参与者离开,商业关系是否会受损害或终止。个人之间的关系对组织间关系的决定程度,是学术研究的一个重要问题,也是对商业战略的一大挑战(Gulati 1995,Powell 1998)。

第二个值得关注的差异是:网络作为桥梁和作为结构性缺口(structural holes)的区别(Burt 1992)。桥梁是缺少关联的各方之间的连接点,例如,当 A 认识 B,C 认识 B 但不认识 A。B 就是 A 和 C 之间的桥梁,从而成为 A 和 C 之间连接的通道。格兰菲特(1973)认为,桥梁是使弱关联成为可能的连接。伯特(1992)深化了这一论点,他将问题从"哪一位"(即网络的哪一个位置是最佳的)转移到"一定的结构安排怎样产生利益和机遇"。他创造出"结构性缺口"这个术语,指在那些还未被连接的单位之间的潜在的连接。制造出这种连接的可能性为双方进行获利交易提供了杠杆和机会。那些能利用结构性缺口的人可成为社会结构中的缺口交易人(见图 3.2)。

① 一个重要的例外是:Ahuja 2000a,Rowley et al. 2000,Powell et al. 2005。

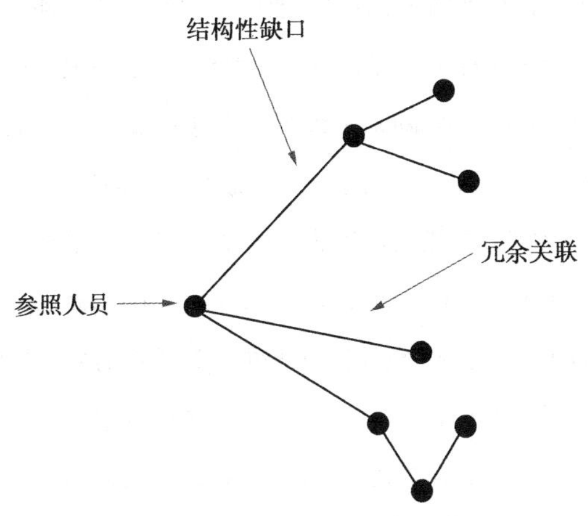

图3.2　结构性缺口和冗余关联

强关联、弱关联、桥梁或结构性缺口能否为创新带来更大的机遇？专家们对此众说纷纭(Ahuja 2000a, Ruef 2002)。很明显，网络结构的不同与网络关系的内容不同有关系。两个团体之间的强关联可能会限制信息收集的搜索宽度，但是交换的信息是“厚”的，或者说是详细而丰富的。弱关联则更稀薄且更不持久，但是能提供获得非冗余信息的更好渠道。关于网络是否能在不引发反应的情况下，被设计或“修剪”以产生“最佳”形状，意见也不统一。不管在网络中的位置是否具有高度延展性，处于网络中的位置既提供了机会，也限制了机会。

第三个差异点是在市场界面上为完成某一任务而有意建立起的网络和从现有关系中生长出来的新兴网络。前者可以说是工具或战略关系，而后者来源于更原始的关系，例如种族、友谊或地域。这些不同的起点很重要，但在网络的流动世界里，起始点并不能决定关系的演化。让我们考虑两个案例。在制造业中，有纵向分解(vertical disaggregation)的全球趋势，因为在很多行业里，企业在设计、零部件供给方面依赖供应商(汽车行业：Womack, jones and Roos 1990；磁盘驱动器行业：Mckendrick, Doner and Haggard 2000)。之所以外包，常常是出于缩减成本、节省时间和增强灵活性的需要,而大企业则集中精力从事那些它们自身有竞争优势的活动。但正如许多研究者指出的那样,在这种关系中没有自然的停止点(Sabel 1994;Helper,McDuffie and Sabel 2000)。转包者能逐步参与设计、进行重要的研发,或成为提高质量的核心力量。一开始是外包的抉择,但在一定的情况下,可能成为一种深厚的、相互依赖的合作关系,或者可能成为一个非常含糊和机会主义的合作关系。相关著述(Helper et al. 2000,Dyer and Nobeoka 2000)举例说明了汽车行业的转包关系演变成相互依赖的双边关系的显著趋势。

或者试想一下当代的生命科学,在这个领域里有很多研发合作都是由学术关系发展而来的——如合著关系、师生关系以及共同培训(Murray 2002)。然而,这些非正式的个人关系可能会涉及专利形式的重要的知识产权问题,从而成为组织间非常正式的合同协议关系。我们提供这些例子是为了说明从战略目标出发而建造的网络可以具有强有力的关联元素,而更私人化一些的关联则可以变得契约化和具体化。将网络或者归类于交易型(即基于商业机会的考虑,而不考虑以往的社会关系),或者归类于关系型(即蕴涵于当前的社会关系中),这是可能的,但是认为这些关系保持不变是不恰当的。在网络发展的过程中,有着大量的投入和产出。激烈的竞争能使得精于算计的战略联盟更加根深蒂固,而对巨额经济回报的期望能使个人间的“握手”之交转变为公司间正式的、法律上的关联。

图 3.3 提供了不同形式网络的分类,横轴代表目的性的程度,按非正式到契约化排列;纵轴则代表深入的程度,从开放、短暂或者流动,到一个相当封闭团体中的经常的、紧密的联系(Granovetter 1985)。我们对四个象限中的每一个都给出各种创新网络的例子。在左下象限中,我们放入非正式的网络,如一个科学的无形学院——由共同的经验或兴趣发展而来。虽然这样的关系倾向于临时和短期,灰色的箭头意在表示这些非正式的关联能发展成为正式的商业联盟或者更持久的原始的关系,其间参与性更加稳定,流动性不大。左上象限中的原始网络是以共同的社会身份、持续的参与以及紧密的关联为特征的。在

深入程度
原始的
供应链
类型：
节点相似
共同的社会身份
功能：
多种功能，技能型，基于项目
结构：
紧密的，由于网络存在于行动之前，工作关系被置于个人关系之中
例子：
电影，建筑，种族团体，钻石贸易
类型：
节点不相似
共同的工作身份
功能：
水平或垂直的专业化
劳动分工
渐进性创新
结构：
蜘蛛网络
关联的建立创造了网络。随着时间的推移，网络能变为一种社会身份，如东芝的供应链网络
例子：
供应链
核心公司
更封闭的成员关系
无形学院
战略
高度流动
类型：
相似和不相似的节点
共同的兴趣
功能：
更快获取消息和新观念、发明
结构：
关联巩固了学院的结构
例子：
研究合作，信息共享
大学
公司
研究院所
政府
类型：
相似和不相似的节点
身份不同
功能：
分工，重组
结构：
有目的性的网络，从活跃的关联创造中产生
例子：在高技术产业中很常见，如半导体、生物技术和化学
生物技术
风险投资
医药
可评测性
非正式的
契约性的

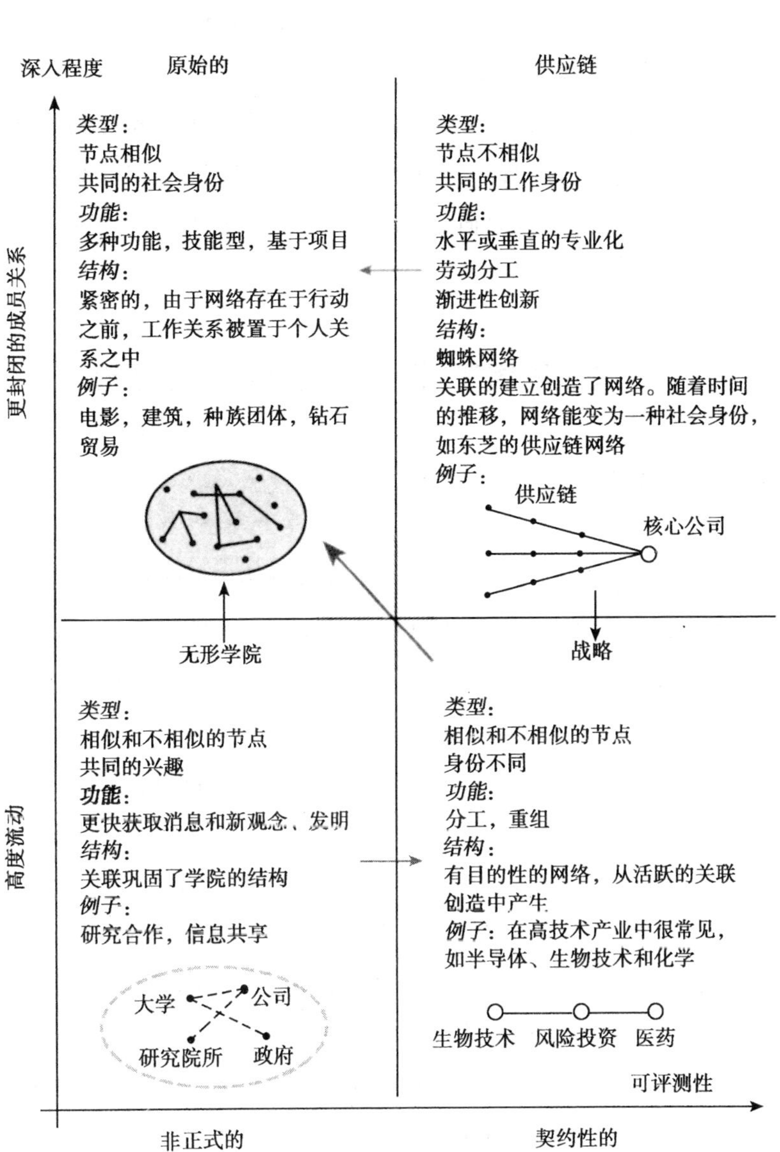

图3.3 网络类型

专业网络、技能型职业、种族团体以及工业区中,常常可以发现所有这些特征。右上象限是参与一个共同项目的典型。这种网络的成员非常受限制,而且常常由一个"领袖"公司管理。供应链网络或者大型的建筑项目就是很合适的例子。灰色箭头的意思是表示供应链关系可以发展成职业社团和工业区,或者发展成正式的商业合作关系。最具目的性和工具性的网络类型是战略联盟,列在右下象限中。现在我们转向这些形式和创新过程之间关系的讨论。

3.4 关于网络在创新中的作用的经验研究

3.4.1 正式的关联

大多数关于网络和创新之间关系的经验研究集中于组织之间建立起来的正式关联。这一研究潮流证明了联盟的设立与创新之间的强正相关关系,这种关系体现在多种产业中,如化工(Ahuja 2000a)、生物技术(Powell et al. 1996/1999; Walker, Kogutand and Shan 1997;Baum, Calabrese and Silverman 2000)、电信(Godoe 2000)和半导体(Stuart 1998/2000)。各种不同的研究背景都表明,网络结构的影响可能是普遍的。尽管如此,大部分研究还是集中于高科技产业,并且将专利作为创新的替代品。我们需要更多的对创新产出的直接测度。在这个研究中出现的一些重要的主题强调了特定的关联特性、技术的不确定性以及网络的演化。此外,研究者强调了联盟提供给创业公司越来越多的好处——资源和知识。

*关联特性。*一组研究关注不同类型的关联是怎样影响从联盟中获得收益的。菲汀(Vinding 2002)调查了 548 家丹麦的制造公司,这些公司在两年的时间里开发出一个或多个新产品。在对其中一部分公司的访谈中,他发现,合作对创新的影响既与合作伙伴的类型,又与以往合作关系的模式有重要的关系。与合作者前期交往的重要性表明了其在关系建立中的重要意义,以及信任和

认知性的理解等这些要素是与日俱增的。研究表明,国内的合作者比国外的合作者对创新绩效有更大的正面影响,这可能是由于较远距离的合作所带来的心理上和经济上的成本更高。菲汀的研究强调了从当地的强关联中获取的收益。相似地,在一项对一个挪威电信组织的研发组合进行的长达10年(1980~1990)的案例研究中,戈多(Godoe 2000)的报告得出关于强关联的同样的结论。他的分析指出,根本性创新更有可能在亲密和持久的关系中产生。但是在挪威的案例中,那个联盟并不是当地的,而是建立在参加国际电信协会的基础上。

鲍威尔等人(1999)强调,从各种不同的关联中获取的合作经验以及在网络中取得的中心位置,是生物技术公司在1988~1999年间创新的重要决定因素。他们的分析指出,企业所获取的中心位置和经验能产生出更多的专利权。在取得专利权这个方面,最为重要的连接是研发合作。网络关联的多样性对获取专利的几率也有着正面的影响。鲍威尔等人(1999)发现,虽然网络经验对获取专利有着正面影响,但获取专利的增长率却随着经验的增加而下降,这表明在网络连通性上的收益可能在下降。关于网络的连通性是否有极限的问题需要作进一步的调查研究①。这些结果提出了一个“学习循环”的进程,在这个进程里,研发合作会吸引其他合作者的注意力,这些合作者会在提出新想法中通力合作。联盟多样性的增加,增长了企业在管理合作和转移知识方面的经验,也增强了它在产业网络中的中心地位。更巩固的中心位置与获取专利的更高几率有关;中心位置与获取更多的专利都会引发随后的研发合作,为处于中心位置的企业启动下一轮循环。

大部分研究都着眼于是否有正式的合作。但是,乌伽(Ahuja 2000a)发明了一

---

① 欧文-史密斯和鲍尔(Owen-Smith and Powell 2003)发现,与有限的商业伙伴(企业)拥有强关联的研究型大学具有“多产的”专利组合,这种多产性是用专利引用的影响来测度的。那些与企业关联很少的大学,其专利组合也少,获得的专利则更少。从专利的数量和影响看,研究型大学的最优战略是与不同且多样的企业建立多样的联系。多样性可以减少与少数商业企业建立过分紧密联系的可能。

种更为细致的分析,包括直接和间接关联,以及间接的程度。以全球化工行业中97个公司为样本抽取数据,他用获取专利的数量作为创新产出的一个衡量指标,而用正式关联衡量合作。通过合作伙伴的联系而取得的较远距离的联结被认为是弱的或间接的关联。结果表明,直接和间接的关联都对创新有正面的影响,但是间接关联的影响比直接关联的影响要小。直接关联的数量也负面地节制着间接关联的影响。与伯特(1992)关于通过非冗余接触而获得的套利机会的论点相反,乌伽指出,有许多结构性缺口的网络会减少创新产出,如衡量获取专利几率的结果所示。密集网络的主要优势可能在于它们转移暗默知识的高超本领(Van Wijk, Van den Bosch and Volberda 2003)。在对一个大型跨国计算机公司里项目组间信息交换的分析中,汉森(Hansen 1999)也阐明了复杂知识最容易在密集网络中转移。

*创业型企业。*一个活跃的研究领域涉及网络对新成立公司存活机会的影响。拉尔森(Larson 1992)研究了一个新兴公司是怎样通过为其主要商业功能吸取外界资源和支持而发展壮大的,他的人种学研究说明了在新公司成长过程中,各种关系是怎样建立和维系的。拉尔森并没有明确地关注创新产出,他的洞察力在于强调网络在获取必要资源以推动新公司成功中的明显重要性。桑、沃克和库古特(Shan, Walker and Kogut 1994)调查了新兴的生物技术公司与其他公司的合作关系是否对获取专利有正面的影响。他们的结论为合作关系增进创新这一论点提供了支持,因为正式的合作关系解释了创新产出,而创新产出却不能说明联盟的模式。斯图亚特(Stuart 2000)在对半导体行业中的创新的研究中,进一步强调了联盟对年轻的小公司的突出作用。他的数据集包括150个公司,之后是1985~1991年间的DATAQUEST顾问公司。通过对销售数据、战略联盟的模式和专利活动的分析,斯图亚特说明,拥有先进技术联盟伙伴的公司获取专利的几率比那些缺乏这种关联的公司要高得多。与大型合作伙伴建立战略联盟的公司发展的速度也比那些没有途径接近这些合作伙伴的公司要快。在申请专利方面,年轻的小型公司从网络获得的回报是最丰厚的。

鲍姆、凯乐布瑞斯和斯乐曼(Baum, Calabrese and Silerman 2000)研究了一个相似的问题:新公司的联盟成员构成是怎样影响这个公司的业绩的。利用1991~1996年间在加拿大成立的142家生物技术公司的数据,他们发现,联盟的建立对新企业的创新有正面的影响。网络效率——指每个联盟的信息和能力的多样性——对生物技术获取专利的数目有很大的正面影响。但是,和直接竞争者结成联盟对创新有消极影响。然而,当竞争的生物技术公司在相关市场上占更大份额时,或者如果竞争的生物技术公司具有高度的创新性时,消极影响并不明显。在各种被使用的业绩测度中,专利的数量和研发经费的支出量受联盟建立比率的影响最大。

*网络动态。*运用科恩和雷菲斯(Cohen and Levinthal 1990)关于吸收能力的观点,鲍威尔等人(1996)认为,企业利用与外部的合作,才能在快速发展的技术领域中保持不败。但是组织并不是新知识消极的接受者,"已经学到的东西非常关键地影响着可能学到的东西"(Powell et al. 1996: 120)。为了了解在外部滋生的"新知识",组织必须在内部生产"新知识"。在这种方式下,从外界获取技能知识和资源的进度与内部专业知识的产生密切相关。在对全球生物技术产业的研究中,他们发现,那些在管理合作性研发关系中已经积累了经验的公司能更快地接触到处于网络中心位置的组织。随着合作经验的增加,企业拓宽了与自己合作的组织网络。随着企业合作经验及其合作伙伴多样件的增加,它在行业中会越来越处于中心位置,越来越令人瞩目。这一中心位置转而带来企业规模的增大,以及协调更多联盟的能力的增长,这形成了一个反馈循环。这个学习循环已经被证明与正面的财务业绩(Powell et al. 1999)以及与不同种类组织合作的更强的能力有关,这两点使得企业在行业中能保持领先地位(Powell et al. 2005)。

从组织社会学和商业战略的研究中显现出的普遍图景是:网络和创新形成了一个良性循环。外部的关联推进创新,同时,创新的产出也吸引着更多的合作关联。这两个因素都刺激了组织的成长,而且似乎也增进了进一步的创新。例如，乌伽(2000b)和斯图亚特(2000)证实了先前拥有很多专利的企业比那些缺少专利的企业更可能形成联盟，这表明创新和发展是一个循环递进的过程，在这个过程中合作性关联起着主要作用。但是，对以下几个问题需要给予进一步的关注，如关联持续时间的影响、合作经验以及关联破裂对创新进度的影响。

技术的不确定性。 创新过程的另外两个方面包括战略与联盟形成间的关系，以及所在领域里的技术不确定性的水平。爱森哈德和斯库霍菲(Eisenhardt and Schoonhoven 1996)研究了众多于1978~1985年间在美国成立的半导体公司，发现一个公司的战略越是敢于冒风险，这个公司结成的联盟也就越多。对此现象的一个解释是当公司获得了发展前沿技术的信誉时，通过联盟便确保了获取发展创新性技术所需的资金和其他资源的途径；另外一种观点是，联盟对于在高速发展的环境中分担伴随而来的风险是必要的。萨卡、埃尚巴迪和哈里森斯(Sarkar, Echambadi and Harrison 2001)对一系列高科技产业中的管理者的分析显示，建立联盟这一积极战略会提升业绩，这一点已被市场份额、销售增长、市场开发和产品创新等指标所证实。他们还提出，那些能意识到环境不确定的管理者，更有可能去寻求联盟。另外，从网络关联中，小企业比大企业获得更多的价值，大概是因为小企业将技术前景看得更不确定。

罗森克普夫和塔西曼(Rosenkopf and Tushman 1998)研究了技术社团在飞行模拟行业中的作用。在这个行业里，合作的技术组织在完善标准和提升技术层次方面起关键作用。在1958~1992年进行的一项研究中，他们发现，长时期渐进的变化会不时地被短期的骚乱打断。他们指出，技术网络建立的速度间断性地增加，并且当骚乱减弱和一个主导设计出现时，便稳定成核心"派系"。随后的技术变革瓦解了主导的派系，并且引发新网络的形成，这就重新启动了循环。因而，技术战略和产业演化都与网络形成的模式有关联，而外部网络在技术发展的间断时期，以及对于采用更为冒险的战略的企业来说，都具有更大的重要性。在计算机行业(Farrell and Salomer 1998)和录像机行业(Cusumano et al. 1992)，行业技术委员会在标准制定方面的重要性也已经被强调。

从这组研究中得出的整体结论是,网络为企业提供获取更多不同的信息和能力源泉的途径。而且,这些关联又增加了企业内部创新的水平,这是缺乏这些关联的企业可望而不可即的。比起大企业,年轻一些、小一些的企业也许更能从合作关系中获益。最为显著的是,在网络中居于中心位置的企业有更多的创新产出。直接和间接的关联都对创新作出了积极的贡献,但是直接关联的优势会削弱间接关联的效果。证据表明,结构性缺口的益处并不一致。结构性缺口可能的有益之处在于搜索新信息,但是知识的转移过程看来是受更紧密关联的网络促进的。从合作动态学的观点来看,成功的外部关系似乎能产生更多的关联,这刺激着企业的成长和创新。很明显,这个循环是有限制的,但是研究工作至今还没有深入地解决这个问题。

本节回顾的大多数研究都将专利视为因变量,而把正式关系视为自变量。专利提供了对新颖性的测度方法,它通过外部的专利审查程序使之生效,因此它是测度知识创造的有效指标(Griliches 1990)。但是专利有一些局限性。有些种类的创新并未申请专利,并且不同行业申请专利的范围存在差异(“创新过程中的行业间差异”见本书:第14章)。另外,这些研究的重点——半导体、化学、生物技术——都在那些申请专利很普遍的领域,并且在这些部门里的竞争者们都是些活跃的专利权许可者。然而,对这些高技术产业的关注产生了诸多问题,比如,这些结论对其他知识不太密集的行业是否具有普遍性?

一项涉及产业间差异性的研究是罗利、比瑞斯和克拉克哈德(Rowley, Behrens and Krackhardt 2000)的关于钢铁和半导体行业里的强弱关联的分析。这一研究做出很大的努力,以区分强关联和“臂长”交易的区别,前者的联盟需要相当数量的资源投入和定期的交往,后者的交易快速,并且合作关系具有较低频度和较浅深度的特征。例如,股权联盟、合资企业和研发合作都被归类为强关联;而许可、专利协议和营销关系则被归类为弱关联。他们认识到弱关联是获得新信息的桥梁,而强关联对社交控制和隐性知识的交换都有作用,但他们却发现了不同的结论。在钢铁行业里，强关联与绩效正面相关；在半导体行业里，弱关联则更加灵验。他们提出，这些发现反映了在半导体行业中检索和产品创新的重要性，而对钢铁行业来说，生产过程的改进是重点。

很多关于买方-供方关系和转包的研究都集中于更传统一些的产业，如汽车或纺织品。可以肯定的是，这些产业大量地利用技术进步，但是它们较少是科学驱动型的。因此，相关知识的来源并非那么广泛地分布。强关联因而趋向于比弱关联占优势。但是那些关联的内容会演化，从契约性的到关系性的。考虑一下转包关系，尤其是其中一个比较显著的例子——丰田汽车生产网络。研究者们强调连接这个生产链的重叠关联的密度是怎样便利了知识的分享、相互间的学习和快速的反应（Dyer 1996，Dyer and Nobeoka 2000）。但是这种密集网络的特征，即信用和互惠，是长时期发展过程的产物。在 20 世纪 50 年代和 60 年代早期，当日本企业在最低成本的基础上参与竞争时，与转包商的关系是分等级和不对称的。然而，当企业越来越多地在质量和创新的基础上参与竞争时，复杂的多层供应关系经历了重大的变革。这些关系在两个主要方面仍然是分等级的：较大的领先企业往往拥有供应商或分支机构大量的股份，并且主导生产过程。但是这种不对称性已急剧减少。供应商在保持竞争力的努力中，大量投资于新设备，不断提升工人的技能，并且承担组装过程中的更为关键的方面（Helper et al. 2000）。相应地，较大的企业提供长期的合同，分享雇员，给予技术协助并且进行投资，为设备的升级提供资金。

但是，研究者们明显太关注于正式的、契约性的联系，而忽视了联结组织的无数的非正式关联。事实上在组织间时时刻刻发生各种各样的非正式互动，包括参加专门的产业委员会或管理人员教育培训项目、会议、行业协会活动，等等。人员的流动性和共同的教育背景也可能促进企业间的非正式关联。这种非正式的连接可能是那些更正式的、契约性的联盟形成的基础。确实，正式联盟的成功可能取决于非正式关联的力量。因此，我们转向对非合同关系的讨论。

3.4.2 非正式的关联

非正式关联的模式很长时间以来一直是社会学和人类学的中心议题。在这两个领域中,关于朋友网络、建议和传递网络(advice and referral networks)以及社团的研究比较普遍。在组织理论中,也有一部分已被广泛认可的研究指出,组织内的非正式关系往往不能和正式权力紧密吻合(Dalton 1959,Blau 1963)。一小部分的研究集中于大型跨国公司非正式网络的影响力(Ghoshal and Batlett 1990,Hansen 1999)。然而,很少有研究将非正式关联与创新过程联系起来,并且鲜有关于非正式的组织间关系的研究。

学者们往往认为,复杂信息的共享是由已有的,根深蒂固的关联促成的,这表明非正式关联是有潜力对创新作出重要贡献的。研究者们普遍强烈地感觉到非正式关系加固了正式关系。鲍威尔等人(1996)论述,在生命科学里,"在大多数正式关系下面,是重重的非正式关系"。尽管如此,很多组织总的来说并没有意识到非正式关系对正式活动的支持程度。

关于企业间非正式网络的重要研究之一是冯·希普尔(Von Hippel 1987)对美国小钢铁制造厂商间专有(Proprietary)信息的共享的研究。在对工厂经理以及其他掌握生产过程的直接知识的工程师访谈的基础上,他发现,与合作企业以及竞争企业的专有知识的交易都很平常。他最初惊奇于专有知识是这样"容易被泄露",但是他接着认识到信息的交换是高度互惠的,并且以期望帮助的请求能被满足作为条件。大多数共享的信息都集中于生产疑难、污染控制和安全问题,以及涉及整个行业都关心的议题。但是当竞争企业里的工程师间的关系特别密切时,更多的专有信息会被交换。冯·希普尔还发现,工程师们在跨公司的专业团体中有着严格的成员资格准则,并且信息交易是在团体中确保名誉和地位的一种方式。他提供了大量的事例,说明工程师间共享复杂信息是怎样对小型制造厂作出贡献的。

一群分享一系列相似的技能和专业知识的人被称为一个“实践社团”(Wenger 1998),或“实践网络”(Brown and Duguid 2001)。在某些方面,与一个技术社团或一个高级的业余爱好俱乐部相似,这些松散的社团参与相关的工作实践,虽然他们并不一定在一起工作。这种流动的团队对思想的流通很重要。萨克森宁(1994)观察到,在硅谷的工程师们之间,专有知识充分共享,这些工程师中的很多人在同一专业社团中,对自己的同行就如同对自己的公司一样,有着强烈的责任感。萨克森宁论述,非正式知识的共享——在硅谷中被广泛制度化为一种职业惯例——是形成硅谷多产的创新风气的决定性因素之一。科恩和菲尔兹(Fields 1999)强调,硅谷中的职业关联是由企业家、科学家、公司和协会之间的综合合作形成的,专注于追求创新及其商业化。这一合作过程创造并提炼了技术变革的无形的原材料——想法。

科瑞尼尔和斯库特兹(Kreiner and Schultz 1993)通过对丹麦生物技术领域里的高校研究人员和行业研究主管的深入访谈,分析了非正式关联的重要性。他们强调,在丹麦生物技术行业中,成功的研发合作联盟常常是以非正式的关联为基础的。交换材料、实验室测验结果和化学品等的易货经济在这个领域里很普遍。他们指出,在研究的前沿领域里,共享信息的准则促成了更多的正式网络的建立。正如在美国的小型制造厂里一样,信息交换并不受管理层控制,尽管这样的互惠流动可能被管理行为引导。

很多关于非正式关系的研究强调信任的重要性。特萨和哥萨尔(Tsai and Ghoshal 1998)研究了在一个跨国电子公司的15个业务部门里,公司内部网络和创新之间的联系。他们发现正如所料,社会关系导致业务部门间更高程度的可信赖性。信任增加了业务部门间的资源交换和组合,这有利于产品创新。在乌兹(Uzzi 1997)关于“臂长”关联(“成本就是一切的交易”)和嵌入式关联(“你成为这些人的朋友——商业上的朋友。你信任他们和他们的工作,他们是家庭的一部分”)之间不同点的分析中,信任的重要性也赫然显现。乌兹对纽约服装业中的23家女性高级服装公司进行访问和人种学观察研究。他的研究很值得注意,不仅是因为他的数据质量,而且是因为他关注不同种类交易关系的业绩成果。乌兹发现,组织的业绩随着使用与网络伙伴的嵌入式关联而提高,因为这些关联在传达复杂、有一定背景的知识方面有其优越性。但他认为,需要在公司的嵌入式关联和臂长关联之间形成平衡,因为一个只有臂长关联或只有嵌入式关联的网络结构会降低组织的绩效。

鲁尔夫(Ruef 2002)的企业家分析也强调一个融合正式和非正式联盟的平衡的网络结构的重要性。他发现,比起那些位于同质性网络中的企业家,位于异质性网络——既包含强关联,也包括弱关联——中的企业家,更有可能被同行认为具有创新性。罗森克普夫在其对飞行模拟和移动电话领域内的涵盖整个行业范围的专业社团的研究中,已发现一种类似的正式和非正式关系的融合。罗森克普夫、曼田和乔治(Metiu and George 2001)分析了手机服务企业共同参加技术委员会的情形,发现这样的成员关系促进了随后的企业间正式联盟的形成。当企业先前已经建立了联盟时,参与技术委员会的效果会减弱,这显示出非正式关联的效果在公司还没有确立联盟伙伴时更有催化作用。

3.4.3 多方关系

大多数关于网络和创新的研究已经探讨过双重关联,或者整个网络背景里的焦点公司。罗森克普夫和塔西曼(1998)关于专业社团的分析强调研究多方关系的重要性,这种多方关系将各个组织中的专业技术人员联合起来。阿科拉(Akera 2001)使用档案数据,描绘在计算机早期阶段,名为“共享”的IBM用户社团的重要性,这提供了一个大规模的多方合作的图像。在1953年IBM第一台大型机公开发布后不久,“共享”网络便成立了,使得IBM的客户能交换程序,并且能合作编程,以避免重复劳动。“共享”产生的一些主要创新为系统编程和操作系统提供了基础,形成了今天现代计算机应用的中枢。“共享”传播了关于硬件变革的信息,这些变革大大改进了IBM计算机和外部设备的配置。“共享”网络的主要贡献之一是创立了技术标准,其次就是促进了知识在企业和用户间的扩散。

今天与“共享”网络相类似的是 Linux 社团,它是由一群用户试图开发微软操作系统的替换品而建立的。可以看到,Linux 编程员的网络以一种高度分散的方式开发程序十分有效。一开始,大多数编程员从未谋过面,只是通过互联网相互认识——通过他们在编码时使用的用户名。Linux 社团有着非常合理的组织结构,靠人际关系网络加上个人作为熟练编程员的名声作为进入网络的入场券(O'Mahony 2002,Weber 2003)。“共享”网络和 Linux 网络之间的一个不同点是合作利益驱动着“共享”网络,而 Linux 则主要由终端用户驱动。尽管如此,在这两种情况下,编程任务的可分解性是促进分散网络的一个重要因素。

另外一个被广泛研究的大型网络是科学家网络,常常被称为无形学院(Crane 1972)。一个无形学院是一个研究人员的非正式网络,这个网络围绕着一个共同感兴趣的问题或范例而建立。通过研究无形学院,科瑞恩(Crane 1972)希望能够理解知识是怎样增长的,以及科学社团的结构是怎样影响知识的扩展的。如今已有大量的关于科学网络的研究,描绘合著和引用的结构(见: Newman 2003,提供了一个很好的概述),虽然很少有研究明确关注创新的问题,但戴维(2001)提出了一个正式模型,表明科学社团内知识的自由共享是学术创新的主要推动力之一。科学社团的历史特征之一是信息和研究成果已经在相关团体的成员间公开散布。大学里研究的日益商业化已经引起一些学者的质疑: 无形学院的创新优势是否会持续,或者商业利益是否会妨碍科学家之间非正式知识的共享。(Powell and Owen-Smith 1998,Owen-Smith 2003)。由莫利和山姆帕特(Sampat)撰写的第 8 章是关于“大学-工业”界面问题,为了解大学在创新过程中的作用进行了更为详细的讨论。

另一类被称为“参与者-网络理论”[Actor-Network Theory(ANT)]的研究关注科学和技术网络,分析科学和技术的特殊定义或配置是如何优于其他的概念的。“参与者-网络理论”将人工制品和技术以及人和组织当做网络成员的分析方式非常独特(Callon 1998;Latour 1987)。ANT 对网络和创新之间关系的主要贡献是表明网络不仅能促进创新,而且通过决定创新的种类及其随后的诠释和最终的使用,从而约束创新(Callon 2002)。

一类相关的研究将网络看做活动的系统,即"市场即网络",这是由斯堪的纳维亚的市场营销研究人员提出的方法(Hakanson and Snehota 1995)。这一方法分析组织间的多重关系,并且显示组织间关系的这些不同方面是怎样随着时间而变化和演进的。例如,供应商网络可能会频繁地改变,生产的不同要素要么外包出去,要么由内部供应(Waluszewski 1995)。在生产网络中的合作伙伴间交换的资源总是在不停地变化。决定一个实体是否是资源要依具体情况而定,还取决于它与其他资源进行组合的效用。因而,资源在效用和价值上一直都是多价的。生产网络的参与者,无论是个人还是集体,都发展着以信任和承诺为特征的联结关系(bonds)。这些联结也对网络有一种组织影响,因为它们塑造参与者的身份,并说明参与者之间义务的不同等级。但是,这类丰富的定性研究并没有明确地关注创新。

关于多方网络的各种研究倾向于强调合作过程的各方面。这种对内容的关注是受欢迎的,但是有时候它的代价是未能测度关系的产出,尤其是无法衡量网络成员间的信息的共享与处理是如何能够决定新想法的产生的。对创新过程更全面的理解需要研究信息共享这个主题,也就是我们现在将要进入的论题。

3.5 知识转移

知识转移(transfer)的作用显然处于创新过程中的中心地位。研究强调了知识转移过程的两个不同方面,这两个方面都影响创新,虽然角度不同。一个关于信息通过网络进行交换的解释强调在创新的劳动分工中互补性资产的重要性(Mowery, Oxley and Silverman 1996)。如果A企业擅长生产一种特定的部件,而B企业能用这种部件生产发动机,它们将合作进行联合生产;在联合生产中,它们的能力相互得到加强。例如,在生物技术领域,与大学里的科学家有着紧密关联的小公司可能擅长药品开发,但是缺乏技能和资源去管理或资助昂贵的临床试验。通过与一所研究型医院和一家发展稳定的大公司(这家公司新药供给的渠道有限)一起紧密地工作,各方就能以一种相互受益的分工方式进行合作,结果便是参与者互相学习,并完成他们单独不可能完成的任务。

知识共享的第二种形式发生在网络里的现有信息以一种新的方式重组的时候。确实,新想法往往就是重新配置现有知识、问题和解决方案后而得到的意料之外的结果(Nelson and Winter 1982,Fleming and Sorenson 2001)。这种冲击或调换位置的结果之一是,企业能生产出一些它们自己不能创造出来的东西。但是,知识转移的两种形式都依赖于以某种方式成功地进行思想交流。

人们经常划分隐性知识与显性知识之间的区别(Cowan, David and Foray 2000)。对隐性知识的兴趣起源于波拉尼(Polanyi 1956)的论点,即我们通常知道的要比我们能够口头表达出来的多得多。显性知识被高度编码(Codified),如在计划书、配方、手册中或者以培训的形式体现。隐性知识缺乏这样详尽的编码(Nonaka and Takeuchi 1995)。有价值和有效的知识常常要通过相当大的努力才能获得,并且这样的知识在获取和应用的过程中常常会被改变。也许最生动的例子就是美国汽车制造商们不停地努力获取、理解和实施日本的精益生产系统(Womack, Jones and Roos 1990;Dyer and Nobeoka 2000)。复杂生产技术的知识很少以一种能被完全消化掉的形式获取;要理解这些必须通过"干中学"。被编码的知识和隐性知识之间的区别非常关键,这是因为后者需要多得多的在不同的情景下应用新知识的"试错"的学习过程。

很多研究指出,比起隐性知识,显性知识相对来说更容易转移。西蒙尼(Simonin 1999)的研究表明,知识的特性和组织文化的差异对联盟内部的知识转移都有着负面的影响。他观察到,在长期联盟和在短期联盟之间的知识交换存在重要的差别。历史较长的联盟在合作者之间发展出一种通用的语言和共享的思维模式,表明联盟中的学习曲线——即缺乏经验和知识复杂性的负面影响——随着联盟的成熟而下降。因此,当一个联盟逐渐成长,并且参与者们培养出对关系的特殊理解时,就有机会更有效地转移更微妙的信息。随着合作者们发展出更广阔的交流带宽,复杂的隐性知识就能变得更加明确。

如果知识的隐性特征是知识转移的一个约束因素的话,那么转移知识的成本与被转移知识的类型就是成比例关系的。容易转移的知识以较低的成本广泛扩散(Boisot 1998),于是,可能导致创新的、包含有新颖性元素的显性知识的传播成本也较低。另外,当知识非常"黏着"(Sticky)(Von Hippel 1998)并且包含着大量的隐性成分时,转移知识的难度和成本就会很高。因而,从这些信息中可望得到的收益是不确定的,因为获得信息的成本可能会超过它的价值。这说明了当知识包含着适度的复杂性时,从转移知识中获得的收益可能是最大的。图 3.4 说明了创新和编码之间的假设的倒 U 字形关系。在这里我们假设信息转移的成本有变化性,并且当新的思想传递时如果不遇到太多的困难,获得的收益可能是最大的。

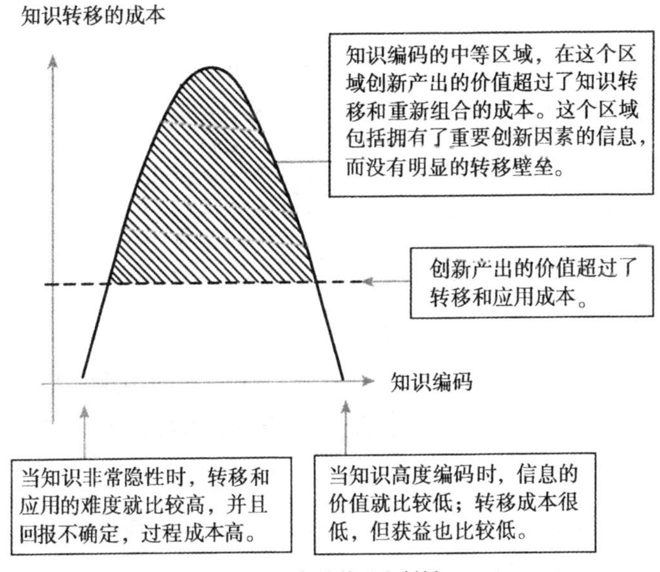

图 3.4　知识编码和创新

苏兰斯基(Szulanski 1996)对8个公司内部基准的转移的分析说明了区分知识转移的关键维度。他举例说明了发送者和接受者之间的关系是重要的,其中双方都得有追求卓越的共同意识。明显地,交流对于信息互换是重要的。但是就连关系较好时,某些知识也因为有歧义,或者黏着,而不容易被转移。此外,当双方有着不同层次的吸收能力时,信息交换会受到阻碍,这种能力指的是,认识新信息价值的能力,吸收新信息并将其应用到商业目的的能力(Cohen and Levinthal 1990)。这种吸收能力对于创新能力是至关重要的。例如,内部的成功研发和研发经费正面影响了一个公司开发利用存在于外部关系中机会的能力。

当两个或多个组织能够整合它们不同的力量,并且创造出一种它们无法用自己能力构造出的产品和服务时,知识的有效转移也是十分重要的。一个很好的例子是意大利的摩托车产业,在这个产业中,创新的地点分布广泛,通过合作,参与者从专业化和多样性中获益(Lipparini, Lorenzoni and Zollo 2001)。因为所有的参与者都提供了有价值的投入,形成了巨大的合力促进新知识的产生。领袖型企业开发出相关的能力,从而可以利用专业参与者的技能,帮助所有信息和资源在网络内的流通。同样,一个关于意大利包装机器产业的研究,分析了一个供应网络的产生,在这个网络里专业性角色高度互补(Lorenzoni and Lipparini 1999)。随着时间的推移,核心企业的经理们发展出一个专门的供应网络,其中的每一位参与者专注于一套特定的并具备高度竞争性的核心能力。这种网络结构使供应链的每一环都专注于它们自己那部分的改进,从而使参与者们对市场情况的反应能力得到加强。

3.6 治理和激励问题

很多关于企业间网络的研究是从一个单一的时点获得数据,因而没有探讨合作是怎样随着时间扩展开来的。从二分法的视角看,就算那些确实涉及动态性的研究也倾向于这样做。最初,一个年轻的企业做出挑选伙伴的选择通常是由资源需求驱动的。当企业和网络都成熟时,各种二重的选择越来越多地反映了网络的结构特性。因此,现有的网络结构左右着搜寻行为(Search behavior)。其结果是,网络使信息变为知识,同时也决定了知识的性质(Kogut 2000)。但是我们对网络管理和治理还没有类似的理解,以便对其进行结构分析和拓扑分析。对于关系中的各方怎样适应变化的环境,或者如何利用激励因素来调整关系进而改进关系,对这方面的关注很大程度上一直没有得到研究。

那么,意料之中的是,很多研究认为只要一个合作关系在持续,参与者们就在为实现它们的目标而努力,并且把合作关系的结束看作失败的标志。这种观点忽视了这样一点,即合作关系可能已经完成了其任务,或者已经超过了其有用期。因科帕(Inkpen)和罗斯(2001)发现了证据,证明了联盟的结束可能并不意味着失败,仅仅是一个合作行为结束的标志(例如,一个新产品已经被开发出来)。尽管如此,一些合作看起来还持续着,虽然它们已经停滞或者已经超过了有用期。因科帕和罗斯提出了几个理由,说明为什么企业间联盟可能在过了最佳时期之后还维持下去①。成立联盟是艰难而昂贵的,因而,一旦成立,解散联盟就可能存在抵触。另外,随着越来越多的企业竞相加入联盟,就形成了一窝蜂的赶时髦,很多企业纷纷加入联盟,生怕自己被抛下,失去伙伴。管理合作关系也是存在挑战和成本的。如果一个合作关系协调性差,那么成本可能会超过收益。联盟有时也会成为一个企业价值的代名词,使企业因此而欲罢不能。最后,结束一个联盟也可能需要成本。所有这些因素可能使联盟即使已经不能为企业创造价值却继续存在。

一些研究已经指出在一些长期合作中可能发生的停滞难题,虽然这些研究并未直接涉及创新几率,而是聚焦于可行性和企业生存,但它们的观点一般

① 因科帕和罗斯(2001)并没有具体指出如何测度关系持续的合适期限。相反,他们认为,有些关系会随时间变化而变得过时,完成了其使命,再维持下去,其产生的成本超过收益。

来说还是恰当的。当一个网络中的参与者关系变得太过于紧密,并且信息只是在一个小团体中传播时,网络可能会变得具有限制性和僵化。只在相同的参与者之间反复循环的信息可能会导致"锁定"或者"硬化"。当网络变得封闭并且限制新成员进入时,"小团体思维"的可能性就会增加。格兰柏赫(Grabher 1993)关于德国鲁尔(Ruhr)地区钢铁生产业的研究表明了,一个高度凝聚性的、同质的地区变得如此的封闭,以至于没有任何生产商提出其他适应变化的战略。这种认识上的锁定最终导致了德国钢铁生产业的衰落。鲍威尔(1985)讲述了编辑们在更新和升级他们关系网络上的失误是怎样导致了一个书籍出版商的书籍质量和名声的下降的。伯特兹(Portes)和森斯布瑞尼(Sensenbrenner 1993)举例说明了种族社团网络怎样变得具有限制性,当身在其中的成功的企业家偏离了种族社团标准时,怎样遭到排斥。总之,将经济活动主体连接在一起的关联关系可能变成盲目的关联,妨碍了对更可取的其他方案的识别。

3.7 小 结

最近几十年来,组织间网络越来越受到重视。网络通过使企业接触到新思想,快捷获取新资源,提高其转移知识的能力,对企业的创新能力作出了杰出的贡献。正式的合作也可能使创新的分工成为可能,这样就能使企业有可能完成它们不能单独完成的目标。关于联盟的研究证明了对互相学习的投资和对各种合作组合的投资是与专利的增加联系在一起的。获取专利只是创新过程的一项投入,而这些经验性结果的优点是强调了获得各种异质联系的重要性。

我们认为,知识的性质——定义为隐性和显性——是决定网络成员是否能有效共享信息和技能的重要因素。基于创新分工的网络可能会有利于以已完成的投入形式转移隐性知识,而对于那些涉及共同创造新思想的网络来说,其成功与否取决于其传递和转移不易编码的知识的能力。

另外一个对创新网络的重要挑战是发展网络的容纳能力,以提高网络现有参与者之间的信息流量并向新进入者开放。在网络内部既增加凝聚力同时又能认识到有价值的新思想的源泉——这种双重考验是常人难以经受得住的。一些研究认为强关联和弱关联的结合能够适度地平衡可靠性和新颖性。

然而,我们需要更多的研究来确定紧密的、可靠的联盟怎样能够与新进入者建立新的关联相结合。另外,由于一些联盟在实质上是人与人之间的联系,我们就需要更进一步理解个人之间的关系是怎样聚合成企业之间的富有成效的关系的。或者,倘若这个问题被忽视,如在企业间的合同关系研究中,对起支撑作用的非正式关系没有给出分析,那么研究个人职业生涯和企业战略的相互交织的机会就失去了。另外一个同样重要的问题是,有关网络的研究还没有明显地专门关注创新产出的各种测度方法,无论这种创新产出是新产品还是新服务,是组织生产的新方式,或者是对竞争需求的更迅速的反应。标准的测度方法要么基于专利,这是对创新过程的一种投入,要么基于问题的解决,但并没有对解决方案的时效性和最优化给予足够重视。网络的研究仍相对年轻,所以期望这样精确的答案尚为时过早。我们期望将来的研究能够提供一个更加有说服力的分析,以说明网络影响创新产出的具体方式。

参考文献

---

* AHUJA, G. (2000a), "Collaboration Networks, Structural Holes, and Innovation: A Longitudinal Study," *Administrative Science Quarterly* 45: 425~455.

——(2000b), "The Duality of Collaboration: Inducements and Opportunities in the Formation of Interfirm Linkages," *Strategic Management Journal* 21:

317~343.

AKERA, A. (2001), "The IBM User Group, Share," *Technology and Culture* 42: 710~736.

BAUM, J. A. C., CALABRESE, T., and SILVERMAN, B. S. (2000), "Don't Go It Alone: Alliance Network Composition and Startups' Performance in Canadian Biotechnology," *Strategic Management Journal* 21: 267~294.

BECKMAN, C., and HAUNSCHILD, P. (2002), "Network Learning: The Effects of Partner's Heterogeneity of Experience on Corporate Acquisitions," *Administrative Science Quarterly* 47: 92~1724.

BEAU, P. M. (1963), "Consultation Among Colleagues," in *Dynamics of Bureaucracy*, Chicago: University of Chicago Press, 157~169.

BOISOT, M. H. (1998), *Knowledge Assets: Securing Competitive Advantage in the Information Economy*, Oxford: Oxford University Press.

BROWN, J. S., and DUGUID, P. (2001), "Knowledge and Organization: A Social Practice Perspective," *Organization Science* 12(2): 198~213.

BRUSCO, S. (1982), "The Emilian Model: Productive Decentralization and Social Integration," *Cambridge Journal of Economics* 6: 167~184.

* BURT, R. S. (1992), *Structural Holes*, Cambridge, Mass.: Harvard University Press.

CALLON, M. (1998), "Actor - Network Theory—The Market Test," in j. Law and J. Hassard (eds.), *Actor Network Theory and After*, Cambridge, Mass.: Blackwell, 186~196.

——(2002), "From Science as an Economic Activity to Socioeconomics of Scientific Research," in P. Mirowski and E. M. Sent (eds.), *Science Bought and Sold*, Chicago: University of Chicago Press.

CHESBROUGH, H. (2003), *The Era of Open Innovation*, Boston: Harvard

Business School Press.

COHEN, S., and FIELDS, G. (1999), "Social Capital and Capital Gains in Silicon Valey," *California Management Review* 41(2): 108~130.

COHEN, W., and LEVINTHAL, D. (1990), "Absorptive Capacity: A New Perspective on Learning and Innovation," *Administrative Science Quarterly* 35: 128~152.

COWAN, R., DAVID, P. A., and FORAY, D. (2000), "The Explicit Economics of Knowledge Codification and Tacitness," *Industrial and Corporate Change* 9: 211~253.

CRANE, D. (1972), *Invisible Colleges: Diffusion of Knowledge and Scientific Communities*, Chicago: University of Chicago Press.

CROSS, R., BORGATTI, S., and PARKER, A. (2002), "Making Invisible Work Visible," *California Management Review* 44(2): 25~46.

CUSUMANO, M., MYLONADIS, Y., and ROSENBLOOM, R. (1992), "Strategic Maneuvering and Mass - Market Dynamics: The Triumph of VHS over Beta," *Business History Review* 66: 51~94.

DALTON, M. (1959), "Power Struggles in the Line," in *Men Who Manage*, New York: Wiley, 71~109.

DAVID, P. A. (2001), "Cooperation, Creativity, and Closure in Scientific Research Networks: Modeling the Simpler Dynamics of Epistemic Communities," Conference at Centre Saint Gobain, Paris.

* DYER, J. H. (1996), "Specialized Supplier Networks as a Source of Competitive Advantage: Evidence from the Auto Industry," *Strategic Management Journal* 17(4): 271~291.

——and NOBEOKA, K. (2000), "Creating and Managing a High - Performance Knowledge Sharing Network: The Toyota Case," *Strategic*

Management Journal 21：345～367.

ECCLES, R. (1981),"The Quasifirm in the Construction Industry," *Journal of Economic Behavior and Organization* 2：335～357.

EISENHARDT, K. M., and SCHOONHOVEN, C. B. (1996), "Resource－based View of Strategic Alliance Formation：Strategic and Social Effects in Entrepreneurial Firms," *Organization Science* 7：136～150.

FARRELL, J., and SALOMER, G. (1988), "Coordination through Committees and Markets," *RAND Journal of Economics* 19(2)：235～252.

FLEMING, L., and SORENSON, O. (2001),"Technology as a Complex Adaptive System：Evidence from Patent Data," *Research Policy* 30：1019～1039.

* FREEMAN, C. (1991), "Networks of Innovators：A Synthesis of Research Issues," *Research Policy* 20：499～514.

GALUNIC, D. C., and RODAN, S. (1998),"Resource Recombinations in the Firm：Knowledge Structures and the Potential for Schumpeterian Innovation," *Strategic Management Journal* 19：1193～1201.

GHOSHAL, S., and BARTLETT, C. (1990), "The Multinational Corporation as an Interorganizational Network," *Academy of Management Review* 15：561～585.

GODOE, H. (2000),"Innovation Regimes, R&D and Radical Innovations in Telecommunications," *Research Policy* 29：1033～1046.

GOMES－CASSERES,B. (1996), *The Alliance Revolution: The New Shape of Business Rivalry*, Cambridge, Mass.：Harvard University Press.

GRABHER, G. (1993),"The Weakness of Strong Ties：The Lock－in of Regional Development in the Ruhr Area," in G. Grabher (ed.), *The Embedded Firm*, London：Routledge.

——and POWELL, W. W. (2004),"Introduction," *in Critical Studies in*

Economic Institutions: Networks, London: Edward Elgar.

* GRANOVETTER, M. (1973), "The Strength of Weak Ties," *American Journal of Sociology* 78: 1360~1380.

——(1985), "Economic Action and Social Structure: The Problem of Embeddedness," *American Journal of Sociology* 91: 481~510.

GRILICHES, Z. (1990), "Patent Statistics as Economic Indicators: A Survey," *Journal of Economic Literature* 28: 1661~1707.

GULATI, R. (1995), "Does Familiarity Breed Trust? The Implications of Repeated Ties for Contractual Choice in Alliances," *Academy of Management Journal* 38: 85~112.

HAGEDOORN, J. (1995), "Strategic Technology Partnering During the 1980s: Trends, Networks, and Corporate Patterns in Non - Core Technologies," *Research Policy* 24: 207~231.

——(1996), "Trends and Patterns in Strategic Technology Partnering since the Early Seventies," *Review of Industrial Organization* 11: 601~616.

——(2002), "Inter - Firm R&D Partnerships: An Overview of Major Trends and Patterns since 1960," *Research Policy* 31: 477~492.

——, and DUYSTERS, G. (2002), "External Sources of Innovative Capabilities: The Preference for Strategic Alliances or Mergers and Acquisitions," *Journal of Management Studies* 39(2): 167~188.

HÅKANSSON, H., and SNEHOTA, I. (1995), *Developing Relationships in Business Networks*, London: Routledge.

HANSEN, M. T. (1999), "The Search - Transfer Problem: The Role of Weak Ties in Sharing Knowledge across Organization Subunits," *Administrative Science Quarterly* 44: 82~111.

HELPER, S., MACDUFFIE, J. P., and SABEL, C. (2000), "Pragmatic

Collaborations: Advancing Knowledge While Controlling Opportunism," *Industrial and Corporate Change* 9(3): 443~489.

HICKS, D. M., and KATZ, J. S. (1996), "Where is Science Going?" *Science, Technology and Human Values* 21(4): 379~406.

INKPEN, A. C., and Ross, J. (2001), "Why do Some Strategic Alliances Persist beyond their Useful Life?" *California Management Review* 44: 132~148.

KOGUT, B. (2000), "The Network as Knowledge: Generative Rules and the Emergence of Structure," *Strategic Management Journal* 21: 405~425.

KREINER, K., and SCHULTZ, M. (1993), "Informal Collaboration in R&D. The Formation of Networks across Organizations," *Organization Studies* 14: 189~209.

LAMBRIGHT, W. H. (2002), "Managing 'Big Science': A Case Study of the Human Genome Project," Washington, D. C.: Pricewaterhouse Coopers Endowment for the Business of Government.

LARSON, A. (1992), "Network Dyads in Entrepreneurial Settings: A Study of the Governance of Exchange Processes," *Administrative Science Quarterly* 37: 76~104.

LATOUR, B. (1987), *Science in Action, Cambridge, Mass.: Harvard University Press.*

LEONARD - BARTON, D. (1995), *Wellsprings of Knowledge: Building and Sustaining the Sources of Innovation*, Boston: HBS Press.

LINK, A. (1996), "Research Joint Ventures: Patterns from Federal Register Filings," *Review of Industrial Organization* Ⅱ (October): 617~628.

——(1999), "Public/Private Partnerships in the United States," *Industry and Innovation* 6(2): 191~217.

LIPPARINI, A., LORENZONI, G., and ZOLLO, M. (2001), "Dual

Network Strategies: Managing Knowledge - based and Efficiency - based Networks in the Italian Motorcycle Industry," Working paper.

LORENZONI, G., and LIPPARINI, A. (1999), "The Leveraging of Interfirm Relationships as a Distinctive Organizational Capability," *Strategic Management Journal* 20: 317~338.

MCKENDRICK, D. G., DONNER, R. F., and HAGGARD, S. (2000), *From Silicon Valley to Singapore: Competitive Advantage in the Hard Disk Drive Industry*, Stanford, Calif.: Stanford University Press.

MERRILL, S. A., and COOPER, R. S. (1999), "Trends in Industrial Research and Development: Evidence from National Data Sources," *in Securing America's Industrial Strength*, Washington, D. C.: National Academy Press, 99~116.

MERTON, R. K. (1957), "The Role - Set: Problems in Sociological Theory," *British Journal of Sociology* 8: 110~120.

MOWERY, D. C. (ed.) (1988), *International Collaborative Ventures in US Manufacturing*, Cambridge, Mass.: Ballinger.

——(1999), "America's Industrial Resurgence? An Overview," in *U. S. Industry in 2000: Studies in Competitive Performance.* Washington, D. C.: National Academy Press, 1~16.

——OXLEY, J. E., and SILVERMAN, B. S. (1996), "Stratcgic Mlianccs and Interfirm Knowledge Transfer," *Strategic Management Journal* 17: 77~91.

MURRAY, F. (2002), "Innovation as Co - evolution of Scientific and Technological Networks: Exploring Tissue Engineering," *Research Policy* 31: 1389~1403.

National Science Board (1998), *Science and Engineering Indicators*—1998. Arlington, Va.: National Science Foundation.

NELSON, R., and WINTER, S. (1982), *An Evolutionary Theory of Economic Change*, Cambridge, Mass.: Harvard University Press.

NEWMAN, M. (2003), "The Structure and Function of Complex Networks," *SIAM Review* 45: 167~256.

NONAKA, I., and TAKEUCHI, N. (1995), *The Knowledge - Creating Company*, New York: Oxford University Press.

NOTEBOOM, B. (1999), *Inter - Firm Alliances: Analysis and Design*, London: Routledge.

O'MAHONY, S. (2002), *The Emergence of a New Commercial Actor: Community Managed Software Projects*, Ph. D. dissertation, Department of Management Science and Engineering, Stanford University.

OWEN - SMITH, J. (2003), "From Separate Systems to a Hybrid Order: Accumulative Advantage Across Public and Private Science at Research One Universities," *Research Policy* 32(6): 1081~1104.

——and POWELL, W. W. (2003), "The Expanding Role of University Patenting in the Life Sciences," *Research Policy* 32(9): 1695~1711.

PIORE, M., and SABEL, C. (1984), *The Second Industrial Divide*, New York: Basic Books.

POLANYI, M. (1956), *Personal Knowledge — Towards a Post - Critical Philosophy*, Chicago: University of Chicago Press.

PORTES, A., and SENSENBRENNER, J. (1993), "Embeddedness and Immigration: Notes on the Social Determinants of Economic Action," *American Journal of Sociology* 98: 1320~1350.

POWELL, W. W. (1985), *Getting Into Print: The Decision - Making Process in Scholarly Publishing*, Chicago: University of Chicago Press.

POWELL, W. W. (1990), "Neither Market Nor Hierarchy: Network Forms of Organization," in B. M. Straw and L. L. Cummings (eds.), *Research in Organizational Behavior*, Greenwich, Conn.: JAI Press, 12: 295~336.

——(1996), "Inter - Organizational Collaboration in the Biotechnology Industry," *Journal of Institutional and Theoretical Economics* 120(1): 197~215.

——(1998), "Learning from Collaboration: Knowledge and Networks in the Biotechnology and Pharmaceutical Industries," *California Management Review* 40 (3): 228~240.

——and BRANTLEY, P. (1992), "Competitive Cooperation in Biotechnology: Learning Through Networks?" in R. Eccles and N. Nohria (eds.), *Networks and Organizations*, Boston: Harvard University Press.

*——KOPUT, K. W., and SMITH - DOERR, L. (1996), "Interorganizational Collaboration and the Locus of Innovation in Biotechnology," *Administrative Science Quarterly* 41(1): 116~145.

——and OWEN - SMITH, J. (1999), "Network Position and Firm Performance," in S. Andrews and D. Knoke (eds.), *Research in the Sociology of Organizations* Greenwich, Conn.: JAI Press, 16: 129~159.

——and OWEN - SMITH, J. (1998), "Commercialism in Universities: Life Sciences Research and Its Linkage with Industry," *Journal of Policy Analysis and Management* 17(2): 253~277.

——, WHITE, D. R., KOPUT, K., and OWEN - SMITH, J. (2005), "Network Dynamics and Field Evolution: The Growth of Interorganizational Collaboration in the Life Sciences," *American Journal of Sociology.*

ROBERTS, E. B., and LIU, W. K. (2001), "Ally or Acquire? How Technology Leaders Decide," *Sloan Management Review* 43: 26~34.

ROSENBLOOM, R. S., and SPENCER, W. J. (1996), "The Transformation of Industrial Research," *Issues in Science and Technology* 12(3):

68～74.

* ROSENKOPF, L., and TUSHMAN, M. (1998), "The Coevolution of Community Networks and Technology: Lessons from the Flight Simulation Industry," *Industrial and Corporate Change* 7: 311～346.

——METIU, A., and GEORGE, V. P. (2001), "From the Bottom Up? Technical Committee Activity and Alliance Formation," *Administrative Science Quarterly* 46: 748～772.

ROWLEY, T., BEHRENS, D., and KRACKHARDT, D. (2000), "Redundant Governance Structures: An Analysis of Structural and Relational Embeddedness in the Steel and Semiconductor Industries," *Strategic Management Journal* 21: 369～386.

RUEF, M. (2002), "Strong Ties, Weak Ties and Islands: Structural and Cultural Predictors of Organizational Innovation," *Industrial and Corporate Change* 11: 427～449.

SABEL, C. F. (1994), "Learning by Monitoring: The Institutions of Economic Development," in N. Smelser and R. Swedberg (eds.), *Handbook of Economic Sociology*, Princeton: Princeton University Press, 137～165.

SARKAR, K. B., ECHAMBADI, R., and HARRISON, J. S. (2001), "Mliance Entrepreneurship and Firm Market Performance," *Strategic Management Journal* 21: 369～386.

* SAXENIAN, A. (1994), *Regional Advantage: Culture and Competition in Silicon Valley and Route* 128. Cambridge, Mass.: Harvard University Press.

SHAN, W., WALKER, G., and KOGUT, B. (1994), "Interfirm Cooperation and Startup Innovation in the Biotechnology Industry," *Strategic Management Journal* 15: 387～394.

SIMMEL, G. (1954), *Conflict and the Web of Group Affiliations*, Glencoe,

Ill.: The Free Press.

SIMONIN, B. L. (1999), "Ambiguity and the Process of Knowledge Transfer in Strategic Alliances," *Strategic Management Journal* 20: 595~623.

STUART, T. E. (1998), "Network Positions and Propensities to Collaborate," *Administrative Science Quarterly* 43: 668~698.

——(2000), "Interorganizational Alliances and the Performance of Firms: A Study of Growth and Innovation Rates in a High-technology Industry," *Strategic Management Journal* 21: 791~811.

SZULANSKI, G. (1996), "Exploring Internal Stickiness: Impediments to the Transfer of Best Practice with the Firm," *Strategic Management Journal* 17: 27~43.

TsAI, W., and GHOSHAL, S. (1998), "Social Capital and Value Creation: The Role of Intrafirm Networks," *Academy of Management Journal* 41: 464~476.

* UZZI, B. (1997), "Social Structure and Competition in Interfirm Networks: The Paradox of Embeddedness," *Administrative Science Quarterly* 42: 464~476.

VAN WIJK, R., VAN DEN BOSCH, E a. J., and VOLBERDA, H. W. (2003), "Knowledge and Networks," in M. Easterby-Smith and M. A. Lyles (eds.), *Handbook of Organizational Learning and Knowledge Management*, Oxford: Blackwell.

VINDING, A. L. (2002), "Interorganizational Diffusion and Transformation of Knowledge in the Process of Product Innovation," Ph. D. Thesis, Aalborg University.

VON HIPPEL, E. (1987), "Cooperation between Rivals: Informal Know-how Trading," *Research Policy* 16: 291~302.

——(1998), "Economics of Product Development by Users: The Impact of

'Sticky' Local Information," *Management Science* 44: 629~644.

* WALKER, G. B., KOGUT, B., and SHAN, W. (1997), "Social Capital, Structural Holes and the Formation of an Industry Network," *Organization Science* 8: 109~125.

WALUSZEWSKI, A. (1995), "Glulam," in H. Håkansson and I. Snethota (eds.), *Developing Relationships in Business Networks*, London: Routledge.

WEBER, S. (2003), *The Success of Open Source*, Cambridge, Mass.: Harvard University Press.

WENGER, E. (1998), *Communities of Practice*, New York: Cambridge University Press.

WOMACK, J. P., JONES, D. T., and Roos, D. (1990), *The Machine That Changed the World: The Story of Lean Production*, New York: Harper & Row.

* 星号表示建议延伸阅读的条目。

第4章 创新过程

基斯·帕维特(Keith Pavitt)

4.1 引 言*

本章探讨企业内部的创新过程,主要关注发达国家大企业内部的创新[①]。关于现代工业企业内部创新过程的历史演进及“创新管理者”所面临的主要挑战,我们了解多少呢?[②] 本章对创新过程进行了实证研究,同时也注意到:由于创新具有高度的不确定性,因而难以进行归纳和概括。4.2 节首先对现有的一些创新理论及实证研究[③]作了简要介绍,提出了一个针对企业层面的各种创新行为的分解研究的简单框架。创新过程可以分为三个范围较宽并互有重叠的子过程(而不是阶段):知识的产生;知识转化为“制品”(artifacts)——包括产品、

---

* 帕维特已经准备了几经修改的初稿,但却在最终完成前辞世。弗里曼、霍布德、迈尔斯和本书主编对其原稿进行了修订。

① 本章主要关注美国、欧洲和日本的大型企业。本章对企业家的态度和动机并未加以考虑,例如,他们对冒险的愿望程度(企业家精神与创新的关联参见:Drucker 1985;中小企业的创新过程参见:Robert 1991,Oakey 1995)。有关正处于工业化过程中的国家的企业(或“后进入企业”)创新过程的研究参见:Hobday 1995,Kim 1997,本书:Fagerberg and Godinho。

② “创新管理者”(在实际中,并不一定是正式的职务名称)在企业的所有阶层都存在(有关企业创新管理的概述见:Tidd et al. 2001);“战略创新”(或“战略方法的创新”)参见:Hamel 2000;在现有资本投资和组织框架下的不断改进,参见:Schonberger and Robinson 1991。

③ 有关对企业层面创新模式的评论,包括从线性模式到链-环模式以及新近的交互作用/随机模式参见:Rothwell 1992, Forrest 1991, Mahdi 2002。

系统、工艺和服务；最后，制品与市场需要和需求不断地相匹配。[①] 4.3~4.5 节阐述了这三个子过程的主要方面，揭示了每一个子过程是如何演进的，以及为什么会给予创新相关的管理者、企业家、研究者和工人提出难题。本章研究了这些管理困境，并为企业提出了一些战略选择，来应对这些挑战。

4.2 企业创新过程

创新的过程不止一种，所以要组织好本章的内容不是件易事。创新过程由于经济部门、知识领域、创新类型、历史时期和国家不同而在许多方面存在差异。创新过程也会由于企业规模、发展战略以及已有创新经历的不同而不同。换句话说，创新过程具有“偶然性”。[②] 事实上，目前有关企业层面创新过程的理论，还没有哪一个能够令人满意地从认知上、组织上和经济上整合企业创新过程的方方面面，并得到广泛认可，这就使问题难上加难。经济学家多将注意力集中于创新的经济动机和经济结果（但很大程度上忽略了动机和结果之间的过程）；组织学专家关注的是创新行为与创新过程在组织结构上和程序上的相互关联；社会学家则专注于创新的社会决定因素及其结果；管理学专家研究最可能导致竞争成功的创新实践；心理学家可能研究创造力现象或是人们的愿景受一组或另一组机会所限制的方式。过去几十年的研究，在以上几个方面以及其他方面都积累了大量的报告和数据资源。创新史学家们也从调查研究者和那些关注于文献计量、专利获取及其他创新定量研究学者的研究中，获取了许多实证证据和理论上的理解。越来越多的“创新研究”表明，创新并非从属

---

① 这里没有使用术语“阶段”，因为其暗含线性的意思。研究一致表明，企业的创新过程绝对不是线性的（Kline and Rosenberg 1986，Tidd et al. 2001，Van der Ven et al. 1999）。创新的三个子过程尽管各具特色，但它们有相当大的重叠并经常会同时发生。

② 有关创新模式的回顾以及环境的重要性，参见：Mahdi 2002 ch. 2。

于任何一门特定学科，在有关期刊和手册中广泛存在着大量不同观点和理论就是一个证明。

熊彼特被尊为对创新进行经济学分析的先驱者，对这一主题的研究，他比20世纪前半叶的其他经济学家都付出了更多的努力。他的观点引领了创新领域随后的发展，并阐明了创新在经济增长和竞争力提高中的重要作用。然而，熊彼特早期的研究(参见：Fagerberg 2003；本书 Fagerberg ch.1)特别强调了在创新过程中个体而不是组织的作用，他高度评价了杰出个人的个性和意志力的重要作用，把创新定义为"意志的体现"(Acts of Will)而不是"才智的行为"(Acts of Intellect)。他的观点反映了他所处时代的创新活动的特点。正如莎孚(SAPPHO)研究项目的专家们(Rothwell et al. 1974)所发现的那样，绝大部分关于成功和不成功创新的早期研究，都是有关某某科学家、发明家或管理者个人功绩的传记和奇闻轶事录，很少或几乎没有系统的比较、分析。莎孚项目以及随后许多相似的研究在一定程度上尝试着超越这种个人传记式的个人主义局限性。他们着手研究一系列更为宽泛的组织因素，同时从更为广泛的角度研究参与每一个创新的个人的技能和经验。

为了理解这一内涵丰富而又形形色色令人眼花缭乱的关于创新过程的知识，我提出了下面这个一般性的研究框架：

(1) 创新过程包含对新的或改进的产品、工艺或服务机会的探索和利用。这种探索和利用要么建立在技术实践(技术诀窍)进步的基础上，要么建立在市场需求变化的基础上，要么是两者的组合。因此，创新本质上是一个匹配的过程。莫利和罗森博格(1979)对此的论述颇有见地。

(2) 创新具有内在的不确定性，要想准确地预测一个新制品的成本和绩效以及用户对它的反应，是不可能的。因而，创新必然是一个学习的过程，要么靠反复试验(试错法)，要么靠不断提高认识(理论)。这些学习过程中有一部分(但不是全部)是企业特有的。因此，在市场经济中，竞争的过程就是通过竞争对可供选择的产品、系统、工艺和服务，以及提供这些产品、系统、工艺和服务的技术和组织过程进行有目的性的实验。

为了更好地组织论据,不妨按上面描述的两个特征将创新分为三个步骤,这三个步骤有部分的交叉重叠。[①] 每个步骤都和特定学科的贡献紧密相连,每个步骤也都随着创新过程的演进,经历了重大的历史转变。

- **科学和技术知识的生产:** 自工业革命以来,科学和技术知识的生产有一个重要的趋势——在学科、功能和制度上越来越专业化。对科学、技术和商业的历史和社会科学研究都大大地有助于我们对这种转变的理解。
- **将知识转化为用品:** 尽管近年来科学知识呈现出爆炸式的增长,但理论对技术实践的指导仍然不够。这反映了技术制品和它所依赖的知识基础正变得越来越复杂的根本趋势。[②] 对这一趋势的认识,科技和商业发展史和近来的认知科学作出了很大的贡献。
- **回应并影响市场需求:** 这是一个不断使用品与用户的要求相匹配的过程。将技术知识转化为用品的机会的性质和范围因领域的不同和时间的推移而发生变化,这些机会的性质和范围部分地决定了产品、用户和生产方法的性质。在竞争性的市场经济体系中,企业技术和组织的实践随着市场的演进而演进。社会变革、营销创新和市场调研使技术机会与市场需求和组织实践相匹配的问题复杂化,同样使解决这类问题的方案复杂化。这些过程都是管理学、经济学和营销学方面的专家们所关注的焦点。

以下我将讨论创新过程的每一个特征在结构和性质上随着时间的推移而发生变化的含义。这种变化对现代创新管理者和整个企业提出了巨大挑战。

---

① 正如前面提到的,大多数创新过程是重叠交织的,但"时期"或"阶段"这样的术语却可能使人误以为是创新的线性过程。

② 回忆一下,我们提到的制品既包括像设备这样的有形产品也包括服务和系统这样的无形产品。

4.3 科学和技术知识的生产

所有机器的改进都不是那些有机会使用机器的人所做出的,大部分都是由机器的制造者所做的,制造机器成为一种特殊行业;还有一些是那些被称为哲学家或善于思考的人所为,他们的职业就是观察每一件事而不做任何事;另外一些是由能够将相距甚远、毫不相干的事物的长处结合起来的人所做……**像其他所有的职业一样……哲学被分为许多不同的分支,每一分支都为一群或一类特殊的哲学家提供职业,哲学上这种职业的细分,就像其他行业一样,提高了技能,节省了时间**[Smith,1937(orig.1776):8,my italics]

实践已充分验证了亚当·斯密有关在知识生产上进行专业化分工所带来的益处的论断。专业教育、成立专门实验室以及改进衡量方法和实验方法都能够提高发现、发明和创新的效率,也有助于越来越多的难题的处理和解决。① 全新和有益的知识领域不断发展起来,特别是快速增长的技术进步不断涌现,为商业开发提供了巨大的机遇。例如,在金属切割和成型技术以及新能源利用等方面的进步都是由物理、化学、生物学,甚至是一系列相关的工程学科引发并依赖其发展的。今天,协调日益增加的专业化仍然是大企业面临的根本任务。

企业专业化发展有三种并行的形式。一是在大型制造企业中建立 R&D 实验室,专门从事用于商业化开发的知识的生产。二是发展大量的小企业,从事专业化产品的不断改进工作。第三种专业化发展的趋势是,“分工”目前正在发生变化:私有知识由企业发展和应用,公共知识由大学及相似的研究机构发展和扩散。把这三种专业化的形式混合起来形成一种异质化和路径依赖的

① 关于这方面经典的文献请见:Rosenberg 1974,Price 1984,Mowery and Rosenberg 1989。

技术变迁模式,这种模式对企业的过程协调能力提出了很高的要求,包括企业内部协调以及与外部其他企业之间的协调。这些技术变迁的过程正像下面详细论述的那样,已经使管理者、"内部创业者"和整个企业界面临更困难和范围更广的挑战①。

4.3.1 功能的专业化和整合:工业 R&D 实验室

作为 20 世纪一个主要的创新源泉,工业实验室在 21 世纪仍然非常重要。工业实验室首先出现在德国的化学工业和美国的电气工业中,出现的原因有两个。第一个原因是,这是大型制造企业功能专业化的普遍进程中的结果(Mowery 1995;参见本书:Bruland and Mowery),这一结果的产生是由于在材料工艺和成型技术以及新能源方面的根本性创新使速度和规模经济的开发成为可能(Chandler 1977)。然而,工业实验室也成为企业开发更多可利用知识的一种工具,这些知识来源于物理和化学方面的基础性进步。第二个原因是,这些新型的企业内实验室还充当着"前沿监视器",帮助企业从其他企业那里寻找和获取新技术。

莫利(1995)发现,在 20 世纪的美国,越来越多的工业 R&D 活动整合进了大型制造企业集团,而不是独立经营的企业。直到大概 10 年前,在所有经济合作与发展组织(OECD)国家中,企业资助的 R&D 活动几乎都在创新型企业中开展(不仅是制造企业,因为电信业和其他服务业也一直在开展 R&D 活动)。莫利解释说,这种垂直分离(vertical disintegration)是由于研发活动的产出具有不确定和企业独有的习性,难以用合同形式外包出去。同时他指出,R&D 活动在企业内部的一体化整合也反映了企业重要的运营优势。因此竞争优势的获取可以通过跨越企业内部部门的界限,将隐性知识和专业化知识有效结合起来。企业专门经验的积

① "内部创业者"指的是在大企业内部开展创新活动的人,关于这方面的讨论参见:Pinchot(1997)。

累是非常重要的。[1]

从对创新过程的研究中可以得出有力的结论——区分创新成功与否的一个最重要的因素就是,企业内部产品设计与其他职能之间,尤其是生产与营销之间的协调与反馈的程度(Rothwell 1992)。无数事实证明,许多产品设计在技术上是难以实现的(甚至无法生产),而且(或)往往没有考虑到用户的基本的要求(Forrest 1991)。

从企业战略的角度来看,这种企业内部协作的重要性已经增强了企业内部跨越部门边界的功能交叉整合的重要性。日本的汽车制造企业率先使用了"重量级"项目经理,授权他们支配项目所涉及的整个企业的资源,并像同级别的职能部门的经理一样,直接向高级管理层汇报(Clark and Fujimoto 1992)。这些项目经理们又在创新过程中与顾客、关键供应商进行联系,以尽可能快地完成以项目为基础的创新。这些"重量级"项目经理有时会与职能部门管理者发生冲突,因为有些职能部门会因管理者不愿放弃对资源的支配权而反对以项目为主导的管理。目前,许多大型企业都对其职业项目经理进行正式的项目管理培训,以普及这样的观念:管理负责整合研究成果的快速运作的团队、产品概念和细节的设计以及不同的工程职能,同时在产品的生产过程中能够对客户的不断变化的新要求做出反应。

许多学者强调在企业内部跨越职能部门的员工个人之间接触和交流的重要性,以解决产品设计及其成功转化到生产和市场中的隐性要素。没有完美无缺的方法能够确保有效的合作。的确,所谓的"最佳做法"如果应用太多也会产生消极的影响。过多的启用"重量级"项目经理可能会导致由普通组织结构所能带来的规模经济及成本降低等益处的丧失(在汽车的产品开发中的例子参见:Leonardo-Barton 1995)。企业可能会发现:在某个项目开发失败的时候,不知道该

① 见:Georghiou et al. 1986。

如何处置一个重量级项目经理(及其相关的员工)。对这个棘手问题的错误处理可能导致“项目的不断膨胀”或不能及时结束一个失败的项目①。在项目管理和职能管理之间保持平衡,克服以项目为基础的管理的固有难点,是高层技术管理者面临的困难。

4.3.2 生产技术中的技术融合(convergence)和垂直分离

然而,往往由于技术进步的推动,甚至是在一些对产品创新投资巨大的产业中,许多制造工艺创新中的“垂直分离”(把某些特定的部分外包给供应商企业),从19世纪就已经开始了。罗森博格(1976)曾强调,19世纪美国经济专业化的机床制造企业的出现,是在金属切割和成型技术方面进步的结果,这些技术在实际操作中产生了技术“融合”,这种现象在许多制造工艺中都十分普遍。例如,在金属器件上精确地打孔无论对于制造小型武器还是缝纫机都是非常普通的操作。尽管与这样的机器操作有关的技能往往是以手工为基础的,隐性的,但其结果却是可以进行编码并标准化的。市场对这种普通操作的需求日益增加,足以支撑那些专门设计和生产这种专业化用途器具(打孔机)的企业的发展。大型制造企业客户就可以购买这些经过最新改进(听取许多用户的反馈意见)的器具,这比他们自己制造的要好得多。

相似的技术融合和垂直分离过程也同样成为20世纪市场经济发展的普遍特征(见表4.1)。许多技术突破创造了遍及许多产品群的应用,从而创造了许多新的商业机会。例如在以下这些方面:材料成型技术、材料属性、连续工艺的共同阶段以及对控制诸如制造业务和设计等不同业务职能信息的储存与处理。

---

① 有关项目不断膨胀方面更多的例子,如英国股票交易和其他一些重要的ICT项目的失败,参见:Flowers 1996。在公共部门或在依赖国家的工业中,问题可能更加尖锐。例如,许多已成立了核能发展机构的国家的经验表明,要想进行限制是极其困难的。

表4.1 技术融合和垂直分离的例子		
起支撑作用的技术进步	技术融合	垂直分离
金属切割和成型技术	生产业务	机床制造者
化学和冶金技术	材料分析和测试	合同研究
化学工程技术	工艺控制	仪器制造者 车间承包人
计算机技术	设计 重复操作	CAD 制造者 机器人制造者
新材料	模型制造	快速建模企业
ICT 技术	应用软件 制造系统	知识密集 商业服务 合同制造

伦德瓦尔(Lundvall, 1998)以及其他学者的研究表明：提供这些专业化产品的(经常是小的)企业与它们的(经常是大的)客户之间的联系是"基于长期关系"而不是基于短期行为,其中包括大量与专业化产品的开发、生产和改进相关的信息及人员的交流。管理这些重要产品的外包生产已经成为大企业管理者们面临的一个重要挑战(Quinn 2000)。例如,零部件供应商和集成企业的物流和 ICT 系统往往不同,造成了这些企业在交流和交易上出现严重的(虽然往往是简单的技术)问题。更为重要的问题是哪些部分应外包出去、哪些应留在企业内部,这一问题的选择既划定了现代企业的边界(Hamel and Prahalad 1994, Davies et al. 2001),也决定了其"核心竞争力"。

4.3.3 产业与大学的联动

由于工商企业的创新行为越来越职业化,而大学的研究则更加专业化,因此大学在为某些部门企业培养开展创新活动的研究人员方面发挥着重要的作用。同时,企业也发现：一个能够有效地从大学某些领域内的长期研究项目成果中获益的机制非常重要,这些领域可能会影响企业当前和未来的发展。

企业和大学能够互动的范围是相当大的。一方面,这种互动接近于一种所谓的(但相对少见)“线性模型”。大学的科学家进行基础研究,产生了某个新发现,企业认识到其实用价值,就会联合大学里的科学家一起进行开发。这种现象经常发生在以科学发展为基础的产业中,包括化工、生物工程和制药工业,这些产业会很关注有趣且有用的合成分子的发现。

从另外一方面看,经过大学培养,研究人员熟悉最新的研究方法并融入了国际科研网络,这对企业也是非常重要的。这一点被许多实业家列为大学所能提供的最有益的东西(Martin and Salter 1996)。因此,即使大学在机械工程上的研究不如其在化学上的研究更具直接的应用价值,但大学培养的机械工程师(例如)所学习的仿真技术和制模技术对他们进行汽车和航空发动机的设计和开发越来越重要。

除了上述两个方面,还有许多其他的、往往是互补的过程需要进行管理,其中包括企业直接资助大学科研,以大学为基础的咨询活动以及科研人才的交流。文献资料显示,大学-企业的联系呈现出三个普遍特征。

(1) 研究人员私人之间经常性的非正式接触的重要性。非正式的联系为实业家提供了一个进入学术界的入口,在那里他们可以找到内行人士了解重要的技术发展状况以及相关人员的情况。这样的联系也使科研人员能够深入洞察产业所面临的困难,以及企业实践的前沿发展等问题。非正式的联系会产生正式的成果,正式的成果反过来又会引发更多的非正式接触。例如,科学文献中有关产业的出版物可以引起学术界对产业重要领域和重大问题的广泛关注,从而引发大学和企业科研人员之间更为密切的交流。

(2) 许多对实业家有用的大学研究对学者也很有价值。一些学者把他们的工作划分为更加基础性的研究和与产业相关的应用性研究。这样的划分也许适用于那些从事将技术转移给本地企业的高校学者的研究工作,但这种划分并不适用于大量的前沿研究活动。由曼斯菲尔德(Mansfield 1995)和纳林等人(Narin et al. 1997)所做的以美国为基础的研究发现,相当大一部分具有重大产业价值的研究是由公共资金资助完成的，并由在学术上卓有成就的研究型大学承担研究，在高质量的学术期刊上发表。

（3）大多数大学研究产生的实际效用是通过迂回和间接的方式表现出来的。也许大学研究最常见的益处就是提供了由领先的研究者培养的毕业生，这些毕业生往往对最新的研究方法和原理非常熟悉。这样的人拥有新的理念、新技术、新观察方法以及新的技能，而所有的这一切都是工业企业自身难以提供的。假以时日，这些大学毕业生们将会用这些能力为他们的雇主解决问题，或通过建立衍生企业或加入为企业客户提供创新支持服务的咨询公司为企业提供支持。

20年来，政府就一直期望从大学科研中获取更多的直接益处。但这种想法往往是由一些实际上不可靠的假设和理论所支持的，①或者是由于对产业界十分看重大学科研的间接益处理解得不够充分。由于各种原因，在大学科研的某些领域内——生物工程的许多领域和一些软件及其相关领域——目前正在提供源源不断的具有潜在工业应用价值的发明。这反映在以下几个方面：大学技术许可的活动在增加，大学创办的衍生企业在增加，私人资助的大学科研也在增加。本书的第8章，莫利和山姆帕特将会介绍这些最新发展的特征和意义。

对企业来讲，管理这些大学-产业间的联系是相当困难的。② 管理者经常抱怨大学研究的“时间线”拉得太长而很少考虑企业急迫的需求。因此，他们指出，不应该把大学置于任何重要项目的关键性路径上。而大学也时不时抱怨自己处于不公平地位，被当作“廉价劳动力”参与一些产业项目，这些项目往往是受到政府和研究委员会鼓励和支持的“技术转移项目”。最糟糕的是，这

① 近些年来出现了三种截然不同的观点。一种认为，高等院校的研究结果应供所有人免费使用——像传统经济学假设的那样。相反，第二种观点认为，以公共基金资助的高等院校的研究是一种高级智力消费，它反映了技术和经济的成就，而不是对技术和经济的贡献（Kealey 1996）。争论较小的是“模式2”：科学发现发挥益处的地点正从大学移到“应用的情景中”（如果觉得有些夸大的话，更有说服力的论述请参见：Gibbons et al. 1994）。

② 这里大学自然也面临着管理上的挑战——尤其是如何调整已确立的学科优势结构，以有利于产业相关的研究。

些产业项目可能着眼于产业的短期需要而牺牲了学校长期基础性研究质量、学生的培养以及对实验和质疑探究精神的支持(Salter et al. 2000)。无论明里或暗里,这样的技术转移项目是基于一种对创新的线性模型的认识,在这种模型中,大学(以及其他公共科研机构)进行科学/基础研究,由此产生的创新成果就是"为了"让产业界吸收并通过工程、制造和营销实现其商业价值。

4.3.4 创新过程中的异质性

上述产业创新的特征促进了产业之间在创新过程中组织结构和管理上的异质化,也导致了在创新过程中主要参与者的特性随时间而发生变化。技术变迁最重要的源泉在 20 世纪是(现在仍然是)大型制造业企业通过其内部 R&D 实验室开发不同领域的专业知识,同时大量的小企业生产专业化的生产资料。随着时间的推移,这种企业及技术的组合发生了变化,在不同专业领域中由于知识增长的速度不同而导致了创新机会的产生。这些特征和异质性对于创新过程的研究具有重大的意义。

- 由于制造企业赖为发展的知识日益专业化和职业化,因此制造企业的发展具有路径依赖性。它们未来走向哪里主要取决于它们过去学会了做什么。① 正如我们在下面将要看到的那样,路径依赖反映出职业和职能团队的因循守旧,也源于个体在对有关技术、市场的了解以及对其发展所带来机会的了解在认知上存在局限性。因此,举例来说,即使可能,也很难将一个纺织品企业转变成一个制造和销售半导体的企业。菲冯蒂(Vivendi)最近的研究表明,把一个国内的自来水公司转变成一个国际 ICT 企业或媒体巨人可能也是很困难的,尽管某些管理者和金融家对此津津乐道。

① 见:Georghiou et al. 1996。

之间——史学家和其他诸如空气动力学和热力学等领域的专家进行了充分的论述。玛蒂[1](Mahdi 2002)最近建立了一种分类方法,把技术搜寻所依赖的因素分成了三类:(1)技术难题能够被分解成简单的子任务的程度;(2)对因果关联性理解的水平;(3)可能的解决方案的实验成本。

测度和控制越来越小物质的技术进步是改进技术搜寻的重要源泉。这在过去几十年中的分子生物学和材料学技术搜寻中得到了印证,这两个方面的发展为技术的变革创造了重要的新机遇。[2] ICT也能够降低技术搜寻和选择的成本。通过把各种类型的数据数字化,大规模运算和仿真技术的发展降低了探索可替代的技术配置的成本,为制造愈加复杂的系统创造了机会(Pavitt and Steinmueller 2001)。今天,从事将知识转换成用品的创新管理者和工程师应该了解在他们各自的产业中特有的ICT发展趋势,也应了解在别的领域中的新的测度和控制技术,在那些领域中常常会应用先进的ICT技术。

南丁格尔(Nightingale 2000)的研究表明,这些机制在过去的10年间已经极大地改变了制药业的实验技术。现在有一种转向更基础性的科学的倾向,例如,将生物化学的机理与基因的表达联系起来;而仿真技术(包括模型、大容量数据库)则有了更大的用处,即进行虚拟的实验以作为真实实验的补充。第三个相关的发展是海量搜索(high throughput screening)技术的应用。[3]

4.4.2 政府资助的项目

由政府直接资助的技术活动有时对于创造或利用创新机会是极其重要

① 参见工程学科在美国大学起源的论述:Rosenberg and Nelson 1994。

② 类似的结论见:Becker Murphy 1992;他们认为,任务专业化的程度不仅像斯密那个著名的论述所言——受市场范围的限制——还受协调专业化行为的成本的限制。一般性知识的增加会降低协调成本。

③ 另外,许多著名的学术研究机构,如美国的斯坦福大学和法国巴黎的矿业大学(Ecole des Mines)正在从事"生物信息学(bio-informatics)"的项目研究,以应对人类基因组项目研究产生的复杂结果的挑战。

的。成功的例子包括ICT在美国的发展,在其早期计算机、半导体、软件以及互联网的发展中,与军事相关的项目起着重要的作用。美国也把军用项目中重要的派生技术用在了民用航空业上,而日本和法国政府也成功地支持了其高速列车的发展。然而,也存在着许多不尽如人意的情况。支持民用核能源发展的政策基本上没有成功,对建造大居住面积、低成本住房的支持同样不成功(参见:Eads and Nelson 1971;案例研究见:Nelson 1982)。新近,鼓励发展可再生能源的技术政策在备受争议中获得了成功。而围绕着欧盟一系列项目所取得成就的辩论一直就没有停止过。

从20世纪80年代开始,"竞争前"(pre-competitive)协作R&D政府项目在欧洲(如ESPRIT和Eureka项目)、美国(如Sematech计划)和日本(如5G ICOT项目)激增,为许多重要的企业提供了参与这些项目的机会。企业需要一些方法来评估参与这些项目对实现企业目标可能产生的潜在影响、参与的财务和组织成本、不参与的风险以及如何让政府项目对企业总体战略形成补充或适合于企业总体战略。

回顾政府对产业创新资助的历史,似乎很难归纳出什么结论。所有这样的项目都存在为获取财政支持而通过技术的游说向政府成功施压的现象,这些通常是在与军用密切相关的领域或是(经常是大规模的)基础设施领域,例如运输、能源、住房和通信。这样做可能会忽视商业上的制约或导致对一些特殊设计草率行事。经济学家强调这些项目的机会成本,但当纯粹的民用市场还不成熟,不足以让人们甘冒风险的时候,政府的资助能够加速对关键性技术的学习。美国ICT业早期的发展表明了政府对技术进步的资助中多样性和实验的重要性。然而,这个做法对发展高速列车管用了吗?在这个领域里实验成本更高,技术变革更具渐进性特征。而且,正像我们下面将会看到的,在一个复杂而快速变化的世界里,任何人对未来发展的预测都可能出错。

4.4.3 多技术公司、模块化和系统集成

除了日益复杂的产品之外,知识生成的专业化还拓宽了设计每种产品的相关知识领域的范围。比较一下原始的机械织布机与现代的纺织机设计,就会发现在现在的设计中融入了许多领域的专业知识——电学的、空气动力学的、软件的、材料学的。再看一看,今天的汽车越来越多地整合了塑料和其他新材料,以及电子和软件控制系统。

企业在设计这些日益复杂的产品时,发现要想把握产品中所包含的所有领域中的进展是困难的。因此,模块式的产品架构日显重要,这样的产品架构中将零部件的界面进行标准化,从而分离了零部件之间的相互依存,这就可以在满足产品(或系统)总体架构的要求下,将零部件或子系统的设计与生产外包出去。

技术的融合也为产品设计和制造之间的更进一步的垂直分离创造了机遇。例如,斯特根(Stergeon 1999)描述了最近在电子行业中外包制造的发展。在这个行业中,一些专业化的企业从其他企业中承揽了产品的设计工作,并承担了复杂的工程和制造责任。技术融合是基于日益增加的对常规运营(如零部件的插入)的自动控制,以及标准化软件工具日益增多的运用。

制造外包在其他行业中也在发展,①由此产生了"模块化生产网络"。这些模块被定义为价值链上确切的节段(distinct breaks),在每一点上有关产品规格的信息能够高度正式化。这一切发生在功能专业化的价值链节点(nodes)内,其中各种活动趋于高度整合并建立在隐性联动之上。这些节点之间的联动依赖于编码化信息的传递。

---

① 斯特根列举了服装及鞋类、玩具、数据处理、海上石油钻井、家居及照明、半导体装配、食品加工、汽车零部件、酿酒、企业网络以及制药业的情况。另外见:Prencipe 1997;论证了航空发动机零部件产品外包生产的增加。

初看起来,最近这些变化似乎显示出创新的产生是由一个非常齐整的专业化体系完成的,即由产品或系统的设计者,及其零部件或子系统的子外包商,以及制造商通过短期的市场关系共同完成的——这正是斯特根(Sturgeon 1999)曾预见的趋势。然而,这种看法忽视了下列三者之间具有的重要区别所产生的后果:产品的特性、其所依赖的知识和这样的知识能够被转换成编码化信息的程度(Granstrand et al. 1997)。

总之,正如我们以上所看到的,日益复杂的产品的开发与生产是建立在对大量日益增长的多个领域专业化知识整合的基础上的。这些领域的知识进展速度不一,仅仅监控编码化信息是不可能跟踪其进展的。因此,相同的知识分工不可能反映出企业间在生产上的分工(Brusoni et al. 2001)。企业之间在知识能力上的某些重叠交叉对于它们处理隐性知识的转移、管理系统复杂性造成的意外结果和解决由于技术变化不均衡所导致的零部件发展不平衡是有必要的。类似地,当那些越来越多地从事系统设计和整合的企业重新定义系统架构和零部件供应商的任务时,企业间短期的关系就不如周期性地进行整合的"松散型联合"(loose coupling)有效。

4.4.4 "管理"不确定性

企业的专业化 R&D 及其相关活动已经成为产生新发现、发明、创新和改进的制度化、可预测的源泉。然而,创新过程是复杂的,包含着许多变数,其特点和相互作用(及经济价值)并不都能被完全理解。其结果是,企业不能完全解释和准确预测重大创新的技术绩效以及产品的潜在用户的接受能力(在某些情况下,甚至不知道谁是潜在的消费者)。他们既不能准确预测自己企业创新活动的技术和商业结果,也不能准确预测其他企业的。① 通常,研究人员和工程师倾向于

① 罗森博格(1994)已经指出,19 世纪美国西电联盟(Western Union)丧失了购买贝尔电话专利的机会。他们认为,电话是比电报技术更低级的产品。

过分乐观地看待成本、收益和他的规划的项目所需的时间以及市场对其开发的产品的需求状况。但是,在企业任何的项目组合中,对投资或利润的事先估计与事后结果都会有很大变化(Freeman 1982;Mansfield 1995)。的确,商业上不成功的项目常常导致企业 R&D 费用不成比例的分摊(Griliches 1990)。

企业(或其他组织)很少能够明确地定义他们的创新产品可能产生的全部用途,特别是对根本性创新。起初未能被准确预测但后来被证明是巨大成功的技术和创新的例子比比皆是。20 世纪早期,无线电通信研究的先驱者认为无线电通信不过是一个点对点的通信系统而已,只能专门用于海军舰艇上——但不久之后就出现了一个大众无线电通信的巨大市场。第二次世界大战结束后,IBM 的创始者预测,计算机的世界市场会很小。在更近的时期,20 世纪 60 年代和 80 年代,斯库纳尔和伯瑞森(Schnaars and Berenson 1980)得出结论,在美国的重大新产品族群中,大约只有一半到后来证明了其在商业上的成功。最近,同样的教训发生在手机行业,每一代手机的潜在市场以及与其相关的各种功能(如短信功能的成功就是出乎意料的)都没能得到准确预测。

因此,企业管理者在决策如何对待创新活动时面临着很多的困难,除了投资行为有一些常规性外,其他方面的不确定性很高,这就意味着必须不断地从市场、过去的经验和试验中进行学习。在实践中,自上而下的管理观念对创新战略来说可能是糟糕的。爱立信(Ericsson)在手机行业的成功源自中层技术管理人员的提议,而不是高层。在学术和商业文献里,自上而下决策的失败很容易被忽略,而成功却被过分简单化。例如,帕瑞哈拉德和哈莫尔(Prahalad and Hamel 1990)讲述了佳能公司从光学仪器和精密仪器到电子技术,从照相机到复印机和计算机外围设备的成功多元化,但他们忽略了佳能进入录音产品和电子计算器时多元化的失败。

很久以来,人们就已经认识到搜寻与选择行为之间有很大的不同——在实践中,表现为企业的研究开发活动与事业部的研究开发活动的区别;在理论上,是"知识构建""战略定位"与"商业投资"之间的区别(Mitchell and Hamilton

1998)。然而,正像企业R&D的历史所表明的那样,保持这两个方面的平衡和联动并不是件容易的事。总之,尚无完美的方法事先评估企业R&D投入的成本与收益。以规则为基础的评估系统失败的原因是其不可避免的简单化,可能忽略了事后被证明是复杂系统中的某些重要因素;以主观判断为基础的评估系统失败的原因则是不可能快速辨明正确判断与好运气之间的区别。其中的一个后果就是在管理的时髦理论与管理实践之间做周期性的摇摆。这经常反映在受过良好财务培训的管理者与受过良好技术培训的管理者之间的争执上,前者倾向于以规则为基础的系统,后者则更依赖技术上的判断。

4.5 制品、组织实践与市场需求的匹配

一个成功企业的管理者在管理创新时的一个重要职责是:能够使企业的产品、工艺、系统和服务(和组织实践)与现实的和潜在的市场需求相匹配。企业基于在产品和工艺技术、组织实践和用户需求等方面所积累的知识来执行这一职能。企业回应(并创造)市场需要和需求,将组织实践与技术机会相匹配时,涉及如何应对破坏性(根本性)变革。这种破坏性变革与专业化带来的一个负面结果发生相互作用,导致在企业内部专业职能部门和其他部门之间在新与旧的事物上发生"部落战争"的潜在可能。

4.5.1 技术和组织实践与市场需求的匹配

钱德勒(1977)的研究表明:19世纪末,美国大型多部门企业的出现以及职业中层管理者之间协调功能的兴起主要是因为铁路、煤炭、电报和流水线生产的发展。同样,后来,多事业部企业的发展,部分反映了由合成有机化学上的突破为化学工业带来的产品多元化所产生的重大机遇。尽管今天,有关技术

和组织实践与市场需求共同演进的说法已经是老生常谈，但钱德勒的说法有某种“技术决定论”的嫌疑，因为这个过程很大程度上要求企业调整组织结构，以适应新的市场需求和技术机会。

技术的发展经常先于组织和市场的发展，其中的一个原因是，相对于组织创新和市场创新来说，技术创新需要更为坚实的知识基础和较低的试验成本。这并不意味着技术会把一个“最好的组织方式”甚至一种清晰的战略强加于市场。技术特性的多样性、其持续不断的变化和不确定的应用也催生了组织构建和市场实践的多样性和各种试验。然而，这种多样性和变化不一定都引起组织的或是市场的多样性和变化。对于一个希望保持其竞争力的企业来说，拒绝在其未来的产品和工艺发展中使用新技术和新知识实际上是不可能的，除非这个企业只想当一个机械表或模拟式录音机这样的利基(niche)市场的生产者。但是，如果没有在技能和培训、分工和组织各部门相互关系等方面进行适当的变革，进入新的技术领域可能导致更高的成本。再考虑一下企业的投资决策。如果一个企业对这些决策都使用常规的成本-收益分析法和严格的成本控制，那么在一个被大量、多样而又迅速发展的技术知识体系所控制的竞争性市场中，这个企业从长期看是不会兴旺发达的。①

表4.2的前两列是对实证研究文献的总结，强调了一些必须与技术关键特征相一致的组织和市场营销实践活动：

- 与潜在顾客和与知识和技能的重要来源的外部联系。
- 与试验和学习的关键职能界面间的内部联系。
- 资源配置和监管行为的集中化程度要与技术和市场试验的成本协调一致。
- 资源配置的标准应与技术和市场机会的水平协调一致。
- 掌握权力与控制权的职业团队与未来有发展机会的领域一致。

① 例如，英国通用电器公司(GE)在阿诺德·温斯托克(Arnold Weinstock)领导下的历史(Aris 1998)。

表 4.2　企业技术和组织实践与市场需要和需求的匹配

企业技术	组织和市场营销实践的匹配	根本性技术变革的危险
固有的特性		
1. 机会的丰富性；	1a. 为探索选择而配置资源； 1b. 技术与产品市场的匹配；	1a. 与探索选择的资源并不匹配的更大机会； 1b. 匹配在市场上丧失的机会；
2. 特定试验的成本	2. 决策集中的程度	2. 降低的试验成本与分权或市场测试不匹配
对技能和网络的支持		
1. 外部知识的特殊来源；	1. 参加特殊的专业知识网络；	1. 识别和加入新的知识网络的困难；
2. 特定消费者需求、分销渠道、生产方法以及供应链知识的积累；	2. 学习和提高关键职能、跨关键职能界面的学习与提高；	2a. 识别回应新的消费者需求、分销渠道、生产方法以及供应链的困难； 2b. 识别新的关键职能界面的困难；
3. 技能和专门技术基础	3. 预知和组织必要的交流和“守门人”的技能	3. 来自现有的或即将被淘汰的专业和职能群体的怀疑和抵制

技术和市场机会的丰富性和技术实验的规模应决定分配到技术搜寻上的资源的适当比例，也应决定企业组织结构的集权程度和流动性程度。支持性的技能和网络将决定应该积累的特定的能力、应该加入的专业化网络，以及在企业内部必须加强对关键职能和职能界面以及跨职能和跨职能界面的学习。

单个企业和项目所处的特殊环境决定了商业性创新所需的基本技能。但本章的讨论是要得出一个明确的结论：除了专业技能之外，“守门人”技能和一般性的沟通技能目前无论在哪里都显得更为重要。那些能够跨越组织障碍、学科障碍和职业障碍进行沟通的人是无价之宝。在一个非常小的企业里，一个或两个关键人物具备所需的技能就可以了。但在大型企业里，说不定就需要哪种特殊的技能。事实上没有一个管理良方能应对企业面对的各种情况。

不同技术之间的差别也反映在组织和市场营销实践的差别上。例如，制药和电子消费品企业同样察觉到了大量的技术和市场机会，因此同样投入了大量资源进行技术探索。制药业高昂的实验成本使制药企业倾向于采用集权化和正式的程序去开发新产品，而电子消费品企业则更可能采用分权制和非正式的程序。同样，正如我们已经提到过的，制药企业和汽车企业都是集权制决策组织结构，但前者强调在生物医学领域内企业内部 R&D 与公共研究的关联，后者则更重视 R&D 与生产之间的联系。

4.5.2 应对根本性变革

在过去的 200 年里，我们发现在某些特定领域中对技术的理解和技术绩效呈周期性的跳跃式发展。最近这几十年，这种间断性的发展都往往以重大的科学突破为基础。“根本性”创新大幅度降低了重要经济投入的成本，因而被广泛采用并成为重大经济结构变革的催化剂。这些根本性创新包括蒸汽机、电力、汽车发动机、合成材料和无线电通信(Freeman and Louçã 2001)。当然，当代最值得庆贺的例子就是由 ICT 的发展所带来的在信息存储、处理及传输等方面成本的大幅度、持续降低。

每一波根本性新技术都是与一批企业的成长联系在一起的，这些企业掌握了这些新技术并率先对相关产品、工艺和服务进行开发和商业化。按目前的企业战略行话来说，这些企业在这些新技术中发展了核心能力，并使之成为自己独有的、可持续的竞争优势。

自从熊彼特把革命性技术的出现与“创造性破坏的浪潮”联系在一起以来，一直存在着现有大型企业和新进入者在利用革命性技术中的相应作用的争论。在过去的 20 年中，大多数分析性论文都是对现有大企业持否定态度的，但最近的一些实证研究却提出了一些论据对两者都持肯定的态度(Methe et al. 1996)。随着时间的流逝，争论的重点已经有一些从强调现有企业在掌握技术知识的新领域上所面临的困难转移开了(Coopeer and Sehendel 1976，Tushman Anderson 1986，Utterback 1994)。

最近大量研究的重点是现有企业面临的另外一些困难，即如何调整其已确立的组织实践以抓住由革命性技术变革所带来的机遇。例如，产品架构的变化带来的组织变化（Henderson and Clark 1990），来自拥有已有能力的群体的抵制（Leonard－Barton 1995，Tripsas and Gavetti 2000），以及如何应对新市场的突然出现（Christensen 1997；Levinthal 1998）。

与广为流传的假说不同的是，根本性新技术机会的特性和发展方向通常容易被技术专家所识别：例如，微型化、压缩和数字化是ICT发展的关键路径。其结果就是，如今，越来越多的大型企业，在越来越多的产业中，积极地进行着ICT的技术研究（Granstrand et al. 1997，Mendonca 2000）。然而，如何把根本性新技术的能力与企业原有的技术能力及企业的组织实践活动融合起来，是一项难度大、成本高而又具有不确定性的任务。为了利用潜在市场机会，企业一些原有的技术能力及组织实践可能会受到威胁或必须改变。因此，为探索根本性技术变革的发展方向和意义同时也为了评估这些变革对产品、市场和组织实践带来的影响，有必要进行试验和多元化。

表4.2的第三列列出了这样的试验在现有企业里可能失败的一些原因。有些是由于需要调整改变企业能力或组织实践；有些是由于在根本性新技术的早期阶段不可避免的不确定性。现有企业失败的可能性随着企业需要改变的能力以及实践的数量的增加而增加。这里有一个关于两份近期产业研究结论的比较，很能说明问题。克莱帕和西蒙斯（Kleppper and Simons 2000）的研究表明，进入彩色电视机市场最成功的是那些过去生产收音机的企业。相反，霍布鲁克（Holbrook 2000）及其同事们的研究却发现，没有一家过去设计和生产电子管的企业在随后进入半导体产业时取得成功。

作为事后诸葛亮，我们认识到，与彩色电视机行业相比，要想在半导体业取得成功，要求现有企业在技术能力、组织实践和市场试验等方面进行更多的变革。对原来生产电子管的企业来说，需要量子力学方面新的能力和网络、需要在产品设计和要求很高的生产技术之间更为牢固的界面，以及与新类型的用户打交道的能力(除了电子消费品生产企业,还有计算机生产商和军队用户)。而收音机生产企业要转向彩色电视机生产,只需要与原来基本相同的技术能力,再增加一些众所周知的荧光屏技术就行了。其他方面,用户和分销渠道以及企业内部和外部的重要网络和联系都可以维持不变。

按照钱德勒(1997: 76)的一篇关于"连续性"的论文的观点,现有大企业的总数在最近一段时间保持稳定,因为他们已经在采用新技术和适应新技术方面积累了技能和资源。但这篇论文受到罗卡(Louçã)和蒙多卡(1999)以及弗里曼和罗卡(2001: 340~355)的质疑,他们认为恰恰相反,伴随着每一次新的技术变革浪潮,就会有大量新的大型企业不断加入现有大企业的行列中,只有少数超大型企业能在数次浪潮过后依然挺立潮头。这表明,在本节讨论过的微观层次的证据,尤其是列在表4.2第三列(右边)的因素对于产业结构的演进有着极其重大的意义。① 因此,根本性的技术变革,以及现有企业在适应变革的过程中的成与败对于经济整体的结构性变革来说也许都有重要的意义。

在此,我们必须把率先开发和利用根本性新技术的企业与为数众多的采用新技术并将新技术整合到当前的企业活动中的企业区别开来。对于这些企业来说,其内部在采用新技术上的能力只是背景而已,换句话说,是这些企业有效采用外部先进技术的必要条件。一个矛盾的事实是,根本性新技术能够大大降低关键投入的成本,因此,它是采用新技术的企业竞争的必要条件,但又不能给这些企业带来持续的竞争优势。例如,过去许多企业没有别的选择而只能采用煤和蒸汽——后来是电——作为能源,这些东西确实具有成本和其他方面的优势。同样的情况发生在今天以ICT为基础的管理实践中。但是,在这两个例子中,这些革命性的技术进步本身都没成为采用这些技术进步企业的可持续竞争优势。研究企业战略的学者——像巴尼(Barney 1991)和波特

① 请注意这一列的第一条(1a)。这与金融系统的态度与行为有关。近期,一些有关金融资本的研究重新回到了熊彼特最初强调的在连续的技术革命的不同阶段创新融资的"信用创造"问题。这些影响了需求的增长、构成和波动的因素,以及在企业层次上的需求对创新的影响都在菲思佩奇和奥沙利文的一章中得到了更多的考虑。

(1996)——都十分强调建立一个差异化的可持续优势,但这些理论不适用,也不可能适用于现在通过采用ICT技术不可避免地发生在许多企业中的重大变革。他们的理论能帮助我们理解思科公司(CISCO,美国互联网设备的大供应商),但却不能帮助我们理解TESCO(著名的英国连锁超市,正在越来越多地使用互联网)。

4.5.3 "部落冲突"

亚当·斯密在列举知识生产日益专业化的诸多潜在好处时,曾把各种学科领域描述为"部落"。确实,当代创新过程中的一个重要因素就是掌握不同专业知识的职业群体之间的"部落"冲突。前面我们已经谈到过这样的一些冲突:在R&D项目评估中财务与技术之间的冲突、在产品开发上技术与营销之间的冲突。然而,也许最重要的是,企业当前高层管理者和技术人员(沉浸于过去的成功)对引进新专业能力和方法存在潜在的抵制,而正是这些新事物反映了未来潜在的发展机会。

面对经过试验和检验的旧事物,引进新事物的困难早已被描述过:

> 一定要考虑到再没有什么事情会比开创一个新秩序更困难的了,无论是对其能否成功的怀疑,还是对其面临的危险。因为改革者会遇到很多敌人——那些旧秩序的既得利益者,他周围只有一些指望从新秩序中获益的不冷不热的支持者,这种不冷不热可能是源于对对手的恐惧……也可能是由于人类怀疑的天性,这帮人总是直到自己亲身经历才肯相信新事物。因此,只要一有机会攻击改革者,其对手就会拿出宗教般的狂热攻击他,而其他人只是半心半意地保护他(Machiavelli 1950: 21~22)。

在当代被广为引用的例子包括IBM早期不愿进入个人计算机市场和宝丽来早期参与开发但后来并未成功的一项基于数字成像技术的业务(Tripsas and

Gavetti 2000)。在这两个例子中,拥有开发新技术资源的企业却都并没有那么做的原因,是由于来自已有的权力结构的抵制和怀疑。从这些例子中似乎可以看出,昨天的"核心能力"成了今天的"核心刚性"(Leonard - Barton 1995)。

然而,新东西并不一定比老的好。20 世纪 70 年代石油企业的保守派对核能的抵制已经证明在很大程度上是正确的。同样,新近对.com 公司迅速增长的质疑也一样。鉴于 IBM 后来在系统整合和软件上的成功,对大规模参与 PC 业务的抵制从长期来看也可以说是有益的。这就是为什么做出突破性的决策非常困难的原因。政治战争经常有片面性,反映了特定利益群体的利益。他们故意忽视一些关键因素和不确定性。只有在战争的硝烟结束之后,胜者和败者才见分晓。

对于今天的管理者而言,在处理根本性创新时,不可能有一种简单的工具或模式能够解决这个困难的、政治化的任务。对今天的创新型企业而言,准确的判断力、经验、在"试错"中学习的能力仍然是唯一可得而又切实可用的"工具箱"。

4.6 结 论

尽管科学知识基础在以惊人的速度进步,然而在组织的技术诀窍和创新过程上缓慢但稳定的发展却既没有秩序也不易描述和管理。在产品和知识生产上的日益专业化也增加了复杂的程度——产品本身的复杂化、作为其基础的知识的复杂化以及为企业发展和商业化开发而采用的组织形式和实践活动的复杂化。以下是结论——有些是与熊彼特(1962)和彭罗斯的预言相矛盾的:

- 创新——尤其是根本性创新——在技术和商业结果上具有不可预知性;
- 技术创业并不是通用的管理技能;根本性突破和新机会在很大程度上

是针对特定技术领域或特定地方的特殊能力；

- 重要的创新决策很大程度上是一个政治过程，是在不确定情况下专业群体为自己的利益争执的结果，而不是一个对成本、利润和可测算的风险进行仔细评估和权衡的过程。

总之，现有的大企业有时会发现应付突破性的新东西是很困难的。未来它们将面临新的挑战。产品、系统及它们赖以为基础的知识都日益复杂化，引导着企业去尝试模块化产品结构，更多地使用 ICT 以及外包零部件设计和生产。因此大型的创新型企业在生产工艺中可能不是更多地自给自足，而是更少。

最后，产品制造及其赖以为基础的知识日益专业化，使得创新过程越来越路径依赖。结果是，创新过程的许多方面都显示出依赖于特定的部门、企业和技术领域，包括支撑创新机会的知识基础，科学理论与技术实践的联系，以知识为基础的多元化的可能性，科研预算的配置方法，集权化的程度以及需要发展的关键技能、界面和网络。只有两个创新过程是永恒的：协调和整合专业化知识以及在不确定的情况下学习。

参考文献

ARIS, S. (1998), *Arnold Weinstock and the Making of GEC*, London: Aurum Press.

BARNEY, J. (1991), "Firm Resources and Sustained Competitive Advantage," *Journal of Management* 17: 99~120.

BECKER, G., and MURPHY, K. (1992), "The Division of Labour, Co-ordination Costs, and Knowledge," *The Quarterly Journal of Economics* 107: 1137~1160.

* BRUSONI, S., PRENCIPE, A., and PAVITT, K. (2001), "Knowledge Specialization, Organizational Coupling and the Boundaries of the Firm: Why Firms Know More Than They Make" *Administrative Science Quarterly* 46(4): 597~621.

CHANDLER, A. (1977), *The Visible Hand: The Managerial Revolution in American Business*, Cambridge, Mass.: Belknap.

——(1997), "The United States: Engines of Economic Growth in the Capital Intensive and Knowledge Intensive Industries," in A. Chandler, F. Amatori, and T. Hikino (eds.), *Big Business and the Wealth of Nations*, Cambridge: Cambridge University Press.

CHRISTENSEN, C. (1997), *The Innovator's Dilemma*, Boston: Harvard University Press.

CLARK, K., and FUJIMOTO, T. (1992), *Product Development Performance*, Boston: Harvard Business School Press.

CONSTANT, E. (2000), "Recursive Practice and the Evolution of Technological Knowledge," in J. Ziman (ed.), *Technological Innovation as an Evolutionary Process*, Cambridge: Cambridge University Press.

COOPER, A., and SCHENDEL, D. (1976), "Strategic Responses to Technological Threats," *Business Horizons* (Feb.), 61~69.

DAVIES, A., TANG, P., BRADY, T., HOBDAY, M., RUSH, H., and GANN, D. (2001), *Integrated Solutions: The New Economy between Manufacturing and Services*, Brighton: SPRU.

DRUCKER, P. F. (1985), *Innovation and Entrepreneurship*, New York: Harper & Row.

EADS, G., and NELSON, R. R. (1971), "Government Support of Advanced Civilian Technologies: Power Reactors and the Supersonic Transport,"

Public Policy (Summer): 405~428.

FAGERBERG, J. (2003), "Schumpeter and the Revival of Evolutionary Economics: an Appraisal of the Literature," *Journal of Evolutionary Economics* 13: 125~159.

FLOYED, C. (1997), *Managing Technology for Corporate Success*, Hampshire: Gower.

FLOWERS, S. (1996), *Software Failure: Management Failure: Amazing Stories and Cautionary Tales*, Chichester: Wiley.

FORREST, J. E. (1991), "Models of the Process of Technological Innovation," *Technology Analysis and Strategic Management* 3(4): 439~452.

* FREEMAN, C. (1982), *The Economics of Industrial Innovation*, London: Frances Pinter.

——and LOUÇĀ, F. (2001), *As Time Goes By: From the Industrial Revolutions to the Information Revolution*, Oxford: Oxford University Press.

GEORGHIOU, L., METCALFE J. S., GIBBONS M., RAY, T., and EVANS, J. (1986), *Post-Innovation* Performance, Basingstoke and New York: MacMillan.

GIBBONS, M., Limoges, C., NOWOTNY, H., SCHWARTZMAN, S., SCOTT, P., and TROW, M. (1994), *The New Production of Knowledge, the Dynamics of Science and Research in Contemporary Societies*, London: Sage.

* GRANSTRAND, O., PATEL, P., and PAVITT, K. (1997), "Multitechnology Corporations: Why They Have 'Distributed' rather than 'Distinctive Core' Competencies," *California Man-agement Review* 39: 8~25.

GRILICHES, Z. (1990), "Patent Statistics as Economic Indicators," *Journal of Economic Literature* 28: 1661~1707.

HAMEL, G. (2000), *Leading the Revolution*, Boston: Harvard Business

School Press.

——and PRAHALAD, C. K. (1994), *Competing for the Future*, Boston: Harvard Business School Press.

* HENDERSON, R., and CLARK, K. (1990), "Architectural Innovation: the Reconfiguration of Existing Product Technologies and the Failure of Established Firms," *Administrative Sciences Quarterly*, 35: 9~30.

* HICKS, D. (1995), "Published Papers, Tacit Competencies and Corporate Management of the Public/private Character of Knowledge," *Industrial and Corporate Change* 4: 401~424.

HOBDAY, M. (1995), *Innovation in East Asia: the Challenge to Japan*, *Mdershot*: Edward Elgar.

* HOLBROOK, D., COHEN, W., HOUNSHELL, D., and KLEPPER, S. (2000), "The Nature, Sources, and Consequences of Firm Differences in the Early History of the Semiconductor Industry," *Strategic Management Journal* 21: 1017~1041.

KEALEY, T. (1996), *The Economic Laws of Scientific Research*, London: MacMillan.

KIM, L. (1997), *Imitation to Innovation: the Dynamics of Korea's Technological Learning*, Boston: Harvard Business School Press.

KLEPPER, S., and SIMONS, K. (2000), "Dominance by Birthright: Entry of Prior Radio Producers and Competitive Ramifications in the U. S. Television Receiver Industry," *Strategic Management Journal* 21: 997~1016.

* KLINE, S. J., and ROSENBERG, N. (1986), "An Overview of Innovation," in R. Landau and N. Rosenberg (eds.), *The Positive Sum Strategy: Harnessing Technology for Economic Growth*, Washington, D. C.: National Academy Press, 275~304.

LEONARD - BARTON, D. (1995), *Wellsprings of Knowledge*, Boston: Harvard Business School Press.

LEVINTHAL, D. (1998), "The Slow Pace of Rapid Technological Change: Gradualism and Punctuation in Technological Change," *Industrial and Corporation Change* 7: 217~247.

LOUÇĀ, F., and MENDONÇĀ, S. (1999), "Steady Change: The 200 Largest US Manufacturing Firms in the Twentieth Century," Working Paper No. 14/99, CISEP - ISEG, UTL, Lisbon.

LUNDVALL, B. (1988), "Innovation as an Interactive Process: from User - Producer Interaction to the National System of Innovation," in G. Dosi, C. Freeman, R. Nelson, G. Silverberg, and L. Soete (eds.), *Technical Change and Economic Theory*, London: Frances Pinter.

MACHIAVELLI, N. (1950 edn.), *The Prince*, New York: Modern Library College Editions.

MAHDI, S. (2002), "Search Strategy in Product Innovation Process: Theory and Evidence from the Evolution of Agrochemical Lead Discovery Process," D. Phil. Thesis, Unpublished, SPRU, University of Sussex.

MANSFIELD, E. (1995), *Innovation, Technology and the Economy*, Aldershot: Edward Elgar.

MARTIN, G. (2000), "Stasis in Complex Arteffacts," in J. Ziman (ed.), *Technological Innovation as an Evolutionary Process*, Cambridge: Cambridge University Press.

MARTIN, B., and SALTER, A. (1996), "The Relationship between Publicly Funded Basic Research and Economic Performance: a SPRU Review," *Report for HM Treasury*, SPRU, University of Sussex.

MENDONÇĀ, S. (2000), *The ICT Component of Technological*

Diversification, M. Sc. dissertation, SPRU, University of Sussex.

METHE, D., SWAMINATHAN, A., and MITCHELL, W. (1996), "The Underemphasized Role of Established Firms as Sources of Major Innovations," *Industrial and Corporate Change* 5: 1181~1203.

* MITCHELL, G., and HAMILTON, W. (1988), "Managing R&D as a Strategic Option," *Research Technology Management* 31: 15~24.

MOWERY, D. (1995), "The Boundaries of the U. S. Firm in R&D," in N. R. Lamoreaux and D. M. G. Raft (eds.), *Coordination and Information: Historical Perspectives on the Organization of Enterprise*, Chicago: University of Chicago Press of NBER.

——and ROSENBERG, N. (1979), "The Influence of Market Demand upon Innovation: a Critical Review of Some Recent Empirical Studies," *Research Policy* 8: 102~153.

——(1989), *Technology and the Pursuit of Economic Growth*, Cambridge: Cambridge University Press.

NARIN, F., HAMILTON, K., and OLIVASTRO, D. (1997), "The Increasing Linkage Between U. S. Technology and Public Science," *Research Policy* 26: 317~330.

NELSON, R. R. (ed.) (1982), *Government and Technical Progress: A Cross – Industry Comparison*, New York: Pergamon.

NIGHTINGALE, R. (2000), "Economies of Scale in Experimentation: Knowledge and Technology in Pharmaceutical R&D," *Industrial and Corporate Change* 9: 315~359.

OAKEY, R. (1995), *High – Technology New Firms*, London: Paul Chapman.

PAVITT, K., and STEINMUELLER, W. (2001), "Technology in

Corporate Strategy: Change, Continuity and the Information Revolution," in A. Pettigrew, H. Thomas and R. Whittington (eds.), *Handbook of Strategy and Management*, London: Sage.

PENROSE, E. T. (1959), *The Theory of the Growth of the Firm*, Oxford: Basil Blackwell.

PINCHOT, G. (1997), "Innovation Through Intrapreneuring," ch. 26 in R. Katz (ed.), *The Human Side of Managing Technological Innovation*, New York: Oxford University Press.

PORTER, M. (1996), "What is Strategy?" *Harvard Business Review*, Nov./Dec.: 61~78.

PRAHALAD, C. K., and HAMEL, G. (1990), "The Core Competence of the Corporation," *Harvard Business Review*, 90(3): 79~91.

PRENCIPE, A. (1997), "Technological Competencies and Product's Evolutionary Dynamics: a Case Study from the Aero-engine Industry," *Research Policy* 25: 1261~1276.

PRICE, D. DE SOLLA (1984), "The Science/Technology Relationship, the Craft of Experimental Science, and Policy for the Improvement of High Technology Innovation," *Research Policy* 13(1), 3~20.

QUINN, J. B. (2000), "Outsourcing Innovation: The New Engine of Growth," *Stoan Management Review* (Summer), 13~28.

ROBERTS, E. (1991), *Entrepreneurs in High Technology: Lessons from MIT and Beyond*, Oxford: Oxford University Press.

ROBINSON, A. (1991), *Continuous Improvement in Operations*, Cambridge, Mass.: Productivity Press.

ROSENBERG, N. (1974), "Science, Invention, and Economic Growth," *Economic Journal* 84(333), 90~108.

——(1976),"Technological Change in the Machine Tool Industry, 1840~1910," in *Perspectives on Technology*, Cambridge, Cambridge University Press.

——(1994), *Exploring the Black Box: Technology, Economics and History*, Cambridge: Cambridge University Press.

——and NELSON, R. (1994), "American Universities and Technical Advance in Industry," *Research Policy* 23: 323~348.

ROTHWELL, R. (1992), "Successful Industrial Innovation: Critical Success Factors for the 1990s," *Research Policy* 22(3), 221~239.

* ——FREEMAN, C., HORSLEY, A., JERVIS, V., ROBERTSON, A., and TOWNSEND, J. (1974), "SAPPHO Updated — Project SAPPHO Phase Ⅱ," *Research Policy* 3(3), 258~291.

SANDOZ, P. (1997), *Canon*, London: Penguin.

SALTER, A., D'ESTE, P, MARTIN, B., GEUNA, A., SCOTT, A., PAVITT, K., PATEL, E, and NIGHTINGALE, E (2000), *Talent Not Technology: Publicly Funded Research and Innovation in the UK*, CVCP, SPRU, and HEFCE.

SCHNAARS, S., and BERENSON, C. (1986), "Growth Market Forecasting Revisited: A Look Back at a Look Forward," *California Management Review* 28: 71~88.

SCHONBERGER, R. (1982), *Japanese Manufacturing Technique: Nine Hidden Lessons in Simplicity*, New York: Free Press.

SCHUMPETER, J. (1962), *Capitalism Socialism and Democracy*, 3rd edn., New York: Harper Torchbooks Edition (originally published 1942 by Harper and Brothers).

SMITH, A. (1937), *An Inquiry into the Nature and Causes of the Wealth of Nations*, New York: Modern Library Edition.

STURGEON, T. J. (1999), "Turn - key Production Networks: Industry Organization, Economic Development, and the Globalization of Electronics Contract Manufacturing," Unpublished Ph. D. dissertation, University of California at Berkeley.

* TIDD, J., BESSANT, J., and PAVITT, K. (2001), *Managing Innovation: Integrating Technological, Market and Organizational Change*, 2nd edn., Chichester: Wiley.

TRIVSAS, M., and GAVETTI, G. (2000), "Capabilities, Cognition and Inertia: Evidence from Digital Imaging," *Strategic Management Journal* 21: 1147~1161.

TUSHMAN, M. and ANDERSON, P. (1986), "Technological Discontinuities and Organizational Environments," *Administrative Science Quarterly*, 31: 439~465.

UTTERBACK, J. (1994), *Mastering the Dynamics of Innovation*, Boston, Mass.: Harvard Business School Press.

VAN DE VEN, A., POLLEY, D. E., GARUD, R., and VENTKATARAMAN, S. (1999), *The Innovation Journey*, New York: Oxford University Press.

* 星号表示建议延伸阅读的条目。

第5章　组织创新

艾丽斯·兰姆(Alice Lam)

5.1　引　言

组织创造对创新过程而言是非常根本的(Van de Ven et al. 1999)。创新构成了产生创新的系统的一部分。这个系统本身就是个“组织”,或按照威克(Weick 1979)的说法,“是个组织的过程”(organizing)。组织的创新能力是成功利用创新资源和新技术的前提条件。反过来说,新技术的引进对一个组织来说既是契机又是挑战,会带来管理实践的改变,并催生新的组织形式。组织创新和技术创新是纠结在一起的。熊彼特(1950)将组织变革视为“创造性破坏(creative destruction)”的主要因素,与开发新产品、新工艺,以及开辟新市场等因素并列。

从普遍意义上说,“组织创新”这个术语指:一个组织创造或采纳新想法和新行为(Daft 1978, Damanpour and Evan 1984,Damanpour 1996)。目前已有的关于组织创新的研究文献在内容上差异很大,尚未形成一致的理论框架。不同的文献对“组织创新”现象有不同的解释。这些文献大体可分为三个流派,每个流派都有自己独特的关注点,并各自提出一系列不同的问题。组织设计理论(Organizational Design Theory)主要关注组织的结构形式与组织创新倾向(propensity)的关系(Burns and Stalker 1961,Lawrence and Lorsch 1967,Mintzberg 1979)。该理论研究的对象是组织,其主要研究目的是确定某个创新组织的结构特征,以及组织结构因素对产品和流程创新的影响。目前,这一流派的观点最具影响力,并已经很好地融合到技术创新文献中(例如:Teece 1998)。而组织认知与学习理论则关注微观层面的过程——组织如何开发解决问题的新想法。他们强调组织创新的认知基础,认为组织创新与学习和组织的知识创造过程有关(Agyris and Schon 1978,Nonaka 1994,Nonaka and Takeuchi 1995)。这一方向的研究提供了一个微观的视角,来了解组织何以拥有相当的能力去创造和利用创新活动所必需的新知识。第三个理论流派关注的是组织的变革与适应性,以及新的组织形式的诞生过程。这一理论的主要关注点是:为应对环境的剧烈变化和技术变革,组织是否能够突破传统的惯性而进行调适;组织变革是否经过选择主要发生在群体层面上(例如:Hannan and Freeman 1977/1984,Romanelli and Tushman 1994)。根据这一理论,创新被认为是应对外部环境变化的能力、影响和塑造环境的能力(Burgleman 1991,Child 1997)。

虽然这三个研究流派在实证方面有着许多重要的重叠,但是它们之间有着鲜明的理论差别。种种流派差异使我们很难给"组织创新"下一个清晰的定义,也难以找出其不同因素间的内部关系。[①] 本章力图探讨三个各自不同的但又互相依存的观点之间的相互作用及关系。第 5.2 节通过分析组织设计理论的各种观点来探寻组织结构和创新之间的关系。第 5.3 节从学习和组织知识创造的微观角度来研究组织创新,认为不同结构形式的组织,其学习和知识创造模式也是不同的,从而产生了不同类型的创新能力。第 5.4 节讨论组织的变革与适应性,关注在不连续(discontinuous)技术变革和环境剧烈变化的情况下,组织是否能够战胜惯性的力量,以及如何战胜。最后,本章总结了现有文献的局

① "组织创新"这个术语是不清晰的。一些学者用它指代广义的"组织的创新或创新行为"(Slappendel 1996,Sorensen and Stuart 2000),或者指"创新的组织接受过程"(Kimberley and Evanisko 1981,Damanpour and Evan 1984,Damanpour 1996)。在这些宽泛的定义中,从属变量"创新"被定义为包括新产品或工艺技术、新的组织安排或行政系统的一系列创新类型。这些研究的主要目的是为了确定影响组织采纳创新的倾向的一系列个体、组织和环境变量。其他学者(比如:Pettigrew and Fenton 2000)对"组织创新"使用了更狭义的定义:仅指组织安排的创新。在这种定义中,从属变量是新的组织实践或者组织形式,创新可能是指组织中的成员对组织创新的广泛接受,或仅指在过去没有联系的组织过程或组织结构出现了一些全新的组合。这一领域的学者有一种将组织创新等同于组织变革和发展的倾向,认为组织内部的变革就是创新,而不必将组织变革与技术创新明确地联系起来。

限和差距,以及未来的研究方向。

5.2　组织结构与创新

有关组织创新的传统理论已经探讨了组织创新倾向的决定因素。虽然研究人员已对个体、组织和环境变量进行了分析(Kimberley and Evanisko 1981,Baldridge and Burnham 1975),但大部分研究还是关注组织结构层面(Wolfe 1994)。长期以来,在组织设计理论中,对环境、结构、组织行为之间的关系进行研究已成为一种传统。一些学者研究了特定的组织结构如何促进新产品和新流程的创新,尤其是在环境快速变化的情况下。战略研究领域的微观经济学论著也认为:在特定的企业战略和产品市场中,某些组织形式具备优越性(Teece 1998)。就在最近,这一理论探索的关注点有了重大转变,开始摆脱单纯的正式组织结构的研究,转而对组织的过程、关系和边界产生了更大的兴趣(Pettigrew and Fenton 2000)。这一转变是由经济社会学的影响以及组织设计中"网络"概念的引入导致的。网络结构和创新的关系由鲍威尔和格罗达尔进行了论述(参见本书第3章)。

5.2.1　权变理论(Contingency theory):环境、结构和组织创新

在组织设计的古典理论中,标志性观点认为:在众多的组织形式中,存在"最好的组织形式"。这其中,韦伯(Weber 1947)的官僚组织结构理论和钱德勒(1962)的多部门组织结构理论最具影响力。然而,在20世纪六七十年代,"最好的组织形式"的假设受到了权变理论的挑战,这一理论解释了不同的组织形式及其应对环境需求而发生的变化。权变理论认为,对一个组织来说,其"最佳结构"就是最好地适应一个给定的权变要素的结构,例如运行规模(Pugh et al. 1969,Blau 1970)、技术(Woodward 1965,Perrow 1970)或环境(Burns and Stalker 1961,Lawrence and Lorsch 1967)。这一理论对我们理

解任务的本质与技术环境、组织结构及行为之间的关系提供了很好的基础。不过该理论中只有一部分对组织结构与创新之间的关系进行了专门研究。

伯恩斯和斯托克(Burns and Stalker 1961)指出了两种截然不同的组织形式:机械性组织和有机性组织(参见专栏 5.1),揭示了技术和市场环境在变化速度和复杂性方面的差异如何影响组织结构和创新管理。他们的研究发现,可以把企业分为两种主要的类型:第一种类型更加僵化、等级化,与稳定的环境相适应;另一种类型更加易变,以适应快速的变革和创新。两种类型都不是绝对的,而企业的环境是一个促使组织结构变化的权变因素。与此相关的研究是劳伦斯和罗奇(Lawrence and Lorsch 1967)进行的,对组织差异及整合的原则以及组织如何适应不同的环境因素:包括不同行业的市场、技术经济和科技等子级环境(sub-environment)的研究。伯恩斯和斯托克将组织看做是一个无差别的整体,这个组织要么是机械性的要么是有机性的。劳伦斯和罗奇则认为,由于子环境的需求不同,机械性和有机性结构会共存于一个组织中的不同部分。这些早期学者对组织理论有深远的影响,并且为创新管理提供了有益的指导。伯恩斯和斯托克模型有助于我们理解:在当前,随着创新重要性的提高以及环境变革步伐的加速,许多企业在试图从机械性组织转变为有机性组织的过程中面临着巨大的挑战。劳伦斯和罗奇认为:机械性与有机性结构能够共存于同一个组织的观念,在当代讨论发展组织的混合模式(hybrid mode)——"双元组织"(ambidextrous organization)中也有反映,双元组织能够应对渐进性和激进性的技术变革(Tushman and O'Reilly 1996,本章 5.4.2 和 5.4.3)。

专栏 5.1

伯恩斯和斯托克:机械性组织和有机性组织

伯恩斯和斯托克(1961)开始探讨技术和市场环境的不同是否会影响到企业的结构和管理过程。他们详细调查了 20 家制造企业,并且将环境分为"稳定、可预测”和“不稳定、不可预测”两种。他们发现企业可以分为两种类型：机械性组织和有机性组织，并认为管理实践和组织结构是组织对环境因素的必然反映。

机械性组织的结构相对僵化，通常出现于稳定、可预测的环境中。它的特征有：

(a) 组织任务被分解为专业的、职能不同的职务，而个体任务的分工比较抽象，与组织整体的任务存在一定的差异。

(b) 根据角色对权利、义务和技术方法进行精确定义，并将其转换成各个岗位职责，在组织中有一个控制、授权和交流的等级制度。

(c) 整个组织的知识仅被等级制度的上层所掌握，相比较对整个组织的知识而言，内部的、本组织的知识、经验、技能被赋予了更高的重要性和地位。

(d) 组织成员之间的交流倾向于垂直交流，也就是上下级之间的交流。

有机性组织的结构安排更具流动性，并且更适合于变化的环境，这种环境需要快速和创新的反应。有机性组织的特征有：

(a) 组织的共同任务需要全体成员的努力，并且根据个体之间的互动，随时调整和界定个体任务。

(b) 对组织的承诺超越了技术范围，控制权利及交流是一种网络结构，并且交流的方向是扁平的而不是垂直的。

(c) 在组织网络中，知识存在于组织的各个地方，这些地方成为权威和交流的中心。

(d) 在企业之外，在产业、技术和商业环境中有价值的关系和专业知识也同样具有地位和重要性。

机械式组织和有机式组织代表着一个连续统一体的两个极端，在许多组织中，这两种类型是混合在一起的。

来源：Burns and Stalker 1961

另一项具有重要贡献的早期研究来自明兹伯格(Mintzberg 1979),他综合了许多组织结构的研究内容,进而提出了一系列组织结构模型,这些模型提供了企业在不同环境下的基本组织结构。与权变理论一致,他也认为成功的组织会设计其结构以与环境相匹配。而且,他还提出了设计变量(design parameters)的逻辑架构,指出有效的组织构建需要组织设计变量与权变因素的协调。"结构假说"(configurational hypothesis)认为,企业通常主要表现为五种单纯模型中的一种,而每一种结构模型都具有不同的创新潜质,这五种模型是:简单结构(simple structure)、机械官僚制(machine bureaucracy)、专业官僚制(professional bureaucracy)、分部制结构(divisionalized form)、团队式结构(adhocracy)。表 5.1 列示了每一种结构的特征和其创新内涵。该理论重点指出,官僚结构在稳定环境中运行较好,但缺乏创新并且不能应对变革。与之相反,团队式结构是一种相当有机和有弹性的组织形式,它能在一个易变环境中进行根本性创新(参见 5.3.3)。

表 5.1　明兹伯格的结构模型及其创新潜质

组织类型	主要特征	创新潜质
简单结构	由一人控制的有机性组织,能对环境变化作出快速反应。例如高科技行业中的小型初创企业	具有企业家精神,通常保持高度创新性,不断寻求高风险的环境。缺点是易受到个人决策失误和成长的资源限制
机械官僚制	机械性组织,表现为高度分工、标准化和集中控制。通过员工技能和经验的不断标准化来持续改进日常任务。例如规模生产的企业	组织设计的目的是为了提高效率和稳定性。有利于处理程序化问题,但过度僵化,不能适应创新与变革
专业官僚制	一种分权的机械性组织,它给予专家个体高度的自主权。权利和地位集中于"授权专家"。典型组织是:大学、医院、法律和会计公司	在专业领域,专家个人可能具有高度创新性,但由于跨职能和学科造成成员之间合作存在困难,这对组织整体的创新能力是一个极大的限制
分部(事业部)制结构	一种分权的有机性组织。由一个中央执行机构主持下的若干关联松散且半独立的组织组成。典型形式是:大型组织为了适应当地竞争环境而设立的分部(事业部)	能使组织集中资源在特定利基市场取得竞争优势。缺点有:分部发展将导致产生对核心研发的"离心力";分部之间的竞争将限制知识共享

（续表）

组织类型	主要特征	创新潜质
团队式结构	以项目为基础的高度灵活的组织，用来适应环境的不稳定性和复杂性。解决问题团队能被迅速组织起来以应对外部变化和市场需求。典型形式有：专业合作伙伴和软件工程公司	具有快速学习和“忘却学习”（unlearning）的能力；具有高度适应性和创新性。然而由于其结构不稳定，容易导致组织的短寿，并且有可能随着时间变化转变成官僚机构（参见5.3.3）

权变理论解释了在不同技术和任务环境中的组织形式的多样性。它假设技术和产品市场变得愈发复杂和不确定，任务行为愈发多样和不可预测，组织将采用适应性更强的、更灵活的结构，为此组织将从官僚结构向有机结构转变。不过，对在实现组织结构与环境相“匹配”的过程中面临的困难，该理论没有进行论述。权变理论忽略了一种可能，即该理论认为最重要的因素易受组织行为者的不同解释的影响（Datf and Weick 1984），并且忽略了其他因素——诸如管理抉择（Child 1972/1997）或制度压力（Powell and DiMaggio 1991）的影响。这些方面将在5.3节和5.4节中进行讨论。

5.2.2 产业经济学：战略、结构和创新型企业

微观经济学家有关战略研究领域的著作，将组织结构看成是管理层为应对市场机会作出的战略选择的原因和结果。组织形式取决于两个因素：“战略”和“结构”。他们的中心论点是认为某种特定的组织类型或者组织禀赋有助于企业在某些给定的环境中获得更好的创新绩效，因为这种组织类型或禀赋更能够有效地减少交易成本，或者应对所谓的资本市场失灵现象。比如，多部门的（multi divisional）或者M型结构（分权结构）企业的产生，就是基于企业规模和复杂程度的不断增长，以及企业向相关产品和技术领域的多元化战略而形成的（Chandler 1962）。企业在某一特定的产品市场可能是一个高效的创新者，但这也可能相应地限制了其他新能力的发展。

拉佐尼克和魏斯特(West)的"创新型企业"理论植根于钱德勒的理论框架,因为它主要关注的是战略和组织结构如何决定了商业企业的竞争优势。另外,这一理论还建立在劳伦斯和罗奇(1967)的对组织设计问题的差异与整合的概念化之上。这种理论认为:随着时间的推移,处于发达的经济环境体中的企业,必须进行较高程度的组织整合(organizational integration),才能保持竞争优势。根据这种理论的解释,日本企业能在电子和汽车产业领域相对美国企业获得竞争优势,就是因为前者的组织整合能力更强,能将生产一线工人充分与企业(运营)网络整合起来,才能使他们很好地计划和协调专业化的分工与整个创新投资战略之间的关系。同样,拉佐尼克和魏斯特认为美国的企业(比如摩托罗拉和IBM)能够维持竞争优势也是由于他们达到了较高的企业整合程度。"组织整合"假说使我们注意到,企业的社会结构和它的内在凝聚力是决定企业战略和创新绩效的关键因素。但是这种解释本身没有对"权变理论"给予足够的重视——日本模式的"组织整合"在已经比较成熟的技术领域运行得很好(在这些领域内渐进性的创新十分重要),但在高速发展的新产业领域却不一定适用(在这些领域,根本性创新对竞争是至关重要的)。

蒂斯(1988)在阐述企业战略、组织结构和创新的本质之间的联系时,着重强调了技术创新的特性,并提出了创新过程中组织应具备的一整套相关的必备条件。他的理论框架认为,正式的(比如企业治理结构)和非正式的(如企业文化和价值观等)组织结构因素,以及企业生存的外部网络,都会严重地影响企业创新行为的速率和方向。根据"企业组织边界、内部正式结构、内部非正式结构(文化)以及外部联系"四类因素,作者将企业治理结构划分成四种典型的类型:多产品整合成的科层制度、高度灵活的硅谷模式、虚拟公司模式和企业集团模式。他认为不同的组织结构安排适用于不同的竞争环境和不同类型的创新。蒂斯(1998:156~157)将创新分为"自主式(autonomous)创新"和"系统化(systemic)创新"两种主要类型,并将二者与不同的组织结构形态相匹配。所谓"自主式创新",引入市场时并不会导致对相关的产品和业务流程产生大规模的改动。比如助力驾驶系统(power steering)的发明,并不要求对汽车或者引擎的设计有什么重大改动。所以这种创新通常由小型的自主性组织结构(比如"虚拟的"公司)就可以迅速做到,配套的必要业务协调也可以通过在开放的市场中的短期安排来达成。相反,在20世纪80年代要做到"前轮驱动",对许多汽车来说就需要全面重新设计。这种改变就是一种系统化的创新,它要求在诸多子系统间进行复杂协调,由统一体系下的集成型的企业做起来就比较方便。但是,这种论点还需要经验的证明(Teece 1998: 146~147)。

微观经济学家们的著作更多地关注了"市场和组织要素间的交互作用"对创新绩效的影响,对组织内部的动态交互过程和社会过程则很少关注。许多这类文献中对"企业战略、组织结构和创新绩效"之间的关系根据经验做了一些预测,但这些还有待于证实,这也为未来的研究提供了诱人的前景。

5.3 组织的认知、学习和创新

5.3.1 组织创新的认知基础

以上讨论的"组织结构理论",大多都将创新行为看成是某种组织结构特征的产物;但另一些研究者,则把"创新行为"看成是"将解决问题的新理念引入实际应用的过程"(Amabile 1988; Kanter 1983)。梅齐亚斯和格林(Mezias and Glynn 1993: 78)则将创新行为定义为"非常规的、不连续的、重大的组织变革行为,这种变革体现了一种与该组织目前的业务概念不一致的新观念"。这种研究方法,将创新型组织看成是一个智力型、创造型的(Glynn 1996, Woodman et al. 1993)、具有高效学习能力的(Senge 1990, Agyrid and Schon 1978)、能够创造新知识的(Nonaka 1994, Nonaka and Takeuchi 1995)组织。科恩和雷菲斯(1990)认为,创新的产生有赖于创新者之前的知识积累,只有在此基础上,创新者才能吸收和利用新的知识。

从这个角度说,理解组织内的学习和认知在推动或抑制创新方面的作用就十分重要了。

以认知为导向进行组织和管理方面的研究的文献,其理论基础是认知心理学。这些文献分析的重点是各种对适应环境产生干预的心理过程(Hodgkinson 2003)。所谓“认知”,是指个体建立思维模式(mental models)、信念体系(belief systems)和知识结构,并通过这些工具理解、建构和赋予其所处的世界以意义,并决定采取何种行动的过程[“有限理性”问题(Simon)]。个体处理外部环境给予他的各种复杂刺激的能力是有限的,所以他用“心智表征”(mental representation)来过滤、解释、重构输入的信息,在特定的环境下,这些信息可能成为创造性观点和新思想的基础,但也同样有可能导致偏见和认知的惯性。心理学研究关注的主要是对思维模式进行信息处理的结果。组织和管理学研究则更进一步,将分析扩展到群体和组织的层面。他们的研究结果表明,一个组织也会形成一套集体共同的思维模式和解释框架(interpretive scheme),进而影响到管理层的决策和组织的行为。一个组织的认知能力之所以不同于个体的认知能力,在于它包含了一个社会维度。所以相当多的研究工作都关注社会-认知的连通方面(socio-cognitive connectedness),试图解释形成集体认知和知识结构的社会过程。

有一种看法认为:一个组织能够进行“集体的”思考和行动,并且储存“组织化了的”知识,这种看法推动人们对组织的学习和知识创造过程做了大量研究。这些研究试图去理解组织内部的社会交流互动和群体动态过程是如何决定了组织的集体智力、组织的学习和知识创造的进程,从而使我们对组织创新能力的微观机制有了更深入的理解。同时,该理论还研究了共同的思维模式和解释框架是如何影响了一个组织的适应性的。从积极的方面看,组织共同的解释框架有助于一个组织以一种带有明确目的性的方式处理和解释信息,推动组织的学习和集体解决问题,因而提高了组织的适应性潜力(Fiol 1993, Brown and Duguid 1991)。但另一些观点则认为组织共享的解释框架容易造成组织决策上的“盲点”,妨碍组织变革(Shrivasta and Schneider 1984;Shrivasta et al. 1987)。其相互矛盾之处在于,组织认知既加强同时又削弱了它的创新能力,就好像一个硬币的两面。

从认知的角度观察组织的创新,使我们在分析的过程中将关注点由组织的结构与系统转到了组织的学习和知识创造过程上。下面的分析表明:不同结构形式的组织会有不同的学习和知识创造模式,因而产生了不同类型的创新能力。同时,组织的边界及其学习的社会环境也会影响到组织的认知视野,进而影响到组织进行根本性变革和创新的能力。

5.3.2 组织的学习和知识创造:共同的环境与集体的学习

"创新"可以理解成一个学习和知识创造的过程。在这个过程中,组织界定出新的问题,并创造出解决这些新问题的新知识。"组织学习和知识创造"理论的核心,是组织如何将个体的智慧和知识转化成集体的知识和整个组织的能力。虽然有些学者认为学习在本质上是一种个体行为(Simon 1991, Grant 1996),但大多数"组织学习"理论都强调集体知识的重要性,并把它看做是组织能力的源泉。组织不断积累这些集体知识,将其贮藏在组织的各种规章、程序、惯例和共同遵循的准则当中,正是这些条条框框指导着组织成员如何相互交流,如何解决问题。这些集体知识,好比是一个组织的"内存",或者说"集体的大脑"(Walsh and Ungson 1991),有时,它以实实在在的数据形式存储起来,有时又体现在组织内部交流沟通的知识"流"中。它不仅仅存在于个体之间,它可能大于,也可能小于个体的知识之和——这取决于组织采用何种机制将个体知识转化成集体知识(Glynn 1996)。个体和组织都可以成为学习的主体,但任何学习行为都是发生在特定的社会环境中的,而这个环境的本质和边界则决定了学习行为不同的效果。

许多关于组织学习的文献都指出,学习和知识创造过程中社会交流、环境和共同的认知机制(cognitives schemes)的重要性(Nonaka 1994, Agyris and Schon 1978, Lave and Wenger 1991, Brown and Duguid 1991/1998)。这是基于波拉尼(Polanyi 1966)的观点，他认为人类大部分知识都是主观的、暗默的(隐性的)，很难离开已知事物进行编码和传达。因此，知识的传递需要社会化的沟通交流，形成共识和共同的解释框架。

野中(Nonaka)的组织知识创造理论则是基于这样一种想法：共享的认知能力和集体的学习行为是组织知识创造的基础(Nonaka 1994, Nonaka and Takeuchi 1995)。这个理论的核心是，认为隐性知识构成了人类所有知识的源泉，而组织的知识创造过程则是要动员起个体中存在的这些隐性知识，推动这些知识与企业中已经积累起来的形式(显性)知识相互交流。野中认为知识的创造需要一个环境。他用日文"ba"(意思是"场")来形容这种环境。"场"提供了一个共享的、进行信息解读、交流和建立关系的社会和心理空间，这就形成了知识创造的基础。加入"场"意味着可以超越个人有限的认知视野或社会边界，参与一个知识共享和创造的动态过程。同理，在雷菲和温格(Lave and Wenger 1991)、温格(1998)以及布朗和杜吉德(Brown and Duguid 1991/1998)的著作中发展起来的"实践共同体"的概念认为：通过"实践"，即共同的工作经验，组织的成员形成他们共同的特性和观点。在"实践"这样一种社会活动中，组织成员形成和发展了共同的观点和认知知识库，这些都有助于知识的共享和传递。因此，工作小组是高强度学习和知识创造的重要发生地。位于组织内部横向和纵向知识流交汇点的小组，将成为个体和组织在知识创造过程中的桥梁。野中的理论强调半自主项目团队在知识创造过程中的关键作用。最近，许多关于组织的新型创新形式的研究文献，也十分强调分权化，以小组为基础的结构成为一个重要的组织原则。

许多组织和管理研究人员都将企业看做是集体学习和知识创造的一个关键的社会环境。野中和竹内(Takeuchi)曾在1995年的研究文献中专门讨论过"创造知识的企业"。阿吉利斯和肖恩(Argyris and Schon 1978)认为，一个组织本质上就是一个不断学习和创造知识的认知性企业。所谓"组织知识"，本质上就是企业内部共享的认知机制(cognitive schemes)和普遍存在的共识,正是这些,推动了企业内部的知识共享和知识转化。这种观点,与纳尔逊和温特(1982)提出的"组织惯例"(organizational routines)概念十分相似,后者是指某种建立在共同的准则和信念基础上的集体知识,它有助于组织在缺乏成文规章的情况下协力解决问题,能够支持复杂的行为模式。"核心能力"(Prahalad and Hamel 1990)这一概念是指,企业的学习和知识创造行为是一个累积的过程,并且有路径依赖的特性。企业倾向于坚持目前的行事方式,因为学习和知识总是蕴藏在企业现有的社会关系、共同的认知模式以及现有的行事逻辑中(Kogut and Zander 1992)。有些学者分析了集体的技术学习行为怎样依赖于企业累积的能力,以及如何沿着特定的轨道演进(Dosi 1988,Pavitt 1991)。因此在小工作组水平上强化的学习和知识积累过程中形成的(成员间)共同的环境和社会认同,反而可能会制约集体知识的演进。这时企业会发现,要清除过去的做法,寻求其他替代方式,十分困难。雷菲斯和马奇(Levinthal and March 1993)认为组织常常会受到"学习近视症"的困扰,他们倾向于维持自己现有的重点,过于强调他们独特的能力,结果反而落入了"能力陷阱"。罗纳尔多-巴顿(Leonardo-Barton 1992)的实证研究已经发现:许多企业在开发新产品时"核心能力"反而成了"核心刚性"的情况。

"组织学习"过程中存在一个内在的矛盾——既要保持组织的外部边界和特性,同时又要保持组织足够的开放性,让新的知识、理念能够顺畅流入。马奇(1991)指出,"组织学习"最根本的问题,是要平衡好"利用既有的确定性"和"探索新的可能性"两个矛盾目标之间的关系。虽然"知识创造"通常是组织能够将既有知识进行重新组合,产生新的应用的结果,但是在同外部居于比较优势地位的、正在挑战现有观点和范式的组织接触的过程中,也有可能带来重大的新的学习机会。实证研究表明:创新的源泉往往存在于组织之外(Von Hippel 1988, Lundvall 1992)。在技术快速发展、破坏性(disruptive)变革时时发生的环境中,外部的企业联盟与网络关系,以及起用新的专业人员、将新的知识嫁接到组织现存的学习系统中,都会对组织学习和知识更新产生重要的影响。"动态能力”理论认为：从长期来看，企业在竞争中的表现取决于它是否能建立和发展特定的企业能力，同时，是否能以“创造性破坏”(Teece and Pisano 1994)的方式更新、重构自身能力，以应对环境的变化。因此，组织应对创新挑战过程中最根本的问题，不是简单地在“利用”与“探索”，或者说“稳定与变化”之间保持一个静态的平衡，而是要在组织内部持续不断地维持、协调二者的动态平衡。

5.3.3 学习和创新型组织的两种替代模型：“J型”和“团队式结构”

虽然所有的组织都能够进行学习并创造知识，但他们的学习模式和创新能力却相差很大。过去10年里，相当多的文献对新型组织结构模式进行了讨论，并探讨了一些支撑组织学习和创新的相关概念。这些模式包括日本企业在汽车产业里率先施行的“高绩效工作系统”“精益生产”(Womack et al. 1990)以及“N型组织”(Hedlund 1994)、“超文本组织”(Nonaka and Takeuchi 1995)等。更新的模式还有“蜂窝式结构”(Miles et al. 1997)、“模块化结构”(Galunic and Eisenhardt 2001)、“以项目为基础的网络式结构”(DeFillippi 2002)等，这些新的结构模式的出现，反映出在知识密集型的经济部门中，随着对企业家精神和根本性创新的战略关注，灵活的、适应性强的组织形式在不断发展。这些研究强调了企业寻求打造能不断解决问题、产生创新的学习型组织的不同路径，但却很少有研究成果能解释支撑这些结构模式的学习过程的本质究竟是什么，它所产生的创新能力类型是怎样的，以及“组织学习”行为所处的更宽泛的制度环境是什么。

对新型组织结构的文献进行较深入的研究，可以发现，各种不同类型的创新组织大体上可以分为两种相对的理想模式：“J型”和“团队式结构”。前一类型的组织长于累积性的学习，其创新能力主要来自对组织特定的集体能力和解决问题的规程的不断开发。之所以称为“J型”(英语“Japan”的首字母)是由于这类组织的典型特征在“日本式”企业中表现得特别明显。比如，青木(Aoki 1998)的“J型公司”模型，野中和竹内(1995)的“创造知识的企业”。“团队式结构”(Mintzberg 1979)则截然不同,它更多地是依赖于存在于灵活的、以市场为基础的项目团队中的个体专业知识,这些团队能对知识和技能的变化作出快速的反应,而且通过整合新型的专业知识创造出革新性的产品和流程。这个词准确地把握住了像硅谷企业那样的组织所特有的活力,以及富于冒险精神和适应性的特征(Bahrami and Evans 2000)。“J型”和“团队式结构”都是具有很强创新能力的学习型组织,但它们在组织结构、学习模式和由此产生的创新能力类型上,却迥然不同。

“J型”组织主要依赖于蕴涵在它的运营规程(operating routines)、团队关系和共有文化中的知识。“J型”组织内的学习和知识创造通常发生在一个“组织共同体”中,这个共同体将一线工人解决问题的技能与不同职能单位的紧密交流和知识共享融合在一起。组织内部劳动力市场给组织成员提供了稳定的职业前景,激励他们投身于组织的目标、不断发展企业特有的解决问题的知识,从而不断改进产品和流程。新知识来自对现有知识的融合、综合和组合。J型组织往往倾向于追求渐进性创新战略的强烈导向,这类组织往往在相对成熟的技术领域表现出色,这些领域的特点是,具有对现有元件和产品进行组合和渐进性改进的很多可能性(比如机械行业、电子元器件和汽车行业)。J型企业总是致力于不断培育蕴涵于组织内部的隐性知识,强调对这种知识进行不断改进,这会妨碍企业从外部来源吸收全新的知识。20世纪90年代日本企业在软件和生物技术等领域的表现令人失望,这也许可以佐证“J型”企业在进入高速发展的新技术领域、追求创新时所面临的困境(Lam 2002, Whitley 2003,也可参见专栏5.2)。

专栏5.2

日本:组织共同体学习模型的案例

日本经济具有高度的协作和组织整合的特征。这在商业群组(business groups)和网络中的企业间广泛的长期合作过程中常有发生。另外,大企业中整合的倾向尤其明显。日本的社会制度和雇佣制度也推动一线员工密切参与组织能力的发展过程。出色的国家教育体系以及企业形成的大型网络，这些使得大多数工人具备了令雇主们尊重的高水平技能，也使得雇主们能依靠工人来进行有效的创新活动。(组织)内部的劳动力市场，不仅具有长期雇佣的特征，而且还有组织良好的培训和轮岗制度。这些做法使得员工通过“干中学”和系统化的职业生涯升迁中不断积累技能。因此组织的能力强项也主要表现在知识积累和渐进性的学习方面。在过去30年中，日本企业在诸如交通运输设备、办公设备、消费电子、计算机设备电子元器件、通信硬件设备等产业领域获得了国际范围内的竞争优势。日本企业在这些行业的优势，来自他们通过密切整合一线生产的技能与经验，通过生产营销系统与研发的紧密联系，通过以坚持不断改进和更新现有元器件和产品为主要内容的独特创新战略，发展起了高度灵活的生产体系。相反地，组织特定的、路径依赖式的学习方式，也妨碍了日本在一些前沿技术领域取得成功。日本人发现自己在不能单单只靠小幅度更新系统元件的领域(比如航空航天、超级计算机领域)，以及快速的、根本性创新对成功至关重要的领域(如药物和生物技术)就很难胜出。在协调一个系统内部各部分之间存在十分复杂的交互作用时，依靠以人员网络为基础的交流沟通和内部隐性知识的转移来协调系统运行，似乎就不那么有效了。组织共同体的学习模式，限制了高度专业化的科学知识的发展，使组织很难采纳对新兴技术领域的学习十分必要的全新的知识和技能。

“团队式结构”是一种有机的、适应性强的组织结构模式——它能够把具有不同技能和知识的专业人才结合在项目团队中，来解决复杂的、通常是具有高度不确定性的问题。“团队型组织”中的学习和知识创造行为，通常发生在由来自不同组织的员工组成的专业团队中。员工的职业生涯通常是由一系列不连续的项目连接起来的，而不是在一个企业内沿着科层体系逐级升迁。基

于项目的职业生涯体系一般根植于流动性相对较大的劳动力市场,这有助于(组织)快速重构起人力资源,以适应不断变化的市场需求和技术变革。团队型组织通常其边界也是比较开放通透的,它允许外部的新理念、新知识渗透进来,这种知识的渗透发生在招募新员工、跨越组织边界的组织成员之间的开放式专业交流网络。“团队式结构”的竞争优势来自它能迅速重构其知识库,以应对技术方面高度的不确定性。同时在正崛起的新产业领域创造出新知识,推出独创的创新成果。这是一种有能力进行动态学习和根本性创新的、适应性很强的组织形式。但是,变化无常的组织结构和快速的变革也会给知识的积累带来问题——毕竟组织的能力是蕴藏在成员的专业知识和基于市场的Know-how(技术诀窍、技能)类知识中的,这两类知识都具有潜在的可转移性。当个体离开组织时,团队型组织不可避免地会面临知识的流失。例如斯达巴克(Starbuck 1992: 725)在谈到这类组织的边界的通透性时就指出:它们很难保持独特的、具有排他性的专门知识。

这种松散的、通透性的组织形式要长期地生存下来,需要一个稳定的社会基础设施来支持,它植根于一个更宽范围内的职业共同体或本地化企业网络中。硅谷高科技企业的案例强调了支持性地方劳动力市场和其他外部制度因素对于“团队型组织”的重要性,这些因素典型地体现在国家、部门和区域创新体系的研究中(Saxenian 1996, Bahrami and Evans 2000, Angels 2000,也可参见本书:第7章、第11章和第14章,专栏5.3)。

专栏5.3

硅谷:专业团队学习模型的案例

硅谷作为一个极其成功和充满活力的地方,以在高速发展的技术领域能够快速地创新和实现商业化而著称。这个地区的核心产业包括微电子、半导体、计算机网络,产业中既有软件又有硬件,最近还出现了生物技术。为了在不断创新、持续变化的环境中生存下来,在这些产业中运营的企业不断地进行再造和重组。由于能(方便地)获得大批在特定技术领域有声望的专家资源支持,这些企业能在创新过程中不断迅速地重构其知识和技能库,能够迅速创立致力于全新创新项目的新创业企业,项目型企业能够很容易地组织和重组其高素质的科学家和工程师团队,以进行新的创新活动,这是硅谷地区技术和组织活力的核心。人员的高流动率、大量的聘用-解聘行为,为具有企业家精神的初创企业以及项目团队的灵活重组创造了宽松的环境。一个地区内的劳动力流动性对促成专业网络的形成起到了关键性作用,推动了不断演进的新知识的快速传播(其中相当大的一部分知识是隐性知识)。这样一个地区化的职业劳动力市场提供了一种稳定的社会环境和共同的产业文化,这种环境和文化是确保隐性知识在企业间的职业生涯框架中的高效转移所必需的。只要员工还在这个区域共同体内流动,共同的环境和产业特有的价值观就会保证"隐性知识"不会被浪费,这样也就使员工有动力去学习和积累这些知识。区域性的劳动力市场和企业网络也形成了一个稳定的社会结构,使在企业内部和跨越企业边界的集体学习、知识创造行为不断地持续下去。这就形成了一个更广泛的社会学习体系,身在体系之中,单个企业的学习和创新能力被放大。它为团队型组织产生和保持住创新能力提供了坚实的基础。

虽然高科技企业面临强大的压力,要求他们必须学得更快,组织得更灵活,但目前得到的证据表明:完全以团队型组织形式存在的企业仍旧是极少数。团队型结构通常只限于组织内担负创造性工作的子部门[如"臭鼬小组(skunk work)", Quinn 1992: 294~295],或者知识密集型的专业服务领域(如法律、管理咨询、软件工程设计)。这些领域的企业规模相对都较小,允许整个组织以一个各项目团队之间相互依存的网络工作(DeFillippi 2002)。大企业采用团队型组织模式的尝试,从长期来看被证明是比较困难的。奥地康(OTICON),一家丹麦助听器生产

厂商,曾经试图采用激进的项目为基础的组织形式[人们戏称为“意大利面条式组织”(spaghetti organization)],来刺激企业的创新。但 10 年之后,它还是不得不还原为更传统的矩阵式模式(Foss 2003,专栏 5.4)。除此之外,团队型组织的成功案例,主要是在硅谷或其他高技术企业集群的地区性产业共同体。在这些地区,企业的集聚创造出一个稳定的社会环境,形成一种共同的认知框架,使集体学习行为不断持续发生,减少因项目团队的灵活性和组织变革带来的不确定性。未来这方面的研究工作的一个重点,应当是清晰地确认在全球“知识经济”框架下不同产业、不同地区“团队型组织”的数量。目前,对这类企业的研究大部分还停留在案例分析和讲故事的水平上。

专栏 5.4

奥地康:“意大利面条式组织”的兴起和衰落

奥地康公司是一家丹麦电子设备生产商,他生产的助听器在全球市场上处于领先地位。在 20 世纪 90 年代初,奥地康进行了激进的组织结构改革,因此闻名于世。大家都认为激进的项目式组织结构可以产生巨大的创新效益,这是一个杰出的组织变革案例(Verona and Ravasi 2003)。所谓“意大利面条式组织”,是一种扁平化、松散链接、以项目为基础的组织结构,其特点是工作边界模糊,任务和项目责任全面授权给自治团队。在 20 世纪 90 年代采用这种激进的组织结构,意味着完全打破传统的科层式的、以职能为基础的组织结构,而这正是企业过去赖以生存的基本方式。

之所以要推行这种“意大利面条”式的组织结构改革,是因为奥地康意识到在 80 年代,公司正在逐渐失去竞争优势,虽然几十年来,公司在助听器产业领域一直处于领导地位,但是到了 80 年代,它的产品主要是依靠一种成熟的、开始走下坡路的技术。数字技术的出现,导致在 80 年代里技术范式发生了变化,奥地康的市场份额逐渐输给了主要竞争对手。为了应对危机,1990 年公司进行了广泛全面的重组。引进“意大利面条”模式，就是为了使企业更有创造性和冒险精神。激进的重组很快产生了立竿见影的强烈效果，90 年代公司产生了一系列重大创新成果。尽管取得了这样的成功，大约从 1996 年起，“意大利面条”模式却被部分地摒弃，代之以一种更稳定的、传统的矩阵式组织结构。

弗斯(Foss 2003)的研究表明，奥地康的“意大利面条”式组织结构，在项目之间的协调和知识共享方面面临几个严重的问题，因为项目任务具有流动性和特定性，团队性质很难保证雇员对项目履行义务。弗斯特别强调，“意大利面条”模式是一种内部杂交的结果(是将市场自治要素和灵活性注入科层体制的结果)，存在天生的不稳定性，部分原因在于由“选择性干涉”引起的“动机问题”。管理层试图有选择地干预项目筛选和项目协调，这种做法逐渐与企业官方强调的“自组织”(self-organization)论调显得不一致起来。雇员中的失望情绪逐渐积累，终于导致企业部分地放弃了这种模式。

虽然奥地康的经验作为组织创新的成功案例广为流传，但它部分地放弃这种模式也说明维持一个完全的团队型结构模式确有一些内生的困难。

来源：Foss 2003, Verona and Ravasi 2003

5.3.4 组织及其创新能力的社会内涵(social embeddedness)

虽然在发达的经济体中几乎所有的组织都会感到竞争的压力，但是否会出现新的组织形式，其结构是什么，却要受组织生存的特定制度环境的影响。已经有大量文献对比研究了不同国家创新和技术变迁的模式，并把这些差异归因于不同国家制度框架及其影响组织形式、创新能力的方式不同(Whitley 2000/2003, Hollingsworth 2000)。例如，“资本主义多样性”分析框架对协作市场经济(coordinated market economy, CME)和自由市场经济(liberal market economy, LME)作了典型的对比分析。它强调,不同的劳动力市场组织、培训体系,以及影响商业和经济关系的社会规范和价值观,都会促使企业以不同的方式组织协调自身的技能与知识资源,追求独特的创新战略(Soskice 1999, Hall and Soskice 2001)。

许多采用"资本主义多样性"观点的研究认为,像日本、德国式的"协作市场经济"已经建立起鼓励长期雇佣和发展长期商业关系的制度,这促进了有利于持续、渐进性创新的独特组织能力的发展。日式企业是受惠于这类制度环境的典型例子。相反地,英美式的"自由市场经济"能够更好地在快速崛起的新产业领域,通过根本性创新推动团队式结构模式。在英美更为宽松的制度环境下,企业间劳动力有更高的流动性,新知识和新技能可以在灵活的组织形式下重构,这些都有利于支持企业从事更具冒险性的企业家创新行为。除了劳动力市场,其他如教育体系、金融市场等制度环境也都会影响企业技能和创新能力的发展(Lam 2000, Casper 2000,本书: Sullivan)。制度、组织和创新之间的联系,要比简单格式化地对比日式J型企业与团队式组织的差别复杂得多。两种极端模式的对比表明:企业发展出不同模式的学习和创新能力,取决于其生存的更为广泛的社会环境,制度框架会影响企业在不同社会环境下发展和组织创新行为的方式。社会制度既对企业发展不同类型的组织形式和创新能力施加了限制,同时又创造了可能性,从而形成了不同国家独特的创新发展轨道。

5.4 组织变革与创新

组织理论长期以来一直很关注组织在环境中演进并适应环境的方式,包括技术变迁对组织演进过程的影响(Tushman and Nelson 1990)。大家争论的核心问题是:面对重大的、不连续的(跨越式)技术变革和环境改变,组织是否能产生变革并适应之,或者组织形式的激进变革是否通过自然环境选择过程而主要发生在群体层面(Lewin and Lolberda 1999)。本节记录了关于组织适应及变革的本质特征的三类主要观点。组织生态学和制度理论,以及企业进化理论,都强调组织惯性具有强大力量,并认为组织对环境变迁只能作出缓慢、渐进性的反应。这类研究主要集中在环境选择企业的方式,以及这种选择过程如何导致了组织形式的变迁;第二种观点是“间断均衡(punctuated equilibrium)模型”,认为组织的演进过程是长期渐进性的演化变革过程,这个过程不时地被不连续或革命性变革所打断。它认为组织演进过程是与技术变迁的周期性模式紧密联系的。间断模型认为组织变革是发生在一个较短时间内的一个不连续事件;第三种观点可以称作是“战略适应”,认为组织并不总是被动承受环境的力量,它也有能力影响和塑造环境。战略适应观点强调管理层角色和组织的学习行为,以及连续变革和适应在应对环境波动和不确定性中的重要意义。

接下来的各小节中我们将讨论它们的主要论点,以及这些观点对我们理解组织变革和创新之间关系的重要性。

5.4.1 组织变革的渐进/演进观点

组织族群生态学家(organization population ecologists,如:Hannan and Freeman 1977/1984)认为:单个组织由于受到内部强大的惯性力量的制约,在面对环境波动的情况下进行战略和组织结构的剧烈变革,很少能够成功。这些力量是现有组织架构内生的,它们代表了在企业中相对固定的、具有高度再生力的种种惯例的总和。这些惯例一方面保证了组织的可靠性和稳定性,另一方面又抵制变革,从而导致组织对环境中产生的威胁与机会反应相对迟缓。组织生态理论认为在某一产业领域内组织结构的调整主要是在族群层面上发生的,是那些新的组织替代了无法适应环境的组织。

组织的制度理论也强调在特定族群或组织领域内,组织形式的稳定性和持续性(DiMaggio and Powell 1983,Zucker 1987)。对变革形成重大的阻力来自当组织已经很规范地嵌入了其生存的制度环境中时。组织是由社会定义的,它在一整套价值观、准则、规章、信念和想当然的假设体系中进行,这一切代表了组织和制度中的行为者(actor)的价值观、兴趣爱好和认知模式(cognitive schemes),难以进行改变(Hinings et al. 1996)。以这种观点看,组织变革很大程度上由不断复制和强化现有思维和组织模式构成(Greenwood and Hinings 1996)。换句话说,组织变革通常是内敛性的变革,发生在一个现有模式的范围之内,而不是从一种模式向另一种模式转变的革命性变革。①

企业进化理论(Nelson and Winter 1982)也认为组织受惯性力量制约。组织在发展过程中积累了诀窍类知识和隐性知识,由此形成的组织惯例和技能成为组织的核心能力,也很难改变。进化理论把组织变革看成是组织寻找与现行做法相近的新做法的结果,即"本地搜索"(local search)。所以组织惯例和技能只能缓慢、渐进性地变化。

面对环境的变化,行业的新进入者会替代适应不够快的现有组织,新的组织形式会在新企业的创业活动中演化、发展起来。这种观点与"技术创新"文献中普遍的看法一致:通常正是那些倡导全新组织形式的新企业,才能在技术的激烈变革中充分受益(Schumpeter 1950, Aldrich and Mueller 1982)。但是,新进入者对于现有组织在发展组织的新形式中的相对重要性,部分地受到环境变化的规模和速度的影响,一些证据表明,技术变迁对组织进化的影响,取决于新技术是摧毁了还是加强了现有组织的能力(Tushman and Anderson 1986, Henderson and Clark 1990)。一般观察的结果是,在面临"能力破坏型"技术创新时,行业新进入者在组织进化过程中扮演一个更重要的角色,而现存组织在面临"能力加强型"技术变革时,则处于较优的地位,更能适应这种变化。

因此,一个组织适应技术变革的能力,受其培养新能力、新技能以适应新技术需要的速度的影响。此外还有一个原因,就是制度环境已成为影响组织

① 制度理论认为,根本性、创新性的变革对于新兴行业(比如生物技术)是可能的,新兴行业的组织领域"结构欠佳",而且这些行业还没有形成固定的组织模式(Greenwood and Hinings 1996)。

变革动态过程的一个重要因素。在美国,新企业在利用重大技术变革造成的新机会方面发挥的作用,要比在世界其他地方显得重要得多,因为美国有灵活的专业劳动力市场和风险资本市场。而在日本、德国这样的"协作市场经济"体中,创立新企业的速度就比较慢,因为劳动力市场不灵活,也相对缺乏风险资本。结果,现有的组织可以有更多的时间创立新的组织结构,培育新的能力,适应技术的变革。选择与适应,作为创造新的组织形式的两个基本机制,其重要性在不同环境下是不同的。组织变革的生态学和演进理论似乎都没有把这些环境因素考虑在内。

5.4.2 间断均衡和不连续组织转变

与上面的观点不同,间断均衡模型认为组织在环境波动时是有能力进行革命性的结构变革的。它把组织描述为:在其基本行为模式下通过相对长的稳态期(均衡期)进行演化,其间不时被根本性变革(革命期)相对短促的爆发所打断(Gersick 1991,Romanelli and Tushman 1994)。它认为组织一般在短期的不连续的变革爆发中完成根本性转变,这一变革涉及大多数甚至所有的组织行为关键领域,包括战略、组织结构、权利分配以及控制系统等的变革。间断均衡理论认为稳定与惯性是组织存在的常态。"革命时期"能够提供组织打破结构桎梏和文化惯性的难得机会。依照这种观点,组织在面临业绩危机或者面对毁灭性的环境条件(比如剧烈的能力摧毁型新技术)时,最有可能引入激进的变革(Anderson and Tushman 1990)。一些基于公司历史的实证研究(例如:Tushman, Newman and Romanelli 1986;Romanelli and Tushman 1994)表明:许多组织中所发生的根本性组织转变正是依照"间断均衡模型"所预测的模式发生发展的。也有其他一些研究(例如:Miller and Friesen 1982,Virany,Tushman and Romanelli 1992)表明:能够彻底改造自身的组织,要比那些只是进行渐进性变革的企业表现要好得多。不过也要注意,支持剧变式组织变革模式的绝大多数实证证据都来自幸存下来的企业的事后回顾研究,无法分析变革过程的原动力,也无法解释那些不成功变革案例失败的原因。

"间断均衡模型"也认同技术变革的深层动态机制影响组织演化的模式。这种观点是建立在安德森(Anderson)和塔西曼(1990)提出的技术循环模型上的,该模型认为技术进步的特征是在相对较长的期间内,主要进行渐进的、能力增强型的创新,这些创新致力于对主要设计思路的改进和精细化。这期间的工作主要是不断巩固已有的创新和组织协调,但它们会被剧烈的、能力摧毁型的不连续的技术变革所间断,正是这些间断向组织提出了根本性的挑战,也提供了战略机会。技术周期论启示我们:竞争环境随着时间反复地变化,成功的组织必须相应地进行不连续的或者说革命性的变革,使自己同变化着的环境条件相适应。对组织来说,它所面临的根本挑战是如何培养多方面的能力,从而影响和应对技术发展的周期。塔西曼和欧瑞利(1996/1999)认为:企业在动荡的技术环境中运营,必须学会灵巧熟练地同时做到既追求渐进的技术进步,又追求不连续的技术变革。

间断均衡模型为我们研究"组织演化模式及其与技术变革的深层动态机制之间的关系"提供了重要的视角,但是这一理论在很大程度上是描述性的。这个模型假定新的组织形式会在剧烈的不连续的变革中产生,但它没能涉及关键的问题:组织中的行为者究竟是如何在革命期创造出新的组织形式的。同时,该模型也没有分析在革命期产生的新组织形式长期的生存前景。

5.4.3 战略适应性与连续变革

组织的战略适应性和变革理论关注的焦点是:管理层的行为和战略选择对组织变革的影响(Child 1972/1997, Burgleman 1991)。它们将组织的演进看成是行为者的决策和学习的产物,而不是被动的环境选择过程的结果。组织中的代理人(agents)被看成是享有一种"有限制的自治权"。根据乔德(Child 1997: 60)的观点：组织的行为受到组织内部和外部的认知结构、物质结构和关系结构的制约，但同时组织对这些结构也有反作用。组织中的行为者，通过他们的行为和他们制定的“规则”(enactment)(Weick 1979)，能够重新界定和修改结构，为未来的行为创造新的可能性。通过这种方式，战略选择理论阐明了组织内部创造性和创新变革的可能性。

许多战略适应性理论认为：组织变革是一个交织着连续性和变革两种相互矛盾力量的连续过程，而不是间断均衡模型所描述的一个突兀、不连续、插曲式的事件。连续使组织学习保持了认同感(Weick 1996, Kodama 2003)，并使其具有政治合法性，使身处变革之中的人更易于接受变革(Child and Smith 1987)。伯格曼(Burgleman)对英特尔公司的研究显示了该公司是如何将变革和连续这两种孪生要素结合起来，实现战略更新，最终完成了从内存生产商到微处理器公司的成功演进的。伯格曼认为，持续成功的组织在制定战略时总是将“诱发式”(induced)和“自发性”(autonomous)方法结合起来，达到组织的更新。根据作者的看法，诱发式方法提出的创议，一般都在组织现行战略圈定的范围内，并且是建立在现有的组织学习基础上的(即连续)。相反，自发式方法提出的创议，一般都发端于组织外部，并为新的组织学习创造新的机会(即变革)。这两种方法对组织成功的转型至关重要。布朗和爱森哈德(1997)同样认为，为了达到快速产品创新的目的，连续的组织变革对在产品周期短、高速发展的产业中运营的企业正在变成一种关键的能力。根据对计算机产业中六个企业的多产品创新案例的详细研究，研究者们得出结论：连续的变革和产品创新是由所谓“半结构”(semi-structures)组织支撑的，这是“机械性”和“有机性”特征相结合，秩序和混乱平衡的结果。更重要的是，研究者们强调“时间关联”(links in time)的重要性，即过去、现在和未来项目之间的联系对变革过程来说都是必不可少的，必须同时关注。关键论点是时间上的联系创造了变革的方向、连续性和节奏，从而支持(组织)在变幻不定的环境中快速地调整适应。

大多数战略适应理论都假设，组织适应可以在逐步的频繁调整过程中进行,新的组织形式和不连续的转型就会在这个过程中完成。这种研究思路强调了企业层面的适应性和内部的组织过程在创造新的组织形式中的重要性。但是同样,大多数战略适应性的研究,是对成功的组织适应过程的回顾,它们倾向于关注在流行的组织形式下组织的重构与转型,而没有特别关注新组织形式的创造(Lewin and Volberda 1999)。我们仍然需要一种理论来解释:管理行为和组织学习行为如何以及在什么条件下与新的组织形式的产生相关。

5.5 结　　论

组织与创新之间的关系是复杂的、动态的和多层面的。现有的研究文献已是卷帙浩繁、门类多样了。本章试图从三个不同但相互关联的角度来理解这种关系的本质:(a) 组织的结构模式与创新之间的关系;(b) 创新作为一种组织内学习和知识创造的过程;(c) 组织的变革和适应能力。虽然这些关系的不同方面之间可能会有潜在的重大重叠和相互关联,但这些不同的研究领域还是保持了相对的独立性,目前我们还无法借助哪个独立、连贯的理论框架全面地理解"组织创新"现象。这部分由于围绕"组织创新"这个术语存在大量概念的含糊和混乱。我们对现有文献的回顾发现,对"组织创新"还没有统一的定义。不同的研究者使用这个术语来描述组织和创新之间关系的不同方面。许多文章以粗疏模糊的方式使用这个概念,许多作者在表述定义时都含糊其词。这种概念上的不确定也许也反映出这样一个事实:"组织创新"涵盖了相当宽泛的现象。想要理解这么多不同的维度是如何相互配合的,还有许多工作要做。

这篇大型文献加深了我们对"组织结构对组织学习、知识创造和产生技术创新等方面的影响"的理解。但是,对组织内部的动态过程、行为者的学习行为如何与技术及环境相互作用,进而影响了组织的演进过程,我们还了解得相对较少。我们还不清楚组织在什么条件下和如何从一种结构类型转化成另一种类型,以及技术创新在推动组织变革过程中的作用。要在这些领域取得进展,需要更多的努力,将不同层面上的分析和多学科的研究成果搭接起来,才能超越狭隘的单一视角,加深我们对问题的认识和领悟。

目前,在组织变革和适应方面的研究还是零散的:不同层面上的分析之间相互脱节,使用基于不同研究方法的不同的理论范式。因此,生态和进化理论的学者,试图通过历史回顾数据,在族群或者产业层面上理解创新和组织进化的动态关系;而组织和管理研究工作者则倾向基于交叉产业的案例研究,在个别组织的层面上研究其适应的过程。前者是一种结构主义决定论范式,而后者则考虑了行为者的选择和主观意图。这两种不同层面上的分析处于互不相干的状态,意味着我们仍旧将“选择”和“适应”看成是组织进化过程中两个分离的过程,而事实上新的组织形式正是在这两种过程交互作用的动态过程中产生的(Lewin and Volberda 1999)。对研究者来说,最大的挑战是如何跨越生态/进化理论(研究组织进化和变革的外部力量)和“战略选择与学习理论”(关注行为者的选择、解释和组织内的群体动态过程)的鸿沟,将二者结合起来。未来的研究工作,一个有用的方向可能是研究组织选择和进化过程是如何相互作用,进而促成组织变革和创新的。这要求对组织适应性过程进行“实时的”纵向研究,而不是历史回顾性的案例研究(Lewin et al. 1999)。

另一个阻碍在这个领域出现重大理论进展的因素,是研究者没能在创新和组织研究领域更加紧密地合作。虽然创新理论研究学者们很早就意识到创新的组织维度的重要性,但许多创新研究仍旧是经济分析方法占主导,而针对组织自身内部的创造性变革和创新的研究却毫无用武之地。相反,在组织研究领域已经发表了大量关于组织认知、学习和创造性的论文的研究工作者们,却很少将他们的工作直接与创新联系起来。其结果是,这些能够为理解组织变革和创新的微观动态过程提供巨大潜在机会的工作,却始终处于创新研究的主要领域之外。现有大量关于组织和创新关系的研究,继续关注技术和市场力量如何影响组织的成果,它们仍旧首先把组织看做是创新的工具或助动器,而不是创新本身。例如,我们仍旧倾向于假设技术创新触发了组织变革,因为它改变了竞争环境,迫使组织适应一整套新的需求。这种决定论观点忽视了组织在解释或回应外部刺激时存在的差异,很可能会影响组织变革的结果。组织认知理论的文献认为环境是捉摸不定的,而环境的变化会造成模糊和不确定性,促使组织着手对环境进行审视、解释、学习的一整套循环(Daft and Weick 1984, Greve and Taylor 2000)。审视和搜寻过程可能会导致新的解释模式,以及能够成为组织创新性变革的一个重要源泉的组织行为。将组织看成是一个解释和学习体系,使我们注意到组织内部动态过程、行为者的认知和行为在影响外部环境和组织变革成果中的重要作用。

未来研究中另一个大有前途的方向是:组织创新可能是技术创新的一个必要的前提条件,而不是仅仅将组织创新过程看成是对外部力量的反应,这种观点要求关注产生这些前提条件所必需的组织内部改革和转型的过程。这就要求学者们能够更多地考虑到学习能力、价值观、兴趣爱好和权力这些组织内生的力量在影响组织演进和技术变革中的作用。在这个领域,组织和管理学研究工作者只要能更多地重视严密的实证研究和理论建构,就可以作出重要贡献。

参考文献

ALDRICH, H. E., and MUELLER, S. (1982), "The Evolution of Organizational Forms: Technology, Coordination and Control," in B. M. Staw and L. L. Cummings (eds.), *Research in Organizational Behaviour*, Greenwich,

Conn.：JAI Press，4：33～87.

AMABILE，T. M.（1988），"A Model of Creativity and Innovation in Organizations，" in N. M. Staw and L. L. Cummings（eds.）. *Research in Organizational Behaviour*，Greenwich，Conn.：JAI Press，10：123～167.

ANDERSON，P.，and TVSHMAN，M. L.（1990），"Technological Discontinuities and Dominant Designs：a Cyclical Model of Technological Change，" *Administrative Science Quarterly* 35（4）：604～633.

ANGELS，D. P.（2000），"High－Technology Agglomeration and the Labour Market：The Case of Silicon Valley，" in K. Martin（ed.），*Understanding Silicon Valley: The Anatomy of an Entrepreneurial Region*，Stanford：Stanford University Press，125～189.

AOKI，M.（1988），*Information*，*Incentives and Bargaining in the Japanese Economy*，Cambridge：Cambridge University Press.

* ARGYRIS，C.，and SCHON，D.（1978），*Organizational Learning: A Theory of Action Perspective*，Reading，Mass.：Addison－Wesley.

BAHRAMI，H.，and EVANS，S.（2000），"Flexible Recycling and High－Technology Entrepreneurship"，in K. Martin（ed.），*Understanding Silicon Valley: The Anatomy of an Entrepreneurial Region*，Stanford：Stanford University Press，166～189.

BALDRIDGE，J. V.，and BURNHAM，R. A.（1975），"Organizational Innovation：Individual，Organizational，and Environmental Impacts，" *Administrative Science Quarterly* 20（2）：165～176.

BLAU，P. M.（1970），"A Formal Theory of Differentiation in Organizations，" *American Sociological Review* 35（2）：201～218.

* BROWN，J. S.，and DUGUID，P.（1991），"Organizational Learning and Communities of Practice：Towards a Unified View of Working，Learning and

Innovation," *Organization Science* 2(1): 40~57.

——(1998), "Organizing Knowledge," *California Management Review* 40(3): 90~111.

BROWN, S. L., and EISENHARDT, K. M. (1997), "The Art of Continuous Change: Complexity Theory and Time - Paced Evolution in Relentlessly Shifting Organizations," *Administrative Science Quarterly* 42(1): 1~34.

BURGLEMAN, R. A. (1983), "A Model of the Interaction of Strategic Behaviour, Corporate Context, and the Concept of Strategy," *Academy of Management Review* 8(1): 61~70.

——(1991), "Intraorganizational Ecology of Strategy Making and Organizational Adaptation: Theory and Research," *Organization Science*, 2(3): 239~262.

* BURNS, T., and STALKER, G. M. (1961), *The Management of Innovation*, London: Tavistock. CASPER, S. (2000), "Institutional Adaptiveness, Technology Policy and the Diffusion of New Business Models: The Case of German Biotechnology," *Organization Studies* 21: 887~914.

CHANDLER, A. D. (1962), *Strategy and Structure: Chapters in the History of the American Industrial Enterprise*, Cambridge, Mass.: MIT Press.

CHILD, J. (1972), "Organizational Structure, Environment and Performance — the Role of Strategic Choice," Sociology 6(1): 1~22.

——(1997), "Strategic Choice in the Analysis of Action, Structure, Organizations and Environment: Retrospect and Prospect," *Organization Studies* 18(1): 43~76.

——and SMITH, C. (1987), "The Context and Process of Organizational Transformation Cadbury Limited in its Sector," *Journal of Management Studies*

24: 565~593.

COHEN, W. M., and LEVINTHAL, D. A. (1990), "Absorptive Capacity: A New Perspective on Learning and Innovation," *Administrative Science Quarterly* 35: 123~138.

DAFT, R. L. (1978), "A Dual-Core Model of Organizational Innovation," *Academy of Management: Review* 21: 193~210.

——and LEWIN, A. (1993), "Where Are the Theories for New Organizational Forms? An Editorial Essay," *Organization Science* 4(4): i~vi.

* ——and WEICK, K. E. (1984), "Toward a Model of Organizations as Interpretation Systems," *The Academy of Management Review* 9(2): 284~295.

DAMANPOVR, F. (1996), "Organizational Complexity and Innovation: Developing and Testing Multiple Contingency Models," *Management Science* 42(5): 693~716.

——and EVAVN, W. M. (1984), "Organizational Innovation and Performance: The Problem of Organizational Lag," *Administrative Science Quarterly* 29: 392~402.

DEFILLIPI, R. (2002), "Organization Models for Collaboration in the New Economy," *Human Resource Planning* 25(4): 7~19.

——and ARTHUR, M. B. (1996), "Boundarlyess Contexts and Careers: A Gompetency-Based Perspective," in M. B. Arthur and D. M. Rousseau (eds.). *The Boundaryless Career: A New Employment Principle for a New Organizational Era*, New York: Oxford University Press, 116~131.

DIMAGGLO, P. J., and POWELL, W. W. (1983), "The Iron Cage Revisited: Institutional Isomorphism and Collective Rationality in Organizational Fields," *American Sociological Review* 48: 147~160.

DOSE, G. (1988), "Sources, Procedures, and Microeconomic Effects of

Innovation," *Journal of Economic Literature* 26: 1120~1171.

EDQUIST, C., and JOHNSON, B. (1997), "Institutions and Organizations in Systems of Innovation," in C. Edquist (ed.), *Systems of Innovation: Technologies, Institutions and Organizations*, London: Pinter, 41~63.

FIOL, C. M. (1993), "Consensus, Diversity, and Learning in Organizations," *Organization Science* 5: 403~420.

FOSS, N. J. (2003), "Selective Intervention and Internal Hybrids: Interpreting and Learning from the Rise and Decline of the Oticon Spaghetti Organization," *Organization Science* 14(3): 331~349.

GALUNIC, D. C., and EISENHARDT, K. M. (2001), "Architectural Innovation and Modular Corporate Forms," *Academy of Management Journal* 44(6): 1229~1249.

GERSICK, C. J. G. (1991), "Revolutionary Change Theories: A Multilevel Exploration of the Punctuated Paradigm," *Academy of Management Review* 16(1): 10~36.

GLYNN, M. A. (1996), "Innovative Genius: A Framework for Relating Individual and Organizational Intelligence to Innovation," *Academy of Management Review* 21(4): 1081~1111.

GRANT, R. M. (1996), "Toward a Knowledge - Based Theory of the Firm," *Strategic Management Journal* 17: 109~122.

* GRBBNWOOD, R., and HININGS, C. R. (1996), "Understanding Radical Organizational Change: Bringing Together the Old and New Institutionalism," *Academy of Management Review* 21(4): 1022~1054.

GREVE, H. R., and TAYLOR, A. (2000), "Innovations as Catalysts for Organizational Change: Shifts in Organizational Cognition and Change," *Administrative Science Quarterly* 45: 54~80.

HALL, P., and SOSKICE, D. (eds.) (2001), *Varieties of Capitalism: The Institutional Foundations of Comparative Advantage*, Oxford: Oxford University Press.

HANNAN, M. T., and FREEMAN, J. H. (1977), "The Population Ecology of Organizations," *American Journal of Sociology*, 82(5): 929~963.

* ——(1984), "Structural Inertia and Organizational Change," *American Sociological Review* 49(2): 149~164.

HEDLUND, G. (1994), "A Model of Knowledge Management and The N–Form Corporation," *Strategic Management Journal* 15: 73~90.

HENDERSON, R. M., and CLARK, R. B. (1990), "Architectural Innovation: The Reconfiguration of Existing Product Technologies and the Failure of Established Firms," *Administrative Science Quarterly* 29: 26~42.

HININGS, C. R., THIBAULT, L., SLACK, T., and KIKULIS, L. M, (1996), "Values and Organizational Structure," *Human Relations* 49(7): 885~916.

HODGKINSON, G. P. (2003), "The Interface of Cognitive and Industrial, Work and Organizational Psychology," *Journal of Occupational and Organizational Psychology* 76(1): 1~24.

HOLLINGSWORTH, J. R. (2000), "Doing Institutional Analysis: Implications for the Study of Innovations," *Review of International Political Economy* 7(4): 595~644.

KANTER, R. M. (1983), *The Change Masters*, New York: Simon & Schuster.

KIMBERLY, J. R., and EVANISKO, M. J. (1981), "Organizational Innovation: The Influence of Individual, Organizational, and Contextual Factors on Hospital Adoption of Technological and Administrative Innovations," *The*

Academy of Management Journal 24(4): 689~713.

KODAMA, M. (2003), "Strategic Innovation in Traditional Big Businciss: Case Studies of Two Japanese Companies," *Organization Studies* 24 (2): 235~268.

KOGUT, B., and ZANDER, U. (1992), "Knowledge of the Firm, Combinative Capabilities, and the Replication of Technology," *Organization Science* 3(3): 383~397.

LAM, A. (1996), "Engineers, Management and Work Organization: a Comparative Analysis of Engineers' Work Roles in British and Japanese Electronics Firms," *Journal of Management Studies* 33(2): 183~212.

——(1997), "Embedded Firms, Embedded Knowledge: Problems of Collaboration and Knowledge Transfer in Global Cooperative Ventures," *Organization Studies* 18(6): 973~996.

* ——(2000), "Tacit Knowledge, Organizational Learning, Societal Institutions: an Integrated Framework," *Organization Studies* 21(3): 487~513.

——(2002), "Alternative Societal Models of Learning and Innovation in the Knowledge Economy," *International Social Science Journal* 17(1): 67~82.

LAVA, J., and WENGER, E. (1991), *Situated Learning: Legitimate Peripheral Participation.* New York: Cambridge University Press.

LAWRENCE, P. R., and LORSCH, J. W. (1967), "Differentiation and Integration in Complex Organizations," *Administrative Science Quarterly* 12: 1~47.

LAZONICK, W., and WEST, J. (1998), "Organizational Integration and Competitive Advantage," in G. Dosi et al. (eds.). *Technology, Organization, and Competitiveness*, Oxford: Oxford University Press.

LEONARD-BARTON, D. (1992), "Core Capabilities and Core Rigidities:

A Paradox in Managing New Product Development," *Strategic Management Journal* 13: 111～125.

LEVINTHAL, D. A., and MARCH, J. G. (1993), "The Myopia of Learning," *Strategic Management Journal* 14: 95～112.

* LEWIN, A. Y., and VOLBERDA, H. W. (1999), "Prolegomena on Coevolution: a Framework for Research on Strategy and New Organizational Forms," *Organization Science* 10(5): 519～534.

LEWIN, A. Y., LONG, C. P., and CARROLL, T. N. (1999), "The Co-evolution of New Organizational Forms," *Organization Science* 10: 535～550.

LUNDVALL, B.-A. (ed.) (1992), *National Systems of Innovation: Towards a Theory of Innovation and Interactive Learning*, London: Pinter.

MARCH, J. G. (1991), "Exploration and Exploitation in Organizational Learning," *Organization Science* 2: 71～87.

MEZIAS, S. J., and GLYNN, M. A. (1993), "The Three Faces of Corporate Renewal: Institution, Revolution, and Evolution," *Strategic Management Journal* 14: 77～101.

MILES, R. E., SNOW, C. C., MATHEWS, J. A., MILES, G., and COLEMAN, H. J, Jr. (1997), "Organizing in the Knowledge Age: Anticipating the Cellular Form," *Academy of Management Executive* 11(4): 7～20.

MILLER, D., and FRIESEN, P. H. (1982), "Structural Change and Performance: Quantumversus Piecemeal-Incremental Approaches," *Academy of Management Journal* 25(4): 867～892.

MINTZBERG, H. (1979), *The Structuring of Organization*, Englewood Cliffs, NJ: Prentice Hall.

NELSON, R. R., and WINTER, S. G. (1982), *An Evolutionary Theory of Economic Change*, Cambridge, Mass.: Belknap Press.

NONAKA, I. (1994), "A Dynamic Theory of Organizational Knowledge Creation," *Organization Science* 5: 14~37.

* ——and TAKEUCHI, H. (1995), *The Knowledge Creating Company*, New York: Oxford University Press.

PAVITT, K. (1991), "Key Characteristics of the Large Innovating Firm," *British Journal of Management* 2: 41~50.

PERROW, C. (1970), *Organizational Analysis*, London: Tavistock.

PETTIGREW, A. M., and FENTON, E. M. (eds.) (2000), *The Innovating Organization*, London: Sage Publications.

POLANYI, M. (1966), *The Tacit Dimension*, New York: Anchor Day Books.

POWELL, W. W., and DiMaggio, P. J. (eds.) (1991), *The New Institutionalism in Organizational Analysis*, Chicago: University of Chicago Press.

PRAHALAD, C. K., and HAMEL, G. (1990), "The Core Competence of the Corporation," *Harvard Business Review* (May/June): 79~91.

PUGH, D. S., HICKSON, D. J., and HININGS, C. R. (1969), "The Context of Organization Structures," *Administrative Science Quarterly* 14: 47~61.

QUINN, J. B. (1992), Intelligent Enterprise: *A Knowledge and Service Based Paradigm for Industry*, New York: The Free Press.

ROMANELLI, E., and TUSHMAN, M. L. (1994), "Organizational Transformation as Punctuated Equilibrium: An Empirical Test," *Academy of Management Journal* 37(5): 1141~1166.

SAXENIAN, A. (1996), "Beyond Boundaries: Open Labour Markets and Learning in the Silicon Valley," in M. B. Arthur and D. M. Rousseau (eds.), *The Boundaryless Career: A New Employment Principle for a New Organizational Era*, New York: Oxford University Press, 23~39.

SCHUMPETER, J. (1950), "The Process of Creative Destruction," in J. Schumpeter (ed.). *Capitalism, Socialism and Democracy*, 3rd edn., London: Allen and Unwin.

SENGE, P. (1990), *The Fifth Discipline: the Art and Practice of the Learning Organization*, New York: Doubleday.

SHRIVASTAVA, P., and SCHNEIDER, S. (1984), "Organizational Frame of Reference," *Human Relations* 37(10): 795~809.

——MITROFF, I., and ALVESSON, M. (1987), "Nonrationality in Organizational Actions," *International Studies of Management and Organization* 17: 90~109.

SIMON, H. A. (1991), "Bounded Rationality and Organizational Learning," *Organization Science* 2: 125~134.

SLAPPENDEL, C. (1996), "Perspective on Innovation in Organizations," *Organization Studies* 17(1): 107~129.

SORENSEN, J. B., and STUART, T. E. (2000), "Age, Obsolescence, and Organizational Innovation," *Administrative Science Quarterly* 45(1): 81~112.

SOSKICE, D. (1999), "Divergent Production Regimes: Coordinated and Uncoordinated Market Economies in the 1980s and 1990s," in H. Kitschelt, P. Lange, G. Marks, and J. Stephens (eds.). *Continuity and Change in Contemporary Capitalism*, Cambridge: Cambridge University Press, 101~134.

STARBUCK, W. H. (1992), "Learning by Knowledge - Intensive Firms," *Journal of Management Studies* 29(6): 713~740.

TEECE, D. J. (1998), "Design Issues for Innovative Firms: Bureaucracy, Incentives and Industrial Structure," in A. D. Chandler Jr., P. Hagstrom, and O. Solvell (eds.). *The Dynamic Firm*, Oxford: Oxford University Press, 134~165.

——and PISANO, G. (1994), "The Dynamic Capabilities of Firms: an

Introduction," *Industrial and Corporate Change* 3(3): 537~556.

TIDD, J., BESSANT, J., and PAVITT, K. (1997), *Managing Innovation*, Chichester: John Wiley & Sons.

* TUSHMAN, M. L., and ANDERSON, P. (1986), "Technological Discontinuities and Organizational Environments," *Administrative Science Quarterly* 31(3): 439~465.

——and NELSON, R. R. (1990), "Introduction: Technology, Organizations and Innovation," *Administrative Science Quarterly* 35(1): 1~8.

——and O'REILLY, C. A. III (1996), "Ambidextrous Organizations: Managing Evolutionary and Revolutionary Change," *California Management Review* 38(4): 8~30.

——(1999), "Building Ambidextrous Organizations: Forming Your Own Skunk Works'," *Health Forum Journal* 42(2): 20~23.

——NEWMAN, W. H., and ROMANELLI, E. (1986), "Convergence and Upheaval: Managing the Unsteady Pace of Organizational Evolution," *California Management Review* 29(1): 29~44.

VAN DE VEN, A., POLLEY, D., GARUD, S., and VENKATARAMAN, S. (1999), *The Innovation Journey*, New York: Oxford University Press.

VERONA, G., and RAVASI, D. (2003), "Unbundling Dynamic Capabilities: an Exploratory Study of Continuous Product Innovation," *Industrial and Corporate Change* 12(3): 577~606.

VIRANY, B., TUSHMAN, M. L., and ROMANELLI, E. (1992), "Executive Succession and Organizational Outcomes in Turbulent Environments: An Organization Learning Approach," *Organization Science* 3: 72~91.

VON HIPPEL, E. (1988), *The Sources of Innovation*, New York: Oxford University Press.

WALSH, J. P. (1995), "Managerial and Organizational Cognition: Notes From a Trip Down Memory Lane," *Organization Science* 6(3): 280~321.

——and UNGSON, G. R. (1991), "Organizational Memory," *Academy of Management Review* 16: 57~91.

WEBER, M. (1947), *The Theory of Social and Economic Organization*, Glencoe, Ill.: The Free Press.

WEICK, K. E. (1979), *The Social Psychology of Organizing*, 2nd edn., Reading, Mass.: Addison Wesley.

——(1995), *Sensemaking in Organizations*, Thousand Oaks, Calif.: Sage.

——(1996), "The Role of Renewal in Organizational Learning," *International Journal of Technology Management* 11 (7~8): 738~746.

WENGER, E. (1998), *Communities of Practice: Learning, Meaning, and Identity*, New York: Cambridge University Press.

WHITLEY, R. (2000), "The Institutional Structuring of Innovation Strategies: Business Systems, Firm Types and Patterns of Technical Change in Different Market Economies," *Organization Studies* 21(5): 855~886.

——(2003), "The Institutional Structuring of Organizational Capabilities: the Role of Authority Sharing and Organizational Careers," *Organization Studies* 24 (5): 667~695.

WOLFE, B. (1994), "Organizational Innovation: Review, Critique and Suggested Research Directions," *Journal of Management Studies* 31: 405~431.

WOMACK, J. P., JONES, D, T., and Roos, D. (1990), *The Machine that Changed the World*, New York: Rawson Associates.

WOODMAN, R. W., SAWYER, J. E., and GRIFFIN, R. W. (1993), "Toward a Theory of Organizational Creativity," *Academy of Management Review* 18(2): 293~321.

WOODWARD, J. (1965), *Industrial Organization, Theory and Practice*, London: Oxford University Press.

ZUCKER, L. G. (1987), "Institutional Theories of Organizations," *Annual Review of Sociology* 13: 443~464.

* 星号表示建议延伸阅读的条目。

第 6 章　创新测度

基斯·史密斯(Keith Smith)

6.1　引　　言*

一些人认为：创新就其内在特性来说是不可能进行量化和测度的。本章认为，虽然从创新的某些方面来讲，这种说法是对的，但创新的总体特性并不排斥对创新的过程及结果的主要方面进行测度。目前，已出现一些新的指标用以对创新的投入与产出进行评价，包括有一定国际可比性的经济测度指标，这是一个重要的进步。本章以下部分首先讨论科学、技术和创新(STI)指标建立和使用的一些广泛问题，而后简略介绍现有指标的优点和缺陷，特别是 R&D 和专利，最后一部分介绍创新的直接测度，包括相关的概念、资料收集和分析等方面的最新进展。

我们把讨论重点放在新的指标体系而非传统的指标体系，是因为就像肯尼斯·阿罗(Kenneth Arrow)在多年前所说的，“由于种种原因，太多的力量集中在旧有指标体系下的数据收集，而没有用于设计新的指标体系”。格瑞里克斯(Griliches)也表达过类似观点：“几乎没有新的经济数据的收集。”(Arrow 1984：51，Griliches 1987：824)。创新数据的管理者们已经开始回应这一挑战，最重要的进展是创建了一些基于调查的指标，如共同体创新调查(CIS，Community Innovation

---

* 我要感谢伊安·迈尔斯、巴特·菲思佩奇和纳尔逊，他们的意见在我的初稿中有所体现，还要特别感谢布莱恩·霍尔给我提供的意见和建议。当然我对定稿负责。

Survey),该项调查已经在所有的欧盟成员国中进行过二次。CIS 的基本格式已经传播到更多的国家,如加拿大、澳大利亚、匈牙利、巴西、阿根廷和中国。而这一指标究竟是否有效呢?这很大程度上取决于对这些调查所进行的分析的质量,所以本章的最后部分讨论了迅速增多的对于 CIS 的研究,以及相关出版物的情况。

6.2 测度的概念

测度首先要有可公度性,即找到一种标准,使被测对象的性质有一定程度的近似,从而能够进行量的比较。

问题是,从概念上来讲,创新意味着新颖性,它是指通过学习和运用知识而创造出性质全新的东西。它包括改变能力和性能,并产生全新的成果。这可能使新产品从某些角度看具有本质上的可度量性,例如,新的飞机机翼升降系统,或是发动机燃油效率的提高。但是,这些单纯技术上的比较对于新产品来讲意义不大。因为创新通常包括了知识甚至知识结构的全方位的创造,这些是难以度量或者本质上不可度量的。因而创新指标的主要问题在于搞清被测度对象的概念化的可能性,测度概念的意义,以及各种不同测度种类的总体可行性。可公度性的问题并非是不可解决的,但最近的研究表明,我们需要更认真地去区分在创新中哪些是可测度的而哪些又是不可测度的。

暂且不说新颖性是否能够被测度的问题,最根本的问题是,到底什么是“新的”(参看本书第1章)?一项创新必须包含一个全世界从未有人用过的新概念吗?还是只要这个概念在公司内部是新的就行?一项创新必须包含一个全新的创造性的想法吗?还是只要对现有观点做点小的改变就行?到底什么样的新颖性能够称为创新呢?这些可公度性和新颖性的问题是所有科学技术指标(特别是 R&D 指标)要解决的基本问题,但在直接创新指标的发展中得到了更详尽的研究和解释。

6.3 创新理论及其在指标发展中的运用

人们通常认为,统计数据有着明确的意义。其实它总是建立在某种经常是隐含的概念基础上的。例如,国民账户体系就是起源于凯恩斯宏观经济学(Kenesian macroeconomic)概念,意在确定总需求的组成部分。R&D 数据的复杂背景就是创新科学化,即认为是研究和发现行为支撑着创新(Laestadius 2003)。人们在运用指标的时候很少去考虑这些概念基础,特别是当一些主要的科技指标作为其他进程的副产品出现的时候,这个问题就更复杂了,如法律程序(专利)或学术制度(如文献计量学就是建立在出版规范基础上的)。

哪些观点构成了创新指标的概念基础呢?这里要提及一个重要的人物:内森·罗森博格(Nathan Rosenberg)。他的观点清晰地反映在 OECD 的《创新手册》中(*Innovation Manual*, OECD 1992/1997)。该手册常被称作《奥斯陆手册》(*Oslo Manual*),因为这个手册的大部分起草工作在奥斯陆进行,专家会议也在那里召开。罗森博格首先要驳斥的观点是:在研究基础上的发现是创新的最初阶段。其次,他驳斥了创新过程与创新扩散过程相分离的观点,提出大多数的扩散过程都包括了很多长期的、累积性的后商业化改进项目(Rosenberg 1976/1982)。他最著名的贡献应该是和斯蒂文·克莱恩(Steven Kline)共同建立的链条联结创新模型(chain-link model of innovation),该模型强调了创新的三个基本方面(Kline and Rosenberg 1986)。

- 创新不是一个连续有序的(线性的)过程,而是一个包括知识创造的相互作用及其反馈的过程。
- 创新是一个涉及多种投入的学习过程。
- 创新并不依赖于发明过程(特别是在新原理的发现中),这些过程(包括正式的

R&D)只是作为一个正在进行的创新过程中的解决问题的步骤而出现,而并不是其起始因素。

罗森博格自己的研究及和克莱恩的合作研究对创新指标的建设至少有两个重要的意义。第一,新颖性并不仅指全新产品或工艺的创造,还应包括产品性能中一些较小的变化,且这些变化可能在较长时间内有其重大技术和经济意义。因此一个有意义的创新指标应该能够反映这些变化。第二个意义是他们指出了非 R&D 性投入对于创新的重要性。非 R&D 性投入包括像设计活动、工程发展和为新产品进行的实验、人员培训及市场开拓等,因而需要建立一些投入指标,用以反映这种投入的多样性及在活动中的不同分布。

近来创新研究发展出来的一些观念在 CIS 的使用中得以反映。我们这里要特别提到其中的一个观念,尤其是因为它对使用新数据的研究产生了非常重要的影响。这个观念就是,创新来自协作和交互式学习,包括与其他企业、组织及科学和技术基础设施之间的合作。数据收集者一直在关心创新的网络维度,这已成为调查设计中的一个重要概念问题(对这一研究课题的概述,可参见:Howells 2000)。

6.3.1 现有的和新的创新指标:能对什么进行测度?它们的局限性又在哪里

对性质上多样化的现象进行测度意味着什么呢?很明显,这是 R&D 数据的严重问题。研究是个知识创造的过程,研究行为本身及其结果都是根本上不可公度的,所以没有一个有效的途径来对研究中进行的不同活动进行测度,更不用说去比较研究所带来的知识增进。这个问题是不可解决的,唯一的回避方法是谨慎地界定研究过程中的哪些方面在一定程度上是可度量的。《弗拉斯卡蒂手册》(*Frascati Manua*,OECD 关于创新数据收集的操作统计手册)的编写者所采用的解决办法是给出构成研究的各种行为的定义,而后收集这些行为的有关花费或人力资源方面的种种数据。因此,R&D 的测度概念是经济性的,由此所得到的数据集就是经济指标的集合,它与工业数据集,乃至整个国民账户都是一致的①。

这个测度的方法也在创新调查中采用。问题是提到创新总是用思想、学习、知识创造(而且是远比研究更宽泛的知识创造),甚至是能力和水平来进行概念化。与研究一样,创新是一个多维的过程,其内在过程在许多方面是难以测度的。大多数的现代创新理论都建立在某种以“资源为基础”的企业理论之上,即企业创造出有形资产和无形资产从而使企业的能力提升(参见本书:Lazonick)。创新性学习可被看做是影响能力的知识基础的变化。学习和能力从直接的角度来看都是不可度量的。可是,就像研究能通过对某些研究活动费用或特定研究人员研究时间等数据的调查而进行测度一样,学习过程的测度一定程度上也能够通过对设计、培训、市场调查和工厂装备等行为的测度而进行。这些活动的花费理论上是可以度量的,当然实际中可能有些困难,因为有些与创新相关的活动并不直接反映在公司的会计程序中。从创新产出的角度看,问题是有关能力的创新成果是否能够通过某些物质上或经济上有形的变化而予以测度。这里也有一些有潜力的测度领域,经验(20 世纪 80 年代的小规模实验或实验调查)显示,企业能够识别其产品成分的变化,也能够对新产品的销售进行估计(Smith 1992)。因而通过产品结构、原料的使用、技术属性或已变化产品在整个企业销售中所处位置来测度产品变化,这是完全可能的。运用上述方法时,需要对创新投入部分的费用和以销售表现的创新产出部分进行测度。创新的经济测度显然与对研究的测度非常近似。这一方法上的相似性意味着:既然可以使用 R&D 数据,那就可以使用更为直接的创新数据。

---

① 能否度量的问题其实在所有的经济数据统计中都存在。例如,国民账户也不能涵盖所有的经济活动(从所有的人类活动对生产力或物质财富都有贡献这个角度上讲)。账户只能包含那些产生可度量的市场成果或经济补偿的行为。这导致账户不能反映诸如家务劳动,相互援助,子女抚养和非正式经济等经济活动。不能使用产出的价值来度量这些活动,而要用投入的补偿来衡量,所以它也是存在产出和生产率的度量问题。

6.4 目前的主要指标

本节列出了已经在创新分析中使用的主要指标,并对它们进行了进一步的分析。在STI(科学技术和创新)分析中主要有三类指标:一是R&D数据;二是关于专利申请、授权和引用的数据;三是文献计量学数据(即科学出版物或引文的数据)。

除了这些,还有另外三类重要的指标种类:

- 技术计量指标,它研究产品的技术性能特征(有关理论观点,参见:Saviotti 1996/2001;有关分析和实证说明,参见:Grupp 1994/1998);
- 综合指标,这是咨询者为排计分卡方便而开发出的综合数据(*World Economic Forum* 2003);
- 个人或组织建立的作为研究工具的专题数据库,像帕维特和佩特使用的大公司的数据库,或约翰·汉格多尔(John Hagedoorn)建立的技术协作MERIT-CATI数据库,或发源于奥尔堡大学有关技术协作的DISKIO调查(参见:Patel and Pavitt 1997/1999,Hagedoorn and Schakenraad 1990;关于利用协作数据进行研究的更详细的材料,见OECD 2001)。

以下的讨论焦点主要集中于R&D和专利指标,因为文献计量分析主要是与科学的动态发展而不是创新有关(对这一领域当前最新发展的综述见:Moed et al. 1995,Kaloudis 1997)。

专栏6.1

文献计量数据

文献计量分析是对科学出版物和引文的内容和动态进行的分析,它以科学引文索引(SCI)和科学信息研究所(Institute for Scientific Information)的数据库为中心。科学信息研究所(ISI)成立于1958年,从1992年起被汤姆逊(Thomsom)公司下属的汤姆逊商业信息公司收购。ISI国家科学指标数据库目前包括来自超过170个国家的出版物和引文统计数据,涵盖科学、社会科学、艺术和人文学科的105个子域,包括大约5 500份科学期刊,1 800份社会科学期刊,1 200份有关艺术和人文学科期刊。

6.4.1 R&D统计和指标

迄今为止,在数据收集中最成功的是R&D数据的收集。

OECD有关R&D统计数据收集的主要文件是《研究与实验发展的标准规则》,多被称作《弗拉斯卡蒂手册》。该手册的初版是1963年在意大利弗拉斯卡蒂召开的R&D统计专家会议的结果,后来手册经过了不断的修订。目前的版本——《2002弗拉斯卡蒂手册》,已是第七版(OECD 2002)。手册对R&D的定义是:新知识的产生和知识的新的实际应用。R&D包括三类不同的活动:基础研究、应用研究和实验发展,这三个种类就是按照它们距应用的远近而划分的。

要明确地区分什么应当属于R&D而什么不属于,是很困难的事情。"将R&D与其他相关活动予以区分的基本准则是:R&D中出现了可见的新要素,以及科学和(或)技术不确定性的解决办法,即当熟悉相关领域的常用知识技术基本储备的人员也不能轻易地找到一个问题的解决方法的时候"(OECD 2002:33)。R&D一般不包括教育、培训和市场研究。还有其他许多与科学技术相关但却与R&D有明显区分的活动,包括与创新相关的一些工业活动,如产品和许可的获得、产品设计、试生产、培训和工厂装备,除非这些活动是研究的组成部分,否则不属于R&D;还有像与产品或工艺创新有关的机器设备的获得,也不能算作 R&D。

R&D 经常被按照多样的标准进行分类，数据也按照非常详细的类别来收集。与基础研究不同，应用研究和数据分析可以按照行为部门的不同而予以分类，如企业、政府、高等教育机构和私人非营利性机构；可以按经费的来源——国内的和国际的——来进行分类；还有按照社会经济目标，及研究领域的不同进行分类。但政策分析人员和研究人员都很少注意这种详细的分类，他们所关心的，在企业或国家层面上，只是总费用，因而会忽略数据中很多真正有趣的细节。例如，如果 R&D 按照研究领域分类，ICT（信息和通信技术）在所有如此分类的国家中都被列为最大的一类。但是，大多数的信息和通信技术研究实际上都是在该部门之外进行的，通常是由用户进行的系统和软件开发①。这在一方面提出了 ICT 部门跨行业意义的问题，另一方面也使我们产生了疑问，到底这样的活动在多大程度上能被视为 R&D 呢？还有人质疑，R&D 的定义是否能被企业（尤其是中小企业）充分理解，对小企业的 R&D 是否存在系统性的忽视？（见：Kleinknecht, Montfort and Brouwer 2002）

因为 R&D 数据只衡量了投入部分，它作为创新指标是有其局限性的（Kleinknecht et al. 2002）。但 R&D 数据也有它的优势，如它已经具有很长的收集使用时间，在很多国家都有非常详细的分类，也具有较好的国家间一致性。遗憾的是，大量的文献都意在将超越时间和部门或国家的总 R&D 衡量指标与一些生产率衡量指标进行配对分析（最近的例子见：Griffith, Redding, Van Reenen 2002; Dowrick 2003）。但这种研究在两方面是有局限的：其一，它与新的增长理论一样，暗含着 R&D 是生产率提高的主要来源这一观点；其二，它忽略了实际可获数据的复杂性。R&D 数据的非加总过程是可行的，且可以为研究者提供丰富且未被利用的机会。

① 挪威和澳大利亚都对所有的工业部门按照研究领域来收集资料数据，所有 R&D 的约 25%是在 ICT 的投入。

6.4.2 政策陷阱：R&D 指标的使用和误用

下面我们讨论 R&D 作为一个政策指标的缺陷，特别讨论最常使用的"R&D 强度"指标。这是 R&D 费用与某种产出指标之间的比值。对一个企业，它通常是 R&D 费用与销售的比值；对一个行业或国家，它等于 R&D 商业费用(BERD)与总产出或增加价值的比值；对国家来讲，一般等于 R&D 总支出(GERD)与 GDP 的比值。

R&D 与 GDP 的比值主要有两方面运用。(1) 使用它来显示行业特征，如一个行业具有高的 BERD/GDP 比值，说明它进行了较多的高技术活动；(2) 如果一个国家的 GERD/GDP 比值高，可以说明这个国家对技术进步和知识创造的重视(对这一问题的历史背景分析参见：Godin 2004)。

如表 6.1 所显示，对国家来讲，还存在一个 GERD/GDP 强度的分布问题。分析人员和政策制定者常会把该国在表中排名的某个位置[或者是经合组织(OECD)的平均值，或者是某个特殊的 GERD/GDP 比值]作为理想值。例如，加拿大的目标就是把它在经合组织的排名提高到第五位；挪威的目标是达到经合组织的平均值；欧盟国家作为整体，其目标是 GERD/GDP 比值达到 3%(这一目标决定了当前欧盟国家有关科技政策的制定)。但这个指标到底告诉了我们什么呢？

表 6.1 不同国家的 GERD/GDP 比值

国　家	GERD/GDP 2000	偏离 OECD 平均值的百分比
瑞　士	3.65(1999)	1.40
芬　兰	3.40	1.15
日　本	2.98	0.73
美　国	2.72	0.47
韩　国	2.65	0.40
德　国	2.49	0.29
法　国	2.18	-0.07
荷　兰	1.94	-0.26

（续表）

国　家	GERD/GDP 2000	偏离 OECD 平均值的百分比
加拿大	1.87	−0.33
英　国	1.85	−0.35
奥地利	1.84	−0.36
挪　威	1.65	−0.6
澳大利亚	1.53	−0.72
爱尔兰	1.15	−1.1
意大利	1.07	−1.18
新西兰	1.03	−1.22
西班牙	0.94	−1.31
希　腊	0.67	−1.58
全部 OECD 国家平均值	2.25	

资料来源：OECD. *Main Science and Technology Indicators Database*, accessed August 2003.

R&D 强度取决于行业分类，目前经合组织采用行业划分的四级模式，分类的标准就是 BERD/产出的比值：

高技术行业		>5%	R&D/产出
中等高技术行业	>5%	>3%	R&D/产出
低技术行业	>3%	>1%	R&D/产出
低技术行业	>1%	>0%	R&D/产出

由于不同行业的 BERD/GDP 指标大小差别很大，国家间不同的行业结构就会影响到总的 BERD/GDP 比值。一个具有大量高 R&D 行业的国家或地区自然会比有大量低 R&D 行业的国家或地区具有更高的总 BERD/GDP 比值。这个结构问题也解释了大国和小国 R&D 强度的不同（Sandven and Smith 1997）。问题是，某个特别的行业结构是否很重要呢？这是一个讨论题目，我们不在这里单独讨论了（这个有趣问题的讨论见：Pol et al. 2002）。但是，特定产业结构的期望性是使用总量指标背后的实质问题，尽管人们很少讨论它。还应当指出，在一个行业中也会有 R&D 强度在不同企业间的分布，所以常会发现一些低 R&D 行业中的高 R&D 企业，反之亦然（Hughes 1988，使用英国数据讨论了行业内分布）。

这个指标最近的一个重要变化是加入了“获得的技术”(acquired technology)这一概念,它计算的是一个行业所使用的资本和中间商品中包含的R&D,通过最新的投入产出表进行计算。计算“已获得 R&D”的方法是:资本商品中所包含的 R&D 等于资本商品的价值乘以该商品供应行业的 R&D 强度。目前可获得的有关投入-产出数据的最新年份是 1990 年,所使用的总分类结构如表 6.2 所示,它显示了 1997 年主要行业的直接 R&D 强度和 1990 年已获得 R&D 占直接 R&D 的比例。

表 6.2　根据 R&D 强度的行业分类

	国际产业分类(ISIC)	直接 R&D 强度 1997	已获得 R&D 强度占直接 R&D 强度的比例,1990
高技术行业			
飞机和航天器	353	12.7	15%
制药	2 423	11.3	8%
办公、财会和计算机设备业	30	10.5	25%
广播、电视和通信设备业	32	8.2	17%
医疗、光学和精密仪器	33	7.9	29%
中等高技术行业			
电气设备	31	3.8	42%
汽车和拖车	34	3.5	29%
化学产品	24 exc 2 423	2.6	18%
铁路和交通工具	352+359	2.8	88%
机械设备	29	1.9	104%
中等低技术行业			
焦炭,炼油和核燃料	23	0.8	30%
橡胶和塑料制品	25	0.9	127%
其他非金属矿产品	26	0.9	285%
船只建造和维修	351	0.7	200%
基本金属产品	27	0.7	289%
金属结构产品	28	0.6	133%
低技术行业			
制造业和环保业	36~37	0.4	n.a
木头、纸浆、造纸、印刷和出版	20~22	0.3	167%
食品、饮料和烟草	15~16	0.4	267%
纺织、纺织品、皮革和制鞋	17~19	0.3	250%

资料来源:OECD, *Science, Technology and Industry Scoreboard 1999: Benchmarking knowledge-based Economics.* (Paris: OECD 1999), Annex 1, p.106; OECD. *Science, Technology and Industry Scoreboard 2001: Towards Knowledge-based Economics.* Annex 1, pp.13~139.

注意:ISIC 分类在 1996 年做过小的修订,1990 年的数据已重新按照最相关的三级进行了分类。

如表6.2所示,从高技术行业到低技术行业,已获得技术占直接R&D的比例上升得很快。这意味着,技术强度对已获得技术的测度方法是非常敏感的。例如,假设我们认定当一家企业购买一台机器时,它获得的不是这台机器所包含R&D(对应于R&D/产出比值)的一部分,而是其全部。或者说,一台电脑的购买者获得了生产这台电脑时所使用的全部的R&D。这种假设与新增长理论的知识外在化观念是一致的(参见: Verspagen 1992;本书: Verspagen)。这一假设会明显改变表6.2中各行业技术强度的排序,那些大量使用包含在资本商品中的R&D的行业在表中的排名会上升。另外要指出的一点是,那些所谓的低技术行业并不通过直接的R&D创造或获取知识,这种分类事实上对那些使用非R&D方法进行知识创造的行业而言是有偏差的(Hirsch-Kreinson et al. 2003)。所以,R&D指标在国家、行业和公司层面上都是有其缺陷的,不加批判地使用这个看起来简单的指标会带来一些问题。

6.4.3 专利数据

专利是发明者与政府之间签订的公开契约,它授予申请人享有一项技术发明一定时间的垄断使用权(相关问题参见: Inversen 1998)。专利所有人需要首先证明其所申请的技术与已有技术相比具有一定的先进性,然后发明者与国家订立合约,披露有关发明的详细信息,相应的回报是对发明的有限保护,即其他人在一定时间和合约生效的地域内不得使用该项发明。按照双方的约定,发明者披露有关发明的详细信息,而国家授予发明者有限的垄断权利,这是一项公平的交易。从这个意义上说,专利制度的出现是创造新的经济上有价值知识的一种激励机制,也是一种传播信息的知识扩散机制。很久以来对于专利一直有些争议,例如:如果我们没有专利制度,是否值得去创建这样一个制度(答案通常是:不值得);既然我们已经有了这样一个制度,那是否应该摒弃它(答案通常是:不应该);还有,奖励制度是否会比专利制度更好(答案仍然是:不会)[①]。

总之,专利制度收集了有关新技术的详细信息,将其整理成一个长期的、连续不断的发明活动的公开记录,这使得专利作为创新指标有其重要的优势,包括:

- 将专利权授予那些具有商业前景的发明技术。
- 专利制度系统地记录了关于这些发明的重要信息。
- 专利制度按照一个详细而缓慢变化的分类系统对这些技术进行核对。
- 专利制度系统地将发明和相关技术相联系,并通过标引,将它与相关科技文献相联系。
- 专利制度有很长的历史(本书:Granstrand),它是唯一一个有长达几个世纪历史的创新指标。这就意味着可以使用专利来进行很长时期的相关数量问题研究(本书:Bruland and Mowery)。
- 专利数据可免费获得。

专利数据的主要来源是美国专利局和欧洲专利局。如图 6.1 所示,近些年来专利活动增长很快。这种增长的原因是个重要问题,在过去的至少 15 年里的确出现了显著的增长,它可能表示创新活动的不断增长,或企业战略行为的改变,但是,增长也可能是近年来专利成本显著下降的结果(有关分析可见:Hall and Ziedonis 2001,Kortum and Lemer 1999)。

专利也有它的弱点,最重要的是专利是一个衡量发明而不是衡量创新的指标,它标志着新技术原理而不是商业创新的出现。许多专利实际上不具有技术或经济意义。克莱恩肯尼特(Kleinknecht)等人有以下论述:

> 显然专利指标忽略了许多非专利的发明和创新。某些种类的技术是不能取得专利权的,而某些项目(如互联网上的新兴商业规则)能否取得专利一直都是争论的热点。另一方面,还有一些专利从来没有被转化为商业上

① 在布莱恩·霍尔的网站中可以找到对有关的文献和其他专利问题的精彩评论:http://emlab.berkely.edu/users/bhhall,还可参见本书 Granstrand。

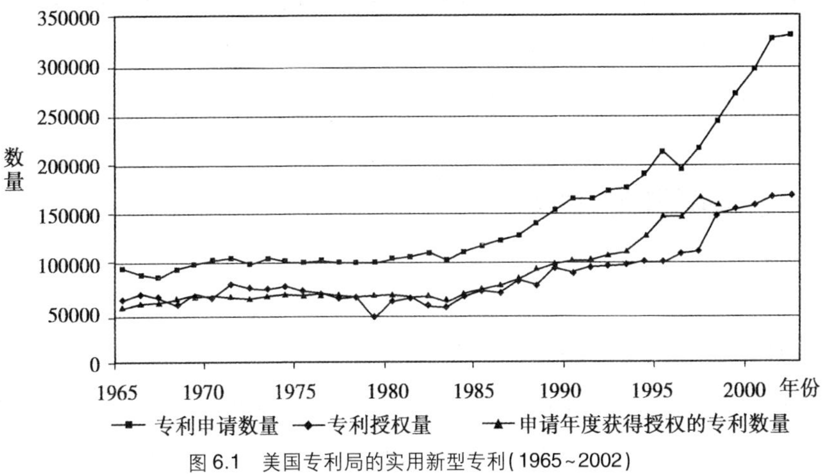

图 6.1　美国专利局的实用新型专利(1965~2002)

可行的产品和工艺,它们的比例究竟有多大?这一部分是否能被设定为常量呢?有些时候专利数字可能被战略行为所掩盖:一家企业不会去商业化某项专利,而只是用它来防止竞争对手对这项技术申请专利并使用它(Kleinknecht et al. 2002,112)。

但若是考虑了这些限定条件的话,对专利数据的分析还是很有成效的。重要成就包括:对很长时期的发明活动进行描述(Macleod 1988, Sullivan 1990);评定经济因素对发明速度的影响(Schmookler 1971);说明大企业技术知识基础的复杂性(Patel and Pavitt 1999);在工业专利中科学的运用和作用(Narin and Noma 1985,Meyer 2000);产业间技术流动的描述(Scherer 1982);使用专利引文引起的知识溢出的分析(Jaffe, Henderson and Trahtenberg 1993)以及专利价值的分析(Hall, Haffe and Trahtenberg 2001)。

6.5　新的创新指标

近些年来,人们试图创建一些设计得更好的直接指向创新的新的指标,例如,欧盟已在努力解决缺乏工业创新直接数据的问题,还有其他方面的努力,旨在增进我们关于创新的产出、来源、工具和方法的知识(相关讨论见:Hansen 2001,Guellec and Pattinson 2001,Smith 2002)。

6.5.1 创新调查的种类

创新调查可分为两大基本种类:一类聚焦于企业层面的创新活动,探讨一般的创新投入(包括 R&D 和非 R&D)和创新产出(经常指产品创新);另一类集中于具有重大意义的技术创新(通常通过专家鉴定或是行业期刊及其他文献中的新产品预告来予以确定)。有时候,第一种方法被称为"主观"方法,因为它的重点是创新主体;第二种方法被称为"客观"方法,因为它集中研究创新过程对技术本身的客观产出(Archibugi and Pianta 1996)。这两种方法可以一起使用,来研究创新过程本身的诸多方面:创新想法的来源、外部的投入、创新的用户,等等。两种方法都使用熊彼特的创新概念,即创新是新产品或新工艺的商业化。但客观方法的重点是意义重大的新产品,而主观方法则包括小规模和渐进性的改变。

6.5.2 "客观"方法所建立的创新指标

一个最重要的客观方法就是由苏塞克斯大学的科学政策研究所创立的 SPRU 数据库,它收集了英国工业界的主要技术创新信息,内容包括创新来源和种类、工业创新形式、跨行业的联结、地域问题,等等①。SPRU 方法拥有一个由 400 位来自各机构的技术专家组成的小组,他们从各经济部门 1945~1983 年的创新中确定主要创新。该数据库共包括约 4 300 项创新。另一个重要数据库是美国小企业管理局数据库,它包括了 1982 年这一年间由全美小企业引

① 使用 SPRU 数据库的分析,还可参见:Pavitt 1983/1984,Robson et al. 1988;最近的相关研究见:Geroski 1994。

入市场的创新项目，这些创新项目是通过对约100种行业、工程和技术期刊的筛选而得到的，奥克斯（Acs）和奥德斯奇（Audrstsch）1990年的一项研究正是以此为基础的。此外，近年来还有一系列小型的基于文献的调查，它们以对行业期刊的搜索为基础，例如在荷兰、奥地利、爱尔兰和英国都曾进行过。克莱恩肯尼特和贝恩（Bain 1993）及克莱恩肯尼特（Kleinkecht 1996）都曾公布过这些调查的结果。

这类方法有许多重要的优势。技术导向方法的优点是集中于技术本身，允许对创新的重要性进行外部评估，且由专家或行业期刊来确定创新，使得创新的认定能在一定程度上独立于个人的判断。专家和文献认定创新的另一个优点是有历史资料，所以可对技术发展做历史回顾。

这类方法当然也有其弱点。这类创新都必须先通过对其重要性的测试，也就是它必须具有重要的创新意义才能够在行业期刊或一般媒体中报道，这个过程就可能存在偏向于测试的样本抽选。结果是，进入调查的只是全部创新中的一部分——对一个行业是新的产品或工艺；而那些“常规”的、渐进性的、部分提高企业常规竞争能力的创新成果是不会被选中的。

6.5.3 “客观”方法的研究结果

使用SPRU数据库所取得的一个最重要成果是显示了不同种类行业之间存在着很多种不同的创新行为。在早期的研究中，帕维特（1984）区分了四类基本企业类型，把它们分别叫做“科学基础型”“规模密集型”“专业供应商型”和“供应商支配型”。他认为这些不同种类企业间的区别来自它们在技术来源、用户类别、拨款（appropriation）方式和企业规模等方面的不同。这是最早的真正从实证角度说明经济中技术多样性重要性的研究之一。它对于在企业有着不同技术创新形式的条件下如何制定R&D政策具有重要意义。运用SPRU数据库的其他研究重点在于创新的不同行业部门间流动（使用数据集之中创新项目最早用户的重要数据),并对创新系统的复杂性进行了早期的实证研究(Pavitt 1983,Robson et al. 1988)。格罗斯基(Geroski 1994: 19)总结了创新在这些部门间的流动,见图6.2,图中显示出三个主要工程部门(机械工程、仪器和电子工程)的创新向其他部门流动的重要性。但也要指出在这些工程部门内部也存在重要的创新流动。

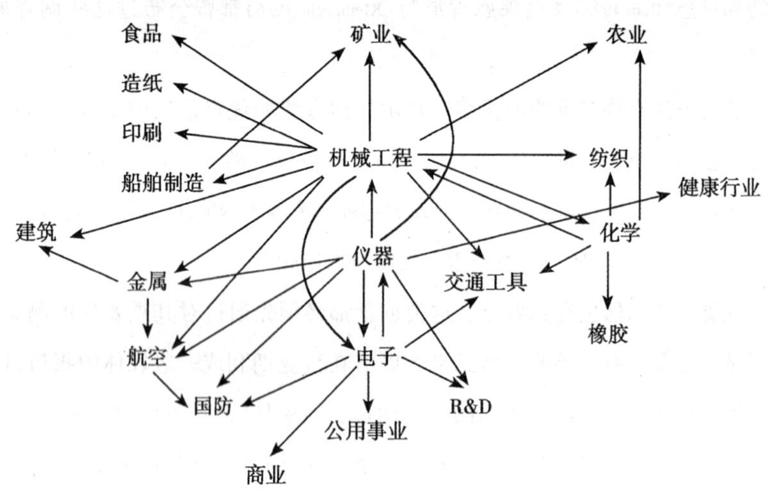

图 6.2　SPRU 创新数据库:创新的部门间流动

资料来源:Geroski 1994

6.5.4　"主观"方法和共同体创新调查

20 世纪 90 年代早期,经合组织试图总结早期实验创新调查的结果,并编撰了一个手册,以制定这一领域的基本规则。因此一些专家经过大约 15 个月的努力,终于达成一致,制定了一个被称为《奥斯陆手册》的创新手册。

欧盟委员会协同欧洲统计局和 DG 公司,追随经合组织 1992~1993 年的创造性工作,实施了共同体创新调查(CIS)。CIS 在很多方面有其创造性。首先,这是个大规模收集可用于国际比较的创新成果直接测度数据的行为。其次,它收集的数据是经过层层分解的,并形成了提供给分析者的分解过的表格数据。这一调查至今已进行过三次,最近的一次是在2002年,那次调查涵盖了大约140 000家欧洲企业。

各个版本的CIS开发并包含了如下专题的数据:

- 与新产品创新有关的活动的费用(R&D、培训、设计、市场开拓、设备购买和工厂装备等)。因此它特别重视创新过程的非R&D投入;
- 渐进性和根本性改变的产品成果,及这些产品所带来的销售结果;
- 与创新相关信息的来源;
- 技术协作;
- 阻碍创新的观念和促进创新的因素。

从概念上看,CIS在很多重要方面遵循了《奥斯陆手册》。第一,它聚焦于技术创新,特别是产品的创新。它还定义了产品改变的不同种类,要求企业把产品划归到不同种类中去。CIS还要求企业估计下列种类产品的销售比例:新的或根本性变化的产品、小幅度变化的产品、未变化产品。图6.3显示了CIS-2中使用的技术创新定义,它和CIS其他版本的定义是一致的。需要指出的是,尽管已给出了产品和工艺的定义,但该调查实际上仍集中于技术上改变的产品,这主要是由于经济度量指标的可得性。大多数的工艺当然是生产资本性商品企业的成果,尽管改变工艺的花费要远大于仅仅购买新设备。显然,这会限制创新的范围,除了工艺,其他的创新性改变,如组织改变和根本的学习过程改变等也被排除了。但是这样做也是有其原因的,仅集中于技术改变的产品能够对"变化"界定相当严格的定义。这类产品的销售量也可以作为企业甚至行业间进行比较的一个指标。它也给出了"新颖性"的一个合理定义:在定义一项创新是否为"新"时,《奥斯陆手册》和CIS通过要求企业区分对企业而言的新产品、对行业而言的新产品和全新产品的销售量来确定产品创新的不同程度。所以,尽管《奥斯陆手册》和CIS方法将创新限定于技术领域,但这么做,也保证了变化、新颖性和可公度性概念之间的一致。缺乏这种一致性的调查方法都是不合适的。

技术创新和企业创新活动的范围和影响

技术创新包括技术上可实施的新产品和工艺，以及产品和工艺的意义重大的技术改进。

如果创新（产品）已进入市场（产品创新）或已被生产过程运用（工艺创新），称为创新的实现。

创新活动指开发和实现技术上的新产品或有改进的产品所需要的所有步骤

技术创新要求产品性能或产品的生产或运输方法具有客观的改进，下列变化不属于技术创新：

- 使其更吸引消费者但不改变技术特征的产品改进；
- 产品或工艺很小的技术变化，或没有足够新颖度的变化；
- 产品或工艺的改变，其新颖性不涉及产品的使用或客观性能特征，或不涉及生产或运输的方式，而只涉及美感或主观特性。

一个技术上新的产品指产品的技术特征或预期的使用显著区别于以前生产的产品。这一创新可能涉及全新的技术，可能基于将现有技术组合进新的使用，或来源于新知识的使用。

一项技术上有改进的产品是指产品的性能有重大增强或提高。简单产品的这种改进（更好的性能或更低的成本）可能是因为使用更高性能的元件或材料，由许多集成技术子系统组成的复杂产品，其改进可能是对其中的一个子系统进行了部分改变。

图 6.3　定义技术创新—共同体创新调查(CIS)

来源：CIS－2 调查问卷

6.5.5　创新活动及其测度

《奥斯陆手册》和 CIS 方法的另一个特点是，它试图估计除了 R&D 之外的其他种类创新活动的费用。手册定义了六种重要的创新活动种类，图 6.4 显示了它们的基本结构。基本观点是企业投资于很多种非 R&D 的创新活动，结果形成了有形和无形资产，这些创新活动在不同的企业和行业中也有所区别。这里的分类非常近似于克莱恩和罗森博格(1986)的观点，提供了一个一般性的概念基础。但这里也有些问题：种类非常复杂，而企业不一定保存着单独详细的记录。实际上在第一次进行共同体创新调查时,许多企业没有回答有关创新活动的一些问题,还有许多企业只能做出非常粗略的估计。但这里也存在着企业之间的重大差别,有些企业采用项目管理系统,使他们能提供非常精确的答案,数据质量也在不断提高。

你公司在1996年是否进行了下列创新活动? 如果有,请估计相关费用。

— 新产品或工艺的R&D
— 与产品和工艺创新有关的机器设备的获取
— 外部技术的获取
— 新产品的工业设计及其他生产准备
— 与创新直接有关的培训
— 创新的市场推介
总费用

费用应包括当前费用(人工成本、服务和原料的支出等)和资本性支出(机器设备、计算机软件、土地和建筑物)。如果不能估计相关费用,请指出你公司是否进行过上述各项创新活动。

▶ **如果公司发生了上述R&D费用,请指出:**

— R&D与非R&D的比例
— 1996年的全职人员数量
— 1994~1996年你公司的R&D活动是否是连续进行的

*产品和工艺的研究与发展(R&D)*包括为了增进知识和使用这些知识进行新的运用而系统进行的创造性活动。生产和检测样品通常是R&D中最重要的步骤。软件开发也是R&D的一部分。R&D可以在企业内部进行,或购买R&D服务。

由企业获得与产品和工艺创新相关的机器设备(包括综合软件)。

*外部技术的获取形式*有专利、非专利发明、许可证、专门技能、商标、制图计划和其他顾问性服务(不包括R&D),它与技术创新的使用有关。这里也包括别处未分类的打包软件的获取。

*新产品的工业设计和其他生产准备*包括为说明程序而进行的计划和绘制、生产技术上新的产品和使用新工艺所必须的技术规范和操作特征。样品设计是R&D的一部分,此部分包括为了生产技术上新的或改进的产品,或使用新的及有改进的工艺,而获得的生产和质量控制程序、方法和标准,及相应软件的变化。还包括为进行新产品生产,含试生产(不包括R&D)所需要的产品或工艺变更。

*与创新相关的培训*指实施一项技术上新的或改进的产品而进行的培训。培训费用可能包括外部服务的获取和机构内部培训的费用。

*创新的市场推介*包括与技术上新的或改进产品投入市场相关的各项活动。如初始市场研究、市场测试和推介广告,但不包括市场创新所需销售网络的建立。

图6.4　1996年用于创新活动的资源

CIS 的一个重要结论是,在所有的部门中,与创新有关的资本支出都是创新支出中最大的一项单项支出(Evangelista et al. 1998)。这也强调了包含在资本商品和中间商品中的 R&D 的重要性,像前面曾讨论的那样。

6.5.6 共同体创新调查(CIS)的一些重要结果

到目前为止,有关创新测度的种种努力使我们学到了些什么呢?在这一部分,我们看看从一系列使用 CIS 的研究中得到的一些结果。目前使用创新调查数据的文献数量增长很快,主要有以下三大类:

国家级数据成果的描述性纵览。这些研究一般是为政策制定者所做的,通常包括图表、注释和评论,成果主要包括:创新费用的分布及其行业间的差异、引进产品或工艺创新的企业的比例、不同种类新产品销售的行业间分布、技术协作的主要形式、对创新障碍的预见、创新目标的有关数据。这些研究之所以重要,不仅因为它对政策制定者有用,而且因为它强调了从这些数据中得到的一些重要结论,特别是创新普遍地分布于现代经济之中,以及创新的非 R&D 投入对非高技术部门尤其重要。有些研究报告非常复杂,如在大量典型调查基础上形成了德国报告,再如与 CIS 相近但不完全相同的加拿大分析研究涵盖面也非常宽(Janz et al. 2002;加拿大统计局 www.statcan.ca)①。多数欧洲国家都发布了这样的报告,欧洲统计局也发布了一个相关的欧洲总览。

欧洲委员会赞助的分析研究。欧洲创新监控体系(DG 公司内部)赞助了 25 项特别研究,涉及源自创新数据的许多问题。它包括:有关创新费用模式的欧洲调查、欧洲的创新产出、有关创新与就业模式的关系和一些部门的研究(制药业、电信、纸浆和造纸、机械、机床、服务行业创新、衍生企业和地区影响)。大部分这类的研究报告篇幅都很长,往往像书一样厚。本章的附录 6.2 就是有关资料的概览(这些

① 目前加拿大在与政策相关的指标研究中处于领先地位,参见加拿大科学与创新指标协会的有关研究,在上面给出的网站中可以找到。

报告通过欧洲创新监控体系在EU的CORDIS网站上可以看到：www.cordis.lu)。

创新的经济计量或统计研究。创新调查数据有个独特的性质，即具有高度可分解性[被称作"微观集合(micro - aggregated)"数据]。这一特征使得对创新过程和效果可进行一系列微观层次的研究，目前的这类研究也很多。有关的出版物也迅速增多，有书籍(如：Thruizux，Arnold and Couchot 2001；Kleinknecht and Mohnen，Gault 2004)、文章、期刊的特刊[如：*STI Review* 27(2001)；*Economics of Innovation and New Technology*]等。苏瑞克斯(Thurieaux)等人编辑的书主要使用CIS数据研究对创新进行多方面的实证研究，内容有31章之多。内容包括：研究的方法问题、CIS方法向服务业的延伸、创新和企业绩效的微观分析、创新与就业、传统行业的创新、区域创新和政策制定中创新指标的使用。

迄今出版物中增长最快的是学术期刊。2002~2004年的期刊中找到了18篇文章是基于CIS的，这还不是完全的统计结果。本章的附录6.1中显示了这些文章。研究集中于这样一些主题，如创新的决定因素、创新和企业绩效分析、创新模式和企业绩效结果的多样性、创新中科学的作用、部门绩效(如就业影响)、企业间的协作和创新绩效、创新的区域及国家研究，以及一些方法问题。这类出版物在以后的几年中还会增多，值得提出的是，这种出版物增长的势头不仅表现在创新研究的前沿刊物中，在经济学主流刊物中也是一样(如：Mairesse and Mohnen in *American Economic Review*)。

限于篇幅我们不能对上述研究成果作更进一步的详细总结，但从有关资料中可得到下面的结论：

- 创新在所有经济部门中都是普遍存在的，并不局限于高科技活动中，在所谓的低技术活动中也会包含高比例的企业创新活动，它们也常从新产品或改进产品中产生很高的销售额(SPRU 1996；EuropeanCommission 2001)①。

---

① 关于低技术行业的创新，见本书第15章。

- R&D决不是最重要的创新投入。在任何国家的任何部门中,与新产品引进有关的资本设备的投资都是创新费用的重要组成部分,这就需要我们注重体现于这些项目中的知识因素(STEP 1997,Evangelista et al. 1998,Evangelista 1999)。
- 在所有国家和部门中,创新的投入和产出呈高度不均衡的分布——以 CIS 衡量,很小比例的企业占据了高比例的创新产出。
- 在创新型企业之间的协作非常普遍,几乎成为创新活动的必要条件。这一结论已经引起了一系列的专门辅助调查,这些调查产生了更详尽的结论,并印证了由 CIS 调查所提出的协作的重要性(见 OECD 2001 for papers on this)。
- CIS 方法向服务行业的延伸已有一些说明,但仍有疑问,需要继续关注(Djellal and Gallouh 2001, Tether and Miles 2001,本书: Miles 第 16 章)。
- 在数据收集方法和反馈速度上都存在显著的国家间差异,意味着与国家间宏观比较相比,数据可能更适合部门内的微观研究。

6.6 结　　论

尽管目前在对创新数据种类和数量的研究中 CIS 已取得了一定进步,但它当然也遭到一些批评。批评主要集中于 CIS 在创新投入和产出方面定义上的限制,以及已经被制造业采用的方法是否可用于服务行业。在创新的产出问题上,有关“变化”的技术定义显然限制了能够研究的创新形式: 似乎 CIS 研究对制造业非常有效,但对完全不同的服务行业及服务行业的无形产出,CIS 就不一定适用了。迪杰拉尔(Djellal)和伽罗赫(Gallouh)2001 年的研究建议对服务业的数据收集要使用完全不同的方法。可以说 CIS 的确是(且其设计初衷也是)用于制造业的,那么它向服务业的延伸当然会出现问题。相似的问题出现在创新的其他非技术方面,如组织变革(见本书中兰姆关于组织创新的看法)。我们尚不清楚 CIS 或其他以调查为基础的方法能否解决这些问题。有志研究于此的人们要考虑是否能给出适用于其他部门或创新其他方面的确切的创新定义、调查工具和数据收集方法。

在 R&D 和非 R&D 的创新投入方面,还不清楚企业创新活动中的多大部分能够被 CIS 方法中的创新产出种类所衡量。阿瑞达(Arundel)曾指出:"当我们谈到一家企业在创新上花费巨大,我们谈论的不仅是物质投入,还要想到使用人力资本进行思考、学习和解决复杂问题,创造出性质上不同类型的创新。"(Arundel 1997:6)这个观点无法讨论清楚,但它仍提出了调查问卷到底能做什么和无法做什么的问题。例如,如果我们想探索解决复杂问题,那么调查是否是个正确的研究工具就值得怀疑。可能这里隐藏的问题实际就是统计方法长期以来与个案研究方法的差异,统计方法的优点在于其一般性,但缺乏深度,相反,个案研究方法提供了研究的深度但却是以牺牲一般性为代价的。

但仍有理由做这样的结论,这一数据来源还是得到研究者的认可的。研究者对 CIS 的正式测度及数据测试都对调查得到的数据质量表示肯定(Aalborg University 1995)。CIS 的一个优点是调查的定义和构建、收集方法及一般适用性已经受到远比其他指标要多得多的评价、批评和争论(见:Arundel et al. 1997,对 CIS 的争论有所贡献)。这个过程还在继续,正面或负面的结果都会有。从正面看,数据来源可能继续优化;从负面看,关于这种方法还有太多的问题。但 CIS 的一个真正进步是它所带给我们的结果是其他的方法还从来没有过的,而且毫无疑问,研究者对数据掌握得越精准,他们得到的会越多。实际上,使用 CIS 数据的实证研究已是目前有关创新研究的出版物中增长最快的部分。使用 CIS 的出版物的一个有趣特征是研究的宽度,数据被用于公开陈述、政策分析和学术研究。如前所述,研究者应充分运用 R&D 数据的丰富性,对现有的以调查为基础的创新数据也应当是一样的。这个数据来源将在未来几年中继续为研究者提供更多的东西：像创新与企业绩效、科学在创新型企业中的运用、非 R&D 投入的作用、创新对就业的影响等，都是未来研究的方向。

本章集中讨论了共同体创新调查(CIS)，但未来的发展并不局限于此。一个可能的趋势是对已有数据来源的更好综合处理，在对当前国家竞争力测度时综合运用多种指标就属于此。另一个可能的趋势是适应于特殊要求的新调查工具的继续发展，如对企业之间协作的 DISKO 调查(OECD 2001)。创新研究希望能超越个案研究方法，以上发展趋势值得期待。

附录 6.1

最近(2002 年以后)使用 CIS 的期刊文章		
作　者	数据来源	题　目
Cox, Frenz and Prevezer 2002	CIS－2	区分高科技和低科技产业
Evangelista and Savona 2002	CIS－1 and 2	服务业创新对就业的影响
Hesselman 2002	CIS－2	方法问题和应对模式
Hinloopen 2003	CIS－1 and CIS－2	欧洲企业创新绩效的决定因素
Inzelt 2002	CIS－2	匈牙利服务业创新
Kleinknecht et al. 2002	CIS－2	指标选择和偏向
Loof and heshmati 2004	CIS－2	创新和企业绩效
Loof and Heshmati 2002	CIS－2	绩效多样性和创新
Mairsees and Mohnen	CIS－1	企业层面创新的决定因素
Mohnen and Horeau 2003	CIS－2	大学-产业的协作
Mohnen, Mairesse and Dagenais 2003	CIS－1	预期和实际的创新产出层次
Nascia and Perani 2002	CIS－1	欧洲创新模式的多样性
Quadros et al. 2001	巴西创新调查	圣保罗地区的创新
Sellenthin and Hommen 2002	CIS－2	瑞典工业的创新模式
Tether 2002	CIS－2	创新和企业间协作
Tether and Swann 2003	CIS－3	创新中科学的作用
Van Leeuwen and Klomp 2004	CIS－2	创新和多因素生产力

附录 6.2

由欧洲委员会赞助的使用 CIS 数据的出版物（按时间顺序排列）

《共同体创新调查测度——第一阶段》

Evaluation of the Community Innovation Survey (CIS)-Phase 1, Aalborg University (Denmark), 1995

《欧洲制药业创新概述（CIS）》

Europe's Pharmaceutical Industry: An Innovation Profile (CIS)

SPRU(UK), 1996

《欧洲工业的创新产出（CIS）》

Innovation Outputs in European Industry (CIS)

SPRU(UK), 1996

《欧洲食品饮料业的创新（CIS）》

Innovation in the European Food Products and Beverages Industry (CIS)

IKE (Denmark) and SPRU (UK), 1996

《技术转移、信息流动与协作（CIS）》

Technology Transfer, Information Flows and Collaboration (CIS)

Manchester School of Management & University of Warwick (UK), 1996

《创新对就业的影响：意大利 CIS 的另一解释与结论》

The Impact of Innovation On Employment: Alternative Interpretations and Results of the Italian CIS University of Rome "La Sapienza" (Italy), 1996

《欧洲化学工业创新（CIS）》

Innovation in the European Chemical Industry (CIS)

WZB (Germany), 1996

《欧洲电信设备业创新（CIS）》

Innovation in the European Telecom Equipment Industry(CIS)

MERIT(Netherlands), 1996

《欧洲纸浆、造纸和纸制品业的创新活动(CIS)》

Innovation Activities in Pulp, Paper and Paper Products in Europe(CIS)

STEP Group (*Norway*), 1996

《欧洲创新对就业的影响——使用 CIS 数据的分析》

The Impact of Innovation in Employment in Europe — An Analysis Using CIS Data

Centre for European Economic Research/ZEW (*Germany*), 1996

《计算机和办公机器业企业的外部增长与技术多样性：对 CIS 的分析》

Computer and Office Machinery-Firms' External Growth & Technological Diversification: Analysis during CIS

CESPRI(*Italy*), 1997

《欧洲工业的创新费用：来自 CIS 的分析》

Innovation Expenditures in European Industry: Analysis from CIS

STEP Group (*Norway*), 1997

《机械和电器业(CIS)》

Manufacture of Machinery and Electrical Machinery (*CIS*)

Centre for European Economic Research/ZEW(*Germany*), 1997

《创新测度和政策：国际会议论文集》

Innovation Measurements and Policies: Proceedings of International Conference

20~21 May 1996, Luxembourg

《使用 CIS-2 数据分析创新对制药业和生物技术部门影响》

Analysis of CIS. 2 Data on the Impact of Innovation on the Pharmaceuticals and Biotechnology Sector

SOFRES(Belgium), 2001

《使用 CIS-2 数据分析创新对办公设备和计算机制造业增长的影响》

Analysis of CIS. 2 Data on the Impact of Innovation on Growth in the Sector of

Office Machinery and Computer Manufacturing

SOCINTEC（Spain），2001

《使用 CIS－2 数据分析创新对机器设备和电器设备制造业增长的影响》

Analysis of CIS. 2 Data on the Impact of Innovation on Growth in Manufacturing of Machinery and Equipment and of Electrical Equipment

STEP Group（Norway），2001

《使用 CIS 数据对创新过程中 NTBF 的作用，衍生企业和快速增长的创新型中小企业的分析》

Analysis of CIS Data on the Role of NTBFs, Spin-offs and Innovative Fast Growing SMEs in the Innovation Process

Institute for Advanced Studies and Johanneum Research（Australia），2001

《创新与能力的获取和保护》

Innovation and the Acquisition and Protection of Competencies

MERIT（Netherlands），2001

《对未来共同体创新调查在组织创新及经验方面的实证调查分析》

Analysis of Empirical Surveys on Organizational Innovation and Lessons for Future Community Innovation Surveys

Fraunhofer Institute（Germany），2000

《创新的地域模式：CIS－2 数据结果的分析和来自其他创新调查的经验》

Regional Patterns of Innovation: the Analysis of CIS－2 Results and Lessons from other Innovation Surveys

STEP S. A. S（Italy），2000

《使用多元技术对创新多方面的研究》

Use of Multivariate Techniques to Investigate the Multidimensional Aspects of Innovation

University of Newcastle Upon Tyne（ISRU）（UK），2000

《欧洲创新的统计》

Statistics on Innovation in Europe

European Commission, 2001

《使用 CIS－2 数据对服务业创新的分析》

Analysis of CIS－2 Data on Innovation in the Service Sector

Manchester University (UK), 2000

《"创新与企业创造：统计数据和指标"国际会议论文集，23》

"*Innovation and enterprise creation: Statistics and indicator*," *Proceedings of the International Conference*, *23*

参考文献

AALBORG UNIVERSITY (1995), *Evaluation of the Community Innovation Survey (CIS)* — Phase 1, 2 vols., Report to the European Innovation Monitoring System.

Acs, Z., and AUDRETSCH, D. (1990), *Innovation and Small Firms*, Cambridge, Mass: MIT Press.

* ARCHIBUGI and PIANTA (1996), "Innovation surveys and patents as technology indicators: the state of the art," in OECD, *Innovation*, *Patents and Technological Strategies*, Paris: OECD.

ARROW, K. J. (1984), "Statistical Requirements for Greek Economic Planning," *Collected Papers of Kenneth J. Arrow*, *vol.* 4: *The Economics of Information*, Oxford: Blackwell.

ARUNDEL, A. (1997), "Why Innovation Measurement Matters" in A. Arundel and R. Garrelfs (eds.), *Innovation Measurement and Policies*, EU

Luxembourg：EIMS 94/197.

ARUNDEL, A., PATEL, R, SIRILLI, G., and SMITH, K. (1997), *The Future of Innovation Measurement in Europe: Concepts, Problems and Practica/ Directions*, IDEA Paper No 3, STEP Group Oslo.

BIFFL, G., and KNELL, M. (2001), "Innovation and Employment in Europe in the 1990s," *WTFO Working Paper* 169/2001.

BROUWER, E., and KLEINKNECHT, A. (1997), "Measuring the Unmeasurable：A Country's Expenditure on Product and Service Innovation," *Research Policy* 25：1235~1242.

——(1999), "Innovative Output and a Firm's Propensity to Patent：An Exploration of CIS Micro-Data," *Research Policy* 28：615~624.

Cox, H., FRENZ, M., and PREVEZER, M. (2002), "Patterns of Innovation in UK Industry：Exploring the CIS Data to Contrast High and Low Technology Industries," *Journal of Interdiciplinary Economics* 13(1-3)：267~304.

* DIELLAL, F, and GALLOUJ, F (2001), "Innovation surveys for Service Industries：A Review," in Thurieaux, Arnold, and Couchot 2001：70~76.

DOWRICK, S. (2003), "A Review of the Evidence on Science, R&D and Productivity," Working Paper, Department of Economics, Australian National University.

EUROPEAN COMMI SSION (1994), *The European Report on Science and Technology Indicators* 1994 (EUR 15897), Luxembourg.

——(1997), *Second European Report on Science and Technology Indicators* 1997 (EUR 17639), Luxembourg.

EUROPEAN COMMISSION (2001), Statistics on Innovation in Europe (EUR KS-32-00-895-EN-1), Luxembourg.

——(2003), *Third European Report on Science and Technology Indicators*, Luxembourg. EUROSRAT (2004), *Innovation in Europe. Results for the EU, Iceland and Norway: Data* 1998—2001, (Luxembourg: Office for one official publications of the European Communities)

——SANDVEN, T., SIRILLI, G., and SMITH, K. (1998), "Measuring Innovation in European Industry," *International Journal of the Economics of Business* 5(3): 311~333.

——and SAVONA, M. (2002), "The Impact of Innovation on Employment in Services: Evidence from Italy" *International Review of Applied Economics* 16(3): 309~318.

EVANGELISTA, R. (1999), *Knowledge and Investment*, Cheltenham: Edward Elgar.

GAULT, F. (ed.) (2004), *Understanding Innovation in Canadian Industry*, Montreal and Kingston: McGill - Queen's University Press.

GEROSKI, P. (1994), *Market Structure, Corporate Performance and Innovative Activity*, Oxford: Clarendon Press.

GODIN, B. (2004), "The Obsession with Competitiveness and its Impact on Statistics: The Construction of High: Technology Indicators," *Research Policy* (forthcoming).

GRIFFITH, R., REDDING, S., and VAN REENEN, J. (2000), "Mapping the Two Faces of R&D: Productivity Growth in a Panel of OECD Industries," *LSE Centre for Economic Performance Discussion Paper*, 2457: 1~74.

GRILICHES, Z. (1987), "Comment," Washington, D. C: Brookings Papers on Economic Activity, 3.

GRUPP, H. (1994), "The Measurement of Technical Performance of Innovations by Technometrics and its Impact on Established Technology

Indicators," *Research Policy* 23: 175~193.

*——(1998), *Foundations of the Economics of Innovation, Theory, Measurement and Practice*, Cheltenham: Elgar.

GUELLEC, D., and PATTINSON, B. (2001), "Innovation Surveys: Lessons from OECD Countries' Experience," *STI Review* 27: 77~102.

HAGEDOORN, K., and SCHAKENRAAD, J. (1990), "Interfirm Partnerships and Co-operative Strategies in Core Technologies," in C. Freeman and L. Soete (eds.), *New Explorations in the Economics of Technological Change*, London: Pinte.

HALL, B. H. and Ziedonis, R. H. (2002), "The determinants of patenting in the U. S. semiconductor industry, 1980~1994," *Rand Journal of Economics*, 32: 101~128.

——, Jaffe, A., and Trajtenberg, M., 2001, "The NBER Patent Citations Daa file: Lessons, Insights and Methodological Tools," NBER Working Paper No. 8498.

*HANSEN, J. A. (2001), "Technological Innovation Indicators: A Survey of Historical Development and Current Practice," in M. P. Feldmann and A. Link (eds.), Innovation Policy in the Knowledge-Based Economy, Dordrecht: Kluwer, 73~103.

HESSLEMAN, L. (2002), "A Description of Responses to the UK Community Innovation Survey 2," The Journal of Interdiciplinary Economics 13 (1~3): 243~266.

HINLOOPEN, J. (2003), "*Innovation Performance across Europe*," *Economics of Innovation and New Technology* 12(2): 145~161.

HIRSCH-KREINSEN, H., JACOBSEN, D., LAESTADIUS, S., and SMITH, K. (2003), "Low Tech Industries and the Knowledge Economy: State of the Art and Research Challenges," *Working Paper* 2003: 10, Dept of Industrial Economics and Management, Royal Institute of Technology (KTH), Stockholm.

HOLBROOK, J. (1991), "The Influence of Scale Effects on International Comparisons of R&D Expenditure," *Science and Public Policy* 18(4): 259~262.

HOWELLS, J. (2000), "Innovation Collaboration and Networking: A European Perspective," in Science Policy Support Group, *European Research, Technology and Development. Issues for a Competitive Future, London.*

HUGHES, K. (1988), "The Interpretation and Measurement of R&D Intensity: A Note," *Research Policy* 17: 301~307.

INZELT, A. (2002), "Attempts to Survey Innovation in the Hungarian Service Sector," *Science and Public Policy* 29(5): 367~383.

IVERSEN, E. (1998), "Patents," in K. Smith (ed.), *Science, Technology and Innovation Indica tors – Guide for Policymakers*, IDEA Report 5, STEP Group Oslo.

JAFFE, A., and Henderson, R., and Trajtenberg, M., 1997, "University Versus Corporate Patents: A Window on the Basicness of Invention," *Economics of Innovation and New Technology*, 19~50.

JANZ, N., et al. (2002), *Innovation Activities in the German Economy. Report on Indicators from the Innovation Survey* 2000, Mannheim: ZEW.

KALOUDIS, A. (1998), "Bibliometrics," in K. Smith (ed.), Science, Technology and Innovation Indicators — a Guide for Policymakers, IDEA Report 5, STEP Group Oslo.

* KLEINKNECHT, A. (ed.) (1996), *Determinants of Innovation: The Message From New Indicators*, London: Macmillan.

——and BAIN, D. (eds.) (1993), *New Concepts in Innovation Output Measurement*, London: Macmillan.

——and MOHNEN, P. (eds.) (2002), *Innovation and Firm Performance. Econometric Explorations of Survey Data*, Hampshire and New York: Palgrave.

——VAN MONTFORT, K., and BROUWER, E. (2002), "The Non - Trivial Choice Between Innovation Indicators," *Economics of Innovation and New Technology* 11(2): 109~121.

KLINE, S., and ROSENBERG, N. (1986), "An Overview of Innovation," in R. Landau (ed.), *The Positive Sum Strategy: Harnessing Technology for Economic Growth*, Washington: National Academy Press, 275~306.

KORTUM, S., and LERNER, J. (1999), "What is Behind the Recent Surge in Patenting?" *Research Policy* 28: 1~22.

LAESTADIUS, S. (2003), "Measuring Innovation in the Knowledge Economy," Paper are sented to Pavitt Conference on Innovation, SPRU, Sussex, 13 Nov 2003.

LööF, H., and HESHMATI, A. (2002), "Knowledge Capital and Performance Heterogeneity: A Firm - Level Innovation Study," *International Journal of Production Economics* 76(1): 61~85.

——(2004), "On the Relationship between Innovation and Performance: A Sensitivit Analysis," *Economics of Innovation and New Technology* 13(1 - 2): forthcoming.

MCLEOD, C. (1988), *Inventing the Industrial Revolution: The English Patent System*, 1660~1800, Cambridge: Cambridge University Press.

MAIRESSE, J., and MOHNEN, P. (2001), "To be or not to be Innovative: An Exercise in Measurement," *STI Review* 27: 103~128.

* ——(2002), "Accounting for Innovation and Measuring Innovativeness: An Illustra tive Framework and an Application," *American Economic Review* 92 (2): 226~230.

* MEYER, M. (2000), "Does Science Push Technology? Patents Citing Scientific Literature," *Research Policy* 29: 409~434.

MOED, H. E, DE BRUIN, R. E., and VAN LEEVWEN, Th. N. (1995), "New Bibliometric Tools for the Assessment of National Research Performance: Database Description, Overview of Indicators and First Application," *Scientometrics* 33: 381~422.

MOHNEN, P., and HOAREAU, C. (2003), "What Types of Enterprise Forge Close Links with Universities and Government Labs? Evidence from CIS - 2," *Managerial and Decision Economics* 24: 133~145.

——MAIRESSE, J., and DAGENAIS, M. (2004), "Innovativeness: A Comparison across Seven European Countries," Economics of Innovation and New Technology 13 (1 - 2): forthcoming. NARIN, F., and NOMA, E. (1985), "is Technology Becoming Science?" *Scientometrics* 3~6: 369~381.

NASCIA, L., and. PERANI, G. (2002), "Diversity of Innovation in Europe," *International Review of Applied Economics* 16(3): 277~294.

OECD (1992, rev. 1997), *Innovation Manual: Proposed Guidelines for Collecting and Interpreting Innovation Data* (*Oslo. Manual*), Paris: OECD, Directorate for Science, Technology and Industry.

——(1996), Technology, Productivity and lab Creation, Paris: OECD.

——(2001), *Innovating Networks: Collaboration in National Innovation Systems*, Paris: OECD.

——(2002), *The Measuerment of Scientific and Technological Activities. Proposed Standard Practice for Surveys on Research and Experimental Development: Frascati Manual*, Paris: OECD.

PATEL, P., and PAVUTT, K. (1997), "The Technological Competencies of the World's Largest Firms, Complex and Path - Dependent, but not Much

Variety," *Research Policy* 26: 141~156.

*——(1999), "The Wide (and Increasing) Spread of Technological Competencies in the World's Largest Firms: a Challenge to Conventional Wisdom," in A. Chandler et al. (eds.), *The Dynamic Firm: The Role of Technology, Strategy, Organization and Regions*, Oxford: Oxford University Press.

PAVITT, K. (1983), "Some Characteristics of Innovation Activities in British Industry," *Omega* 11.

*——(1984), "Sectoral Patterns of Technological Change: Towards a Taxonomy and a Theory," *Research Policy* 13: 343~373.

POL, E., CARROLL, P., and ROBERVSON, P. (2002), "A New Typology for Economic Sectors with a View to Policy Implications," *Economics of Innovation and New Technology* 11(1): 61~76.

QUADROS, R., FURTADO, A., BERNADES, R., and ELIANE, F. (2001), "Technological Innovation in Brazilian Industry: An Assessment Based on the San Paulo Innovation Survey," *Technological Forecasting and Social Change* 67: 203~219.

ROBSON, M., TOWNSEND, J., and PAVITT, K. (1988), "Sectoral Patterns of Production and Use of Innovations in the UK: 1945－1983," *Research Policy* 17(1): 1~15.

ROSENBERG, N. (1976), Perspectives on Technology, Cambridge: Cambridge University Press.

——(1982), *Inside the Black Box: Technology and Economics*, Cambridge: *Cambridge University Press.*

SANDVEN, Z., and SMITH, K. (1997), "Understanding R&D Indicators: Effects of Differences in Industrial Structure and Country Size," IDEA Paper 14,

STEP Group Oslo.

SAVIOTTI, E. E. (1996), Technological Evolution, Variety and the Economy, Cheltenham: Elgar.

——(2001), "Considerations about a Production System with Qualitative Change," in J. Foster and J. Stanley Metcalfe (eds.), *Frontiers of Evolutionary Economics. Competition, Self - Organization and Innovation Policy*, Aldershot: Edward Elgar, 197~227.

SCHERER, F. (1982), "Inter - industry Technology Flows in the United States," *Research Policy* 11(4): 227~245.

SCHMOOKLER, J. (1971), "Economic Sources of Inventive Activity;" in N. Rosenberg (ed.), *The Economics of Technological Change*, London: Pelican, 117~136.

SELLETTHIN, M., and HOMMEN, L. (2002), "How Innovative is Swedish Industry? A Factor and Cluster Analysis of CIS II," *International Review of Applied Economics* 16(3): 319~332.

SMITH K. (1992), "Technological Innovation Indicators: Experience and Prospects," *Science and Public Policy* 19(6): 24~34.

——(2001), "Innovation Indicators and the Knowledge Economy: Concepts, Results and Challenges," in Thurieaux, Arnold, and Couchot (eds), Luxembourg: European Commission, 14~25.

SPRU (1996), *Innovation Outputs in European Industry (CIS)*, Report to the European Innovation Monitoring System.

STEP GROUP (1997), *Innovation Expenditures in European Industry: Analysis from CIS*, Report to the European Innovation Monitoring System.

SULLIVAN, R. (1990), "The Revolution of Ideas: Widespread Patenting and Invention During the Industrial Revolution", *Journal of Economic History* 50

(2): 340~362.

TETHER, B. (2002), "Who Cooperates for Innovation and Why: An Empirical Analysis," *Research Policy* 31(6): 947~967.

——and MILES, I. (2001), "Surveying Innovation in Services Measurement and Policy Interpretation Issues," in Thurieaux, Arnold, and Couchot (2001).

——and SWANN, G. M. P. (2003), "Services, Innovation and the Science Base: An Investigation Into the UK's "System, of Innovation" Using Evidence from the Third Community Innovation Survey," paper to CNR/Univerity of Urbino Workshop on Innovation In Europe.

* THURIEAUX, B., ARNOLD, E., and COUCHOT, C. (eds.) (2001), *Innovation and Enterprise Creation: Statistics and Indicators*, Luxembourg: European Commission (EUR 17038).

VAN LEEUWEN, G., and KLOMP, L. (2004), "On the Contribution of Innovation to Multifactor Productivity," *Economics of Innovation and New Technology* 13(1~2): *forthcoming.*

VERSPAGEN, B. (1992), "Endogenous Innovation in Neo - classical Growth Models: A Survey," Journal of Macroeconomics 631~662.

WORLD ECONOMIC FORUM (2003), *Global Competitiveness Report 2002~2003*, ed. P. Cornelius, K, Schwab, and M. E, Porter, New York: Oxford University Press.

* 星号表示建议延伸阅读的条目。

第二部分

CHAPTER TWO 创新的系统属性

导　言

创新研究中的一个重要发现是：企业很少孤立地进行创新。在创新过程中，与顾客、供应商、竞争者以及各种各样的私营或公共组织合作是非常重要的。系统观(system perspective)对于理解和分析这种互动很有帮助。在第7章，埃德奎斯特对这种"创新系统"的观点进行了追溯，特别强调了国家层面[所谓的"国家创新系统"(NSI)]，并对这种方法的进展与成果、不足以及潜力进行了分析讨论。他也考虑到了这种系统中的关键活动，例如研发、教育等。在此基础上，莫利和山姆帕特(第8章)对国家创新系统中的一种重要组织——大学进行了探讨。奥沙利文在第9章中聚焦于创新系统中的另一方面——财务，探讨了处理财务与创新关系时采用的各种不同方法。创新系统的一个基本特征就是创新的经济回报的划拨条件(conditions of appropriation)。格兰斯坦德(第10章)提出了一种知识产权的历史观，并查阅了大量相关文献。接下来的两章探讨了创新系统的边界。正如埃德奎斯特在第7章中所提到的，这些系统的边界并非一定是以国家为界，而可能是区域的、全球的或产业部门的(sectoral，"部门系统"在本书的第三部分有更详细的讨论)。阿歇姆(Asheim)和哥特勒(Gertler，本书第11章)分析了区域创新系统，纳如拉和赞菲(Zanfei)则在第12章中研究了创新的全球化以及跨国公司在其中的作用。

第 7 章　创新系统：观点与挑战

查尔斯·埃德奎斯特(Charles Edquist)

7.1　引　　言*

本章对创新系统的方法进行了概述和评价。我主要聚焦于国家创新系统，但也在一定程度上强调了部门和区域创新系统①。本章介绍了创新系统方法的产生与发展，及其优缺点，同时也介绍了对创新系统“欠理论化”的批评、创新系统的构成要素、创新系统的主要功能和活动、创新系统的边界，以及对今后进一步研究的建议②。我也讨论了如何增强创新系统方法的严谨性和针对性。本章中用到的最关键术语见表 7.1。

---

* 我要感谢本手册的主编们。在里斯本研讨会上讨论时，约翰·坎特威尔(John Cantwell)，在 ROERMOND 研讨会上讨论时，简·法格博格、比尔·拉佐尼克和理查德·斯坦基维茨等对于本章初稿提出了意见和建议。我也从其他研讨会的参加者以及皮埃尔·贝塔德(Pierre Bitard)、苏珊娜·博拉斯(Susana Borrás)、戴维·多勒鲁克斯(David Doloreux)、列夫·赫蒙(Leif Hommen)、比约恩·约翰逊(Bjorn Johnson)、里切尔·帕克(Rachel Parker)、拉尔斯·约塞特(Lars Mjoset)、安妮卡·里科尼(Annika Richne)的评论中受益良多。我也想感谢瑞士创新系统局(VINNOVA)对本章工作的支持。然而，我还是要对本章的内容负责。

① 区域和部门的有关内容在阿歇姆和哥特勒的第 11 章以及马勒巴(Malerba)的第 14 章中将会有更详细的分析。

② 从这个意义上讲，本章是过去研究轨迹的延续，例如：Edquist 1997b，Edquist and Johnson 1997；Edquist 2001。

表 7.1　创新系统：主要术语
创新 =产品创新和工艺(流程)创新。产品创新是新的(或更好的)物品(material goods)或者新的无形服务。工艺(流程)创新是产生产品与服务的新方式,可以是技术方面的或者组织方面的。
SI =创新系统 =创新过程的决定因素=所有重要的经济、社会、政治、组织、制度以及其他影响创新的开发、扩散和使用的因素。
创新系统的构成要素 =**各组成部分**+各组成部分间的**关系**
创新系统的主要组成部分 =组织与制度
组织 =有意识地创造的、有明确目标的正式结构。它们是参与者(player or actor)。
制度 =用于控制调节个体、团组和组织之间关系与互动的一系列共同的习惯、规范、常规、经验、规则或法律。这些是游戏规则。
创新系统具有一种*功能*,即它正在实践或实现某种事情。创新系统的主要*功能*是追寻创新过程,即开发、扩散和使用创新。
创新系统中的*活动*是指那些影响创新的开发、扩散和使用的因素。这些活动与创新系统中的主要功能的决定因素是一样的。

7.2　创新系统方法的产生与发展

本书法格博格撰写的那一章强调了创新过程的系统特性,指出企业的创新并非是孤立的,而是与其他组织合作并相互依赖。这些组织可能是其他企业(供应商、客户、竞争者等),也可能是非企业组织,例如大学、科研院所和政府部门。组织的创新行为也受制度——例如法律、法规、规范和常规等的影响,这些组织和制度是知识的创造和商业化系统的构成部分。创新就是从这种“创新系统”中涌现的。

本章中所提到的创新的概念是比较广义的,包括产品创新和工艺(流程)创新。产品创新是新的或更好的物品,或是一种新的无形的服务。而工艺(流程)创新则是生产这种物品或服务的新方式,可能是技术方面的,也可能是组织方面的(Edquist, Hommen and Mckelvey 2001)。

弗里曼(1987)首先提出了“国家创新系统”的概念。他将之定义为“公共和私营部门中的机构网络，其活动和互动激发、引进和扩散新技术”（Freeman 1987：1）。伦德瓦尔（1992）和纳尔逊（1993）所著的两本书是有关国家创新系统的两部最主要著作，书中对国家创新系统所运用的研究方法是不同的。纳尔逊更强调了实证案例研究而非理论建构①，并且其中一些研究仅仅聚焦于国家R&D系统。相比较而言，伦德瓦尔（1992）的研究更为理论导向，他通过将互动学习、用户-生产商互动和创新置于分析的中心，力求发展一种不同于新古典经济学传统的新研究范式（Lundvall 1992：1）。

伦德瓦尔认为，“生产的结构”和“建立制度”是用于“共同界定创新系统”的两个最重要的维度（Lundvall 1992：10）。纳尔逊和罗森博格以类似的方式区分出了支持R&D的组织，例如他们都把那些促进知识的创造与扩散的组织视为创新的主要来源（Nelson and Rosenberg 1993：5，9~13）②。伦德瓦尔以更宽广的视角认识到：这些“狭小的”组织“体现于一种更广阔的社会经济系统中，在其中政治、文化以及经济政策的影响有助于确定所有创新活动的规模、方向和成功的可能性”（Freeman 2002：195）。

纳尔逊和伦德瓦尔以影响创新过程的决定因素来定义“创新系统”③。然而，他们在概念的实际定义中挑选出了他们认为是创新最重要的不同决定因素。由此，他们提出了创新系统的不同定义，但采用了同一术语。这表明目前还缺乏公认的国家创新系统的定义。

更普遍意义上的（国家）创新系统的定义包括：所有能够影响创新的开发、扩散和使用的重要的经济、社会、政治、组织、制度因素及其他因素（Edquist 1997b：14）。假如某一定义中并没有包括影响创新过程的所有因素，那么人们会讨论，

① “这一项目的定位需要进行仔细的描述和比较、理解，而不是首先理论化然后再试图证明或调整理论。”（Nelson and Rosenberg 1993：4）

② 他们提到像企业、工业研究实验室、研究型大学、政府实验室等。

③ 他们对国家创新系统的定义并不包括创新的结果——当然不排除这样一个事实：创新系统中产生的创新，对社会经济变量具有巨大的影响，例如生产率增长和就业。为了区别决定因素和结果当然并不排除反馈机制。

应该排除哪些因素？为什么要排除？这非常困难，因为在目前情况下，我们对创新决定因素的认识还并不系统和深入。把某些因素排除在外似乎是很危险的，因为随着认识的深入，我们可能会发现其中有些因素会很重要。例如，25年前，人们很自然地会把组织间的互动排除在创新的决定因素之外。而在目前的定义中就包括了所列因素间的关系和企业与政府的行为。

除了国家创新系统之外，还有其他的创新系统的论述。卡尔森(Carlsson)和同事关注于“技术系统”(technological systems)的研究，认为这些对于技术领域来说是独特的(Carlsson 1995)。类似地，布莱斯奇(Breschi)和马勒巴(1997)的部门方法聚焦于开发与制造某一特定部门的产品并产生和利用该部门技术的一组企业。“区域创新系统”的概念是由库克(Cooke 1997)等和布兰科兹克(1998)等、库克(2001)以及阿歇姆和依萨克森(Isaksen 2002)提出并倡导的。

这三种观点——国家、区域和部门——或许可以归纳为单一的一般性“创新系统”方法的不同表现形式(Variants, Edquist 1997b: 3,11～12)。本章中的许多讨论与这种一般性方法相关，并且基于创新系统不同表现形式共存并且互补的前提假设。从某种程度上说，是否有关创新系统的最恰当概念应该是国家的、部门的或者区域的，很大程度上取决于我们想要问的问题①。

7.3　创新系统方法的优缺点

7.3.1　创新系统方法的扩散

创新系统方法的扩散速度十分迅速，目前在学术界应用得十分普遍。这

① 也要提到的是，7.2 节提到的论著无法穷尽有关创新系统方法的文献存量。埃德奎斯特和麦克凯尔文(2000)的文章是参考文献的集合，包括了 42 篇有关创新系统的文献，其中有些本章也提到了。本章的后面部分将会提到其他的著述。

种方法在政策领域同样有着广阔的应用——例如各级地方政府、中央政府以及一些国际组织，如OECD、欧盟、联合国贸易与发展会议（UNCTAD）和联合国工业发展组织（UNIDO）等。在瑞典，有家公共机构就是以这种方法来命名的，例如瑞典创新系统局。创新系统方法对瑞典创新系统局的实践影响很大。这种方法对于那些政策制定者来说尤其具有吸引力，他们寻求了解不同经济体间的创新绩效的差异，并采取措施支持技术及其他类型的创新。下一部分主要论述了一般性创新系统方法的优点。

7.3.2 创新系统方法的优点

创新系统方法把创新和学习过程放在核心位置。之所以强调学习是因为认识到：创新是产生新知识或把现有的（有时是新的）知识要素以新的方式组合在一起的过程。这种对创新和知识的关注是区分创新系统方法和其他那些把技术变革与创新视为外生的方法的重要依据。

创新系统方法采用的是整体（holistic）和跨学科的观点。它的“整体性”体现在试图包含广泛的——或所有的——与创新有关的重要的决定因素，甚至包括组织、社会和政治因素，以及经济因素等。其“跨学科性”体现在它吸收了不同的（社会科学）学科的观点，包括经济史、经济学、社会学、区域研究和其他领域。

创新系统方法运用了历史和演化的观点，这使得最优化的概念不适合这一方法。创新过程随着时间的演进而发展，其中涉及多种因素和反馈过程的影响，这可视为演进过程。因此，根本无法找到一种最优化或者理想的创新系统。不同的现实创新系统（随着时间和空间的变化）之间以及现实系统与目标系统之间可以进行比较，但无法在现实和最优化创新系统之间进行比较。尽管这种对创新过程的认识比较复杂，但比其他观点更为丰富、更具现实性。

创新系统方法强调跨学科性和非线性。这是基于这样的理解：企业的创

新通常不是孤立进行的，而是通过复杂的关系与其他组织互动，这些复杂的关系常被形容为双向反馈机制。创新过程不仅仅受系统构成要素的影响，而且受这些要素之间关系的影响。这反映了创新过程的非线性特征，这是创新系统方法的最重要特征之一。

创新系统方法包括产品和流程（工艺）创新，以及这些创新类型的细分类型。 传统的创新研究很大程度上关注于技术工艺（流程）创新，某种程度上也关注产品创新，但很少关注非技术和无形的创新，如服务产品创新和组织流程创新（见7.2节）。正如本书所持的观点，有充分的理由采用综合性的创新概念①，创新系统方法很适用于这种综合性观点，因为本章中所界定的创新分类都可以在其框架下进行分析。OECD也认为，创新的非技术形式应该受到更多的关注（2002a：24.d）。

创新系统方法强调了制度的作用。 尤其是，创新系统概念的所有界定都强调了制度的重要性，而不是把它们排除在创新的决定因素之外。这一点很重要，因为制度对创新过程有重要的影响。然而，对于“制度”一词的含义，尚没有一致的观点（见7.3.3）。

上述这六个特征常被学者、政策制定者和越来越多的企业战略专家认为是创新系统方法的优点，这也部分解释了为什么创新系统方法会得以迅速扩散。然而，创新系统方法也有一些缺点，这对未来创新系统的研究提出了挑战。

7.3.3 创新系统方法的缺点

创新系统方法仍然与概念的传播相关联。例如“制度”这个词，不同人有不同的定义：有时指组织（organizational actors）以及制度性规则，有时指不同类型

---

① 本书中有几章是关于服务产品创新（如第16章）和组织流程创新的（第5章）。

的组织或“参与者”（player，根据本书7.4.2的定义），还有一些时候，这个词意味着法律、规则、常规及其他“游戏规则”。根据纳尔逊和罗森伯格（1993）的观点，制度从根本上说是不同类型的组织，而伦德瓦尔（1992）则认为“制度”主要指游戏规则。因此，文献中所用的“制度”有不同的含义（Lundvall 1992：10；Nelson and Rosenberg 1993：5，9～13；Edquist，1997b：26～28）。

概念传播的另外一个例子是，创新系统方法的提出者们并没有指出，（国家）创新系统中究竟应该包括哪些内容；他们并没有界定系统的边界（Edquist 1997b：13～15）。纳尔逊和罗森伯格对“创新系统内究竟该包括哪些东西，哪些该被排除在外没有提供明确的指导”（Nelson and Rosenberg 1993：5～6）。伦德瓦尔坚持认为：“创新系统的定义必须是开放的、灵活的。”（Lundvall 1992：13）

对于创新系统方法的现状，从是否能够提供各种变量间因果关系的明确命题来看，它还不是一个正式的理论。它可被用来形成用于实证检验的推测，但这只能局限于一定程度上（见7.5节）。由于相对缺少已有的实证规则，“创新系统”应该被视为一种方法或概念框架，而不是一个理论（Edquist 1997b：28～29）。

许多学者并不认为创新系统方法的这些缺点有多么严重。其中一些学者认为，创新系统方法不应太严格（rigorous）；创新系统的概念不应该被“过分理论化”（overtheorized），而应该是具有归纳性的①。另 些学者认为，创新系统方法目前“欠理论化”（undertheorized），概念应该定义得更明确，使得该方法更“像理论”（theory-like）②。

因此，创新研究领域的国际同行们目前在这个问题上仍存在分歧。下面的研究中将试图增强创新系统方法的严谨性和针对性，这样做是为了把该方法推向深入。如果指出了创新系统方法的缺点，这反而是个好事情。承认这

① 见：Lundvall et al. 2002：221，Lundvall 2003：9；这些文献认为这一概念的实际性和灵活性特征可被视为很大的优势。然而，伦德瓦尔等（2002：221）也认为，应该进一步努力，使得这一概念有更强的理论基础。

② OECD已经表达过这种观点：“政策制定部门中仍然有人认为国家创新系统方法几乎没有可操作价值，难以应用。”（OECD 2002a：11）类似看法参见：Fisher 2001：213～214。

些缺点有助于加强研究力量以及对创新系统运作的新的深入认识。

7.4 创新系统的构成要素、功能、活动和边界

7.4.1 什么是系统

为了发展创新系统方法，把它与"一般系统论"（general system theory）联系在一起考虑可能会更有助于理解。一般系统论在自然科学领域比在社会科学领域应用得更普遍。在日常语言中，以及在大部分科学文献中，"系统"这一术语应用得很普遍，对于精确定义的要求也不是很强烈。然而，对于"什么是系统"这一问题，日常语言和科学研究中都有共同的答案（Ingelstam 2002：19）：

- 系统包含两种组成部分：首先，是一些要素，第二，是要素间的关系。要素和要素间的关系形成一致的整体（整体具有各成分单独所不具备的特征）。
- 系统具有一定功能，例如，它从事或完成某种事情。
- 把系统与其他部分区别开来是可能的。例如，可以清楚识别系统的边界。假如我们想要对特定的系统做实证研究，我们当然需要了解其范围①。

要想使得创新系统方法更像理论，并不需要精确确定所有的要素和要素间的关系，这显然是不切实际的。目前，把创新系统方法转变为一种"一般创新理论"不是问题，但我们更需要使其更明确、更具一致性，以便我们可以更好地在其基础上产生关于创新系统内部特定变量间关系的假设（通过实证研究可以拒绝或者支持假设）。即使是更一般的目标，如明确创新系统的主要功能、系统中的活动和要素以及它们间的一些重要关系，也将会成为创新研究领域的一个

---

① 只有在例外情况下，系统才会是封闭的，即与世界的其他部分没有任何关系（或由于它包含整个世界）。像创新系统方法一样，"一般系统论"更多的是一种方法而非理论。

相当大的进步。从这方面来说，创新系统方法对于提出关于特定变量间关系的理论来说是很有用的。

7.4.2 创新系统的主要要素

组织和制度常被视为创新系统的主要要素，尽管这些术语本身的含义并不总是很明确（正如 7.3.3 所提到的）。这里我想来明确一下，组织和制度是什么含义。

> 组织是有意识建立的具有明确的目的的正式结构（Edquist and Johnson 1997：46~47）。它们是行为参与者或主体①。创新系统中有一些重要组织，例如企业、大学、风险投资机构以及对于创新政策、竞争政策或药物管制负有责任的公共机构。

制度是用以调节个体、团组和组织之间的关系和互动的一整套共同的习惯、规范、常规、习惯做法、规章或法律（Edquist and Johnson 1997：46）。它们是游戏的规则。创新系统中重要制度的例子包括专利法，以及影响高校和企业间关系的规则、规范。显然，与"游戏规则"和游戏的"行为者"有所区别的是，这些定义具有某种"诺斯"（North 1990：5）特征。

不同的创新系统在许多方面是各不相同的。例如，组织和制度的建立、确定现有的创新系统的要素等。研究机构和企业研究部门可能会是一个国家的 R&D 活动的重要承担者（例如日本），而在另外一些国家，则可能是由研究型大学（如美国）来承担。在某些国家，例如瑞典，大多数科研是大学承担的，而独立的公共研究机构则很弱。在德国却相反，独立的公共研究机构反而是最重要的。

---

① 尽管除了组织之外也有其他的主体（actor），例如个人，在本章中"组织"和"主体"这两个术语可以互替。

不同国家的创新系统在组织建构方面的差异很大,这反映在 OECD 有关奥地利、比利时、芬兰、德国、西班牙、瑞典、瑞士以及英国的国家创新系统的比较中(1999a:附件 3)。

法律法规和规范等制度在不同的国家创新系统中也存在相当大的差异。例如,不同国家的专利法就不同。在美国,一位发明家可以在专利授权前公开其专利,而根据欧洲各国的法律,这是不可能的。至于大学教师的专利权,在瑞典,根据所谓的"大学教师优先权",个人可以拥有完全的专利权。然而,这在美国则行不通。在丹麦和德国,最近新的法律把专利的所有权从教师个人转移到大学,而在意大利则相反,把专利的所有权从大学转移到教师个人。许多 OECD 国家目前正在经历大学所创造的知识的所有权的变革,它们相信(几乎没有什么依据,见莫利和山姆帕特那章)这样的变革将会影响对专利的倾向,并加速经济上有价值的知识的商业化。

总之,似乎可以形成共识的是:创新系统的主要构成要素是组织和制度。其中企业常被视为最重要的组织。然而,不同系统间对组织和制度的精确界定是不同的。

7.4.3 创新系统中的功能和活动

尽管通常认为,系统具有一定功能,但在早期的创新系统研究中并没有对这一点进行系统地探讨。后来,加利和图巴尔(Galli and Teubal 1997:346~347)的研究对此提供了一些线索。但直到最近的一些研究才真正开始论述这一问题。

7.4.3.1 创新系统中的功能和活动以及创新过程的决定因素

柳卸林和斯蒂文·怀特(Steven White 2001)强调了他们称之为国家创新系统研究的一个根本性弱点,即"缺少系统层面的解释性因素"(explanatory factor, Liu and White 2001:1092)。为了解决这一问题,他们关注于系统中的"活动","活动"与"系统中技术创新的创造、扩散和开发"相联系(Liu and White 2001:1093)。在此基础上，他们总结了创新系统中的五种基本活动①。

约翰逊和雅克布森（Johnson and Jacobsson 2003）强调指出，一个系统“如果要支持一个产业的增长，就必须能承担一些功能，例如提供资源”（Johnson and Jacobsson 2003：2）。他们建议，“描述和分析一个技术或产品创新系统，应该以其‘功能方式’来看，例如，这些功能是如何承担的”（Johnson and Jacobsson 2003：3）。这些学者提出了五种功能清单。② 里科尼（2000：175）提出了对基于新的技术型企业来说很重要的七种功能［例如，不是马上就为了创新（not for innovation in an immediate sense）］③。显然，对于创新系统中究竟应该包括哪些功能或活动还没有完全一致的意见。这也为今后的研究提供了广阔空间。

下面的这种方法，可用于描述创新系统中所发生的事情。在一般水平上，创新系统的主要功能（或“总的功能”）是促进创新过程，例如促进创新的研发、扩散、应用。从现在开始，我所说的创新系统中的活动，是那些影响创新的开发、扩散和应用的因素。④ 这种活动的一个例子是 R&D 活动，它作为开发具有商业化价值的知识的一种方式，可以成为创新的基础，或资助这类知识的商业化，例如，把研发转化为创新。

对创新过程的满意解释几乎都是多因素的，因此应该明确不同决定因素的相对重要性。这些决定因素不可能都是完全独立的，相反，是相互支持和加

---

① 五种活动指研发、应用、最终用途（End-use）、教育和连接（linkage）。

② 包括：为了创造新知识，为了指导研究的方向，为了提供资源，为了创造正向的外部经济性，以及为了便于市场的形成（Johnson and Jacobsson 2003：3~4）。安娜·约翰逊（Anna Johnson）——现在是安娜·博盖特（Anna Bergek）——先前（1998）讨论过这些问题。在之前有关创新系统方法的发展的文献中她识别并含蓄地强调了所提到的功能。她也列出并强调了在创新系统研究中使用“功能”的概念的好处。

③ 这些功能是创造人力资本、创造与扩散技术机会、创造与扩散产品、孵化（提供设施、设备和行政支持）、便于制定可能扩大市场的规则和便于接近市场、使技术和企业合法化、创造市场和使市场知识扩散、提升网络化程度、指导技术与市场和寻找伙伴、便于融资、便于建立可供技术型企业利用的劳动力市场。

④ 创新系统中的活动与主要功能的决定因素是同样的。“活动”的另外一个说法是“亚功能”（subfunction）。我选择“活动”这个词是为了避免与社会学实践中的“功能主义”或“功能分析”等术语相混淆。这些术语关注于一种现象的结果而非其原因，而后者正是我们要关注的。

强,或相互抵消的。因此,研究创新过程中这些决定因素的相互关系是很重要的。其中一种办法就是建立一个历史学家卡尔(Carr)所说的因果"分层结构"(a hierarchy)。

卡尔认为,对历史的研究是一种因果研究,历史学家们一直在问:"为什么?"此外,历史学家通常把同一事件的发生赋予几种原因(Carr 1986: 81,83)。他继续指出,"真正的历史学家,面对自己列出的原因清单,会出自专业性的冲动去把这些原因减少到合理的程度,以建立原因的某种分层结构,这种结构会确定各原因间的关系,或确定哪种原因或哪种原因范畴将会是'最后的原因'(the last resort),或被视为最终的原因,原因中的原因……"(Carr 1986: 84)我不相信我们能够以一种细致和系统的方式达到这样一个目标,也不认为我们能够识别所有的创新决定因素——因为这是非常复杂的。然而,朝这个方向努力也是有理由的,例如可以通过一种注重实效的方式来发展有关特定变量间关系的理论(见 7.4.1)。

我相信,以一种系统的方式来研究创新系统中的活动(原因、决定因素)是很重要的。下面列出的活动清单是根据有关文献以及我个人对创新过程和决定因素的理解。这里列出的清单不是以重要性来排序的,而是从创新过程的知识输入开始,继而是需求方因素,创新系统的要素的提供,最后以向创新型企业提供支持服务结束。

下面的活动在大多数创新系统中被认为是很重要的:

(1) 提供研究与开发,创造新知识,主要在工程、医药和自然科学领域。

(2) 劳动力的能力培养(提供教育和培训、人力资本的创造、技能的生产和再生、个体学习),以便在创新和 R&D 活动中应用。

(3) 形成新产品市场。

(4) 弄清来自需求方的对新产品的质量要求。

(5) 创造并改变组织,使之符合创新的新领域发展的需要,例如增强企业家精神以创建新企业,以及提高内企业家精神(intrapreneurship)以使现有企业多元化发展，创建新的研究组织、政策机构等。

(6) 通过市场和其他机制建立网络，包括创新过程中不同组织间的互动学习(潜在的)。这意味着把来自外部和创新系统内部不同部分的新的知识要素和创新型企业已有的要素整合在一起。

(7) 创造与变革制度——例如知识产权法、税法、环境与安全规则、R&D投资惯例等——这些会通过激励或阻碍创新而影响创新型组织和创新过程。

(8) 孵化活动，例如为新的创新活动提供基础设施设备、管理支持等。

(9) 资助有利于知识的商业化及应用的创新过程和其他活动。

(10) 提供与创新过程相关的咨询服务，如技术转移、商业信息、法律服务等。

上述列出的活动清单只是临时性的，随着我们对创新过程决定因素的认识的不断深入，还会进行调整。除了对大多数创新系统而言可能很重要的一系列活动，还有一些活动在某些创新系统中非常重要，然而在另外一些系统中并不重要。例如，在某些(部门)系统中，技术标准的制定至关重要，如移动通信行业。①

这里建议的创新系统研究的系统方法并不意味着它们可以进行有意识的设计或规划。相反，正如创新过程是演进性的那样，创新系统也以一种很大程度上没有加以规划的方式随着时间而演进。即使我们过去已经详细了解了创新过程所有的决定因素(现在当然不知道，或许将来也不会知道)，我们也将无法控制它们，也无法在此基础上设计或"建立"创新系统。对创新系统的集中化控制是不可能的，创新政策只能在有限程度上影响创新系统的自身发展。

7.4.3.2 创新系统方法中的三种学习

考虑到能力建构是创新系统中的一个重要活动——并且R&D很早就被视为创新系统研究的中心活动——这意味着创新系统方法专注于三种学习：

---

① 参见：Edquist 2003：11；讨论了这一部门系统的活动。

- 创新(新产品和流程)主要发生于企业,并导致“结构资本”(structural capital)的产生,结构资本是一种企业所控制的与知识相关的资产(与“人力资本”相对),这是一种组织学习。
- 研究与开发(R&D)发生于大学、公共研究机构以及企业,导致公共知识及企业、其他机构乃至个人所拥有的知识的产生。
- 能力建构(例如培训和教育)发生于各种学校、大学(学校教育)以及企业,并导致“人力资本”的产生。由于人力资本由个人所控制,因此这是一种个人学习。

创新系统研究未来的一个重要方面是要研究这三种学习间的关系,它们之间看起来是紧密相关的。研究的一个目标是,揭示哪种类型和层次的教育与培训对于特定类型的创新是最重要的——例如流程创新和产品创新,或渐进性与突破性创新。

作为检验,现在我将更详细地讨论两种主要的学习活动——R&D 和能力建构。这个讨论将作为检验创新系统中活动和要素间关系的开始,在 7.4.4 部分也将一直持续。这也作为一个最近创新系统研究文献的指南和综述。

A. 研究与开发。 有相当一部分关于国家创新系统的研究是由 OECD 进行的。然而,尽管这里提到的大多数 OECD 的研究在标题里有“创新系统”字样,但实际上其中很多研究与其说把创新系统方法作为一种分析工具,不如说是将其作为一种标签(label)。国家创新系统研究的第一阶段包括定量指标的开发、国家案例研究,以及围绕六个焦点组织的创新型企业研究、创新型企业网络研究、集群、人力资源的流动性、组织绘图(mapping)以及追赶(catch-up)经济等。其中有实证研究的结果(OECD 1998a),也有综合性研究(OECD 1999a)。

第二阶段对国家创新系统中三个领域进行了深入分析:创新集群(OECD 2001a and 1999b),国家创新系统中的合作(OECD 2001b),以及熟练人才的流动性(OECD 2001c)。另外的研究(OECD 2002a)总结了第二阶段的研究发现,并分析了政策影响。上述研究都在某种程度上强调了 R&D 和能力建构。

在大多数国家，大学是进行R&D活动的最重要的公共机构(OECD 1998a：第3章)。政府通过一些方式资助大学的R&D活动。传统做法是，政府通过教育部的固定拨款对大学提供财政支持，其中部分被大学用于R&D活动。这样的资助方式在一些高研发密集度的小国家如荷兰、瑞典、瑞士等仍然是最重要的。政府也提供专用拨款鼓励“知识进步”的研究或获得政府所需要的知识的研究，例如国防、卫生保健。在大多数国家，近年来政府固定拨款呈下降趋势，直接支持日益重要(OECD 1998a：第3章)。

在某些国家，大学受中央政府的管辖。而在另外一些国家，例如德国，则受地方政府管辖。无论哪种组织形式，在大多数国家都可以发现，地方对大学的影响越来越大。在德国，大学在财政上是独立自主的。而在英国，则是由研究委员会对通过竞争所筛选出的项目提供财政支持。

在许多国家，科学系统也包括公共研究机构(或“国家实验室”)，这些公共研究机构也在进行与大学一样的R&D活动，以及一些应用性更强的研究和技术开发工作。尽管在大多数国家，从参与R&D活动的角度看，大学的相对重要性日益提高(见本书：Mowery，Sampat)，但公共研究机构仍然是很重要的。这些研究机构可能会与大学联系起来，被包括在高等教育部门内，也可能保持独立。OECD国家最大的一个案例是法国的国家研究中心(CNRS)。CNRS就获得了高等教育部门数额最大的一份直接R&D资助。CNRS对于和大学研究者开展的合作研究项目提供资助。从这点看，CNRS与相对应的德国(Max Planck Gesellschaft)、意大利(CNR)、西班牙(CSIC)等国的其他公共研究机构有明显区别(Laredo and Mustar 2001c：502)。在美国，高等教育部门拥有大量的公共研究实验室(OECD 1998a：83~84)。其他国家或地区则是拥有一个庞大的研究机构，如挪威、中国台湾地区、德国(例如：Max PlanckGesellshafg and Fraunhofer)。许多国家的政府一直在尝试改革这些组织，促进它们与其他部门和社会的联系。不过在这方面法国和英国的做法就大不相同(Laredo and Mustar 2001c. 503)。

如上所述，不同的公共组织(如大学和公共研究机构)可以在国家创新系统中从事相同的活动(R&D)。而不同的国家创新系统间可能会有很大的区别,这取决于哪种组织来从事公共 R&D,以及管理或影响这些组织的制度规则(Laredo and Mustar 2001b：6~7)。

大多数国家创新系统中,尤其是在中低收入国家,R&D 投入有限,并且大部分 R&D 活动是由公共组织来承担的。对 R&D 投入巨资的是极少数富裕国家,它们的大多数 R&D 活动是由私人组织承担的,这其中包括一些大国,例如美国、日本,但也有一些中小规模的国家,如瑞典、瑞士、韩国。也有一些富裕国家对 R&D 投入很少,例如丹麦、挪威。正如我提到的,许多富裕国家的相当一部分 R&D 是由私人部门承担和资助的,主要是企业(尽管也有公共财政支持,鼓励企业从事 R&D 活动)。1999 年,OECD 高收入成员国家中由企业资助的 R&D 活动的比例从 21%(葡萄牙)~72%(日本)不等。认识到这些差异对于区分不同类型的国家创新系统是有帮助的。

大多数由私人组织进行的 R&D 活动可以被归结为开发工作,而不是研究。创新当然不仅仅依赖于 R&D 活动的结果,而是还需要其他活动,例如技术试验、技术采用、市场调查、创业动机等。R&D 和创新活动是由不同的理念和动机所驱动的——例如分别是对知识进步和利润的追求。

“研究”和“创新”之间复杂的关系的一个启示是：大学/公共研究组织和创新型企业间的联系对于国家创新系统的绩效尤其重要①。创新型企业常需要与公共研究组织合作。这其中,公共制度是很重要的。政府可以支持合作研究中心和各种计划,并清除合作的障碍,促进熟练人员在不同组织间的流动。这可能涉及制度规则的设立,例如瑞典的有关制度规定,大学教授除了教学和科研外,还得承担“第三种工作”——例如与大学周围的社会互动,包括企业。然而,在不同的国家创新系统中,这种“联系活动”的表现形式和程度各不相同。

---

① 参见：Schibany and Schartinger 2001;在奥地利的案例中详细分析了发生于大学和企业间的知识转移的各种方式。

B. 能力建构。创新系统方法早期的研究很大程度上忽视了教育和培训等学习的作用①。然而，能力建构正日益被视为创新系统中的一个非常重要的活动，这反映了熟练人员对于大多数创新性活动的重要性（Smith 2001：8）②。但据我所知，作为创新系统分析的一部分，对于能力建构还没有严谨的分析。

不过，在创新系统的框架范围之外，实际上已经有大量关于能力建构的不同方面的文献。能力建构（例如培训和教育）与提高人力资本一样，尽管不是绝对的，但大部分是在大中专学校进行的。能力建构也发生在企业内（例如企业组织的培训、干中学、用中学以及个体学习），甚至往往贯穿整个职业生涯。

最近OECD的一项研究详细分析了澳大利亚、奥地利、丹麦、英格兰（包括威尔士、北爱尔兰）、法国、意大利、荷兰、加拿大魁北克省、瑞士等国家和地区的职业技术教育与培训（OECD 1998b）。这项研究指出了不同国家间在职业技术培训方面的许多区别。一个区别是关于职业教育培训前的阶段，例如中低年级的中学教育的结构。该结构在大多数国家是一致的，但在德国、奥地利、荷兰和瑞士被分成截然不同的计划（program）。其中之一是学术路径（pathway）的开始，而其他的最终都成为职业技术培训。另外一个不同之处是在中学教育的高年级，关于职业技术培训和学术路径哪个更为重要的看法。在英联邦国家，如澳大利亚、加拿大、英国，学术路径占绝对主导；而在欧洲大陆国家，职业技术培训则占主导（OECD 1998b）。

在不同的国家创新系统中，人们获取需要技能的工作（然后爬企业的职业"阶梯"）的方式有极大的不同：

---

① 在设计由伦德瓦尔（1992）主编的文集时，Aalborg大学研究团队计划有一章是关于教育系统的。然而最后没有包括在内（Lundvall and Christensen 1999：3）。

② OECD也在一些出版物中强调了能力建构，包括由教育研究与创新中心（CERI）所开展的一项对学习型社会中知识管理的研究（OECD 2000）。另一项CERI研究包括一个试图把"个体学习"（例如教育）和"组织学习"（例如创新）整合成统一的"学习"的概念框架。该研究也包括教育和创新在区域层面上对经济增长的重要作用的实证研究（OECD 2001d）。另外一项研究是伦德瓦尔主持的丹麦的DISKO项目（2002）。

> 这可能出现在招聘后的某一时间,年轻人证明了自己的实力;或者经过了固定和系统化的服务期,根据特定劳动合同;或者在招聘时依据之前获得的资质。对于职业培训,这三种形式带来了三种传统:在职培训、正式学徒关系和学校培训(OECD 1998b: 12)。

在不同国家,这些做法都是共存的,但其相对的重要性变化相当大。一般来说,其中之一占主导,并决定培训政策。

从教育向就业转型的模型在不同国家间的差异也很大。在某些国家,学徒关系是很重要的,例如在德国,经历学徒期的人约占相关年龄组的2/3(OECD 1996: 48)。在其他国家,学校学习和生产工作以另外的方式整合到一起——例如在瑞典、澳大利亚、法国、英国和韩国(OECD 1996: 146)。

可见,能力建构的组织和制度环境在不同的国家创新系统中有很大差异。尤其是在英语国家和欧洲大陆国家的创新系统间有显著区别。然而,学者和政策制定者们对这些差异的范围和结构尚缺少好的可比较的测度方法。教育和培训组织对创新的开发、扩散和使用的影响方式,几乎没有什么系统的研究。既然劳动力,包括熟练劳动力,是最不具流动性的生产因素,能力建构的国内系统(domestic system)仍然是国家创新系统中最持久的"国家性"因素。

7.4.4 活动、要素及要素间的关系

本章比以往的创新系统研究更多地强调了"活动"的重要性。不过,这并不意味着要忽略创新系统的"要素"和要素间的关系。组织或个体在创新系统内活动,而制度则通过激励或障碍来影响这些活动。为了理解和解释创新过程,我们需要强调活动和要素间的关系,以及不同要素间的关系。

那么创新系统中要素和活动间的关系是怎样的呢?正如我们在7.4.3.2A中所看到的,研究活动(新知识的创造)可以由研究机构、大学或研究导向的企业

来完成。以前提到的大多数其他活动也可以由不同的组织来进行。此外，许多不同类型的组织可以进行不止一项活动。例如，大学提供新知识并培养人才(人力资本)。因此，活动和组织间并没有一一对应的关系。① 尽管如此，这种灵活性也是有限制的——例如，小学无法进行基础研究。活动和制度间的关系并非是直接的，因为制度可以对某一组织是否以及如何进行某一行为产生影响。看起来，与国家创新系统中的组织以及影响这些组织的制度相比，不同国家创新系统间活动的差异要相对小些。然而，不同国家创新系统间各个活动的"数量"以及各个活动的效率可能有相当大的不同②。

正如 7.3.2 所述，创新系统方法强调了要素间的关系或互动。不同组织间的互动可能是市场型或非市场型互动。最近 OECD 的一份报告强调，创新系统研究应该要关注市场和非市场型互动的关系。这里，互动的概念有如下含义：

- 竞争，这是个互动过程，其中的主体是竞争者，这将产生或影响对创新的激励。
- 交易，这是一个互动过程，是指物品和服务，包括技术知识和隐性知识在经济主体间进行交易。
- 网络化，这是一个知识通过协作、合作和长期网络安排而转移的过程(OECD 2002a：15)。

对于组织间为了创新而进行的互动，许多国家已经基于创新系统方法开展了一些实证研究。其中一个例子是，由欧盟统计署(Eurostat)负责的共同体创新调查(CIS，Community Innovation Surveys)，该项调查涉及所有欧盟国家，以及另外选择的几个国家(本书：Smith 第 6 章)。共同体创新调查的调查结果包括创新组织间的合作的数据，结果显示，这样的合作非常普遍，也很重要。另外的一些调查结果也支持、印证了这一结论。例如有调查显示，在奥地利、挪威、西班

---

① 本书：Rickne 2000 第 7 章；对于活动与组织间的关系有更详细的讨论。

② 正如我们在 7.4.3.1 中所提到的，活动之间也有重要的关系，例如创新过程的决定因素间的关系。

牙、丹麦以及瑞典的东哥地亚区域,62%~97%的产品创新是由创新企业和其他一些组织合作完成的(Christensen et al. 1999;Orstavik and Nas 1998;Edquist, Ericsson and Sjogren 2000:47)。

这些发现都从实证角度支持了创新系统方法的一个主要原则,例如,组织间的互动学习对于创新过程是至关重要的。这也证明了研究领域随着时间的演变。丹麦版的创新系统方法的出现(Lundvall 1992)从案例研究中得到启发,发现用户-生产商的互动对创新非常重要,例如丹麦的奶制品产业;创新系统方法一定程度上是在此基础上形成的。其中的一个关键因素——组织间的互动性学习关系的重要性就是丹麦和其他地方通过系统、实证的研究而得到检验的。这是一个理论与实践有效互动的很好例子。

另外一个基于创新系统方法的实证研究的例子是弗尔曼(Funnan)、波特和斯特恩(Stern 2002)的研究,他们引入了国家创新能力(national innovative capacity)的概念。国家创新能力是指一个国家长期发展新技术并使之商业化的能力。这一概念基于罗默(Romer)提出的创意驱动(ideas driven)的内生增长理论(Verspagen 第18章),波特(1990)的集群方法,以及国家创新系统方法。在此基础上,他们分析了国际专利授权(外国在美国申请的专利)和衡量国家创新能力的可观测指标间的关系。他们的结果建议,少部分可观测指标描述了一个国家的国家创新能力——例如他们识别出了新技术发展的决定因素。他们发现,不同国家间在专利授权方面的显著差异是由于对创新的投入水平(R&D人力和经费投入)的不同。他们也发现,与R&D生产率的差异相关的因素起到了至关重要的作用,例如政策选择。这主要包括知识产权保护力度、国际贸易开放度、学术界和私人部门进行R&D活动的比例、技术专业化程度以及每个国家的知识"存量"等。

组织与制度间的关系对于创新和创新系统的运作是很重要的。组织受制度的强烈影响和制约,因此可以说组织是处于制度环境或一整套规则之中,这包括法律系统、规范、惯例、标准等。但制度也体现在组织内,例如企业特定的规章制度,如簿记(bookkeeping),或体现经营者和员工间关系的规范。因此,制度和组织间是一种相互体现的复杂关系（Edquist and Johnson 1997：59~60）。

有些组织也通过建立制度来影响其他组织。例如，有些组织设定标准，有些公共组织想应用一些我们称之为创新政策的制度。例如NMT450和GSM移动通信标准。NMT450是北欧国家公共电话运营商提出的一个标准，它们在当时是处于垄断地位的国有企业。NMT450标准的开发和应用正是创新过程中用户-生产商关系重要性的一个例证，创新系统方法中十分强调这一点。公共组织对私有的设备生产商提供了技术框架，从而降低不确定性。爱立信和诺基亚等北欧的设备生产商从中获利不菲，这对确立他们在移动通信设备生产领域的领先地位起到重要作用。从本质上说，NMT450是欧洲移动通信发展的摇篮（Edquist 2003：21~23）。

制度也可能会是组织建立的基础，例如政府推出一项法律法规，导致相应组织的建立。例如专利局或公共创新政策机构等。

不同制度间也可能会有重要的关系。例如，专利法规和有关企业间信息交换的非正式规则间的关系。不同类型的制度可能会相互支持或强化，但也可能相互冲突（Edquist and Johnson 1997）。科瑞特和维因斯滕（Coriat and Weinstein 2002）进一步研究了不同层次的制度并关注于规则本身的层级原则（Coriat and Weinstein 2002：280）。①

我们对于以相互作用（reciprocity）和反馈为特征的组织和制度间复杂的关系的认识还是很有限的。由于这两种现象间的关系如果概念没有界定清楚的话，无法进行深入分析，因此对组织和制度进行概念上的明确界定和区分是很重要的。②

---

① 科瑞特和维因斯滕也强调了组织与制度间的关系，尽管他们认为企业既是制度又是组织（Coriat and Weinstein 2002：279）。

② 所谓的"资本主义的多样性"（varieties of capitalism）文献，视野更为广阔，并关注于更广泛意义上的制度和组织；类似的例子参见：Hollingsworth and Byer 1997；Whitley 1999；Hall and Soskice 2001。由于空间的限制，我无法深入研究这些文献。这同样适用于"创新的社会系统"观（例如：Amable 2000）和三螺旋观（例如：Etzkowitz and Leydesdorff 2000）。

7.4.5 创新系统的边界：从空间、行业(部门)和活动的角度

搞清楚哪些属于系统内，哪些属于系统外是很关键的——例如，创新系统的边界问题不能被忽视(见7.4.1)。因此假如要进行国家、区域或行业(部门)创新系统的实证研究，很有必要界定好系统的边界。以后我们将提到，界定创新系统边界的一个办法就是识别创新的决定因素。

"国家创新系统"仅仅是一般创新系统概念的几种可能的分类之一，当然它也是最相关的之一。其中一个原因是，纳尔逊(1993)的多个案例研究表明：不同的国家创新系统间存在显著的差异，表现在制度建立、组织建立、R&D投资以及绩效。例如，丹麦和瑞典在这些方面的差异就很显著——尽管这两个北欧国家在许多其他方面都很相似(Edquist and Lundvall 1993：5~6)。

关注于国家创新系统的另一个原因是，大多数影响创新过程或整个经济的公共政策都是在国家层面设计和实施的。比起一些大国，国家创新系统方法对较小的国家更为适用。但一些制度，例如法律和政策，主要仍是国家层面的，即使是在美国这样的大国。换句话说，国家创新系统之所以重要，部分是由于它把握住了创新的政策方面的重要性。这不仅是地理边界的问题，如美国的各州，附着在其上的力量也很重要。

创新系统也可以是跨国家的、国家的或亚国家的(地区性的)——同时它们也可以是在此范围内的部门层面的①。所有这些方法都是很有成效的，它们都是基于不同目的或目标的研究而言。一般来说，创新系统方法的各种变型是互补性的，而不是相互排斥的，并且把产业或区域创新系统视为国家创新系统的一部分对于研究也是有帮助的。

有三种方法可以用来识别创新系统的边界：

---

① 波特(1990/1998)所用的"产业复杂性"或"集群"概念可以被视为行业(部门)和区域创新系统的混合物。

（1）根据空间(spatially)/地理；

（2）根据行业(部门)；

（3）根据活动。

1. 界定空间边界最为容易，尽管也存在些问题。这些空间的边界包括国家、区域创新系统的，有时也包括产业（部门）创新系统的。从地理边界方面看，区域创新系统的边界比国家创新系统的更为复杂。一个问题是：应该用哪种标准来识别“区域”。

对于一个区域创新系统来说，边界的界定不仅仅是简单机械地选择或使用区域间的行政管理边界作为创新系统的边界的问题(尽管从数据可获得性来看可能是有帮助的)。它还应该是从创新过程看，选择“一致性”（coherence）或“内部导向”（inward orientation）程度比较高的地理区域的问题。这一标准的一个可能的可操作化判断准则是，具有足够多的本土化学习外溢(组织间)，它往往同隐性知识(个体和组织间)转移的重要性相关联。第二个准则是，本土化的熟练工人具有可流动性，这些熟练工人是知识携带者。例如，可操作化表明了当地劳动力市场是很重要的。第三个可能的判断准则是，占创新相关的组织间合作的最小一部分比例应该是与区域内同伴的合作。这是个本地化网络的问题，例如，组织间学习过程的程度被限制在区域范围内。

对于一个国家创新系统，国家的边界通常就是系统的边界。然而，区域创新系统的标准与国家创新系统的是否同样有效，这一问题是有争议的。换句话说，假如内在一致性和内部导向程度非常低的话，这个国家可能没有理由被视为具备国家创新系统。上面也提到，国家创新系统方法更适用于较小的国家而非大的国家。例如，在德国，恰当的分析单位也许应该是“州”（Lander）。选择哪种方法不仅考虑国家大小的问题，而且也要考虑是否是联邦制。

2. 除了地理维度，我们也可以从“部门”（产业）角度来划分创新系统，例如，那些只包括区域、国家或跨国创新系统的一部分的系统。它们被划分为特定的技术领域(一般技术)或产品领域。“技术系统”方法属于这种分类，尽管最初并没有用创新系统相关的术语(Carlsson and Stankiewicz 1995: 49)。

根据布莱斯奇和马勒巴(1997)的观点,“部门(产业)创新系统(Sectoral Innovation System,SIS)可被定义为:系统内的一群企业积极开发、制造本部门的产品,并创造和利用本部门的技术”(Breschi and Malerba 1997: 131;也见本书第14章)。一般用特定的技术或产品领域来界定部门创新系统的边界,但通常也需要从地理方面加以限定(假如不是全球范围的话)。然而,有时部门本身的界定也不是非常清楚的,例如部门的边界在部分程度上是理论上(或社会上)的划分,这可能反映了研究的特定目的。这里应该注意的是,对于新部门或正在经历突破性技术变革的部门,部门边界的界定尤其困难。

3. 在某个地理区域内(或许也限制在某一技术或产品领域),整个社会经济系统当然无法都被视为包括在创新系统内。那么,问题是,应该包括哪些部分?这就涉及根据活动来界定系统边界的问题。各种创新系统中,包括国家、区域和部门创新系统,都需要界定这些活动。这比空间和部门的边界的界定更为复杂。

创新系统方法的早期研究并没有以一种系统的方式来强调创新系统中的活动,因此无法对于创新系统中应该包括什么提供明确的指导,也一直无法从活动的角度对创新系统边界进行可操作性的界定。

在7.2节中,创新系统被定义为:包括“所有影响创新的开发、扩散和使用的重要的经济、社会、政治、组织、制度和其他因素”。假定创新的概念已经明确的话(例如7.2的开始部分已经提到),并且假定我们已经知道影响创新的开发、扩散、使用的决定因素,我们将能够根据活动来界定创新系统的边界。这就是为什么识别创新系统中的活动是如此重要的一个原因。诚然,实践中并不像理论上那么容易,因为我们并不很深入了解创新系统中的所有活动,或创新过程的决定因素。正如7.4.3.1所指出的,有关创新系统的任何一个活动清单只能被视为是暂时性的,它将随着我们知识的增加而变化。

7.5 研究的差距和机会

在创新系统研究中，传统上一直更多地关注于技术创新和产品创新，而对组织创新和服务产品创新关注不够。事实上现在有充足的理由来采用综合性的创新概念，更多地关注非技术的和无形的创新（见7.3.2）。这种导向意味着，我们要讨论的是创新系统，而不仅仅是变革系统。

应该更多地研究创新系统中的活动，例如，创新的开发、扩散、使用的决定因素。7.4.3.1中提到的创新系统中重要活动的初步清单可能需要进行修订和重新组织。这样一个清单可以为实证研究提供重要的切入点。

对创新系统中活动的更多关注将会增加我们解释创新过程的知识和能力。由于我们对创新决定因素的系统化知识了解得比较有限，因此对于特定的创新或者该创新的特定分类（子类型）的决定因素的案例研究将会很有帮助。尤其是，我相信跨案例的比较研究有很大潜力可挖，例如比较不同的创新系统以及各自创新过程中的决定因素。相关的问题将包括：哪些组织的哪些活动对于特定创新的开发、扩散和使用很重要？是否可能区分重要的和不重要的活动？哪些制度规则会影响进行这些活动的组织？这些工作会进一步推动创新系统方法的发展，并有助于有关创新系统内变量间关系的理论的提出。这些理论也将会提高我们界定创新系统边界的能力。

本章中我提到了现有的一些声称在创新系统框架下已经进行的实证研究。总体上看，结果是相当令人失望的，因为这里提到的许多研究并没有同创新系统方法深入联系在一起，尽管偶尔也有例外。创新系统方法更多地是被当做是一个标签，而不是一个分析工具。它并没有深入影响这些实证研究；例如，还没有被用来形成实证研究中的假设。这样就在概念性研究和实证研究间形成了一个很有发展空间的领域，这对于这一领域及其他领域的学术研究很重要,但也很难实现。当前的创新系统方法往往表达得过于含糊、不明确,创新系统方法的学术研究对此是有部分责任的。

为了识别实证研究和理论概念的对应物,以及明确应该搜集的数据,对于概念进行清晰的界定是很有必要的。概念界定对于实证研究至关重要,对创新系统方法强调严谨性和针对性也很重要。这可以通过对几个关键概念的含义加以澄清来实现,例如创新、功能、活动、要素、组织、制度,以及它们之间的关系。朝这方面发展并不意味着把社会科学转变成某种类似自然科学的东西。例如,人们无法从时间和空间抽象出什么东西,因为社会科学没有普遍的规律。继续界定各种不同的创新系统的边界也很重要。

为了识别创新的开发、扩散和使用的决定因素,有十分充分的理由把概念性、理论性研究成果与实证研究整合在一起。这样的整合可以带来"交叉互补效应"——正如在 7.4.4 中提到的互动学习一样。在特定的具体情况下的实证分析中,创新系统方法应该被用作一种概念性框架。在创新系统方法基础上可以形成可检验的观点或假设,并通过定性与定量的方法进行实证研究。基于理论的实证研究是从概念和理论方面强化创新系统方法的最佳方式。通过这种方式,实证研究将作为一种"训练(disciplining)"工具,以开发概念性和理论性框架。这样的研究将有助于增加我们关于创新系统中主要功能、活动、组织和制度间关系的知识。而这些知识将会成为进一步实证研究普遍化以发展理论框架的基础——包括理论要素。换句话说,基于实证的理论研究也是非常富有成效的。不管怎样,重要的是,理论和实证研究间应该有着紧密的联系。

创新的决定因素和它们之间的关系是随着时空而演变的,如创新系统间,以及不同类型的创新间。例如,工艺(流程)创新和产品创新间以及渐进性创新和突破性创新间(以及这些类型的再细分类型),决定因素可能有很大不同。因此,从中观(meso-)或微观层面进行解释是很重要的。不同创新类型的分类学被认为是这项工作的一个重要基础。

传统的创新研究包括 R&D 及其对创新过程的重要性的研究。一个受过良好教育的劳动力对于R&D和创新是必要的，因而在创新研究和创新系统方法中，能力建构应该得到更多的强调。我们不仅仅要强调那些直接导致工艺(流程)创新和产品创新的学习过程，而且应该以一种更一般的方式来强调知识基础设施和学习。

这一扩展可能最终将超越创新系统方法，进入对"学习系统"(Systems of Learning)而不是创新系统的思考。学习系统将包括个体学习(导致人力资本的形成)，以及组织学习(导致结构资本的形成，例如创新)。这将包括三种学习：R&D、创新和能力建构，并且，首先是它们之间的关系。这也指出了创新系统方法目前正在发展的一个方向。

参考文献

AMABLE, B. (2000), "Institutional Complemeniarity and Diversity of Social Systems of Innovation and Production," *Review of International Political Economy* 7(4): 645~687.

ASHEIM, B., and ISACKSEN, A. (2002), "Regional Innovation Systems: The Integration of Local 'Sticky' and Global 'Ubiquitous' Knowledge," *Journal of Technology Transfer* 27: 77~86.

* BRACZYK, H. J., COOKE, P., and HEIDENREICH, M. (eds.) (1998), *Regional Innovation Systems: The Role of Governance in a Globalised World*, London and Pennsylvania: UCL.

* BRESCHI, S., and MALERBA, F. (1997), "Sectoral Innovation Systems: Technological Regimes, Schumpeterian Dynamics, and Spatial Boundaries," in Edquist, 1997a: 130~156.

* CARLSSON, B. (ed.) (1995), *Technological Systems and Economic*

Performance: The Case of Factory Automation, Dordrecht: Kluwer.

——and STANKIEWICZ, R. (1995), "On the Nature, Function and Composition of Technological Systems," in Corlson 1995: 21~56.

CARR, E. H. (1986), *What is History?* Harmondsworth: Penguin.

CHRISTENSEN, J. L., ROGACZEWSKA, A. L., and VINDING, A. L., (1999) Summary Report of the Focus Group on Innovative Firm Networks, OECD home page.

COOKE, P. (2001), "Regional Innovation Systems, Clusters, and the Knowledge Economy," *Industrial and Corporate Change* 10(4): 945~974.

* ——GOMEZ UgANGA, M., and ETXEBARRIA, G. (1997). "Regional Systems of Innovation: Institutional and Organisational Dimensions," *Research Policy* 26: 475~491.

CORIAT, B., and WEINSTEIN, O. (2002), "Organisations, Firms and Institutions in the Generation of Innovation," *Research Policy* 31(2): 273~290.

* EDQUIST, C. (ed.) (1997a), *Systems of Innovation: Technologies, Institutions and Organizations*, London: Pinter.

——(1997b), "Systems of Innovation Approaches—their Emergence and Characteristics," in Edquist 1997a: 1~35. (The book is out of print, but this chapter has been republished in Edquist and McKelvey 2000.)

——(2001), "The Systems of Innovation Approach and Innovation Policy: An Account of the State of the Art," Lead paper presented at the DRUID Conference, Aalborg, June 12~15. 2001. Unpublished.

(2003), "The Fixed Internet and Mobile Telecommunications Sectoral System of Innovation: Equipment, Access and Content," in C. Edquist (ed.), *The Internet and Mobile Telecommunications System of Innovation: Developments in Equipment, Access and Content*, Cheltenham: Edward Elgar, 1~39.

——ERICSSON, M.-L., and SJÖGREN, H. (2000), "Collaboration in Product Innovation in the East Gothia Regional System of Innovation," *Enterprise & Innovation Management Studies*, 1.

——HOMMEN, L., and MCKELVEY, M. (2001), *Innovation and Employment: Process versus Product Innovation*, Cheltenham: Edward Elgar.

——and JOHNSON, B. (1997), "Institutions and Organisations in Systems of Innovation," in Edquist 1997a: 41~63. (The book is out of print, but this chapter has been republished in Edquist and McKelvey 2000.)

——and LUNDVALL, B.-Å. (1993), "Comparing the Danish and Swedish systems of innovation," in Nelson 1993: 265~298.

——and MCKELVEY, M. (eds.) (2000), *Systems of Innovation: Growth Competitiveness and Employment*, Cheltenham: Edward Elgar.

ETZKOWITZ, H., and LEYDESDORFF, L. (2000), "The Dynamics of Innovation: From National Systems and 'Mode 2' to Triple Helix of University-Industry-Government Relations," *Research Policy* 29: 109~123.

FISCHER, M. F. (2001), "Innovation, Knowledge Creation and Systems of Innovation," *Regional Science* 35: 199~216.

FREEMAN, C. (1987), *Technology Policy and Economic Performance. Lessons from Japan*, London: Pinter.

*——(2002), "Continental, National and Sub-national Innovation Systems — Complementarity and Economic Growth," *Research Policy* 31(2): 191~211.

FURMAN, J. L., PORTER, M. E., and STERN, S. (2002), "The Determinants of National Innovative Capacity," *Research Policy* 31: 899~933.

GALLI, R., and TEUBAL, M. (1997), "Paradigmatic Shifts in National Innovation Systems," in Edquist 1997a: 342~370.

HALL, P. A., and SOSKICE, D. (eds.) (2001), *Varieties of Capitalism. The Institutional Foundations of Comparative Advantage*, Oxford: Oxford University Press.

HOLLINGSWORTH, J. R., and BOYER, R., (eds.) (1997), *Contemporary Capitalism: The Embeddedness of Institutions*, Cambridge: Cambridge University Press.

INGELSTAM, L. (2002), *System—art tänka övet samhälle och teknik* (Systems: To Reflect over Society and Technology — in Swedish), Energimyndighetens förlag.

JONHSON, A. (1998), "Functions in Innovation System Approaches," Mimeo, Department of Industrial Dynamics, Chalmers University of Technology.

* ——and JACOBSSON, S. (2003), "The Emergence of a Growth Industry: A Comparative Analysis of the German, Dutch and Swedish Wind Turbine Industries," in S. Metcalfe and U. Cantner (eds.), *Transformation and Development: Schumpeterian Perspectives*, Heidelberg: Physica/Springer.

LAREDO, P., and MUSTAR, P. (eds.) (2001a), *Research and Innovation Policies in the New Global Economy: an International Comparative Analysis*, Cheltenham: Edward Elgar.

——(2001b), "General Introduction: A Focus on Research and Innovation Policies," in Laredo and Mustar 2001a: 1~13.

——(2001c), "General Conclusion: Three major Trends in Research and Innovation Policies," in Laredo and Mustar 2001a: 497~509.

* LIU, X. and WHITE, S. (2001), "Comparing Innovation Systems: A Framework and Application to China's Transitional Context," *Research Policy* 30: 1091~1114.

* LUNDVALL, B.-Å. (ed.) (1992), *National Systems of Innovation:*

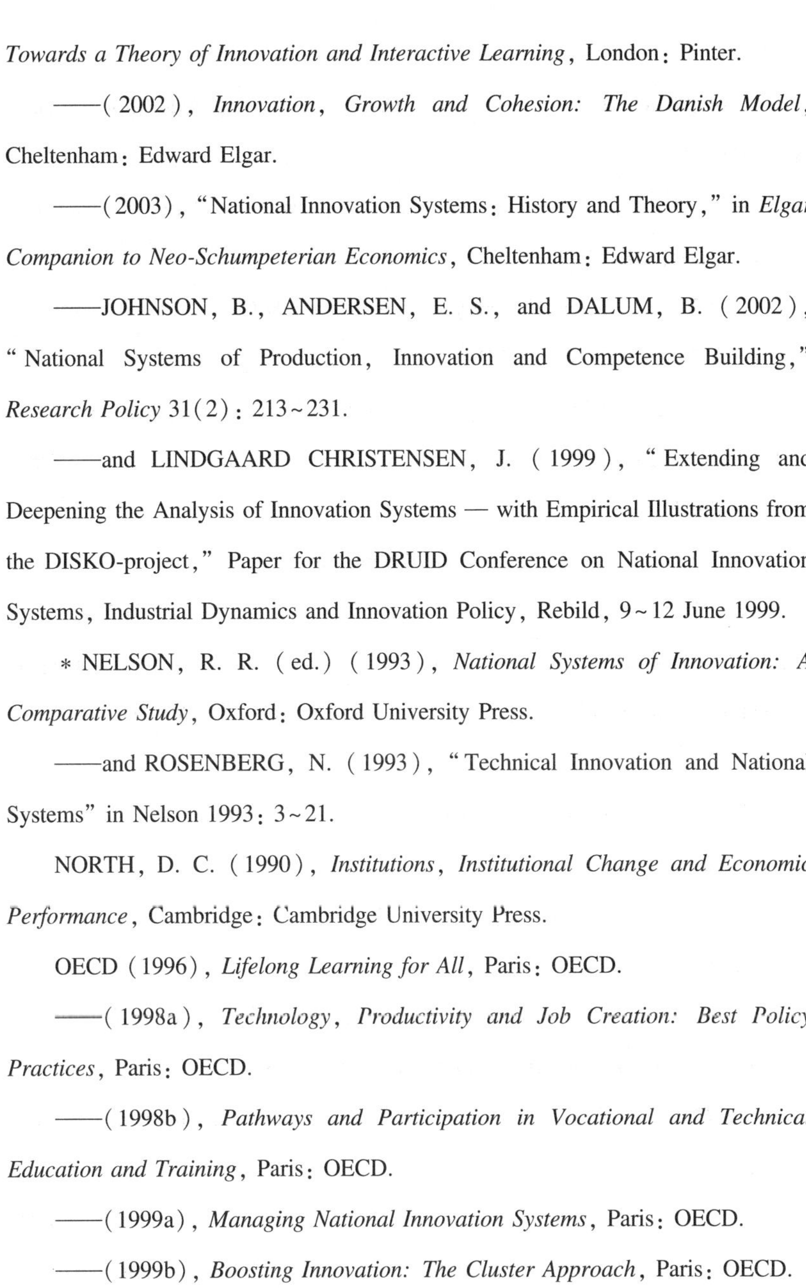

Towards a Theory of Innovation and Interactive Learning, London: Pinter.

——(2002), *Innovation, Growth and Cohesion: The Danish Model*, Cheltenham: Edward Elgar.

——(2003), "National Innovation Systems: History and Theory," in *Elgar Companion to Neo-Schumpeterian Economics*, Cheltenham: Edward Elgar.

——JOHNSON, B., ANDERSEN, E. S., and DALUM, B. (2002), "National Systems of Production, Innovation and Competence Building," *Research Policy* 31(2): 213~231.

——and LINDGAARD CHRISTENSEN, J. (1999), "Extending and Deepening the Analysis of Innovation Systems — with Empirical Illustrations from the DISKO-project," Paper for the DRUID Conference on National Innovation Systems, Industrial Dynamics and Innovation Policy, Rebild, 9~12 June 1999.

* NELSON, R. R. (ed.) (1993), *National Systems of Innovation: A Comparative Study*, Oxford: Oxford University Press.

——and ROSENBERG, N. (1993), "Technical Innovation and National Systems" in Nelson 1993: 3~21.

NORTH, D. C. (1990), *Institutions, Institutional Change and Economic Performance*, Cambridge: Cambridge University Press.

OECD (1996), *Lifelong Learning for All*, Paris: OECD.

——(1998a), *Technology, Productivity and Job Creation: Best Policy Practices*, Paris: OECD.

——(1998b), *Pathways and Participation in Vocational and Technical Education and Training*, Paris: OECD.

——(1999a), *Managing National Innovation Systems*, Paris: OECD.

——(1999b), *Boosting Innovation: The Cluster Approach*, Paris: OECD.

——(2000), *Knowledge Management in the Learning Society*, Paris: OECD

(CERI).

——(2001a), *Innovative Clusters: Drivers of National Innovation Systems*, Paris: OECD.

——(2001b), *Innovative Networks: Cooperation in National Innovation Systems*, Paris: OECD.

——(2001c), *Innovative People: Mobility of Skilled Personnel in National Innovation Systems*, Paris: OECD.

——(2001d), *Cities and Regions in the New Learning Economy*, written by C. Edquist, G. Rees, K. Larsen, M. Lorenzen, and S. Vincent - Lancrin, Paris: OECD (CERI).

——(2002a), *Dynamising National Innovation Systems*, Paris: OECD.

——(2002b), *Main Science and Technology Indicators*, vol. 2002/2, Paris: OECD. ÖRSTAVIK, F., and NÅs, S. - O. (1998), "The Norwegian Innovation—Collaboration Survey, Oslo, the STEP Group," STEP Working Paper A - 10.

PORTER, M. E. (1990), *The Competitive Advantage of Nations*, New York: Free Press.

——(1998), "Clusters and the New Economics of Competition," *Harvard Business Review* 77~90.

RICKNE, A. (2000), *New Technology - Based Firms and Industrial Dynamics: Evidence from the Technological Systems of Biomaterials in Sweden, Ohio and Massachusetts*, Department of Industrial Dynamics, Chalmers University of Technology.

SCHIBANY, A., and SCHARTINGER, D. (2001), "Interactions between Universities and Enterprises in Australia: An Empirical Analysis at the Micro and Sector Levels," in OECD 2001b: 235~252.

SMITH, K. (2001), "Human Resources, Mobility and the Systems Approach to Innovation," in OECD 2001c: ch. 1.

WHITLEY, R. (1999), *Divergent Capitalisms: The Social Structuring and Change of Business Systems*, Oxford: Oxford University Press.

——(ed.) (2002), *Competing Capitalisms: Institutions and Economics. An Elgar Reference Collection*, 2 vols., Cheltenham: Edward Elgar.

* 星号表示建议延伸阅读的条目。

第8章　国家创新系统中的大学

戴维·莫利(David Mowry)
布汉文·N.山姆帕特(Bhaven N. Sampat)

8.1　引　言

研究型大学在现代知识经济中起着十分重要的作用,它不仅是基础知识的一种源泉,有时也是产业相关技术的源泉。认识到这一点,各个工业化国家政府从20世纪70年代就已经开始着手推出众多的举措,旨在将大学和产业创新更加紧密地联系在一起。许多举措试图基于大学研究来刺激当地经济发展,比如通过在研究型大学校园附近建立"科学园"来支持"产业孵化器"和公共的"种子资本",以及其他形式的"中介机构"组织,所有这些都被认为有助于将大学和产业创新联系起来。其他的做法体现在美国1980年的拜耶-多尔(Bayh-Dole)法案中,它被普遍认为(也可能是不正确的)促进了美国国家创新系统中大学和产业之间的合作及技术转移。

本章研究了工业化国家的国家创新系统中大学的作用,以及影响创新产生、发展和扩散的复杂制度性因素(进一步的讨论见本书第7章)。在有关创新的书中包含大学研究的章节,这本身就是一个创新,假如20年前出版类似的手册可能很少会关注大学在产业创新中的作用①。但从1970年起,相对于其在基础

① 见:Godin and Gingras 2000:273;他们认为:"过去五年,大学都没有被以产业创新为中心的主要政策纳入考虑范围,现在它似乎成了研究知识生产系统的学者的一个新的兴趣点。"

研究中作用的研究，对于大学在创新过程中作用的研究已经快速增长。本研究的一个重要主题就是在国家和区域创新系统中大学作为重要机构主体的重新概念化。与其说“象牙塔”出于自身的使命而专注于知识的追求，不如说是越来越多的工业化国家和发展中国家的政府试图把大学作为一种工具，来促进知识经济的发展和变革。

作为提高国家经济绩效的众多措施之一，自从 20 世纪 70 年代以来，各国政府一直在探索如何增加学术研究成果向产业界的转化率，并促进国内企业对这些研究成果的应用。按照这个观点，在“知识经济”中，如果大学与产业的联系得到加强并且技术转移得到改善和加速，那么国家高等教育系统就可能成为战略性因素。大多数，或者说很多这种“技术转移”的措施关注于对个人发明的知识产权法律制定，而很少涉及产业界与大学之间的关系，而其实这其中会牵涉一系列活动和成果。

自 1970 年以来，OECD 国家中的大学也已经受到公共基金紧缩的影响。在许多 OECD 成员国中，对高等教育的公共基金增长已经减缓。科恩(1998)等人认为美国在 1979~1991 年间，面对物理科学和工程领域开展最新研究所需费用的重大压力，每个全职研究人员的联邦研究基金扣除通货膨胀因素后下降了 9.4%。州政府对美国公立大学运营预算(显然这些预算并不只包括研究方面)的财政支持从 1980 年占总收入的将近 46%下降到 1991 年的 40%多一点(Slaughter and Leslie 1997：表 3.2)，而同期美国公立大学运营预算中联邦基金所占的比例则从 12.8%下降到了 10%(从学费中获得的运营预算比例从 12.9%上升到了 15%)。从 20 世纪 80~90 年代，英国政府减少了对大学的制度性支持(相对于有目标的、竞争性项目的支持)，澳大利亚政府也是如此(Leslie 1997)。

在过去 20 年中，面对整体公共基金的日益缓慢的增长和对研究基金竞争的加剧，以及它们内部持续的运营预算的成本压力，至少有些大学已经在寻找新的基金来源的过程中变得更加积极主动和“企业化”。大学的校长和副校长们一直在促进学术研究对区域和国家经济的贡献，并且寻求和产业更紧密的联系以作为一种扩大研究支持的方式。

因而，内外因素都导致了许多国家的大学去促进与产业界更强的联系，以作为宣传并(或)巩固它们对创新和经济增长贡献的一种方式。在一些案例中，这些举措建立在大学与产业研究者的长期合作基础上，反映了国家大学系统的独特性结构特征和它们的产业环境。但是，在另外的案例中，这些举措是建立在对大学在国家创新系统中的作用，以及促进它们对产业创新贡献的因素的误解之上的。

尽管大学在大多数工业化国家创新系统中体现出基本相似的作用，然而其作用的重要性却大不相同，这取决于国内产业结构、其他公共资助研究机构的规模和结构，以及其他很多因素的影响。在初步讨论了不同国家创新系统内大学在研发绩效和就业方面不同的重要性后，我们研究了其他有关大学对产业界创新贡献的证据。在这些讨论的基础上，我们分析了近期一些 OECD 国家加强大学对创新和经济增长贡献所采取的举措。最后，我们对下一步研究的议程也进行了讨论。

8.2 大学在国家创新系统中发挥了怎样的作用

如今，OECD 国家的大学不同程度地结合了教育与研究的功能。这种人才培养与学术研究的结合可能比专注于其中单独一个行为更加有效①。比如，受过培训的人才向产业界和其他职业的流动对于科学研究的扩散是非常有利的，来自学生的要求和他们的潜在雇主对课程中的“实用性”的要求能加强学

① 莫利和罗森博格(1989：154)提出在许多研究型大学内进行的科学研究和教育“利用了研究和教学之间的巨大互补性。当面临一系列适当的条件时，它们各自单独进行可能会比一起进行要好”。

术研究项目与社会需求之间的联系。

经济学意义上大学研究的重要“产出”由于时间和产业的不同而呈现不同的形式[①]。它们包括：科学和技术信息[②]（它能够通过引导研究向更富有成效的方面发展，增加产业中实用型研究与开发的效率）、设备和实验仪器（由企业在它们的生产或研究过程中使用）[③]、技能或人力资本（体现在学生和教师成员身上）、科学和技术能力网络（有助于促进新知识的扩散）以及新产品和工艺的原型[④]。

普遍认为，大学是国家创新系统中关键的制度性主体之一（见 Nelson，1993；Edquist，本书第 7 章，及大量其他的著作）。正如埃德奎斯特在他的章节中所认为的，“国家创新系统”的精确定义仍然有些模糊，但主要文献大多将它们定义为影响创新的产生、发展和扩散的机构和主体。有关国家创新系统的文献强调了这些不同公共机构在提高国家创新和竞争能力方面密切联系的重要性，这特别适用于国家创新系统中的大学[⑤]。工业化国家的“国家”创新系统呈现出越来越大的相互依赖，这反映在 1945 年二战结束以来资本、商品、人才和知识跨国流动的快速增长。然而这些国家的大学系统保留着明显的“国家”特征，反映了不同国家的大学系统在结构方面的显著差异，以及历史演变对当代结构和政策的影响。

关于学术研究在国家创新系统和经济中作用的一个有影响的概念就是所谓的创新“线性模式”，它与万尼瓦尔·布什及他为美国 1945 年后研究开发系统制定的著名“蓝图”——《科学：无止境的边界》（*Science: The Endless Frontier*）紧

---

① 此目录摘自：Rosenberg 1999，Cohen et al. 1998；及其他来源。

② 戴维、莫利和斯特穆勒（Steinmueller 1992）及纳尔逊（1982）讨论了大学研究“信息性”成果的经济重要性。

③ 关于把大学作为科学仪器创新的一个源泉的讨论见：Rosenberg 1994。

④ 见：Rosenberg 1999。

⑤ 因此，纳尔逊在他 1993 年关于国家创新系统的论文集的结论章中认为，“那些能够维持竞争性和创新性企业的国家的一个显著的重要特征就是：它们能为这些企业提供掌握所需知识和技能的人才的教育和培训系统。对于需要受过大学培训的工程师和科学家的产业，这并不简单地意味着大学在这些领域提供培训，而是它们有意识地训练其学生关注产业的需求”（1993：511）。

密相关。布什倡导对美国大学内的基础研究扩大公共资助,并认为这是促进经济增长的一个关键措施,他同时认为大学是基础研究最合适的机构承担者。这个创新过程的“线性模式”声称对基础研究的公共资助对于推动创新既是必要的也是充分的。布什的论点预测到了后续由纳尔逊(1959)和阿罗(1962)提出的部分理论成果,即为基础学术研究提供公共资助的“市场失灵”原理。这种对创新过程的描述已经遭到了广泛的批评(对这种线性模式的争议讨论见:Kline and Rosenberg 1986)。美国许多政策制定者在 20 世纪 70~80 年代以日本经济为例,认为基础研究对于一个国家提高它的创新绩效可能不是必要的或充分的条件。

然而,对大学研究的作用的另外一个观点聚焦于学术和产业研究“规范”的差异对比。仅仅把“基础性”的学术研究活动和产业界科学家及工程师们的应用性研究进行对比是不够的——毕竟,有足够的例子证明大学研究者对于技术发展作出了重要的贡献,同样也有大量的案例说明在产业实验室产生了重要的基础研究成果。保罗·戴维(Paul David)和同事(Dasgupta and David 1994;David, Foray and Steinmueller 1999)认为学术研究的规范与那些在产业中见到的规范显著不同。对于学术研究者,专业的认识和进步主要依赖于第一个公布或发表他们的成果。因此在大多数情况下,快速公布成果以及相应的方法就成为学术研究的中心议题。与此不同,产业创新更大量地依赖于对研究成果公布的保密和限制。这些对于研究的实施和扩散的“文化差异”的显著性会对大学和产业研究者之间更紧密的联系产生重要的影响(见下文)。

但是,正如戴维等人所承认的,这些差异也可能被高估了。科学的历史充满着研究者团队间激烈的竞争[“发现竞赛”(discovery races)],在特定领域内有意识地试图通过错误信息的公布相互误导。最近由亨德森及其同事(Henderson, Orsenigo and Pisano 1999;Henderson and Cockburn 1998)所做的关于医药产业研究与开发的研究说明,许多大的医药企业日益重视产业研究者的论文发表,以提高它们的基础科学能力。然而,在学术界和产业界公开规范之间的潜在冲突,特别是为了教育目的而要求更加严格的规范公开以及对科学认识步伐的加快可能引起的潜在风险，仍然是很显著的。

另一个最近已经被应用于描述学术研究在"后现代"产业社会中的作用的概念框架是"模式2"，这是迈克尔·吉布斯(Michael Gibbons)和他的同事(Gibbons et al. 1994)提出的研究概念。"模式2"的研究与更加跨学科、多元化、"网络化的"创新系统联系在一起，这和以前的创新系统不同，在之前的创新系统中主要的企业或者学术研究机构很少与其他的机构紧密联系。吉布斯和其他学者认为：对"模式2"研究的加强反映了科学研究所要求的知识的规模和多样性的增加，这一点得到了本书中帕维特所写章节的认同。以这种观点来看，知识多样性的增加是与机构间更密切的合作和跨学科研究相关联的。因为"模式2"包含着在特定研究领域中更多研究者团体和其他主体的交互作用，因此，纯学术研究的规范即使在像生物医学这样的基础研究领域中的影响也是有限的。

"模式2"框架确实与现代创新系统的一些特征是一致的，特别是被许多学者所提及的机构间合作的增加。但是这个框架所声称的在现代创新系统中知识的来源已经变得更多样化，并不一定意味着大学作为基础研究中心的作用的下降。许多研究(Godin and Gingras 2000, Hicks and Hamilton 1999，见后面更进一步的讨论)支持"模式2"有关跨机构间的合作及知识来源多样化在增加的主张，但并没有证据表明大学的作用有下降趋势。

另外一个分析大学在国家创新系统内作用变化的概念框架是由埃茨科维奇和雷特斯多夫(Etzkowitz and Leytesdorff 1997)提出的"三螺旋"(Triple Helix)。像"模式2"框架一样，"三螺旋"强调工业化国家的创新系统内这些机构主体之间交互作用的增加。埃茨科维奇等(1998)进一步指出：

> 除了机构间的联系，每个领域都为另外的领域承担任务。因此，大学承担企业家任务，比如营销知识和创建企业，正如企业开始承担学术的功能，彼此间分享知识并在更高层次的技能水平上进行培训(p.6)。

“三螺旋”理论基本没有论述到产业和政府中应如何实现与大学一样的“转换”。“三螺旋”对于大学更“产业化”作用的强调可能是正确的，尽管它夸大了这些活动在大学里，而不是在少数一些学术研究领域出现的程度。但是，“三螺旋”还没有产生出主要的实证或研究进步，它作为未来实证研究的指导价值还很有限。

为概念化研究型大学在知识经济的创新过程中的作用，“国家系统”“模式2”和“三螺旋”框架都强调在这些经济体中大学和其他机构主体之间紧密联系的重要性。“模式2”和“三螺旋”都认为大学和产业间的交互作用已经增强。按照“三螺旋”框架，交互作用的增加是与大学内部文化和规范的变化联系在一起的(如前所述，这个框架很少论述到产业和政府的研究机构特征的变化)。然而，所有这些框架都缺乏一套清晰的、能够评定这样联结强度的准则以及一套指导数据收集的指标。

8.3 大学在国家创新系统中的作用：跨国数据比较

8.3.1 国家系统结构的比较数据

中世纪在博洛尼亚和巴黎出现的第一所大学是自治的、自我管理的公共机构，它同时得到教会和当地政府部门的认可①。这种情况在18世纪前持续

① 根据戴维(1971：48)的观点：“为在众多争论的学者中建立秩序并规范他们与周围环境的关系，产生了社团。学生和学者们形成的社团得到了教会的授权及世俗统治者的承认。他们的社团与当地居民、当地神职人员及国王的关系都周密地建立起来并得到了宗教条文的保护……这种社团设计的重要结果——该设计并不是欧洲独有的，但在欧洲却比其他任何地方都要重要——就是高级的学习从此不只在孤立的师傅与学生的圈子中进行。师傅与(或)学生形成了一个集合体。在13世纪，欧洲的学生不再向一个特定的师傅学习，而是附于一个特定的大学。”

了很长时期。但是现代国家的兴起与欧洲大陆的大部分国家,尤其是法国和德国,以及日本等国家所认为的政府要对公立大学系统有更大的控制有密切联系①。然而19~20世纪,这样的集中化控制在英国和美国的高等教育系统中是缺失的。整个20世纪,美国的大学在其行政政策中保留了高度的自治性。罗森博格(1999)和本-戴维(Ben-David 1968)认为这种集中化控制的缺失使美国大学与它们的欧洲同行相比,不得不更加"企业化",并且它们的课程更反映了对社会与经济需求变化的响应。然而,可以用来进行主要工业化国家高等教育系统结构变化的对比数据十分缺乏。

本节概括并评估了有关高等教育系统中培训和研究的作用,以及它们与产业的关系的有限可比较数据。招生数据(Geiger 1986, Graham and Diamond 1997)表明从1900~1945年期间,美国高教系统招收的18~22岁的学生比例高于欧洲国家。直到20世纪60年代欧洲相应年龄分组的入学率才超过10%,而那时美国在这组年龄的入学率达到50%(Burn et al. 1971)。这些入学率的比较反映了长期以来美国和欧洲国家拥有大学教育的人口比例的不同。到1999年,美国拥有大学或者"第三级"(tertiary)教育文凭的人口比例超过了其他任何一个OECD国家。

这些数据也显示,紧随美国大学文凭持有者比例之后的是挪威,占25%(OECD教育数据库2001)。令人惊讶的是,奥地利以6%的相应人口持有大学或"第三级"(tertiary)教育文凭,排在了数据库的最后。但是,正如法格博格和戈丁赫在本书第19章所指出的,与英国、新加坡、芬兰、韩国和法国这些国家相比,在美国大量的文凭持有者中,自然科学和工程文凭持有者的比例明显要少。美国24岁左右人口中拥有大学自然科学和工程"第一学位"的比例同样比这些国家要低②。

---

① 日本高等教育系统中有大量的私立大学,这些大学主要面向本科教育。

② 比起法国、中国台湾地区和英国的情况,1999年美国的"工程和科学"学位获得者数量只占所有当年美国颁发的高级学位总量的更小一个比例,虽然美国的这个比例已经超过了芬兰和韩国(美国国家科学基金会2002)。

有关国家高等教育系统作为R&D实施者作用的有限数据突出了其他的跨国比较,包括它们在整体国家R&D体系内的重要性、规模、作为研究者雇主的作用,以及它们与产业的关系等方面的差异。如图8.1所示,意大利、荷兰和加拿大等国大学作为R&D实施者的作用(以高等教育系统内实施的国家R&D比例来衡量)最强,所有这些国家的大学1998~2000年实施的R&D经费超过了国家R&D经费的25%(图8.1)。与此相比,同期美国和日本大学所实施的R&D经费只占国家R&D经费的14%多一点。

跨国数据反映出了基础研究中大学和政府实验室在"人员分布"方面的差

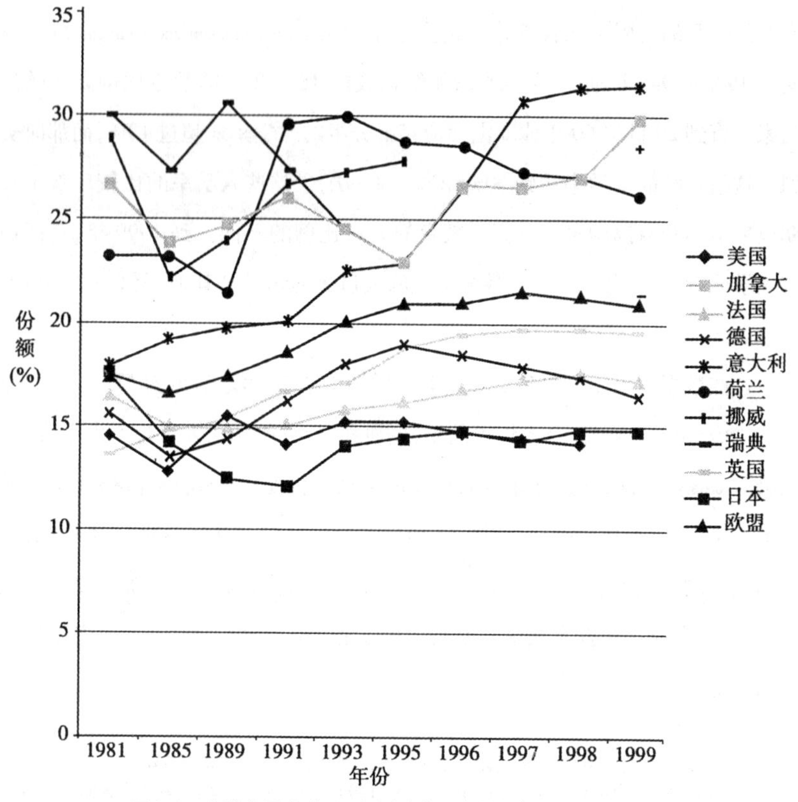

图8.1 大学在国家总R&D活动中所占的份额(1981~1999)

资料来源:OECD, *Main Science and Technology Indicators*, 2001

异。数据表明,在大多数西欧国家和美国,高等教育部门在基础研究中的人员比例是相似的,虽然其比例比大多数可获得数据的东欧国家和亚洲国家要高(OECD 2001b:附录表 A.6.4.1)。但是美国和可获数据的欧洲国家之间的一个重要差别就是,美国学术部门之外由政府实施的基础研究比例相对低,而由产业实施的基础研究比例相对高①。

数据也揭示了 OECD 成员国之间高等教育研究事业的规模存在相当大的不同。虽然美国高等教育系统的绝对量比其他 OECD 成员国大,但实际上美国大学所实施的 R&D 占 GDP 的比例比瑞典、法国、加拿大、荷兰和挪威等国都要小(图 8.2)。当然,图 8.2 显示,美国大学的 R&D 占 GDP 的比例在 1989~1999 年期间实际已经有了轻微的下滑。这种下滑至少部分反映了美国产业中由产业资助的 R&D 的快速增长,尤其在 1995~1999 年期间。

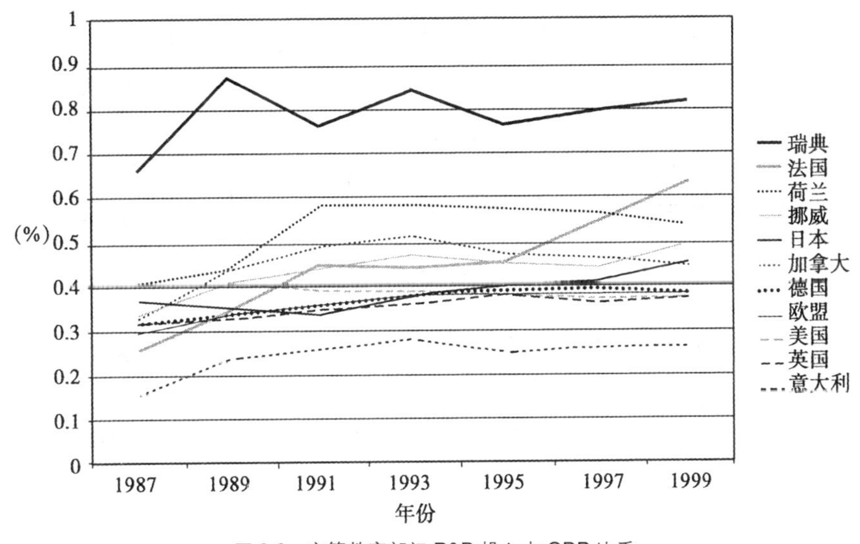

图 8.2 高等教育部门 R&D 投入占 GDP 比重

资料来源:OECD, *Main Science and Technology Indicators*, 2001

① 必须谨慎地解释这些数据,因为各个国家统计局所使用的定义是不同的。比如,在法国,CNRS 被作为高等教育部门的一部分,而在意大利相同的组织却被作为政府部门的一部分,见:OECD 2001b:Annex 2。

对不同国家的 R&D 系统中“雇佣研究者”在大学中工作的比例的比较表明：美国和日本排名很低。反映出这两个国家更高比例的研究者被产业而不是被高等教育系统雇佣。1997 年作为已有完整数据的最后一年，在美国有 82.5%的研究者被产业雇佣(OECD 2001c：表 39)，明显高于其他 OECD 国家。韩国排在第二位(68.1%)，日本第三(64.6%)，而欧洲国家的总平均数则低很多(48.4%)。

图 8.3 说明了在国家高等教育系统中由产业提供的 R&D 资金比例。虽然美国大学与产业之间的研究关系和合作被广泛认为是紧密的(Rosenberg and

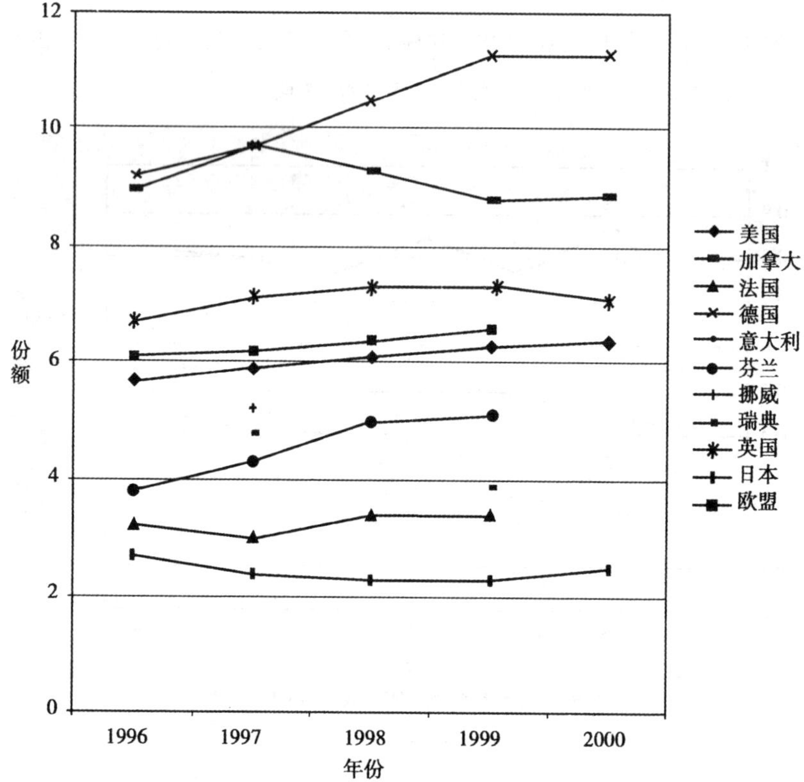

图 8.3　高等教育部门 R&D 经费中受产业资助的比例(1991~2000 年)

资料来源：OECD，*Main Science and Technology Indicatiors*，2001

Nelson 1994,Mowery et al. 2004),但在 20 世纪晚期,加拿大、德国和英国由产业供给高等教育的 R&D 经费比例都高于美国。

其他来源于 2002 年 OECD《科学与产业关系》(*Science-Industry Relationships* 2002:37)研究的定性数据比较了奥地利、比利时、芬兰、德国、爱尔兰、意大利、瑞典、英国、美国和日本这些国家的劳动力流动性和连接大学和产业的其他“网络关系”。在奥地利、德国、英国、美国和日本,“大学研究者向企业提供的 R&D 咨询”比 EU (欧盟)的平均数要大(OECD 的研究没有提供这些特征的基础);而在比利时、芬兰、爱尔兰、意大利,这样的 R&D 咨询程度被评定为“低”。作为另一个知识交换的潜在的重要途径,每年大学研究者流向产业工作的比例,在比利时、芬兰、德国、瑞典、英国和美国都明显地高于 EU 的平均数。最后,对于芬兰、德国、瑞典、英国、美国和日本,连接大学和产业的“网络重要性”被评定为在 EU 的平均数之上。

令人惊讶的是,从美国被作为大学和产业研究者之间的紧密联系正面例子的频率来看,美国大学和产业之间的关系比别处“更强”的证据是不一致的:关于劳动力流动性的定性数据支持这个特征,而关于产业对学术研究支持的数据则没有认同此特征。一个重要的不足同时也是重要的研究机会是:缺乏更好的衡量研究大学在国家创新系统中的作用的定量指标。有观点认为:美国大学与产业研究和创新有更紧密的联系(并且我们相信是这样),但现有的指标很少表征出这些紧密的联系。

尽管在大多数工业化国家中,大学发挥着相似的功能,但这些指标表明它们在培养科学家和工程师以及研究绩效方面的重要性在 OECD 成员国之间是明显不同的。这些差异反映了工业结构方面的跨国差异,尤其是电子或信息技术这样研究密集型的“高科技”产业的重要性,它们强烈依赖于私营部门 R&D 经费的资助(至少从冷战末以来)。另外,非大学公共研究机构的作用在这些工业化国家之间当然也不同,反映在与作为政府资助 R&D 的实施者的大学的对比中。这些结构的对比是长期路径依赖的历史发展过程的一个结果,其中机构的演变与产业的成长和变化是相互作用的。

8.3.2 大学-产业联系的近期趋势

尽管跨行业的比较数据显示 OECD 成员国中国家高教系统的基金来源和其他特征有实质性差异,纵向的数据显示许多国家中大学和产业的研究者之间合著关系在增加。如“模式 2”模型所持论点一样,这种大学-产业合著论文的增加可以表明:大学在国家创新系统中作为知识生产中心的作用是在增强的,而不是下降的。在卡尔沃特和帕特尔(Calvert and Patel 2002)最近的一篇论文中,基于对 22 000 多篇文章的分析显示:1981~2000 年间,英国产业和大学研究者的合著关系增长了 3 倍。1981~2000 年,在英国产业研究者发表的所有科学论文中,由产业和大学研究者合著的文章比例从将近 20%扩大到接近 47%。由产业和大学科学家合著的英国大学作者论文的比例在这期间也增长了,从 20 世纪 80 年代初期的 2.8%增长到 2000 年的 4.5%①。在计算机科学领域中合著的论文增长了 8 倍多,尽管化学、医学和生物领域占合著论文的最大部分(分别是:20%、20%、14%)。

卡尔沃特和帕特尔发现 1981 年、1985~1986 年、1990 年这段时间此类合著关系的增长速度最快。这个发现尤其令人感兴趣,因为自从 20 世纪 80 年代以来英国中央政府缩减了在高等教育上的投资,而 20 世纪 90 年代政府则更加积极主动地推进大学与产业之间的联系及技术转移。也就是说,这些学者评测的合著关系增长似乎与政府的鼓励(或资助缩减)政策没有任何关系。英国占合著论文绝大多数的大学都是本土最著名的研究型大学。

另一个对大学与产业研究者之间合著关系的研究是由希克斯等人(1995)所做的,它比较了 1980~1989 年间合著关系在日本和西欧的趋势。1980 年,西

① 相比较而言,美国大学由产业和大学研究者合著的论文比例由 1989 年的 4.9%增长到 1999 年的 7.3%,而加拿大大学此类论文的比例则由 1980 年的 1.4%增长到 1998 年的 3.5%。

欧和日本全部的合著关系比例(包括所有的产业部门以及国内外的大学)是相似的(欧洲此类论文的比例大概是20%,日本此类论文比例稍少一点)。可是到1989年,西欧合著论文的比例已经上升到接近占所有发表论文的40%,而日本合著论文的比例只是刚刚超过20%。

令人惊讶的是,在美国很少有关于合著论文的实证研究。希克斯和汉密尔顿(Hamilton 1999)的研究认为从1981~1994年间,在美国由大学和产业研究者合著的论文数量增加了两倍多,超过了同期由美国研究者发表的科学论文总数的38%。该文作者也指出,大学与产业界合著的论文和没有与产业界合著的大学论文相比,更偏向于"非基础"的研究。

总之,这些文献计量学的研究对这种大学与产业合作的重要类型提供了大量描述性的、相对弱解释性的分析,因而它们基本没有提供有关趋势或跨国差异的解释。但是,这些数据突出了这种合著关系广泛的增长趋势,该领域对于今后更多跨领域、国家及出版物类型的研究是很有成效的。这些文献计量学关于该话题的研究成果支持了"模式2"与"三螺旋"框架的观点,即在工业化国家具有不同结构的大学系统中,大学与产业之间的研究合作在增长。

8.4 大学研究是如何影响产业创新的?一些针对美国的研究的总结

前一节讨论的定量指标提供了一些有关OECD国家的大学的结构及其与国家创新系统之间关系的信息。但是这些数据很少涉及大学研究和产业创新过程之间知识流动的特征。结合众多寻求加强或开发这种知识流动的政府政策,该课题就显得尤其重要(见下文)。尽管它们的研究仅限于美国的大学和产业,但近期大量基于对医药和电气设备产业高级经理访谈或调查的研究已经分析了大学研究对产业创新的影响,因而提供了又一洞察美国国家创新系统中大学作用的视角。

所有这些研究(GUIRR 1991; Mansfield 1991; Levin et al. 1987; Cohen, Nelson, and Walsh 2002)都强调了产业间差异对于大学与产业创新之间关系的重要性。生物医药产业尤其突出,这一领域的大学研究进展对该产业创新的影响比其他产业更显著、更直接。在其他技术和产业领域,大学有时也贡献相关的"发明",但是大多数商业化的重大发明都来自非学术研究机构。渐进性改进是这些产业中企业 R&D 活动的主要焦点,也几乎成了该产业研究、设计、解决问题和开发的全部工作。大学研究对技术进步的贡献,是通过加强贯穿在制造过程、产品创新以及实验技术中基础的物理学和化学知识来实现的,前两者也是培养科学家和工程师的主要领域。

莱温等(Levin et al. 1987)和科恩等(2002)的研究概括了产业 R&D 经理关于大学研究与不同领域产业创新相关性的观点(表 8.1 概括了莱温等人 1987 年的讨论结果)。实际上,几乎所有被调查者根据他们的创新行为认为"重要"或"非常重要"的大学研究领域,在上述两项研究中都和工程学或应用科学有关。正如我们前面指出的,这些美国大学的研究领域经常与产业界密切合作发展。有趣的是,除化学学科以外,只有非常少的基础科学被受调查者列为与他们创新行为有关的大学研究领域。

然而,物理学和数学这些领域在表 8.1 中的空缺不应该被理解为这些领域的学术研究没有对产业的技术进步直接作出贡献。相反,这些结论反映的事实是,物理学、数学和自然科学这些领域的基础研究发现对产业创新的影响要滞后相当一段时间才显现。而且,学术研究成果的应用可能要求这些改进融合在如化学工程、电子工程和材料科学这样的应用科学中。科恩等人(2002)概括的调查结果表明,在多数产业,大学的研究成果对引发新的产业 R&D 项目基本不起什么作用,这些工业研究开发项目的启发主要来自消费者或来自制造过程。美国与其他地方一样,医药产业是一个例外,因为在这个领域大学研究的成果经常引发产业的R&D项目。

表8.1 大学科学与产业技术的相关性

科学	具有“相关性”分数的产业数量		与大学研究“相关性”大的部分产业
	≥5	≥6	(≥6)
生物	12	3	饲料、药品、加工果蔬
化学	19	3	饲料、肉产品、药品
地质	0	0	无
数学	5	1	光学仪器
物理	4	2	光学仪器、电子
农业科学	17	7	杀虫剂、饲料、肥料、食品
应用数学/运筹学	16	2	肉产品、伐木/锯木厂
计算机科学	34	10	光学仪器、伐木/锯木厂、造纸机械
材料科学	29	8	合成橡胶、有色金属
医学	7	3	外科/医学仪器、药品、咖啡
冶金	21	6	有色金属、金属制品
化学工程	19	6	罐头食品、肥料、麦芽饮料
电气工程	22	2	半导体、科学仪器
机械工程	28	9	手工工具、特殊工业机械

资料来源：Source：Data from Yale Survey on Appropriability and Technological Opportunity in industry. For a description of the survey, see Levin et al. 1987

科恩等人(2002)进一步表明，在政府实验室或大学里完成的“公共研究”的成果，与这些外部的研究来源形成的原型相比(在平均8.3%的产业R&D项目中被应用)，被美国工业企业应用得更频繁(在平均29.3%的产业R&D项目中应用)。对大学和公共实验室不同研究成果相对重要性的类似描述，也出现在关于不同信息渠道对产业R&D重要性的调查中(表8.2)。尽管医药产业特别强调了大学和公共实验室的专利和许可协议的重要性，但来自这个产业的被调查者仍然认为研究出版物和会议是一种更重要的信息来源。对于绝大多数产业来说，来自大学或公共实验室的专利和涉及发明的许可，与出版物、会议，或与大学研究者非正式的相互交往和咨询相比，重要性要小得多。

表 8.2　公共 R&D 信息源泉(包括大学研究)对产业 R&D 的重要性	
信 息 源 泉	被认为对产业 R&D"非常重要"(%)
出版物与报告	41.2
非正式联系	35.6
会议	35.1
咨询	31.8
合同研究	20.9
最近雇佣	19.6
合作产业 R&D 项目	17.9
专利	17.5
许可	9.5
人员交流	5.8

Source：Cohen et al. 2002

其他工业化国家也需要有关产业 R&D 经理所使用的学术研究结果的数据。但是,这些针对美国的研究结果一直强调,生物医学领域中的学术研究与产业创新之间的关系与其他知识密集型产业是不同的。另外,这些研究表明:学术研究很少产生出供产业开发和商业化的发明"原型";相反,学术研究会告知企业在应用 R&D 设施时所需的方法和原则。最后,在学术与产业创新之间复杂的相互作用中,被产业 R&D 经理认为最重要的途径很少涉及专利和许可。也许,这些调查和访谈结果最令人吃惊的方面是他们没有获悉近期旨在加强大学研究对产业创新贡献的政策计划的设计。

8.5　从"科学推动"到"技术商业化"

正如我们在 8.1 节提到的,自从 1980 年以来,许多工业化国家已经推行或考虑加强大学(和公共研究组织)和产业间"联动"的政策,旨在提高基于大学的研究对创新和经济绩效所作的贡献。这些计划都有一个假设,那就是大学支持产业创新主要是通过提供商业化“可交付的”产出(比如已经申请专利的科学发现),尽管上面的研究讨论中对此假设的支持很有限。本节我们用两种类型的政策案例研究来说明这些观点:(1)鼓励基于大学研究的区域经济“集群”和衍生企业形成的政策;(2)试图激励大学申请专利及许可行为的政策。

这些“技术商业化”政策的全球化扩散表明了在有关创新政策的文献中没有受到关注的现象:决策者“借”其他国家的政策工具然后想把这些工具应用到完全不同的制度环境中。正如伦德瓦尔和博拉斯在他们章节中所指出的,历史、路径依赖和制度性的“根植性”都使得这类“效仿”非常困难。但是,这样的效仿尤其在技术政策领域已经被广泛扩散。此类国际政策效仿有两个特点:(1)支撑效仿的“学习”是高度选择性的;(2)即使基于这种选择性学习的项目设计的实施也受到效仿者不同制度性因素的影响。

8.5.1 大学和区域经济发展

许多 OECD 国家都希望从大学研究的公共投资中增加国家的经济回报。这种努力促进了大学周围创新企业“区域集群”的产生。它们积极促进“衍生”企业的产生,使大学技术商业化,从而激励区域经济的发展和聚集(OECD 2002)①。

这些政策计划是由美国高技术区域集群,特别是加利福尼亚的硅谷和波士顿地区的 128 公路所激发的。这些高技术集群拥有主要的研究型大学,而且已经产生了大量新企业(在加利福尼亚有加州大学伯克利分校、斯坦福大学和加州大学旧金山分校;在波士顿有哈佛大学和麻省理工学院)。在这些区域中至少有一些成功的新企业与区域内大学开发的技术的商业化有关的。

① 一份 OECD 最近的报告认为:“衍生是商业化公共研究开发的知识成果的企业式道路,由于在许多国家出现的‘新创公司’热,此现象得到极大的关注。”而政府“对此类产业和大学之间联系的特殊类型有兴趣是因为,它也许是解释基于科学的产业最新发展绩效差异的众多因素之一”(OECD 2002: 41)。

另外的证据(Trajtenberg, Jaffe and Henderson 1997)表明,以引用大学专利的发明者地点来表征的来自大学研究的“知识溢出”,在美国趋向于区域层面的本地化。近来希克斯等人(2001)的研究同样指出,美国发明者申请的专利倾向于引用本州研究机构的科学论文。

有种观点认为,大学的存在“促成”了区域高科技集群的发展,但是基本上没有证据来支持它。对于政府的区域或创新政策是否有效地促进了这些集群的产生,支持性证据甚至更少。在美国的许多地区和其他工业化国家,人们可以指出很多拥有多产的研究型大学的高技术集群。但是也有许多研究型大学还没有促生这样的集群。而且,在其他的国家中复制“硅谷模式”的努力已经证实是困难的,并且这些努力的结果也是喜忧参半(见:Frederick Terman;他非常强调这种“输出”;有关这一问题的历史分析见:Leslie and Kargon 1996)。

许多 OECD 国家的中央和地方政府已经试图通过建立“科学园”(有时也称孵化器、技术中心或优秀人才中心)来促进这些集群的形成。有趣的是,关于“科学园”确切是什么以及它们做什么的问题还存在着相当大的分歧。国际科学园协会将它们的特征描述如下:

> 科学园是一个由专业人士管理的组织,它的主要目标就是通过倡导创新文化以及相关企业和知识型机构的竞争力来增加社区的财富……为使这些目标能够实现,科学园激励并管理大学、研究和开发机构、企业和市场之间知识和技术的流动。它通过孵化器或衍生企业的过程促进基于创新的企业的产生和成长,同时提供高质量的场地和相关设施以及其他具有附加值的服务(http://www.iaspworld.org/information/definitions.php)。

尽管对科学园的兴趣在增加,却很少有证据表明它们积极地影响了大学对创新的贡献或刺激了区域经济的发展。根据有关美国科学园的数据,费尔森斯坦(Felsenstein 1994)发现,没有证据证明位于以大学为基础的科学园内的企业比其他当地的企业更有创新性，沃尔斯滕（Wallsten 2001）发现科学园对区域经济发展和创新率基本没有影响。

对“科学园”的研究在其他工业化国家也是有限的。英国有一个关于“科学园”的分析虽然较早（Massey et al. 1992），但却通过描述 20 个英国科学园中将近 200 家企业的特征而提供了有趣的证据。研究发现，新创企业在被调查的科学园中的比例约占 25%～30%。由于缺少某种“样本规模”，很难得出在英国科学园中新创企业的代表性是过高还是过低的结论。也许更令人惊奇的还是该研究的另外一项发现：

> 没有更多的证据表明科学园中企业与学术机构的正式联系比科学园外企业的相似联系要多……正式的研究联系如“聘请学术人员”、“赞助中试或研究”、“测试和分析”、“学生项目”工作和“招聘毕业生”等对于园内外的企业都是相同的。但是，明显地有越来越多的园区内企业比园区外企业更经常提到“与学术界的非正式接触”，并认为使用学术界的设备如计算机、图书馆和餐厅等是重要的（Massey et al. 1992：38）。

这一发现和其他关于政府激励基于大学的区域集群政策的证据表明，这些政策以往的成效是喜忧参半的。并且即使成功的区域集群也要求相当多的时间。最近斯特根（2000）的研究认为，硅谷作为新企业形成和创新的中心的历史可以追溯到 20 世纪的最初几十年，因而其创新文化的形成经历了更长的时期，远远早于斯坦福大学的研究成名于世界的时候。同样地，北卡罗林纳“研究三角”是由 20 世纪 50 年代当时的州政府推动的，直到 20 世纪 80 年代它才成为新企业形成和创新文化的中心。

另外莱斯利（Leslie 1993/2000）和萨克森宁（1988）关于硅谷发展的研究强调，1945 年后联邦政府大量国防经费的增加成了催化剂，使得新的高技术企业在该区域形成气候。从这个观点来看，领先的研究型大学的存在对于 20 世纪

50~60 年代建立硅谷也许是必需的，但决不是充分的条件。萨克森宁尤其强调了英国完全不同的国防合同获取政策的结构，以解释剑桥地区相似动力的缺失。

因而，大学的研究和新出现的区域高技术集群之间的联系就比现有一些地方高技术企业和研究型大学之间的相互关系要复杂。美国的经验说明这样的集群出现与偶然性、路径依赖及（最重要的是）其他支持政策（有意或无意的）有关，而与大学研究或大学与产业之间联系的激励没有多大关系。

美国和其他 OECD 国家试图利用大学研究和“科学园”去激发区域经济发展的政策计划都有不足之处，这在最近许多 OECD 国家激发大学和产业之间联系的举措中很常见，也就是说，缺乏对支持性机构的关注，仅仅关注“成功故事”而不关注政策偶发性影响的系统证据，以及狭隘地专注于大学技术的商业化，而不是大学研究更为重要的经济产出，这些特征在近期 OECD 国家效仿拜耶-多尔法案的举措中也可以见到。

8.5.2 公共资助的学术研究成果的专利申请

如我们前面所提出的，政府对“拜耶-多尔型”政策的兴趣日益增加的根源与那些支撑性政策计划的出发点是一样的，都是旨在建立“高技术”区域集群。但是在其他工业化国家中效仿“拜耶-多尔型”政策忽略了美国大学和产业之间的合作与技术转移、许多另外支持这些合作的机构及大学技术商业化的重要性。另外，这些“效仿”计划都是基于对有关知识产权促进大学发明的转移和商业化重要性的实证证据的误解，就像误解有关拜耶-多尔法案影响的实证证据一样。

8.5.2.1 拜耶-多尔法案的起源

虽然许多美国大学早在 20 世纪 20 年代就为它们的教职员工申请专利，但是在 20 世纪 40 年代晚期之前只有少数机构制定了正式的专利政策，并且这些政策中有许多对于专利申请都持矛盾态度。1925~1945年间,领先的研究型大学和一般的大学里,公立大学都比私立大学更注重专利申请。

1970年后大学专利申请的这些特征开始改变,私立大学提高了它们在美国大学专利申请中的比例,而大学普遍加强了它们在管理专利申请和许可中的直接作用,并且生物医药的专利申请在所有大学的专利申请中的比例在上升。美国研究型大学在专利申请方面积极的游说是1980年拜耶-多尔法案能通过的原因之一。

1980年的拜耶-多尔专利和商标修正法案为联邦资助的研究者提供了全面的保护,使他们可以为此类研究成果申请专利并获得这些专利的许可,包括向其他主体许可的专有权。该法案至少从两方面促进了大学的专利申请和许可。第一,它用统一的政策取代了在单个大学与联邦机构之间协商的一整套"机构专利协议(IPAs)"。第二,该法案的条文代表了国会对大学向产业企业专有许可联邦资助研究成果的支持。

拜耶-多尔法案的通过是美国向更强有力的知识产权政策转变的一部分①。这些政策计划中最重要的是1980年联邦巡回上诉法院(CAFC)的建立。它的建立是作为联邦境内专利案件的终审法庭,其出现很快就成为专利持有人强有力的靠山。但是即使在CAFC建立之前,1980年美国联邦最高法院关于戴梦得·查克拉巴蒂(Diamond V. Chakrabarty)案件中的决议维护了生物医药这一新产业中广泛专利的有效性,促进了该产业发明成果的专利申请和许可。

拜耶-多尔法案不是强调公共资助和相对宽松的公布和扩散,而是假定对许多R&D项目成果扩散的限制及通过支持它们的商业化将会提高经济效率。在许多方面,拜耶-多尔法案是"线性模式"观念的最终诠释:如果基础研究成

① 20世纪80年代国会至少通过了14个加强保护本国及国际知识产权的法案,1982年成立的联邦巡回法院上诉法庭已经在其审理的案件中维护了80%的专利权利,比起1982年之前30%的比例已经是很显著的增长了(Katz and Ordover 1990)。

果能够被可能的开发者购买,那么商业化创新就能加快。

8.5.2.2 拜耶-多尔法案的影响

拜耶-多尔法案怎样影响美国大学的技术转移呢?图 8.4 描述了 1963~1999 年美国研究型大学的专利申请占美国国内专利授权的比例,这就排除了 20 世纪晚期外国企业和发明者在美国日益增多的专利申请的影响。大学把它们专利申请的比例从 1963 年的少于 0.3%增加到 1999 年的将近 4%,但是该比例的增长开始加速不是在 1980 年以后而是在 1980 年以前。令人惊奇的是,研究型大学专利申请与学术研究经费比例的增长在 1963~1999 年期间保持了连贯性,说明 1980 年通过拜耶-多尔法案后并没有使大学专利申请倾向产生结构性的突变。

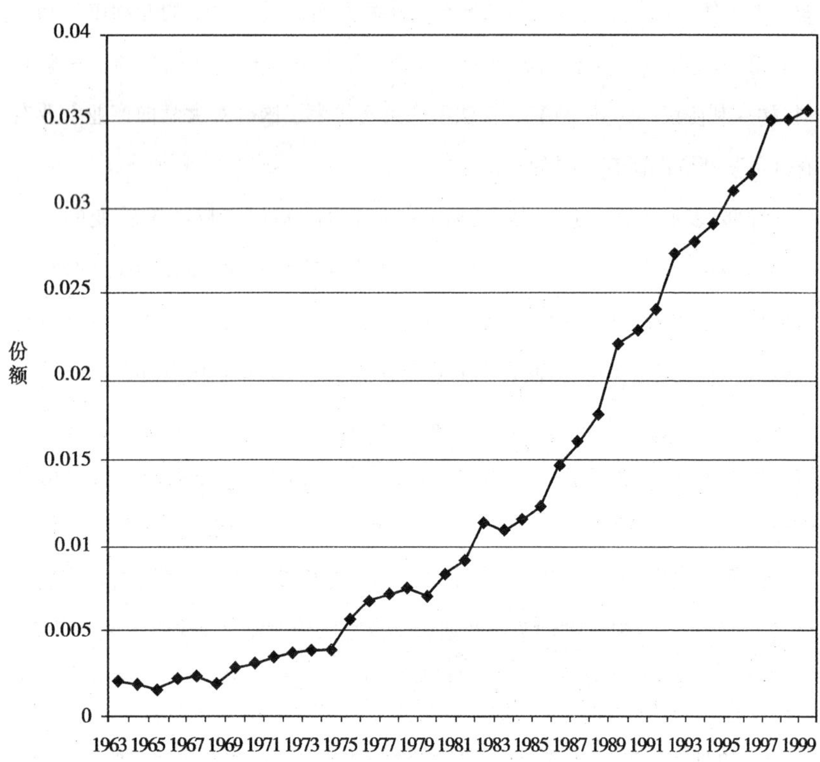

图 8.4 美国研究性大学专利占美国国内专利的比例(1963~1999)

图 8.5 显示了 1960~1999 年间美国研究型大学专利在技术类别中的分布趋势,表明了这期间一流的美国大学在专利申请活动中生物医药专利的重要性在增长。从 1968~1970 年到 1978~1980 年期间,大学的非生物医药专利增加了 90%,而同期大学的生物医药专利增加了 295%。在联邦的所有学术 R&D 资助中生物医药科目比例增多,20 世纪 60~70 年代生物医药科学出现的惊人成就,以及产业界在此期间对生物医药研究成果表现出的强烈兴趣都促成了大学专利组合中的比例变化。

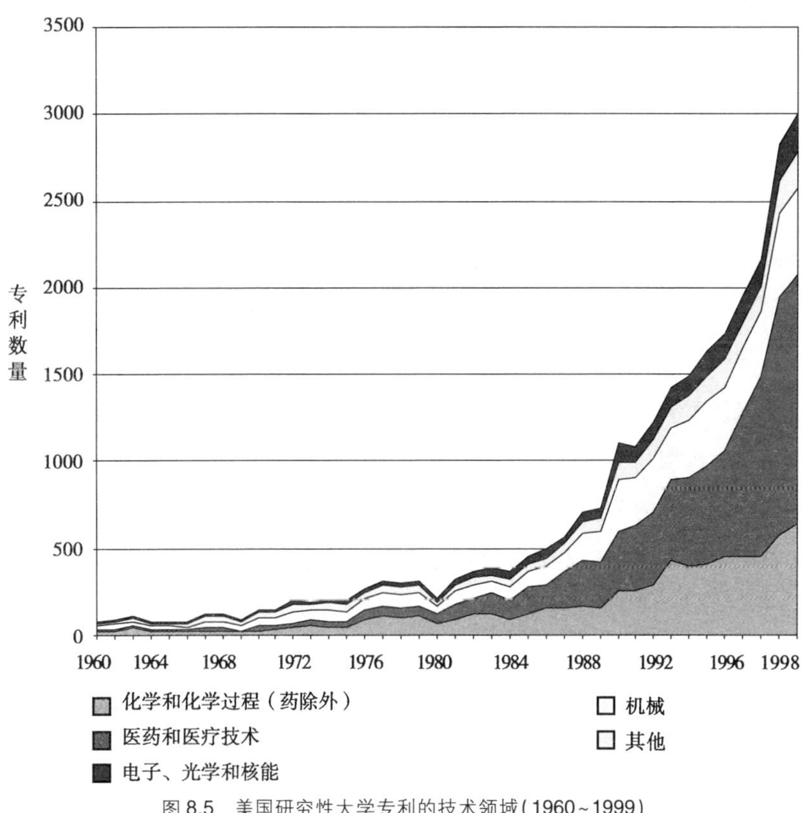

图 8.5 美国研究性大学专利的技术领域(1960~1999)

在 20 世纪 90 年代末及 21 世纪初期,许多评论家与决策者都把拜耶-多尔法案看作是美国大学的创新及其经济贡献增长的重要催化剂。当然,OECD 更是把拜耶-多尔法案看作是20世纪90年代美国收入、就业与生产力方面显著增长的一个重要因素①。值得注意的是,除了大学在专利申请和许可数量方面的确在增长外,实际上所有这些有关拜耶-多尔法案的积极影响的观点并没有找到任何证据来支持。正如科里瓦斯等人(Colyvas et al. 2002)和莫利等人(2001)所指出的,也没有任何一个大学专利申请和许可增长的证据本身能表明大学研究成果更有效地转移到产业或者更快地商业化。

这些关于拜耶-多尔法案影响的“评价”也没有认识到该法案对美国大学研究或更广泛经济中创新的潜在负面影响。许多学者认为,拜耶-多尔法案建立的“商业化动机”可能会把大学研究的方向从“基础”转向“应用”研究(Henderson et al. 1998),但是自从拜耶-多尔法案成为学术研究内容后,目前还没有证据表明这种实质的转变。

大学专利申请与许可的日益增加带来的第二个潜在负面影响是可能会减弱学术研究者对“开放科学”的承诺,导致延迟出版、保密及扣交数据与材料(Dasgupta and David 1994, Liebeskind 2001)。在大多数产业部门,产业研究者认为与大学交流的“非专利/许可”途径是重要的,根据此观点,大学不因过于关注专利申请与许可而限制和阻挠这些“非专利/许可”途径就显得特别重要。机构和个体发明人所有权增多的主张对科学输入的影响才刚刚引起学术研究的关注。在研究(“研究工具”)中强调专利申请和对科研投入的有限制的许可将阻碍下游的研究及产品发展(Heller and Eisenberg 1998;Merges and Nelson 1994)。

虽然现在还几乎没有证据表明拜耶-多尔法案对美国的学术研究、技术转移和产业创新有重大、负面的后果,但是现有能对这些影响进行监测的数据仍十分有限。而且,这样的数据都是回顾性的,本质上只有经过很长的滞后才可能揭示研究者或大学规范和行为的重大变化。

① “20世纪80年代美国的管理改革,比如拜耶-多尔法案,已经显著地促进了科学机构对创新的贡献。有证据表明这是促进美国经济复苏的因素之一。”(OECD 2000: 77)

8.5.2.3 拜耶–多尔法案的国际"效仿"

有关该法案影响(积极和负面)方面的有限数据并没有阻止一些 OECD 国家的政府去推行紧密效仿拜耶–多尔法案的政策。像拜耶–多尔法案一样,这些计划仅仅关注大学研究"可交付"的成果,并通常忽略了专利申请与许可对其他经济上更重要途径的影响,而正是通过这些途径,大学实现了其对创新与经济增长的贡献。而且,这样的效仿是基于对拜耶–多尔法案影响的有限证据的误解,以及对鼓励美国大学与产业创新之间长期和相对紧密关系的因素的误解。

在大多数 OECD 国家,正在审议或已经实施的政策计划都致力于把学术发明的知识产权所有权转给学术机构或研究者(更详细的概括见:OECD 2002)。在许多大学系统中,比如在德国和瑞典,研究者长期以来对他们的研究成果享有知识产权,因而争论的中心就是把这些所有权从个体转到机构的可行性与合理性。在意大利,2001 年通过的立法把所有权从大学转到个体研究者。在日本大学,公共资助研究所产生的成果的知识产权所有权由一个委员会决定,有时也会授予研究者。在英国和加拿大的大学系统没有单个的国家政策来管理知识产权,虽然这两个国家都正在努力把所有权转向学术机构,而不是个体研究者或者资助机构。另外,瑞典、德国和日本政府都鼓励外部"技术许可组织"的形成,可以但不必附属于限定的大学。

这些政策建议和计划展示了前面所论述的国际"效仿"的经典现象,即选择性地"借用"另外一个国家的政策而在与该被效仿国制度内容有显著差异的国家实施。因为在大多数领域,产业界的研发经理认为专利申请与许可对技术转移是相对不重要的,所以对于鼓励大学与产业的高层次相互作用及技术转移来说,对拜耶–多尔法案的效仿就是不够的,甚至是不必要的。相反,在国家大学系统内进行改革以改善机构间的竞争以及支持对新企业形成和技术商业化有贡献的外部机构就显得更重要。当然,正是因为产业的技术转移和开发其他途径的重要性,对拜耶–多尔法案的效仿在别的工业化国家可能事与愿违。

8.6 结　　论

大学在现代工业化国家和正在工业化进程中的国家的“基于知识的”经济中发挥着重要的作用,它是训练有素的“知识工人”的源泉以及基础或应用研究活动中涌现的创意的来源,但是对制度分析的传统(也许是演化的)经济方法很难应用到大学,这有几个原因。第一,除美国和英国的大学系统之外,在大多数国家的高等教育系统内,大学之间的“竞争”是有限的。大学之间的竞争对美国大学的演化及其与产业的联系有非常重要的历史影响,但是这个“选择环境”在大多数国家的高等教育系统中是缺失的。

第二,把大学作为经济机构来分析需要对各大学所追求的目标进行必要的定义。部分原因在于,在许多国家系统中大学扮演了多种角色;另外一部分原因是,大多数研究型大学的内部结构更像是一种合作式组织,而不是工业企业所具有的科层结构。所以对“大学的目标”进行特征描述即使不是毫无意义,也是很困难的。现代大学的根源在中世纪,而不是在产业革命,且它古老的源头继续影响着它的组织与运行。假如为了分析它们演化的目的而把大学概念化为经济机构,那么现有新古典和演化经济学的分析框架都是不充分的。

这样的分析框架的开发是重要的,至少能理解政府政策对学术研究的影响后果,这些政策旨在加快学术研究成果向产业的转移。政府要提高它们在学术研究和教育上实质投入的回报(可衡量的),这种强烈要求使得能理解和衡量大学运行及产出的更好工具的开发变得更为重要。如我们前面所论述的,美国和其他工业化国家现在旨在提高大学研究的经济回报的计划都是基于对研究型大学的全部功能的片面理解,以及强调容易被量化的大学研究成果的倾向。

虽然“国家创新系统”“模式 2”与“三螺旋”等科学研究和创新的模型分析

框架对大学的作用进行了少量论述并在它们的评价中大部分同意了这些作用,这些框架对政策或评价的指导意义却是有限的。而且,这些框架趋向于轻视知识经济中研究型大学作用之间存在的非常真实的紧张关系。当大学面临决策者和其他主体的压力,加快它们有形的、可衡量的研究成果转化为商业化利益的生产与转移,这些紧张关系可能会强化。

由于缺少能进行跨年度和跨国家创新系统比较的有关大学作用的数据,把大学作为知识经济中经济的或其他机构来分析,其有用的理论性、概念性的工具或模型的开发都受到限制。在大多数国家的高等教育系统内,能对大学有关科学家和工程师培养、提供"公共知识"或者向工业企业转移发明等作用进行纵向分析的指标非常少。虽然许多政府的现有政策措施强调了大学与产业联系方面集聚经济的重要性,只有少数这些指标涉及此方面的地理维度。而且,这些指标与现有的指标一样都基本上不能进行跨国家高等教育系统的比较。

由于缺少可对大学和产业界联系进行更广泛纵向和跨国比较的指标,这已经限制了对政策的制定和评估。更优指标的缺失反映出缺乏对理解国家创新系统中大学作用的更好分析框架。此类分析框架必须采取基于更演化的历史视角的方法,以理解大学的作用,尤其是国家高等教育系统的结构对这些作用的影响。如我们在本章中所主张的,许多 OECD 国家鼓励技术转移及增加大学研究投资的经济回报的努力都因为缺乏这样的理解而受到牵制。更多关于研究型大学演化和作用的制度方面的比较性研究,包括工业化和正在工业化国家中大学和其他公共资助研究机构的对比性"分工",对于现有及未来国家创新系统内研究型大学的地位分析是不可分割的一个起点。

另一个重要的研究机会是,开发出更优的指标来反映知识经济内产业界和大学之间联系的所有途径。另外,对企业层次"吸收能力"及其创造力维持方面的投资的衡量,还需要更多信息。如:现有企业怎样开发这些不同的互动途径?为什么要创建新企业及怎样创建以利用大学的研究成果?这种"衍生"

过程怎样在时间、地理空间及国家创新系统方面呈现出不同？如果要进行工业化国家高等教育系统的比较，目前对所有这些重要经济现象的广泛讨论仍然缺乏一个强有力的证据基础。现有的重点放在大学与产业界互动联系的可量化方面，而不是放在真正重要的方面，这对于工业化及正在工业化国家的创新政策可能有不好的后果。

参考文献

ARROW, K. (1962), "Economic Welfare and the Allocation of Resources for Invention" in R. R. Nelson (ed.), *The Rate and Direction of Inventive Activity*, Princeton: Princeton University Press.

* BEN - DAVID, J. (1968), *Fundamental Research and the Universities*, Paris: OECD.

——(1971), *The Scientist's Role in Society*, New York: Prentice-Hall.

BURN, B. B., ALTBACH, P. G., KERR, C., and PERKINS, J. A. (1971), *Higher Education in Nine Countries*, New York: McGraw-Hill.

BusH, V. (1945), Science: *The Endless Frontier*, Washington, DC: US Government Printing Office.

CALVERT, J., and PATEL, P. (2002), "University-Industry Research Collaborations in the UK," unpublished working paper, Science Policy Research Unit, University of Sussex, Brighton, UK.

COHEN, W., FLORIDA, R., RANDAZZESE, L., and WALSH, J. (1998), "Industry and the Academy: Uneasy Partners in the Cause of Technological Advance" in R. Noll (ed.), *Challenges to the Research University*, Washington, DC: Brookings Institution.

* COHEN, W. M., NELSON, R. R., and WALSH, J. P. (2002),"Links and Impacts: The Influence of Public Research on Industrial R&D," *Management Science* 48(1): 1~23.

* COLYVAS, J., CROW, M., GELIJNS, A., MAZZOLENI, R., NELSON, R. R., ROSENBERG, N., and SAMVAT, B. N. (2002), "How Do University Inventions Get into Practice?" *Management Science* 48 (1): 61~72.

DASGVTA, P., and DAVID, P. (1994),"Towards a New Economics of Science," *Research Policy* 23(5): 487~521.

DAVID, P., FORAY, D., and STEINMUELLER, W. E. (1999), "The Research Network and the New Economics of Science: From Metaphors to Organizational Behaviours" in F. Malerba and A. Gambardella (eds.), *The Organization of Economic Innovation in Europe*, Cambridge: Cambridge University Press.

——MOWERY, D. C., and STEINMUELLER, W. E. (1992),"Analyzing the Economic Payoffs from Basic Research," *Economics of Innovation and New Technology*. 73~90.

ETZKOWITZ, H., and LEYTESDORFF, L. (1997), *Universities in the Global Economy: A Triple Helix of Academic-Industry-Government Relation*. London: Croom Helm.

——WEBSTER, A., and HEALEY, P. (1998), "Introduction," in H. Etzkowitz, A. Webster, and P. Healey (eds.), *Capitalizing Knowledge*, Albany: State University of New York Press.

FELSENSTEIN, D. (1994), "University-Related Science Parks 'Seedbeds' or 'Enclaves' of Innovation?" *Technovation* 14: 93~100.

GEIGER, R. (1986), *To Advance Knowledge: The Growth of American Research Universities*, 1900~1940, New York: Oxford University Press.

GIBBONS, M. et al. (1994), *The New Production of Knowledge*, London: Sage.

GODIN, B., and GINGRAS, Y. (2000), "The Place of Universities in the System of Knowledge Production," *Research Policy* 29: 273~278.

GOVERNMENT UNIVERSITY INDUSTRY RESEARCH ROUNDTABLE (GUIRR) (1991), *Industrial Perspectives on Innovation and Interactions with Universities*, Washington, DC: National Academy Press.

GRAHAM, H. D., and DIAMOND, N. (1997), *The Rise of American Research Universities*, Baltimore: Johns Hopkins University Press.

* HELLER, M. A., and EISENBERG, R. S. (1998), "Can Patents Deter Innovation? The Anticommons in Biomedical Research," *Science* 280: 298.

HENDERSON, R., and COCKBURN, I. (1998), "Absorptive Capacity, Coauthoring Behavior, and the Organization of Research in Drug Discovery," *Journal of Industrial Economics* 46(2): 157~182.

——JAFFE, A. B., and TRAJTENBERG, M. (1998), "Universities as a Source of Commercial Technology: A Detailed Analysis of University Patenting, 1965~1988," *Review of Economics & Statistics* 80: 119~127.

* ——ORSENIGO, L., and PISANO, G. (1999), "The Pharmaceutical Industry and the Revolution in Molecular Biology: Interactions among Scientific, Institutional and Organizational Change" in D. C. Mowery and R. R. Nelson (eds.), *Sources of Industrial Leadership*, New York: Cambridge University Press, 267~311.

HICKS, D., BREITZMAN, T., OLIVASTRO, D., and HAMILTON, K. (2001), "The Changing Composition of Innovative Activity in the US: A Portrait Based on Patent Analysis," *Research Policy* 30: 681~703.

——and HAMILTON, K. (1999), "Does University-Industry Collaboration

Adversely Affect University Research?" *Issues in Science and Technology Online*, http://www.nap.edu/issues/15.4/realnumbers. html

——ISARD, P. A., and MARTIN, B. R. (1995), "A Morphology of Japanese and European Corporate Research Networks, " *Research Policy* 25: 359~378.

KATZ, M. L., and ORDOVER, J. A. (1990), "R&D Competition and Cooperation," *Brookings Papers on Economic Activity: Microeconomics*, 137~192.

* KLINE, S., and ROSENBERG, N. (1986), "An Overview of Innovation" in R. Landau and N. Rosenberg (eds.), *The Positive Sum Strategy: Harnessing Technology for Economic Growth*, Washington, DC: National Academy Press, xiv, 640.

LAREDO, P., and MUSTAR, P. (2001), *Research and Innovation Policies in the New Global Economy: An International Comparison*, Cheltenham: Elgar.

LESLIE, S. W. (1993), *The Cold War and American Science: The Military-Industrial-Academic Complex at MIT and Stanford*, New York: Columbia University Press.

——(2000), "The Biggest Angel of Them All: The Military and the Making of Silicon Valley, " in M. Kenney (ed.), *Understanding Silicon Valley: The Anatomy of an Entrepreneurial Region*, Stanford, Calif.: Stanford University Press.

* ——and KARGON, R. H., (1996), "Selling Silicon Valley: Frederick Terman's Model for Regional Advantage," *Business History Review* 70: 435~472.

* LEVIN, R. C., KLEVORICK, A., NELSON, R. R., and WINTER, S. (1987), "Appropriating the Returns from Industrial Research and Development, " *Brookings Papers on. Economic Activity* 3: 783~820.

LIEBESKIND, J. (2001), "Risky Business: Universities and Intellectual Property," *Academe* 87(5): http://www.aaup.org/publications/Academe/Olso/sooflie.html

MANSFIELD, E. (1991), "Academic Research and Industrial Innovations," *Research Policy* 20: 1~12.

MASSEY, D. B., QUINTAS, P., and WIELD, D. (1992), *High-Tech Fantasies: Science Parks in Society, Science, and Space*. London and New York: Routledge.

MERGES, R., and NELSON, R. R. (1994), "On Limiting or Encouraging Rivalry in Technical Progress: The Effect of Patent Scope Decisions," *Journal of Economic Behavior and Organization* 25: 1~24.

MOWERY, D. C., NELSON, R. R. SAMPAT, B. N., and ZIEDONIS, A. A. (2001), "The Growth of Patenting and Licensing by US Universities: An Assessment of the Effects of the Bayho - Dole Act of 1980," *Research Policy* 30: 99~119.

* ——(2004), *The Ivory Tower and Industrial Innovation: University-Industry Technology Transfer Before and After the Bayh-Dole Act*, Stanford, Calif: Stanford University Press.

——and ROSENBERG, N. (1989), *Technology and the Pursuit of Economic Growth*, New York: Cambridge University Press.

——(1993), "The US National Innovation System" in Nelson 1993:

NATIONAL SCIENCE BOARD (2002), *Science and Engineering Indicators*: 2002, Washington, DC: US Government Printing Office.

NELSON, R. R. (1959), "The Simple Economics of Basic Scientific Research," *Journal of Political Economy* 67: 297~306.

——(1982), "The Role of Knowledge in R and D Efficiency," *Quarterly*

Journal of Economics 97(3): 453~470.

——(1993), *National Innovation Systems: A Comparative Analysis.* New York: Oxford University Press.

OECD (2000). *A New Economy*, Paris: OECD.

——(2001a), "Education at a Glance. OECD Indicators 2001 Edition," Paris: OECD.

——(2001b), *Main Science and Technology Indicatiors*, Paris: OECD.

——(2001c), *Science, Technology, and Industry Scoreboard*, Paris: OECD.

——(2001d), *Basic Science and Technology Statistics*, Paris: OECD.

——(2002), *Benchmarking Science - Industry Relationships*, Paris: OECD.

ROSENBERG, N. (1992), "Scientific Instrumentation and University Research," *Research Policy* 21: 281~290.

——(1999), "American Universities as Economic Institutions," Mimeo.

——and NELSON, R. R. (1994), "American Universities and Technical Advance in Industry," *Research Policy* 23: 323~348.

SAXENIAN, A. (1988), "The Cheshire Cat's Grin: Innovation and Regional Development in England," *Technology Review* 91: 67~75.

SLΛUGHTER, S., and LESLIE, L. L. (1997), *Academic Calitics, Policies, and the Entrepreneurial University*, Baltimore: Johns Hopkins University Press.

STURGEON, T. J. (2000), "How Silicon Valley Came to Be," in M. Kenney (ed.), *Understanding Silicon Valley: The Anatomy of an Entrepreneurial Region*, Stanford, Calif: Stanford University Press, xvi, 285.

TRAJTENBERG, M., HENDERSON, R., and JAFFE, A. B. (1997), "University Versus Corporate Patents: A Window on the Basicness of Inventions,"

Economics of Innovation and New Technology 5：19～50.

TROW, M. (1991), "American Higher Education：'Exceptional' or Just Different," in B. E. Shafer (ed.), *Is America Different? A New Look at American Exceptionalism*, Oxford：Oxford University Press.

WALLSTEN, S. (2001), "The Role of Government in Regional Technology Development：The Effects of Public Venture Capital and Science Parks," Stanford University：SIEPRWorking Paper.

第9章　金融与创新

玛丽·奥沙利文(Mary O'Sullivan)

9.1 引　　言*

创新是一个昂贵的过程,因为必须要付出足够的资源来启动、指引和维持。这一过程不是一朝一夕能完成的,需要一定时间,这意味着支撑它的资源必须一直保留,直到它结束。最后,它的结果是不确定的,因而创新投资的回报是不能保证的。创新资源配置的重要性以及它与此过程的复杂关系都使得系统分析对整体的创新经济理论是非常关键的。

因此,被普遍认为是创新经济分析先驱的约瑟夫·熊彼特,把资源配置,尤其是金融资源配置的研究作为他创新研究的中心也就不奇怪了。与此不同的是,就像我在9.2节里指出的,当代创新经济学家很大程度上忽略了金融与创新之间的关系。虽然也有一些例外,但也只是直到最近,并且是少数人,认为在这方面我们正处于某种系统性变革的边缘。

然而,许多研究企业金融①以及金融与增长方面的金融经济学家,已经开始去探索与推动熊彼特研究紧密相关的领域。在9.3节,我讨论了在这些领域

* 在为此书而组织的大量讨论中,参与者们提供了有用的批评和建议,作者对此非常感激。她要感谢法格博格、布朗温·霍尔、比尔·拉佐尼克、戴维·莫利和理查德·纳尔逊为本章的早期草稿提供的极为详细的评论,以及她在INSEAD的同事阿德纳和布鲁斯·库古特的有益建议。

① 这里的"企业金融"一词指对企业和风险金融的研究。

中与金融和创新关系相关的研究。我注意到实证研究没能跟上理论研究的步伐,并且即使存在建立于基本命题之上的证据,也是不太明确的。而且在9.4节中我指出了在宏微观经济学金融研究中,为分析经济变革的动态性而采用的主流分析方法的严重不足。

演化经济学家和金融经济学家之间的学术交流看来是一种更好地理解金融与创新之间关系的途径。然而,方法论的差异,尤其是经济分析中历史的重要性,都是实现上述领域融合的主要障碍。因而,对于创新经济学家来说,与研究金融系统的起源与演化的经济和商业历史学家合作也许更有意义。最后我关注了一些在有关金融与创新的新研究中需要解决的关键问题。

9.2 金融在创新经济学中的作用

熊彼特有关资源配置尤其是金融资源的配置与创新之间关系的分析,是他的创新研究的中心。许多有关熊彼特创新经济学的细节是矛盾的和(或)不完整的,当代有关这个领域的研究已经在完善和扩展他的分析方面取得了显著的进步。尤其是关于创新过程合理特征的问题,已经有了相当多的深入研究。然而,除了少数一些例外,创新活动特征对资源配置尤其是金融资源配置的意义,在很大程度上被忽略了。

9.2.1 熊彼特的开拓性研究

经济学家约瑟夫·熊彼特研究的中心话题是:创新作为经济发展过程的主要推动力的作用。熊彼特聚焦于两个不同但相关的分析单元,以使创新和资源配置之间的联系概念化。一方面,他关心创新活动的微观经济特征,如企业家行为对资源配置的意义。另外,在经济分析的更整体层面上,他研究了结构性经济变革与资源配置之间的作用。在他的微观和宏观经济分析中，都特别关注了金融在推动经济变革中的作用，虽然在他的微观经济分析中他对这种作用的理解随着时间而转变了。

9.2.1.1　创新的微观经济学

在熊彼特早期有关创新的微观经济学的著作中，尤其是《经济发展理论》与《商业周期：资本过程的理论、历史和统计分析》(*Business Cycles: A Theoretical, Hitorical and Statistical Analysis of the Capitalist Process*, BC)十分强调建立信誉的重要性。然而在他的晚期，熊彼特在《资本主义、社会主义和民主》一书中降低了信誉建立在推动创新和经济发展中的作用。当然，他强调了主导企业对创新投资的自我资助。熊彼特有关金融和经济变革之间关系的思想转变，反映了他对创新特征看法的显著变化，即创新过程是由新的、创业型企业推动到由大型的、持久稳固的企业推动。

企业家、金融家和创新。《经济发展理论》是熊彼特对创新经济学的最早研究，在当时还没有"创新"这一概念，他是从分析经济资源配置开始的。熊彼特的中心观点是，竞争性的资本主义经济会遵循这样一条路径，即它可能是运动的，但会倾向于一种稳固或均衡的状态。资源会沿着惯性路径围绕经济而流动，这被熊彼特称为"经济生活的环流"(circular flow of economic life)。它们会在这种永久的运动中被充分利用，但是正因为如此，它们也就不能累积成存量(Schumpeter 1996：45)。

接着熊彼特引出了创新怎样能在这些条件下发生的问题。他把创新定义为一种新产品或流程、一种新的组织、一种新的原料来源或新产品的商业化或产业化应用(Schumpeter 1996：66)。他强调了创新对资源配置有重要意义的三个特征：

第一，创新依赖资源的投入："主要的创新和许多小型的创新是新工厂(和设备)建设或者旧工厂的重建，都需要必要的时间和费用。"(Schumpeter 1939：68)第二，作为一个普遍的规则，创新内嵌于那些实施新组合的新企业中(Schumpeter 1964：69, Schumpeter 1996：66)。最后，创新通常由被称为"新"人的企业家来驱动，他们不是在现有商业圈中占主流的那些人(Schumpeter 1996：78,1964：70)。

通过创新过程,现有经济中的生产资源组合成新的用途。但是经营新企业的“新”人怎样控制他们所需要的资源来创新呢(Schumpeter 1996：68)？由于现有资源已经在环流中被充分利用,所以必须要把它们从现有的用途中分离出来,以使企业家们能把它们组合进新的方式中。在经济中通过什么样的机制能使得资源从现有用途配置到新的用途呢?

熊彼特对这个问题提供的解决方案以金融系统为中心。具体地说,他认为创新通过信誉的建立来获得资助。企业家所需要的从环流中调离资源以进行新组合的购买力是从无到有产生的。信誉建立不需要现有积累的资金和货物的支持(Schumpeter 1996：106)。

熊彼特相信信誉能够通过多种途径建立,但是他重点强调了商业银行的作用,即产生新的购买力并使企业家可利用。委托一个拥有社会生产资源的企业家,“[银行家](the banker)使新组合的实现成为可能,并授权这些企业家以社会的名义来形成它们。他是交换经济的监督者”(Schumpeter 1996：74)。

大型企业、创新和金融的作用。在熊彼特学术生涯中,他对创新特征的描述前后发生了重大的转变,即从新人和新企业支配的过程改变为由大型工业企业所驱动。在写《经济发展理论》和《资本主义、社会主义和民主》的将近 40 年间,熊彼特移居到了美国。他被 20 世纪初美国经济正在发生的重大变化所震惊,并且相信它们代表了一个从 19 世纪“自由竞争资本主义”到 20 世纪“托拉斯资本主义”的转变。

尽管先前他已经表明新企业的使命和周期将随着时间逐渐消失,在《资本主义、社会主义和民主》中他声称:“完美科层制的巨大工业单元”已经成功地将创新过程合理化和常规化到这样的一个程度,大型企业已经成为经济进程中“最有力的引擎”(Schumpeter 1942：106)。结果,科技进步逐渐成为“制造所需并使其以可预测的方式运行的经专门训练的专家团队”的事情,而不是个体企业家的事情(Schumpeter 1942：132,Schumpeter 1949：71)。

熊彼特对创新过程描述的调整导致了他对动态经济中的资源配置分析，尤其是对金融分析的重要变化。具体地说，这使他并不很重视外部金融以及有利于强调推动创新投资的内部金融的银行系统的作用。当然，对于一个曾经将信誉建立过程描述为“创新的资金补充”的学者(Schumpeter 1964：85)，在《资本主义、社会主义和民主》中没有涉及任何信誉建立的过程，或者银行的具体职能，这代表了观念上的巨大改变。

9.2.1.2　金融、创新和结构性经济变革

尽管《经济发展理论》被微观经济分析所支配，熊彼特在书的结尾概要描述了创新以及经济发展的宏观经济分析，继而他在“商业周期”中更详细地论述了这一点。他主要关注的是：为什么经济发展“没有均匀地按照树状继续发展，而是像以前那样不平稳地发展”？为什么商业周期“繁荣和萧条好像波浪一样交替出现”？他认为这是贯穿资本主义时期经济系统的特征(Schumpeter 1996：223)。

熊彼特对商业周期的分析是建立在创新的微观经济分析基础上的，他在《经济发展理论》中已经特别假设创新包含在由新人创建的新企业之中。但是他进而分析认为企业创建过程有着重要特征，这些特征只能在总体的层面上体现。具体地说，他认为创新活动在时间上和部门间是不均衡配置的。

因而，经济发展是不均衡和不平稳的过程(Schumpeter 1964：76)。创业活动繁荣带来的效应根本地改变了预先存在的经济系统，扰乱它的平衡并开始“一个经济系统中显然不规则的运动，我们认为这是朝向一个新的均衡位置的斗争”(Schumpeter 1996：235)。因此，他反对认为经济发展只是作为在经济活动加总层面上量的转变的观念，并且坚持认为，只有质的变革过程才能解释经济的结构变化和演化。

用这样的方式描述了经济发展的过程之后，熊彼特面临的挑战是解释经济的这种质的转变是怎么发生的。金融系统，或者更确切地说，它所推动的银行系统和信用的扩张和收缩，是导致经济活动结构重大转变的资源重组的核心机制。因此，对熊彼特来说，国家金融系统的发展对于推动创新潮流是至关重要的，他将其视为是经济发展的动力。

9.2.2 当代创新经济学中金融的缺失

熊彼特的创新经济学视野广阔,因此他的观点细节遭受相当多的质疑就并不是那么奇怪了。大部分质疑集中在他对创新过程的描述上。例如,他对创新过程一般的历史性转变的主张,即从一个由新企业支配的创新过程(经常被描述为创新类型Ⅰ)转变到由大型工业企业驱动的创新过程(类型Ⅱ),已经被否定了。当代学者强调这两种创新模式共存于经济中,一些产业有着创新类型Ⅰ的特点而其他产业有着创新类型Ⅱ的特点(Winter 1984：295)。

但是,即使熊彼特在对创新的描述中对创新和资源配置之间关系的分析是有争议和不完善的,却几乎没有任何学者的注意力专门集中于此。然而,关于资源配置的问题被隐含在了对企业、产业和经济层面上创新的特征所做的大量研究中。像熊彼特那样,创新经济学者必须对资源配置,特别是金融资源配置的这些特征的含义展开清晰的分析。否则,我们可能要问,假如我们如多数人所做的一样,把经济学定义为是以资源配置为中心的话,当代创新研究是否达到了创新经济学的层次上。

9.2.2.1 金融、创新和企业

理解熊彼特从《经济发展理论》(TED)到《资本主义、社会主义和民主》(CSD)的观点演化的含义的一种方式就是寻求一个有关创新型企业的理论。尽管熊彼特认为这样一个重要的研究议程不能被忽视,可是在他死后的30多年,这项课题几乎没有引起什么重视。一个主要的例外是1959年出版的由埃迪斯·彭罗斯写的《企业成长理论》(*The Theory of the Growth of the Firm*)一书。彭罗斯主要的观点就是,企业成长的基本原理是发生在企业内组织学习的一个动态过程①。近几

---

① 其他主要的例外是阿尔弗莱德·钱德勒的研究。从理论的观点看,他的许多研究被认为促进形成了与彭罗斯一样的企业概念。当然,最近几年,反映在他研究的一般结论上,钱德勒倾向于使用组织学习的名词(见：Chandler 1992)。

十年间,有大量的研究试图去理解发生在企业层面上的创新。认为企业层面的创新是基于组织学习过程的观点在有关创新型企业的著作中很普遍,甚至盛行,不管这些观点是不是直接来自彭罗斯(类似的结论见: Nelson 1991; Teece, Pisano and Shuen 1997;本书: 第2章、第5章)。

大多数关于企业中组织学习的研究课题都参考了一些通过资源配置以激发、指引和维持组织学习的过程。可是,很少发现有关为金融资源配置而进行的组织学习对投资和回报的意义的系统讨论。有一个基本问题需要解决: 组织学习的过程是否,以及在什么程度上影响了创新型企业所必须做的投资规模。资源必须被投入到组织内学习过程本身和这样的学习结果的执行中。另外,为使这个组织学习带来的创新商业化,要有金融资源去发展或得到必要的补充资产(Teece 1986)。然而,关于不同类型企业资源获取的组织学习的特征含义,人们所做的研究甚少。

如果创新过程的组织特征对企业投资的规模有意义,它也会影响企业内部资源配置过程的组织和管理。在配置资源到创新投资的过程中,谁是关键的决策制定者呢? 他们制定投资决策是以什么为基础的? 他们如何协调整个企业的投资决策? 他们有什么样的能力来制定这些决策? 他们的激励是怎样与那些学习过程的参与者和组织的目标相关的?

这些问题只是揭示了基于企业层面创新的组织维度的考虑所产生的一些问题。经济学家们也已经强调了其他创新过程的重要特征,如它的累积特征和固有的不确定性;这要求当代创新企业的经济分析要考虑它们对于资源配置的意义。从学术角度分析这些问题至今仍是很少见的。确实,有关企业使用内部流程去配置金融资源到任何投资类型而不仅是到创新中的研究是非常少的(少数几个例外见: Bower 1970, Burgelman and Sayles 1986)。

9.2.2.2 金融、创新和产业

实证研究已经证实了在创新活动的某些基本特征中跨产业差异的重要性。产业差异不只是表现在新进入企业和已有企业之间某个时间点上创新活

动的分布的不同,也表现在这些企业随时间变化的创新投入和产出的稳定性或者动荡性上的不同(概要见本书第 14 章)。创新活动中部门性的差异对资源配置有重要的意义。

例如,在新进入者支配创新活动时,它们如何得到创新所需要的资源的问题就至关重要。在这里,对重新进入的资助是相对的,实证研究表明: 新进入企业不一定就是新的企业;进入可以出现于已有企业的衍生及在其他行业的多元化。因而,理解已有企业中决策者怎样重新配置资源或雇员怎样离开原企业去创立新企业也是重要的。

假如新进入企业来源的异质性产生了一系列关于资源配置的问题,那么已观察到的其他几种行业创新方式的差异也同样如此。不同产业在企业间竞争交互作用方面显示出了重大差异。例如,当我们关注于新进入企业与已有企业之间的关系时,会发现一些新进入企业直接与已有企业竞争顾客,而另外的企业则建立一个基于授权协议或者合资建厂的创新策略。甘斯(Gans)、徐(Hsu)和斯特恩对比了生物技术与硬盘驱动器产业,前者的新进入企业与已有企业间的合资和联盟很平常,而后者的新进入企业与已有企业则在产品市场竞争中直接相对(Gans, Hsu and Stern 2003: 3)。这些差别对创新企业需要作出的投资类型和数量是有意义的。它们将影响企业参与不同商业活动(如生产或营销)的程度,更一般地,影响不同企业组织自身去创新的成本。

产业不只在企业之间的竞争性交互作用方面有所不同,在企业和其他产业主体之间的关系方面也是不同的。竞争性的企业可能与它们的供应商和顾客,以及大学和政府(地方的、整个地区的、国家的和国际的)建立了对它们资源配置(本书: Malerba 第 14 章)有重要影响的关系。例如,在美国软件产业发展的早期,联邦政府在支持教育和培训大量软件工程师方面起了至关重要的作用(Mowery and Langlois 1996)。结果,许多新创企业不需要取得资源就能够作为有活力的竞争者进入该产业,而如果它们全部自己做就可能得不到这些必需的资源。类似地,美国生物技术产业的专利引用模式表明: 私营企业在它们创新活动中主要依赖公共科学,这意味着他们可以有效节省参与市场竞争所需要的资源投入(McMillan, Narin and Deeds 2000)。

金融与创新的关系除了不同产业间的差异,在特定的产业中也可能会随着时间变化而不同。在有些产业(如汽车产业)中,在一个时期内是新进入者驱动创新,但随着时间推移,可能转变为一个创新特征变得更为渐进并且被已有企业支配的结构。也存在相反趋势的例子,如已有企业支配的产业面临创新导向进入的潮流时——医药学上的生物技术的发展就是一个很好的例子。由于这些演化的结果,那些依赖所需金融和金融资源的企业,以及这些金融安排对创新的意义很可能会明显不同。

我们也必须考虑到另外一种原因——从金融到创新的可能性。例如,就目前考虑到的创新活动在新进入企业与现有企业间的分布,我们可能会问,如果已有企业的创新会占优势的话,是否因为它们更有创新性或因为新进入企业太多地受到金融上的限制而无法与他们竞争。相反地,当新进入企业占优势时,是否是因为它们比已有企业更有创新性或者因为已有的,甚至过剩的金融资源可利用性允许它们那样做?

后一个问题是硬盘驱动器产业两个相关联研究的课题。在一篇名为《资本市场近视》(*Capital Market Myopia*)的文章中,威廉·沙赫曼和沃德·斯蒂文森(William Sahlman and Hward Stevenson 1985)认为,风险资本家和股票市场在1977~1984年间在该产业中大量过度的投资,对金融的回报和创新产生了负面的影响。但是,另一个关于硬盘驱动器产业的研究声称,资本市场缺乏远见的诊断结论从长期的观点看值得质疑。贝格瑞伍、兰格、罗德尔和吴(Bygrave, Lange, Roedel and Wu 2000: 17)的研究承认许多硬盘驱动产业的企业失败了,但是他们认为幸存者最终享受着充分的商业成功,足以证明对产业所做的赌注是正确的。

这两个研究显示了分析金融和创新对产业演化的共同影响的潜力,但它们是特例(Carpenter, Lazonick and O'Sullivan 2003)。人力资源通过衍生企业活动从已有企业到新进入企业的重新配置的程度已经吸引了一些新近的研究(如:Klepper

2001)。但是,迄今为止,金融资源的配置和创新活动的产业模式之间的关系很大程度上被忽视了。

9.2.2.3 金融、创新和经济

当代经济学家们已经发展了几种方法用来考虑经济层面上的创新经济学,即考虑创新活动和经济发展之间的关系。基于技术经济范式的一种方法直接建立在熊彼特关于商业周期的研究之上(Freeman and Louçã 2001)。第一种方法——国家创新系统框架——在过去25年中已经形成用来解释经济发展的比较-历史模式(Nelson 1993)。

两种方法都遵循了熊彼特经济学说的主张,在分析经济发展中强调结构组成和经济演化方面。可是,这两种方法对资源配置的分析是不同的。在国家创新系统的著作中,很少讨论劳动力和资本被配置到创新过程的途径,即使其重要性已经被认可(Nelson 1993: 13)。相反,关于技术经济范式的著作已经长期研究了创新活动和劳动力配置之间的交互作用(Freeman 1977)。最近出版的由卡洛塔·佩雷兹(Carlota Perez 2002)所著的《技术革命和金融资本:泡沫和黄金年代的动力学》(*Technoligcal Revolutions and Financial Capital: The Dynamics of Bubbles and Golden Ages*)一书中,金融和技术经济范式之间的关系也已得到了系统的研究。

佩雷兹遵循熊彼特的研究,把技术革命作为其理论中心,即"突破性创新的集群形成了连续和独特的革命,使整个生产结构现代化了"。但是,她有关革命的观点比熊彼特的研究更多地强调创新的扩散①。比起熊彼特关于商业周期所做的工作,她也在更大程度上强调技术革命的影响大大超出了它们的经济影响,即还包括"管理、社会,甚至意识形态和文化制度的转变"(Perez 2002: 24~25)。②

佩雷兹对金融和生产系统之间相互作用的分析也比熊彼特更全面。后者主要集中于金融系统在资助创新投资的初始勃兴中的作用,而佩雷兹描述了

---

① 大多数技术和经济轨道的现代研究文献确实如此(Freeman and Louçã 2001: 149)。

② 然而在CSD,熊彼特重点关注创新过程特征的社会、政治以及经济的变革影响。

技术革命的生命周期中金融系统可能参与生产系统的途径。她认为,随着经济从一个生命周期转变到另一个生命周期,金融系统和生产部门之间的关系也会变化。

佩雷兹的书对于帮助我们理解金融和创新作出了重要的贡献。当然,由于它的原创性,它也有某些不足,需要在今后的工作中完善。尤其是,佩雷兹对于金融在资助技术革命中的作用得出的一些关键论点,书中并没有提供系统的实证支持①。

然而,由博彦·约万诺维奇(Boyan Jovanovic)和他的合著者近期所写的实证论文中有类似熊彼特对金融和技术的分析,这些文章是关于从19世纪晚期直到现在美国经济中股票市场的发展和技术革命之间的关系的(Jovanovic and Greenwood 1999, Jovanovic and Rousseau 2001,Hobijn and Jovanovic 2001)。例如,约万诺维奇和卢梭(Rousseau 2001)比较了IT革命与“电力时代”技术革命对美国股票市场的意义。研究显示,在20世纪初和20世纪末,从资助到股票上市、从成立企业到股票上市、从首次产品或流程创新到股票上市的转变期都比中间时期要短,他们认为对这种模式的解释可以在技术变革的特征中找到(Jovanovic and Rousseau 2001: 336)。

9.3 创新和金融经济学

在上一节中,作为一般规律,我强调了创新经济学家们很大程度上还没有意识到熊彼特所关心的金融和创新的重要性。长期以来,在其他经济学分支中,金融与实体经济之间的相互作用通常被忽视了。然而,近几年这一状况已经开始有所转变。

---

① 当然,佩雷兹明确地把她的书称为“一个思考的片段,一种解释,是对这一问题的深入分析和引发讨论”(Perez 2002: xix)。

企业金融领域相关理论的发展已经激发了对企业金融和投资之间交互作用的研究兴趣。在关于经济增长的著作中,内生增长理论的影响已经引导经济学家们考虑如何并且在什么程度上金融系统可能影响经济增长的速度和进程。结果,许多现在被经济学家研究的一些问题,如作为一种金融来源的风险资本的特征和重要性,以及对研发密集型企业及新创企业的资助,都是那些关注创新经济学的研究者的研究兴趣所在。然而,实证研究的发展已经落后于理论研究的发展,已有的证据即使在一些已经成熟的理论成果方面也经常是模糊不清的。而且,金融经济学家所采用的主流概念方法对于理解金融和创新的关系有严重的不足。

9.3.1 企业金融微观经济学

从 20 世纪 70 年代末起,基于信息经济学的企业金融的理论研究有一个重大变化。出现了一整套新的企业金融理论,它一开始就把“信息不对称”①的重要性作为企业金融的决定性因素。金融信息经济学对企业的影响日益增加的一个后果就是,金融经济学家们对可选择的金融来源的思考方式的转变。他们的兴趣已经不是莫蒂里亚尼和米勒(Modigliani and Miller 1958)的研究所引发的相当简单的对金融来源的成本效益分析。有关可选择的金融来源的比较分析日益考虑其对经济主体的信息、动机和控制的影响。

这些发展激发了对可选择的金融来源间已有差别的重新研究。例如,对债务和权益、银行和基于市场的金融的传统比较,已经被基于信息经济学的新方式概念化(Allen and Gale 2000)。而且,先前很少受到金融经济学家们关注的金融来源,由于从信息经济学角度显示了它独有的特征,因而已经吸引了越来越多的人的关注;最好的例子是开始出现了有关风险投资的著作。

---

① 在经济学中,“信息不对称”这个名词指这样一种状况,对于某个任务,一个经济主体比另一个经济主体拥有更多能影响其利益的信息。

威廉·沙赫曼(1990)的一篇文章探索性地使用不对称信息逻辑作为风险金融理论的基础。沙赫曼确定了几种在风险资本投资过程中普遍使用的不同机制,他认为风险资本家们在不对称信息面前就是使用它们去克服金融风险问题。在后续的研究中,其他学者们进一步探讨了这些机制所起的作用,例如筹备、补偿、监视、控制和退出所投资的企业,以及风险资本家们和他们所投资企业间的关系(这项研究的概要见:Compers and Lerner 1999)。

对企业可选择的金融来源的分析已经取得了重要的理论进展,而实证研究却落后了。即使是有关企业金融不同来源的相对重要性的一些基本证据,如内部和外部的资金来源,以及像银行、股票和债券市场这些外部资金的可选择来源和风险资本家们,都是很少的(见专栏 9.1 对美国风险资金产业的历史概括)。更有挑战性的问题是,企业是否由于金融经济学家们建议的原因而选择可转换的金融来源,或对这些来源的使用是否对企业金融理论所提出的绩效有意义,这些挑战性的问题都还没有引起足够关注(Rajan and Zingales 1995:1421)。

专栏 9.1

历史与比较视角的风险资本

美国是一个与专业风险资本产业联系最紧密的国家。尽管与大多数工业化国家一样,美国长期以来用私人资本投资新的企业,其风险资本“产业”始于 1946 年为新企业提供金融资助而创立的美国研究和发展基金(ARD)。ARD 是由在波士顿的当地投资团体的成员以及来自麻省理工学院(MIT)的教授和管理人员建立的。二战期间随着联邦政府在 MIT 投资研究的扩大,ARD 项目的主要来源就是联邦政府在哈佛和 MIT 资助的实验室。到目前为止,它最成功的项目就是 1957 年投资于由 MIT 林肯实验室的肯尼斯·奥尔森(Kenneth Olsen)成立的新企业,即数字设备公司(DEC, Rosegrant and Lampe 1992:72/110~114)。

ARD 在 DEC 投资的巨大成功——当 1966 年该计算机企业公开上市的时

候,ARD 的 70 000 美元原始投资价值变为 37 000 000 美元——引起了金融界对风险资本的极大兴趣,从那时起,硅谷的高科技企业中兴起了一类新的金融家。像仙童公司的尤金·克莱纳(Eugene Kleiner)和瓦伦丁(Valentine)先生那样的成功企业家用他们积累的资本重新投资当地有前景的新企业,并且把现金、工艺技术、运作经验和产业联系网都带到他们所投资的企业中。硅谷的风险资本家大量地参与他们所投资的企业,如向企业家建议商业计划和战略、帮助寻找合作投资者、招募重要管理者,以及担任公司董事(Saxenian 1994: 39)。

几个规则的变化对 20 世纪 80~90 年代美国风险资本产业的进一步扩张作出了贡献。尤其重要的是 20 世纪 70 年代末一系列的立法,使得风险资本成为更具吸引力的投资选择:其资本收益的税率从 49.5%减少到了 20%,并且养老基金更容易投资到风险资本合伙企业中。美国从那时起资金向风险资本的流动就有了较大的增加(见图 1.1,Gompers and Lerner 1999: 7)。产业投资和支出的历史趋势显示了相当大的变动性,其在 20 世纪 60 年代、80 年代以及在 20 世纪 90 年代末到 21 世纪初再次出现了主要的繁荣-破灭的周期。

美国风险资本产业的投资是高度集中的。在 1965~1992 年间,四个产业——办公和计算机、通信和电子、制药、科学仪表——占所有美国风险资本产业投资的 81%。这些部门的相对重要性随着时间发生了极大的变化:办公和计算机变得不太重要了,而制药部门则增加了风险资本的投资份额。据估计,在 20 世纪 90 年代,尤其是在 1999 年和 2000 年,因特网相关的投资分别占所有风险资本投资的 70%和 75%(Venture Economics)。

以占经济总产出的份额来衡量,美国风险资本产业在世界上是最大的。在 20 世纪 90 年代,其他国家的风险资本产业有过相当大的增长;例如,1989~1999 年期间,整个欧盟的风险资本投资占 GDP 的比例从 0.04%增加到 0.12%,其中比利时、瑞典和荷兰的增长尤其显著(见表 9.1)。然而,在这期间美国风险资本投资的增长更快,意味着它实际拉大了对其他国家的领先优势,尤其是其风险资本家对企业早期发展阶段的投资活动。

表9.1 风险资本和早期投资占GDP的百分比

国家	风险投资占GDP的比例		早期投资占GDP的比例	
	1989年	1999年	1989年	1999年
奥地利	0.01	0.03	0.006	0.007
比利时	0.05	0.26	0.015	0.093
丹麦	0.01	0.05	0.009	0.019
芬兰	0.01	0.11	0.003	0.057
法国	0.05	0.12	0.009	0.039
德国	0.01	0.13	0.004	0.051
希腊	n.a.	0.06	n.a.	0.017
爱尔兰	0.05	0.09	0.002	0.048
意大利	0.02	0.05	0.002	0.014
荷兰	0.05	0.25	0.006	0.096
葡萄牙	0.02	0.05	0.004	0.008
西班牙	0.02	0.09	0.009	0.018
瑞典	0.02	0.19	0.004	0.113
英国	0.13	0.20	0.023	0.020
欧盟	0.04	0.12	0.008	0.036
美国	0.11	0.59	0.027	0.056

Source：Christofidis and Debande，2001，p.20；p.23

信息经济学影响的不断增长激发了另一种企业金融的理论分析，即鼓励对被长期忽视的企业金融和投资行为间交互作用进行研究。由于企业和金融家之间的信息不对称使得企业的外部金融比内部金融更加昂贵，当其他条件均相同时，那些具有充实内部来源渠道的企业将比那些必须寻找外部金融的企业投资更多。

现在有一个充分的实证证据认为“流动性约束”(liquidity constraints)对资本投资是有影响的(概要见：Hubbard 1998：199)。然而，关于这些的研究已经引发了对方法论的关注。特别是，争论集中于普通的做法，即把流动性约束的重要性从企业投资的敏感度放到其现金流中。一些学者声称，“投资及现金流的敏感度没有提供金融限制存在的证据”,因而产生出本文献所论述的实证结果的有效性问题(Kaplan and Zingales 2000;Fazzari, Hubbard and Petersen 2000)。

还出现了另外的理论,认为影响可能趋于另一个方向,并且企业投资的特征可能影响企业金融。一些文献论述了企业投资活动类型和它们的金融行为之间的关系。另外的文献认为投资企业的特征,例如它发展的阶段,会影响到它筹措资金的方式。

在企业活动对其金融影响的分析中,R&D 投资吸引了特别的关注,因为它们被认为引发了企业管理者和金融家之间重要的信息不对称(Bah and Dumontier 2001: 675,Himmelberg and Petersen 1994,Hall 2002)。从这样的分析中可以得出的主要结论是,从内部和外部来源资助 R&D 投资的成本之间的差距应该比其他投资形式要大。因此,R&D 密集企业应该比其他企业更倾向于依赖内部资金去资助其投资。而且,由于资本市场不完善而引起的金融限制应该比其他投资对 R&D 的影响更大(Hall 2002,Carpenter and Petersen 2002: 55)。最近,许多学者建议这些争论不应只用于 R&D 投资,也应用于所有高科技产业的投资(见: Bank of England 2001: Aneex,81~85)。

金融和 R&D 之间关系的实证研究主要分析了现金流与 R&D 支出之间的联系。这些研究的共同发现就是: R&D 投资实际上和现金流正相关(概要见: Hall 2002)。可是,这些研究也遭受了方法论方面的批判,正如我们已经提到的流动性约束的实证研究和资本投资一样,如果这些问题不解决,他们的发现是无法令我们信服的。

金融经济学家们也已经开始分析投资企业的特征是否可能会影响到它们的金融行为。他们对企业的发展阶段给予了特别的关注,“金融增长周期”的概念现在也被广泛用于论述企业面临的挑战,即当它们由新企业成长到持续经营时信息不对称的程度再次突出(Berger and Udell 1998: 662)。也许这类分析最直接的含义就是,企业在周期的更早阶段,如新成立时,筹集外部金融很可能有困难。结果,它们应该比处于后来发展阶段的企业更大地依靠内部的金融。

此外,实证研究没有跟上理论发展。而且,已经收集的证据没有为理论文献中提出的一些最基本的主张提供明确的支持。在这个方面,博格(Berger)和乌德尔(Udell)在他们的实证分析中强调了两项令人惊讶的发现。第一个发现是,在企业晚期由主要所有者提供的资金比企业早期更重要;第二个发现是,他们的证据认为即使对于最年轻的企业,来自内部的金融一直就比外来者提供的金融重要(Berger and Udell 1998: 625)。

有关投资特征对企业金融影响的两类文献——一类是关于所做的投资的特征,另一类是关于投资企业的特征——最近在对进行R&D、高科技和基于技术的金融投资的小企业或通常被称为技术型小企业(TBSFs)的研究中被放到了一起。来自"新"企业金融的理论模式预测这些企业比其他企业在利用自己内部资源资助它们投资方面将受到更紧的限制。可是至今,这些基本的主张是否能被实证所证实还是未知数。正如最近英国银行所做的一份报告所推断的:"来自这些研究的证据在关键问题上是有冲突的,即TBSFs在金融的获取方面是否比中小型企业(SMEs)面临更大的困难。"(Bank of England,2001: 83)

9.3.2 金融系统和经济增长

认识到了技术变化对经济增长的重要性的当代增长理论,呼应了熊彼特所强调的作为经济发展过程主要推动力的创新的重要性。而且,虽然熊彼特强调了金融系统在促进创新及经济发展方面的重要性,但是在20世纪后半叶,有关国家金融系统的发展和结构可能对其自身经济增长有影响的观点却受到多数宏观经济学家们的怀疑和漠视。不过近年来,对金融发展和经济增长之间关系的研究有了明显的增长,这一趋势一般归因于宏观经济学中内生经济增长理论的影响。许多理论文章建立了金融系统可能影响长期增长的机制模型。通过它,人们还进行了一些主要基于大型跨国的回归分析的实证研究,来分析金融系统和经济增长间的关系。

大多数这些金融和增长的研究试图将金融系统的发展水平和结构特征与综合的经济活动联系起来。与新古典主义增长理论中采取的主流方法一致，经济发展被理解为由聚集的生产功能产生的无差别的数量(undifferentiated quantity)。结果，当代金融和增长的分析对结构组成和经济进化没有任何论述。因此，它们忽视了被熊彼特认为是经济发展过程必不可少的特征，即其由于时间变化和跨部门而出现的波动。

可是，这个一般规律也有几个例外。瑞简和金格来斯(Rajan and Zingales 1998)根据投资和金融行为对产业进行了区分，认为它们的金融要求是由科技决定的：

> 为什么一些产业相比其他产业更依赖外部金融，这里有一个科技的原因。从最初的项目规模、酝酿时期、现金收获阶段以及继续投资要求这几方面来说，产业间是显著不同的，这当然是似是而非的(Rajan and Zingales 1998: 563)。

他们的主要假设是，更多依靠外部金融的产业在拥有更发达金融市场的国家中应该成长更快。其他几项研究遵循瑞简和金格莱斯的方法，按照对金融的需要来区分产业。其中的一些研究进一步考虑金融结构——特别是基于市场或基于银行的金融系统——对不同产业的发展的影响(Beck and Levine 2002; Demirguc-Kunt and Maksimovic 2002; Carlin and Mayer 2003)。

这种分解方法对金融和增长之间关系的重要意义是，金融系统的经济影响可能不仅反映在总的经济增长率上，也反映在特定产业的差别发展中。特定产业增长轨道的差异将反过来反映在跨国经济增长构成的差异性上；由国家金融系统支持的部门随着时间推移在经济发展中将变得越来越突出，而其他很少受到支持的部门将在发展中衰退或失败。但是，至今在这些研究中，分析金融系统和经济结构演化之间关系的问题还没有得到深入研究。

9.4 金融和创新研究的新议程

对于分析金融和创新的关系,当代经济研究还有很长的路要走。尽管关于资源配置的问题已经潜含在现有研究中,但在创新经济中,该种关系已经在很大程度上被忽略了。在金融经济学中,一些学者已经开始探求直接与金融和创新的研究相关的课题,但是金融经济学家们更擅长形成新的理论论点,而不是举出实证来支持自己的论点。

原则上,有一个好的例子来整合这两个领域,以作为洞察金融和创新之间关系的一种新途径。但是,金融经济学家们用来分析经济变化过程的主流理论方法存在严重的局限性。而且,相互忽视的障碍,以及更根本的——方法论差异的障碍使得这样的整合是不太可能的。创新经济学家和金融历史学家之间的合作是理解金融和创新之间关系的更好途径。这些学者都把历史作为经济分析的一个方法,这很重要,因为分析金融和创新之间的交互作用时需要理解的基本过程是历史的过程。

9.4.1 金融理论和经济变革的动态性

当我们将金融经济学文献与我们所知道的创新的动态性联系在一起时,金融经济学家们的一些研究弱点就很明显了。结果,令人怀疑的是,针对金融在创新过程中的作用,金融经济学家们用他们的理论框架能发展出一种令人满意的理解。在微观经济学文献中,主要问题是在企业金融理论中将不对称信息概念放在中心位置。事实上,只要有人认为一个真实的现象导致了重要的信息不对称性,金融经济学家们就会根据企业金融理论认真考虑,因此,不对称这一概念提供了分析"真实"经济的空间;但是,概念的多样性也暗示了它的局限性。

一个问题就是,它是以相当随意和普遍的方式被使用,却没有太多关于信息不对称程度方面的证据或它们在影响经济关系中的重要性的论述。比如关于R&D投资,人们通常会发现,它们正面临严重的信息不对称问题。然而,为什么我们要假定,投资者关于制药企业R&D活动成功可能性的信息一般少于那些决定一个新汽车工厂生产力的因素呢?

更根本地说,现在还不清楚,由一些经济主体享有的获取信息的特权是企业资助这些投资所面临挑战的主要决定因素。当进行创新投资的时候,比信息不对称更重要的挑战是表现了投资和产出之间关系特征的基本的不确定性。在一个充满基本的不确定性特征的环境中,至关紧要的问题并不是某个人知道一些事而其他人不知道。事实上,制定决策的一大挑战是忽视,即没有人真正知道。

这种意义上的不确定性不同于以变量不确定性为主要考虑的新古典经济学中使用的概念(Arrow and Debreu 1954,Arrow 1974)。新古典经济学主要关注的是参数的不确定性①。制定经济决策的环境的特征被视为一系列互相排斥但总体却共同构成整个世界的各种可能状态。在这样一种封闭的和确定性的世界里,基于概率论估计的合理决策是行动的一个可行基础。

当不确定性是很基本的事实时,例如当创新发生时,经济主体不仅不能确定可能得到哪种状态,而且也不确定哪种更有可能。因此,在进行创新投资的时候,没有客观的指导来制定决策或解决争端。那么,一个人在这样的环境中是如何行动的?当不确定性包围着创新投资时,它们是如何得以实施的?

在十分不确定环境下制定决策的问题,由于创新过程揭示了世界新的和可能的状态而变得更为复杂(Kline and Rosenberg 1986:297~298)。换句话说,创新固有的不确定性随着过程的演变而展现。结果,在没有通过创新过程发现之前,未来的世界状态都是不能确定的(Rosenberg 1994:53~54)。通过参与该过程及熟

① 关于结构性或根本性不确定性和变量不确定性之间差异的一般讨论,见:Loasby 1976, O'Driscoll and Rizzo 1985, Langlois 1986, Shackle 1992。

悉该过程,决策者学习并实践了他们关于创新投资变革可能性及问题的观点。没有证据证明,通过改变他们基于新信息的观点,决策者们必然会离一些事实更近。相反,他们可能会由于解释应用于创新挑战和机会中的信息而犯许多错误。

那些认真关注伴随创新投资带来的十分不确定性问题的经济学家们倾向于强调基于观点及信仰系统的主观判断对决策的重要性。他们还认为,在应对创新展现的固有的不确定性时,决策是经验性及解释性的。金融经济学家们倾向于忽略资源配置和能使企业投入资源的机制的基本认知特征——如无知、学习及错误。目前,在对企业金融的分析中,金融经济学家们已经强调了决策中的理性——当然是相当有限和静态的理性概念,对于决策的主观与经验性维度的排除。尽管理性分析可能会很好地介入创新资源配置的过程,但却不能主导这一过程。

假如金融理论对于理解与创新投资有关的认知挑战只有有限的作用,那么它对于解决其他企业层面创新的重要方面,如组织特征就完全没有帮助。尽管微观经济学在概念化企业经济学方面已经取得了重要进展,企业金融学家还是不能把他们的研究融入主要的企业理论中。实际上,许多金融经济学家保留把企业当作合同关系伙伴的观点,他们拒绝把企业作为具有逻辑而与市场显著不同的组织的观点。

就宏观经济学文献而言,其理解金融和增长之间关系的主要问题是,它用相当机械的方式来把这一关系概念化。本类文献中所使用的大多数模型都认为经济增长是一样的,不随时间和地方而变。通常,它们都不讨论组织和制度方面的差异和变化,而金融资源被配置及使用正是通过这些方面去促进经济增长。当然,就金融数量的影响而言,它在较低程度上提供了基于经济增长"数量"所应用的价格,金融和增长之间的关系是可以理解的。

与此不同,创新和技术变革的研究强调了这些过程对生产及经济增长发生影响的背景的极端重要性。就是因为这个原因,著名的经济历史学家加文·怀特(Gavin Wright)最近呼吁经济学家采用"在历史上可能的、制度上独特的技术观点”(Wright 1997：1562)。从这个观点看,金融和创新的研究必须更多关注背景因素在改变金融关系中所起的作用。谁得到了金融资源？什么时候得到的？怎样使用的？以及其他只能由企业间、时段和投资中所做定性区分确定的因素,可能比投资到产业中的金融资源的整体数量更重要。

最近的研究把部门差异融入对金融和增长的分析中,倾向于忽视这些背景因素的重要性。它们假定给定的技术特征对企业投资规模和时机有影响,结果是对企业的金融要求也有影响。然而,即使我们给定了技术特征,一系列的变量如新进企业和已有企业的平衡,及更一般的产业竞争结构,确定了形成技术、投资需求和资助要求之间关系的背景。而且,技术和金融之间的关系随着时间变化在产业内部也可能改变,部分是由于产业技术特征的演变,但也因为决定它们与金融关系的干涉变量也改变了。

9.4.2 领域间融合的可能性及问题

金融经济学分析金融和经济变革动态性之间关系的许多缺陷是能够被克服的,至少原则上可以通过与创新研究更紧密地融合来克服。在金融经济学内对此已经有了一些认知。本领域的著名学者卢吉·金格莱斯(Luigi Zingales)已经在他的研究中很详细地要求“新的基础”,即对企业金融的研究要有更复杂的企业分析。从我的角度看特别有趣的是,他强调了“企业家精神理论”对理解企业怎样创新的重要性(Zingales 2000)。

创新经济学家也可以从金融研究中学习。一方面,他们与金融经济学家的更多联系能引发他们对金融的普遍兴趣,但是现有研究的特定细节也能成为有用观点的来源。比如,最近金融经济学家对企业发展阶段与其资助需求之间的关系的关注可能被创新经济学家大量地采用。

假如研究融合唯一的障碍就是缺乏对相互之间研究的熟悉,那么就可能相对容易去克服。然而,对其他学术领域探寻的忽略通常掩盖了更深层的障碍。除了以上所描述的理论差异,方法论方面的差异也对金融和创新研究的融合造成了极大的障碍。

也许创新和金融领域之间交融最重要的方法论障碍就是它们在经济分析中赋予历史的不同优先度。认识到他们所研究的过程中随着时间而变革的重要性,创新经济学家通常称自己为"演化经济学家",并通常在他们的经济分析中突出历史分析的显著重要性。在他们的实证研究中,他们倾向于强调在创新和技术变革中定性变量随着时间和跨国变化的重要性。他们经常质疑那些从历史背景中抽象出来的创新及经济发展理论,并强调理由充分的历史"和"历史友好模型"的重要性(Freeman and Louçã 2001,Laaonick 1991,Malerba et al. 1999)。

与此不同,大多数金融经济学家忽略了资本主义是个演化过程的事实。均衡分析几乎主导了理论研究,而忽略了经济行为的历史源泉及演化。在实证研究中,定量分析是规范,但对一国之内随着时间变化的定性变量的关注是有限的。因此毫不奇怪,只有有限的研究关注金融系统的历史发展、经济的结构性演化和随着时间在金融系统和真实经济之间的变化。

看来,这样的方法论差异不可能在可以预见的未来得到改变。因此,对于创新和金融之间关系的研究进展,更可行的途径就是:创新经济学家与金融历史学家进行合作。通过与技术、劳动力和商业历史学家在技术变革方面的研究合作,演化经济学已经对推动研究交流的历史分析的共同方法论观点的价值有了直接的体验。类似的富有成效的交流也可能源于和研究金融系统历史的经济和商业历史学家的相互学习。事实上,此方向已经有了许多有希望的研究迹象(见:Lamoreaux and Sokoloff 2004)。

9.5 结　　论

在金融和创新的新研究中要优先考虑的是什么呢?现有关于金融系统的

实证研究的缺乏及其缺陷被广泛认为是分析经济作用的主要障碍。即使我们聚焦于现代金融需求与供给的模式,证据的缺乏也是个问题。当我们查找历史数据时,我们对这些模式理解的问题更大(Levine 2003,O'Sullivan 2004a,b,Zingales 2003)。

事实上,企业的金融需求和供给模式仅仅是有关金融和创新之间关系更详细的实证问题的背景证据。在理想情况下,那些主要兴趣是研究某种关系的学者们可能从现成可用的来源收集这些数据。然而,现有对金融需求和供给模式相当紧缺的实证研究状态又意味着这种选择是不可行的。

因此很难说,如果对这方面有兴趣的学者不愿意为收集这些数据从而解决基本的实证问题,那么我们对金融和创新的理解的实质性进展就不知如何才能达到。至少,我们需要能确定企业、产业和国家的历史模式中的差异与变化的证据。我们还需要去理解不同金融制度中来源供给的长期趋势。比如,不同国家在不同时期其股票市场作为一种金融来源对企业投资的重要性是怎样的?在不同时期其资助的产业和企业类型是什么?由债券市场和银行资助的产业和企业特征有没有明显不同?(已有实证研究对这些问题的缺陷,见:O'Sullivan 2004a,b)

只有确定了这些金融需求和供给的基本模式,我们才有希望去理解它们是怎样与经济变革相联系的。比如,在一个特定产业中我们可能会询问金融需求和供给模式与已有企业和新进企业在创新活动方面的平衡是怎样相联系的。对于一个国家,金融模式与经济结构变革(如从制造业向服务业的转变)之间的关系是明显相关的。要理解金融和经济变革动态性之间的相互作用,目前主要是把数量和价格作为变量,描述金融需求和供给模式的实证研究也只能提供给我们这么多了。需要详细的案例研究来对这些相互作用的定性维度提供新的视角,从而能用于阐明、丰富或者质疑从定量研究中得出的某些结论。

当然,金融和创新分析的进展不能仅仅基于实证研究。最少,实证研究应该从提出的问题上得到理论的支撑。因而,为了推动这个课题上的实证研究,必须要有一批对金融和创新之间关系的概念性、理论性研究。新设想的一条比较看好的途径是：按照上述所讨论的，一个有望产生新思想的途径是进一步深入企业、产业和国家层面上对已经观察到的创新特征的资源配置意义的研究。然而，理论研究应该比创新特征对金融意义的分析要更进一步，要考虑金融系统的结构性特征及演化是如何影响实际经济中的创新活动的。

参考文献

ALLEN, F., and GALE, D. (2000), *Comparing Financial Systems*, Cambridge, Mass.: MIT Press. ARROW, K. (1974), *The Limits of Organization*, New York: Norton.

——and DEBREU, G. (1954), "Existence of an Equilibrium for a Competitive Economy," *Econometrica*, 22: 265~290.

BAH, R., and DUMONTIER, P. (2001), "R&D Intensity and Corporate Financial Policy: Some International Evidence," *Journal of Business Finance and Accounting* 28(5/6): 671~692.

Bank of England (2001), *Financing of Technology-Based Small Firms*, London: Domestic Finance Division, Bank of England, February.

BECK, T., and LEVINE, R. (2002), "Industry Growth and Capital Allocation: Does Having a Market-or Bank-Based System Matter?" *Journal of Financial Economics* 64 (2): 147~180.

BERGER, A., and UDELL, G. (1998), "The Economics of Small Business Finance: The Roles of Private Equity and Debt Markets in the Financial Growth Cycle," *Journal of Banking & Finance* 22(6~8): 613~673.

BOWER, J. (1970), *Managing the Resource Allocation Process: A Study of*

Corporate Planning and Investment, Cambridge, Mass.: Division of Research, Graduate School of Business, Harvard University.

BURGELMAN, R., and SAYLES, L. (1986), *Inside Corporate Innovation: Strategy, Structure, and Manageriat Skills*, New York: Free Press.

* BYGRAVE, W., LANGE, J., ROEDEL, J. R., and Wu, G. (2000), "Capital Market Excesses and Competitive Strength: The Case of the Hard Disk Drive Industry, 1984 ~ 2000," *Journal of Applied Corporate Finance*, 13(2): 8 ~ 19.

CARVES, W., and MAYER, C. (2003), "Finance, Investment and Growth," *Journal of Financial Economics* 69: 191 ~ 226.

* CARPENTER, M., LAZONICK, W., and O'SULLIVAN, M. (2003), "The Stock Market and Innovative Capability in the New Economy: The Optical Networking Industry," *Industrial and Corporate Change* 12(5): 963 ~ 1034.

* CARPENTER, R., and PETERSEN, B. (2002), Capital Market Imperfections, High-Tech Investment, and New Equity Financing," *Economic Journal* 112: 54 ~ 72.

CHANDLER, A. (1992), "Organisational Capabilities and the Economic History of the Industrial Enterprise," *Journal of Economic Perspectives* 6(3): 79 ~ 100.

CHRISTOFIDIS, C., and DEBANDE, O. (2001), "Financing Innovative Firms Through Venture Capital," EIB Sector Papers.

DEMIRGÜÇO - KUNT, A., and MAKSIMOVIC, V. (2002), "Funding Growth in Bank-Based and Market-Based Financial Systems: Evidence from Firm-Level Data," *Journal of Financial Economics*, 65: 337 ~ 363.

FAZZARI, S., HUBBARD, G., and PETERSEN, B. (2000), "Investment-Cash Flow Sensitivities are Useful: A Comment on Kaplan and

Zingales," *Quarterly Journal of Economics* 115: 695~705.

FREEMAN, C. (1977), "The Kondratiev Long Waves, Technical Change and Unemployment," in *Structural Determinants of Employment*, vol. 2, Paris: OECD, 181~196.

——and LOUÇÃ, F. (2001), *As Time Goes By: From the Industrial Revolutions to the Information Revolution*, Oxford: Oxford University Press.

GOMPERS, P., and LERNER, J. (1999), *The Venture Capital Cycle*, Cambridge, Mass.: MIT Press.

GANS, J., HSU, D., and STERN, S. (2000), "When Does Start-Up Innovation Spur the Gale of Creative Destruction?" NBER Working Paper 7851.

* HALL, B. (2002) "The Financing of Research and Development," NBER, Working Paper 8773.

HIMMELBERG, C., and PETERSEN, B. (1994), "R&D Internal Finance: A Panel Study of Small Firms in High-Tech Industries," *Review of Economics and Statistics* 76(1): 38~51.

HOBIJN, B., and JOVANOVIC, B. (2001), "The Information-Technology Revolution and the Stock Market: Evidence," *American Economic Review* 91(5): 1203~1220.

HUBBARD, G. (1998) "Capital-Market Imperfections and Investment," *Journal of Economic Literature* 36(1): 193~225.

JOVANOVIC, B., and GREENWOOD, J. (1999), "The Information-Technology Revolution and the Stock Market," *American Economic Review* 89(2): 116~122.

* ——and ROUSSEAU, P. (2001), "Why Wait? A Century of Life before IPO," *American Economic Review* 91(2): 336~341.

KAPLAN, S., and ZINGALES, L. (2000), "Investment-Cash Flow

Sensitivities are not Valid Measures of Financing Constraints," *Quarterly Journal of Economics* 115: 707~712.

KLEPPER, S. (2001), "Employee Startups in High-Tech Industries," *Industrial and Corporate Change* 10: 639~674.

KLINE, S., and ROSENBERG, N. (1986), "An Overview of Innovation" in R. Landau and N. Rosenberg (eds.), *The Positive Sum Strategy: Harnessing Technology for Economic Growth*, Washington, DC: National Academic Press, 275~305.

* LAMOREAUX, N., and SOKOLOFF, K. (eds.) (2004), *The Financing of Innovation in Historical Perspective*, Cambridge, Mass.: MIT Press.

LANGLOIS, R. (1986), "Rationality, Institutions and Explanation," in id., *Economics as a Process: Essays in the New Institutional Economics*, Cambridge and New York: Cambridge University Press, 225~255.

LAZONICK, W. (1991), *Business Organization and the Myth of the Market Economy*, New York: Cambridge University Press.

LEVINE, R. (2003), "More on Finance and Growth: More Finance, More Growth?" Federal Reserve Bank of St. Louis, July-August, 31~46.

LOASBY, B. (1976), *Choice, Complexity, and Ignorance: An Inquiry into Economic Theory*, Cambridge and New York: Cambridge University Press.

MALERBA, F., NELSON, R., ORSENIGO, L., and WINTER, S. (1999), "'History-friendly' Models of Industry Evolution: The Computer Industry," *Industrial and Corporate Change* 8: 3~40.

MCMILLAN, G. S., NARIN, F., and DEEDS, D. (2000), "An Analysis of the Critical Role of Public Science in Innovation: The Case of Biotechnology," *Research Policy* 29(1): 1~8.

MODIGLIANI, F. and MILLER, M. H. (1958), "The Cost of Capital,

Corporation Finance and the Theory of Investment," *American Economic Review* 48(3): 261~297.

MOWERY, D., and LANGLOIS, R. (1996), "Spinning off and Spinning on (?): The Federal Government Role in the Development of the US Computer Software Industry," *Research Policy* 25(6): 947~966.

NELSON, R. (1991), "Why do Firms Differ and how does it Matter?" *Strategic Management Journal* 12: 61~74.

——(1993), *National Innovation Systems: A Comparative Analysis*, Oxford: Oxford Univerity Press.

O'DRISCOLL, G., and Rlzzo, M. (1985), *The Economics of Time and Ignorance*, Oxford and New York: Basil Blackwell.

O'SULLIVAN, M. (2004a), "The Financing Role of the US Stock Market in the 20th Century," Working Paper, INSEAD.

——(2004b) "Historical Patterns of Corporate Finance at General Electric and Westing house Electric," Working Paper, INSEAD.

* PEREZ, C. (2002), *Technological Revolutions and Financial Capital: The Dynamics of Bubbles and Golden Ages*, Cheltenham, UK and Northampton, Mass.: Edward Elgar.

RAJAN, R., and ZINGALES, L. (1995), "What do we know about Capital Structure: Some Evidence from International Data," *Journal of Finance* 50(5): 1421~1460.

* ——(1998), "Financial Dependence and Growth," *American Economic Review* 88(3): 559~586.

ROSEGRANT, S., and LAMPE, D. (1992), *Route* 128: *Lessons from Boston's High-Tech Community*, New York: Basic Books.

ROSENBERG, N. (1994), *Exploring the Black Box: Technology*,

Economics, *and History*, *Cambridge and New York*: Cambridge University Press.

SAHLLMAN, W. (1990), "The Structure and Governance of Venture-Capital Organizations," *Journal of Financial Economics* 27(2): 473~521.

* ——and STEVENSON, H. (1985), "Capital Market Myopia," *Journal of Business Venturing* 1(1): 7~30.

SAXENIAN, A. (1994), *Regional Advantage: Culture and Competition in Silicon Valley and Route* 128, Cambridge, Mass. and London: Harvard University Press.

SCHUMPETER, J. (1939), *Business Cycles*, vol. 1, New York: McGraw Hill.

——(1942), *Capitalism*, *Socialism*, *and Democracy*, New York and London: Harper & Brothers.

——(1949), "Economic Theory and Entrepreneurial History," in Research Center in Entrepreneurial History, Harvard University, *Change and the Entrepreneur*, Cambridge, Mass.: Harvard University Press.

——(1954), *History of Economic Analysis*, Oxford: Oxford University Press.

——(1964), *Business Cycles: A Theoretical*, *Historical*, *and Statistical Analysis of the Capitalist Process*, abridged, with an introd., by Rendigs Fels, New York: McGraw-Hill.

——(1975), *Capitalism*, *Socialism and Democracy*, New York: Harper Torchbooks.

——(1996), *The Theory of Economic Development*, New Brunswick: Transaction Publishers.

SHACKLE, G. L. S. (1992), *Epistemics and Economics: A Critique of Economic Doctrines*, New Brunswick, Transaction Publishers.

TEECE, D. (1986), "Profiting from Technological Innovation," *Research Policy* 15(6): 285~305.

——PISANO, G., and SHUEN, A. (1997), "Dynamic Capabilities and Strategic Management," *Strategic Management Journal* 18 (7): 524~526.

WINTER, S. (1984), "Schumpeterian Competition in Alternative Technological Regimes," *Journal of Economic Behavior and Organization* 5: 287~320.

WRIGHT, G. (1997), "Towards a More Historical Approach to Technological Change," *The Economic Journal* 107(444): 1560~1566.

* ZINGALES, L. (2000), "In Search of New Foundations," *Journal of Finance* 55(4): 1623~1653.

——(2003), "*Commentary*," *Federal Reserve Bank of St. Louis*, *July - August*, 47~52.

* 星号表示建议延伸阅读的条目。

第10章 创新与知识产权

奥弗·格兰斯坦德(Ove Granstrand)

10.1 引 言*

使用产权类权利来引发各种创新或许是一种最为古老的制度安排,尤其是对作为一种社会现象的创新来说。现在,人们一般称这类权利为知识产权(IPRs),它包括一些早就有的权利类型,如:发明专利(判断依据是:足够新颖,非显而易见以及有用)、商业秘密、版权、商标和外观设计权,以及一些新出现的权利,如新品种权和数据库权。① 一般而言,这些知识产权都有很长的法律及经济意义上的历史,同时又一直伴随着争论。但是,尽管它们有悠久的历史,但直到近期,知识产权在有关经济政策、国家竞争力以及社会福利的论争中,并没有取得中心地位。然而,在20世纪的最后25年中,一个亲专利(pro-patent)和亲知识产权(pro-IP)的新时代出现了,首先是在美国,随后扩散到全球。这种变革融入了更深、基础更广泛以及更为平缓的潮流,这一潮流是朝向一个更加信息(知

* 非常感谢本书主编和TEARI项目参与者的意见建议以及托马斯·埃文(Thomas Ewing)的帮助。

① 新品种权(breeding rights)是指在一定期限内排他性享有的使用某种培育的植物或动物品种商业化的权利。数据库权是指在一定期限内排他性享有的使某种数据或内容材料汇集的权利,包括文学、艺术、音乐类作品或文本、声音、图像、数字、事实(facts)等材料的汇集。然而,"数据库"这一术语在这种情况下不应该被扩展到使数据库建立和运转所使用的计算机程序。数据库权在欧洲自20世纪90年代中期就有了(并有更早的雏形),但美国没有。目前也存在大量的争议。

识)密集以及基于创新的经济(这一类型的经济近期被称为"新经济",从某种程度上说这是一种误导,因为新经济给人感觉好像整个经济都突然改变为一个全新的东西,并要取代旧的经济)。这些变革对发达国家和发展中国家的政策制定者都提出了新挑战。

10.2 知识产权制度的历史

下面所述的简要历史主要指专利史,着重介绍最为重要、也最具代表性的知识产权——专利,文中根据年代将结果总结在表 10.1。

表 10.1 专利和知识产权历史的年代划分[a]

年　代	特　　性
无专利时代 (古文明:埃及、希腊等)	出现了独立于技术的科学; 出现了文化与产业艺术; 保密和符号被认为是知识产权; 技术发明没有专利类产权或是制度
前专利时代 (从中世纪到文艺复兴时期)	大学的出现; 保密、版权和符号(艺术品、商标、名称)是当时主流的知识产权,也得到统一的组织; 出现了授予特权和酬劳公开披露(remunerate disclosure)的制度安排; 采矿法延伸到发明
国家专利时代 (15 世纪晚期~18 世纪晚期)	自然科学的突破; 专利法的地方立法(威尼斯 1474,英格兰 1623,etc.)以及版权法的地方立法(威尼斯 1544,英格兰 1709,etc.)的出现; 特权的规制; 国家层面对技术进步有意识的刺激,与经济政策相关联(如:重商主义)
多国专利时代 (18 世纪晚期~19 世纪晚期)	现代国家的出现; 工业化; 专利制度的持续的国际扩散; 本地反专利运动; 国际专利关系的出现(如:纠纷)
国际化专利时代 (19 世纪晚期~20 世纪晚期)	工业与军事研发的出现; 国际专利制度协作(巴黎公约 1883,WIPO,PCT,EPO,etc.); 社会主义国家和发展中国家独立的知识产权体制

（续表）

年　代	特　性
亲专利时代/亲知识产权时代（20世纪晚期~?）	对于许多实体来说，智力资本超过实物资本； 更加剧烈的国际竞争； 工业化国家采取的知识产权全球性行动，尤其是来自美国（导致TRIPS和WTO的产生）； 几乎在全世界范围内对专利制度的接受； 国际专利申请的日益增加

* 以历史事件流的方法识别年代、时代或是阶段或许是一个有用的排列分类方法，但是这种方法经常含有一些随意性，即使使用很好的评价标准（本表采用专利制度法律制定和地理扩散的不同程度作为基本的标准来区分不同的年代）。此外，在一个年代发生的事件往往形成一股潜流推动后一个年代的到来。

10.2.1 无专利时代与前专利（pre-patent）时代

古代文明，如巴比伦、埃及、希腊以及罗马帝国文明，没有听说有针对技术发明的专利类制度；但是，这些文明中有清晰的迹象表明存在其他形式的知识产权。直到中世纪时期，这种专利类制度才开始出现，大多是由统治者以特权的形式授予某些特殊的个人或职业。

10.2.2 国家专利时代

随着中世纪贸易和技术的发展，知识产权的概念已经更加细化且与政治制度紧密相连。在1474年，威尼斯公布了第一个正式的专利法规。经过展示证明可行并有用的发明（至少展示其模型）将获得长达10年之久的保护，防止被模仿；这种保护从属于特定的强制性许可证的规定。1474年的专利法形成了威尼斯吸引外来工程师并刺激有序的技术进步的政策。这些法律标志着一个新时代的出现，也即我们所称的"国家专利时代"（national patent era），因为这一阶段的专利制度一般是国家（或地区）现象，适合于单个城市国家或联邦国家。

这些由政府或统治者所授予的专利类特权并不仅仅局限于威尼斯，这种做法已经扩散到欧洲大陆。随着联邦国家内更多的专制政府的出现，政府间和统治者之间在专利授予条件和垄断特权方面出现了争议。[1]

作为国家重商主义者政策的一部分，专利授权的做法 16 世纪也在英国及法国得到普及。这样，专利就与贸易政策联系起来，这种联系很重要，同时也一直伴随着争议。

在专利制度扩散的早期阶段，一个重要的事件就是 1623 年英国国会“垄断法令”的通过。这一法令中，英国国会给出了专利制度的清晰的基本定义和具体形式。[2] 这后来成为一种模式，例如英国在北美的殖民地，17 世纪也开始采用了类似的专利法案。这个法令有个有趣的特点是：专利的垄断权力是授予真正的第一发明人，但这项发明在整个英国范围内必须是全新的。这个规定的本意在于刺激国内技术的进步（例如，通过吸引外国的工程师和企业家到英国来），同时反映了英国政界领导的关注，他们认为本国在某些技术领域已经落后，需要迎头赶上。这一法令确认了专利的有效期为 14 年（一个师傅培养一代学徒的两倍时间）。该法令另一个有趣的特点是，把专利授予权明确地从皇家统治者或君主转移到政府或其官僚机构。政府被认为是专利权的来源，这与那种专利来自君主或是个体的自然权利（natural rights）的观点是相对立的。这一观点后来在 1791 年法国大革命时成为法国专利法的依据，并且一直沿用到 19 世纪。

另一个重要的事件是 1790 年美国联邦专利法的制定。在美国建国之初赋予专利和个人知识产权的重要性清楚地表明了这样一个事实：美国宪法阐明美国国会有权“通过在一定时间内保护著作权人与发明人的著作与发现的排他性权利，去推动科学与有用艺术的发展”。

---

① “专利”一词的历史很有意思。在英语中这个术语是“专利特许证”（letters patent）的简称，最早来自拉丁文“Litterae Patentes”一词，这在中世纪的欧洲指密封但可公开阅读的一种皇家信件，是授予持有者的某种权利、特权、头衔或职位。“专利”一词源自拉丁文“patere”，意为“公开”。

② 事实上，专利垄断权成为以限制垄断特权为特征的“垄断法令”（Statute of Monopolies）的一个例外。这些皇室授予的特权已经逐渐退化了，英国议会想要终结这些特权，但又显然意识到鼓励技术进步的极端重要性。

托马斯·杰弗逊(Thomas Jefferson)在美国专利制度的早期阶段发挥了重要作用。当他还是国务卿的时候,他负责管理专利法。同时,作为新成立的"专利委员会"的主任,他自己也审查专利申请。人们都知道,杰弗逊反对垄断,但他相信给作者和发明者有限垄断权利所具有的价值。新的美国专利制度启动得很缓慢,就像300年前威尼斯所经历的那样;100年后,在日本也同样发生了这种现象。1793年的法案有实质性的修改,即省去了对那些可能成为专利的发明一定要"足够有用并且重要"的要求。对专利申请新颖性和实用性的审查被单纯登记制所取代。这使得专利的授权更像是例行公事,同时专利委员会被取消。1836年的专利法从本质上重新确立了1793年前实施的审查制度,并在美国国务院内设立了专利局,作为独立的执行机构。依据1836年专利法成立的美国专利局实行局长负责制,局长经国会批准,由总统任命。今天美国的专利审查和管理制度很大程度上基于1836年专利法制定的原则。

专栏 10.1

国际知识产权公约

1883年的《保护工业产权巴黎国际公约》(*The Paris Convention for the Protection of Industrial Property*,简称《巴黎公约》)涉及专利、商标、外观设计。此外1886年的《保护文学、艺术作品伯尔尼公约》(*Berne Convention for the Protection of Literary and Artistic Property*)包括版权及其他相关权利的保护,它们都是几十年发展过程中不同利益博弈的产物。瑞士当时没有专利制度,但是有着拥有愈来愈多领先专利的手表行业。瑞士非常积极地推动《巴黎公约》的签订(《伯尔尼公约》的总部也设在瑞士),同时受秘书处委托来管理与监督这些公约。随后,这两个秘书处马上并入一个机构(BIRPI)。1967,这个机构重组为世界知识产权组织(WIPO)。由于美国驻巴黎联盟和伯尔尼联盟(分别包括《巴黎公约》与《伯尔尼公约》的签订国)的外交努力,WIPO在1974年成为联合国的一个机构。

《巴黎公约》主要基于两个原则:(1) 外国人以及外国专利申请享受本成员国国内申请人和国内申请同样的待遇(不得有歧视);(2) 在一个成员国发布的专利优先权声明应被其他成员国所承认,即,一旦某一专利申请在某成员国提交,该专利申请人可以在 12 个月内就同一发明向其他任何成员国提交专利申请,其他成员国必须将该发明后来的申请日期视为第一次的申请日期。

10.2.3 多国专利时代

18 世纪后期到 19 世纪后期以专利制度在工业化与新兴工业化国家中的扩散为特征,尽管在这一过程中扩散速率不均衡,而且伴随着反复。德国一度出现了反专利运动,随后荷兰也出现类似运动,并于 1869 年废止了专利法。同时,瑞士也否决了一些专利法的提案,甚至英国也在考虑一个提案来显著削弱该国的专利法,而法国在法国大革命期间也已经减少了专利保护。

这种反专利运动是自由贸易和反垄断运动的结果。反垄断运动认为专利同重商主义政策和垄断特权紧密相关。然而,某些新兴产业和强专利(strong-patent)国家的利益集团创建了亲专利游说团体(pro-patent lobbying group),这些团体的影响日益明显。最后,19 世纪 70 年代世界范围的大萧条使得专利保护重新复兴,反专利年代最终在 19 世纪 70 年代结束了。

瑞士的情况显示了影响专利制度国际化扩散力量的有趣例子。在著名的 1866 与 1882 年公民投票否决了引入专利法的提议之后,1887 年的公民投票最终认可了专利法,主要是因为该国很重要的手表行业感到来自国外模仿者的巨大压力。然而,1887 年的专利法仅限于在瑞士境内保护机械发明,因为瑞士国内很多新兴化工业的企业想模仿并赶上更为领先的德国化工业。在德国以报复性的关税来威胁瑞士之后，瑞士 1907 年将其专利的范围扩展到化工工艺发明范围（而不包括化工产品。详见：Penrose 1951；Kaufer 1989）。

10.2.4 国际专利时代

随着国际贸易与工业产品竞争的加剧，专利制度最终得到了广泛的采用。各个国家实施了各种各样的政策来推动本国产业发展，这些政策大多歧视外国国民和外国企业，这就为专利事务方面的国际合作创造了需求。从这个角度而言，1883 年的《巴黎公约》是第一座里程碑，随后，又相继有一些其他的条约和协议，如 1886 年关于版权保护的《伯尔尼公约》，涵盖了更为广泛的知识产权（见专栏 10.1）。

20 世纪产业研发的出现改变了创新工作的模式和环境。曾是专利法保护的最初目标的个人发明者，渐渐变得不太重要。发明越来越需要大量的资源，无论在东方还是西方，工业企业成为主要的技术驱动力。不同类别国家间经济和产业的区别不断增加并惊人地扩大，这就在不同制度间形成了紧张状态，包括发达国家与发展中国家的知识产权体制。科学与技术以惊人的速度进步与积累。然而，知识产权制度及其基本理念都保存了下来，并且继续向全球传播，尤其是苏联和其他计划经济国家解体之后。

第二次世界大战之后，世界的专利制度作为建立或加强国际组织的更广泛努力的一部分，其国际化的协调获得了新的推动力。1967 年 51 个国家政府（大多数为发达国家）公布了一个协定，组建了世界知识产权组织（WIPO）。WIPO 于 1974 年加入联合国，随后受到了发展中国家的更多影响。虽然世界知识产权组织是为了管理与监督各个国际知识产权条约（比如巴黎公约），WIPO 也开始涉及教学、仲裁、咨询以及在专利合作条约（PCT）框架下的专利申请处理。专利合作条约（PTC）于 1970 年签订，但直到 1978 年才生效。这个条约是专利制度国际化协调中的一个重要进展，因为，该条约建立了一个国际专利交换所（clearing house),可以使得专利申请在申请者所选择的部分或是所有的专利合作条约成员国(1999 年共 103 个国家)中生效。

在欧洲,欧洲专利协定(EPC)于 1973 年签订,1978 年生效,这一协定开启了协议签订国家(1986 年共 13 个)专利法协调的进程,以达到欧洲标准。欧洲专利局(EPO)1977 年成立于慕尼黑,旨在为某些或是所有的签约国处理保护发明的专利申请。然而,EPO 授权的专利只是一批根据每一个成员国管辖内的法律和法院系统可实施的国家专利权。1975 年签订的欧共体专利协定旨在建立对各个成员国都有效且统一标准的欧洲专利制度,但是,这个目标直到 2003 年才得以实现。在整个欧洲知识产权制度的协调过程中,一个重要因素就是设计统一执法的法院系统和司法程序,其中,包括创建一个独立的、处理知识产权纠纷的欧洲上诉法院,类似美国的联邦巡回上诉法院(CAFC),接下来将对此讨论。

日本的案例提供了如何通过建立专利制度追赶先进国家的有趣例证。美国海军准将佩里(Perry)1852 年对日本的访问,向日本领导者展示了现代军事创新的力量,并且迫使日本再次对外国人开放国门。明治维新及其工业现代化和“追赶”的宏伟规划促成了日本 1871 年第一个专利法的产生。在随后的几十年中,针对各种知识产权(专利、商标、实用新型和外观设计)的新法相继制定。这些新法都模仿了欧美的知识产权法。1885 年日本成立了专利局,高桥黑田(K. Takahashi)担任首任局长,他后来成为日本首相。日本的专利制度发展数年后成为日本追赶西方与提升国家利益的重要工具。起初,外国人在日本不能获得专利权,1899 年后当日本成为《巴黎公约》的成员国之后,外国企业纷纷获得了专利许可权。

战后日本的专利制度只不过是有关贸易、产业和技术的综合政策的一个组成部分,这系列政策关注于自身重建以及“追赶”西方国家,尤其是美国。1950 年通过了规制外商投资、外汇交易与贸易的法律,真正开创了不断从欧美引进技术的时期。日本政府机构与企业收集与分析技术信息,包括本国与外国公开的专利文献,以此来评估国内外技术发展水平。日本要求专利申请在提交申请 18 个月内即行公布(一个类似于欧洲专利制度的政策,美国直到 1999 年才采纳),这种做法支持了技术信息在日本国内和国外的扩散。

日本专利制度同时限制了专利要求书的数量与范围。很多日本企业获得了大量的相对面较窄的本国专利组合,并且参与到密集的专利网络中(也包括申请外国专利,见 Granstrand 1999)。知识产权的纠纷被避免了,同时日本专利法与实践独有的特征推动了专利的交叉许可以及技术信息的扩散(Ordover 1991)。由于西方企业往往疏于对知识产权的实施,日本企业借此机会使用专利(国外的与国内的)实现了技术追赶的目的,而西方国家直到 20 世纪 80 年代才开始关注动态竞争以及知识产权问题。

不过,日本也支持国际专利的协调。日本在 1978 年加入了 PCT 组织,日本专利局(JPO)与少数其他 PCT 组织缔约国(约 10 个)专利局一起,被授权对在先技术开展国际检索,以评估其是否达到专利的新颖性标准。随后,日本 JPO 积极参与到 EPO 和 USPTO(美国商标专利局)的三方专利局合作,这成为另一个促进各个工业化国家间国际合作与协调的途径。

到 1999 年,共有 155 个国家加入了《巴黎公约》;而其在 1883 年成立之初,只有 10 个国家。在 1994 年,国际专利协调的又一大进展就是美国提出的 TRIPS 协定(见专栏 10.2),该协议被认为是巴黎公约之后最为重要的国际知识产权协定。TRIPS 协定由于被认为是偏护发达国家而阻碍发展中国家的经济发展,因而受到很多的批评。尤其是那些自身缺乏进入有效追赶圈的最不发达国家,他们可能会受到 TRIPS 协定的制约,尽管大多数这类国家有足够长的调整期限来适应 TRIPS 协定的规定(see e. g. the collection of articles in Mansfield and Mansfield 2000)。

尽管长期以来对各国专利法的协调做出了很多努力,但仍然存在很多重要的差异和分歧。因此,建立一个包括国际专利或全球专利的全球专利制度似乎还很遥远。

10.2.5 亲专利时代

到 20 世纪末,一个新的时代出现了——亲专利时代。这一时期的特征是强调更为广泛的知识产权所有者权利以及在国际专利的协调和融合方面的更多努力。苏联的解体与美国的外交施压促进了世界上知识产权体制的融汇,典型的例子就是 TRIPS 协定以及 WTO 的产生(如下所示)。

美国的四项进展催生了“亲专利时代”的到来(见表 10.2 的概述)。第一项就是 1982 年联邦巡回上诉法院(CAFC)的诞生,该法院的主要作用就是代替其他巡回上诉法院审理专利上诉①。这类专门法院在专利界已经被讨论了很久②。随着专利纠纷复杂性的增加,法律和产业界中的亲专利派都纷纷施压,呼吁建立一个专门解决专利上诉的专门法院,最终导致了 CAFC 的产生。正如那些倡导者所愿,CAFC 开始了与美国原有法院做法不同的亲专利模式。专利的有效性得到进一步支持(就好比专利是生来“有效”),同时,专利的赔偿金也增加了。CAFC 成立的效用以及判决都是为了增加专利持有者的经济价值。

表 10.2　美国战后知识产权发展主要事件年代表(至 2000 年)

年 份	事 件
1949	当提出诉讼时,专利通常被宣布为无效。正如最高法院大法官约翰逊所说,“唯一有效的专利,是本法院不能够涉及的专利”(Jungerson v. Ostby Barton Co.)
1952	现行美国专利法(2003)通过,经过多次修订
1976	美国版权法生效
1979	美国参议院以及卡特总统决定加强国内专利实施

① 更多请见: 1982 年的《联邦法院改良法案》(*Federal Courts Improvement Act*); Dreyfuss 1989。

② 例如,可以参见一份 20 世纪 40 年代的推荐美国参议院委员会 TNEC 的建议书。见: Folk 1942: 281~295。

（续表）

年 份	事 件
1980	美国最高法院宣布，人造微器官可以申请专利，当时的格言是"世界上任何一样由人类制造的东西"都可以申请专利。拜耶-多尔法案生效，有助于高校用联邦资助的研究获得的发明申请专利
1981	美国司法部修订了反托拉斯实施行为，使得专利尽可能不违反反托拉斯法规。美国最高法院在 Diehr 案件① 处理时的判决，引发了美国商标专利局（USPTO）对某些计算机软件专利申请可能性的解释
1982	CAFC 建立。该法院很快将已提交诉讼专利的有效性从 30%提升到 89%，这就引发了产业界对专利的更大兴趣
1983	专利局长三边会议开始进行
1985	WIPO 协调会议。美国国际贸易委员会（USITC）诉讼增加。产业竞争委员会将约翰·杨的报告（以惠普公司的约翰·杨为首）递交给了里根总统
1986	由 USITC 发起对 TI 半导体专利的诉讼。关贸总协定（GATT）的 TRIPS 谈判开始
1988	美国贸易法案出台（特别 301）。美国关税法案 337 修订
1989	结构性障碍倡议（Structual Impediments Initiative，SII）谈判废除了美国与日本之间的结构性阻碍，包括知识产权保护。日本被列入特别 301 条款的观察名单中
1992	美国专利法改革报告。霍尼韦尔（HONEYWELL）在专利诉讼中击败了美能达（Minolta）
1993	GATT 的 TRIPS 谈判完成
1994	全球工业化国家同意在 GATT 框架下协调他们的知识产权保护，也即 TRIPS 协议。《美日专利局长谅解备忘录》签订。经过若干年法院有利的判决之后，所有的软件现在均可以申请专利
1995	GATT 相关的 TRIPS 协议引发美国（以及其他国家）修正本国的专利法，将专利的有效期扩展到从提交申请日期算起的 20 年（原来的专利法的有效期是从授权日起的 17 年，这样就产生一些复杂效应，根据在 USPTO 的专利申请处理时间不同而不同），允许专利局考虑海外发明性的活动，并允许提交临时性专利申请
1998	CAFC 在美国道富银行（State Street Bank and Trust）诉签记金融集团公司（Signature Financial Group）案中宣布所谓的商业方法（包括金融发明、教学方法、电子商务方法等）也将可以申请专利。CAFC 指出，"自 1952 年专利法案确立以来，商业方法已经，并且本来就应该与其他流程或方法一样同样适用于可申请专利的法律要求"。数字千年（Digital Millennium）版权法案生效

Diehr 公司提出一项用数学公式实现或将该公式运用于处理橡胶模具当中最佳硫化的时间的专利权利要求，最初遭到专利局拒绝。但后来经过多次争论，1981 年美国联邦最高法院支持了关税与专利上诉法院的判决，决定授予该项发明专利权。该判决改变了以往软件不能授予专利的观念，宣布软件专利合法，肯定了软件的知识产权，加强了对软件知识产权的保护。

---

① 更多请见：1982 年的《联邦法院改良法案》（*Federal Courts Improvement Act*）；Dreyfuss 1989。

亲专利时代出现的第二个原因与 20 世纪 80 年代早期由助理司法部长威廉·班克斯特(William Baxter)领导下的美国司法部反托拉斯局的态度改变有关。自从 20 世纪 30 年代后期,反托拉斯局就一直对专利立法与专利许可持抵触态度,将专利视为损害竞争的垄断权利。班克斯特对于改变司法部的执法政策起到了积极作用,这些政策强调了专利对促进创新的作用,尤其强调了其动态利益而非静态成本。这种态度的改变可以追溯到 20 世纪 60 年代一些经济学家的观点与看法,尤其是在当时新兴的经济与法律领域[①]。20 世纪 80 年代美国反托拉斯政策的改变就是一个很好的例子(虽然不多见),说明学术界的思维改变对政策有直接的影响。

第三项推动亲专利时代到来的一系列事件是,美国的大企业施压要求更大力度的知识产权保护和执法来打击国内外的侵权和假冒伪劣者。美国产业界同时也施压要求用“基于贸易的方法”,通过将知识产权问题纳入美国贸易谈判和纳入关贸总协定框架的国际贸易谈判来改善知识产权保护,这导致了将许多“与贸易有关的知识产权问题”TRIPS 纳入谈判(见专栏 10.2)。这一系列的倡议活动由美国的制药、娱乐以及电子企业首先发起,这在部分程度上是对美国产业竞争力越来越多的政治关注和认为技术是核心资产必须得到保护的信念不断加强的结果。20 世纪 80 年代中期,美国的一些企业,像德州仪器以及摩托罗拉公司等,开始成为积极的专利诉讼者,以打击来自国内外的知识产权侵权者,尤其是日本。然而,大多数大额专利赔偿事件都发生在美国国内企业之间。其中最著名的案例之一就是 1991 年宝丽莱公司与伊斯曼·柯达公司的诉讼案件,直接导致向宝丽莱公司赔偿近 9 亿美金[②]。诸如此类的案例以及德州仪器等诉讼战略在经济上的成功,被广为传播,并引起了企业高层管理者

① 威廉·班克斯特教授,个人沟通。

② 然而,柯达的全部成本要多得多,因为柯达要向消费者付赔偿金和法律费用。于是他们不得不关闭一家工厂并解雇约 700 人,而且柯达失去了很多潜在投资机会和声誉(Granstrand 1999,Rivette and Klein 1999)。最初宝丽莱要求赔偿 50 亿美元以上,假如真要赔这么多的话,甚至会使柯达这样的大企业破产。

对知识产权事务以及强大的专利组合与知识产权战略的经济价值的重视①。

专栏 10.2

与贸易有关的知识产权——TRIPS

将知识产权与贸易政策相联系的观点颇有历史(例如,在国家专利时期,知识产权常被重商主义者使用)。缩写的TRIPS代表了美国20世纪80年代的一个内在要求,即寻求将国际上协调一致的、更为严格的知识产权政策与国际贸易政策联系起来。美国的战略是将知识产权事务从WIPO(美国认为其作用太弱、涉及面太狭窄)中抽出,移入美国更有影响力的关贸总协定乌拉圭回合多边贸易谈判中。这一做法的结果是美国与其盟国获得很大的利益,但发展中国家恰恰相反。当1995年世界贸易组织(WTO)取代GATT出现时,与贸易有关的知识产权(TRIPS)是其基本的构成内容之一。这一协议包括七部分73条,涵盖了知识产权的所有方面,以及执行与制度安排。它同时还规定了国家间非歧视与透明化的一般义务,甚至规定了几乎所有的知识产权领域(专利、版权、商标等)的最低标准,另外还包括有效执行知识产权的标准(包括WTO中的争端解决机制)。此外它还设置了一个与贸易有关的知识产权理事会来监督协议的执行。最后,还规定了过渡期,如,对于发达国家要求其在加入WTO一年内遵守所有的TRIPS规定,而对于最不发达国家给予11年的过渡期(即到2006年1月1日),且可以申请延长时限。TRIPS协议意味着专利范围的显著变化(迫使很多国家都将专利保护扩展到化学、制药以及生物技术发明),要求保护植物品种、计算机软件以及采取有效措施保护商标与商业秘密(详例可见:Maskus 2000)。

1994年的TRIPS协议被认为是知识产权历史上最为重要的国际协调的成

---

① 许多所谓针对日本侵权者的诉讼是由美国企业提出的。另外一些法院外纠纷也在这些当事各方间达成。许可证的专利使用费率也提高了。总体上,这些事情表明了美国和日本间所谓的专利战的爆发(见 Warchofsky 1994, Granstrand 1999)。管理层对专利申请越来越重视,导致在美国专利申请的激增(Kortum and Lerner 1999),类似情况也发生在其他发达国家。

果，其作用可与1883年的《巴黎公约》相媲美。TRIPS也被视为最具争议的协议，因为该协议也引发了比19世纪50~80年代欧洲反专利运动更大规模的国际反专利运动。尤其具有争议的是关于发展中国家如何获得新技术，特别是药品类，以及更强的知识产权保护对这些发展中国家经济上追赶发达国家所造成的影响（例如，见：Scherer 2004；Scherer and Watal 2002，and the chapters by Anawalt，Barton and Verspagen in Granstrand 2003）。

第四项驱动亲专利时代到来的力量来自美国政府，尤其是里根政府。这种“政治潮流”也与20世纪80年代美国国内日益关注产业竞争力有关，因为当时普遍认为，一些亚洲经济体“搭便车”使用美国的技术而给美国市场带来很大冲击。此外，20世纪80年代早期美国产业研发经费增长缓慢，申请专利基本没有增长。同时，外国企业，尤其是日本企业，增加了他们在美国的专利申请[①]。美国采取了一系列广泛的政策来应对美国产业竞争力的降低，其中之一就是采取立法行为来加强知识产权以及鼓励加大研发投入（如研发抵税以及营造有利于研发联合体形成的合适条件），以及鼓励那些联邦资助的研发成果申请专利，以便于机构间的研发合作和技术转移。1980年的拜耶-多尔法案简化了美国高校为联邦资助项目申请专利和获得授权的流程。

联邦上诉法院和反托拉斯政策的改变为美国国内现有专利法的有效实施铺平了道路。然而，基于贸易的知识产权立法观点，主要关注于国际标准以及知识产权保护的执行。这一努力之所以基本取得成功（按照美国的观点），部分是因为美国国会通过一系列美国贸易法的修改，来为美国贸易谈判服务[②]。但

① 事实上，外国在美国申请专利的比例从1967年的22%上升到1980年的40%（见：Evenson in Griliches 1984，p.92）。

② 有一些重要的新贸易立法，例如1984年的《贸易与关税法案》（TTA），该法案包括301条款（授权美国政府对于那些知识产权保护不力的国家采取报复行动）和501条款（授权美国总统根据某国的知识产权保护状况而给予适当的关税优惠），也就是胡萝卜加大棒的政策。1988年的《综合性贸易与竞争力法案》（OTCA）进一步提出了“特殊301”条款，要求美国贸易代表监督、识别并调查对美国企业知识产权保护不力的国家。

是,亲专利时代,除了由美国企业与政策制订者所推动的原因外,其广泛的国际普及还有其他的原因。例如,技术型的跨国公司(MNCs),不仅仅是美国的,还有欧洲的尤其是日本的跨国公司,对于进一步加强国际知识产权保护都有共识。

现在有这样一种争论:是否出现了新的经济形式,以及这个“新经济”的特征是什么?随着“IT泡沫”的破裂,这一争论愈发激烈。虽然,很多“新经济”的花言巧语已被识破,但是很多学者相信一种新的经济形式已经出现,尽管它发展缓慢,但智力资本的重要性已经超越了物质资本。“智力资本主义”(Intelligent capitalism)是一种以智力资本为主体的智力经济系统(Granstrand 1999)。知识产权制度以及亲专利时代在“智力资本主义”的出现中担任什么角色?在目前这一阶段很难给予一个明确的答复,但还是有少数结论是明确的。

信息通信技术(ICTs)一般被认为是引起“智力资本主义”以及“新经济”出现的关键技术贡献者。因此,很自然就要问,知识产权制度对ICT的出现有怎样的意义呢?让我们来看一看一些很著名的案例。晶体管是贝尔实验室的专利,但其专利许可是公开的(部分是因为反托拉斯诉讼与美国司法部的压力)。随后出现的半导体产业,显然是受到政府采购以及宽松的知识产权体制的激励的结果(Mowery 1996)。在美国国防高级研究计划局(DARPA)的努力下,因特网也是这样发明的。软件业也是一个宽松的专利体制的结果(Samuelson,1993)。直到20世纪80~90年代,电信产业还是很大程度上由国家所垄断的,因此知识产权保护在电信技术的快速发展中的作用不够突出。20世纪80年代后出现的移动电话也受到宽松的专利体制的影响(Granstarand 1999)。结论似乎是专利制度没有对信息通信技术的出现起很大的作用(至少早期是这样的)。事实上,有观点认为,宽松的知识产权制度有助于某些电信产业的出现。

知识产权体制的加强可能强化了智力资本主义的某些特征,但是,看起来亲专利时代的出现既是智力资本主义的原因同时也是其结果;同时,它也不是培育它成长起来的那些产业与技术出现的必要条件。

10.3 知识产权在创新系统中的作用

10.3.1 知识产权的有关观点

知识产权制度多年来一直伴随着一系列法律与经济上的争论。其中法律方面的一个争论主要围绕知识产权的本质:首先它们是某种权利吗?抑或某种责任的观点更能说明问题?这些知识产权必须是排他性的且(或)是临时性的权利?并且,如果是一种权利,那么究竟是什么样的权利呢?它是一种个人的自然(或精神)的权利,还是社会赋予个人的一种权利,由于其结果有利于社会而成立?这些问题基本上是由法学学者从法学角度而提出的,虽然都很重要,但是在本文中将不深入讨论。

对于经济方面的问题,几个世纪以来,有关专利制度的正反面作用一直存在争论(争论的程度不同)。一个关键的问题是:专利制度能否校正(或是导致)在研发和创新方面的过度投入或投入不足(从社会角度)。另一个问题是:专利制度是否扭曲、阻碍了技术进步,或是更改了技术进步的方向。还有另外(但也是相关的)一个问题是,专利制度通过对贸易与竞争的影响,是如何有效地影响动态与静态效率的。对这些问题的一个经典评论见马克卢普(Machlup 1958)的论述,更近的可以看马佐勒尼(Mazzoleni)和纳尔逊(1998)的论述。

很奇怪的是,在 20 世纪的大部分时间里,经济学家们很少关注专利制度,对其他知识产权问题关注更少。然而,自 20 世纪 60 年代以来,有关知识产权的经济价值的文献,尤其是专利方面的文献有很显著的增长。1962 年阿罗在这一方面进行了开创性研究,他从社会角度提出,私营企业研发投资往往不足,因为不能从研发投入中获得足够多的回报①。按照这种观点,专利保护可以作为可供选择的多种方式之一——如合同、奖金、津贴以及研究联盟(research consortia)等——来处理市场失灵问题。一些学者也讨论了另外一些应对创新过程中市场失灵的替代方式。怀特(1983)以及戴维(1993)强调了决定其相对优势的条件和因素(如不确定性以及研究支持的弹性)。

相反的观点认为,资本主义经济可能会过度投资于研发与创新,这种观点也有其支持者。最近产业经济学、增长理论以及行为金融学中的一些理论研究探讨了这一可能性,强调了市场竞争影响对创新的激励方式,从而导致对研发的过度投资。这种模式背后的直觉是,专利竞赛可能会引起竞争企业间对研发的重复投资,并导致在整个产业层次上研发投资的社会回报率少于总的投资成本②。这种过度投资最可能发生在那些回报严重向最早完成者倾斜的市场竞争中。在这种情况下,组织面临着强大的诱惑来尽快开始并尽快结束研发项目(至少直到租金耗尽)。

这样,专利的专有性(appropriability)问题一方面可能引起对创新的投资不足,如出现"观望博弈(waiting games)";而另一方面,快速成功的前景又可能引起"专利竞赛",从而引起对创新的过度投资。具体采取的是哪种策略依据很多环境因素。大多数这方面的文献是理论性的,很少有实证性的研究来印证这些理论和模型。

另一个引起足够关注的重要事情是:一项发明能被授予多长时间的专利保护。例如,诺德豪斯(Nordhaus 1969)指出:增加专利保护的时间长度,可以增加对工艺(process)创新投资的激励(因此形成"动态效率"),但是却以"静态效率"为代

① 很多学者已经对于许多产业中模仿成本及次数与创新成本和次数间的关系进行了一些实证研究,并搜集了大量数据。专利的确增加了模仿成本,尤其是在制药行业,但除了这个行业,专利对于创新率并非是基本的影响因素,至少在亲专利时代之前是如此(see in particular Mansfield et al. 1981, See also below)。

② 主要参考文献包括:Scherer 1966/1967, Barzel 1968, Dasgupta and Stiglitz 1980, Fudenberg et al. 1983, Aghion and Howitt 1992;要了解整体情况,请见:Baldwin and Scott 1987, Tirole 1988, Romer 1996, Aghion and Howitt 1998。

价(因为增加保护意味更少的竞争、更高的价格以及更慢的扩散)。诺德豪斯指出,"最佳的专利保护时间"的确定需要上述两方面的平衡,并且有赖于竞争的性质、需求的价格弹性以及降低工艺成本的研发弹性。

更多的近期研究关注于专利的最佳广度或范围(Jaffe 2000),以及最佳的时间长度与广度的组合。专利的范围定义了专利的产业应用范围,它是通过描绘一套技术设计来对所授权的专利声明予以保护(即排除模仿者)来实现的。在大多数产业经济专利制度中,专利的范围基本由专利申请者和专利审查员协商决定;但是,"重要"专利(那些被专利持有者或是竞争对手认为尤为珍贵的)的范围则最终很可能由法院裁决,这是由专利持有人或是其他方发起的私人诉讼的结果。

准确确定专利的范围远比确定其时间长度难多了。因此,界定专利的"最佳"范围是一件非常困难的事情,正如莫格斯(Merges)和纳尔逊(1990)所讨论的。专利的范围同时影响了受专利保护的产业创新的个人以及社会回报率(正如专利的保护时限一样),同时,这些回报在不同的产业与技术领域也有不同。因此,立法者很难制定一个同时满足各方要求的"最佳"专利制度。譬如,专利局经常对在某一全新的技术领域具有开创性的专利申请开绿灯,发布宽泛的专利保护。这种领域内几乎没有基于专利的"先行技术"(prior art),且具有很大的不确定性(此类专利经常被事后观察者认为过于宽泛)。

为使自己的发明获取专利权,发明者必须披露信息,专利信息的披露导致了专利技术信息的扩散加速,还可能减少研发经费的重复,带来替代技术的出现(通过对重要专利的"周边发明"),刺激新的创意,引导研发关注于机会丰富的领域或是解决瓶颈问题,为高标定位与竞争情报提供基础,以及刺激技术交流与合作①。因此,信息披露的要求是专利制度的一个重要特征,也是一个基本原理

① 事实上,围绕着不同目的的专利信息处理出现了一个完整的服务产业。日本就是通过大力倡导包括"专利图谱"(patent mapping)在内的方法来分析专利信息而获益匪浅。披露专利信息对于专利获得者的利益有所损害,但对日本企业的专利获得者来说其优点远大于其弊端(Granstrand 1999)。

（见：Ordover 1991）。然而，同时也要记住，除了专利信息的公开之外，专利的扩散有很多其他的渠道；同时，一般而言，新技术的信息泄露得也很快（见：Mansfield 1985）。

综上所述，知识产权，尤其是专利，在创新系统中发挥着几个重要作用——鼓励创新及对创新的投资，鼓励创新原理与创新源泉信息在整个经济范围中扩散和传播。然而，正如我们将会看到的，这些作用的重要性随着部门（产业）、国家以及时间的不同而不同。

10.3.2 关于知识产权的事实

曼斯菲尔德（1986）在对美国企业的一项实证研究中，研究了如果废除专利制度会对发明与创新率所产生的影响，并得出论断说，在大多数产业领域中这种废除的影响会很小，但制药业和化学药品行业则是例外，因为这两个行业中专利制度是最基本的。尽管曼斯菲尔德所研究的企业都是专利密集型，但上述实证研究表明，专利对创新的作用相对不大。

有大量文献研究了利用专利制度（而非其他替代方式）的趋势。如斯盖罗（Scherer 1983）及阿伦代尔和卡波拉（Arundel and Kabla 1998）。耶鲁大学的莱温、纳尔逊等（1987）的研究，通过对美国百余个行业内数百家研发经理人的调查，研究了不同部门的适用条件（appropriability conditions）的不同以及专利的作用。他们得出结论认为：即使缺乏专利保护，创新仍将继续出现；同时，一般而言，专利往往不足以或是不能完全获取来自创新的所有收益（再次，这个普遍意义的发现的一个明显例外是制药行业，该行业内专利保护被认为具有极大的价值）。耶鲁大学的研究之后，出现了进一步的国际研究（卡耐基-梅隆研究），该研究发现不同国家以及不同部门在专利、技术秘密、研制时间（lead time）以及其他确保来自创新的回报的专有性方式等的使用上都有各自的独特性和区别（见：Cohen et al. 2003）。如：随后的研究证实，研制时间与专利是日本企业最为重要的专有性机制，而对美国企业来说，研制时间和技术秘密则是最重要的。

一项对日本和瑞典企业的比较研究也印证了这一问题，这项研究涉及日本50%以上的产业研发和瑞典90%以上的产业研发(Granstrand 1999)。表10.3比较了这一研究与莱温等人(1987)的研究结果。在卡耐基-梅隆研究中，日本企业通过比其他国家企业更重视专利保护而脱颖而出。然而，1988年对瑞士企业的研究发现，研制时间才是获得创新回报的最重要因素，而专利的作用是最低的(Harabi 1995)。尽管这样，我们在解释这一结果时需要谨慎。首先，不同的机制在某种程度上说是互补性的(专利与技术秘密都可以创造出研制领先时间，也即比竞争对手更快进入市场)；其次，随着亲专利时代的到来，近年来企业对知识产权的态度也改变了。不过，欧洲的产业界总体上还不能很快地适应这种新环境。

表10.3　新产品技术商业化的方式
(刻度：0,1,2,3,4表示"不重要"——"很重要")

方　　式	日本①	瑞典①	美国②
用专利来阻止模仿者(或是收取专利使用费)	3.3	1.9	2.0
保持秘密(exercising secrecy)	2.4	2.0	1.7
创造市场交货领先时间	2.7	2.4	2.9
使产品成本降低	2.9	2.7	2.7
创造出众的营销	2.7	3.0	3.1
增加客户端转换成本	1.9	1.7	n.a.

注：① 样本来自24家大型企业。1992年测度。
② 正如莱温等人(1987)所介绍的，来自20世纪80年代中期的测度，根据格兰斯坦德的测度进行了重新调整。
来源：Granstrand 1999

10.3.3　不同部门间知识产权的差异

在上述大多数关于知识产权(尤其是专利)的作用的研究中，不同产业与部门存在很大的不同(如上面提到的曼斯菲尔德·斯盖罗、莱温等，以及科恩等。此外马勒巴

(Malerba)在本书第 14 章也提到过)[1]。表 10.4 用我们上述提及的日本大型企业的例子进一步印证了这一点。对美国与英国企业所做的研究也有类似的发现(Mansfield 1986,Taylor and Silberston 1973)。针对这种产业间的差异,已经有学者提出几种解释,包括产业与市场结构(竞争条件、企业规模与多元化程度、进入壁垒、市场增长以及研发强度等),技术的本质(技术机会、可编码化程度、资本密集度等)以及知识产权的本质(技术专利、软件与创意产业的版权、大众消费市场的商标等)。但是,这些静态的跨产业比较很少综合考虑到产业演进所处的阶段[2]。

表 10.4　日本大型企业研发投资对时间长度的敏感度(1992)

当专利保护的最大时效为下列情况时,对你公司研发预算(粗略投入百分比)的影响	化学行业(9 家)	电气行业(10 家)	机械行业(5 家)	总共(20 家)
(a) 增加了 3 年	+8.5	+2.8	+0.3	+4.8
(b) 减少到 10 年	−21.2	−3.7	−0.3	−1.7
(c) 减少到 0 年(如,专利保护停止)	−59.2	−40.0	−5.5	−38.2

来源:Granstrand 1999

如上所述,在新兴产业中强势专利体制的作用是模糊的。有一些证据表明美国在二战后发展起来的基于信息通信技术的几个领先产业,就是处于一个相当宽松的专利体制下(见前文)。另一方面,也有一些情况下,强势的专利体制推动了新的领先产业的出现——制药与化学行业就是其中最为典型的例子。

一般而言,专利最可能支持知识密集型、模仿成本低的产业的增长。这种低模仿成本主要出现在有大规模研发项目的领域,尤其是该研发产生高度可编码化的知识,如化工行业(见表 10.4),且反求工程(reverse engineering)的成本很低时[3]。

---

① 然而,不同国家间的差异可能比产业间的差异更显著,正如格兰斯坦德(1999)提到的日本和瑞典的例子。人们需要记住,企业是多种多样的,而且其专利组合比产品组合更加多种多样(Pavitt 1999)。

② 一个例外见:Hall & Ziedonis 2001;对某一产业专利行为的纵向研究。

③ 需要注意的是,保密和泄密两者本身都是技术依赖的,这就导致当新技术出现时的成本变化(例如在密码学和化学分析中)。

在这样的产业中,也往往采用一些其他非专利的制度性方式促进创新,例如采购合同、联盟,或自然垄断。然而,很多新兴产业却是以相对低的创新成本以及强"先发优势"为特性,因此这些部门的企业对"搭便车"和"伺机而动的策略"不是很敏感,进而也降低了专利的重要度。

在产业演进的后期阶段,研发规模通常比较大,进入壁垒常常由现有企业设定,尤其是针对小企业。多种专利组合战略的使用,如"地毯式"(blanketing)与"常青式"(evergreening)以及大企业(现有企业或是作多元化的新进入者)的诉讼威胁(Granstrand 1999/2004),也可为这个目的服务①。这可能导致研发重新分工,小企业专注于早期的研发,并且把他们的新技术授权给专门从事创新过程的后期阶段的现有大企业,并且(或)是寻求被已有企业(而不是投资于生产与营销)收购。

这些部门间知识产权的重要性的差异,已经引起一些学者们声讨专利制度的"通用性"(one-size-fit-all)设计。对于现有专利制度的改革方案提出了一个更加差异化的按照产业量身定做的制度,如:考虑某些产业(如软件)的专利持续时间或特殊的新(独特的)知识产权类型(Thurow 1997,Reichman 1994)。而相反的观点认为,强调产业特殊性的知识产权划分,将导致高昂的交易成本,包括知识产权管理成本,并且一定数量的产业知识产权政策的个性化设置在专利局和法院的法律和实践中已经存在。或许就是因为这些复杂的问题,有关专利制度考虑"产业特殊性"问题的争论已经持续了很多年,但却几乎没有任何实质性进展。

10.3.4　不同国家间知识产权的差异

当前得到广泛共识的是,推动技术进步是专利制度的目的之一,而技术进

---

① "常青"(Evergreening)指在某一商业领域通过持续地对相关发明申请专利来延长专利保护期限的专利战略,常是渐进性的,包括产品和工艺流程的改进和新应用,以及对新兴技术申请专利并将其转化到新一代产品中。

步也是经济进步的主要推动力①。因此,回到经济发展史来获取有关知识产权重要性的证据是合乎逻辑的。然而,一个强有力的专利制度对于国家的工业化与经济发展并非是必要的。虽然,很多国家,包括日本,在专利制度下成功地实现工业化(见:Dutton 1984);但是很多其他国家,像德国、荷兰以及瑞士却不是这样(Kaufer 1989)。希弗(Sehiff 1971)研究了荷兰与瑞士,发现它们并未因为没有专利制度,而使得工业化进程受阻。毛瑟(Mose 2003)研究了两个19世纪的博览会(伦敦1851、费城1876),发现没有证据表明强大的专利法促进了国家的创新活动水平,但是认为专利法影响了部门间创新活动的分布。勒乐(2000)研究了过去150年中60个国家的政策变化,发现加强专利保护的变化对于外国人在本国申请专利比起国内组织申请专利的影响更显著。

因此,知识产权制度,尤其是专利制度,总体而言,对于国家与企业层面具有历史性的重要技术和或经济进展来说,既不是必要的也不是充分的。尽管这一结论很令人吃惊,但事实如此。学术界似乎有些共识,认为专利制度对技术进步是有正面作用的,但是这些贡献是次要的,是对其他因素的补充,尤其是对其他制度发展而言,例如一般的产权制度(North 1981, Nelson 1993)。

此外,现有的研究对于一个强有力的国际性专利制度是否会有助于当今欠发达国家的"追赶"目标的实现尚缺乏明确的结论。事实上,在薄弱的专利体制下的某种程度的"搭便车"行为,如在19世纪的美国和20世纪50~80年代的日本经济中也有所体现,可能有助于成功地赶超。在这种情况下,TRIPS协议可被视为领先国家和领先企业的一种措施,以增加研发的经济回报,使发展中国家的追赶代价更大。

---

① 需要注意的是,对于一项发明授予专利是看其是否对全世界来说是新颖的和非显而易见的(即其技术优点达到一定程度,满足最小的发明门槛要求),而非基于其经济上的优点(除了产业可应用性和发明的实用性之外)——尽管潜在的假定是,通过这样做,可以促进经济进步。

10.4 总结与结论

保护知识产权的工具、战略以及政策,涉及从商业秘密和商标到版权和专利的广泛范围,已经有很长的一段历史。从这个角度而言,TRIPS 可以说是联系贸易和知识产权保护的最新表述。尽管具有悠久的历史,但令人奇怪的是,几乎没有学者去关注知识产权与创新的研究。研究知识产权的一个推动力来自不同国家对知识产权效用的一系列争论。这些争论揭示了几个世纪以来很多国家间的基本相似性,尽管其中包括不同类型的知识产权(专利、版权、商标以及设计权等)。

可以说,直到现在,知识产权在国家、部门以及企业创新系统中的作用还是相对一般的(虽然也有例外)。然而,20 世纪 80 年代以来,出现了源于美国的亲专利时代或亲知识产权时代,或许可以说是逐渐过渡到一个更加基于知识(与信息)、创新与智力资本的新资本主义经济的结果,而非原因。亲专利时代的结果意义深远,似乎有可能进一步扩展,因为目前没有与这种全球化趋势背道而驰的迹象。知识产权通过延伸旧有的权利与创造新类型的权利已经应用于更多方面;知识产权已变得更具经济价值,并且在国家、部门以及企业创新系统中发挥更具战略性的作用。

显然,我们需要更多的有关知识产权与创新复杂关系的研究。尤其是,由于亲专利时代的出现已经带来了显著的变革并创造了许多新的挑战[如,所谓的源自知识产权的相互依赖性增加而产生的"反泛化"(anticommons)问题,见:Heller and Eisenberg 1998]。未来此领域的研究需要关注经济、技术与法律的动态交互作用,以及探寻比之前更好的方式来将理论研究与纵向经验研究结合起来。

参考文献

AGHION, P., and HOWITT, P. (1992), "A Model of Growth through Creative Destruction," *Econometrica*, 60: 323~351.

——(1998), *Endogenous Growth Theory*, Cambridge, Mass., London, England: The MIT Press.

ANAWALT, H. (2003), "Intellectural Property Scope: International Intellectual Property, Progress, and the Rule of Law," in Granstrand (2003: 55~76).

* ARORA, A., FOSFURI, A., and GAMBARDELLA, A. (2001), *Markets for Technology: The Economics of Innovation and Corporate Strategy*, Cambridge, Mass.: MIT Press.

* ARROW, K. J. (1962), "Economic Welfare and the Allocation of Resources for Invention," in R. R. Nelson (ed.), *The Rate and Direction of Inventive Activity: Economic and Social Factors*, Princeton: Princeton University Press for the National Bureau of Economic Research, 609~626.

ARUNDEL, A., and KABLA, I. (1998), "What percentage of innovations are patented? Empirical estimates for European firms," *Research Policy* 27(2): 127~141.

* BALDWIN, W. L., and SCOTT, J. T. (1987), *Market Structure and Technological Change*, New York: Harwood.

BARTON, J. H. (2003), "New International Arrangements in Intellectual Property and Competition Law", in Granstrand (2003: 105~122).

BARZEL, Y. (1968), "Optimal Timing of Innovations," *Review of Economics and Statistics* 50: 248~355.

BRANDI-DOHRN, M. (1994), "The Unduly Broad Claim," *International Review of Industrial Property and Copyright Law*, 25(5): 648~657.

CHANDLER, Jt. A. D. (1990), *Scale and Scope – The Dynamics of Industrial Capitalism*, Cambridge, Mass., and London: Belknap Press of Harvard University Press.

COHEN, W. M., GOTO, A., AKIYA, A., NELSON, R. R., and WALSH, J. P. (2003), "R&D Information Flows and Patenting in Japan and the United States," in Granstrand (2003: 123~154).

DASGUPTA, P., and STIGLITZ, J. (1980), "Industrial Structure and the Nature of Innovative Activity," *The Economic Journal* 90: 265~293.

DAVID, P. A. (1993), " Intellectual Property Institutions and the Panda's Thumb: Patents, Copyrights, and Trade Secrets in Economic Theory and History," in M. B. Wallerstein, M. E. Mogee, and R. A. Schoen, (eds.), *Global Dimensions of Intellectual Property Rights in Science and Technology*, Washington, DC: National Academy Press, 19~61.

DREYFUSS, R. C. (1989), "The Federal Circuit: A Case Study in Specialized Courts," *New York University Law Review* 64(1): 1~77.

DUTTON, H. I. (1984), *The Patent System and Inventive Activity during the Industrial Revolution* 1750~1852, Manchester: Manchester University Press.

EVENSON, R. E. (1984), " International Invention: Implications for Technology Market Analysis," in Griliches (1984: 89~126).

FOLK, G. E. (1942), *Patents and Industrial Progress: A Summary, Analysis and Evaluation of the Record on Patents of the Temporary National Economic Committee*, New York: Harper & Brothers.

FUDENBERG, D., GILBERT R., STIGLITZ, J., and TIRIOLE, J. (1983), "Preemption, Leapfrogging, and Competition in Patent Races," *European*

Economic Review 22：3～31.

GRANSTRAND, O. (1982), *Technology, Management and Markets: An Investigation of R &D and Innovation in Industrial Organizations*, London：Pinter.

*——(1999), *The Economics and Management of Intellectual Property*, Cheltenham：Edward Elgar.

*——(ed.) (2003), *Economics, Law and Intellectual Property, Dordrecht:* Kluwer Academic Publishers.

——(2004), "The Economics and Management of Technology Trade — Towards a Prolicensing Era?" *International Journal of Technology Management* 27 (2/3)：209～240.

——and SJÖLANDER, S. (1990), "The Acquisition of Technology and Small Firms by Large Firms," *Journal of Economic Behavior and Organization* 13：367～386.

GRILICHES, Z. (1984), R&D, *Patents, and Productivity*, Chicago：University of Chicago Press. HALL, B. H., and ZIEDONIS, R. H. (2001), "The Patent Paradox Revisited：An Empirical Study of Patenting in the U. S. Semiconductor Industry, 1979～1995," *RAND Journal of Economics* 32(1)：101～128.

HARABI, N. (1995), "Appropriability of Technical Innovations：An Empirical Analysis," *Research Policy* 24：981～992.

JAFFE, A. (2000), "The U. S. Patent System in Transition：Policy Innovation and the Innovation Process," *Research Policy* 29：531～557.

KAUFER, E. (1989), *The Economics of the Patent System*, New York：Harwood Academic Publishers.

KLEMPERER, P. (1990), "How Broad Should the Scope of Patent Protection Be?" *RAND Journal of Economics* 21(1)：113～130.

KORTUM, S., and LERNER, J. (1999),"What is behind the Recent Surge in Patenting?" *Research Policy* 28: 1~22.

LERNER, J. (2000),"150 Years of Patent Protection," *NBER*, Working paper No. 7478.

LEVIN, R. C., KLEVORICIK, A. K., NELSON, R. R., and WINTER, S. G. (1987), "Appropriating the Returns from Industrial Research and Development," *Brookings Papers on Economic Activity* 3: 783~831.

MACHLUP, F. (1958), *An Economic Review of the Patent System*, Study No. 15 of the Subcommittee on Patents, Trademarks, and Copyrights of the Committee on the Judiciary, US Senate, Washington, DC: US Government Printing Office.

MANSFIELD, E. (1985),'How Rapidly Does New Industrial Technology Leak Out?' *The Journal of Industrial Economics*, XXXIV, No. 2. 217~223.

——(1986), "Patents and Innovation: An Empirical Study," *Management Science* 32(2): 173~181.

——RAPOPORT, J., ROMEO, A., WAGNER, S., and BEARDLEY, G. (1977), "Social and private rate of return from industrial innovations," *Quarterly Journal of Economics* 71 (May): 221~240.

——SCHWARTZ, M., and WAGNER, S. (1981), "Imitation Costs and Patents: An Empirical Study," *Economic Journal* 91 (Dec.): 907~918.

* MANSFIELD, E. D., and MANSFIELD, E. (guest eds.) (2000), "Intellectual Property Protection and Economic Development," *International Journal of Technology Management*, *Special issue*, 19(1/2).

* MASKUS, K. E. (2000), *Intellectual Property Rights in the Global Economy*, Washington, DC: Institute for International Economics.

* MAZZOLENT R., and NELSON, R. R. (1998),"The Benefits and Costs

of Strong Patent Protection: A Contribution to the Current Debate," *Research Policy* 27(3): 273~284.

MERGES, R. P., and NELSON, R. R. (1990), "On the Complex Economics of Patent Scope," *Columbia Law Review* 90(4): 839~916.

MOSER. (2003), "How Do Patent Laws Influence Innovation? Evidence from 19th-Century World Fairs," National Bureau of Economic Research, Working Paper No. 9909.

MOWERY, D. (1996), *The International Computer Software Industry.* New York: Oxford University Press.

NELSON, R. R. (ed.)(1993), *National Innovation Systems: A Comparative Analysis*, New York and Oxford: Oxford University Press.

NORDHAUS, W. D. (1969), *Invention, Growth and Welfare*, Cambridge, Mass.: MIT Press.

NORTH, D. C. (1981), *Structure and Change in Economic History*, New York: W. W. Norton.

ORDOVER, J. A. (1991), "A Patent System for Both Diffusion and Exclusion," *Journal of Economic Perspectives* 5(1): 43~60.

PAVITT, K. (1999), *Technology, Management and Systems of Innovation*, Cheltenham: Edward Elgar.

PENROSE, E. T. (1951), *The Economics of the International Patent System*, Baltimore: Johns Hopkins University Press.

REICHNAN, J. H. (1994), "Legal Hybrids between the Patent and Copyright Paradigms," *Columbia Law Review* 94 (8): 2432~2558.

RIVETTE, K. G., and KLINE, D. (1999), *Rembrandts in the Attic: Unlocking the Hidden Value of Patents*, Boston: Harvard Business School Press.

ROMER, D. (1996), *Advanced Macroeconomics*, Berkeley, University of

California: Mc Graw Hill.

SAMUELSON, P. (1993), "A Case Study on Computer Programs," in Wallerstein et al. (1993: 284~318).

SCHERER, F. M. (1966), "Time-Cost Tradeoffs in Uncertain Empirical Research Projects," *Naval Research Logistics Quarterly* 13: 71~82.

——(1967), "Research and Development Resource Allocation under Rivalry," *Quarterly Journal of Economics* 81: 359~394.

SCHERER, F. M. (1983), "The Propensity to Patent," *International Journal of Industrial Organization* 1(1): 107~128.

——(2004), "Global Welfare in Pharmaceutical Patenting," *The World Economy* (forthcoming).

* ——and Ross, D. (1990), *Industrial Market Structure and Economic Performance*, 3rd edn., Boston: Houghton Mifflin.

——and WATAL, J. (2002), "Post-trips Options for Access to Patented Medicines in Developing Nations", *Journal of International Economic Law* 5(4): 913~939.

SCHIFF, E. (1971), *Industrialization without Patents*, Princeton: Princeton University Press.

TAYLOR, C. Z., and SILBERSTON, Z. A. (1973), *The Economic Impact of the Patent System. A Study of the British Experience*, Cambridge: Cambridge University Press.

THUROW, L. C. (1997), "Needed: A New System of Intellectual Property Rights," *Harvard Business Review* (Sept.- Oct.): 95~103.

TIROLE, J. (1988), *The Theory of Industrial Organization*, Cambridge, Mass.: MIT Press.

VERSPAGEN, B. (2003), "Intellectual Property Rights in the World

Economy," in Granstrand (2003: 489~518).

* WALLERSTEIN, M. B., MOGEE, M. E., and SCHOEN, R. A. (eds.) (1993), *Global Dimensions of Intellectual Property Rights in Science and Technology*, Washington DC: National Academy Press.

WARSHOFSKY, F. (1994), *Patent Wars*, Chichester: John Wiley & Sons.

WRIGHT, B. D. (1983), "The Economics of Invention Incentives: Patents, Prizes, and Research Contracts," *American Economic Review* 73(4): 691~707.

* 星号表示建议延伸阅读的条目。

第 11 章　创新地理学：区域创新系统

比约恩 · T.阿歇姆(Bjorn T. Asheim)
莫瑞克 · S.哥特勒(Meric S. Gertler)

11.1　引　　言

当今的全球经济正呈现出两种自相矛盾的特征：首先，创新活动并非均衡或随机地分布在全球各地。事实上，越是知识密集型的经济，越是呈现出创新集群的趋势。最典型的例子包括生物技术产业和金融服务业，尽管其他一些地方也试图吸引或营造自己的生物或金融服务产业集群，但创新现在正越来越密集地集中于少数几个中心地区。第二，这一地理空间集中化的趋势随着时间的推移正变得越来越明显(Leyshon and Thrift 1997, Feldman 2001, Cortright and Mayer 2002)。这一现实与长期以来很多人所预测的随着信息通信技术的日益普及，将会导致创新活动日益分散化的观点是矛盾的。考虑到这些事实，知识生产的过程似乎将呈现出独特的地理空间特征。

在本章中我们认为：这一地理空间特征对于创新过程本身是基本的，而非偶然的：人们如果没有认识到地理空间上的接近和集中的核心作用，就无法正确地理解创新。

本章主要讨论了四个关键问题：首先，为什么地理位置对于创新活动"很重要"？如果人们认为新知识的产生和扩散是创新的核心问题的话，那么充分理解其中所涉及的不同知识类型及其地理分布就很重要。第二，什么是区域创新系统,它们在导致创新的新知识创造和扩散中起到了什么样的作用?第三,区域创新系统和国家层面的制度框架间有什么关系?最后,本地和全球知识流间有什么关系?是否有证据表明,当今经济的全球化趋势削弱或改变了地理位置上的接近性对创新的影响?

11.2 知识的类型与地理分布

越来越多的学者认为,在成功日益依赖于产生新产品或改进现有产品与流程的竞争性区域,隐性知识构成了基于创新的价值创造的最重要基础(pavitt 2002)。正如马斯盖尔和马尔伯格(Maskell and Malmberg 1999: 172)所指出的,当人们相对更容易获取显性知识(编码化知识)时,独特能力和独特产品的创造将依赖于隐性知识的产生和使用:

> 当前经济全球化发展带来的一个有趣结果常常被忽略,那就是:可编码化的(可交易的)知识越容易获取,隐性知识对于维持或提升企业的竞争优势就变得越重要……换句话说,全球化的一个结果就是许多先前本地化的能力和生产要素变得无处不在。然而,那些不可交易的(不可编码化的)知识没有普遍化,它们体现为隐性知识,只能在某一给定的时间通过实践产生。随着市场的国际化发展,这种本质上无法交换的知识变得越来越重要。

上面所引述的这段话隐含着对空间的一个观点:隐性知识是某个地理空间创新活动的关键决定因素。对于这个观点有两个密切相关的因素。首先,因为它不易清晰化和编码化(Polanyi 1958 1966),隐性知识难以进行远距离的交换。它与所处的社会和制度环境密切相关,这一情境依赖的特性使得它与空间是密不可分的(Gerler 2003)；第二个因素与正在变化的创新过程本身有关，尤其是，社会所组织的学习过程变得愈发重要。我们认为，创新日益基于企业(顾客、供应商、竞争对手)、研究组织(大学、其他公共和私有研究机构)和公共机构(技术转移中心、开发机构)等经济体间的互动和知识流动。这是伦德瓦尔和约翰逊(1994)的学习经济论(learning economy thesis)的基本观点，尤其反映在他们的"互动中学"的概念中。当人们把创新过程的这两种特性——"黏滞"(sticky)、情境依赖(context-laden)的隐性知识的集中化，以及社会互动的日益重要性结合在一起时，就会理解为什么地理空间对创新如此重要了。

关于学习型区域(learning regions)的最新文献进一步探索了隐性知识的特征和地理分布(见：Lundvall and Johnson 1994，Florida 1995，Asheim 1996/2001，Morgan 1997，Cooke and Morgan 1998，Lundvall and Maskell 2000)。很多文献认为，隐性知识不容易"传播"，因为其最佳的传播方式是通过相互已经有了基本共同点的伙伴之间面对面的互动，例如通过处于共同的体制环境下而产生的同样的语言、同样的沟通"代码"和共同的习俗与规范等。每个人的个体知识都是基于过去成功的合作或非正式互动。这些共同点据说对于建立相互间的信任是至关重要的，这种信任也利于隐性知识在本地伙伴间的流动。

这一方法把"互动中学"的模式作为其概念框架的基石，并认为隐性知识的产生与传播活动同时进行——主要通过用户与生产商互动的机制来实现(Lundvall 1988，Gertler 1995)。根据这一观点，知识并不会仅仅从技术提供商向用户单向流动。事实上，用户向生产商提供了隐性、专有、可编码的知识，以便于使后者针对用户的实际需要开发出创新性的解决方案。但与此同时，通过向用户提供创新性的技术，生产商也在与用户分享其隐性知识和其他专有知识。通过这种密切的互动产生的终端产品将使用户和生产商都受益，并且产品中体现出的新知识是单独某一方面无法产生的。这实际上描述了一种合作创新和知识生产的社会过程。

兰姆(1998/2000)指出：集体学习过程中有效的知识转移所需要的技能具有

高度的时空特性。互动性、集体性的学习基于组织内部间与外部间一致性的惯例、隐性的规范和调节集体行为的习俗以及吸收编码化知识的隐性机制。这需要行为者对于“当地代码”(local codes)有共同的理解,这是集体隐性知识以及空洞的(disembodied)编码化知识的基础(Asheim 1999,Lundvall 1996)。这样,对一个身处本地企业间学习网络内的企业运作的整合来说,以一致的方式解释本地代码的能力就变得十分重要。

由于空间上的接近性对于隐性知识的有效产生、传播与共享来说很关键,这就强化了创新集群、行政区(district)和区域(region)的重要性。此外,正如马斯盖尔和马尔伯格(1999)所指出的,这些区域也受益于本地化的能力和无形资产的存在,这些能力和无形资产进一步加强了其向心力(Dosi 1988,Storper 1999)。其中许多是社会资产——例如,它们存在于企业间,而非企业内部。尽管对于单个企业来说,它们并不能独享,只有当地企业能从中受益。这些资产包括区域独特的制度禀赋(endowment),这一禀赋可以用以支持和加强当地优势。因为这些资产随着时间慢慢演进,呈现出明显的路径依赖趋势(David 1994,Zysman 1994),对于其他区域来说很难进行模仿,因此保留了第一推动者(first mover)的先发优势。马斯盖尔和马尔伯格(1999: 181)指出:

> 正是区域独特的制度禀赋孕育了知识,并促进了知识创造,这种知识创造是通过与可用的实物与人力资源的互动来实现的。正是这种知识创造,构成了该区域的能力并增强或削弱了区域内企业的竞争力。这种本地化能力的路径依赖使得它们难以被模仿,因此也就成为持续竞争优势的基础。

我们将在下一节详细讨论这一“独特的制度禀赋”。然而,在此之前,进一步探索经济中不同的知识基础类型是很重要的,因为隐性和编码化(或可编码)知识的作用是不同的。

11.2.1 产业知识基础

当人们在考虑不同产业和经济部门的实际知识基础(bases)时，显然发现近年来知识与创新变得日益复杂。组织和企业所面对的知识来源更加多样化，个体、企业和其他组织间的分工更加细化，同时也更加相互依赖(Cowan et al. 2000)。野中和竹内(1995)以及伦德瓦尔和博拉斯(1999)都指出，知识产生和开发的过程需要隐性知识和编码化知识间有一个动态互动和转换，以及组织内部及组织间人员间的强有力的互动。这样，这些知识过程正日益嵌入不同形式的网络和创新系统中——包括区域、国家和国际层面(本书：Powell and Grodal 第3章：对创新中网络作用的讨论)。

尽管知识过程总的趋势是日益多样化和相互依赖，但帕维特(1984)和其他学者认为，企业的创新过程也受其独特的知识基础的很大影响，这在不同的产业部门中是完全不同的(本书：Fagerberg 第1章；von Tunzelmann and Acha 第15章)。本章中我们区分了两种知识基础："分析性的"(analytical)和"综合性的"(synethetic, Laestadius 1998)。这两种知识基础意味着不同的隐性知识和显性知识的组合，以及不同的编码可能性与限制条件。它们也意味着不同的资质和技能，依靠不同的组织和制度，以及不同的创新挑战与压力(contrasting innovation challenges and pressures)。①

综合性知识基础在那些创新主要通过现有知识应用或新组合的产业中比较常见。它经常出现于需要解决与客户、供应商互动过程中产生的特定问题

① 帕维特(1984：353～365)基于技术变革的突出特性和来源提供了一个产业的三维分类学。供应商主导的产业涉及农业及纺织等传统制造部门。生产密集型产业可以进一步细分成规模密集型部门，如钢铁、耐用消费品、汽车等，以及专门的供应商部门，例如机械和仪器设备等。基于科学的部门包括电子与化学(包括制药)。在下面的讨论中，我们基于综合性知识基础对产业的观察与帕维特的前两种分类涉及的那些产业关系非常密切(供应商主导和生产密集型产业)。类似地，分析性分类则直接与帕维特的基于科学的产业相对应。

的过程中。例如专用机械、设备安装使用工程、造船等。总的来说，相对于其他经济部门，这些部门中 R&D 的重要性显得略低些。综合性知识基础是以应用研究的形式出现的，但更通常意义上它涉及与解决顾客提出的特定问题相关的渐进的产品或工艺流程开发（von Hippel 1988）。大学-产业界的联系在应用研究与开发领域表现更显著，而不是在基础研究领域。这种知识是通过测试、试验、计算机模拟或实践工作的归纳过程产生的，而非通过演绎或抽象。体现在各自技术解决方案或工程工作中的知识至少是部分编码化的。然而，隐性知识似乎是重中之重，这是因为知识常来自工作体验，以及干中学、用中学、互动中学。与第二种知识类型（分析性知识）相比，这种知识在知识生产和传播过程中需要更具体的诀窍（know-how）、技巧和实践技能。这些形式的知识常由专业人士和技术院校提供，或者通过工作培训。

拥有综合性知识基础的那些产业的创新过程更加注重新解决方案的效率和可靠性，或者实际用途以及从客户观点出发的用户友好性。创新活动主要集中于现有产品和流程的调整完善。由于这类创新对现有的惯例和组织缺乏破坏性（disruptive），大多数发生于现有企业，使得在衍生新企业和为了开发探索新的综合性知识而建立新企业方面显得不足。

相反，分析性知识基础在那些科学知识高度重要的产业和经济部门比较重要。在这些产业部门，知识创造常基于正式的模型、编码化的科学和理性的流程。最好的例子是生物技术和信息技术产业。基础研究、应用研究以及产品与流程的系统开发，是这种知识生产形式的中心活动。企业一般拥有自己的内部研发部门，但在创新过程中他们也依赖于大学和其他研究组织的研究产出。这样，大学-产业界的联系和网络也很重要，这种互动比综合性知识基础更频繁。比起综合性知识基础，这种知识基础的知识投入与产出通常是更编码化的（或可编码的）。这并不意味着隐性知识不参与，因为这两种知识总是同时涉及在知识创造和创新的过程中（Nonaka et al. 2000；Johnson，Lorenz and Lundvall 2002）。

在分析性知识中，编码的重要性反映了几个因素：知识输入常基于对现有（编码化）研究的回顾。知识的产生基于对广为人知的科学原理与方法的应用，知识过程（processes）组织得更为正式（例如在研发部门），而产出一般体现在报告、电子文档或专利描述中。在这些产业中，知识应用以新产品或新流程的形式体现，这会比那些综合性知识成为知识基础的产业更有利于突破性创新的出现。新企业和派生企业（例如市场新进入者而非现有企业）对于体现在这些突破性新发明或产品中的知识应用来说是一个重要的形式。①

相对于编码化知识来说，不同产业和技术领域的隐性知识以及创新的地理空间的重要性是如何受到这些具有不同重要性的综合性和分析性知识基础的影响呢？显然，位于学习经济学和学习区域论核心地位的"互动中学习"情景（scenario）看起来似乎是基于以综合性为主的活动。例如，伦德瓦尔的许多早期例子来自机械工程和专门工业机械领域，在这些领域中，非线性的、用户与生产商的反复互动代表了创新的主要模式。对于这样的经济活动，处于同一社会和制度环境中的互动企业在空间上的集中化显然是一个有组织的、互动学习过程的先决条件（Gertler 2004）。但那些分析性知识很突出的部门会怎么样呢？考虑到编码化和可编码知识在创新过程中的重要性更为显著，我们不能期望基于分析性知识的产业的创新过程在空间上分布得更广泛吗？

显然不是的。经济学家已经发现，初创企业在基于分析性知识的产业的创新活动中，存在着明显的地理不均衡现象。一个重要的衡量知识溢出的方法是专利引用率指标。② 例如，在杰菲等人（Jaffe et al. 1993）的经典研究中，他们

---

① 我们应该承认，许多产业都同时受益于综合性和分析性知识两种形式。一个明显的例子是医疗设备和技术，他们的发展离不开生物科学、信息通信技术、软件技术和先进材料、纳米技术以及机械工程等多学科知识。正是由于这个原因，使各个产业按照纯分析性和纯综合性产业的顺序连续排列起来是有意义的，其中有很多产业，例如汽车产业等，是处于中间地带的。

② 对这一文献的概述见：Feldman 2000。

发现，在以分析性知识为基础的产业，相比较源自其他地方的专利而言，专利申请者更多地引用了源自同一城市的其他专利。他们还发现，在专利授权之后的第一年引用的本地化现象更突出，以后，随着知识的扩散，这一现象开始淡化。

一种相关的方法在基于分析性知识的产业通过分析“明星科学家”来追踪知识外溢效应，例如生物技术和制药业。祖克（Zucker）、达贝（Darby）及其同事们追踪到了这些高产科学家的位置以及他们在当地经济创新中的影响，他们证明，这些核心科学家所生活和工作区域的新生物公司创业率明显高于其他区域（Zucker and Darby 1996；Zucker，Darby and Armstrong 1998；Zucker，Darby and Brewer 1998）。此外，从生产率增长、新产品开发和就业增长角度看，与明星科学家建立工作关系的企业的业绩优于没有建立这种关系的企业。

这些发现都明显表明：事实上，基于分析性知识的产业的创新过程与那些基于综合性知识的创新性经济活动一样，都具有空间的集中化特征。甚至，有明显证据表明，前者比后者展现出更高程度的空间地理上的集中性（Cortright and Mayer 2002）。①

人们如何解释这一有违直觉的发现呢？基于分析性知识的产业的创新过程是怎样的？如何解释它们的独特性以及空间上的高度不均衡性？这里有三种解释。首先，很显然，尽管可编码的知识在基于分析性知识的部门很重要，但新知识的传播仍是高度本地化的，正如关于知识外溢的经济文献中所提到的那样。这是因为，这些外溢最先并最快速、最容易发生于已有的本地科学家网络——常常是通过口头交流，这要远远早于正式结果在公开场合的发表或出版。有些有价值的知识几乎从不通过非当地化的途径传播。例如，公开出版的有关科学试验失败的知识非常少，然而，有关某一特殊研究战略没能产生

① 见：Cortright and Mayer；他们的研究表明：美国生命科学产业地理集中的程度整体上是高于人口的集中度；他们也证明——从使用风险资本、资助跨企业联盟的研究，以及新创企业率等指标来看，这种集中在过去的20年中有了显著增长。

预期效果的知识可以防止他们少走弯路，并可以节约研究团队大量的时间和成本（Enright 2003）。斯道普尔和维纳鲍斯（Storper and Venables 2003）最近的研究中已经强调了这种依托共同的经验和价值观的本地化知识传播的存在。他们用“蜂音”（buzz）这一术语来反映这一现象。

第二，基于分析性知识的产业中，受过良好教育（可能也是无拘无束）的工人在创新产生过程中处于核心位置，这意味着那些能提供最有吸引力的工作机会的地方将会比其他地方更有利。只有相对较少的一些地方提供足够大的本地劳动力市场，在这里能够提供不是一两个而是一系列具有挑战性的工作机会，这样“好钢可以用在刀刃上”，这些熟练工人可以为著名大企业或研究机构效力（Florida 2002a）。换句话说，这些工人是被吸引到能提供这种基于职业的“蜂音”的地方，并且在这里他们可以发现很多志同道合的同伴在从事同样或类似方向的工作。一旦这些工人发现了某地有着颇具吸引力的就业机会，别的员工们发现这里是高技能劳动力的储备库，收益递增（increasing-return）规律会产生一个强劲的长期增长的良性循环以及对基于分析性部门的推动力（dynamism）。

第三，那些除了具有吸引力的工作机会外还提供高质量生活水平的地方将会在“人才战”中占有更显著的优势。这些高素质工人可以住在不同的地方，但是他们更倾向于选择住在能提供高质量生活的地方。根据弗罗里达（Florida 2002b）的观点，这样的地方往往伴随着大量创造性活动和高素质人才，并具有很强的社会多样性（根据种族和民族血统来衡量）以及宽容（最好的例子之一是，存在一大群同性恋）。弗罗里达认为，这些地方对于来自不同社会背景的有能力的新移民来说进入门槛比较低，这使得他们容易进入当地社会网络和劳动力市场。他们可以享受丰富多彩的、具有吸引力的周边环境和文化氛围，这就进一步增强了这些地方的吸引力。

人才的受教育程度（创造力）越高，效果就越明显。因此，那些拥有最知识密集型劳动力的产业，在地理空间上的集中度应该会更高。

11.3 区域创新系统和本地化学习

在介绍了有关创新活动的空间上的集中化趋势的一些重要研究和观点之后,现在我们来探讨一下创新系统在亚国家(subnational)层面上对培育和促进空间集中化趋势的作用。

区域创新系统(RIS)的概念相对比较新一点,最早出现于20世纪90年代早期(Asheim 1995,Asheim and Isaken 1997,Cooke 1992/1998/2001),这些研究都是基于弗里达(1987)在分析日本经济时最早使用的"国家创新系统"的概念基础之上的,并且几乎在同时,伦德瓦尔(1992)和纳尔逊(1993)在书中对国家创新系统的概念进行了探讨。根据这一时间顺序,区域创新系统概念是受到国家创新系统概念的启发,并基于类似的原理,即都是强调基于领土(territorially based)的创新系统。①

这样一个原理源于技术轨迹(technological trajectories)的存在。技术轨迹是基于区域内的黏滞性(sticky)知识和本地化学习。可以通过进一步增强企业与区域知识基础设施间的系统关系来使得这些技术轨迹更具创新性和竞争性。第二个原理源自某些知识创造组织的存在。这些组织的产出可以通过支持最近涌现的经济活动来开发其经济用途。区域创新系统概念的出现与后福特时代(post-fordist era)区域集群和产业区的成功是密切相关的(Asheim 2000,Asheim and Cooke 1999,Piore and Sabel 1984,Porter 1990 1998),这一概念的产生也代表着地理经济学的学者们试图更好地理解制度和组织在促进基于创新的区域增长中的关键作用。②

区域创新系统可以被视为是区域生产结构中支撑创新的制度基础设施。

---

① 这一区域创新系统的概念化与库克等(2000)的一项发现是密切相关的。用他们的话说,任何起作用的区域创新系统都包括两个子系统:(i) 知识应用和开发子系统,主要由纵向供应链网络中的企业所拥有;(ii) 知识产生和扩散子系统,主要包括一些公共组织。

② 区域科学和经济地理间在这些概念、方法和集聚理论(agglomeration theories)有着密切的历史相似性,例如佩罗克斯(Perroux 1970)的增长极理论。

从每个词来分析，“区域”强调了国家和个体集群或企业层面的经济过程治理的一个重要层面。区域是中观层面经济调控的重要基础：“区域正日益成为这样一个层面：创新通过区域创新者的网络、本地集群和研究机构的交叉效应而产生。”(Lundvall and Borras 1999：39)在不同程度上，区域治理通过私人代表机构(如行业协会的分支机构、商会)，以及公共组织(例如经国家或欧盟内部、跨国家层面授权来促进企业和创新的区域机构)来实现(Asheim et al. 2003，Cooke et al. 2000)。

区域创新系统的系统维度部分源自网络中创新相关的类似团队(team-like)的特征。尽管创新系统是创新中涉及的一群实体或节点间的关系(Lundvall 1992)，但又不仅仅如此。这种关系，如果要系统化的话，必须涉及某种程度的相互依赖性，尽管这种依赖程度是变化的。同样地，其中许多(但不是所有)这样的系统关系都需要包含在区域中。① 随着创新互动模式的重要性的提高，这些关系被包含在区域中的可能性越来越大，尤其是对拥有专有技术和知识基础的专业化供应商来说。这样的供应商常依赖于隐性知识、面对面互动和基于信任的关系，并因此在与区域集群中客户的合作中获益，然而有能力的分包商将进行全球采购。② 这一整套态度、价值观、规范、惯例和期望，被某些人称之为与众不同的“区域文化”，它的存在进一步强化了区域创新系统的系统特征。这种区域文化会影响区域中企业的行为和实践。正如前面提到的，正是这种共同的区域文化——本身就是共同体验到的制度性力量——塑造了区域内企业相互之间互动的方式。

11.3.1 区域创新系统的多样性

“创新系统”的概念可以有狭义和广义两种理解方式(第 7 章)。狭义的定义

① 最近的研究(Carlsson 2003)表明，创新系统的理论与实证分析的主体部分都聚焦于区域(对区域创新系统的重要讨论见：Bathelt 2003)。

② 最近一个有关欧洲产业集群的比较研究表明，企业日益发现在集群边界内部有相关的研究活动和其他支持性服务(Isaksen 2004)。

主要包括了高校、公共与私立研究机构与企业的研发职能,反映了一种自上而下的线性的创新模型,正如三螺旋(triple helix)方法所示(Etzkowitz and Leydesdorff 2000)。广义的创新系统定义包括“经济结构与制度结构的各个部分和方面,对于学习、研究和探索都有影响”(Lundvall 1992: 12)。这一广义的定义体现的是一种自下而上的、互动性创新的模型,这在我们以前讨论的“学习性区域”概念中也有体现。

为了反映一个区域中生产结构与“制度结构”的关系在概念上的多样化与实证上的丰富性,阿歇姆(1998)区分出三类区域创新系统(Cooke 1998, Asheim and Isaksen 2002)。第一种类型可称为**领土嵌入式**(territorially embedded)**区域创新系统**,在这种区域创新系统中的企业(主要是那些应用综合性知识的企业)创新活动主要基于本地化的学习过程,这种学习主要来自地理、社会和文化上的亲近性,而与知识组织没有太多的直接互动。这种创新系统类似于库克(1998)所说的“基层区域创新系统”(grassroots RIS),属于伦德瓦尔(1992)所定义的广义的创新系统。

领土嵌入式区域创新系统的最好例子是产业区中的中小企业网络。例如在意大利的艾米利亚-罗马格纳,在这个特定的区域中,其创新系统在社会关系的空间结构上可被称为领土嵌入式的(Granovetter 1985)。这些领土嵌入式的创新系统通过技术中心、创新网络或产业中心提供了自下而上的、基于网络的支持。产业中心提供市场研究和知识密集型服务,来促进“本地范围内适用性的技术和组织学习”(Storper and Scott 1995: 513)。

另一种类型的区域创新系统是**区域性的网络化创新系统**。企业和组织仍是嵌入在特定区域,并以本地化的、互动式学习为特征。然而,通过有意加强区域的制度基础设施等政策干预使这些创新系统具有更多的经过规划的特征,例如:通过使基于区域的研发机构、职业培训组织以及其他涉及企业创新过程的本地组织发挥更强大、更高级的作用。这一网络化的创新系统通常被视为区域创新系统的理想形式:区域性产业集群,周边有区域“支持性”(supporting)制度基础设施的支撑。库克(1998)也称之为“网络区域创新系统”(network RIS)。网络式创新系统在德国、奥地利和北欧国家最为典型。

专栏11.1

巴登-符腾堡的区域性的网络化创新系统

巴登-符腾堡(Baden-Wurttemberg)州是德国最发达的区域之一。这里拥有一批德国最重要的机械加工企业，包括戴姆勒-克莱斯勒(Daimler-Cgrysler)、保时捷(Porsche)、博世(Robert Bosch)等。这些企业得到周边高度发达的中小企业网络的良好支持，这些中小企业根据各自的专业化分工和协作，为大企业提供零配件、机械和系统的开发、生产和配送。最主要的当地能力就是他们解决客户的复杂技术问题的能力，这就推动了对现有产品和工艺的个性化设计和改进。在这里，分析性知识用处不大，而综合性知识在这些产业中占据主流。

考虑到这些作为大企业供应商的中小企业对于区域大的旗舰企业(乃至对整个区域经济发展)竞争力的重要性，区域创新系统已经进化到在渐进的机械工程创新中生产和扩散这些能力。这一区域性的网络化创新系统最重要的特征是：

- 有一个强有力的职业教育、学徒制和培训体系，提供了大量高素质的熟练并多才多艺的劳动力；
- 为技术转移提供了良好的基础设施，不仅包括基础研究设施和市场导向的开发，而且特别针对中小企业的需要。斯泰恩拜斯基金会(Steinbeis Foundation)在整个区域范围内有一个技术转移的办公室网络，帮助中小企业解决技术问题；
- 拥有一个组织良好的商会(Chamber of Commerce，IHK)，成员资格是义务性的，需要承担很多的义务和责任。商会在协调符合当地产业需要的培训计划的设计方面起到了领导作用；

- 高度发达和专业化的区域性生产商协会。这些组织从生产商的角度引导面向市场趋势、经济预测和新兴的符合市场需要的技术的研究。

除了这些区域性的特征之外，整个区域创新系统内嵌于一个国家规制框架之中，以加强区域创新能力。这一系统最主要的特征是：

- 拥有良好的劳动力市场结构，可以培养稳定的雇佣关系，有助于干中学并提高雇主对培训的积极性；
- 有良好的产业关系系统，使工人参与日常和长期的战略决策有制度保障，使得雇主可以管理控制工人通过干中学、用中学获得的隐性知识；
- 有集中化的集体劳资谈判系统，使得企业间在工资和福利水平上的差异最小化，引导企业靠质量和创新在竞争中取胜；
- 有良好的资本市场结构，鼓励企业在决策中考虑长期利益，这进一步促进了工作场所的稳定性。

来源：Morgan 1999，Gertler 2004

区域网络化创新系统是对提高创新能力和合作进行政策干预的结果。例如，中小企业可能要补充他们的非正式知识（具有高度隐性的特征），使自身能力在更系统化的研究与开发中得到提升，以推出更具突破性的创新。从长期来看，大多数企业无法仅仅依赖于非正式的本地化学习，而是必须也要从国家和全球层面获得更广阔的分析性和综合性知识。通过增加与当地高校、研发机构的合作，或者通过建立技术转移机构和服务中心来创建区域网络化创新系统，可以为补充企业的源自本地的能力提供信息和帮助。这不仅提高了它们的集体创新能力，而且也会有助于削弱“技术锁定”效应（无法脱离原有过时的技术轨迹）。

区域创新系统的第三个主要类型是**区域化的国家创新系统**，与前两种创新系统有以下几点不同：首先，产业的各个环节和制度性基础设施更多地融入国家或者国际创新系统中——例如，创新活动主要发生于与区域外组织的合作中。这样，这类创新系统代表了一种新的发展模型，在这个模型中，外生的组织和关系起到了更大的作用。库克（1998）把这种类型描述为"国家干预型"区域创新系统（dirigiste RIS），它反映了创新系统的一种狭义定义，主要包括了大学、研究机构和企业的研发职能。其次，这种区域创新系统内组织间的合作更接近于线性模型，因为合作主要涉及一些具体的项目，这些项目以正式的分析性-科学性知识为基础，来进行更具突破性的创新。在这样的系统内，合作最可能发生于具有同样的职业或教育背景的人之间（例如工程师之间）。这种职能上的相似性便于知识通过"实践共同体"（communities of practice）传播和共享。这种实践共同体的成员可能是跨区域的，甚至是跨国的（Amin and Cohendet 2004）。

经过规划的科技园中大企业和（或）政府研究机构的研发实验室的集群是**区域化的国家创新系统**的一个特例。这些科技园可能位于大学或技术学院附近，但有证据显示，科技园中的企业与当地产业的联系很有限（Asheim 1995）。科技园是一个典型的经过刻意规划的环境，它由具有高水平内部资源和能力的企业组成，而这些企业的本地合作环境却比较薄弱。这些科技园没能开发出基于园内企业间合作和互动学习的创新网络（Asheim and Cooke 1998，Henry et al. 1995）。技术园区，正如在法国、日本和中国台湾地区等国家和地区所出现的那样，园区内部企业间创新互动程度也很有限，并与非当地化的外部企业间具有纵向的转包关系。在少数情况下，当地即使形成了创新网络，往往也伴随着国家层面上公共部门的干预。这些特征意味着缺少本地化和区域概念，并使我们质疑科技园和技术园区更广泛地促进本地产业的创新和竞争力提升（尤其是中小企业）的能力，而这种能力是内生区域发展的先决条件（Asheim and Cooke 1998，

Longhi and Quere 1993)。[①]

11.4 区域和国家创新系统的关系

最近有关区域创新系统的研究开始关注国家创新系统和国家商业系统(National Business System)间的制度框架,以及区域创新系统的特征。库克(2001)在其对英国、美国和德国的生物技术产业的研究中也强调了这一点。库克分析了传统的区域创新系统(他指的是制度性区域创新系统——IRIS)和新经济创新系统(NEIS)的区别。他把新经济创新系统视为创业型的区域创新系统(ERIS, Cooke 2003)。传统的制度性区域创新系统在德国更典型,例如巴登-符腾堡或北欧国家的一些区域,这些区域的领先产业都是基于综合性知识基础的。其效果源自生产结构和知识基础设施间系统关系的积极作用。这种知识基础设施体现了网络型治理结构和支持性调节与制度框架。根据库克的观点,制度性区域创新系统在那些技术与创新更倾向于路径依赖而不是裂变性(disruptive,后者对创业型的区域创新系统来说更典型)的地方表现更突出,这些地方的制度逐渐完善,以在一个演进中的部门创新系统中满足各种需求(Cooke 2003: 57)。

相反,新经济创新系统或者创业型的区域创新系统(存在于美国、英国和其他与英美有关的经济体中)缺乏上面讨论到的制度性区域创新系统的很强的系统要素,而是从当地风险资本、企业家、科学家、市场需求和孵化器中获取动力来支持创新,这主要是基于分析性知识基础。库克将其称之为"风险资本驱动型"系统。这种系统更具灵活性和可调节性,也不会在"锁定"状态下陷入终结风险。另一方面,新经济创新系统并没有同样的长期稳定性,对于历史的技术轨迹并不能提供系统支持,这就引发有关其长期经济稳定性的一些问题。

---

① 见第8章,对于科学园有个类似的重要评估。

专栏11.2

美国生物技术集群：创业型区域创新系统

美国有关生物技术的一项最新研究(Cortright and Mayer 2002)认为：生物技术产业的创新只是由少数中心大城市所主导。波士顿和旧金山就是两个最大最出色的中心城市，其后还有最近一些新秀城市，如圣地亚哥、西雅图、洛利-杜罕等。费城、纽约、华盛顿-巴尔的摩和洛杉矶生物技术产业也具有显著的集中化特性。该研究的作者认为，两个最重要的因素促进了生物技术集群的出现：(1)当地高校或政府实验室中一流的商业化前(pre-commercial)医药研究的存在；(2)支持鼓励那些能把研究成功商业化的创业活动的当地支持系统的存在。

在强调这两个因素的同时，该研究还强调了公共和私有部门在这类创新系统中的重要作用。政府的支持，包括通过重要的拨款机构，如国家健康研究院(National Institute of Health)和州级计划对高校和研究机构进行投资，对于当地生物技术集群的出现至少是个必要条件。政府在积极吸引“明星科学家”方面也起了很多作用。但在技术型企业的发展中这一过程也需要当地风险资本和管理知识的存在。由于本章前面所提到的一些原因，高质量的当地生活水平对于吸引和保留高水平的科技工作者来说也是一个关键的决定因素。

除了这些重要的当地因素，非当地的力量和关系也起到重要作用。其中最重要的三个包括：像前面提到的国家健康研究院这样的组织；与大型全球化的制药企业结成的战略联盟，这样能够为研发和临床跟踪提供资金支持；拥有资金和经验的非本地的风险资本家来识别和支持有潜力的当地企业和有商业化前景的研究。

一旦这样的当地中心发展成熟并形成足够的大规模集聚，就开始从跨国企业吸引投资。这些跨国企业在当地建立自己的研发机构，以便融入当地特有的研究能力。这进一步加强了技术推动力、创业能力和区域的商业化潜力，从而形成了回报增长的良性循环。

来源：Cooke 2000/2003，Feldman 2001，Zucker et al. 1998

在有关经济的宏观制度特征和区域创新的主要形式与特征的争论过程中，库克提到了另外有关“资本主义多样性”(varieties of capitalism)和国家商业系统的有用文献(Lam 1998/2000，Whitley 1999，Hall and Soskice 2001)。索斯凯斯(Soskice 1999)认为，不同的国家制度框架会支持不同的经济活动形式，例如，有计划的市场经济体(coordinated market economies)，像德国、北欧国家，它们的竞争优势基于“多样化的质量生产”(diversified quality production，Streeck 1992)，而自由主义的市场经济体(例如美国和英国)在以科学的创新活动为基础的产业中最具竞争优势。在有计划的市场经济体中，驱动力包括存在于商业圈内以及私有与公共部门间的非市场化的协调与合作，以及劳动力被有意识地“融入”(incorporated)生产过程的程度，并且金融系统能够提供长期的资助(Soskice 1999)。在一项关于瑞典、德国、瑞士等有计划的市场经济国家以及美国和英国为代表的自由市场经济国家的对比中，发现有计划的市场经济国家在“相对复杂的产品，包括成熟产业中的复杂生产过程和售后服务”的生产中表现最好(成熟产业的例子包括基于综合性知识的部门，如机床产业)。相反，美国在生产复杂系统性产品的产业表现最好，例如 IT 和国防技术部门。这些产业的分析性的、基于科学的知识(常得到各州的大力支持)的重要性是非常显著的(Soskice 1999：113~114)。

因此，索斯凯斯认为，多样化的质量生产在市场上的竞争优势是基于问题解决式的知识，这种知识来自互动学习和日常工作中的积累(Soskice 1999)。这种生产系统与工作流程由管理层所唯一控制的雇佣关系是不兼容的。这种管理层设计是一种由自由市场经济国家中发现的某种金融和治理系统所产生的偏好。在其他市场——例如以突破性创新和高度变化为特征的市场——竞争优势是基于制度上的自由性以及财务方面的激励措施，这样以便根据新的市场机会持续重构生产系统(Gilpin 1996)。有计划的市场经济在宏观层面支持私有部门及公共部门间的合作性、长期性、基于一致性的关系，而自由市场经济国家则禁止这些关系的发展，并尽可能创造机会把正式的结构根据新的要求进行快速调整。这两种制度特性导致了迥然不同的国家商业系统，并构建了具有不同的学习、知识积累机制的不同组织形式，并且知识的专有性得到发展(Asheim and Herstad 2003)。

克里斯托弗森(Christopherson 2002)认为，兰姆(1998/2000)所感兴趣的各种组织特性和劳动力市场的特征由资本市场的结构和国家层面的“投资体制”所决定。此外，这些不同的投资体制也导致了在全球市场上竞争优势不同的社会条件。美国式的“市场治理模型”促进了美国在那些基于分析性知识的部门的优势地位的形成，例如在生物技术和信息通信技术部门以及在电子媒介和娱乐、广告、管理咨询、公共关系、工程与工业设计，以及计算机服务业等“项目导向”的产业。这种模型的特征是由短期投资回报最大化的驱动力所主导。

克里斯托弗森所持观点的本质是：在不同的有关资本、市场和企业治理的国家制度中，可能当地经济主体间，以及当地创新和生产系统的社会组织间所形成的社会关系种类存在显著不同。显然，美国的系统(相对于德国)更多地强调了作为知识传播和当地社会化学习的流动载体的个体工作者的作用，因为他们是企业间知识共享的主要决定因素。格兰柏赫(2001/2002)有关伦敦广告产业生产组织的基于项目的特性研究与克里斯托弗森有关美国式基于项目的经济活动的描述具有许多结构上的相似性，这进一步表明了独特的“英美”模型的持续生存能力，这种模型基于区域性生产和创新系统。

这样，以美国和英国为代表的自由主义市场经济国家似乎在基于分析性知识以及那些依赖于劳动力市场高度流动性的产业具有优势。对于前者，私立的一些一流高校和教育机构在研发、正式化知识的产生、发明和突破性创新方面具有优势。其他的制度性特征，例如高校与产业界的密切联系、高校衍生出的企业以及积极的劳动力市场都有助于科学知识的转移和应用。

在这种情况下，以德国巴登-符腾堡区域所代表的经典“传统”制度性区域创新系统与有计划的市场经济的制度框架最为兼容，而新经济创新系统（伦敦广告业、硅谷或纽约的新媒体“硅谷”）体现了自由市场经济的制度性框架。

这就产生了文献中常提到的一个重要问题：在多大程度上，各种差别很大的区域创新系统可以在同一国家制度空间中出现。萨克森宁（1994）在其里程碑式的研究中比较了美国两个重要区域——加利福尼亚的硅谷和马萨诸塞的128号公路——的电子与计算产业。这个研究进一步巩固了原有观点，即在单一的国家制度框架下，可以并且的确出现了完全不同的区域创新系统。她认为，在就业增长和新企业的形成方面，硅谷都优于128号公路，因为它更开放、更灵活、具有高度流动性，而128号公路则显得更封闭、刚性、层级较多、依赖于忠诚度。这两个区域都是世界闻名的高校和研究机构的聚集地，而硅谷模式在产生成功的创新以应对严峻的外部竞争挑战方面更有效。

然而，需要强调的是，这一分析是基于20世纪80年代及90年代初两种创新系统的演进基础上的。事实上，马萨诸塞创新系统在90年代经历了一次意义深远的转型。拜斯特（Best 2001）印证了这一转型，描述了生物技术、医疗设备、纳米技术和相关领域中新产业的出现。他认为，伴随这一转型的是区域经济中先进部门的社会组织形式方面一个更具根本性的转变，这种转变是面向一个开放式的系统架构。换句话说，通过这种转变，向与硅谷类似的一种新经济创新系统的结构演化。拜斯特的分析认为，萨克森宁的早期案例研究同时发现了两种区域创新系统，其中之一（128号公路）在一个一致性、完全成形的替代物出现前，正在耗尽其老的、已经过时的创新能力（Kenney and von Burg 1999, Saxenian 1999）。现在这种新系统的组织轮廓是清楚的，他们认为，在同一国家制度性空间内，不同的区域创新系统的特征可能也会在一个比预想更窄的范围内完全不同的。这一变化可能主要依赖于区域特定的技术轨迹和知识基础。

11.5 其他组织形式和新兴的本地与全球知识间的关系

近来,有一个问题正引起越来越多的关注,那就是：学习和知识创造的空间嵌入性是否可能会受到另外的组织形式——特别是在全球经济中正变得日益流行的临时性组织——的挑战(Asheim 2002,Grabher 2002)。例如,甘恩和萨奥特(Gann and Salter 2000)认为,建筑业和工程领域的企业现在依赖于那些组织知识密集型的复杂产品和系统的生产的项目。采用临时性组织形式对于学习和创新的空间嵌入性会产生什么影响？格兰柏赫(2002)关于伦敦广告业(上面讨论过的)的项目表明,地理位置的相近性便于项目团队的持续快速的重组,并有利于项目潜在合作伙伴的能力和经验等知识的传播流动。

相反,阿尔德曼(Alderman 2004)认为:“对于基于项目的模型与有关集群化、当地学习和当地创新网络的匹配并不很好,有重要的先天的或理论上的原因。”他的论断依赖于最近的一篇有关把“实践共同体”视为驱动企业知识处理活动的关键实体的文献。该文献认为,惯例和由组织(或组织内的某共同体)所形成的已有实践促进了隐性知识和可编码化知识的生产和共享(Brown and Duguid 1996/2000,Wenger 1998)。实践共同体被定义为一群通过共同的经历、经验和对共同企业的承诺而非正式地结合在一起的工作者。这些共同体一般为了解决企业面临的实际问题而自发组织起来,并在此过程中进行创新(产品和工艺创新)。共同体成员间的共同性、平等性有助于通过共同解决问题来实现隐性知识的产生和共享。这种合作一般借助于讲故事和其他叙述性方式来传播隐性知识。

根据这一观点,对于支持隐性知识的生产、识别、拥有、流动而言,组织上或关系上的亲近度以及职业的相似性比地理位置的接近度更重要(Allen 2000,Amin 2000,Amin and Cohendet 2004)。由此而发生的创新的地理分布与学习型区域方法的支持者所期望的是迥然不同的。从这个观点看,跨越组织内部边界的隐性知识和可编码化知识的合作生产和扩散(传播)是可能的,只要其能够在共同体间传播扩散。此外,由于实践共同体可能进一步拓展到单个企业之外,包括顾客、供应商,知识也能跨越单个组织的边界流动传播。

此外,有关实践共同体的研究认为,假如组织或"虚拟共同体"的亲近性足够的话,隐性知识也可能会跨越区域和国家边界传播。换句话说,如果关系上的亲近性存在的话,学习(以及隐性知识的共享)不必局限于某空间范围内。对于拥有"分布式"知识基础和多个创新地点的大的跨国企业,借助于更便宜、更强大的信息通信技术和空中旅行(air travel)的实践共同体被视为克服地理分散性的一种有效手段。

这些争论都强调了关系和基本的亲近性(而非地理上的接近性)本身在决定经济主体间知识共享的有效性方面的重要程度。然而,他们没能回答一个关键问题:究竟是什么力量塑造或决定了这种"关系上的亲近性",使其能够穿越地理、文化以及制度性的分界?共同的理解是如何形成的?大多数实践共同体的文献没有提到这一点。一个引人注目的例外是布朗和杜吉德(2002:143)的研究。他们对于实践共同体的空间活动范围给出了一个截然不同的定位:

> 他们通常是面对面的共同体,在工作过程中不断进行直接的相互协商、沟通、协调。这种协商、沟通、协调具有高度的内在性,是工作实践的一部分……在这些共同体中,直接协调的要求不可避免地限制了空间的活动范围。你只能与这些人进行紧密合作。

11.6 结论与进一步研究展望

本章中,我们提出,经济主体——企业、员工、协会、组织和政府机构——

在地理空间上的分布情况对于形成企业和产业的创新能力是至关重要的。我们已经区分了两种类型的知识基础——综合性的和分析性的——并已证明，两种情况下创新过程的性质可能各不相同，但创新活动都表现出空间上的集群性，尽管原因是多种多样的。

然后我们介绍了区域创新系统的概念，描述了其要素、关系和系统性特征，这一特征包含了该区域独特的制度禀赋的关键部分。我们也探索了不同类型的区域创新系统，指出了独特的区域创新系统是如何可能与独特的商业系统体制以及国家层面的制度框架具有更强的相关性的。尽管在同一国家系统内不同区域的经济发展有显著的不平衡，在同一国家体制下成功的区域创新系统的特征将会体现出某种一致性。

然而，全球性知识网络和知识流动对于日益增多的经济活动来说是重要创新思想的源泉(Mackinnon et al. 2002)。假如这样的话，那么我们该如何理解它们对创新活动的地理分布，以及对基于区域的创新系统的未来重要性的影响呢？在最近一篇概念性论文中，巴塞尔特等(Bathelt 2004)试图整合这些不同的观点。他们认为：企业在某一特定区域集群，除了它们自己产生的和本地共享的知识外，还需要获取非本地化的知识来源以作为一种必要的补充。他们用“当地的蜂音系统和全球性的渠道”(local buzz and global pipelines)来描述这种新兴的创新地理空间分布的双重性。他们把这些全球性知识渠道视为不同节点企业地理上的集中性和全球范围内其他知识生产组织间的一种扩展。一方面，没有企业——特别是分析性和基于科学的产业部门，例如生物技术产业——可以把自己与非本地知识源泉割裂开来。如果这样做将会导致潜在的灾难，因为区域创新系统倾向于鼓励技术停滞和“锁定”效应。另一方面，企业有效地利用这种知识——也就是有效地转化为经济价值——的能力，还是依赖于它们对重要的有形或无形的地方资产的可接近程度，以及与其他周边组织的紧密互动(Asheim and Herstad 2003，Cooke et al. 2000，Freeman 2002)。

这一研究具有概念上的贡献，但其框架还有待实证研究。显然，有些问题需要进一步研究：包括案例研究和统计分析，以更系统地探索这种创新的“双重地理分布”(dual geography)。同时，这种方法也带来了一个有待解决的新问题，即是否这种“当地的蜂音系统和全球性的渠道”的比喻只适用于基于分析性知识的科学密集型产业？对于那些更依赖于综合性知识基础的产业，非本地知识流和本地化创新中心之间的学习关系拓展的重要程度有多大？

学习型经济和学习型区域文献存在的一个问题是，它们对干中学和用中学的关注很大程度上基于具有高度隐性和渐进创新的当地综合性知识。我们进而赞同弗里曼关于“在技术变革和创新扩散过程中的渐进创新、干中学、用中学和互动中学的极端重要性”的论断(Freeman 1993：9~10)。然而，在高度竞争性、全球化的经济中，主要依赖于产品和流程的渐进改进而非新产品(例如突破性创新)的学习型经济的再生产和增长变得日益困难。克莱沃西尔(Crevoisier 1994：259)认为，对于渐进创新的过分依赖“将意味着这些领域将会很快耗尽其赖以生存的技术范式”。

未来研究中，遵循这些趋势是很重要的，这些趋势毫无疑问地将随着全球化进程而进一步凸显(见第12章)。区域创新系统的基本原理是，系统促进本地化学习过程能够提高创新性和区域经济的竞争优势。我们还将看到的是，区域创新系统提升区域集群中企业的知识基础的能力随着时间的推移而不断提高。

参考文献

ALDERMAN, N. (2004), "Mobility versus Embeddedness：The Role of Proximity in Major Capital Projects," in A. Lagendijk and P. Oinas (eds.), *Proximity, Distance and Diversity: Issues on Economic Interaction and Local Development*, Aldershot：Ashgate.

ALLEN, J. (2000), "Power/Economic Knowledge: Symbolic and Spatial formations," in J. R. Bryson, P. W. Daniels, N. Henry, and J. Pollard (eds.), *Knowledge, Space, Economy*, London: Routledge, 15~33.

AMIN, A. (2000), "Organisational Learning through Communities of Practice," Paper presented at the workshop on *The Firm in Economic Geography*, University of Portsmouth, UK, 9~11.

——and COHENDET, P. (2004), *Architectures of Knowledge*, Oxford: Oxford University Press.

ASHEIM, B. T. (1995), "Regionale innovasjonssystem — en sosialt og territorielt forankret teknologipolitikk," *Nordisk Samhällsgeografisk Tidskrift* 20: 17~34.

——(1996), "Industrial Districts as 'Learning Regions': A Condition for Prosperity?" *European Planning Studies* 4(4): 379~400.

——(1998), "Territoriality and Economics: On the Substantial Contribution of Economic Geography," in O. Jonsson and L.-O. Olander, (eds.), *Economic Geography in Transition*, *The Swedish Geographical Yearbook*, vol. 74, Lund, 98~109.

——(1999), "Interactive Learning and Localised Knowledge in Globalising Learning Economies," *Geo-Journal* 49(4): 345~352.

——(2000), "Industrial Districts: The Contributions of Marshall and Beyond," in G. Clark, M. Feldman, and M. Gertler (eds.), *The Oxford Handbook of Economic Geography*, Oxford: Oxford University Press, 413~431.

——(2001), "Learning Regions as Development Coalitions: Partnership as Governance in European Workfare States?" *Concepts and Transformation. International Journal of Action Research and Organizational Renewal* 6(1): 73~101.

——(2002), "Temporary Organisations and Spatial Embeddedness of Learning and Knowledge Creation," *Geografiska Annaler, Series B, Human Geography*, 84B (2): 111~124.

——and COOKE, P. (1998), "Localised Innovation Networks in a Global Economy: A Comparative Analysis of Endogenous and Exogenous Regional Development Approaches," *Comparative Social Research* 17, Stamford, Conn: JAI Press, 199~240.

——(1999), "Local Learning and Interactive Innovation Networks in a Global Economy," in E. Malecki and P. Oinas (eds.), *Making Connections: Technological Learning and Regional Economic Change*, Aldershot: Ashgate, 145~178.

——and HERSTAD, S. J. (2003), "Regional Innovation Systems, Varieties of Capitalism and Non-Local Relations: Challenges from the Globalising Economy," in B. T. Asheim and Å. Mariussen (eds.), *Innovations, Regions and Projects*, Stockholm: Nordregio, R 2003: 3, 241~274.

——and ISAKSEN, A. (1997), "Location, Agglomeration and Innovation: Towards Regional Innovation Systems in Norway?" *European Planning Studies* 5 (3): 299~330.

——(2002), "Regional Innovation Systems: The Integration of Local 'Sticky' and Global 'Ubiquitous' Knowledge," *Journal of Technology Transfer* 27: 77~86.

——et al. (eds.) (2003), *Regional Innovation Policy for Small-Medium Enterprises*, Cheltenham: Edward Elgar.

BATHELT, H. (2003), "Geographies of Production: Growth Regimes in Spatial Perspective 1: Innovation, Institutions and Social Systems, *Progress in Human Geography* 27(6): 789~804.

* ——MALMBERG, A., and MASKELL, P. (2004), "Clusters and Knowledge: Local Buzz, Global Pipelines and the Process of Knowledge Creation," *Progress in Human Geography*, 28(1): 31~56.

BEST, M. (2001), *The New Competitive Advantage*, Oxford: Oxford University Press.

BROWN, J. S., and DUGUID, P. (1996), "Organisational Learning and Communities-of-Practice: Towards a Unified Theory of Working, Learning and Innovation," in M. Cohen and L. Sproul (eds.), *Organisational Learning*, New York: Sage, 58~82.

* ——(2000), *The Social Life of Information*, Boston: Harvard Business School Press.

CARLSSON, B. (2003), "Innovation Systems: A Survey of the Literature from a Schumpeterian Perspective," in A. Pyka (ed.), *The Companion to Neo-Schumpeterian Economics*, Cheltenham: Edward Elgar.

CHRISTOPHERSON, S. (2002), "Why do National Labor Market Practices Continue to Diverge in the Global Economy? The 'Missing Link' of Investment Rules," *Economic Geography* 78(1): 1~20.

COOKE, P. (1992), "Regional Innovation Systems: Competitive Regulation in the New Europe," *Geoforum* 23: 365~382.

——(1998), "Introduction: Origins of the Concept," in H. Braczyk, P. Cooke, and M. Heidenreich (eds.), *Regional Innovation Systems*, London: UCL Press, 2~25.

* —— (2001), "Regional Innovation Systems, Clusters, and the Knowledge Economy," *Industrial and Corporate* Change 10(4): 945~974.

(2003), "Integrating Global Knowledge Flows for Generative Growth in Scotland: Life Sciences as a Knowledge Economy Exemplar," in *Inward*

Investment, Entrepreneurship and Knowledge Flows in Scotland — International Comparisons, Paris: OECD.

——and MORGAN, K. (1998), *The Associational Economy: Firms, Regions and Innovation*, Oxford: Oxford University Press.

——BOEKHOLT, P., and TÖDTLING, F. (2000), *The Governance of Innovation in Europe. Regional Perspectives on Global Competitiveness*, London: Pinter.

CORTRIGHT, J., and MAYER, H. (2002), *Signs of Life: The Growth of Biotechnology Centers in the U. S.*, Washington, DC: Center on Urban and Metropolitan Policy, The Brookings Institution.

COWAN, R., DAVID, P. A., and FORAY, D. (2000), "The Explicit Economics of Knowledge Codification and Tacitness," *Industrial and Corporate Change* 9: 211~253.

CREVOISIER, O. (1994), Book review of G. Benko and A. Lipietz (eds.), *Les Régions qui gagnent*, Paris, 1992, *European Planning Studies* 2: 258~260.

DAVID, P. A. (1994), "Why are Institutions the 'Carriers of History'? Path Dependence and the Evolution of Conventions, Organizations and Institutions," *Structural Change and Economic Dynamics* 5: 205~220.

DOSI, G. (1988), "The Nature of the Innovative Process," in G. Dosi et al. (eds.), *Technical Change and Economic Theory*, London: Pinter, 221~238.

ENRIGHT, M. (2003), "Competitiveness, Innovative Clusters and Positive Externalities", paper presented at the Sixth Annual Conference of the Competitiveness Institute, Gothenburg, Sweden, 17~19 September.

ETZKOWITZ, H., and LEYDESDORFF, L. (2000), "The Dynamics of Innovation: From National Systems and 'Mode 2' to a Triple Helix of University -

Industry－Government Relations," *Research Policy* 29：109～123.

＊FELDMAN, M. P. (2000), "Location and Innovation：The New Economic Geography of Innovation, Spillovers, and Agglomeration," in G. L. Clark, M. P. Feldman, and M. S. Gertler (eds.), *The Oxford Handbook of Economic Geography*, Oxford：Oxford University Press, 373～394.

——(2001), "Where Science Comes to Life：University Bioscience, Commercial Spin-offs, and Regional Economic Development," *Journal of Comparative Policy Analysis: Research and Practice* 2：345～361.

FLORIDA, R. (1995), "Toward the Learning Region," *Futures* 27：527～536.

＊——(2002a), "The Economic Geography of Talent," *Annals of the Association of American Geographers* 92：743～755.

(2002b), *The Rise of the Creative Class*, New York：Basic Books.

FREEMAN, C. (1987), *Technology Policy and Economic Performance: Lessons from Japan*, London：Pinter.

(1993), "The Political Economy of the Long Wave," Paper presented at EAPE 1993 conference on "The economy of the future：Ecology, technology, institutions". Barcelona, October 1993.

——(1995), "The 'National System of Innovation' in Historical Perspective," *Cambridge Journal of Economics* 19：5～24.

＊——(2002), "Continental, National and Sub－National Innovation Systems — Complemenrarity and Economic Growth," *Research Policy* 31：191～211.

GANN, D. M. and SALTER, A. J. (2000), "Innovation in Project－Based, Service Enhanced Firms：The Construction of Complex Products and Systems," *Research Policy* 29：955～972.

GERTLER, M. S. (1995), "'Being there': Proximity, Organization, and Culture in the Development and Adoption of Advanced Manufacturing Technologies," *Economic Geography* 71: 1~26.

——(2003), "Tacit Knowledge and the Economic Geography of Context, or the Undefinable Tacitness of Being (there)," *Journal of Economic Geography* 3: 75~99.

——(2004), *Manufacturing Culture: The Institutional Geography of Industrial Practice*, Oxford: Oxford University Press.

——and WOLFE, D. A. (2004), "Ontario's Regional Innovation System: The Evolution of Knowledge - Based Institutional Assets," in P. Cooke, and M. Heidenreich, H. Braczyk (eds.), *Regional Innovation Systems*, 2nd edn., London: Taylor and Francis.

GILPIN, R. (1996), "Economic Evolution of National Systems," *International Studies Quarterly* 40: 411~443.

GRABHER, G. (2001), "Ecologies of Creativity. The Group, the Village and the Heterarchic Organisation of the British Advertising Industry," *Environment and Planning A* 33: 351~374.

——(2002), "Cool Projects, Boring Institutions: Temporary Collaboration in Social Context," *Regional Studies* 36: 205~214.

GRANOVETTER, M. (1985), "Economic Action and Social Structure: The Problem of Embeddedness," *American Journal of Sociology* 91: 481~510.

HALL, P., and SOSKICE, D. (2001), "An Introduction to Varieties of Capitalism," in Hall and Soskice (eds.), *Varieties of Capitalism: The Institutional Foundations of Comparative Advantage*, Oxford: Oxford University Press, 1~68.

HENRY, N. et al. (1995), "Along the Road: R&D, Society and Space,"

Research Policy 24：707~726.

ISAKSEN, A. (2004), "Regional Clusters between Local and Non－Local Relations：A Comparative European Study," in A. Lagendijk and P. Oinas (eds.), *Proximity, Distance and Diversity: Issues on Economic Interaction and Local Development*, Aldershot：Ashgate.

JAFFE, A., TRAJTENBERG, M., and HENDERSON, R. (1993), "Geographical Localization of Knowledge Spillovers as Evidenced by Patent Citations," *Quarterly Journal of Economics* 108：577~598.

JOHNSON, B., LORENZ, E., and LUNDVALL, B. -Å. (2002), "Why All this Fuss about Codified and Tacit Knowledge?" *Industrial and Corporate Change* 11：245~262.

KENNEY, M., and VON BURG, U. (1999), "Technology, Entrepreneurship and Path Dependence：Industrial Clustering in Silicon Valley and Rome 128," *Industrial and Corporate Change* 8(1)：67~103.

LAESTADIUS, S. (1998), "Technology Level, Knowledge Formation and Industrial Competence in Paper Manufacturing," in G. Eliasson et al. (eds.), *Microfoundations of Economic Growth. A Schumpeterian Perspective*, Ann Arbor：University of Michigan Press, 212~226.

LAM, A. (1998), "The Social Embeddedness of Knowledge：Problems of Knowledge Sharing and Organisational Learning in International High－Technology Ventures," *DRUID Working Paper* 98－7, Aalborg.

——(2000), "Tacit Knowledge, Organizational Learning and Societal Institutions：An Integrated Framework," *Organization Studies* 21(3)：487~513.

LEYSHON, A., and THRIFT, N. J. (1997). *Money/Space: Geographies of Monetary Transformation*, London：Routledge.

LONGHI, C., and QUÉRE, M. (1993), "Innovative Networks and the

Technopolis Phenomenon：The Case of Sophie-Antipolis，" *Environment and Planning C: Government & Policy* 11：317~330.

LUNDVALL，B-Å.（1988），"Innovation as an Interactive Process：From User – Producer Interaction to the National System of Innovation，" in G. Dosi，C. Freeman，G. Silverberg，and L. Soete（eds.），*Technical Change and Economic Theory*，London：Pinter.

——(ed.)（1992），*National Innovation Systems: Towards a Theory of Innovation and Interactive Learning*，London：Pinter.

——(1996)，"The Social Dimension of the Learning Economy，" *DRUID Working Papers* 96 – 1，Aalborg.

——and JOHNSON，B.（1994），"The Learning Economy，" *Journal of Industry Studies* 1：23~42.

——and BORRÁS，S.（1999），*The Globalising Learning Economy: Implications for Innovation Policy*，DGXII-TSER，The European Commission.

——and MASKELL，P.（2000），"Nation States and Economic Development — from National Systems of Production to National Systems of Knowledge Creation and Learning，" in G. L. Clark，M. P. Feldman，and M. S. Gertler（eds.），*The Oxford Handbook of Economic Geography*，Oxford：Oxford University Press，353~372.

MACKINNON，D.，CUMBERS，A.，and CHAPMAN，K.（2002），"Learning，Innovation and Regional Development：A Critical Appraisal of Recent Debates，" *Progress in Human Geography* 26(3)：293~311.

MARKUSEN，A.（1996），"Sticky Places in Slippery Space：A Typology of Industrial Districts，" *Economic Geography* 72(3)：293~313.

MASKELL，P.（1999），"Globalisation and Industrial Competitiveness：The Process and Consequences of Ubiquitification，" in E. Malecki and P. Oinas (eds.), *Making Connections: Technological Learning and Regional Economic Change*, Aldershot: Ashgate, 35 ~ 59.

——et al. (1998), *Competitiveness, Localised Learning and Regional Development*, London: Routledge.

*——and MALMBERG, A. (1999), "Localised Learning and Industrial Competitiveness," *Cambridge Journal of Economics* 23: 167 ~ 186.

* MORGAN, K. (1997), "The Learning Region: Institutions, Innovation and Regional Reonewal," *Regional Studies* 31: 491 ~ 504.

——(1999), "Reversing Attrition? The Auto Cluster in Baden-Württemberg," in T. J. Barnes and M. S. Gertler (eds.), *The New Industrial Geography: Regions, Regulation and Institutions*, London: Routledge, 74 ~ 97.

NELSON, R. (ed.) (1993), *National Innovation Systems: A Comparative Analysis*, Oxford: Oxford University Press.

NONAKA, I., and TAKEUCHI, H. (1995), *The Knowledge Creating Company*, Oxford and New York: Oxford University Press.

——et al. (2000), "SECI, Ba and Leadership: A Unified Model of Dynamic Knowledge Creation," *Long Range Planning* 33: 5 ~ 34.

PAVITT, K. (1984), "Sectoral Patterns of Technical Change: Towards a Taxonomy and a Theory," *Research Policy* 13: 343 ~ 373.

——(2002), "Knowledge about Knowledge since Nelson and Winter: A Mixed Record," Electronic Working Paper Series Paper No. 83, SPRU, University of Sussex, June.

PERROUX, F. (1970), "Note on the Concept of Growth Poles," in D. McKee et al. (eds.), *Regional Economics: Theory and Practice*, New York: The Free Press, 93 ~ 103.

PIORE, M., and SABEL, C. (1984), *The Second Industrial Divide:*

Possibilities for Prosperity, New York: Basic Books.

POLANYI, M. (1958), *Personal Knowledge: Towards a Post – Critical Philosophy*, London: Routledge & Kegan Paul.

——(1966), *The Tacit Dimension*, New York: Doubleday.

PORTER, M. (1990), *The Competitive Advantage of Nations*, New York: Basic Books.

PORTER, M. E. (1998), "Clusters and the New Economics of Competition," *Harvcird Business Review* (Nov.–Dec.): 77~90.

* SAXENIAN, A. (1994), *Regional Advantage: Culture and Competition in Silicon Valley and Route* 128, Cambridge, Mass.: Harvard University Press.

——(1999), "Comment on Kenny and Von Burg, 'Technology, Entrepreneurship and Path Dependence: Industrial Clustering in Silicon Valley and Route 128'," *Industrial and Corporate Change* 8(1): 105~110.

SCHOOEtNBERGER, E. (1997), *The Cultural Crisis of the Firm*, Oxford: Blackwell.

SOSKICE, D. (1999), "Divergent Production Regimes: Coordinated and Uncoordinated Market Economies in the 1980s and 1990s," in H. Kitschelt et al. (eds.), *Continuity and Change in Contemporary Capitalism*, Cambridge: Cambridge University Press, 101~134.

STORPER, M. (1997), *The Regional World: Territorial Development in a Global Economy*, New York: Guilford Press.

——and SCOTT, A. (1995), "The Wealth of Regions," *Futures*, 27(5): 505~526.

* ——and VENABLES, A. J. (2003), "Buzz: The Economic Force of the City," Paper presented at the DRUID Summer Conference 2003 on "Creating, Sharing and Transferring Knowledge: the Role of Geography, Institutions and

Organizations," Elsinore, Denmark.

STREECK, W. (1992), *Social Institutions and Economic performance — Studies of Industrial Relations in Advanced Capitalist Economies*, New York: Sage.

VON HIPPEL, E. (1988), *The Sources of Innovation*, Oxford: Oxford University Press.

WENGER, E. (1998), *Communities of Practice: Learning, Meaning and Identity*, Cambridge: Cambridge University Press.

WHITLEY, R. (1999), *Divergent Capitalism: The Social Structuring and Change of Business Systems*, Oxford: Oxford University Press.

ZUCKER, L. G., and DARBY, M. R. (1996), "Star Scientists and Institutional Transformation: Patterns of Invention and Innovation in the Formation of the Biotechnology Industry," *Proceedings of the National Academy of Science* 93: 12709~12716.

——and ARMSTRONG, J. (1998), "Geographically Localized Knowledge: Spillovers or Markets?" *Economic Inquiry* 36: 65~86.

——and BREWER, M. B. (1998), "Intellectual Human Capital and the Birth of U.S. Biotechnology Enterprises," *American Economic Review* 88: 290~306.

ZYSMAN, J. (1994), "How Institutions Create Historically Rooted Trajectories of Growth," *Industrial and Corporate Change* 3: 243~283.

* 星号表示建议延伸阅读的条目。

第12章　创新全球化：跨国企业的作用

拉吉尼施·纳如拉(Rajneesh Narula)
安东尼罗·赞菲(Antonello Zanfei)

12.1　引　　言

经济全球化意味着本地和跨国、跨地区经济组织间的相互依赖性日益增长。技术变革及跨国企业(MNEs)是此过程的主要推动力。本章我们试图评估作为跨国界知识流动载体的跨国企业的变革程度及重要性。

跨国企业通过几种机制来影响跨国界创新的发展和扩散,其中FDI(外国直接投资。跨国企业通过此途径在外国市场上收购外国资产或建立新的全部控股或大部分控股的活动)仅仅是其中的一种。国际间知识流动也通过贸易、许可、交叉授权、国际技术和科学合作来实现。这些形式牵涉到各种各样的经济主体,但是跨国企业在其中起到了中心作用。本章强调了跨国企业在创新全球化过程中的多种作用。

12.2　创新活动的国际化趋势

由阿尔奇布基和米奇(Archibugi and Michie 1995)提出的分类法找出了创新国际化的三种主要类型(表12.1)。虽然有大量经济主体进行创新并参与到国际化中,但跨国企业是唯一在其组织内就能实施并控制全球创新产生的组织。我们来依次简要讨论下列三种类型（表 12.1）。

表 12.1　创新全球化的分类		
种　类	主　体	形　式
国内层面创新的国际性拓展	寻求利润的（一国或跨国）企业和个体	出口创新产品； 转让许可和专利； 由内部设计和开发的创新产品在国外生产
全球范围的创新	跨国企业	本土和东道国的 R&D 和创新活动； 已有 R&D 实验室的收购或在东道国的绿色 R&D 投资
全球技术-科学合作	大学和公共研究中心	联合科学项目； 科学交流，休假年； 国际间学生交换流动
	一国和跨国企业	特定创新项目的合资企业； 技术信息和（或）设备交换的生产协议

来源：elaboration on Archibugi and Michie 1995

12.2.1　本国技术的跨国界商业化

第一种类型牵涉到从事国内所开发技术的国际商业化中的本国、跨国企业及个人。这些活动的重要指标是国际贸易流动和跨国界专利申请，它们都是造成技术的全球化转移水平日益增长的原因。

高技术产品（包括电气与电子设备、航空产品、精密仪器、精细化工和医药）占世界出口的比率从 1976 年的 8%上升到 2000 年的 23%。1985～2000 年，在所有产品中信息和通信技术产品的出口年增长率是最高的（UNCTAD 2002：146～147）。R&D 密集型产业在世界贸易中比率的上升表明技术流动的全球化正在增加。[①]

表 12.2 显示了专利申请全球化的增长：20 世纪 80～90 年代，几乎在所有 OECD 国家中非本土居民专利申请的比率都增长了，而外部专利申请（本国发明

① 因为产业的定义随着时间而改变，世界贸易组成的变化以及 R&D 强度和国际化之间的产业相关性的分析必须谨慎（见本书第 15 章）。

者在外国的专利申请)也快速增长了。

表 12.2　OECD 国家中产业研发和专利授权的增长率

国家	平均年变化率(%)							
	产业研发(1)		本土专利(2)		非本土专利(3)		外部专利	
	1970~1980	1985~1995	1970~1980	1984~1994	1970~1980	1984~1994	1970~1980	1985~1995
美国	2.0	1.3	−2.0	5.7	5.0	6.6	−0.6	15.6
日本	6.1	5.4[e]	5.1	2.2	−0.8	5.1	5.5	8.3
德国	4.9[a]	1.1	−0.7	1.4	0.8	4.6	1.7	8.0
法国	3.7	3.2	−2.4	1.0	0.2	5.3	3.0	8.4
英国	3.0[b]	0.3[e]	−2.4	−0.4	0.8	4.8	−1.7	16.2
意大利	3.6	−0.5	n.a.	2.5[l]	n.a.	3.8	1.8	10.3
荷兰	1.4	3.3[e]	−2.1	−1.5	1.5	6.8	0.1	14.1
比利时	6.7[c]	1.7[f]	−3.0	−1.6	−0.1	7.7	0.5	13.4
丹麦	3.8	7.4[g]	1.7	3.0	−0.3	19.9	1.0	22.5
西班牙	12.7	1.8[e]	−4.5	2.0	0.2	19.2	1.3	16.0
爱尔兰	5.2[c]	15.4	6.8	2.3	4.9	31.1	6.7	24.3
葡萄牙	4.6[d]	2.2[h]	−6.4	0.9	−0.5	37.2	−24.2	52.4
希腊	n.a.	−1.4[i]	−0.8	−13.4[m]	2.4	37.0	n.a.	21.5
瑞典	5.9[c]	0.2[g]	−0.5	0.0	2.5	7.1	3.0	14.2
奥地利	9.8[a]	5.1[g]	0.3	−1.6	3.4	9.0	1.4	10.1
芬兰	6.8[c]	5.1	4.7	2.7	0.7	13.4	5.7	23.1
瑞士	0.8[a]	−0.5[l]	−3.1	−1.5	2.2	7.8	−1.3	5.5
挪威	7.3	1.3[g]	−2.7	0.9	−0.1	11.1	0.8	21.1
澳大利亚	n.a.	8.9[e]	5.2	1.5	−2.0	7.5	6.7	21.7
加拿大	5.5	4.9	−1.1	2.2	−2.1	4.5	−0.5	21.5
OECD 加权平均值	n.a.	n.a.	1.3	2.7	0.9	9.3	0.9	13.3

注释：n.a. =数据不可获取

[a] 1970~81　[b] 1972~81　[c] 1971~81　[d] 1971~80　[e] 1985~91　[f] 1985~93

[g] 1985~91　[h] 1986~92　[i] 1986~92　[l] 1992~93　[m] 1984~1993

(1) 按 1995 年价格(PPP)的百万美元；

(2) 本土专利：本土发明者在本国申请的专利；

(3) 非本土专利：外国发明者在本国申请的专利；

(4) 外部专利：本国发明者在海外申请的专利。

资料来源：Archibugi and Lammarino (2002) based on OECD, MSTI, various years

12.2.2 技术和科学合作

国内和国际技术和科学合作同时牵涉到私立和公立机构，包括本土和跨国企业、大学和研究中心。自 20 世纪 70 年代以来，工业企业对“非内部”选择的使用增加了，包括与我们称之为 STP（战略性技术合作）的竞争者、供应商、顾客和其他外部机构（如大学）的合作。由于已有数据的质量原因，已有的国际 STP 指标有一些众所周知的缺点。[①] 尽管有这些缺点，文献中仍有一个共识，即在过去的 20 年里，全球企业间的联盟已经变得日益普遍（Hagedoorn 2002，也可以见本书第 3 章）。[②] 国际 STP 的绝对值显著增长了，虽然在 20 世纪 70～80 年代其占全部 STP 的比例保持稳定，在 60%左右波动，但是该比例在 90 年代却减少到 50%左右（Hagedoorn 2002）。根据 MERIT-CATI 数据库的资料，企业感兴趣的合作协议类型随着时间也有一个逐渐的转变。股权协议占全部协议的比例从 20 世纪 70 年代中期的 70%左右减少到 90 年代末期的不到 10%。非股权联盟比例的增加可以表明跨国企业对 STP 的使用日益频繁的目的是把它们作为相对较快的短期方式，来获取非本土知识源泉（见 12.5 节进一步的讨论）。

STP 协议在新材料、生物技术和信息技术中最为常见，并绝大多数出现于美国、日本和欧盟等国家和地区，而不是在发展中国家。在 MERIT-CATI 数据库中，发达国家的企业参与了 99%的 STP 协议（Hagedoorn 2002）。虽然与发展中国家企业的 R&D 和制造外包协议在过去 20 年里从数量上增加了，但这些企业在 STP 中的比例从 20 世纪 90 年代以来一直维持在 5%～6%（Narula and

---

① 比如，新闻发布经常用于构建数据集，但这并不总是反映实际情况，许多时候它反映了企业的公关目标；对大型企业的采访多于小型企业；STP 的失败没有像 STP 的形成一样被准确地（或经常地）报道；随着时间推移大型数据库很难升级并经常受数据收集方法的变化的影响。

② STP 指企业间的合作协议，R&D 至少是合作努力的一部分，并且会影响至少一位合作伙伴的长期生产-市场的地位。

Sadowski 2002)。自 20 世纪 60 年代以来,所有 STP 中的 70%至少有一个美国伙伴,并且在 70~90 年代期间,欧洲和北美企业之间的合作占全部技术联盟的比例从18.5%增加到 25.2%(Hagedoorn 2002)。

12.2.3 跨国企业在跨国界创新生产中的作用

创新的全球化与二战后跨国企业活动和 FDI 的增长有关。FDI 股票占 GDP 的比例①从 1982 年的仅仅 6.79%增加到 2001 年的 21.46%(表 12.3)。而且,跨国企业参与了众多企业间和企业内的贸易(表 12.3)。海外 FDI 的主要源泉(2001 年几乎占总量的 90%)仍然是工业化国家。欧盟占了海外 FDI 的最大比例,

表 12.3 FDI 和国际生产的部分指标,1982~2001 年

(单位:十亿美元,现价和百分比)

	1982 年	2001 年
FDI 流入	59	735
FDI 流出	28	621
FDI 内向总量	734	6 846
FDI 外向总量	552	6 582
外资企业销售额	2 541	18 517
外资企业生产总值	594	3 495
外资企业总资产	1 959	24 952
外资企业出口额	670	2 600
外资企业就业(单位:千)	17 987	53 581
内向 FDI 总量与 GDP 的比率	6.79%	21.46%
外资企业出口占总出口比率	32.20%	34.99%

来源:UNCTAD, based on its FDI/TNC database and UNCTAD estimates

① 严格来说,两个数字是不可比的,因为 GDP 是个流动的数据。但是,通常认为 FDI 累积是增值的单调函数,因此该比率的变化给出了 FDI 活动的重要性变化的一个整体概念。

其中荷兰、英国、法国和德国占了发达国家所有海外FDI总量的41.3%。大约68%的对内FDI也流向了美国、日本和欧盟等国家和地区。1982~2001年期间，发展中国家占对内FDI的比例的增加主要来自小部分发展中国家，主要是亚洲的新兴工业化国家和中国。

由于许多参与FDI的大型企业在创新生产和扩散中是重要的主体，R&D活动的数字反映出了相似的模式。超过三分之一的前100名跨国企业绝大多数在R&D密集型产业——如电子和电气设备、医药、化学等产业中很活跃(UNCTAD 2002)。而且，大型跨国企业在其本土国家的创新活动中发挥了主导作用。例如，德国的西门子(Siemens)、拜耳(Bayer)和赫可特(Hoechst)公司在1994年投入的R&D经费占德国制造业R&D总经费的18%(Kumar 1998)。1997年，英国三家跨国企业占全国制造业全部R&D投资的比例超过了30%。同样是这些跨国企业，在它们本土国家之外的全部R&D活动中也占据了日益增长的比例。

国际R&D指标中的跨国差异也是很明显的。非本土资源占国际R&D经费的比例在工业化国家和发展中国家有着显著不同(详见表12.4)。国际R&D投资流动的源泉在工业化国家之间也是明显不同的(表12.5)。坎特威尔(Cantwell 1995)认为，那些有大型跨国企业以及长期作为R&D国际投资者的国家，如瑞典、英国和荷兰，二战后已经大幅度增加了它们的海外R&D投资；其他一组国家(如法国和德国)拥有相对少量的跨国企业，并且它们对R&D的投资在过去80年增长得缓慢一些；第三组国家包括20世纪最初14年海外R&D主要的投资者。1914年后这些国家的海外投资实际上下降了，直到最近才恢复到一战前的水平。该组包括美国，它是一批跨国企业的所在国，并且这些跨国企业在国外的R&D和专利申请的比例相对来说比较低。①

① 也许有些矛盾，此组也包括瑞典的跨国企业，其在20世纪有高得多的海外R&D和专利申请的比率，但1940年后有急剧的下降，并在1969~1990年恢复到比1920~1939年低得多的水平。

表 12.4　部分东道国的外资企业 R&D 费用占所有企业总 R&D 费用的比率，1998 年或最近年份

国　家	研发百分比
加拿大	34.2
芬兰(1999)	14.9
法　国	16.4
日　本	1.7
荷　兰	21.8
西班牙(1999)	32.8
英国(1999)	31.2
美　国	14.9
捷克(1999)	6.4
匈牙利	78.5
印度(1994)	1.6
土耳其	10.1

来源：UNCTAD 2002，table 1.10

表 12.5　最大型国家工业企业由于海外研究而获得的美国专利申请比率，1920～1990 年(%)

国　家	1920～1939 年	1940～1968 年	1969～1990 年
美　国	6.81	3.57	6.82
欧　洲	12.03	26.65	27.13
英　国	27.71	41.95	43.17
德　国	4.03	8.68	13.72
意大利	29.03	24.76	14.24
法　国	3.35	8.19	9.55
瑞　典	31.04	13.18	25.51
荷　兰	15.57	29.51	52.97

来源：Cantwell 1995

平均来说，欧盟国家相比美国或日本企业，它们的国外子公司获取了更大的专利比例(表 12.6)。在 1969～1995 年间，欧盟企业的外国子公司获取的专利占专利总量的比例从 26.3%增加到 32.5%。欧洲企业趋向于把它们大部分的国际 R&D 活动集中于美国(平均占它们外国 R&D 投资的 50%以上,其中德国、英国和瑞士的企业在美国的外国 R&D 活动最集中)。在此期间美国企业的外国专利申请活动也增加了,但却停留在 10%以下。① 虽然比之欧盟企业,美国企业的外国 R&D 活动相对较低,但却比日本企业高得多,后者 1969~1977 年间海外专利申请占其全部专利申请活动的比例是 2.1%,而 1987~1995 年这一比例降到了 1%。

表 12.6　根据企业专利来源的主要区域来看,世界最大企业由于海外研究而获得的美国专利的比例,1969~1995 年(%)

专利企业的所在国	1969~1977 年	1978~1986 年	1987~1995 年
美　国	5.4	6.9	8.3
日　本	2.1	1.2	1.0
欧洲国家[a]	26.3	25.6	32.5
所有国家[b]	10.3	10.7	11.3
除日本外的所有国家	11.1	13.0	16.2

注释：a. 德国、英国、意大利、法国、荷兰、比利时、卢森堡、瑞典、瑞士、丹麦、爱尔兰、西班牙、葡萄牙、希腊、澳大利亚、挪威、芬兰。
b. 雷丁大学数据库包括的全球最大的 784 家企业,1985 为基年。
来源：Cantwell and Janne 2000

总体来说,跨国企业已经日益将它们的创新活动国际化,只有少数例外(最明显的是日本的跨国企业)。整个 20 世纪 90 年代,大多数东道国中的外国子公司的 R&D 活动重要性不断增加。在英国、爱尔兰、西班牙、匈牙利和加拿大,外国企业的 R&D 尤其高,日本最低,而其他国家(包括美国、法国和瑞典)则处于中间位置。然而,大多数的 R&D 和专利申请活动仍大部分集中于跨国企业的母国,只有少量在东道国。绝大多数跨国企业

① 虽然美国企业的 R&D 国际化程度低于平均数,在 20 世纪 60 年代中期到 80 年代末却增长了一倍(Creamer 1976, Pearce 1990)。

的R&D投资90%多集中于美国、日本和欧盟等国家和地区。[①] 跨行业的创新活动的国际分布有着显著的不同,企业通常并没有像它们的生产活动一样将它们的创新活动国际化。来自小国家的跨国企业是这一规律的特例,如比利时、荷兰和瑞典。即使是大部分最国际化的跨国企业也把它们更"战略性"的活动(如R&D和总部功能)集中于母国(Benito et al. 2003)。

这种相对较低但却在缓慢增长的国际化程度与创新系统的复杂性、跨国企业对本土环境的嵌入性(Narula 2002a)、跨国企业的内聚性需求(Blanc and Sierra 1999, Zanfei 2000)及R&D活动所需要的优良的当地基础设施和体制环境等是相关的。这些因素与管理复杂技术组合的困难加在一起,说明创新国际化比生产国际化出现的速度要更慢。

12.3 跨国企业的海外创新活动:理论和实证问题

众多有关国际R&D投资的文献突出了两个企业层面的显著动机。第一,企业将其R&D国际化,以改善它们现有的使用资产的方式。即,企业通过结合或适应特定的外国当地条件,来努力拓展它们技术资产的用途。这被称为资产开发型R&D (Dunning and Narula 1995)或以母国为基础的开发活动(Kuemmerle 1996)。[②]

---

① 即使是跨国企业在发展中国家开展R&D活动(在一些需求和地区差异性尤其重要的产业,如食品和消费品),也倾向于在少数几个区域集聚,如中国、印度、马来西亚、巴西、南非和亚洲新兴工业化国家。

② 虽然HBE("基于本土的开发利用")及HBA("以母国为基础的扩张",稍后定义)已经主导了文献,此专有名词相比"资产开发"和"资产扩张"不太准确。HBE和HBA应用非常传统的观点把跨国企业看作以本土主导基地为中心。实际上,通过强调本土基地的作用,HBA－HBE专有名词并不容易与企业演变朝向网络结构的可能性一致,因而减弱了单个本土的重要性,同样道理,扩展了企业最终当作基地的国家数量。本章认为准确的观点比流行的观点更重要,除了历史准确性的需要外,应避免使用HBA－HBE术语。

例如，这些企业产品或流程的许多改进对于它们在相关外国市场上的竞争力是很有用的。这种海外 R&D 投资类型典型地以来源企业的技术优势为基础，这反过来影响了它在本国的技术优势。

资产开发(asset-exploiting)型战略是与创新活动组织和外国直接投资的传统观点一致的，其中许多观点是基于这样的投资的“产品生命周期”理论。弗农(1966)、金德博格(Kindleberger 1969)、斯托普福德和威尔斯(Stopford and Wells 1972)认为：一个跨国企业的外国子公司在国外复制了其母公司的非战略活动，而战略决策——包括 R&D 和创新都严格地集中于母国。他们主要是基于对以美国为母国的跨国企业的研究而得出的结论。弗农强调：由于收集和控制跨国界相关信息的困难性，协调国际创新活动的代价太高。外国子公司的 R&D 活动主要限于采用和扩散集团总部创建的技术。

海外 R&D 投资的第二个显著动机是战略资产扩大活动(Dunning and Narula 1995)，也称为“以母国为基础的扩张”活动(Kuemmerle 1996)。通过在国外的 R&D，企业运用此类 R&D 投资去改善现有的资产或获取(并内化)和创造全新的技术资产。这些案例的结论是，外国特定区域能提供企业主要或“本土”基地不容易得到的补充性特定区域优势(Letto-Gillies 2001)。在许多案例中，投资企业寻求的战略资产与其他现有企业是相关联的。一个主要竞争者的所在地可能会吸引相同或相近产业企业的资产补充投资(见本书坎特威尔有关这些 FDI 模式对东道国竞争力的影响的介绍)。资产补充动机和技术获取已经部分融入正式的 FDI 决策模型中。[①]

资产扩张观(asset-augmenting perspective)更多地把当地情境看作是能力及技术机会的来源，而不是跨国企业行动的障碍，这表现出与传统观点的显著不同。海德兰德(Hedlund 1986：20~21)做出了开创性的贡献，他抓住了把当地情境的作

---

① Fosfuri, Motta and Siotis 1999；他们的研究表明：技术落后国可能选择通过 FDI 进入海外市场，因为在外国与技术领先者的接近与积极的溢出效应相关。研究指出，当知识溢出效应非常强大时，落后企业甚至可能宁愿亏损也要建立子公司以把先进技术的溢出利益应用到它涉及的所有市场上。

用概念化的新途径的本质——“主要观点就是：竞争优势的基础不再仅处于任何一个国家，而是在许多国家。新的创意和产品可能在许多不同的国家产生，然后在全球范围内使用”（类似观点见：Kogut 1989）。

有几个原因导致了这样的资产扩张型R&D活动难以通过FDI之外的其他途径实现。这些原因多与技术的本质有关。当与创新活动相关的知识在某一地理区域集聚并且“黏着”，外国子公司就会在这些区域进行资产扩张型活动，这样就可以从相关集群生产和创新活动的集中而产生的内部经济和知识溢出中受益。技术的隐性本质表明，即使在那些通过市场就能得到知识的地方，这些知识仍然需要修正，以便有效整合到获取企业的技术组合过程中。知识的隐性本质与这些行业中的生产和创新活动相关，这表明“自然的”或地理上的接近对于获取并吸收知识可能是重要的（Blanc and Sierra 1999）。在地理空间上传输编码化知识的边际费用并不在于距离，但是传输、获取和吸收隐性知识的边际费用随着距离而增加。这导致了创新活动的集聚，尤其在一个产业的生命周期早期阶段隐性知识发挥重要作用的时候（Audretsch and Feldman 1996）。

通常，资产利用活动主要与需求驱动的创新活动有关（例如针对一个特定海外市场的母公司产品的本地化）。另一方面，资产扩张型活动的实施主要基于获取和使具有东道国特征的技术溢出内部化。从广义上说，资产利用活动代表了国内R&D活动的扩展，而资产扩张性活动代表了向新的科学问题和新领域的多元化发展。

大量的文献认为：由于某些因素的影响，R&D资产扩张的国际化在过去的20年中越来越重要：(1) 技术发展不断增加的费用与复杂性导致了对技术外包及与地理上分散并具有互补性知识的主体交流的需求的扩展；(2) 在一些产业内更快的创新速度刺激了企业去寻找基于特定地域的应用机会；(3) 来自东道国日益增长的压力，使得跨国企业增加与当地合作伙伴的交流以作为获取海外市场的重要条件。

虽然这两个海外R&D投资动机之间的概念性差异是明显的，有关这两个动机重要性的指标却很少见。直到最近，大多数有关国际R&D投资的实证研究（Mansfield et al. 1979, Warrant 1991）反映了这个观点，即外国R&D机构所起的作用由市场或需求方因素决定，例如资产利用动机所假定的。然而，更近期的实证研究聚焦于R&D投资的资产扩张型动机。米勒（1994）、小田和安田（Odagiri and Yasuda 1996），以及弗罗里达（1997）所做的详细分析认为：技术外包战略在北美、欧洲和亚洲的一些制造业中起了重要作用。[①] 许多研究发现，为资产开发动机而建立的"市场导向"R&D机构也涉及资产扩张型的活动（Rondstadt 1978），但是其他外国R&D机构的特征没有大的改变（Kuemmerle 1999）。

一些研究已经利用多种方法以明确资产扩张型与资产开发型动机对海外R&D投资的相对重要性。利用专利引用数据，阿尔梅达（Almeida 1996）发现在半导体行业的外国企业不仅从当地来源中学到了更多，而且在很大程度上，它们也比母国的竞争对手学到更多。此研究还发现，除了日本跨国企业的子公司是个显著例外，其他外国企业都把它们的海外技术活动放在其本土国家具有劣势的地区（以"技术相对优势"来衡量）。利用相似的方法论，坎特威尔和努南（Noonan 2002）表明：在1975~1995年间，那些位于东道国德国的跨国企业的子公司从德国获得了大量的知识（尤其是新的、先进的技术）。

这样的数据支持了一个观点，即在德国的外国企业所开展的技术活动经常是资产扩张型的。然而，帕特尔和维加（Vega 1999）从他们对美国高技术领域专利申请活动的研究中得到了不同的结果。通过对比跨国企业在本土及东道国的技术相对优势，他们说明大部分企业在国外实施的创新活动的技术领域都是它们在本土有优势的。他们把这解释为一种证据，即资产开发型动机，如

① 米勒（1994：7）研究了影响北美、欧洲和亚洲20个汽车企业R&D机构选址的因素，发现一个重要的动机就是设立"观察前哨"以跟踪竞争对手的工程和外观设计活动。在对日本254家制造企业的研究中，小田和安田（1996：1074）指出在美国和欧洲设立的R&D机构经常是为了获知最新的技术发展。弗罗里达（1997：90）对美国186家R&D附属实验室的研究也得出了同样的结论。

为外国市场改变产品和流程及为海外制造工厂提供技术支持，在跨国企业的外国创新活动中是主导的。他们的结论得到了皮尔斯(Pearce 1999)所做一系列基于访谈的调查的支持。应用与帕特尔和维加类似的方法论，勒巴斯和希拉(Le Bas and Sierra 2002)确认跨国企业很少为了补偿在本土的技术劣势而使 R&D 国际化。但是，他们的研究也表明：这些投资的大部分比例流向了技术先进的地区，说明资产扩张非常重要并且在许多案例中能与资产开发共存。这可能被解释为表征在特定技术领域全球"卓越中心"的形成(见专栏 12.1 有关测度可选择的国际 R&D 战略的方法论)。

12.4 支持 R&D 集中和分散的力量

有关 R&D 活动地点的文献认为，跨国企业创新活动地点受离心力和向心力的影响，它们决定了跨国企业集中化(在本土)或国际化以建立另外的海外中心。但是这种两分法往往——尽管是相当正确的——假定跨国企业首先有一个单独的中心。考虑到跨国企业也许不是单个"中心"，而是有几个本土基地或几个 R&D 集中地这种可能性，本节使用"集中"与"分散"这两个词。

我们至少能找出四套影响创新活动集中和分散的广泛指标。这些力量同时在宏观和微观层面起作用，宏观层面指国家、地区和涉及全球创新的企业系统；微观层面指单个企业及它们跨国界的内部创新活动网络。

12.4.1 本地背景下整合活动的成本

企业在一个外国区域进行R&D活动以使它们自己得到具有当地特性(包括那些当地企业或机构所具有的特性)的补充性资产，它们其实是在寻求把所在地方的创新系统某几个方面内化。发展并维持与当地伙伴强有力的外部网络联系很费时并且很昂贵。由政府资助的机构、供应商、大学教授、私有研究团队所形成的网络，以及具有相似目的的研究者的非正式网络的构建都需要很大的努力，但是一旦发展起来后，维持与这些主体或网络的联系就不是很昂贵了。即使当所在区域可能要优于本土区域时，要熟悉并融合进新区域的高昂成本也令人望而却步。在每个区域，企业都受到资源短缺及最低R&D活动门槛的限制。这样，要维持有着“临界质量”研究者的多个机构，需要新的(所在)区域提供明显更优越的溢出机会，或者提供其他地方没有的并且不能用其他低廉方式获取的补充性资源。①

专栏 12.1

资产开发、资产扩张，或两者皆而有之？

目前为止，在一份被称为是最大规模实证研究之一的报告中，勒巴斯和希拉(2002)研究了1988~1996年间欧洲专利申请活动最活跃的345家跨国企业的R&D投资战略。这些企业约占了该期间欧洲专利局(EPO)专利申请总量的三分之一，主要是一些美国、欧洲和日本企业。

为了测度企业和区域的技术实力，作者使用了一种基于专利的指标——RTA(“技术相对优势”)。对于一个企业来说，本土RTA是指企业占欧洲该技术领域全部专利的比例相比其占欧洲全部专利的比例。企业(正在讨论国家之外的领域)海外子公司的专利没有包括在内。对于一个企业投资所在的地方(国家)，东道国RTA(HostRTA)定义为：东道国占欧盟在该领域中所有专利申请的比例，再除以其占欧盟全部专利申请的比例。在任何情况下，RTA>1表示国家(企业)的相对优势。基于这些定义，可以明确四种不同的R&D战略：

---

① 除了少数例外(Narula 2002a)，海外R&D网络的成本和惯性目前还未被深入研究，它代表了未来研究的一个重要领域。

东道国的技术活动 / 企业在东道国的技术活动	弱	强
弱	类型 1：寻求市场 本土 RTA<1 东道国 RTA<1 （技术并不是 FDI 的驱动力） （10%）	类型 2：寻求技术 本土 RTA<1 东道国 RTA>1 （13%）
强	类型 3：资产开发 本土 RTA>1 东道国 RTA<1 （R&D 中的 FDI 以效率为导向） （30%）	类型 4：资产扩张 本土 RTA>1 东道国 RTA>1 （R&D 中的 FDI 以学习为导向） （47%）

资料来源：adapted Patel and Vega（1999，p.152）and Le Bas and Sierra(2002，p.606)

括号中的数字表示样本企业对所讨论的战略进行考虑的频率。表中的证据表明，勒巴斯和希拉认为大多数跨国企业把海外的活动定位在那些它们在母国(本土)具有优势的技术领域(战略 3 和 4)。然而，最常用的战略无疑是战略 4，因为在这种情况下，不但是企业，而且连东道国都有相对技术优势(东道国 RTA>1)。这可能意味着“卓越中心”的形成，这其中强有力的国内研究环境起到了吸引全球关注的作用。

12.4.2　当地技术机会和约束

相比维持母国区域创新系统所需的低廉边际成本，为融合进所在区域的创新系统而付出的高昂成本可能会增加企业国际化扩张不得不付出的固定成本(Narula 2003)。然而，这些成本压力可以由于另外供应方面因素的考虑而有所缓解。例如，所涉及技术的开发能从知识基础的多样性和异质性中获益，这可能来自竞争对手，来自与顾客的互动，来自海外机构中的其他互补性技术。单个的国家创新系统，尤其在一个小国家，也许无法提供这种多元化所需要的全系列相关技术资产(见专栏 12.2 关于创新系统和国际化战略间的互动)。

当本地技术机会非常多时,就有可能出现资产扩张活动。获取海外机会可能要求一个企业发展与当地“技术领先者”的亲近关系(见本书第 20 章),其能力根植于海外创新系统。[①] 只要产品是基于多技术的,那么某企业可能在一个技术上是领先的,而其竞争对手则可能在另一个技术上领先;但在宏观层次上,它们都同时与“强有力”的创新系统相关(Criscuolo et al. 2005)。因而,技术领先地位是暂时的,可能会快速变化。这是为什么企业经常同时进行资产扩张和资产开发活动的另一个原因。[②]

12.4.3 企业规模和市场结构

影响国际化的一个重要因素就是企业规模。同时在本土与海外国家进行的 R&D 活动的扩张,要求大量资本和管理技能的资源,而这常常是小企业缺乏的。毫无疑问,大型企业有更多的资金和资源用在海外活动上。由于它们在本土有更高的 R&D 预算,也往往更有可能具有消化吸收能力来建立与本土和海外科学基地的联系。R&D 是所费不菲且进展缓慢的事,海外 R&D 机构对于中小企业来说是昂贵并有风险的选择,很难引起它们的注意。当然,贝尔德博斯(Belderbos 2001)发现企业规模与海外 R&D 之间存在非线性关系,如日本中型企业比小型和大型企业更倾向于使 R&D 国际化。许多小企业作为更大型企业国内供应商网络的一部分,往往倾向于其本土区域(或它们主要顾客的区域;Narula 2002b)。供应商企业的国际化经常伴随着主要顾客的国际化而出现,尤其当顾客主导它们的市场时。20 世纪 80 年代和 90 年代早期,日本汽车企业的供应商企业在美国和欧洲投资生产设施就是一个例子。

---

① 技术领先者并不总是等同于产业领先者,企业,尤其是在技术密集部门的企业,日益需要有多种技术能力(Granstrand 1998,Granstrand et al. 1997)。

② 这是另一个没有得到全面研究的领域(例外见:Zander 1999),并代表了未来研究的重要领域。

专栏 12.2

创新系统怎样影响 R&D 的国际化

创新系统是基于相对较长时期内的相互经验与熟悉的制度框架，在企业与知识基础设施之间信任、重复(iteration)和互动的关系基础之上而建立的。面对本土创新系统带来的机会和约束，企业要在新的区域进行海外运营，也会逐渐根植于所在国的环境之中。企业和基础设施之间自我加强的互动持续延长了某一特定技术或各类技术，或特定产品的生产，及(或)特定流程的使用。专业化水平的提高往往导致了系统性锁定。制度通过积极的反馈支持并加强了企业和知识基础设施之间的交互关系，进而得到发展，导致了正向的锁定。当创新系统无法对技术的不持续性或发生在另外地方的突破性创新做出反应时，就出现了本土区域能提供的与企业所要求之间的不匹配，这被称为“次优锁定”(sub-optimal lock-in, Narula 2002a)。

一般来说，国家创新系统和国家的产业及技术专业化的变革非常缓慢，尤其在新的、快速演化的产业部门，其变革比企业的技术需求要慢很多。也就是说，可能有系统惯性。企业有三个开放的选择(Narula 2002a)。企业既可以从海外引进并获取所需的技术，也可以在海外设立企业以内化其他国家创新系统的优点，这样就实施了“退出(exit)”战略。当然，企业很少完全退出，它们倾向于同时维持本土和海外的活动。退出战略与成本有关。一方面，它会减弱与本土市场的联系并可能降低它们对外部知识的吸收；另一方面，它一定会遇到进入另外市场的成本压力(就投入的精力、资本和时间而言)，企业可能会通过与当地企业的合作来使这类成本最小化。二者之间如何选择并使之根植于非国内创新系统，要花费大量的时间和努力来进行。

它们也可以使用“话语”(voice)战略，以寻求修改母国创新系统。比如，建立共同的 R&D 机构，或通过政治游说。企业倾向于采取话语战略，因为它成本更低，尤其当需求不是很旺盛，或当创新系统的弱点仅仅是企业整体组合的一小部分的时候。但是采取话语战略毕竟也有成本，并且可能对于受资源和政治力量限制的中小企业来说不太现实。这些企业经常也不能负担“退出”战略，并且最终会使用“忠诚”战略，依赖于制度去演化，或寻求搭产业联合体或更大型企业的话语战略的便车。

产业特定的因素也鼓励或阻碍了创新活动的区域集聚。国家的产业结构是路径依赖的，并且技术的专业化变化过程也是缓慢的(Cantwell 1989, Zander 1995)。一个极端是，成熟技术随着时间缓慢变化，表现出了虽微小但是却持续的创新。技术很大程度上是可编码的、广泛扩散的，并且产权是明确的。在这些条件下，与顾客持续和封闭的互动并不是R&D的重要决定因素：企业的利润依赖于投入成本，并且与这些投入来源的接近性通常比与顾客的接近更重要。另一个极端是，“更新的”(newer)技术或工程领域的快速技术变革可能要求生产和R&D之间，或用户和生产者技术之间更紧密的互动(Lall 1979)。在一些条件下，新技术和应用环境同时有高度隐性、不可编码的因素，要求在新产品开发、设计和测试期间广泛地互动。这个因素可以解释为什么在海外电信市场上经常同时建立紧邻的生产与R&D机构(Ernst 1997)。然而在其他产业，R&D和创新需要大量的国际性联系，生物技术产业尤其明显(Arora and Gambardella 1990)。

12.4.4 组织问题

另一个宏观层面的决定因素与管理跨国界R&D活动的困难有关。假如海外机构并不能使溢出效应内化并应用于本跨国企业的其余部分，这是不够的(Blanc and Sierra 1999)。全球分散的R&D活动如果要有效运转，就需要它们之间广泛的协调，尤其是与总部的协调。这作为向心力作用于R&D，并且解释了为何企业倾向于使R&D(或至少战略上最重要的因素)更靠近总部。

企业内部之间,以及外部网络和内部网络之间复杂的联系,如果想要得到优化的结果,都需要进行复杂的协调(Zanfei 2000)。这样的协调可能需要专门技能、管理和财务资源,而这些资源是那些具有更多跨国活动经验的大型企业才最有可能得到的(Castellani and Zanfei 2004)。大型企业倾向于同时进行资产扩张和资产开发的活动。当然,大型跨国企业可能在相同的区域有几个进行相近技术领域研究的半独立的相似兄弟机构。最后,跨国企业倾向于在所在地进行生产活动(不管是在同一机构还是另外的机构)。因而,在一给定区域内的跨国企业可能从非关联的企业寻求溢出效应的内化,并寻求在相同的跨国群体中探索跨企业的知识转移。

12.5 通过国际战略技术合作而创新

前面章节已经讨论了日益增长的 R&D 国际化趋势,这种趋势集中在跨国企业的内在方面。但是,并不是所有的创新活动都在组织内进行;在 20 世纪最后的 20 年里,依赖企业间合作协议的“非内部”R&D 在数量上增长迅速。

全面审视创新产生和扩散中(国际性)网络的作用超出了本章的范围(更详细的讨论见本书第 3 章)。这类讨论的一个重要议题就是:是否并且在多大程度上,在内部创新活动和全球范围的技术合作之间存在替代性和互补性。

在许多情况下,国际战略性技术合作(STP)能替代内部创新活动。一种情况就是为了进入由非关税壁垒所保护的海外市场,比如化学产业的环境法规。但是,一个企业多大程度上用 STP 替代内部 R&D,或进一步,用国际 STP 代替海外 R&D 活动,还存在一些限制条件。① STP 倾向于在合作企业具有补充能

① 了解企业选择内部还是非内部技术发展的原因的研究很早就有。蒂斯(1986)的研究代表了该领域的开创性工作,其研究的基础见:Abernathy and Utterback 1999, Dosi 1982。进一步的工作可见:Pisano 1990, Henderson Clark 1990, Nagarajan Mitchell 1998, Vooteboom 1999, Veugelers and Cassiman 1999, Gambardella and Torrisi 1998, Narula and Brusoni 2001。

力的区域发展，并且这些联盟建立了合作者各自学习路径和创新之间更大程度的互动(Mowery et al. 1998, Cantwell and Colombo 2000, Santangelo 2000)。

分析这个议题的一个方法就是抓住企业规模、技术能力和合作等问题。参与STP显然与技术密集型部门的企业规模具有相关性。在这些部门中，合作是赶上技术前沿的一个方法：通过联结补充性的资源和能力，就有可能探寻并利用新的技术机会。但是更小型的技术型跨国企业也参与到这样的协议中，并且它们的重要性日益增长，带来了许多难题(Narula 2002b；也可见本书第3章、第5章)。企业不管其规模大小，必须维持技术能力的增长幅度，这需要参与国际和外部网络。中小型企业需要依赖非内部资源，因为相对于与大型企业在规模上的差距，它们在能力与开发实力方面的差距更大。它们必须更熟练地管理自身的技术资产组合，因为它们只有有限的资源(Narula 2002b)。当然，对于跨国企业来说，管理跨国协议网络突出了交易类所有权优势的重要性。这种企业规模、技术能力和创新网络发展之间的补充性与12.2.2所强调的一些趋势是一致的。尤其，在美国、日本和欧盟等国家和地区内STP活动的地理集聚反映了这一事实，即来自这些地区的企业倾向于更大型并占了R&D活动的主要比例。

有关跨国企业内部和非内部创新活动之间的互补性或替代性问题，也可以通过分析多国扩张和国际STP之间的相互依赖性而得到解决。基于交易费用理论，几项有关国际市场进入战略的研究认为：跨国企业进入新的海外市场时，其多国经验能降低面临的风险。没有多国经验，合资企业可能是比组织控制战略更有效的市场进入工具。当跨国企业积累了更多的海外市场经验，合作的信息收集和风险共担优势就会下降。结果，对于有经验的跨国企业，合作的组织成本，如合作者之间利益的推脱和冲突就会超过这种战略的利益(如：Gomez-Casseres 1989, Hennart and Larimo 1998)。总之，跨国公司的存在对于合作企业的影响是负面的，而对于基于权益和强烈承诺的企业联系却是积极的。这个观点大部分——但不是绝对的——与另一个观点一致，即跨国公司促进了在海外市场上跨国企业资产的利用。也就是说,通过利用它们自己的资产作为渗透进这些市场的工具,跨国企业应对了东道国的不确定性。这样的观点把 STP 作为次优选择。

第二类文献主要集中于高技术产业的演化,并突出了企业间联系的重要动机,即探寻并快速利用新机会,或者是新业务,或者是新的技术开发。从这个观点看,战略联盟为"快速创新和技术诀窍资源地理分散的环境提供了一个有吸引力的组织形式"(Teece 1992: 20)。因为相关知识资源在几个产业中全球分布,这个观点解释了许多国际 STP 协议形成的类型。基于这个观点,与外国子公司建立与活动相关的多国经验,能增加一个企业寻找并吸收外部知识的能力(Cantwell 1995, Castellania and Zanfei 2004)。这个观点与一些高技术产业的研究是一致的,都突出了企业间与企业内网络的相互加强的本质。因此,多国经验能扩展企业的发展潜力并扩展其对国际 STP 的使用。[①] 12.2.2 节突出的 STP 发展的许多趋势看来与另一观点一致,即具有多国经验的企业更有可能使用联盟作为一种探寻战略。如我们已经表明,非权益的 STP 形式在增长,尤其在高技术产业。这种趋势成了事实证据,即低强度承诺的协议对于及时并广泛获取跨国快速演变的技术更有效力。从这个视角来讲,对于跨国企业来说,STP 也许代表了"最优"选择(Narula 2003),尤其是考虑到创新活动时。也就是说,企业因为不能获取技术转移更有效和更有利的渠道时,它们并不一定要应用这些战略(当不确定性太高或制度障碍约束了"内部"战略)。相反,STP,尤其是非权益协议,对于知识开发和学习更灵活更适用。

---

① 卡斯特拉尼和赞菲(2004)已经尝试借助电子产业对此观点提供一些实证基础。他们测量了所谓的"特定经验",即他们认为跨国企业在某一国家建立的子公司数量,会减少外国市场的不确定性。通过控制异质来源的数量,他们表明此因素与新子公司和权益协议的产生正相关。与此相反,他们称为的"多样经验"反映了跨国企业活动区域的市场异质性和地理分散性,应该能增加企业的探寻能力。他们发现,在所考察的产业中,多样经验对非权益技术联盟有积极和重要的影响。

12.6　结论与政策议题

本章讨论了创新活动的国际化，并且强调，它受到多种因素的驱动。这些因素中出现最频繁的就是应对跨区域不同需求和市场条件的要求，及企业通过海外 R&D 来调整已有产品和流程技术以更有效应对这些要求。

然而，供给因素和获取当地能力的需要已经成为参与海外资产扩大 R&D 的越来越重要的动机。这是因为，多技术产品呈日益增长的趋势，以及不同国家间技术专业化的模式迥然不同，尽管经济和技术的集中化是与经济全球化相关联的。

结果，在本土国家能提供的和企业的要求之间就有了日益增长的不匹配性。通常，国家创新系统和产业及技术专业化变革很缓慢，尤其在更新的、快速演变的部门，比企业技术需求的变革更慢。企业必须寻求从国外引进并获取自身所要求的技术，或在国外设立合资企业以寻求内化其他国家创新系统的优势。第三种选择，即游说改变本土国家创新系统，是昂贵并且困难的(Narula 2002a)。因此，除了接近市场与生产单位，企业在国外设立合资公司寻求新的知识来源，这与所在国的创新系统相关。市场的相互依赖和技术的跨国界，是通过相近的途径、合作协议，或者基于权益的附属机构，也就是说只有少数国家真正有"国家"系统。当然，许多创新系统相对更加"国家化"，这一说法是指引性的而不是定义性的(相关讨论见本书：第 7 章、第 14 章)。而且，企业需要比已往更宽广的技术能力组合。

R&D 的国际化也产生了重要的利益话题，因为它在跨国企业和所在国之间，并在特定条件下跨国企业附属机构和其本土国家之间提供了溢出的机会。在美国，存在着对本土企业潜在竞争力降低及使"国家知识基地"贫困的担心，这些都与外国跨国企业在美国日益增长的当地 R&D 有关(Dalton et al. 1999)。在世界的其他国家和地区,看法却非常不同,外国在当地的 R&D 及增值(value-added)活动被认为能升级国家技术系统。少数实证研究对跨国企业在新兴工业化国家和地区如韩国、中国台湾地区和新加坡(Hobday 2000,Lim 1999),及一些欧盟成员国(Barry and Strobl 2002,Castellani and Zanfei 2003)的积极溢出效应提供了有力的证据。然而绝大多数发展中国家的证据却没有支持明显的溢出效应(Harrison 1999)。当然,根据最近对 FDI 生产溢出效应的计量经济学调查,负面或不显著的结果几乎与积极的观察结果一样(Gorg and Strobl 2001)。这意味着要以谨慎的方式对待此议题,并需要精确的分析工具(见专栏 12.3)。有必要发展更可行的技术溢出衡量工具,不能被绩效指标如生产力等所完全占据。溢出的途径也需要更仔细地分析,假如 FDI 相关的溢出被明确地作为技术升级的工具。

此政策争论的另一个观点认为:当某些国家的国内创新系统不能满足企业的需求时,R&D 的国际化可能导致本土国家创新能力的"空心化"。

专栏 12.3

东道国的影响:技术差距、技术升级和吸收能力

关于把外来投资作为当地技术升级的工具,最盛行的一个观点认为:外国企业通常做得比国内企业好(对此问题的实证研究的讨论见:Bellak 2002)。首要的政策性问题是,是否外国投资能为当地经济带来技术机会。这与有关技术差距和追赶的文献明显相关(本书第 19 章)。一方面,一些研究认为:东道国企业和外国企业的生产率差距越大,就越有潜在可能使技术转移和生产力溢出指向前者。这个假设,可能来自芬德利(Findlay 1978)提出的最初设想,他把相对"落后"地区的技术进步设定为其自身与"先进地区"之间技术水平差距,以及它们向外国直接投资开放的程度的递增函数。

另一方面,学者们认为本土和外国企业之间的技术差距越低,前者的吸收能力就越高,因而向本土企业的技术转移就有更高的利益。值得注意的是,吸

收能力的作用在传统赶超理论中也得到了清楚的确认，即该理论承认存在着一种更低的当地技术能力，低于此标准，外国投资就不能对所在国经济有任何积极的影响。[①]“技术积累假说”超越了简单的吸收能力观点，强调了把吸收和使用外国技术作为溢出发生的必要条件的能力。

虽然目前几乎还没有证据支持或反对空心化的假说，但一些国家的决策者已经提出了此假说，成了未来研究的一个重要领域。潜在空心化的后果也许在小的开放国家尤其严重，它们的专业化主要围绕少数产品并且(或)集中围绕少数几个大型企业。另一个未来研究相关并且重要的领域是，需要区分作为次优锁定表现的空心化和用以补充本土供应不足的创新国际化(Narula 2003)。总之，没有一个国家能在所有领域提供世界级的能力。即使是最大、技术最先进的国家也不能为它所有的产业提供强有力的创新系统，或为它所有的技术领域提供世界级的能力。一些国家把引进技术作为国家技术实力弱的表现，并寻求保持和发展国内自主能力，往往不计成本(Narula 2002a)。然而主要依赖国内能力可能导致次优战略，尤其在如今多技术产品的时代。实际上，对于企业来说，跨国界的创意流动是基本的，并且随着跨国界的竞争与国际化生产的发展，此需求已经日益增长。

参考文献

ABERNATHY, W., and UTTERBACK, J. (1978), "Patterns of Industrial. Innovation," *Technology Review* 80: 97~107.

① 如芬德利(1978: 2~3)所指出的:“石器时代突然面对现代工业文明只能瓦解或产生非理性的反应……当差距小于某些关键的最小值并很难给予合适的定义时，此假说确实看起来值得考虑。”芬德利也观察到本土劳力的教育水平，是现在被称为国家“吸收能力”的替代变量，也可能与其他事物一起影响后进国家改善其技术效率(Findlay 1978: 5~6)。

ALMEIDA, P. (1996), "Knowledge Sourcing by Foreign Multinationals: Patent Citation Analysis in the Semiconductor Industry," *Strategic Management Journal* 17: 155~165.

ARCHIBUGI, D., and IAMMARINO, S. (2002), "The Globalisation of Technological Innovation: Definition and Evidence," *Review of International Political Economy* 9 (1): 98~122.

——(2000), "Innovation and Globalisation: Evidence and Implications," in F. Chesnais, G. Ietto - Gillies, and R. Simonetti (eds.), *European Integration and Global CorporateStrategies*, London: Routledge, 95~120.

* ——and MICHIE, J. (1995), "The Globalisation of Technology: A New Taxonomy," *Cambridge Journal of Economics* 19: 121~140.

ARORA, A., and GAMBARDELLA, A. (1990), "Complementarity and External Linkages: the Strategies of the Large Firms in Biotechnology," *The Journal of Industrial Economics* 38(4): 361~379.

AUDRETSCH, D., and FELDMAN, M. (1996), "R&D Spillovers and the Geography of Innovation and Production," *American Economic Review* 86: 253~273.

BARRY, F. and STROBL, E. (2002), "FDI and the Changing International Structure of Employment in the EU Periphery," *CEPR - LdA Workshop on Labour Market Effects of European Foreign Investments*, Turin, 10 - 11 May.

BELDERBOS, R. (2001), "Overseas Innovations by Japanese Firms: An Analysis of Patent and Subsidiary Data," *Research Policy*, 30(2): 313~332.

BELLAK, C. (2002), "How Performance Gaps between Domestic and Foreign Firms Matter for Policy," *ElBA Annual Conference*, Athens, December.

BENITO, G., GROGAARD, B., and NARULA, R. (2003), "Environmental Influences on MNE Subsidiary Roles: Economic Integration and the Nordic Countries," *Journal of Inter national Business Studies* 34：443～456.

BLANC, H., and SIERRA, C. (1999), "The Internationalisation of R&D by Multinationals：ATrade – Off between External and Internal Proximity," *Cambridge Journal of Economics* 23：187～206.

BRUSONI, S., PRENCIPE, A., and PAVITT, K. (2001), "Knowledge Specialization and the Boundaries of the Firm：Why do Firms Know More Than They Do?" *Administrative Science Quarterly* 46：597～621.

BVRETH, A., WOLFF, S., and ZANFEI, A. (1999), "Cooperative Learning and the Evolution of European Electronics Industry," in A. Gambardella and F. Malerba (eds.), *The Organisation of Inventive Activities in Europe*, Cambridge：Cambridge University Press, 202～238.

* CANTWELL, J. (1989), *Technological Innovation and Multinational Corporations*, Oxford：Basil Blackwell.

——(1995), "The Gobalisation of Technology：What Remains of the Product Cycle Model," *Cambridge Journal of Economics*, 19,155～174.

——and COLOMBO, M. G. (2000), "Technological and Output Complementarities, and Inter – firm Cooperation in Information Technology Ventures," *Journal of Management and Governance* 4：117～147.

——and JANNE, O. (2000), "The Role of Multinational Corporations and National States in the Globalisation of Innovatory Capacity：The European Perspective," *Technology Analysis and Strategic Management* 12(2)：243～262.

——and NOONAN, C. A. (2002), "Technology Sourcing by Foreign – Owned MNEs in Germany：An Analysis Using Patent Citations," *EIBA Annual Conference*, Athens, December. CASTELLANI, D., and ZANFEI, A. (2003), "Technology Gaps, Absorptive Capacity and the Impact of Inward Investments on Productivity of European firms," *Economics of Innovation and New Technology*

12: 555~576.

——(2004), "Choosing International Linkage Strategies in Electronics Industry: The Role of Multinational Experience," *Journal of Economic Behaviour and Organisation* 53: 447~475.

CREAMER, D. (1976), *Overseas Research and Development by United States Multinationals* 1966~1975, New York: The Conference Board Inc.

CRISCUOLO, P., NARULA, R., and VERSPAGEN, B. (2005), "The Relative Importance of Home and Host Innovation Systems in the Internationalisation of MNE R&D: A Patent Citation Analysis," *Economics of Innovation and New Technologies* (forthcoming).

DALTON, D., SERAPIO, M., and YOSHIDA, P. (1999), *Globalizing Industrial R&D*, U. S. Department of Commerce, Technology Administration, Office of Technology Policy.

DosI, G. (1982), "Technological Paradigms and Technological Trajectories: A Suggested Interpretation of the Determinants and Directions of Technical Change," *Research Policy* 11: 147~162.

DUNNING, J. H. (1994), "Multinational Enterprises and the Globalization of Innovatory Capacity," *Research Policy* 23: 67~88.

* ——and NARULA, R. (1995), "The R&D Activities of Foreign Firms in the United States," *International Studies of Management & Organization* 25 (1~2): 39~73.

ERNST, D. (1997), "From Partial to Systemic Globalisation: International Production Net works in the Electronics Industry, *BRIE Working Paper* 98, Berkeley Roundtable on the International Economy," University of California at Berkeley.

ETAN (1998), *Technology Policy in the Context of Internationalisation of*

R&D and Innovation. How to Strengthen Europe's Competitive Advantage in Technology. Brussels: European Commission, Directorate - General Science, Research and Development.

FINDLAY, R. (1978), "Relative Backwardness, Direct Foreign Investment and the Transfer of Technology: A Simple Dynamic Model," *Quarterly Journal of Economics* 92: 1~16.

FLORIDA, R. (1997), "The Globalisation of R&D: Results of a Survey of Foreign - Affiliated R&D Laboratories in the USA, " Research Policy 26: 85~103.

FOSFURI, A., and MOTTA, M. (1999), "Multinationals without Advantages," *Scandinavian Journal of Economics* 101 (4): 617~630.

GAMBARDELLA, A., and TORRISI, S. (1998), "Does Technological Convergence Imply Convergence in Markets? Evidence from the Electronics Industry," Research Policy, 27: 445~463.

GOMEZ - CASSERES, B. (1989), "Ownership Structures of Foreign Subsidiaries," *Journal of Economic Behavior and Organization* 11: 1~25.

GoRe H., and STROBL, E. (2001), "Multinational Companies. and Productivity Spillovers: A Meta - analysis," *The Economic Journal* 11 (Nov): F723~F739.

GRANSTRAND, O. (1998), "Towards a Theory of the Technology Based Firm," *Research Policy* 27: 465~490.

——PATEL, P., and PAVITT, K. (1997), "Multi - Technology Corporations: Why They Have 'Distributed' Rather than 'Distinctive Core' Competencies," *California Management Review* 39(4): 8~25.

HAGEDOORN, J. (2002), "Inter - Firm R&D Partnerships: An Overview of Patterns and Trends since 1960," *Research Policy* 31: 477~492.

HANNAN, M., and FREEMAN, J. (1984), "Structural Inertia and

Organisational Change," *American Sociological Review* 49: 149~164.

* HEDLUND, G. (1986), "The Hypermodern MNC - a Heterarchy," *Human Resource Management* 25: 9~35.

HENDERSON, R., and CLARK, K. (1990), "Architectural Innovation: The Reconfiguration of Existing Product Technologies and the Failure of Established Firms," *Administrative Sciences Quarterly* 35: 9~30.

HENNART, J. F., and LARIMO, J. (1998), "The Impact of Culture on Strategy of Multinational Enterprises: Does National Origin Affect Ownership Decisions?" *Journal of International Business Studies* 29 (3): 515~538.

HOBDAY, M. M. (2000), "East vs. South East Asian Innovation Systems: Comparing OEM and MNE-led Growth in Electronics," in L. Kim and R. Nelson (eds), *Technology, Learning and Innovation*, Cambridge: Cambridge University Press, 129~169.

IETTO-GILLIES, G. (2001), *Transnational Corporations: Fragmentation amidst Integration*, London: Routledge.

KINDLEBERGER, C. P. (1969), *American Business Abroad. Six Lectures on Direct Investment*, New Haven: Yale University Press.

KOGUT, B. (1989), "A Note on Global Strategies," *Strategic Management Journal* 10: 383~399.

KOKKO, A. (1994), "Technology, Market Characteristics and Spillovers," *Journal of Development Economics* 43 (2): 279~293.

KUEMMERLE., W. (1996), "Home Base and Foreign Direct Investment in R&D," Unpublished Ph. D. dissertation, Boston: Harvard Business School.

——(1999), "Foreign Direct Investment in Industrial Research in the Pharmaceutical and Electronic Industries: Results from a Survey of Multinational Firms," *Research Policy* 28: 179~193.

KUMAR, N. (1998), *Globalization, Foreign Direct Investment, and Technology Transfer*, London: Routledge.

LALL, S. (1979), "The International Allocation of Research Activity by U.S. Multinationals," *Oxford Bulletin of Economics and Statistics* 41: 313~331.

LE BAS, C., and SIERRA, C. (2002), "Location versus Country Advantages in R&D Activities: Some Further Results on Multinationals' Locational Strategies," *Research Policy* 31: 589~609.

LIM, Y. (1999), *Technology and Productivity: The Korean Way of Learning and Catching Up*, Cambridge, Mass.: MIT Press.

MANSFFELD, E., TEECE, D., and ROMEO, A. (1979), "Overseas Research and Development by US - Based Firms," *Economica* 46 (May): 187~196.

MILLER, R. (1994), "Global R&D Networks and Large Scale Innovations: The Case of Automobile Industry." *Research Policy* 23(1): 27~46.

MITCHELL, W., and SINGH, K. (1992), "'ncumbents' Use of Pre - Entry Alliances before Expansion into New Technical Subfields of an Industry," *Journal of Economic Behaviour and Organisation* 18: 347~372.

MOWERY, D. C., OXLEY, J. E., and SILVERMAN, B. S. (1998), "Technological Overlap and Interfirm Cooperation: Implications for the Resource - Based View of the Firm," *Research Policy* 27(5): 507~524.

NAGARAIAN, A., and MITCHELL, W (1998), "Evolutionary Diffusion: Internal and External Methods used to acquire Encompassing, Complementary, and Incremental Technological Changes in the Lithotripsy Industry." *Strategic Management Journal* 19: 1063~1077.

NARULA, R. (2001), "Choosing between Internal and Non - internal R&D Activities: Some Technological and Economic Factors," *Technology Analysis &*

Strategic Management 13：365～388.

——(2002a)，"Innovation Systems and 'Inertia' in R&D Location：Norwegian Firms and the Role of Systemic Lock－in，" *Research Policy* 31：795～816.

——(2002b)，"R&D Collaboration by SMES：Some Analytical Issues and Evidence，" in F. Contractor and P. Lorange (eds.)，*Cooperative Strategies and Alliances*，Kidlington：Pergamon Press，543～568.

*——(2003)，*Globalisation and Technology*，Cambridge：Polity Press.

——and HAGEDOORN，J. (1999)，"Innovating through Strategic Alliances：Moving towards International Partnerships and Contractual Agreements，" *Technovation* 19：283～294.

——and SADOWSKI，B. (2002)，"Technological Catch－up and Strategic Technology Partnering in Developing Countries，" *International Journal of Technology Management* 23：599～617.

NOOTEBOOM，B. (1999)，"Inter－firm Alliances：Analysis and Design，" London：Routledge. ODAGIRI，H.，and YASUDA，H. (1996)，"The Determinants of Overseas R&D by Japanese Firms：An Empirical Study at the Industry and Company Levels，" *Research Policy* 25 (7)：1059～1079.

PaTER，P. (1996)，"Are Large Firms Internationalising the Generation of Technology? Some New Evidence，" *IEEE Transactions on Engineering Management* 43：41～47.

*——and PAVITT，K. (2000)，"National Systems of Innovation Under Strain：The Internationalisation of Corporate R&D，" in R. Barrell，G. Mason，and M. O'Mahoney (eds.)，*Productivity*，*Innovation and Economic Performance*，Cambridge：Cambridge University Press，135～160.

——and VEGA，M. (1999)，"Patterns of Internationalisation and Corporate

Technology: Location versus Home Country Advantages," *Research Policy* 28: 145~155.

* PEARCE, R. (1990), *The Internationalisation of Research and Development*, London: Macmillan.

——(1999), "Decentralised R&D and Strategic Competitiveness: Globalized Approaches to Generation and use of Technology in Multinational Enterprises (MNEs)," *Research Policy* 28(2-3): 157~178.

PISANO, G. (1990), "The R&D Boundaries of the Firm: An Empirical Analysis," *Administrative Science Quarterly* 35: 153~176.

* RONSTADT, R. C. (1978), "International R&D: The Establishment and Evolution of Research and Development Abroad by Seven US Multinationals," *Journal of International Business Studies* 9(1): 7~24.

SANTANGELO, G. (2000), "Corporate Strategic Technological Partnerships in the European Information and Communications Technology Industry," *Research Policy* 29: 1015~1031.

SERAPIO, M., and DALTON, D. (1999), "Globalisation and Industrial R&D: An Examination of Foreign Direct Investment in R&D in the United States," *Research Policy* 28: 303~316.

SIOTIS, G. (1999), "Foreign Direct Investment Strategies and Firms Capabilities," *Journal of Economics and Management Strategy* 8(2): 251~270.

SJÖHOLM, F. (1996), "International Transfer of Knowledge: The Role of International Trade and Geographic Proximity," *Weltwirthschafiliches Archir* 132: 97~115.

STOPFORD, J. M., and WELLS jr., L. T. (1972), *Managing the Multinational Enterprise: Organisation of the Firm and Ownership of Subsidiaries*, New York: Basic Books.

* TEECE, D. J. (1986), Profiting from Technological Innovation: Implications for Integration, Collaboration, Licensing and Public Policy," *Research Policy* 15: 285~305.

——(1992), "Competition, Cooperation and Innovation. Organizational Arrangements for Regimes of Rapid Technological Progress," *Journal of Economic Behavior and Organization* 18: 1~26.

——(1996), "Firm Organisation, Industrial Structure and Technological Innovation," *Journal of Economic Behavior and Organization* 31: 193~224.

——RUMELT, R., DOSIE, G., and WINTER, S. G. (1994), "Understanding Corporate Coherence: Theory and Evidence," *Journal of Economic Behavior and Organization* 23: 1~30.

UNCTAD (2001), *World Investment Report: Promoting linkages*, New York: United Nations.

——(2002), *World Investment Report: TNCS and Export Competitiveness*, New York: United Nations.

VERNON, R. (1966), "International Investment and International Trade in Product Cycle," *Quarterly Journal of Economics* 80: 190~207.

VEUGELERS, R., and CASSIMAN, B. (1999), "Make and Buy in Innovation Strategies: Evidence from Belgian Manufacturing Firms," *Research Policy* 98: 63~80.

WARRANT, F. (1991), *Le Déploiement mondial de la R&D industrielle.* Brussels, Commission des Communautes Européennes - Fast, December.

ZANDER, I. (1995), *The Tortoise Evolution of the Multinational Corporation - Foreign Technological Activity in Swedish Multinational Firms* 1890 - 1990, Stockholm: IIB.

* ——(1999), "How do you Mean 'Global'? An Empirical Investigation

of Innovation Networks in the Multinational Corporation," *Research Policy* 28: 195~213.

ZANFEI, A. (1994), "Technological Alliances Between Weak and Strong Firms: Cooperative Ventures with Asymmetric Competences," *Revued Economie Industrielle* 7: 255~279.

* ——(2000), "Transnational Firms and the Changing Organisation of Innovative Activities," *Cambridge Journal of Economics* 24: 515~542.

* 星号表示建议延伸阅读的条目。

第三部分

CHAPTER THREE 创新的差异

导　言

创新研究文献关注的一个核心问题是：创新过程的结构、组织随时间发生演变及其在不同产业间存在着显著差异。在大量关于创新过程的讨论中，“熊彼特Ⅰ型”产业(包含众多规模较小且具有创业精神的企业)与“熊彼特Ⅱ型”产业(包含众多有组织的研发机构的大型寡头企业)间的差异表现得尤为明显。布鲁兰德和莫利在第13章指出，这些差异是在长期的历史变迁过程中形成的，并受到技术和制度因素的影响。马勒巴在第14章中将这一分析扩展至当代的“高技术产业”中，并阐明可以将创新和产业动力的差异视为不同“产业创新系统”中技术、行为主体和制度之间的相互作用进行分析。冯·图兹曼(Von Tunzelmann)和阿查(Acha)在第15章研究了“低技术产业”和“中等技术产业”，这两个产业通常被认为“创新度”不及高技术产业。但两位作者强调，创新活动(经常包含不同的过程)在这两个产业中也相当普遍。迈尔斯在第16章(服务业创新)得出了相似的结论，霍尔在第17章讨论了与创新密切相关的技术扩散问题，并探讨了创新在整个经济中所具有的普遍性。

第13章　创新的演变

克里斯丁·布鲁兰德(Kristine Bruland)
戴维·C.莫利(David C. Mowery)

13.1　引　　言

大多数创新学者强调,“历史方法”在创新研究中相当重要,原因有三:首先,创新十分耗时,它是基于对未来的推测,创新结果在长期内往往是不确定的。因此,对任何一个创新的研究都需要了解其历史;第二,创新能力是通过复杂的日积月累的学习过程而得到的;第三,创新过程是在社会环境中形成的。正如拉左尼克所指出的,“影响创新的社会条件随着时间发生变化,并且在不同的生产性活动中也会变化;因此,对创新型企业的理论分析必须与历史研究结合起来”(Lazonick 2002: 3)。

创新历史模式的复杂性反映了经济活动的异质性,还反映了技术创造过程在不同产业和国家间的多样性。这些特性使得构建历史发展的总体计划存在一定困难。一些创新史学家和分析家提出了“时代分类法”,该方法建立在定义整个发展时期的“关键技术”之上。它的一种表现形式是熊彼特在《商业周期》一书中提出的“波动理论”:蒸汽动力引发了第一次工业革命,电力引发了第二次工业革命,等等。其他不依赖于“波动理论”的研究工作也强调了少数技术在推动经济增长的更为广泛的过程中扮演的重要角色。虽然这些理论很有价值,但过分强调了所谓关键技术的重要性,而忽视了其他也可能很重要的创新和经济活动领域。在下文的讨论中，我们对只强调"关键创新"的"变革"效应的历史观点提出了挑战。本文更为强调创新所具有的复杂的多部门(multisectoral)特性，并认为需要认真考虑一系列创新模式、制度过程与组织形式之间的共存问题。

本章关于创新随时间演变的讨论强调了在连续时期内创新过程发生的结构变化，这可以通过"创新系统"的概念加以表述(相关论述见本书：第 7 章、第 11 章和第 14 章)。在采用创新系统框架时，我们聚焦于经济活动结构和相关制度的变化，同时也关注在新兴工业化国家中知识生产和流动模式的变化①。

下面首先回顾在世界经济中推动工业化的近代史观点。随后讨论工业化不同阶段中创新过程的结构变化，包括发生在 1760～1850 年间英国的第一次工业革命，19 世纪末 20 世纪初的第二次工业革命，以及二战后的第三次工业革命。这是一种基于时间顺序的讨论：首先是 19 世纪英国普遍出现的车间驱动的技术创新，继而讨论发明术的发明，这是哲学家怀特海(Whitehead 1925)所用的表述，该阶段发生在 19 世纪末 20 世纪初，此时企业内部已经出现了有组织的产业研发活动。第三次工业革命最好的例子是战后的美国，私人和公共组织在新的创新领域中展开竞争与合作，这是一种仍在进行当中的创新模式。

13.2 第一次工业革命

13.2.1 制度、创新和增长动力

持续的、基于创新的发展是近代出现的一种导致经济发展不均衡分布的历史现象。大量的"世界史"文献一直在试图解释 18 世纪后期西方的崛起，尤

① 本书第 2 章也讨论了制度环境在企业层面创新能力培育中发挥的作用。

其是欧洲国家实现了生产率持续增长的突破。为什么某些人类社会能够突破“马尔萨斯”陷阱,从依赖于增加劳动力投入、扩大劳动分工的“粗放”经济增长转向以创新为基础的集约增长,并实现人均实际产出的持续增长?对这一历史争论作出重大贡献的是波莫兰兹(Pomeranz 2000)。他认为,18 世纪中叶之前欧洲、日本、中国和印度基本处在经济发展的同一水平——这种相似令人惊奇。但为什么只有西北欧实现了基于创新的发展转型?波莫兰兹认为有两个因素是关键性的:首先,欧洲列强将其占领的殖民地作为制造业市场和食物与原材料的来源。其次,欧洲将煤作为新的能源①。

另一种对西北欧工业化的解释强调了制度的变化(见 Braudel 1984, Wallerstein 1974, Landes 1998)。该观点指出,产权的出现是创新的重要推动力。琼斯(Janes 2003)提出了另一种对制度的分析观点,他指出基于技术的发展在世界历史中的几个时点发生;现在面临的挑战是人们对经济增长的理解比对阻止经济增长的理解要少得多。琼斯强调了政治制度对创新所起的抑制作用,这些政治制度建立在政治和军事集团强征暴敛的基础之上。只有当这些统治者的权力在危机中被削弱,创新的机会才会增加。由于西北欧国家政治集团的政治权力在 14~17 世纪间被逐步削弱,因此在世界经济中基于创新的持续经济增长首先在这个区域出现。

现有文献在以下问题上存在分歧:发展差异的时间,不同因素在推动制度形成中的相对重要性,如私有产权、寻租政治及军事集团力量的削弱等。但采用这一方法的所有学者都强调,“制度变化”是创新导向的持续发展必不可少的前提条件。

13.2.2 第一次工业革命中的创新

绝大多数经济史学家将 1760 年左右发生在英国和西北欧的工业发展视作

① 有关该领域参考文献的回顾与评述请见:Peer Vries 2002。

经济和技术的分水岭。这一时期的创新很好地概括为整个经济范围中的一种创新过程,包括了技术、组织和制度的变革,涵盖了众多产业和产品群。对英国工业化的这一观点,与强调蒸汽动力和纺织技术这些划时代技术突破的经典历史解释形成鲜明对照(Mantoux 1961)。两者间的争论对于创新的深入研究很有意义,因为创新研究领域的重要学术著作遵循的是对第一次工业革命中"关键创新"的解释(Freeman, Louçã 2002;该框架对工业化经济史的论述请见:Lloyd-Jones, Lewis 1998)。

13.2.3 技术进步的产业(部门)模式:专利证据

关于工业革命中创新活动速率和部门分布的一个重要证据,是这一时期的专利统计数据。由于获取专利的成本很高(在英国大约为120英镑,同时期一个熟练工人的年薪是50英镑),并且很多发明者难以找到专利代理人,因此专利数据是一种"有偏"的证据,但在工业化革命时期没有与创新活动直接相关并较为完备的其他数据源。麦克罗德(MacLeod 1998)发现,专利申请在1750年后迅速增长,特别是资本品专利。这一时期获取专利增长最为迅速的两类技术是动力技术和纺织机械。其他资本品的专利申请增长也非常明显,包括农用设备、酿造、造船、运河建设和冶金等。虽然资本品专利占总专利数的份额在1750~1800年间是增长的,但英国的资本品专利份额在这一时期始终没有超过40%。

这一时期大量的发明活动集中在消费品。伯格(Berg 1998,Sullivan 1990)指出,消费品专利主要针对创新度较小的产品,如带扣、纽扣、橱柜、家具和双孔构架船等。事实上,纺织部门中的很多专利活动——大约有1/3——包含了新的产品(Griffiths et al. 1992)。工业革命中纺织部门的众多发明活动还包括新型的丝线和织物,而这些发明主要针对消费者市场。

专利证据表明,工业革命时期存在着宽泛的技术变革。但是,由于用专利数据反映创新活动存在局限,我们在以下论述中将主要从定性角度集中分析讨论“产业创新结构”。

13.2.4 产业变化模式:技术史

13.2.4.1 蒸汽动力和纺织

在第一次工业革命中,英国纺织业的快速增长与四项创新密切相关——纺织机、水力纺纱机、胡纺纱、自动化机械。从 18 世纪末到 19 世纪中叶,棉纺织业的产出、劳动力生产率、企业规模、资金利用及其在国民经济收入中的份额都大规模增长。棉纺织业的增加值从 18 世纪 60 年代的不到 50 万英镑上升至 19 世纪 20 年代中期的 2 500 万英镑。在纺纱业中,加工 100 磅棉直接劳动力工时从 1790 年的 300 小时降到 1820 年的 135 小时(Mokyr 2002: 50~51),同时每个工厂棉花原材料的年均投入量在 1791~1850 年期间的上升超过了 1 000%(Chapman 1972: 70)。正如这些显著变化所显示的,它们应该按比例发展:纺织业在发展巅峰期占据了制造业产出份额的 25%。在其他部门,创新和生产率也得到了较大提升。

这一时期的另一个关键创新是詹姆斯·瓦特发明的蒸汽发动机,它于 1775 年被第一次引入,并经常被视作第一次工业革命时期的标志性技术(Toynbee 1908, Deane 1965)。但冯塔泽曼(1978)关于蒸汽机动力的研究表明,蒸汽机的扩散相对较慢,它相对于当时已有的动力技术只具有较小的经济优势(并因此不能对经济增长产生显著影响);同时蒸汽机对英国经济其他产业的前向关联与后向影响也非常有限,这进一步减少了其“催化反应”的效果(见专栏 13.1)。综上所述,对英国经济增长和工业化进程具有重要影响的创新涵盖了众多的技术和产业。

专栏 13.1

第一次工业革命中的技术扩散

创新的经济效果非常依赖于它被采用的强度与广度(见本书第 7 章),因此必须看到,第一次工业革命中的很多重要创新事实上扩散得相对较慢。例如,瓦特的蒸汽机被认为是第一次工业革命中的一项标志性创新,但它在英国经济中传播得较为缓慢。直到 1800 年,在引入瓦特蒸汽机的 25 年后,曼彻斯特(纺织工业化的一个中心区域)仅拥有大约 32 台蒸汽机,利兹(另一个纺织工业化中心)大约拥有 20 台左右。到了 1817 年,格拉斯哥拥有 45 台,在 1820 年伯明翰拥有 60 台,到 1825 年博尔顿拥有 83 台。在 19 世纪 30 年代后期,蒸汽机动力的年均增长在 6%~10%之间,这是在瓦特蒸汽机被引入 50 多年后才出现的。塔泽曼(1978)认为,这种慢速的扩散反映了蒸汽机在被引入多年后,机器本身和燃油成本仍然很高的现实。我们在这一时期的其他重要创新中也会发现类似现象。例如,罗伯特的自动纺纱机被卡尔·马克思认为"在资本主义系统中开创了一个全新时代",它是世界上第一台真正的电力自动化机器。但该机器的扩散也很慢——等它占整个英国棉花纺纱产业大部分产出之时,已是整整 50 年以后。

13.2.4.2 其他部门中的创新

虽然工业化发展意味着农业在一国经济产出中份额的下降,英国的农业却在 1750~1850 年间经历了显著增长,并显现出较高的创新性。在这一时期,关键性的创新主要集中在农业工具、耕作设备(犁、耙、锄头、磨刀石、扬场和脱粒设施等)以及排水设备的开发上(Bruland 2004)。农业创新与 19 世纪 30 年代期间农用专业化设备产业的出现密切相关,而这反过来推动了大量小型铸造厂和工程工厂的增长。

与农业部门技术变革密切相关,各种创新发生在食品加工、销售和消费中,这主导了工业革命期间和工业革命之后英国制造业的发展。食物保鲜、冷藏、烘烤、酿造、谷物磨粉等行业中的技术创新推动了生产设施规模的扩张以及企业和生产的组织创新。烘焙部门是第一个开发和运用"生产线"方法的英国产业部门,这主要通过采用"运作时间精确控制"的新技术而得以实现。酿造和磨粉部门是第一个在英国同行业中开展大型专业化管理的部门。

与农业部门类似的一个典型创新部门是玻璃制造部门,该部门主要生产各种差异化产品,——从窗户玻璃、瓶子,到灯具、容器和眼镜等,它们已在各部门中得到广泛应用。玻璃行业是早期工业化革命中极少数具有大规模生产活动的部门,它的发展在一定程度上依靠试验和研究的进步。但在这一时期,科学在技术创新中扮演的重要角色尚未得到普遍认可。在玻璃生产过程中,知识密集度最高的部分是光学玻璃,其开发技术以光学理论为基础,这将科学与生产较好地整合在一起。虽然第一次工业革命总体上还远不是以科学为基础的,但某些关键部门的发展已经预示了创新具有的重要作用。

类似的例子还包括钢铁业、化工业(碱金属和氯)、制陶业、机械和机床业、工具业、采矿业以及纸包装和印刷业等。创新在这些产业和其他一些产业中具有的普遍性及其不同的创新程度再一次表明,第一次工业革命中的创新不只局限于经济中的"领先部门",而是存在于所有部门中。我们一方面不应忽略纺织部门和蒸汽机动力在推动工业化过程中发挥的重要作用,另一方面也应客观地从技术和经济角度对它们扮演的角色进行分析。

13.2.5 早期工业化中创新活动的组织和学习

第一次工业革命中的创新活动是如何组织的?对专利数据的分析表明,18世纪末和19世纪初的所有发明,事实上都来自发明者个人的努力。这些发明者要么在独立的工作间工作,要么在大型企业中工作。最关键的一点是,发明者本人善于发明的特性和他们创新性的努力,以及这些发明与车间生产的结合。发明者的技能和知识基础来源于已有的行业中,如手表制造、木工、锻造、金属加工等,特别是纺织机械主要在现有的纺织厂中制造和组装。真正专业化的资本品部门直到19世纪20年代才开始出现。

在工业革命中,发明和创新活动高峰期的出现并不完全依赖于我们现在所理解的一般性"科学"概念的出现,虽然在18世纪末和19世纪初出现过诸如玻璃制造等科学与产业结合的典型个案。这一时期的英国虽然出现了各种正式和非正式的科学社团,科学概念也得到广泛传播(Uglow 2002),但这些早期的"科学革命"几乎没有产生真正具有实践价值的应用。虽然这一时期发明家的搜索和学习过程被描述为一种"试错"过程,但这一概念事实上将早期工业化所需知识的复杂度、深度和广度都进行了简化。莫克(Mokyr)认为,工业革命中最核心的因素是"产业启蒙(Industrial Enlightnment)",即关于工业技术知识的不断改进和扩散。"产业启蒙"是体现在出版的技术手册、课本当中有关工艺技术等产业实践活动的结构性描述和编码化的文字知识(Mokyr 2002: 34~35)。工业革命中的学习和知识积累模式最初是一种隐性和实践性的,但到了18世纪末和19世纪初,越来越多的这类学习被编码化,这也加速了不同部门间相关知识的扩散。

13.2.6 第一次工业革命中的企业制度和组织

"制度变化"对早期工业化创新高峰期中企业生产过程的组织形态和模式具有重要影响。这是一个涵盖范围很广的主题,我们仅聚焦于其中两种关键的制度变化——首先是新的公司法和支持企业发展的金融制度;其次是对生产的管理控制,这会改变生产车间的组织形式和规模。这些制度的创新使工厂的生产增长成为可能。

18世纪大多数工业企业的规模都非常小,即使在19世纪早期大型企业也非常少见。在工业化早期的大多数阶段,小规模的作坊或生产单元是主要的组织形式。这些小型企业或为私人所有,或是合作经营,资金也主要来自本地,其债务通常由兼任经理的企业所有者承担。以下两种制度形式使企业规模的扩张成为可能:股份合资(有限责任)组织和金融网络增长。

"合资协会"这一金融组织形态曾在中世纪英国出现过,但它必须通过国家授权才能获得许可。1825年后,伴随着独立法人、有限责任和可交换股份公司的创立而出现了一系列改革。合资法在1844年获得通过,并在1856年和1862年得到加强(Mathias 1983;更详细的解释见:Harris 2000)。虽然许多行业的融资行为仍局限于本地的小规模融资(Hudson 1986;对当地网络在毛纺业融资中所扮演角色的解释),但法律制度的变革使得企业融资明显改善,企业规模显著增长。合资型组织及其可获得的金融支持是企业增长的必要而非充分条件。此外,管理系统和管理者控制的发展可能对企业成长具有更为显著的作用。

早期的工业企业管理者面临着一系列严峻挑战,包括配置合适的劳动力与人员管理、工作流程的控制、新技术的采用,以及伴随劳动力结构调整的生产活动的组织结构变革。伯拉德(Pollard)强调了"两类相互联系但仍具有明显差异的困难:工人进入新的大型企业但对规则和纪律不熟悉所带来的反感,以及缺乏熟练和可靠的劳动力(Pollard 1965:160)"。事先设定好生产方法与规则,构建劳动力的监控系统,以及培养工人对有组织和受控制的工作日的习惯,这些管理措施虽然出现得较为缓慢,但却是早期工业化发展的核心。工业革命期间出现的新的管理技术使得更大规模的集中生产场所以及机械化工厂的发展成为可能。反过来,地点集中的大规模生产也使得动力和新工业技术的采用以及对组织和生产速度实行近距离的管理控制成为可能。

上述组织和管理创新是第一次工业革命的根本特征。例如在制陶业中,最重要的管理创新是由约斯·韦奇伍德(Josiah Wedgwood)提出的。除了开发大量产品创新(包括新的设计、新的釉、新的基础材料)外,韦奇伍德引入了新的营销方法,但他最重要的创新是组织创新——包括整合劳动力的创造,围绕一组生产过程系列进行的有组织的工厂设计,尤其是一支具有严格纪律的可控制的劳动力大军的构建(McKendrick 1961;见专栏 13.2)等。韦奇伍德的创新强调了针对劳动力的管理控制权,而这成为 19 世纪后期创新最重要的基础。

专栏 13.2

约斯·韦奇伍德与陶器制作中的“现代化”管理

18 世纪下半叶,收入的增加以及对咖啡和茶消费的增长推动了瓷器市场和玻璃、火烧磁盘、杯子等相关物品市场的成长。这成为奢侈消费品需求增长中的重要部分(Berg,Eger 2003)。陶瓷的生产在中英格兰地区的斯塔福德郡相当集中,并且由那些以传统工匠为主的小型企业所控制。生产过程受控于单个工匠,生产节奏和生产数量是一种“偶然事件”。约斯·韦奇伍德通过开发以工厂为基础的生产技术改变了这一产业,该技术的应用,使企业的生产形态和产出达到了以前无法想象的程度。韦奇伍德的成功表现为两点:首先,他成功地说服英国政府改善当地的交通基础设施(一条由公共资金支持的收费公路在 1763 年建成,一条由韦奇伍德布局在其工厂附近的运河也在 1771 年建成),使得其工厂能为整个英国市场提供产品,减少了之前代价昂贵的破损率;其次,他引入了根本性的组织创新,开发了有关组织生产和管理工人的新技术(Bruland 1989)并将其加以应用。

韦奇伍德是马修·巴顿(Matthew Boulton)的一个熟人,后者是一名成功的蒸汽机公司创业者。韦奇伍德利用这一关系在巴顿的工厂中开发和试验了他的新型生产组织,该组织强调了分散的物理布局以及瓷器生产中各运作流程的顺序化组织(Langton 1984)。与其组织相一致,韦奇伍德将工人分配到特定的工作中,借助专业化分工来提升工作绩效。工人“不能随意从陶瓷生产的一个工作岗位走到另一个工作岗位,每个工人只负责其中一项工作并将一直从事该工作(McKenrick 1961:32)”。

在完成对工厂生产和工作的组织后，韦奇伍德还需要开发出鼓励(或强迫)工人适应这一新系统的技术。他在有经验员工的重新培训和新员工的培训中进行了大量投资，新员工中很多是妇女(妇女员工在1790年占了其工厂员工总数的25%)。更为重要的是，韦奇伍德强调了工厂中各种不同工作绩效的技术手册的编写，并对工人的行为制定了非常详细的规则。韦奇伍德还引入了惩罚和奖励规则，开发了监测工人出勤率的考勤表原型。

韦奇伍德的新方法带来了瓷器制造业和厨房用品业中明显的组织变革。新方法遇到了很多有经验工人的阻力和反对，但他在该产业中成功创造了一种新的生产系统，并雇佣了200名工人。到了1790年，在其新方法发明后不到25年，韦奇伍德变得相当富有，其公司也作为一个独立实体在21世纪成功生存下来。

第一次工业革命中，经济和创新活动变革的一个必不可少的内容是新的经济组织和管理技术的开发，新一轮的制度变革和管理创新被证明是第二次工业革命的必要内容——产业研究实验室成为组织创新的核心。

13.3 第二次工业革命

13.3.1 工业化的第二阶段

19世纪末工业技术开始变化，一系列新的技术和产业开始出现。第二次工业革命主要发生在欧洲和美洲大陆。欧洲的工业革命主要由法国和德国的一些新兴工业化区域所引领，如鲁尔区。工业革命的重点开始从在英国发展较成熟的基础性产业(钢铁、煤炭、纺织和机械工程)向新工业部门转移(如化学、光学和电学),以及技术领导地位由英国向美国和德国的转移。

组织创新是第二次工业革命的一个重要标志,它把产业与在20世纪发挥更重要作用的一般性的"科学"联系起来。这在几个重要方面改变了创新过程:(1)对发明者进行规范的训练变得相当重要,"工匠式"的发明创造数量大大减少①;(2)企业外部开展规范化培训和研究的各种机构的作用明显增加;(3)企业内部基于经验和编码的科学与技术知识成为企业扩张和多元化的强大推动力。

19世纪末的技术转变伴随着企业结构的变化。大规模、垂直整合的企业开始在德国和美国出现,它整合了专业化的研发部门和实验室。在这类企业中,研究工作由一个研究团队完成,并非常依赖它与教育系统(特别是大学)间形成的科学交流网络。这些大规模的专业化管理企业成为20世纪中期熊彼特"创造性毁灭"观点的代表,产业创新成为企业战略的一个核心内容。

13.3.2 第二次工业革命是"科学驱动型"的吗

虽然重要的科学突破及其在产业中的应用在19世纪末已经出现,但两者之间仍是一种松散联结的关系,并且比通常所认为的更为松散。在科学发现和技术创新之间搭建桥梁需要耗费大量时间。例如,在法拉第(Faraday)1831年证明电磁感应原理后并没有明显的技术应用跟进(电报除外)。但这一科学发现为第二次工业革命中电气设备产业的出现奠定了基础,即形成了电气设备和发电机产业。

正如电力产业的案例所表明的,建立在基础科学研究成果之上的技术探

---

① "科学性解释已被证明是新工艺和产品开发的可靠指南与向导。它不像神话或预言那样不受约束,企业不可能忽略科学理论和原则,除非它甘冒被竞争对手取代的风险。但为了理解和应用科学性解释,需要对相关的科学原则进行长期的理解和培训。这一要求使得整个行业的科学知识变得专业化,并弱化了工匠发明扮演的角色。"(Rosenberg, Birdzell 1986: 253)

索经常需要耗费相当长的时间,因为需要通过应用研究将新技术转换为经济上可用的技术与知识。其他一些重要的案例表明了另一种情形的存在,如伯金(Perkin)在 1856 年对苯胺紫的一次偶然合成导致了第一种合成燃料的出现,对科学进步的利用需要复杂工艺技术的开发,这不存在相关的科学基础。化学科学对这一时期的产业发展非常重要,创新所需的大量时间是将科学突破转化为商品所耗费的时间,这还依赖于制造技术的进步,但在 19 世纪人们对此并没有很深入的理解。

在其他产业中,科学和技术创新间的关联也很弱,因为技术创新不需要高深的科学知识,如 19 世纪下半世纪的金属加工产业。在这一时期,美国取得了技术领先的地位。这一机械技术的发展依赖于高难度的机械技能,以及在概念和设计上的创造性,这不需要或只需要很少的科学知识。美国在这一产业和其他产业能获得成功,如化学、食品包装和消费品,主要依赖于它拥有很大的国内市场。

在美国创造一个真正“国内”巨大市场受到了通信和交通等国家基础设施建设的强力推动。在这些基础设施的建设过程中发挥重要作用的是那些最大型的美国企业,而由西联(Western Union)和兵州铁路公司(Pennsylvania Railroad)实施的组织与金融创新,在其他产业所成立的新企业(这些新企业通常具有前所未有的规模)中被广泛地学习和仿效(Chandler 1977)。值得注意的是,这些在经济活动中发挥关键作用的组织创新很少依赖于科学。

13.3.3 产业研究的来源

第二次工业革命中出现的新产业的一个基本特点是越来越依赖于有组织的科学试验。德国的化工企业是这一组织创新的典型代表,它们在 19 世纪的后 25 年得到迅猛发展,其创新建立在染料研发的基础之上。到了 20 世纪前 10 年,很多大型的美国企业也建立了类似的内部研究实验室。在上述两个国家中,产业研究的增长与制造企业的结构重组关联在一起,这改变了企业的规模、管理结构、生产线及其全球化触角。但德国化工业和电气设备行业的产业研究发展仍有赖于德国在1870年重新统一后“创新系统”的制度性变化①。

19世纪下半叶物理和化学学科的研究进展为该行业中科学与技术的商业应用创造了巨大的潜在市场。第一个企业内部的R&D实验室在德国企业中成立,其目的在于寻求和获取快速发展的有机化学创新所带来的商业价值。凯库勒(Kekule)在1865年提出的苯分子结构(一个有机化学和合成染料的关键元素)第一次为新产品开发提供了科学基础,但它同样需要经过科学培训的人员将凯库勒的科学突破转换为具有商业应用价值的新产品。19世纪下半叶德国研究和技术型大学网络的快速扩张对产业研究的发展起了相当重要的作用,特别是化学工业中的研究。德国大学“生产”了大量经过科学训练的研究人员(其中很多人19世纪60年代在德国和法国寻求就业),其中大学教授不仅为企业的研究提供咨询,大学实验室还为企业内部研发实验室在创立初期的科学试验提供了地点。

德国大学引领了19世纪“研究型大学”的发展,其中大学研究的核心任务是对高级人才进行培训。此外,于19世纪30年代成立的各类理工学院,到19世纪70年代开始转变为技术性大学,它们在培训化学和电气设备行业的工程师和技术人员方面发挥了关键作用。直到19世纪70年代,德国在有机化学方面拥有近30所大学和技术性大学,以及七所主要的有机化学研究和教学中心(Murmann 1998)。同时,受过良好训练的技术人员开始在德国企业中担任高级管理职位,这与英国的状况形成了鲜明对比,进一步强化了企业战略和产业研究间的关联。

“大学”在德国和英国扮演的角色存在显著差异②。英国大学接受的公共资金资助相对很少,对技术教育的支持也较少,与国内化工企业的联系也不如19世纪80年代的德国大学那么紧密。英国大学的招生数量在1900~1913年

① 该讨论来源:Beer 1959, Murmann 1998, Murmann and Laudau 1998。
② 更详细的讨论请见:Murmann 1998/2003。

间增长了20%,远低于同一时期德国大学招生数量60%的增长率。“新”英国大学(大部分在19世纪成立)招收的学生在1893~1991年间从6 400名上升至9 000名,但在1911年仅有1 000名学生是工程专业学生,1 700名是科学专业学生(Haber 1971: 51)。与此相比,德国的技术性大学到1911年已在工程和科学学位专业招收了11 000名学生。英国政府对高等教育的支持在1899年为26 000英镑,而普鲁士政府对高等教育的支持达到了476 000英镑。到了1911年,上述两个政府在高等教育上的资金支持分别为123 000英镑和700 000英镑(Haber 1971: 45 and 51)。

德国国家创新系统的制度转变,既是德国化工业和电气设备业发展的重要原因,又是其重要结果。西门子电气设备公司的沃纳·冯·西门子(Werner von Siemens)是德国1874年专利保护协会的创立者,而第一部国家专利法在1877年获得通过。虽然该法没有涵盖染料产品,但对知识产权保护力度的加强使得企业更容易将其收益投入到R&D中。同时,很多德国化工企业在专利法律颁布之后,开始设立正式的内部R&D实验室。

在这些以科学为基础的产业中的大型企业,积极游说德国政府对高等教育增加支持(主要由德国化工企业高层管理人员组成的“德国化学家俱乐部”,积极游说政府增加化学教师岗位),并支持与化工企业有关的各种类型的研究。沃纳·冯·西门子为德国皇家物理和技术研究所捐赠了一块地,这块地位于其公司在柏林的总部和柏林技术大学附近(该研究所于1887年由公共资金资助成立)。德国化工业类似的游说导致德国皇帝宣布建立K-W化学研究所,该研究所成员主要是化学家,由化工产业资助。德国物理和技术研究所以及K-W化学研究所是一类具有很强“使命导向”的基础研究机构,其研究比产业R&D更具有长期性,但相对于大学的研究会更快得到应用(Beyerchen 1998)。

德国化工企业创立的内部产业研究实验室还与这些企业的管理层和结构变化密切相关(见专栏13.3)。家族管理者被职业经理人替代,并最终被专业的化学家替代。其内部研发活动在染料之外的新领域又生产出新的产品,例如拜耳的阿司匹林。研究人员与这些新产品使用者之间的紧密关联,以及新产品的迅速增加,都使这些企业的内部分销和营销能力得到扩展与增强。正如美国企业在19世纪末所做的,德国化工企业将其企业边界进行扩展,包含进新的功能和范围更广的多样化产品线。德国电气设备业几乎同时出现了类似现象,如西门子和AEG,其他行业的领先企业在1870~1880年间也都建立了内部研发实验室。

专栏13.3

拜耳和杜邦建立的研发实验室

拜耳之所以创建实验室,部分原因是由于企业高层管理者意识到不能与Hoechst和BASF(分别在1877年和1878年建立研究实验室)展开有效竞争,同时也是为了解决拜耳在与知名大学化学家形成紧密联系中所遇到的难题。后来成为拜耳内部研究机构第一任经理和公司CEO的达尔·杜斯伯格(Darl Duisberg),在1883年被派到斯特拉斯堡大学与化学家们一起工作(之后又进入一所德国大学),在返回拜耳之前,他一直与公司内部的R&D实验室人员一起工作。此外,拜耳还通过其他方式加强与德国大学中的化学家们的联系,包括与著名化学家间的合同谈判,在大学或技术大学实验室中资助新的博士生的研究工作等。

杜斯伯格的第一个实验室顶多只是拜耳主要生产设施的附属物,但他在合成染料上的成功导致了其团队成员的扩张。然而,杜斯伯格的实验团队直到1890年主要负责解决生产工程和相关问题,同时还兼有营销职责。直到1891年,拜耳才建立了一个专门的实验室,R&D和日常技术支持得以明显区分(见Meyer-Thurow 1982)。

美国化学公司杜邦于1902年建立了第一个产业研究机构——东方研究室,并在1903年建立了实验站。东方实验室的建立紧跟在对杜邦公司(该公司在19世纪早期由科尔曼·杜邦(T. Coleman Du Pont)及其家族成员创立)控制权的获取之后。从1902年控制权的变化开始,杜邦从一个松散关联的企业转变成为一个多职能、多元化的产业集团。

“杜邦东方实验室”是第一个与企业制造部门在组织和物理空间上相分离的实验室。它的研发活动几乎完全聚焦于对企业现有产品线(黄色炸药和烈性炸药)制造过程和工艺的改进。相反,一年后建立的实验站,主要聚焦于杜邦的新产品和无烟火药产品的应用和改进。该实验站还负责监测和评价来自杜邦公司外部的发明源。

美国政府反托拉斯法在1913年强制杜邦公司部分转让其黑火药和黄色炸药业务,而杜邦公司在第一次世界大战期间和之后运用R&D实验室,通过研发和获取外部技术源使其产品形成了多样化。

美国制造企业中产业研究的发展紧随德国化工和电气机械业的发展。美国很多早期的产业R&D投资者,如通用电气和美国铝业公司(Alcoa),都建立在当时的化学和物理进步所导致的产品或工艺创新的基础之上。企业R&D实验室将更多的开发和改善产业技术的过程引入了美国制造企业中,从而降低了独立发明人作为专利来源的重要性(Schmookler 1957)。

但是美国大企业的内部研发机构并不仅仅关注于创造和开发新的技术。正如德国染料企业实验室所做的那样,美国的产业实验室还监测企业外部的技术发展,并建议企业管理者获取外部已开发的技术。

正如帕维特在本书中指出的,美国企业的内部R&D与以合同研发为主的独立R&D实验室是共同发展的(Mowery 1983)。但是,纵览它在20世纪的发展过程,合同研究企业在整个产业研究中所占的份额下降了。很多内部研发机构所进行的项目的复杂性和不确定性,使得它们并不适合由合同研究开发组织去完成。

正如德国案例所表明的，产业研究的发展，以及产业技术获取与销售市场的创造，都得益于美国1890~1910年间专利政策的一系列改革，其中专利持有者的权益得到强化(Mowery 1995)。限制性专利许可政策的放宽进一步增加了企业研究战略中专利的价值。虽然对一项新专利的搜寻提供了一种开展产业研究的激励，但这些专利期限的迫近也形成了另一个重要的激励因素。例如，美国电话电报公司(AT&T)与德国电信建立并扩大了内部实验室，以应对很多重要专利到期后产生的巨大压力(Reich 1985，Millard 1990：156)。改善和保护企业技术资产的努力与从其他企业和独立发明人手中获取相关技术的专利增长的趋势结合在了一起。

熊彼特在《资本主义、社会主义和民主》一书中讨论了产业内部研究对"发明家-企业家"的替代问题(这也是施莫克勒1957年的研究中所支持的一个假设内容)，认为这种替代将加强而不是削弱主导企业的地位。美国1921~1946年间大型的200家制造企业的研究人员和企业营业额的数据表明，产业研究结果与他的理论预测一致。那些拥有内部R&D实验室的企业被特大型企业所取代的可能性要小得多(Mowery 1983)。

13.3.4 两次战争期间化学工业的创新

如前所述，与第二次工业革命密切相关并以科学为基础的行业是化工业。对美国和德国化工业创新绩效的比较，强调了与创新有关的新制度和新组织在这一时期发挥的重要作用。虽然美国和德国化工企业依靠其内部R&D和"创新的规程化"而在发展创新的新结构方面取得领先，但在战争期间，两国企业在R&D机构的创立方面遵循了不同的创新战略。上述差异是两国在市场结构和资源禀赋方面的跨国差异所导致的结果，但市场结构和资源禀赋等因素的重要性在1945年后下降了。

一个重要的对比点是，两国领先企业和大学在化学工业中科学研究(与技术创新相对)质量的差异与比较。到1939年,德国科学家得到了30次诺贝尔化学奖中的15次,美国科学家仅得到三次,法国和英国科学家各得到六次。在1940~1994年间,美国科学家得到了65次诺贝尔化学奖中的36次,德国科学家得到11次,英国科学家得到17次,法国科学家仅得到一次(Encyclopaedia Britannica 1995: 740~747)。虽然这种状况在20世纪30年代开始转变,并在1945年后发生了显著变化,但美国仍然在20世纪保持了科学上的领先地位。

美国化工产业的技术变化受到以下几个因素的影响:(1)规模庞大、发展迅速的美国市场;(2)建立在大规模和持续过程生产基础上的、追求利益的大规模市场所提供的机会;(3)自然资源禀赋——石油和天然气——为有机化学产业资源基础的转变以及为成本的节约提供了独特的机会,当然其前提是相应的石油和天然气开采技术能被开发出来。

20世纪初内燃机汽车的引入和随后的快速采用引发了对液体燃料的大量需求。该需求反过来激发了新的石油精炼产业增长,该产业的发展用来满足20世纪最初20年汽车需求的增长。石油精炼有两个重要并相互关联的特性。首先它是高度资金密集型的;到了1930年,该行业已经成为美国所有产业中资金密集度最高的产业。第二,对高生产效率的追求要求废弃小批量生产,转而采用持续工艺技术的大规模生产。美国在战争期间确定的石油精炼领先地位提供了重要的知识和工程设计技能,这为化工行业从煤炭向石油供给原料的转变提供了支持。

美国市场的巨大需求在早期引发了企业大规模生产所需原料不足的问题,如氯气、烧碱、纯碱、硫酸、过磷酸盐等。美国在早期的大规模生产中积累的经验有助于其化工业向基于石油资源的产业转型。这一产业转型中的主要企业包括Union Carbide、标准石油公司(新泽西)、壳牌和道化学公司(Dow,全球化工产业中具有领先地位的化工企业——译者)等。但是向基于石油资源的产业转型同样受益于美国石油企业对石油储量发现和开采技术的采纳,尤其是Humble Oil(新泽西标准石油公司的一个成员——译者)。低成本石油和天然气的可得性,伴着美国企业大规模的流程创新,显著降低了制造业的成本。

相反,德国化工行业开发了用以弥补国内供给原料不足的新技术。在第二次世界大战期间,德国坦克和飞机都是由合成汽油供给燃料,其轮胎也来自以煤炭原料为基础制造的合成塑料。随着第二次世界大战的结束以及掌控国际贸易和金融的多边组织的创立,以及国际贸易的复苏和美国对国外石油资源的掌握,才导致德国化工业向石油原料的转变。1945 年战后国际贸易和投资流动的复苏,在某种程度上缓解了由于对国内自然资源的依赖而产生的技术创新的限制。正如阿伯拉莫维奇(Abramovitz 1994)和其他学者(Nelson, Wright 1994)所指出的,欧洲和全球其他地方的经济环境正逐渐变得与美国化工业的优越条件越来越相似。

13.4 “第三次工业革命”?
1945 年后的 R&D 和创新

13.4.1 战后变革

工业化国家的创新过程结构在 1945 年后发生了变化。全球的科学领导地位由欧洲决定性地转向美国。一系列新兴产业聚焦于快速增长的 ICT 和生物医药创新。全球的贸易和投资流动在 1914~1945 年的战争和大萧条期间重新活跃起来,国际技术转移也得到加强,到了 20 世纪 80 年代和 90 年代,诸如韩国、日本、中国台湾地区等经济体走在了产业创新发展的前列。美国的发展最为生动地描绘了这些趋势,并凸显出美国“国家创新系统”在其中的重要作用,它与 1900~1940 年间的模式形成了鲜明对比。

1940 年前美国 R&D 系统的结构(如果不谈规模的话)与在那个时代处于领先地位的工业化国家类似,例如英国、德国和法国——在这些国家中,产业是

R&D的主要投资者和实施者,中央政府在R&D资助中扮演的角色相对较弱。由于中央政府在R&D投资上的显著增加,使得美国1945年以后的创新和R&D发生了重大转变,这些R&D费用中的一大部分分配到了产业和学术研究中。正如伦德瓦尔和博拉斯在本书第22章中指出的那样,公共R&D资金的增加,首先由国家安全和国家公共健康部门推动,其次是针对基础研究的政治性支持。战后美国R&D系统至少在三个方面与其他工业化国家存在差异:(1)在新技术的商业化过程中,小型的新创企业是重要实体;(2)与国防相关的R&D资助和采购对美国经济中高技术部门的发展具有广泛影响;(3)美国战后的反托拉斯政策异常严厉。

新创企业在战后美国新技术商业化中扮演的突出角色,与它们在战争期间扮演的不起眼的角色形成了鲜明对比。在1940年之前尚未出现的行业中,例如计算机、半导体以及生物制药业等,新创企业在R&D和商业化过程中是重要的角色,这与战后日本和绝大多数欧洲国家的经济也形成了鲜明对照。此外,在半导体和计算机行业中,新创企业都已成长为具有相当规模和市场份额的企业。

有几个因素对新创企业在战后美国创新系统中扮演的重要角色起到了决定性作用。大学、政府以及大量私人企业中的大型基础研究实验基地成为创新发展的"孵化器",许多学者走出去创办了私人企业并实施技术的商业化。1945~1980年间相对较弱的知识产权保护反倒促进了新企业的早期发展与增长(这与一般逻辑相反)。由新创企业实施的微电子和计算机硬件与软件技术创新的商业化受到了宽松的知识产权范式的重要影响,这一知识产权范式促进了技术扩散,并减少新进入企业遭受发明诉讼的压力,这些发明可能部分源于行业中的"老"企业。在微电子和计算机行业中,自由许可和交叉许可政策是反托拉斯诉讼的副产品,它说明在一系列的美国政府政策之间存在较强的关联性。美国的军事采购政策也对微电子行业中的新创企业以及这些企业间较高水平的技术外溢作出了贡献。

13.4.2 电子产业和ICT产业

电子技术的发展推动了战后全球经济中三个新产业的出现——电子计算机、计算机软件和半导体元件产业。电子技术的革命可以追溯到两个关键性的创新——晶体管和计算机。这两项关键性的创新在20世纪40年代后期出现,对两者的应用由涉及国家安全的冷战所引发。

新创企业在新产品引入中起到了突出作用,它们取代了大型企业而在新的半导体设备市场中占据了主要份额。此外,新创企业在集成电路(IC)开发中扮演的角色也越来越重要。美国军方从那些新出现的企业手中购买半导体元件的同时,附加了一个条件,即"购买行为"应推动美国半导体企业之间有效的技术转移和交换活动。为减少围绕特定IC而设计的系统因生产延迟或供应商退出而出现的风险,美国军方要求其供应商为产品开发出"第二来源",即国内生产商能制造出相同的产品。为满足这一要求,企业之间会交换设计并共享大量工艺知识,以确保由第二来源生产的部件与原始产品相同。军方的上述要求激发了半导体产业内部不同企业间知识和技能的"溢出"。

美国计算机产业的发展也受益于冷战期间的军费支出,但该产业的出现和早期发展在某些方面与半导体行业有所不同。在战争期间,美国的军事需求导致大批高速计算机开发项目的出现。ENIAC(艾尼阿克)——通常被称作美国第一台真正意义上的电子计算机——由美国军械署负责投资,它用来解决炮兵射表的计算问题。从最早对计算机技术发展的支持开始,美国军方就很担忧这一创新的技术信息会扩散到最为广泛的用户群当中去。由军方推动的IAS计算机技术计划在美国政府和学术研究机构中得到了广泛传播,同时产生了大量克隆(例如,ILLIAC、MANIAC、AVIDAC、ORACLE以及JOHNIAC;[①] 见:Flamm 1988:52)。

---

① 以上都是与IAS计算机技术类似的计算机技术名称。——译者

虽然针对计算机的商业需求在20世纪50年代早期开始逐渐增长,但政府的采购仍然具有关键作用。卖给联邦政府50台机器的项目(占据了当时预计可能销售的250台计算机总量的五分之一)影响了IBM开发第一台商用计算机的决策(Flamm 1988)。然而,新创企业在商用计算机产业发展早期阶段扮演了更为重要的角色,部分是由于已有企业(如IBM)已经为电子机械商用设备的销售建立了强大的营销组织,尽管这些组织在将计算机销售给商业用户方面存在一定困难(Usselman 1993)。然而,20世纪五六十年代源于科学计算机和小型机发展带来的新的计算机市场,以及七八十年代台式计算机市场的出现,为很多新企业的进入提供了机会,例如数字设备公司、克雷系统①、美国计算机研究所、苹果公司等。

20世纪50年代以来的计算机技术发展受到了几种趋势交互作用的影响:(1)计算机元部件的性价比明显下降,包括中央处理器和必要的外围部件(如数据存储设备);(2)部分原因是计算机元部件性价比的下降,计算技术快速扩张到新的应用中去;(3)软件相对成本的增长。纵览电子计算机产业的发展历史可以发现,这些趋势造成了影响技术变迁路径的瓶颈。例如,IBM360大型计算机巩固了IBM在20世纪60年代和70年代美国计算机产业中的统治地位,开创了使用通用操作系统和软件,并具有不同性能和不同价格类别的计算机"产品家族"。

英特尔公司在1971年集成电路微处理器的商业化应用改变了美国20世纪70年代以后25年间的计算机产业结构。英特尔微处理器的发展源于对具有广泛应用前景的集成电路板的探索。相对于为每个客户的应用设计一个芯片,微处理器使得英特尔可以为各种不同的应用提供一种强大的通用解决方案,打破了技术进步和扩散的瓶颈。

微处理器是改变整个ICT产业的新的计算机技术基础。台式计算机在很

① 数字设备公司(Digital Equipment):美国计算机产业的领先企业;克需系统(Cray):巨型计算机系统。——译者

多部门中得到迅速扩散,它的大量安装所导致的规模激增在较大程度上改变了计算机硬件和软件产业经济形态。计算机软件以前由规模相对较小的独立卖主或计算机系统生产商的子公司所控制,目前它已成为一个拥有大型市场的产业,这一市场中包含大量的新创企业,其中一些企业相当有利可图。已有的计算机硬件生产商受到台式机系统规模增长的强烈影响,开始侵占大型机和小型机的市场。到了20世纪末,只有一小部分在70年代占据优势的计算机系统企业仍然保持着活跃。

计算机技术的最后一项显著变革是互联网,它依赖于台式计算机的出现(见专栏13.4)。始于20世纪60年代的计算机网络和互联网发展受到美国、法国和英国政府的资助和支持。美国计算机网络的大规模分布完全依靠公共基金的支持和20世纪80年代台式计算机的快速扩散。到80年代后期美国已拥有巨大的国内网络。虽然HTTP和HTML的"超文本"软件协议直到1991年才在欧洲研究中心(CERN)确立,但它们作为"网络浏览器"的一部分,真正实现第一次商业化应用是在1993年的美国大学当中。

专栏13.4

因 特 网

由多种组织构建和管理、具有相对独立性又相互关联的网络的成功,主要依赖于制度和技术创新(Mowery, Simcoe 2002)。法国、英国和美国政府在20世纪60年代对计算机网络的研究进行了大量支持。国防部门开展计算机网络研究的中心目标是:推动大学、政府和产业中的研究人员更为有效地使用数量较少的大型研究计算机。

上述三个国家计算机网络技术的研究和早期实验导致了标准化网络的发展,但是ARPANET(由美国国防高级研究项目组织资助的一个项目)的规模更大,而且比法国和英国的标准网络包含了更多不同的研究团队。与 ARPANET 主干相连的计算机在一组共享的标准(TCP/IP)基础上进行通信,TCP/IP 标准是另一个 DARPA 研究的结果。随后,美国自然科学基金会和其他负责主干线的联邦政府组织的政策制定者推动了互联网基础设施的标准化,同时还推动了科学和工程师群体之外的互联网扩张。1990 年,美国国防部将其建立在互联网基础设施基础上的管理控制转移给了国家自然科学基金会(National Science Foundation;NSF),五年后 NSF 又将核心网络转给了私人部门。

对互联网发展起关键作用的软件协议和结构化要素从最初就置于公共领域当中。开放式标准通过允许获取核心创新细节、降低软硬件和网络服务供应企业的进入障碍而有效地推动了计算机网络的扩张。国家和联邦政府有关通信的规制政策推动了美国互联网的快速扩散,这主要通过保持较低的时间密集率而实现。1982 年联邦政府根据《反托拉斯法》驳回了 AT&T 重建美国通信业的请求,并开始鼓励新的服务提供商进入,这孕育和推动了进一步的创新。但是直到 20 世纪 80 年代后期,互联网仍主要由来自全世界学术机构、产业部门和政府中的研究者所使用。

来自 CERN 和欧洲粒子物理安装实验室的重要发明[如由贝纳斯-李(Berners-Lees)开发的 HTML 和 HTTP],主要由美国的技术开发者使用[这群开发者由一群伊利诺斯大学计算机科学专业的研究生组成,其中最有名的是 Marc Andreesen(马克·安德森),他后来到了 Netscape(网景),将他在大学中开发的基于 MOSAIC 技术的浏览器实现了商业化],并于 1994 年开发出第一个"浏览器",这在很大程度上扩大了互联网的使用范围,导致了"万维网"的出现。美国台式电脑的大规模"安装基础"是"用户引导"型创新的强大推动力,它导致一系列新应用的快速出现,并最终形成了股票市场的投机泡沫。但是,万维网这一"根本性创新"事实上是近 30 年来在网络协议和软件中的研究和创新的结果,以及高速数据传递、路由器、计算机处理和记忆技术等各项技术积累的结果。

对互联网赢利的商业性探索在20世纪90年代后的美国发展得最为迅速。与之前美国在ICT中的创新一样,互联网的发展吸引了公共和私人R&D投资,新创企业寻求将其实现应用商业化,同时还形成了积极活跃的大学研究创业型社团。此外,互联网的商业化发展以及美国台式电脑系统与软件的发展,都得益于美国规模巨大的市场,以及已有的大规模台式电脑数量。互联网的创新依赖于成千上万用户的参与,他们可以开发或改进新的应用程序,这与20世纪80年代台式机软件程序的发展模式类似。换句话说,20世纪末21世纪初主要产业的发展都得益于美国巨大的国内市场,而这也是19世纪以来美国经济发展的最重要特征。

13.4.3 制药和生物技术中的创新

第二次世界大战引发了美国制药业的转型,该产业不仅依赖于正式的企业内部研究,还依赖于产业与美国大学间建立的密切关联(这些大学在生物医药科学中处于研究前沿)。美国战后制药业的发展始于人们对该产业具有的普遍的正向预期,即存在新药品的巨大潜在市场,虽然满足这一巨大市场的成本相对较为昂贵,但最终必将获得高额回报。

战后联邦政府对制药业的资金支持也有所增加,这主要通过美国国家卫生研究院(NIH)增加对生物医药研究的大规模预算而得以实现。在1950~1965年间,NIH针对生物医药研究的实际预算增长速度至少为每年18%。到了1965年,联邦政府的投入占了整个生物医药研究费用的2/3。在NIH资金投入持续快速增长的同时,私人投资自1960年以来也开始快速增长。据美国制药企业联合会估计,2002年国内外制药企业在美国的R&D投资超过了2 600亿美元,大大超过了同年NIH的160亿美元的投资额(两项数据见美国医药制造商协会2003年的数据)。

沃森(Watson)和克里克(Crick)于1953年发现的DNA双重螺旋结构使得新

的制药业技术变革时代最终出现。生物技术为新药的发现提供了一种新的技术，也为已有药物的生产提供了新的技术，例如胰岛素(Henderson et al.1998)。生物技术企业在 R&D 活动中受到联邦基金的大力支持，包括 20 世纪 70 年代早期的尼克松政府"向癌症宣战"项目等。正如莫利和山姆帕特在第 8 章中对大学的讨论一样，生物技术是自 20 世纪 70 年代以来"大学-产业合作"的一个核心领域，包括大学专利获取和许可授权。鲍威尔和格罗达尔(本书第 3 章)也指出，很多由生物技术所激发出的制药业创新过程非常依赖于主要制药企业(这些企业在营销和复杂规制过程的管理方面有很强的能力)与那些基于生物技术、并专门从事新药发现的新型专业化企业间的合作。

13.4.4 新的创新"资源基础"

美国战后新产业的出现显示出资源禀赋与技术创新的关系从本质上发生了根本性变革。美国在 1900~1945 年间的创新主要是对该国丰富的自然资源进行开发的结果，这遵循了资源密集型的创新轨道。然而，在 1945 年后，一系列因素使得美国的创新开始从自然资源密集型路径向更为注重科学家和工程师禀赋(来源于国内和国外)的路径转变。这一时期美国的国内市场仍然是一种重要的国家竞争优势来源，但这种优势在 ICT 部门之外的其他部门中已不再明显。

战后美国电子和生物技术产业的迅速发展并不依赖于国内的自然资源禀赋，而是非常依赖战后美国丰富的科学和工程专业人力资本，以及公共部门和个人对电子技术的大量需求。20 世纪 40 年代美国制度性基础设施建设的初步完成，使得该国有能力培养大量电子工程师、物理学家、冶金学家、化学家、生物学家和医生，以及其他能使用相关技术并开展相关研发的专家。这表明，战后的美国专业化人力资本禀赋在一开始就较其他工业化国家更为丰富。

从自然资源禀赋向"创造性"资源禀赋的转变并将其作为国际竞争力的关

键，这种模式并不只局限于美国国内。事实上，纳尔逊和怀特(1994)以及其他一些学者(Abramovitz 1994；见本书第19章)认为，战后早期美国拥有的经济优势已被侵蚀和削弱，这主要是由于政府在教育和国内R&D基础设施建设中的大力投入。战后以知识为基础的电子行业中的资源基础，包括化学、制药和汽车行业，都已发生了变化。

从根本上来说，自然资源在目前创新中扮演的角色有所下降，特别是与国内人力资本的存量相比较，而这一存量可以通过在教育和培训中的公共投资而得到扩张(本书第7章)。此外，美国制造业企业曾拥有的规模优势在1945年后由于国际贸易和资本的流动而有所削弱，因为规模较小的国家会通过出口产品而获得规模经济。贸易和资本流动的增长也激发了跨国间的技术和技能流动的增长(本书第12章)。这一转变使得韩国和中国台湾等国家和地区在1945年只具备较低的工业化发展水平和相对匮乏的国家(或区域)自然资源禀赋的基础上，实现了对工业化国家的“追赶”(本书第19章；日本有所不同，它在1930年就建立了相对复杂的、军事化管理的工业基础)。

13.5 结　论

过去的历史总结不会给出普适的经验，对创新的历史研究也不例外。本章从历史演变角度对创新展开研究，重点讨论了创新过程随时间的演变及其具有的跨部门和跨国家的异质性。大量对创新的历史研究强调了正式的创新过程的重要性，而忽视了对技术变化和经济有重要影响的、包含知识积累和学习与传播的非正式创新过程。今后的一个重要研究领域是加深对与知识积累和扩散有关的非正式创新过程的理解，而对第一次工业革命的历史研究经常忽略这一点。此外，正如我们在导言中所指出的，一个悬而未决的“历史-地理”谜团仍然困扰着人们：为什么西北欧会成为人类社会通过创新实现第一次持续增长的区域,而不是亚洲或其他地区?很多关于这一问题的讨论过于依赖对历史的回顾性总结,仍需要对非欧洲区域经济在早期向可持续经济增长转型失败做更多研究。

创新随时间演变的一个根本特性是创新系统的结构性变化,它会对知识和创新的发展与扩散产生影响。第一次工业革命的"创新系统"基于工艺(手艺)导向和试错过程,这对木材加工和金属加工技术具有重要影响。在这一时期,需求因素已显示出对创新发生及其高速发展所具有的重要影响,而制度变化在收入增长和消费品市场的扩张中也扮演了重要角色。

相反,第二次工业革命中创新系统的规模和组织复杂性更为突出。新的创新系统的出现是由电气设备和化工行业中的德国和美国企业所推动的,其特征是大型企业中有组织的 R&D 活动,并与公共研发机构保持密切的交互作用。这一时期的创新过程以大规模企业中制度化的创新活动为主,而美国的第二次工业革命还非常依赖具有巨大规模和同质性的国家级市场的出现。

第三次工业革命对上述观点提出了挑战,其极具特色的创新系统对国家的依赖程度甚至超过了第二次工业革命,国家作为 R&D 投资者和(在冷战中形成的)对高技术产业"最大需求方"的角色,对第三次工业革命中创新系统的形成起到了正向推动作用。第三次工业革命在帕维特所著的那一章中得到了高度重视——不同组织间合作与交互作用的增强成为它最显著的特色。国家行为在亚洲国家创新引领的经济发展中也作出了重要贡献,因为 1945 年后军事联盟和各类经济组织的建立推动了国际贸易和资金的流动,这对后发国家的"追赶"是必不可少的。此外,亚洲国家政府的技术转移战略和产业发展战略也在其中发挥了重要作用(本书第 19 章)。

最近的历史学研究强调了第一次工业革命中创新在新兴工业化国家中具有的广泛分布性,其中包含了许多曾被历史学研究忽略的部门,传统的历史学研究只关注蒸汽机和纺织等"重要部门"。但是,技术创新过程的这一特性还没有被充分融合进当前创新研究的概念和理论工作中。创新研究领域中将最新的历史学证据与更为宽泛的概念框架相结合代表了未来研究的重要方向。我们还需要关注第一次工业革命中"非领先部门"创新活动的决定因素。虽然专利数据表明,消费品是这类研究关注的焦点,但引发其创新增长的决定因素仍然没有被深入研究。同样,第二次工业革命中电气设备和化工行业以外的其他部门的有组织创新活动也没有得到深入研究。

制度变化(如管理层级和企业控制、科学家和工程师的专业培训等)及其随时间的演进对创新绩效和创新系统结构的变化具有最重要的影响。在很多情况下,这些制度性变化是为了应对来自创新者和企业家的压力,此外它还与产业和技术变化表现出"共生演进"的特点(对此的讨论见:Engerman and Sokiloff 2003)。美国和德国大学体制的转变以及英国大学结构的调整就是这种共生演进的例子,知识产权制度的发展是另外一个例子。但是,当政治性压力增大时,制度变化成败的影响因素是什么?学者们对此仍然缺乏深入的研究和理解。

虽然人们认为21世纪已进入了"知识经济"时代,但事实上"基于科学"的创新活动只在最近才得到真正的发展,这是在20世纪早期美国和德国完成R&D的制度化构建后才开始出现的。此外,即使是生物技术和半导体等"高技术"部门也非常依赖基于"试错"的实验性方法(Pisano 1997;Hatch,Mowery 1998)。

以上研究仅从时间和地理角度进行了考察,这种研究方法很可能忽略了两个重要事件:19世纪德国在欧洲的工业化扩散,以及1945年后亚洲经济体的崛起(见第19章中对亚洲经济"追赶"过程的解释)。值得注意的是,在第一个事件中,当初规模较小的欧洲经济体,目前已经成为世界上最富裕的地区,它主要受益于19世纪的技术引入和改进。爱尔兰自1970年以来的快速增长同样受益于此。日本和韩国1945年后经济的快速增长最初建立在具有不同规模和类型的创新性产业化基础之上——也就是对国外技术进行改进,特别是对成熟产业中技术的改进,包括汽车、钢铁和造船等(本书第19章)。需要指出,以上两个事件都强调了广泛的制度变化的重要性,而不只是单个产业或技术的"战略重要性",这与本章所描述的三次"工业革命"如出一辙。

参考文献

ABRAMOVITZ, M. (1994), "The Origins of the Postwar Catch - Up and Convergence Boom," in J. Fagerberg, B. Verspagen, and N. von Tunzelmann (eds.), *The Dynamics of Technology, Trade and Growth*, Aldershot: Edward Elgar, 21~52.

BEER, J. J. (1959), *The Emergence of the German Dye Industry*, Urbana, I11.: University of Illinois Press.

BERG, M. (1998), "Product Innovation in Core Consumer Industries in Eighteenth Century Britain," in M. Berg and K. Bruland (eds.), *Technological Revolutions in Europe: Historical Perspectives*, Cheltenham: Edward Elgar, 138~158.

——and EGER, E. (2003), *Luxury in the Eighteenth Century*, New York: Palgrave.

BEYERCHEN, A. (1988), "On the Stimulation of Excellence in Wilhelmian Science," in J. R. Dukes and J. Remak., *Another Germany: A Reconsideration of the Imperial Era*, Boulder, Colo.: Westview Press, 139~168.

BRAUDEL, F. (1984), *The Perspective of the World*, Berkeley: University of California Press.

BRULAND, K. (1989), "The Transformation of Work in European Industrialization," in P. Mathias and J. A. Davis (eds.), *The Nature of Industrialization: The First Industrial Revolutions*, Oxford: Basil Blackwell, 154~170.

* ——(2004), "Industrialisation and Technological Change," in R. FloUd and P. Johnson (eds), *The Cambridge Economic History of Modern Britain*,

vol. 1, *Industrialisation*, Cambridge: Cambridge University Press, 117~146.

*CHANDLER, A. D., Jt. (1977), *The Visible Hand*, Cambridge, Mass.: Harvard University Press. CHAPMAN, S. D. (1972), *The Cotton Industry in the Industrial Revolution*, London: Macmillan. DEANE, P. (1965), *The First Industrial Revolution*, Cambridge: Cambridge University Press. *Encyclopaedia Britannica* (1995), 15th edn., vol. 8, Chicago: Encyclopaedia Britannica.

ENGERMAN, S. L., and SOKOLOFF, K. L. (2003), "Institutional and Non-institutional Explanations of Economic Differences," NBER Working Paper 9989.

FLAMM, K. (1987), *Targeting the Computer*, Washington, DC: Brookings Institution. (1988), *Creating the Computer*, Washington, DC: Brookings Institution.

FREEMAN, C., and LOUCÃ, F. (2002), *As Time Goes By: From the Industrial Revolution to the Information Revolution*, Oxford and New York: Oxford University Press.

GRIFFITHS, T., HUNT, P. A., and O'BRIEN, P. K. (1992), "Inventing Activity in the British Textile Industry, 1700~1800," *Journal of Economic History* 52: 881~906.

HABER, L. F. (1971), *The Chemical Industry*, 1900~1930, Oxford: Clarendon Press.

*HARRIS, R. (2000), *Industrializing English Law: Entrepreneurship and Business Organization* 1720~1844, Cambridge: Cambridge University Press.

HATCH, N., and MOWERY, D. C. (1998), "Process Innovation and Learning by Doing in Semiconductor Manufacturing," *Management Science* 44: 1471~1477.

HENDERSON, R., ORSENIGO, L., and PISANO, G. (1999), "The

Pharmaceutical Industry and the Revolution in Biotechnology," in D. C. Mowery and R. R. Nelson (eds.), *The Sources of Industrial Leadership*, New York: Cambridge University Press, 267~311.

HUDSON, P. (1986), *The Genesis of Industrial Capital: A Study of the West Riding Wool Textile Industry c.* 1750 ~ 1850, Cambridge: Cambridge University Press.

* JONES, E. L. (2003), *Growth Recurring. Economic Change in World. History*, Ann Arbor: University of Michigan Press.

LANDES, D. (1998), *The Wealth and Poverty of Nations*, London: Little, Brown and Co.

LANGTON, J. (1984), "The Ecological Theory of Bureaucracy: The Case of Josiah Wedgwood and the British Pottery Industry," *Administrative Science Quarterly* 29: 330~354.

* LAZONICK, W. (2002), "Innovative Enterprise and Historical Transformation," *Enterprise and Society* 3: 3~47.

LLOYD - JONES, R., and LEWIS, M. J. (1998), *British Industrial Capitalism since the Industrial Revolution*, London: UCL Press.

MCKENDRICK, N. (1961), "Josiah Wedgwood and Factory Discipline," *Historical Journal* 4(1): 30~55.

* MAcLEOD, C. (1988), *Inventing the Industrial Revolution: The English Patent System* 1660~1800, Cambridge: Cambridge University Press.

MALERBA, F. (1985), *The Semiconductor Business*, Madison, Wis.: University of Wisconsin Press.

MANTOUX, P. (1961), *The Industrial Revolution in the Eighteenth Century: An Outline of the Beginnings of the Modern Factory System in England, revised ed.* (English translation originally published in 1928). New York:

Harper & Row.

MATHIAS, P. (1983), *The First Industrial Revolution*: *An Economic History of Britain* 1700~1914, 2nd edn., London and New York: Methuen.

MEYER－THUROW, G. (1982), "The Industrialization of Invention: A Case Study from the German Chemical Industry," *Isis* 73: 363~391.

MILLARD, A. (1990), *Edison and the Business of Innovation*, Baltimore: Johns Hopkins University Press.

* MOKYR, J. (2002), *The Gifts of Athena: Historical Origins of the Knowledge Economy*, Princeton and Oxford: Princeton University Press.

(2003), "Industrial Revolution," in J. Mokyr (ed.), *The Oxford Encyclopedia of Economic History*, vol. 3, Oxford: Oxford University Press.

MOWERY, D. C. (1983), "Industrial Research, Firm Size, Growth, and Survival, 1921~1946," *Journal of Economic History* 43: 953~980.

* ——(1995), "The Boundaries of the U. S. Firm in R&D," in N. R. Lamoreaux and D. M. G. Raft (eds.), *Coordination and Information: Historical Perspectives on the Organization of Enterprise*, Chicago: University of Chicago Press for NBER.

——(1996), *The International Computer Software Industry: A Comparative Study of Industry Evolution and Structure*, Oxford: Oxford University Press.

——(1999), "The Computer Software Industry," in D. C. Mowery and R. R. Nelson (eds.), *Sources of Industrial Leadership*, New York: Cambridge University Press, 133~168.

——and ROSENBERG, N. (1998), *Paths of Innovation: Technological Change in 20th Century America*, New York: Cambridge University Press.

——and SIMCOE, T. (2002), "The History and Evolution of the Internet," in B. Steil, R. Nelson, and D. Victor (eds.), *Technological Innovation and*

Economic Performance, Princeton: Princeton University Press, 229~264.

MURMANN, J. P. (1998), "Knowledge and Competitive Advantage in the Synthetic Dye Industry, 1850~1914," unpublished Ph. D. dissertation, Columbia University.

——(2003), "The Coevolution of Industries and Comparative Advantage: Theory and Evidence," unpublished MS.

——and LANDAU, R. (1998), "On the Making of Competitive Advantage: The Development of the Chemical Industries of Britain and Germany Since 1850," in A. Arora, R. Landau, and N. Rosenberg (eds.), *Chemicals and Long-Term Economic Growth*, New York: Wiley, 27~70.

NELSON, R. R., and WRIGHT, G. (1994), "The Erosion of U. S. Technological Leadership as a Factor in Postwar Economic Convergence," in W. J. Baumol, R. R. Nelson, and E. N. Wolff (eds.), *Convergence of Productivity*, New York: Oxford University Press.

ORSENIGO, L. (1988), *The Emergence of Biotechnology*, London: Pinter.

PHARMACEUTICAL MANUFACTURERS ASSOCIATION (2003), *Industry Profile* 2003, http: //www. phrma. org/publications/publications/profileo2

PISANO, G (1997), *The Development Factory*, Boston: Harvard Business School Press.

——SHAN, W., and TEECE, D. J. (1988), "Joint Ventures and Collaboration in the Biotechnology's Industry," in D. C. Mowery (ed.), *International Collaborative Ventures in U. S. Manufacturing*, Cambridge, Mass.: Ballinger.

POLLARD, S. (1965), *The Genesis of Modern Management. A Study of the Industrial Revolution in Great Britian*, London: Arnold.

* POMERANZ, K. R. (2000), *The Great Divergence: China, Europe and the Making of the Modern World Economy*, Princeton: Princeton University Press.

REICH, L. S. (1985), *The Making of American Industrial Research*, New York: Cambridge University Press.

REID, T. R. (1984), *The Chip*, New York: Simon and Schuster.

ROSENBERG, N. (1985), "The Commercial Exploitation of Science by American Industry," in K. B. Clark, R. H. Hayes, and C. Lorenz (eds.), *The Uneasy Alliance*, Boston: Harvard Business School Press, 19~51.

——and BIRDZELL, L. E. (1986), *How the West Grew Rich*, New York: Basic Books.

SAMUEL, R. (1977), "The Work – shop of the World: Steam Power and Hand Technology in mid – Victorian Britain," *History Workshop* 3: 6~72.

SCHMOOKLER, J. (1957), "Inventors Past and Present," *Review of Economics and Statistics* 57: 321~333.

——(1962), "Changes in Industry and in the State of Knowledge as Determinants of Industrial Invention," in R. R. Nelson (ed.), *The Rate and Direction of Inventive Activity*, Princeton: Princeton University Press for NBER.

STOKES, R. (1994), *Opting for Oil: The Political Economy of Technological Change in the West German Chemical Industry*, 1945~1961, New York: Cambridge University Press.

SULLIVAN, R. (1990), "The Revolution of Ideas: Widespread Patenting and Invention During the Industrial Revolution." *Journal of Economic History* 50(2): 340~362.

TILTON, J. E. (1971), *The International Diffusion of Technology: The Case of Transistors*, Washington, DC: Brookings Institution.

TOYNBEE, A. (1969; orig. 1908), *Lectures on the Industrial Revolution in*

England, New York：A. M. Kelley.

UGLOW, J. (2002), *The Lunar Men*, New York：Farrar, Straus & Giroux.

USSELMAN, S. (1993), "IBM and its Imitators：Organizational Capabilities and the Emergence of the international Computer Industry," *Business & Economic History* 22：1~35.

VON TUNZELMANN, G. N. (1978), *Steam Power and British Industrialization to 1860*, Oxford：Clarendon Press.

* VRIES, P. (2002), "Are Coal and Colonies Really Crucial? Kenneth Pomeranz and the Great Divergence," *Journal of World History* 12(2)：407~445.

WADE, R. (1999), *Governing the Market: Economic Theory and the Role of Government in East Asian Industriaization*, Princeton：Princeton University Press.

WALLERSTEIN, I. (1974), *Capitalist Agriculture and the Origins of the Modern World Economy*, New York：Academic Press.

WHITEHEAD, A. N. (1925), *Science and the Modern World*, New York：Macmillan.

* 星号表示建议延伸阅读的条目。

第 14 章　产业系统：创新的产业[①]差异及其成因

弗兰克·马勒巴(Franco Malerba)

14.1　引　　言

在不同产业中创新在特性、来源、参与者、过程边界和创新活动的组织方面存在巨大差异。传统的创新研究存在一定局限，如用“代表性企业”作为主要的创新行为者；用定义狭窄、明确的静态边界作为产业边界；仅将“R&D”和“干中学”视为创新来源；将“竞争”和“正式的 R&D 联合开发”作为企业间发生交互作用的类型；仅将“专利制度”和“研发公共支持”作为对创新具有重要影响的制度和政策。以上做法只能部分把握“产业创新”活动的规律，并且只能识别部分对创新及其绩效有重要影响的关键变量。

对不同产业部门中创新的行为者、创新源、制度和政策进行比较(如制药业和生物技术、化工业、软件业、半导体业、通信业、机床业等)，会发现这些部门的创新具有显著差异。创新在这些产业的发展(dynamics)和变化(transformation)过程中扮演的角色也有很大不同。

那么，如何才能对这些差异及其对产业发展和绩效的影响展开具有一致性的分析？产业经济学方法更关注不同产业在 R&D 强度、市场结构、可行的

① 产业(sector)：本书有的地方译为“部门”。——译者

R&D 战略和 R&D 联盟的范围、专利竞争强度、专利保护效果、竞争政策的作用和 R&D 支持程度等方面的差异。尽管这些因素十分重要，但是对于全面了解创新在不同产业中的差异来说，它们并不是仅有的因素，也不是最为相关的因素。

当前的产业创新研究已经相当丰富，并形成了不同的研究流派。这些研究清晰地表明，不同产业在知识基础、参与创新的行为者、不同行为者间的联系和关系以及相关制度等维度存在较大差异，这些维度对于充分理解和解释创新及其在不同产业中的差异具有重要作用。然而，这些案例研究在方法、变量和所研究的国家方面存在很大差异。

本章首先回顾了不同产业创新差异的文献（14.2），随后定义了产业创新系统的概念（14.3）。在随后的各节中，详细探讨了构成产业系统的基本要素：知识、技术领域、产业边界（14.4），行为者、关系和网络（14.5），以及制度变革（14.6）。在此之后，讨论了产业系统的发展动力和变化（14.7）。最后，阐述了政策启示（14.8）和面临的挑战（14.9）。

本章分析了大量创新度较高和技术领先的产业，这些产业与科学之间存在很强的关联性，而这些产业组织创新的方式也大不相同，包括：计算机业、半导体业、通信设备和服务业、软件业、化工业、制药业和生物技术、机床业等。本章引用的很多实例来自莫利、纳尔逊（1999）和马勒巴（2004）的研究。

14.2　创新的产业差异：文献回顾

现有文献基于不同的维度提出了不同产业在创新及其扩散中存在的一些特征。一个最简单的特征（这一特征被 OECD、欧盟和其他国际组织在其国际研究中广为使用）是，创新既涉及那些具有高 R&D 强度的产业（如电子业和制药业），又包含具有低 R&D 强度的产业（如纺织业和制鞋业）。

另一个特征源自熊彼特的观点，它聚焦于不同产业的市场结构和产业动力的差异。“熊彼特Ⅰ型产业”是那些具有“创造性毁灭”特性的产业，这些产业的特征包括：具有较低的技术进入门槛，创业家和新企业在创新活动中扮演着重要角色。“熊彼特Ⅱ型产业”是那些具有“创造性积累”特性的部门（用帕维特的话表达），其中大型企业占据了主导地位，进入门槛较高。这类产业的特征是少数大企业作为稳定的核心占统治地位，并且只有有限的进入发生。这些差异正是熊彼特早期在《经济发展理论》（1911，“熊彼特Ⅰ型”）和后期在《资本主义、社会主义和民主》（1942，“熊彼特Ⅱ型”）中所提到的。机械和生物技术是“熊彼特Ⅰ型”的典型产业，20世纪90年代的半导体业（如微处理器和动态存储器）和20世纪50~90年代的大型计算机则是“熊彼特Ⅱ型”的典型产业。

另一个产业间差异与技术范式（regimes）有关。“技术范式”概念由纳尔逊和温特（Winter 1982）引入，指企业运作所处的学习和知识环境。一个特定的技术轨道定义了企业在创新活动中所必须解决的问题的本质，它影响了技术学习模式，形成了对特定行为和组织的激励和抑制，影响了多样化产生和选择的基本过程（并因此影响了企业的动力和演进）。从更为一般的意义上讲，马勒巴和奥森尼格（Orsenigo 1996/1997）认为，技术范式由机会和专有性条件（appropriability conditions）、技术知识的积累程度、相关知识基础的特性等组成。更具体地讲，技术机会反映了对给定资金搜寻投资机会的创新可能性，高的技术机会提供了从事创新活动的强大激励，意味着存在一个不受稀缺性限制的经济环境。在这种情况下，潜在创新者可能会频繁地提出重要的技术创新。创新的配套设施决定了保护创新的可能性以及从创新活动中获利的可能性。高的专有性意味着存在成功保护创新的方式，而低的专有性则表明一个具有广泛外部性的经济环境（Levin et al. 1987）。“积累性”的特性是：今天的创新会成为明天创新的起点。更为宽泛地说，高的积累性意味着今天的创新企业更有可能在将来的某项技术中进行创新，并且较非创新型企业更多地遵循特定的轨道。技术积累性与知识认知、组织或“成功孕育成功”的市场因素有关。知识基础的性质对形成企业创新活动的知识性质具有重要影响。技术知识包含了不同程度的特定性、暗默性、互补性和独立性，这些特性在不同产业和技术间存在很大差异（Winter 1987）。技术范式的差异在产业层次上影响了对创新活动的组织，并可能导致“熊彼特Ⅰ型”和“熊彼特Ⅱ型”模式间的根本差异。高的技术机会、低的专有性要求以及（在企业层面）低的技术积累性条件将会导致“熊彼特Ⅰ型”模式的出现。相反，高的专有性要求、（在企业层面）高的技术积累性将会导致“熊彼特Ⅱ型”模式的出现，相关实例可见 20 世纪 90 年代的半导体行业（微处理器和动态存储器）和 1950~1990 年间的大型计算机行业。

技术范式和熊彼特创新模式随时间发生演变（Klepper 1996）。根据产业生命周期理论的观点，创新活动的“熊彼特Ⅰ型”模式会演变为“熊彼特Ⅱ型”模式。在产业发展的早期——知识快速变化，不确定性很高，进入障碍很低——新企业是主要的创新者，并且是产业发展的重要动力。当产业发展和成熟后，技术变化遵循严格定义的技术轨道，规模经济、学习曲线、进入障碍、财务资源等在竞争过程中变得越来越重要。这样，拥有垄断势力的大型企业将处于创新过程的前端（Utterback 1994，Gort and Klepper 1982，Kleppter 1996）。当出现重大的知识、技术和市场不连续性时，创新活动的“熊彼特Ⅱ型”模式会被“熊彼特Ⅰ型”模式所替代。在这种情况下，拥有垄断势力的稳定组织将被一种运用新技术并聚焦于新需求、具有较强流动性的组织所替代（Henderson，Clark 1990；Christensen，Rosenbloom 1995）。以上分析反映了知识和学习范式的关键因素研究对产业间差异的关注。基于上述讨论还可以发现，随时间的演变反映了制度变化以及产业与制度间的“共生演进”。

另一个产业间创新的差异发生在技术网络供应商部门和技术使用者部门之间。在对 400 家美国企业 R&D 活动和美国经济中部门间流动的考察中，斯盖罗（1982）区分了作为其他部门 R&D 网络来源的部门（如计算机和工具部门）和作为技术网络使用者的部门（如纺织部门和冶金部门）。罗本等（Robon et al. 1998）也进行了类似分析，他对英国 1945~1983 年间的 4 378 项创新进行了研究，并识别了三类部门：（a）在整个经济中产生大量创新和技术、作为创新来源的“核心部门”（如电子、机械、工具、化工部门);(b) 在整个经济中扮演(创新来源)次要角色的“第二级部门”(如汽车和冶金部门);(c) 主要用来吸收技术的“使用者部门”(如服务业部门)。

部门间的关键差异来自创新来源和专有性机制中的差异。帕维特(1984)提出了四类产业创新的模式。在“供应商主导的产业”(如纺织业和服务业)中,新技术嵌入新的要素和设备中,新技术的扩散和学习主要通过“干中学”和“干中用”实现。在“规模密集型产业”(如汽车业和钢铁业)中,过程创新占据主导,创新来源包括内部来源(R&D 和“干中学”)和外部来源(设备生产商),专有性主要通过专利和“技术诀窍”加以获取。在专业化供应商(如设备生产商)产业中,创新主要针对绩效改进、可靠性和“定制化”,创新来源包括内部来源(隐性知识和熟练工人的经验)和外部来源(“顾客-生产者”交互作用);专有性主要来自知识的本地化和在相互作用中产生的特性。以科学知识为基础的产业(如制药业和电子业)中的产品和流程创新频率较高,这些创新主要通过大学公共研究实验室中的内部研发和科学发现而实现;科学是创新的来源,专有性则来自专利、学习曲线以及“技术秘密”等。帕维特的分类模型在经验研究中得到了广泛证实,它对识别企业和国家优势起到了有效的指导作用。学者们在随后的数十年中不断对该分类方法进行丰富与细化,其中马斯利(Marsili 2001)的研究是一项相当有趣的工作。

莱温等(1987)、PACE(1996)和科恩等(2002)运用美国、欧洲和日本 R&D 经理的调查问卷对产业间专有性条件的差异进行了研究,该问卷采用了先进的耶鲁调查法(Yale Survey)。最后,产业间专有性的差异主要通过以下手段来实现——专利、秘诀、研制时间,学习曲线和互补性资产。所有的调查研究都发现了在专利使用上存在的显著的产业差异。

14.3　产业创新系统

以上几节的讨论聚焦于产业间的差异问题。在本节及随后的几节中,我们将运用一种多维度、整合和动态的观点研究产业创新间的差异，即产业创新系统的框架，这一框架提供了一种分析和比较产业间差异的方法。

"产业"(sector，或译为部门)是一组为了满足给定需求或正在出现的新需求，由某些相关联的产品群组成，并拥有共同知识的活动集合体。产业中的企业既有共性，又有差异。一个产业系统框架关注三个维度：

（1）知识和技术领域；

（2）行为者和网络；

（3）制度。

以下展开分述。

（1）**知识和技术领域**。任何产业都有自身特定的知识基础、技术和相关投入。运用一种动态观点进行分析，对知识和技术领域的关注将产业边界置于中心位置，而产业边界通常是不固定的，它随时间呈现动态变化。

（2）**行为者和网络**。一个产业由包含各类组织和个人在内的异质性的行为者所组成(如消费者、企业家、科学家等)。组织中既包括企业(如用户、生产者、供应商)，也包括非企业组织(如大学、金融机构、政府、商业联合会、技术协会等)，还包括很多大型组织中的子单元(如 R&D 或生产部门)，以及组织群(如行业联合会)等。产业中的行为者具有特定的学习过程、能力、信仰、目标、组织结构和行为，并通过沟通、交换、合作、竞争和命令等过程发生相互作用。

基于上述，在一个产业创新系统的框架中，创新可以被看作是包含在众多行为者当中，以创造、交换与创新有关的知识及其商业化为目的的一种系统性的交互作用过程。其中，交互作用包括市场和非市场关系，它比包含技术许可和知识、企业联盟、正式的企业间网络的市场关系更为宽泛，其结果常常不能完全被现有的经济产出测量系统捕捉到。

（3）**制度**。产业中行为者的认知、行为和交互作用受到制度的影响，制度包含规范、惯例、共同习惯、已有做法、法规、法律和标准等。制度涉及对行为者的强制性约束和通过行为者间的交互作用而施加的约束(如合同);还包括从较多的约束转变为较少的约束;从正式制度到非正式制度(如专利法律或特定的规制与传统与习俗)。大量的制度是国家性的(如专利制度),其他一些则是针对特定产业的(如产业劳动力市场或特定产业的金融制度等)。

随着时间的推移,一个产业系统通过不同组成要素的共生演化而发生变化与变革。

产业创新和生产系统的概念是对现有创新系统研究文献中其他相关概念的补充,如基于国家边界的国家创新系统,聚焦于非企业型组织和制度的概念(Freeman 1987,Nelson 1993,Lundvall);区域和局部创新系统概念关注的是区域边界(Cooke et al. 1997),技术系统关注的中心是技术而不是区域①(Carlsson, Stankiewitz 1995;Hughes 1984;Callon 1992);此外还包括分布式创新系统(关注的焦点是特定的创新,见:Anderson et al. 2002)。

"产业创新系统"和"国家创新系统"的主要区别是什么?国家创新系统聚焦于国家边界层面,产业创新系统则可能是区域、国家或(和)全球化的。这三个维度经常共存于一个产业中。此外,国家创新系统由不同的产业组成,其中一些产业相当重要,驱动了整个经济的增长。例如,日本在1970~1980年间的经济增长就是由特定产业所驱动的,但它们不同于20世纪90年代美国经济"苏醒"背后发挥重要作用的产业部门。类似地,意大利的经济增长也由一些特定的产业所驱动。因此,对经济中关键驱动因素的理解将有助于把握国家经济增长和国家创新活动的模式。

产业系统的理论方法和分析工具建立在演化理论的基础之上。演化理论强调了动力、创新过程和经济变革的关键作用。"学习"和"知识"是经济系统变化的关键因素。那些处于产业范畴以内的理性行为者在一个不确定和变化的环境中进行活动、学习和搜寻。这些要素的不同能力影响了绩效的持续差

① 事实上,部门系统所包含的技术经常不止一种,而相同的技术(如通用技术)可以在大量不同的部门中得到运用。

异。行为者知道如何按照不同方式去做不同的事情。这样，学习、知识和行为在经验和组织方面赋予不同行为者各自的异质性，其不同的能力影响了绩效的持续差异。此外，演化理论强调了认知的重要性，如信仰、目标和期望等，这些因素反过来又受到以往学习和经验以及周围环境的影响。演化方法的核心是多样化的创造（发生在技术、产品、企业和组织中）、复制（这导致了系统中的惯性和持续性）和选择过程（这减少了经济系统中的多样化，降低了对资源的无效利用）。对演化理论而言，其总体表象是远离均衡态的相互作用所表现出的特性，同时具有可测量性（Nelson 1995，Dosi 1997，Metcalfe 1998）。在这里，行为者所处的环境和条件有很大差异。演化理论强调了科学和技术机会中的差异，同时强调了对创新活动具有重要影响的知识基础和制度环境。因此，行为者的学习、行为和能力受到技术、知识基础和制度环境的制约和限定。具有相似技术的异质性企业在相似的知识基础中搜寻，从事同样的生产活动，并嵌入相同的制度环境中，分享共同的行为和组织特性，发展出相同范围的学习、行为模式与组织形式。

最后要注意的一点是关于产品、行为者或功能的集合。例如，对产业系统既可以进行宽泛的考察，也可以进行狭隘的研究（如对较小的产品群）。[①]较为宽泛的定义允许我们把握产业变革中所有的相互依赖与关联性，而较窄的定义更容易清晰识别出某种特定的关系。当然，在一个较为宽泛的产业系统中，可能存在与不同产品群相关联的不同创新系统。总之，这取决于分析的目标。

下面我们将聚焦于产业创新和生产系统的主要构成要素，如下所列：

- 知识、技术领域和产业边界
- 行为者、相互关系和网络
- 制度

① 同样地，除了企业组织和非企业组织外，还包含处于较低集合水平和较高集合水平的行为者，如个人或企业集团，它们也可能是部门系统的关键因素。

14.4 知识、技术领域和产业边界

知识在创新中扮演了重要角色。知识在企业层面是高度异质的，它不会自动扩散，也不会在企业间自由流动，并且必须通过企业在长期中积累形成的不同能力加以吸收。演化经济学认为，不同产业和技术在与创新有关的知识基础和学习过程中存在较大差异。知识就其领域而言也存在较大的产业间差异。一个特定的知识领域是指一个产业以创新活动为基础的、特定的科学和技术知识（Dosi 1998；Nelson，Rosenberg 1993），还包括应用、用户以及对部门产品的需求。最近，在知识积累和传播过程中出现了重大的不连续性：知识经济的出现重新定义了现有的产业边界，影响了产业中行为者的相互关系，重组了创新过程，并改变了产业间的关系（Nelson 1995；Dosi 1997；Metcalfe 1998；Lundvall 1993；Lundvall，Johnson 1994）。

知识的主要维度是什么？首先，知识表现出不同程度的可获取性（Malerba，Orsenigo 2000），也就是获取企业外部知识的机会，反过来，它有可能成为整个产业的内部或外部知识。在两种情况下，可获取性越强，就越有可能降低产业集中度。对产业内部知识较高的可获取性意味着较低的专有性：竞争者可能会获取关于新产品和流程的知识；如果企业间是竞争性的，那么还会模仿新的产品和流程。产业外部知识的可获取性与科学和技术机会的水平和来源有关。外部环境会通过拥有某种水平和某种类型知识的人力资源影响企业，或通过由企业或非企业组织开发的科学与技术知识影响企业，如大学或研究实验室（Malerba，Orsenigo 2000）。

技术机会的来源在不同产业间也存在显著差异。正如弗里曼和罗森博格（1982）所指出的，某些产业中的技术机会与大学中的重大科学突破密切相关；而其他一些产业的创新机会来自 R&D、设备和仪器的改进；在某些产业中，外

部的知识源如供应商或用户会发挥关键作用。但并不是所有的外部知识都能被较为容易地运用并形成新的产品，如果外部知识源易于获取，并可能转变为新的产品和被更多的行为者所熟悉（如供应商或消费者），那么创新进入就会发生（Winter 1984）。如果先进的整合能力是必要条件（Cohen，Levinthal 1989），那么该产业的集中度可能较强，并主要由大型企业构成。

其次，知识或多或少地表现出积累特性，也就是说，新知识创造的程度建立在现有知识的基础之上。主要的知识积累来源有三种：

（1）认知。学习过程和过去的知识限制了当前的研究，但也产生了新的问题和新的知识。

（2）企业及其组织能力。组织能力是企业特有的、具有高度路径依赖性的知识生产能力。组织能力定义了一个组织学习的内容和能够在未来获得什么。

（3）来自市场的反馈，例如“成功孕育成功”的过程。创新成功产生了能够重新投入 R&D 活动的利润，并因此增加了再次创新的可能性。

高的积累性意味着存在一种导致高度的创新专有性出现的隐性机制。然而，就产业内的知识溢出而言，也有可能在产业层面发现积累的存在。积累性还有可能出现在局部区域。在这种情况下，某个特定位置的高累积性更有可能与低的专有性和某个区域本地区的知识溢出发生关联。最后，技术和企业层次的积累创造了先行优势，并产生了较高的集中度。企业在已有知识的基础上开发新的知识，并引入持续的渐进性创新。

可获取性、机会和积累性是技术和学习范式等概念的关键维度（Nelson，Winter 1982；Malerba，Orsenigo 1997），它们存在较大的产业差异。知识的另一个维度与隐性、可编码性、复杂性、系统特征、科学基础等有关（Winter 1987；Cowan，David，Foray 2000）。

产业系统的边界会受到知识基础和技术的影响。然而，需求类型及其动态发展在产业系统的变革过程中是一个关键因素。同样，物品和活动间的关联和互补也是一个重要因素。这些关联和互补首先是一种静态的,表现为一种"输入-输出"型关联;此外还存在动态互补性,即在需求和生产层面考虑了相互依赖与反馈的存在。物品与活动间的动态互补性是产业系统发展和变革的主要来源,从而形成了创新和变革的良性循环。这可以与布基纳的概念以及发展模块(development blocks)的概念联系起来(Dahmen 1989)。"关联性"与"互补性"会随时间发生变化,并在很大程度上影响了一个产业系统中的多个变量:如企业的战略、组织和绩效、技术变化的速率与方向、竞争的类型、行为者间的网络等。因此,产业系统的边界会随时间发生变化,结果是形成了与知识转化、需求演化与收敛、企业间的竞争和学习变化都关联的一个动态过程。

总之,知识的特性和来源影响了技术变化的速率和方向以及创新活动和生产活动的组织,以及企业取得优异绩效的决定因素。

以上讨论的维度在不同产业间存在很大差异。让我们比较制药业与机床业。在制药业中,知识基础和学习过程会对创新和创新活动的组织产生非常大的影响。在早期阶段(1850~1945年),该产业与化工业较为接近,直到1930年都几乎没有正式的研究,而主要依靠许可。随后的阶段(1945~1980年早期)以引入随机性的自然筛选为特征,并主要从化学行业获取化合物。这导致了R&D活动的出现,虽然每个时期都没有突破性的成果出现,但每个时期都经历了高速增长。随着20世纪80年代分子生物时代的到来,该产业形成了建立在分子基因和DNA技术上的新的学习范式,并形成了两种搜索范式:一个是专业化技术,另一个是通用性技术。现在,几乎没有单个企业能够控制搜索空间中的某个子集。创新越来越依赖于强大的科学能力以及与科学和科学组织之间的交互作用能力,以此来探索可能的搜索空间(Mckelvey, Orsenigo and Pammolli 2004; Henderson, Orsenigo and Pisano 1999)。

机床业的创新曾主要以渐进性创新为主,现在则逐渐转变为系统性的创新。该产业中有关产品应用的知识非常重要,因此"用户-生产者"间的关系以及与顾客的合作相当关键。该行业的知识基础包含在车间中有经验的技工个人身上（拥有技术资质），也包含在设计工程师身上（不一定要求有大学学位，但需要在企业中有长期的工作经验），因此内部培训（特别是学徒制培训）显得相当重要。在小型企业中，R&D工作并没有得到广泛开展，R&D合作也不常见。最近，该行业的知识基础已从较纯粹的机械知识转变为技工、微电子和信息密集型的知识，还需要对隐性知识进行更多编码并开展更多正式的R&D活动。目前，产品已越来越多地被模块化和标准化。不同技术生产者间的信息流扮演了重要角色，如在激光、材料、测量和控制设备等方面。今天，很多大型的机床企业已经开始了国际化运作，并开始广泛运用其在全球不同地点的子企业的知识来源（Wengel，Shapira 2004；Mazzoleni 1999）。

14.5 参与者、关系和网络

产业系统由异质的参与者（行为者）构成。在总体上，产业中丰富、多学科和多来源的知识基础以及快速的技术变化都表明，绝大多数产业中的行为者存在较大的异质性。

企业在新技术的产生、采纳和使用过程中是关键的行为者，它拥有特定的信仰、预期、目标、能力和组织，并会持续地进行学习和知识的积累（Nelson，Winter 1982；Malerba 1992；Teece，Pisano 1994；Dosi，M. F. 1998；Metcalfe 1998）。企业的异质性程度由多样性、复制和选择的反向力量所决定（Nelson 1995，Metcalfe 1998）。选择增加了同质性，而进入和技术创新与组织创新是异质性最根本的来源。企业的异质性还受到知识基础、科学经验、学习过程以及动态互补性等特性的影响。

行为者还包括用户和供应商，它们与开展创新、生产或销售的企业之间存在各种不同的关联。用户和供应商具有特定的属性、知识和能力，并或多或少与生产商有着紧密关联（Von Hippel 1988，Lundvall 1993）。如前所述，在一个动态和创新性的环境中，供应商和用户显著影响并重新定义了产业系统的边界。

部门系统中的另一类行为者是非企业性的组织，如高校、金融组织、政府机构、当地的权威机构等。这些非企业组织通过各种方式支持企业的创新、技术扩散和生产，但其角色在不同部门间存在较大差异。在一些高技术部门中，大学在基础研究和人力资本的形成过程中扮演了关键角色，在另一些部门（如生物技术和软件）中，大学是新创企业甚至是创新的来源。在软件或生物技术制药部门中，新的行为者如风险投资企业会随着时间的推移而出现。这些金融机构在产业生命周期的不同阶段扮演了不同角色。当产业处于成熟阶段或大型企业占据主导地位时，资金的限制相对较少，很多投资都由企业自己进行。相反，对处于成长期和发展阶段或高技术部门中的创业企业来说，资金限制非常多，金融中介机构如风险投资企业就变得非常重要（Rivaud-Danset 2001，Dubocage 2002）。

对一个产业系统进行分析的最合适的单元不是企业，而是个人（如创办一家新的生物技术企业的科学家）、企业的下级组织（如 R&D 或生产部门）和企业群（如产业集团）。

对用户、政府机构和消费者的关注强调了对需求所扮演的角色的不同重视程度。一个部门系统的“需求”并不是由相同购买者或无差异消费者构成的集合，而是由那些以各种不同方式与厂商进行交互作用的异质行为者构成的。因此，需求由单个的消费者、企业、公共机构所构成，这些行为者的知识、学习过程、能力会同时受到社会因素和制度的影响。因此，需求的出现和转变在社会系统的动态演变过程中是一个非常重要的部分。此外，需求经常成为重新定义部门系统边界和推动创新的主要因素，它还是形成创新和生产活动组织的关键因素。

在产业系统中，异质行为者通过市场和非市场性的各种方式发生关联。因此，有可能识别各种不同的类型。首先，传统的产业组织已分析了包含在交换、竞争和指挥中的行为者关系（如垂直整合）。其次，在最近的一些分析中，存在于企业之间或企业与非企业组织之间的各种类型的正式合作与非正式的交互作用过程也已经被深入研究（可参见暗中合谋与公开合谋的文献、混合治理形式的文献，以及正式 R&D 合作的文献），这类文献分析的企业具有一定市场势力，在交易中面对有一定机会行为和具有资产专有化属性的供应商或用户，此外这些文献还对在 R&D 中具有专有性并会出现不可分割问题的、具有相似知识基础的企业进行了分析。最后，演化经济学方法和创新系统文献还对企业间的正式与非正式合作及其交互作用给予了大量关注。然而，按照这样的观点，在一个不确定和变化的环境中，网络的出现并不是因为行为者是相同的，而是因为它们是不同的。正因如此，网络将知识、能力和专业化方面之间存在的互补性整合了起来（Lundvall 1993，Edquist 1997，Nelson 1995，Teubal et al. 1991）。在以下几个产业系统中企业和非企业组织间的关系（如大学和公共研究中心）是创新的来源：制药业和生物技术、信息技术、通信技术（Nelson and Rosenberg 1993）。

还需要对网络在产业系统中扮演的角色进行分析。网络在产业系统中扮演的角色将导致对“产业结构”这一术语的理解有别于产业经济学中的理解。在产业经济学中，“结构”概念主要与市场结构和垂直整合以及多样化相关联。相反，在产业系统的观点中，结构是指存在于物品间的关联和不同行为者之间的关联产业，其范围比建立在“交换-竞争-命令”基础上的“结构”概念范围更广。因此，我们可以说一个产业系统是由存在于拥有不同信念、目标、能力和行为的异质行为者间的关系网络所构成的，而这些关系还会影响行为者的行为。它们在随时间的演变中相当稳定。

总之，不同产业系统间的关系和网络的类型与结构有很大差异，这是知识基础特性、学习过程、基本技术、需求特性、关键性关联、动态互补性等共同作用的结果。下面给出一些实例。

通过比较四个完全不同的产业系统，包括化工业、计算机业、半导体业和软件业，我们可以对以上观点进行更为清晰的描绘。在化工业中，产业系统的结构以大型企业为中心，这些大型企业在相当长一段时间内是创新的主要来源。高额的 R&D 费用、规模经济和范围经济（Chandler 1990）、技术领先的累积效应以及商业化能力,赋予了这些企业创新优势和商业优势(Arora et al. 1998)。随着合成染料模型的扩散,企业开始扩大R&D部门的规模,大学开始扮演重要的角色。聚合化工业的引入(20世纪20年代)影响了化工产业的结构,因为它使不同细分市场特征的知识变得越来越重要,企业不得不参与下游市场的开发并与之保持广泛联系。与化学工程师的开发活动以及与"运作单元"概念相关的其他重要变化导致在化工企业和技术供应商之间出现进一步的劳动分工,同时伴随着专业化工程企业(SEFs)数量的上升(SEFs与化工企业形成了垂直关联关系)。在这一时期,大学研究对创新的发展一直都很重要,大学和产业间的关联得以增加。此外,化学科学的进步和知识的独立性都增加了化学知识的可转化性。因此,大型企业在许可中扮演了更为重要的角色,这反过来又增强了知识的扩散。

在计算机行业中,产业演化的不同阶段以不同的行为者和网络为主要特征。大型计算机行业在大部分的发展过程中都是典型的"熊彼特Ⅱ型"产业(直到最近才有所变化),该行业一直被大型企业所垄断,体现出很强的先进技术积累特性。特别是1960~1970年间,大型计算机主要通过垂直整合的企业进行生产和整合,IBM是个典型例子。IBM不仅生产零部件和系统,它在大型系统和零部件的开发、制造、营销和销售中也都相当积极。当微型计算机被引入后,计算机部门经历了专业化零部件或专业化生产企业的进入与增长(在早期可以看作"熊彼特Ⅰ型"部门)。早些年的微型计算机部门是同样的情况。然而,后来的竞争开始以转向专业化企业群的竞争,这些专业化企业与不同的平台相关联。每个平台都以几个分散企业的分散技术领导为特征。创新开始变得非中心化,由单个企业控制某个方向变得越来越困难。最近,计算机网络中模块化和关联性的趋势进一步突出了与当地在开发和反馈紧密相关的企业网络所扮演的重要角色。

半导体行业的特征是包含了大量不同的行为者,其范围从商业半导体制造商到垂直整合的生产商。这些行为者在不同国家和不同时期的产业演化过程中的角色存在较大差异。在美国，新进入者和专业化生产商相当重要，其中，进入者在产业早期或技术不连续阶段中非常重要（因此，这些阶段的部门具有典型的“熊彼特 I 型”部门的特点，即快速、根本性的变化）。大型的垂直整合生产商在日本和欧洲的半导体行业中更为普遍（Maleba 1985；Langlois，Steinmueller 1999）。在这些国家当中，“熊彼特Ⅱ型”模式成为这一产业的主要特征。在半导体行业中，其他行为者扮演了重要角色。军方是美国产业发展的一个主要推动力，这与欧洲和日本形成了鲜明对比，因为美国军方支持新企业的进入，并为竞争企业提供了大量创新性的需求。在 20 世纪 70 年代的日本，日本通商产业省（MITI）发挥了重要作用成为日本产业（主要由大型生产商构成）缩短与美国生产商在产品方面（如记忆存储设备）差距的主要原因。

在软件业中，全球玩家和本地生产者同时存在。此外，不断变化的知识基础在用户、“平台”开发商和专业化的软件生产商中推动了劳动分工的演进。然而，如果不将那些运用平台传递（对企业具有关键作用）应用软件的企业包含进来，那么软件业的创新系统是不完整的。很多这类应用软件都是由企业在内部运用开发工具（或是平台一部分，或来自开发工具市场所提供的工具）进行生产的（Steinmueller 2004）。

14.6 制　　度

在所有的产业系统要素中，制度在影响技术变化、创新活动的组织和绩效方面发挥了关键作用。制度可能是企业或其他组织有意识和有计划决策的结果，也可能是行为者之间交互作用的一种不可预测的结果。

某些制度专门针对某一特定产业，某些制度则是国家层面的。在绝大多数产业中，国家层面的制度与产业系统间的关系非常重要。国家制度对产业发展有着重要影响。例如，专利制度、知识产权或反托拉斯规制等对具有不同特性的系统会产生不同的影响,这也正如调查研究和经验分析所显示的那样(Levin et al. 1987)。然而,同一制度会在不同国家中表现出不同特性,并以不同的方式影响同一产业。例如,美国和日本专利制度中著名的"第一次发明"和"第一次提交"(first-to-file)规则间的差异和多样性对这两个国家的企业行为具有重要影响。一国的制度特性可能更加适合某些特定产业。因此,在某些情况下,一些产业系统会在国家中占据主导地位,因为该国现有的制度更适合这些产业的发展,而不适合别的产业。例如在法国,与公共需求相关的产业增长迅速(Chesnais 1993)。在其他情况下,国家层面的制度也许会限制某个特定产业的创新和发展,或者国家和产业制度以及行为者之间会出现不匹配现象。不同发达国家中关于国家制度和产业演化间相互作用的不同例子可以参见多西和马勒巴(1996)的研究。

国家制度和产业系统间的关系并不只是单向作用,正如国家制度对产业变量的影响一样。有时影响会呈现反向,即从产业指向国家层面。事实上,它可能发生在产业制度中,而这对一国的就业、竞争力或战略非常重要,并在国家层面上表现出来,从而对其他产业产生影响。但在对国家层面产生影响的过程中,这些产业制度最初的特性也许会发生变化。

此外,产业之间也存在很大差异,如制药业、软件业、机床业和通信产业。在制药业中,国家卫生系统和规制在影响技术变化的方向上发挥了重要作用,在某些情况下甚至阻碍或延缓了创新。此外,专利在保护创新回报的独有性方面发挥了重要作用。在软件业中,标准和标准化的环境组织相当重要,而IPR 在增强专有性方面发挥了主要作用。然而,正在出现的源代码公开行动意在创造一个新的细分软件业,这一新软件业的特征是新的分配方法和建立在自愿合作基础上的合作生产活动,这减少了对数据结构的专有化控制,并因此引发了更多的进入和竞争(Steinmueller 2004)。在机床业中,产业内部和区域劳动力市场以及当地机构(如当地银行)在影响特定区域的国际竞争优势方面发挥了重要作用。基于信任的、区域层面的密切关系保证了在长期内德国和意大利

“创新与家庭商业计划”扩展所需的大量资金供给。最后，通信业中的规制、自由化和私有化以及标准对整个部门的组织和绩效具有重要作用。正如达勒姆和威勒姆森(Dalum and Villumsen 2001)讨论的那样，自由化和私有化对产业的行为和绩效具有重要影响，同时改变了整个产业的结构。关于制度所扮演角色的合适案例可参见欧洲的 GSM①。

14.7 产业系统的发展动力与变革

如上所述，在产业系统动态发展和变革的基础上，存在着演化过程的相互作用(如多样性创造、复制和选择等)，这些演化过程在不同产业间存在一定差异(Nelson 1995,Metcalfe 1998)。多样性的创造过程是指能够通过进入、R&D 和创新而发生的产品、技术、企业、制度以及企业战略和行为(Cohen and Malerba 2002)。产业系统在多样性的创造过程和行为者异质性的过程中存在广泛差异。新行为者——包括新企业和非企业组织——对部门系统的动态演变具有特别重要的作用。奥德斯奇(Audretseh 1996)和格罗斯基(1995)对此研究后指出，新企业在不同部门间扮演的角色存在很大差异(如进入速率、组成和来源等)，并因此对部门系统的特性及其变化程度有不同的影响。进入水平和类型上的部门差异似乎与知识基础的差异，能力水平、扩散与分布，非企业组织的存在(如大学和风险投资机构)、部门制度的作用(如规制与劳动力市场)等密切相关(Audretsch 1996；Malerba, Orsenigo 1999；McKelvey 1997,Geroski 1995)。选择过程在减少企业异质性方面扮演了关键角色，它可能会“逐出”那些无效率或不够努力的企业。这些选择过程可能是产品、活动、技术等。除了市场选择，非市场选择在一些产业系统中也发挥了重要作用，如军事系统、健康系统等。总之，“选择”影响了各类不同行为

① GSM：Global System for Mobile Communications，全球移动通信系统。

者群体与各类行为和组织的成长与衰退。选择的强度和频率在不同部门系统间也存在差异。有关“能力破坏型”创新、产业动力、企业的进入与退出、兼并收购等方面的理论探讨(Metcalfe 1998)和经验研究,已经对“选择”在若干方面的规律进行了深入阐释。

产业系统的变化是系统中各种因素在共生演化的过程中相互作用的结果,包括知识、技术、行为者和制度。纳尔逊(1994)和梅特凯夫(Metcalfe 1998)在客观层面上讨论了这些过程,并重点关注技术、产业结构、制度和需求间的交互作用。这些过程是针对特定部门的,并经常表现出路径依赖性。本地化学习、行为者之间的交互作用以及网络产生了路径依赖的不可逆转性,而这可能会导致将系统锁定到较差的技术中。[①] 此外,知识、技术型企业和制度间的交互作用还受到特定的国家因素影响。

总之,知识基础和相关企业学习过程中的变化引发了各种行为者及相互之间行为和结构的深刻变化。整体的市场竞争和市场结构依赖于单个企业的战略和财富,而这与不同国家的背景和国际环境有关。企业通常会有多种举措来增强其适应性并在特定环境中生存下去。这些环境是持续变化的,它是由所有竞争者在创新和选择活动中共同形成的:有些环境是国家层面的,有些则是国际层面的。

在过去的几十年中,计算机部门经历了重要的共生演进过程,这与其他部门有所不同。大型计算机领域的共生演进特点是:要求具有“用户-生产者”关系的大型系统,用户信息系统位于中心地位,同时要求大量的销售和服务投入。其市场结构是高度集中化的,而供应商是垂直整合的。主导设计(IBM/360)在细分市场的成长阶段出现,市场领导者(如 IBM)主导了整个产业,它在平台上扮演着合作角色,同时引导了技术变化的方向。美国政府在早期的技术创新

① 例如,拥有竞争性技术的部门如原子能(Cowan 1990)、轿车(及其动力来源,见:Foreman-Peck 1996)、冶金业(铁溶铸,见:Foray, Grubler 1990)和多媒体(VCR,见:Cusumano et al. 1992)等,都表现出了路径依赖的特性。

支持中发挥了重要作用，它还是早期计算机的主要购买者。微型计算机和小型计算机共生演化的特点是更为关注整个系统使用方便性的改进和降低性价比的技术应用，而在售后服务方面的投入较小。其市场结构的特点是，早期存在大量进入者，随后是微型计算机和小型计算机平台的增长。在计算机网络中，关联性和相容性导致了基于模块化和开放式的、多种形式的顾客平台/服务平台的出现。技术变化遵循了各种不同的方向，与平台相关的潜在技术数量上升。相互依赖性和外部性开始增强。分散的技术领导已经出现，因此，没有哪个企业能够掌控所有变化，因而需要协调平台标准。

这个例子与其他产业系统中的共生演化明显不同。在制药业中，新药的发现过程（14.4 有详细讨论）对竞争模型和市场结构具有重要影响。在分子生物革命出现之前，主导企业一直是行业中的领导者。分子生物革命引发了大学和企业中激励结构的深刻变化，并导致大学的“衍生”和新的专业化生物技术企业的出现。在适应和变化的过程中，不同的动态演变过程导致了不同的竞争模式和绩效（McKelvey，Orsenigo，Pammolli 2004）。在电信设备和服务业中，早期广播频段的分离应用在单向广播和双向电话中引发了寡头结构的出现，这一结构持续了相当长的时间（Dalum，Villumsen 2001）。ICT 及其与“广播-视频-音频”间的融合以及互联网的出现，形成了一个更具流动性的市场结构，其中包括大量具有不同专业知识和能力的行为者，并出现了大量新的用户类型。这反过来会通过创造新的细分市场和新的机会而显著地扩张产业边界。此外，互联网由于其开放标准而产生了更大推动，导致新行为者的出现（如 ISP 和内容提供商等）。在软件业中，自 20 世纪 80 年代以来，网络化计算、嵌入式软件、互联网、开放系统结构和开放源代码的发展，以及基于网络的计算的发展与传播，都使得大型计算机生产商同时作为硬件和软件生产商的越来越少，这导致了大量专业化软件企业的出现。此外，软件的销售也发生了很大变化，从早期的许可使用协定（授权）发展为后来的独立软件交易以及打包软件的价格折扣，而随着 CD-ROM 和互联网的扩散，还拓展至共享软件和免费软件（最后一种方式与 Linux 系统有关,见: D'Adderio 2001)。在机床业中,共生演化过程的主要动力来自高级客户部门的需求,如汽车、航空、国防工业,以及对电子设备应用日益增加的需求。

跨越多个部门的新集群的出现,如互联网-软件-电信、生物技术-制药业、新材料等,已成为目前产业创新系统变革的典型代表。其中,以前分散、独立的知识与技术的整合扮演了非常重要的角色,而以前分散在产业中的用户、消费者、具有不同专业化分工和能力的企业、非企业组织和制度因素也起到了重要作用。

14.8 政 策 启 示

产业创新系统方法为创新政策和技术政策的制定提供了有价值的参考。在产业创新系统的框架中,对一个系统功能的不足和缺陷进行识别,其本质是对缺失或不恰当的系统维度进行分析,这些系统维度的不足将直接导致"绩效"间的差异。当我们发现某个问题背后的原因时——如大学和产业之间的技术转移关联较弱——我们就发现了"系统性失灵"。直到政策制定者了解到系统失灵的特征时,才有可能判断是否会影响组织或制度以及两者之间的交互作用。因此,对一个问题的识别,必须对其背后原因进行分析,以此作为创新政策设计的基础,单有标杆是不够的。

创新系统为识别"系统性失灵"提供了一种分析方法,同时指出了政策制定者应该关注的变量。产业分析应关注那些与"知识和边界""行为者和网络的异质性"以及与(通过共生演进过程发生的)"制度与变革"有关的系统特性。对这些维度的分析将会成为任何一个部门制定政策的前提条件。

不同产业系统间存在显著差异,总体政策或水平政策的影响在不同产业间也存在显著差异,因为政策发挥作用的渠道和方式在不同产业间是不同的。例如,合作与网络或非企业型组织与制度在不同的产业中表现出不同的关联性。因此,当制定影响网络或非企业型组织的政策(如与转移中介相关的政策)时,必须将这些差异考虑进去。

此外，产业系统方法还强调，要在一个部门中培育创新和扩散，单单依靠技术和创新政策是不够的，其他政策也非常必要。创新和技术政策应该得到其他政策的补充，例如科学政策、产业政策、标准和知识产权保护政策、竞争政策等。不同政策之间具有相互依赖、关联与反馈作用，它们对部门动力和升级具有整合性影响。

我们再次指出，产业创新系统方法强调了政策制定在不同的网络和水平上都是产业系统内部的积极影响因素。事实上，政策制定者对知识创造、知识产权、企业治理规则、技术转移、金融制度、技能形成和公共标准等产生了积极的影响。政策制定者必须建立一种恰当的制度环境，以确保各个层次水平上政策的有效性和一致性。

对产业系统多样性的重视，凸显了对不同产业的政策进行测量的重要性。事实上，政策需求与产业环境中的各类行为者、产业的特定知识、边界、行为者和网络等之间都有着密切关系。

总之，传统的创新政策旨在为企业提供 R&D 所需的公共资源，并试图影响和改变企业创新的动力。R&D 税收减免、创新补助金以及专利等都是这类政策的典型例子。产业创新的视角并没有否认这一方法发挥的显著作用。改善产业创新系统的组织是提升公共 R&D 和私人 R&D 间互补性的必然路径。产业系统的视角为政策制定者提供了一个理解创新系统间差异以及识别政策影响行为者的有力工具。此外，创新政策制定者还应注重对特定产业所具有的特性的理解，以便更好地运用政策进行干预和影响。

14.9 未来的挑战

本章讨论了不同产业的创新活动在来源、参与者、特性、边界和组织等方面存在的巨大差异。因此，有必要在“产业系统”的基础上，采用整合与比较的方法来研究创新的产业差异问题。

对产业系统的分析表明，产业整合水平可能存在几个不同层面，选择哪个层面的整合水平取决于分析目的。之前的讨论为了强调关联、相互依赖和升级的作用，而包含的产业范围较为广泛。根据不同的研究目的，分类水平可以提高，如在产品群的水平上进行分析。我们可以继续从这个角度研究创新系统。

地理边界是分析产业系统的关键维度，但国家边界并非是一个适于分析结构、行为者和共生演化的工具。产业系统常常与特定区域重合，同时定义了该区域的专业化分工内容（以机械业为例，其中有一些是传统产业，有一些甚至是信息技术）。例如，机械业聚集在专业化的区域中。同样，产业专业化和区域在 128 公路（微型计算机）和硅谷（个人计算机、软件和微电子）中发生了重叠（Saxenian 1994）。在转轨经济整合的背景中，这些产业比国家系统更为重要。

目前学者们已开始研究不同国家间的产业系统差异问题，这种差异会最终导致国家间绩效的差异。总之，可以认为那些不具备有效产业系统特性的国家，在国际竞争中的绩效将不及那些具备有效的产业系统特性的国家。这一结论对那些试图模仿领先国家产业创新系统的某些特性，却不具备进行完全复制所需的合适的行为者、关联性和制度等条件的国家来说，具有深刻启示。相反，那些尝试在产品、知识和满足特定制度框架的子部门中进行专业化的国家，已经获得了成功（Coriat, Malerba, Montobbio 2004）。

最后，本章试图说明“产业系统方法”对于从研究和政策的角度对创新的特性、决定因素和效果等内容进行理解至关重要。前一节已经讨论过政策启示方面的内容，这里不再赘述，产业系统的研究已经有了众多成果，并指出了未来研究的几个重要前沿方向。

（1）“产业系统”框架使得学者们可以从知识和学习过程、结构（这里指“关系网络”）与制度的角度对产业中的创新进行详细分析。此外，产业系统分析提供了一种考察发生在知识、技术、行为者和制度的共生演化过程当中、由于创新和技术变化所导致的部门发展动力的方法。不同的产业系统可以从相似的维度进行比较(以此识别不同部门间的相似性)，而同一个部门系统则可以从不同的国家角度加以分析(以便聚焦于部门和国家层面变量间的相互作用)。

(2) 对特定的机制、因果关系和构成产业系统的不同变量间的相互作用，需要从理论和经济学的高度进行深入分析，这就要求定性分析、经济计量以及证实模型的发展。受经验研究分析的驱动，规范的理论分析必须根据产业系统中不同要素的基本关系、网络持续性的出现、多样性创造、选择和演化的基本过程而展开。在这里，“产业动力理论模型”以及“历史友好模型”可能更为有效。在演化理论和创新系统的研究传统中，这一工作应逐步开展，并不断接受经验研究的检验。

(3) 今后的研究应重点关注那些未被探索的关键变量，特别是：

- 对部门内企业异质性的程度和特性，以及对多样性创造和选择的相关过程展开研究；
- 对创新过程中需求的出现、结构及其角色进行分析；
- 对创新过程中网络的出现、组成、结构和演化进行分析；
- 对不同系统中各种要素的共同演化的分析；
- 对制度进行分析，包括产业制度的出现及其角色，国家制度中的产业角色。

(4) 必须构建产业系统的分类方案，因而很有必要开展“比较研究”。分类方案应该按照要素、结构和动力对产业系统进行划分，以便对不同行为者中的规制加以识别。帕维特的分类方案(Pavitt 1984)以及“熊彼特Ⅰ型”和“熊彼特Ⅱ型”模式是这类分析值得借鉴的有价值起点。

(5) 有必要对产业系统要素的存在、发挥作用的程度及其与国家绩效间的关系进行分析(Coriat, Malerba, Montobbio 2004)。

总之，要充分理解产业系统中创新的决定因素、特性和效果，就要整合具有互补性的分析方法与视角，包括描述性研究、定量研究、经济计量研究和理论性研究。

参考文献

ANDERSEN, B., METCALFE, J. S., and TETHER, B. S. (2002), "Distributed Innovation Systems and Instituted Economic Processes," Working Paper ESSY, http://www.cespri.it/ricerca/metcalfeetal.PDF.

ARORA, A., LANDAU, R., and ROSENBERG, N. (feds.) (1998), *Chemicals and Long - Term Growth: Insights from the Chemical Industry*, New York: John Wiley.

AUDRETSCH, D. (1996), *Innovation and Industry Evolution*, Cambridge, Mass.: MIT Press.

BRESCHI, S., and MALERBA, F. (1997), "Sectoral Systems of Innovation," in Edquist 1997: 130~155.

BRESNAHAN, T., and GREENSTEIN, S. (1998), "Technical Progress in Computing and the Uses of Computers," *Brooking Papers on Economic activity: Microeconomics* 1: 1~78.

——(1999), "Technological Competition and the Structure of the Computer Industry," *Journal of Industrial Economics* 47: 1~40.

——and MALERBA, F. (1999), "Industrial Dynamics and the Evolution of Firms' and Nations' Competitive Capabilities in the World Computer Industry," in Mowery and Nelson 1999: 79~132.

CALLON, M. (1992), "The Dynamics of Techno - Economic Networks," in R. Coombs, P. Saviotti, and V. Walsh (eds.), *Technical Change and Company*

Strategies, London: Academy Press.

* CARLSSON, B., and STANKIEWITZ, R. (1995), "On the Nature, Function and Composition of Technological Systems," in B. Carlsson (ed.), *Technological Systems and Economic Perform-ance*, Dordrecht: Kluwer.

CASPER, S., and KETTLER, H. (2002), "National Institutional Frameworks and the Hybridization of Entrepreneurial Business Models: The German and UK Biotechnology Sectors," Working Paper ESSY, http://www.cespri.it/ricerca/ESSY.html.

——and SOSKICE, D. (2004), "Patterns of Innovation and Varieties of Capitalism: Explaining the Development of High-Technology Entrepreneurialism in Europe," in F. Malerba (ed.), *Sectoral Systems of Innovation. Concept, Issues and Analyses of Six Major Sectors in Europe*, Cambridge: Cambridge University Press.

CESARONI, F., GAMBARDELLA, A., GARCIA-FONTES, W., and MARIANI, M. (2004), "The Chemical Sectoral System: Firms, Markets, Institutions and the Processes of Knowledge Creation and Diffusion," in Malerba 2004.

CHANDLER, A. (1990), *Scale and Scope: the Dynamics of Industrial Capitalism*, Cambridge, Mass.: Bellknap Press.

CHESNAIS, F. (1993), "The French National System of Innovation," in Nelson 1993: 192~229.

CHRISTENSEN, C. M., and ROSENBLOOM, R. S. (1995), "Explaining the Attacker's Advantage: Technological Paradigms, Organizational Dynamics, and the Value Network," *Research Policy* 24: 233~257.

* CORIAT, B., MALERBA, F., and MONTOBBIO, E (2004), "The International Performance of European Sectoral Systems," in Malerba 2004.

COHEN, W., GOTO, A., NAGATA, A., NELSON, R., and WALSH, J. (2002), "R&D Spillovers, Patents and the Incentives to Innovate in Japan and the United States," *Research Policy* 31：1349~1367.

——and LEVINTHAL, D. (1989), "Innovation and Learning：The Two Faces of R&D," *Economic Journal* 99：569~596.

——and MALERBA, E (2002), "Is the Tendency to Variation a Chief Source of Progress?" *Industrial and Corporate Change* 10：587~608.

COOKE P., URANGE, M. G., and EXTEBARRIA, G. (1997), "Regional Innovation Systems：Institutional and Organizational Dimensions," *Research Policy*, 26：475~491.

CORIAT, B., and WEINSTEIN, O. (2004), "The Organization of and the Dynamics of Innovation：A 'Sectoral' View," in Malerba 2004.

COWAN, R. (1990), "Nuclear Power Reactors：A Study of Technological Lock-In," *Journal of Economic History* 50：541~566.

——DAVID, P., and FORAY, D. (2000), "The Explicit Economics of Codification and the Diffusion of Knowledge," *Industrial and Corporate Change* 9：211~253.

CUSUMANO, M. (1991), *Japan Software Factories*, Oxford：Oxford University Press.

——MYLONADIS, Y., and ROSE NBLOOM, R. (1992), "Strategic Maneuvering and Mass Market Dynamics：The Triumph of VHS over Beta," *Business History Review* 66：51~94.

D'ADDERIO, L. (2001), *Inside the Virtual Product: The Influence of Integrated Software Systems on Organisational Knowledge Dynamics*, SPRU, Brighton：University of Sussex.

(2002), "The Diffusion of Integrated Software Solutions：Trends and

Challenges," Working Paper ESSY, http：//www.cespri.it/ricerca/ESSY.html.

DAHMEN, E. (1989), "Development Blocks in Industrial Economics," in B. Carlsson (ed.) *Industrial Dynamics*, Boston：Kluwer.

DALUM, B. (2002), "Data Communication – the Satellite and TV Subsystems," Workin Paper ESSY, http：//www.cespri.it/ricerca/ESSY.html.

——and VILLUMSEN, G. (2001) "Fixed Data Communications – Challenges For Europe," Working Paper ESSY, http：//www.cespri.it/ricerca/ESSY.html.

Dosh G. (1988), "Sources, Procedures and Microeconomic Effects of Innovation," *Journal of Economic Literature* 26：1120~1171.

——(1997), "Opportunities, Incentives and the Collective Patterns of Technological Change," *Economic Journal* 107：1530~1547.

——and MALERBA, F. (1996), *Organization and Strategy in the Evolution of the Enterprise*, London：MacMillan.

MARENGO, L., and FAGIOLO, G. (1998), "Learning Evolutionary Environments," IIASA Working Paper, WP-96-124.

DUBOCAGE, E. (2002), "The Financing of Innovation by Venture Capital in Europe and in the USA：A Comparative and Sectoral Approach," Working Paper ESSY, http：//www.cespri.it/ricerca/ESSY.html.

EDQUIST, C. (ed.) (1997), *Systems of innovation*, London：Pinter.

——(2004), "Telecommunication Equipment and Services," in Malerba 2004.

* ——MALERBA, F., METCALFE, S., MONTOBBIO, F., and STEINMUELLER, E. (2004), "Sectoral Systems：Implications for European Technology Policy", in Malerba 2004.

* ESSY (2002), "European Sectoral System and European Growth and

Competitiveness, European Targeted Socio Economics Research," in ESSY, http://www.cespri.it/ricerca/ESSY.html.

FORAY, D., and GRUBLER, A. (1990), "Morphological Analysis, Diffusion and Lock out of Technologies: Ferrous Casting in France and the FRG," *Research Policy* 19: 535~550.

FOREMAN-PECK, J. (1996), "Technological Lock-in and the Power Source for the Motor Car," University of Oxford, Discussion Paper in Economics.

FREEMAN, C. (1968), "Chemical Process Plant: Innovation and the World Market," *National Institute Economic Review* 45: 29~51.

——(1982), *The Economics of Industrial Innovation*, London: Pinter.

——(1987), *Technology Policy and Economic Performance: Lessons from Japan*, London: Pinter.

GAMBARDELLA, A. (1995), *Science and Innovation: The U.S. Pharmaceutical Industry during the 1980s*, Cambridge: Cambridge University Press.

GEROSKI, P. (1995), "What do we Know about Entry?" *International Journal of Industrial Organization* 4: 421~440.

GORT, M., and KLEPPER, S. (1982), "Time Paths in the Diffusion of Product Innovations," *Economic Journal* 92: 630~653.

HENDERSON, R., and CLARK, K. (1990), "Architectural Innovation," *Administrative Science Quarterly* 35: 9~30.

——ORSENIGO, L., and PISANO, G. (1999), "The Pharmaceutical Industry and the Revolution in Molecular Biology," in Mowery and Nelson 1999: 267~312.

HUGHES, T. P. (1984), "The Evolution of Large Technological Systems," in W. Bijker, T. Hughes, and T. Pinch (eds.), *The Social Construction of*

Technological Systems, Cambridge, Mass.: MIT Press.

KLEPPER, S. (1996), "Entry, Exit, Growth and Innovation over the Product Life Cycle," *American Economic Review* 86: 562~583.

LANGLOIS, R., and STEINMUELLER, E. (1999), "The Evolution of Competitive Advantage in the Worldwide Semiconductor Industry," in Mowery and Nelson 1999: 19~78.

LEVIN, R., KLEVORICK, A., NELSON, R., and WINTER, S. (1987), "Appropriating the Returns from Industrial R&D," *Brookings Papers on Economic Activity* 3: 783~831.

LUNDVALL, B. A. (1993), *National Systems of Innovation*, London: Pinter.

——and JOHNSON, B. (1994), "The Learning Economy," *Journal of Industry Studies* 1: 23~42.

MCKELVEY, M. (1997), "Using Evolutionary Theory to Define Systems of Innovation," in Edquist 1997: 200~222.

ORSENIGO, L., and PAMMOLLI, F. (2004), "Pharmaceuticals as a Sectoral Innovation System," in Malerba 2004.

——ALM, H., and RICCABONI, M. (2002), *Does Co-location matter? Knowledge collaboration in the Swedish Biotechnology-pharmaceutical Sector*, *Working Paper ESSY*, http://www.cespri.it/ricerca/ESSY.html.

MALERBA, F. (1985), *The Semiconductor Business*, Madison, Wis.: University of Wisconsin Press.

——(1992), "Learning by Firms and Incremental Technical Change," *Economic Journal* 102: 845~859.

——(2002), "Sectoral Systems of Innovation and Production," *Research Policy* 31: 247~264.

* ——(ed.) (2004), *Sectoral Systems of Innovation: Concept, Issues and Analyses of Six Major Sectors in Europe*, Cambridge: Cambridge University Press.

——and ORSENIGO, L. (1996), "Schumpeterian Patterns of Innovation," *Cambridge Journal of Economics* 19: 47~65.

* ——(1997), "Technological Regimes and Sectoral Patterns of Innovative Activities," *Industrial and Corporate Change* 6: 83~117.

——(1999), "Technological Entry, Exit and Survival: An Empirical Analysis of Patent Data," Research Policy 28: 643~660.

——(2000), "Knowledge, Innovative Activities and Industry Evolution," *Industrial and Corporate Change* 9: 289~314.

——and TORRISI, S. (1996), "The Dynamics of Market Structure and Innovation in the Western European Software Industry," in Mowery 1996: 165~196.

* MARSILI, O. (2001), *The Anatomy and Evolution of Industries: Technological Change and Industry Dynamics*, Cheltenham: Edward Elgar.

——and VERSPAGEN, B. (2002), "Technology and the Dynamics of Industrial Structures: An Empirical Mapping of Dutch Manufacturing," *Industrial and Corporate Change* 11(4): 791~815.

MAZZOLENI, R. (1999), "Innovation in the Machine Tools Industry: A Historical Perspective of the Dynamics of Comparative Advantage," in Mowery and Nelson 1999: 169~216.

METCALFE, S. (1998), *Evolutionary Economics and Creative Destruction*, London: Routledge.

MOWERY, D. (ed.) (1996), *The International Computer Software Industry: A Comparative Study of Industry Evolution and Structure*, Oxford: Oxford University Press.

*——and NELSON, R. (1999), *The Sources of Industrial Leadership*, Cambridge: Cambridge University Press.

NELSON, R. (1993), *National Innovation Systems: A Comparative Study*, Oxford: Oxford University Press.

*——(1994), "The Coevolution of Technology, Industrial Structure and Supporting Insti tutions," *Industrial and Corporate Change* 3: 47~64.

NELSON, R. (1995), "Recent Evolutionary Theorizing about Economic Change," *Journal of Economic Literature* 33: 48~90.

——and ROSENBERG, N. (1993), "Technical Innovation and National Systems," in R. Nelson (ed.), *National Innovation Systems*, Oxford: Oxford University Press, 3~22.

——and WINTER, S. (1982), *An Evolutionary Theory of Economic Change*, Cambridge, Mass.: Belknapp Press.

OWEN - SMITH, J., RICCABONI, M., PAMMOLLI, F., and POWELL, W. W. (2002), "A Comparison of US and European University - Industry Relations in the Life Sciences," Working Paper ESSY, http://www.cespri.it/ricerca/ESSY.html.

*PAVITT, K. (1984), "Sectoral Patterns of Technical. Change: Towards a Taxonomy and a Theory," *Research Policy* 13: 343~373.

PACE (1996) (Policy, Appropriability and Competitiveness of European Enterprises), Brus sels: European Commission.

RIVAUD - DANSET, D. (zorn), "The Financing of Innovation and the Venture Capital, the National Financial and Sectoral Systems," Working Paper ESSY. http://www.cespri.it/ricerca/ESSY.html.

ROBSON, M., TOWNSEND, J., and PAVITT, K. (1988), "Sectoral Patterns of Production and Use of Innovation in the U. K.: 1943~1983," *Research*

Policy 17：1~14.

ROSENBERG, N. (1982), *Inside the Black Box*, Cambridge：Cambridge University Press.

——(1998), "Technological Change in the Chemicals：the Role of University - Industry Relationships," in Arora, Landau, and Rosenberg 1998：193~230.

SAXENIAN, A. (1994), *Regional Advantages*, Cambridge, Mass.：Harvard University Press.

SCHERER, M. (1982), "Interindustry Technological Flows in the U. S.," *Research Policy* 11：227~246.

STEINMUELLER, W. E. (2002). "Embedded Software：European Markets and Capabilities," Working Paper ESSY, http：//www.cespri.it/ricerca/ESSY.html.

——(2004), "The Software Sectoral Innovation System," in Malerba 2004.

TEECE, D., and PISABO, G. (1994), "The Dynamic Capabilities of Firms：An Introduction," *Industrial and Corporate Change*, 3：537~556.

TEUBAL, M., YINNON, T., and ZUSCOVITCH, E. (1991), "Networks and market creation," *Research Policy* 20：381~392.

TIROLE, J. (1988), *The Theory of Industrial Organization*, Cambridge, Mass.：MIT Press.

TORRISI, S. (1998), *Industrial Organisation and Innovation: An International Study of the Software Industry*, Cheltenham：Edward Elgar.

TUSHMAN, M. J., and ANDERSON, P. (1986), "Technological Discontinuities and Organiza tional Environments," *Administrative Science Quarterly* 14：311~347.

UTTERBACK, J. (1994), *Mastering the Dynamics of Innovation*, Boston：

Harvard Business School Press.

VON HIPPEL, E. (1988), *The Sources of Innovation*, Oxford: Oxford University Press.

WENGEL, and SHAPIRA, P., (2004), "Machine Tools: The Remaking of a Traditional Sectoral Innovation System?" in Malerba 2004.

WINTER, S. (1984), "Schumpeterian Competition in Alternative Technological Regimes," *Journal of Economic Behaviour and Organisation* 5: 287~320.

——(1987), "Knowledge and Competence as Strategic Assets," in D. J. Teece (ed.), *The Competitive Challenge: Strategies for Industrial Innovation and Renewal*, Cambridge, Mass.: Ballinger, 159~184.

* 星号表示建议延伸阅读的条目。

第 15 章 “低技术产业”的创新

尼克·冯·图兹曼(Nick von Tunzelmam)
弗吉尼亚·阿查(Virginia Acha)

15.1 引　言

从表面上看,本章标题“似乎说不通”——在传统概念上,低技术产业并不具有明显的创新特征。下面,我们将对这一问题展开讨论。在当今发达国家中对什么是“低技术产业”几乎没有一致的理解,在我们看来,对“低技术产业”的研究不仅能澄清语义上的差异,更是理解不同发展水平国家间的比较优势源于何处的关键所在。我们认为,对高技术产业政策的过分关注分散了政策制定者和学者们的注意力,而忽略了高技术产业外的其他一些产业的可持续发展,这些产业在一些国家中已被证明是行之有效的。根据 OECD 的报告,高技术产业的产出只占国民经济增加值的 3%(Hirsch, Kreinsen et al. 2003),若将汽车等中高技术产业包含进来(OECD 2003),该比例也只会增加至 8.5%。因此,即使中高技术产业对 GDP 的贡献增大,其总体比例仍然较小。政府需要更多地考虑那些占 GDP 比例更大和更有助于解决就业的产业活动,同时更为能推动一国经济增长的“动态比较优势”的最佳目标产业。

本章不仅讨论传统的“低技术产业”,还要研究被 OECD 划归“中等技术产业”的部门。我们将两者整合在一起,命名为“中低技术产业”(Low and Medium Technology; LMT)。将两者整合在一起的主要原因是,它们受同样的因素所驱动,

而这些因素与高技术产业间有明显差异。这些产业通常是成熟产业，技术和市场条件变化缓慢。它们也可能包含非制造活动，例如石油和天然气产业中对新资源的开采。若不对服务进行讨论，则有可能忽略服务与生产(制造)活动在诸多方面日益增强的关联性，因此本章也将服务部门考虑进来。

15.2节考察了单个“产业”中技术和市场间的关系——我们没有采用OECD的分类方法，而采用了另一种替代性的产业分类方法。这种分类方法使得学者们可以从供给和需求角度对驱动产业(部门)变化的因素进行构架性的分析(15.3节)。15.4节研究了企业战略和结构在中低技术产业中扮演的重要角色。15.5节主要对产业结构演化特别是“进入”展开了深入讨论，15.6节给出了一些“低技术行业”的例子。15.7是政策启示，我们认为需要对中低技术产业重新进行根本性的思考，15.8节对今后的研究议程提出了建议。

15.2 产业部门的“技术维度”

“产业”(sectors，部门)通常被定义为具有相似生产性活动的集合体。传统的观点认为，不同类型的产业部门不仅在所生产的产品和服务上存在差异，而且在所使用的技术和工艺流程上也有所不同。然而，随着时间推移，不同产业部门间的边界在以上两个维度中开始变得模糊。技术最初只针对某一类产品而开发，但随后开始逐渐转移和外溢到其他部门的产品和生产活动中。此外，新技术通常是对旧技术的补充和完善，而不会完全替代旧技术。由此造成的一个简单后果是，即使是“老产品”，也可以由之前完全不同的技术活动来生产。同样的，市场对产品与服务边界的识别也变得越来越模糊(如通过互联网进行销售的音乐产品)。

以上趋势造成的结果是，由OECD在长期实践中运用并划分为低技术部

门和高技术部门的常规分类方法，虽然在政府的政策制定中仍占据重要地位，但对学术分析的作用越来越小(见 15.7 节)。为此，OECD(2003)开始关注产业的“知识密集度”，其主要判别标准是对来自 R&D 密集产业的资本输入的利用。因此，有必要重新考虑产业分类方案，它将有助于更为深刻地理解产业结构的变化(本书第 6 章)。

15.2.1 技术与产品

由 OECD 提出的产业部门技术维度的常规定义主要用来测量特定产业中的直接技术和间接技术内容。制造业部门在很大程度上根据产品范围进行界定，但很多产业在技术特性上颇为相似，例如生物技术。关于生物技术应被视作生物技术产业的一部分(从技术角度定义)还是农业的一部分(从产品角度定义)，仍存在很大争议。

面对这些困难，需要通过技术内容测量的进步加以解决。其中的关键问题已由史密斯(本书第 6 章)提出，此处不再赘述。然而，需要强调指出，相当一部分中低技术产业的创新活动会落在弗拉斯卡蒂定义的 R&D(OECD 1994)范畴之外，例如石油和天然气开采(见专栏 15.1)。知识的搜索、识别和证据而非基础性研究对 LMT 行业的非制造业活动创新非常重要。最重要的是，我们必须回答，对某一产业具有不同增长潜力的各部分，我们应将哪一部分命名为高技术部分，哪一部分命名为低技术部分？

专栏 15.1

北海(North Sea)的行星科学研究

很多人都认为，如今用来发掘石油和天然气的所有科学技术都已被发现并得到了广泛传播。产业中相对较低的 R&D 数据似乎也验证了同样的观点；

在1995~1997年间,全世界排名前10位的主要石油生产企业的R&D强度只有0.52%。但事实上,这一研发数据并没有反映出上游石油产业在寻求创新及其应用中所进行的大量投资活动。按照《弗拉斯卡蒂手册》的说法,很多开发活动是"获取新颖性的关键要素和针对科学与(或)技术不确定性的解决方案",以及"对知识存量的贡献",在这些开发项目中的投资,构成了显著的勘探成本(Acha 2002)。曼斯菲尔德(1963:53)也指出,地质和地球物理勘探被排除在R&D概念的范畴之外。

事实上,领先的石油企业和服务企业每年发表的技术和学术论文数量在大幅增长,这反映了存在大量推动该产业发展的科学和技术研究计划。这一事实能通过这些企业中博士人员的数量而得到更好的反映,这些人才的工作有助于加深企业对地球构成及其动态变化的理解。除了在地球科学研究中的大量努力外,产业界并没有忽略对地球之外的星球的探索。美国宇航局(NASA)已经争取到上游石油产业公司的资助,计划开发火星钻井的新技术(Babaev 2000)。同样,空间科学家正在与地理学家和地球物理学家合作,而地理学家和地球物理学家已经了解到海洋空间对地球火山口的冲击影响,包括在英国边上的一个,其天然的类似物存在于木星的冰月——木卫二。

莫里奇亚尼(Meliciani 2001)发现,20世纪80年代的ICT行业是发达工业化国家中增长最为迅速的行业之一,但在70年代并非如此,这一时期中大批的中低技术产业的发展最为迅速。1994年后,OECD国家中的高技术部门第一次显示出快速增长的势头,随后则是快速的萎缩。高技术部门因其巨大增长潜力和结构变化而受到政府的重点关注。然而,概念界定上的模糊使这里的标准也变得混淆——例如,丹麦在低增长部门中具有比较优势(食品加工业),但其生产过程却是所有低增长部门中大量运用高技术的典型(正如将生物技术运用到食品加工业中一样)。

15.2.2 要素密集度

人们通常认为,中低技术产业为发展中国家提供了进入的起点,这主要是从劳动力密集度的角度进行考虑的。然而,并不是所有发展中国家都符合这一要求。一些低技术产业部门如食品加工业(马铃薯和很多饮料行业)是高度资本密集型的,建筑材料(如水泥)等行业也一样。更多部门处于劳动密集型和资本密集型之间,这依赖于产业所处的环境——同一产业在美国也许是资本密集型的,在中国则是劳动密集型的。软件生产是许多国家(如印度)在20世纪90年代进入高技术生产的切入点,因为它们是“劳动力密集型”的(是廉价技术型工人而不是廉价非技术工人的密集)。

皮尼德(Peneder 2000)提出了制造业的三分法,其分类标准首先是要素密集度(最重要的标准、劳动力密集、资本密集、营销驱动、技术密集);其次是劳动力技能(低技能、中等技能蓝领、中等技能白领、高技能);最后是外部的“服务”要素输入(以知识为基础的服务、零售和广告服务、运输服务、其他产业)。在皮尼德所列出的99个制造产业中,只有一个产业(飞机和飞船制造业)是技术密集型产业,它主要使用高技术和知识密集型服务;反之,有很多产业是劳动力密集型产业,它们主要使用高技术(如机床),其他一些产业则主要利用知识密集型服务作为外部的服务输入(如冶金业中的某些部门)。皮尼德的制造业分类法强调了可观察到的各类组合的多样性。

15.2.3 帕维特的分类

与根据产品范围进行产业部门分类的做法不同,帕维特(1984)从技术特性角度对产业部门进行了分类(Tidd et al. 2001)。其具体分类包括:供应商主导型产业、规模密集型产业、信息密集型产业、基于科学的产业和专业化供应商的产业(更详细的讨论见本书第6章的导言部分)。马斯利(2001)从不同部门的技术范式类型(化工,机械等)角度对帕维特的分类方案做了改进。帕维特和马斯利两人对部门分类方法的研究把在不同部门中出现的、可能具有某些共性的不同组技术特性联结在一起。总体来说，这一分类法比基于“要素”的方案能更好地解释技术特性。然而，很多 LMT 行业在技术特性上并不具有很大的差异性或独特性，这使得 LMT 行业很难直接照搬这种简单的分类方法。

表 15.1 给出了运用改进后的帕维特分类方法分析世界出口份额变化的结果。本章关注前四类行业：农产品和原材料行业中的食品、石油天然气和造纸业；传统制造业中的纺织、制衣和玻璃加工业；规模密集型行业中的交通工具与钢铁业；专业化供应商行业中的机床业等。虽然亚洲的新兴经济国家和地区在传统制造业中的份额有所增长，但 1970～1995 年间由日本和亚洲新兴经济国家和地区在基于科学的部门和专业化供应商部门出口的增长导致欧洲和美国出口份额的下降。美国传统制造业的份额在 1970～1995 年间有所下降，虽然其贸易份额在这一时期相比欧洲很低。当然，表 15.1 也再次提示我们，最好不要采纳过于简单的技术开发模式分类。

表 15.1　1970～1995 年间的市场份额（世界出口额中各国出口的份额比例）

国　家	年　份	农产品和原材料	传统制造业	规模密集型行业	专业化供应商	以科学为基础的产业	总　计
欧洲	1970 年	24.1	57.0	55.7	61.2	48.6	44.6
	1995 年	31.6	40.1	47.3	47.6	33.8	39.6
	变化	+7.5	−10.9	−8.4	−13.6	−14.8	−5.0
美国	1970 年	13.1	7.4	14.5	22.3	29.5	14.8
	1995 年	11.0	6.7	10.3	13.7	17.9	11.8
	变化	−2.1	−0.7	−4.2	−8.6	−11.6	−3.0
日本	1970 年	1.2	9.3	13.8	6.4	7.7	6.7
	1995 年	1.4	3.2	12.8	15.7	14.3	9.0
	变化	+0.2	−6.1	−1.0	+9.3	+6.6	+2.3
亚洲新兴经济国家和地区	1970 年	2.0	6.1	1.0	0.8	1.0	2.1
	1995 年	3.4	16.2	8.7	8.8	17.8	10.8
	变化	+1.4	+10.1	+7.7	+8.0	+16.8	+8.7

资料来源：Fagerberg et al. 1999：12

15.2.4 萨顿(Sutton)的分类

另一种产业分类方法来自萨顿(1991/1998)的研究。萨顿的工作表明,企业在产品营销或技术开发方面的选择,一方面来自企业自身能够掌控的要素,另一方面来自企业无法控制的要素。后者意味着如果某个企业属于某个特定产业,那么它必须承担一定水平的"沉没成本"。例如,不论企业采用什么样的战略,其生产过程都会产生一定的沉没成本。企业采用的与产品相关的技术特性,在一系列特定活动中为市场集中度设置了"限制"。轮胎产业是一个典型例子,该产业是资金密集型的,其生产技术从橡胶被大规模使用以来就没有改变过;这促成了全球寡头市场结构的出现(专栏 15.2 更为详细地对轮胎业进行了讨论)。但是,不管是轮胎行业或其他行业,企业基于内生因素的战略决策行为,将依赖于它面对同行业竞争者采用相似战略投资行为时,自身战略投资的可获利性。

15.2.5 总结

采用传统的部门分类方案评价创新可能会产生相当大的误导。高技术部门和某些中低技术部门中的创新非常迅速(相关证据见本书第 6 章)。将技术维度和产品维度结合起来进行分类的方案,例如由萨顿和皮尼德提出的产业分类方法,不仅能满足分析的要求,而且在解释国家和地区间可观测的经验差异方面也更为容易,它还能更好地解释产业演化的动力路径。此外,我们认为,与 OECD 对高技术和低技术的简单定义相比,这种分类方案会提供一个更为合适的政策平台。当然,学者们需要加强对部门之间技术导向差异的研究,以提出一个更为合理的理解结构变化和竞争力的帕维特分类方案。

专栏 15.2

橡胶管的聪明之处

现代轮胎产业源于19世纪,其发展历程在很大程度上是汽车产业发展的一面镜子。世界轮胎产业已逐渐演化为若干市场,其中每个市场都有不同特性和不同的客户群,发展潜力也各不相同。经过一个多世纪的发展,轮胎业已经细分为针对不同行业的市场,包括汽车、飞机、自行车和机车轮胎市场等。轮胎产业具有相对较高的集中度;在2000年,全球排名前10位的轮胎制造商的销售份额占了全球排名前75名的制造商的销售量的83%(www.tirebusiness.com/statistics)。

轮胎制造商运用技术的主要目的是为了降低成本、形成产品线的差异化,同时聚焦于具有更高增加值的活动(Acha, Brusoni 2003)。面对一个越来越难获利的全球市场,领先的制造商正在通过降低生产和劳动力成本(包括引入机器人生产)、实施工艺技术创新和采用原料产品(一种新的聚氨酯轮胎聚合物)的创新以及改进生产方法来持续性地降低总成本。

除了影响总成本和生产制造的难度之外,轮胎制造商在R&D中的投入也有助于它们远离只能展开价格竞争的“商品陷阱”。产品差异化已在轮胎业竞争中出现,它使企业能提供多种不同类型的轮胎,甚至可以提供满足不同汽车要求的轮胎颜色(后者主要由韩国轮胎制造企业Kumho提供,该企业已成功进入轮胎制造商的前10位)。这样的差异化当然比化妆品等的差异化更为丰富;制造商已成功地将新的传感器整合进轮胎生产装配线并开发出低压安全胎。领先的轮胎制造商目前已经通过制造全套轮胎装配系统实现向价值链的上游移动,而不是简单地向市场供应轮胎。

当然,以上所有活动都可以通过电子和化工等高技术部门的供应商获得支持。轮胎制造商在这些领域中进行了专利注册,同时将开发活动作为自身商业活动的一部分。与轮胎有关的技术专利数正在上升,其中绝大多数与轮胎制造商密切相关(Acha, Brusoni 2003)。全球排名前10位的轮胎制造商的平均R&D强度在2000年已达到4%,表明这些企业积累的知识库已具有一定的复杂度。这些企业开始将关注点放在化学知识库(如橡胶和其他化合物)与化工和电子技术(如传感器)相结合的关键界面开发上。

15.3 关键驱动力

影响低技术、中技术和高技术部门变化的驱动力同样可以从产品和技术的角度加以证实,而这引发了解释上的显著差异。企业具有不同的解释性“框架”(见下),在中低技术产业中,企业层面的差异在解释需求驱动方面相当重要,因为中低技术产业中的企业面对多样化的需求,应有多种差异化的战略可供选择。需求变化有时较为缓慢,有时则相当迅速且不可预测,这使得企业应根据市场进行调整,而不存在完全标准化的固定模式。

15.3.1 需求差异

15.3.1.1 质量创新

“为新市场生产”是老产业企业借此重新焕发生机的重要方式。为以前未开发的区域市场生产同类产品,比较适合像可口可乐等著名品牌的公司,但是生产不同类型的产品(“产品差异化”)通常有必要进行重新定位。在一个给定市场中,产品增长非常依赖于需求的收入弹性。通常情况下,低技术产业面对的是无弹性需求,因为这类部门生产的很多物品是相对的“必需品”,还因为当消费者获得更高的收入时,他们已经满足了对必需品的绝大部分需求。为避开这种“需求满足”,中低技术产业的厂商必须通过新产品来吸引更高收入的消费者。“先进技术的可得性”可能会成为中低技术产业创新战略中的一个重要考虑因素，这主要通过确定新产品的范围进行判断，这甚至可能不会使消费者发现产品所具有的吸引力，如一些国家中的基因改良食品（见下）。

15.3.1.2 新趣味

除了质量的升级，消费者的需求模式也可能转向具有新特性的商品。高技术行业可能拥有更强的内在能力去激发和推出产品创新，中低技术产业则更有必要这么做。诸如食品、能源和汽车行业都必须面对来自公众和政府的强大压力，以生产出更安全和更有利于环保的产品。同样的压力还会对这些产品的生产过程产生影响。中低技术产业中更频繁出现的是产品组合的变化，它反映了消费者需求组合的变化，如地理区域的变化（性别关系，成熟老化等）。这为中低技术产业中的企业创造了新的细分市场，也使得中低技术产业可以在一定程度上重新崛起。例如，日本的一家顶级玩具制造商 BANDAI 最近推出了一种新的玩具产品系列（“PRIMOPUEL”），它针对的不是儿童，而是没有小孩的妇女。这种玩具通过将复杂的电子传感器和程序安置在“真实宝宝”的玩具中，开发了一个具有更高附加值的细分市场。

因此，通过开发更高质量的产品（“质量阶梯”）和引入新产品都可以弥补老产业成熟带来的衰退，同时还会产生新的生产和贸易模式（Grossman，Helpman 1991）。事实上，随着时间推移，通过在过程和新产品中增加价值，可以使这些产业的产品需求下降速度比预期的明显降低。以轮胎产业为例，企业开发出新的配方模式（如“胖”轮胎）来改变传统意义上简单的需求选择（每部车四个轮胎），并提供了一系列较为丰富的选择（如不同情况下的不同轮胎选择），同时通过差异化形成具有更高质量的产品线（如“小”轮胎系统）。

因此，创新战略的挑战变成了，中低技术产业中的企业如何改变产品和服务，并通过引入更好的产品或新产品来达到目的，这些内容将在 15.4 节到 15.6 节中进行讨论。

15.3.2 新的技术范式

15.3.2.1 中低技术企业中的通用技术和学习

某些新技术可以溢出它所在的原始行业并被其他老行业重新利用。通用性技术经常具有“侵略性”,它会逐步渗透和占领不同的行业(Freeman, Perez 1988; Freeman, Louçã 2001)。产业革命通常是由这些“通用性技术”构成的(Helpmann 1998)。例如,18 世纪末第一次工业革命中的机床、蒸汽机和制铁业等;19 世纪末第二次工业革命中的化工、内燃机、电力和钢铁业;20 世纪末的第三次工业革命中信息和通信技术、生物技术和智能材料等。在我们看来,第三次工业革命的通用技术为中低技术产业创造了新的机会,即通过有效地运用 ICT 技术、生物技术和智能材料技术提升其创新和经济绩效。

这些通用技术的特性不是我们关注的重点,它在采用部门中的扩散具有重要意义。通用技术的大多数(虽然不是绝对)是通过在“上游”活动——如设备和资本品中的活动、动力行业中的活动,或基本材料行业中的活动——逐步扩散到用户产业中的。

中低技术产业中几乎没有正式的科学和技术学习,至少在企业层面上是这样,与“创新”和“采纳”有关的学习活动主要通过“干中学”和“用中学”过程发生在实践和程序层面。包括通用技术在内的一批新技术,都是由单个企业开发的(而很少有资助),并且是特定技术领域内的专业化开发。然而,下游的中低技术产业需要具备“吸收能力”以使上游的这些开发能够投入生产。因此,从事先进的生物技术(“第三代”)的食品加工企业不会从事相关研究,且只在不太先进的技术(“第二代”)上有较多专利。此外,国家创新系统的研究也开始关注规范的科学研究在这类产业的国家和区域实验室中聚集的现象,而不是通过企业的内部化(Nelson 1993)。这些组织(如公共实验室)生产的科学知识可能是通用性的,但是其应用需要企业特有的吸收能力,吸收能力的获取不仅来自企业内部正式的 R&D 活动，还来自更为广泛的创新活动，包括工程、持续的改进过程以及整合服务与供应的组织创新活动。

15.3.2.2 "携带者"行业

"携带者行业"专指供应技术的特定行业，即机床行业。罗森博格(1963)指出，由于不同类型的工具数量相当有限，这导致应将有限的工具组合、转换，并运用到其他产业部门中，而不局限在最早得到应用的行业中。与这一过程相对应并同样重要的是"携带者行业"，它将机床工具整合起来放进它们生产或使用的机床。以通用技术的概念为基础，如果对新资本品的需求足够大或增长得足够迅速，那么任何产业都可以充当携带者的角色。甚至是低技术部门都可以充当基于新工艺流程导向的技术的接受者，以下的讨论给出了许多这样的例子。

15.4 中低技术产业中的企业和企业变革

15.4.1 战略与结构

本节讨论企业层面的战略和结构问题，包括大型和中小型企业的规模和范围，还对不同的整合类型进行了论述。

15.4.1.1 中低技术产业的战略

波特(1985)认为存在三种主要的竞争战略：成本领先、差异化和聚焦战略。如果从传统的产品生命周期理论考虑，成本领先战略更有可能是企业在成熟的中低技术行业中的首选战略，因为中低技术行业依赖于流程创新降低成本，即使创新的火花已大部分熄灭了。然而，从另一个观点看，另外两种战略也是那些在竞争性的低技术环境中希望至少可以生存的企业的可行选择。品牌对差异化战略的选择非常关键，因为消费者在萨博(Saab)轿车和斯柯达(Skoda)轿车间的选择会受到产品声誉的影响(Skoda 现在运用宣传其新技术的广告来改变顾客偏见)。

15.4.1.2 企业的功能与结构

中低技术企业和整个行业在一般职能方面与其他企业和产业没有任何差异,但与那些以科学为基础的行业相比,它较少关注技术职能,而更多关注产品/营销职能。基于这个前提假设,钱德勒(1990)认为,多部门(M 型组织)企业组织是以"品牌和打包产品(packaqed goods)"为特点的行业中多元化企业的恰当组织形式,例如食品行业包含的众多子部门。通过在一个多产品的企业中组织事业部,授权其开发特定的产品线,给予事业部管理层经营权,就有可能形成对目标市场更大的关注,因为一个产品线所需的全部职能都被整合进事业部(以及更低的管理层)。然而这也导致几个问题,如果不同事业部中的相同职能之间存在内在溢出,会使 M 型组织较难引入信息系统和其他根本性技术变革,而这必定会影响所有精心分开的事业部(Mowery 1995)。

15.4.1.3 职能框架

在之前的研究中,我们认为大型企业通过其智力"框架"即组织认知地图,去解释竞争挑战和问题。通过"组织认知地图",这些企业认清自己的知识范围和职能,包括技术(Acha 2002)。与波特的竞争战略概念相反,这种"框架"是用以构建和选择战略的"过滤器"。该过滤器由高级管理层个人实施并在整个组织水平上进行调整,包含了主要变量、职能以及特定情况下的突出事件。在实践中,管理者通常只会考虑某个特定活动而非全部活动。因此,"技术框架"是管理者理解企业的技术位置与机会,以及理解创新系统动力预期的解释性系统(Orlikowski, Gash 1994;Orlikowski 2000)①。

我们发现,就石油天然气产业而言,"框架"对拥有相似技术能力的企业间

---

① "框架"不应该同组织的"文化"相混淆;后者包含了建立在群体(团队)基础之上并由个人进行解释的价值观,而"框架"包含了存在于现象(及与之相关的价值观)之间的解释性关系,框架由个人组成,并在群体(团队)的层面上进行调节。

的绩效差异具有显著影响。也就是说,在技术绩效(如专利和科学出版物)与商业绩效(如扩张或可获利性)间几乎不存在明显的关联性,除非用框架这一调节变量(intervening variable)进行解释。

"框架"的概念与中低技术产业部门中的创新研究有关。中低技术产业中的企业基本属于应用技术的企业而非销售技术的企业,因此倾向于采用与高技术产业(其中技术本身是一个关键的销售点)中完全不同的技术框架,它还往往完全不同于同行业中的中低技术产业企业。总之,中低技术产业的市场特性(随着时间流逝市场变得区隔化,竞争优势依赖于产品差异化、成本领先和对互补性资产的控制)导致企业对技术在商业成功中所扮演的角色形成不同的解释。

相反,在高技术产业中,技术的作用对商业的成功更为重要,学者们对技术框架在这些竞争性企业中所扮演角色的看法一致,原因在于:(1)市场相对较"瘦小",产品和技术的选择相对较少;(2)企业更为积极地通过知识产权保护实现技术专有性,这形成了技术在产业中扮演的角色;(3)规制环境经常扮演着调节角色(如生物技术)。总之,高技术企业中技术框架的变化更为关注(广义上讲)技术应该如何发展,而中低技术产业企业中技术框架的变化更关注(广义上讲)技术应该扮演何种角色。

15.4.2 规模和范围:大型企业和中小型企业

虽然很多中低技术产业已经发展得相当成熟,如肉类包装、汽车生产以及耐用消费品生产等,但它们在早期仍是生产创新的重要来源,特别是大规模生产中的技术开发。在生产过程中获取规模经济是大规模生产的驱动力,而 M 型企业也是适合大规模生产的组织形式(Chandler 1977)。除了具有节约劳动力和资金密集的特征外,技术变化的主要方向是"节约时间"。这主要通过提升投入产出率、减少停工期和提高机器性能,以在运作过程中加速流通来实现。这些收益可以认为来自"动态规模经济",与通常的静态规模收益形成了鲜明对比。在某些中等技术部门如钢铁部门中,新生产技术的采用(电子炉)导致设备平均规模的下降(例如,大型“整合工厂”已经被“小钢铁厂”所替代),其中,静态规模经济的损失超过了通过专业化和投入产出的动态规模经济增长所带来的补偿。

汽车工业中的大规模装配线要求的资本成本很高,为弥补这些成本,需要非常长的产品线。该行业的竞争越来越激烈,并尽可能采取了保留同样主要部件(车体、发动机等)的方式,通过增加不昂贵的“装饰”进行常规性的更新。这种装配线在本质上要求尽可能生产标准化的产品。

上述方法受到了丰田“精益生产”系统(Womack et al. 1990)的挑战。“精益生产”系统强调了对多样化和专业化顾客需求的回应,而尽可能少地牺牲高产出的利益——其目的是为了获取“动态范围经济”。“精益生产”形成了即时生产,它加快了针对顾客需求变化的反应速度,而相应的其他变化也遵循同样的方向。精益生产系统用基于工艺过程可调整的方法弥补了传统北美生产系统中产品所包含零部件可调整方法的不足。在各种不同产品(丰田皇冠轿车产品族的变化超过 100 000 种)的有效生产中获取的范围经济收益要大于放弃标准化带来的损失。

在另一个极端,中小型企业已经被提上政府的技术政策日程表,一个重要原因是,作为创新来源,中小型企业具有针对技术变化的快速反应优势,因为更小型的企业中没有复杂的管理结构。此外,中小型企业可能缺乏金融支持以实施各种与快速变化相关的必要的新技术(Dodgson and Rothwell 1995)。对新技术的获取问题成为最大障碍。这在那些由中小型企业所主导的中低技术产业中非常明显,其中也包含了很多传统领域。中小型企业经常被看作是高技术部门中的希望所在,也经常被(也许是不公平的)看作是中低技术部门令人失望的来源。

15.4.3 垂直和水平整合

中低技术产业的特点是发展过程中有大量不同模式的垂直整合和“垂直

分离”出现。绝大多数低技术产业(包括某些中等技术产业)始于工业革命开始之前,另一些则可追溯至史前时期。产业在形成初期,通常具有很高程度的垂直层级。也就是说,不同的企业只负责生产过程中的一个阶段,由此形成一条“链”。其中的一些企业持续获取了某些技术能力,这会最终导致这些企业剥离出一部分,建立新的企业(如对机床工具的研究:Rosenberg 1963)。然而,这些“剥离企业”会通过垂直“链”与其他剥离企业以系统性的交互作用方式发生作用。在纺织业中,不同的生产阶段之间存在“不平衡”——早期的织布机械化加速了布匹的生产,压力转移到纺纱工人身上,由此加速了纱的生产,并因此导致了纺纱机械化;反过来又将新一轮的压力转向织布部门以开发动力驱动的织布机。纺织生产的其他阶段——纤维生产(如棉花种植)、准备和收获——同样受到“价值链”上各要素的影响。同样的“不平衡”在铁的生产阶段也出现过。

在工业化的第二阶段,通过连接分隔的生产过程直接向垂直整合转移的趋势更为明显,19 世纪美国“大规模生产”的出现也推动了垂直整合的发生,这使得整个价值链保持平稳的生产流。

最近,小型钢铁厂的崛起(部分是由于技术变化的原因),成为企业从垂直整合中退出的一个典型例子。以前由企业自己承担的工作,在可能的情况下会通过“外购”(“outsourced”,外包)获得,这样又回归到了传统的垂直分离的低技术模式,甚至在某些高技术部门中也出现了类似情况。为保持和加强这种环境中的范围经济,企业还会限制其水平多元化的范围。包括一些最大规模公司在内的企业都会压缩规模并在很多情况下剥离大量的中间管理,因为企业认为这种做法将促进进一步的“精益生产”。

出于获利的考虑,企业往往会鼓励多元化,进入不相关的领域。但研究表明,建立在不相关多元化基础上的“集团化公司”并非大量赢利(Rumelt 1974)。考虑到技术和生产因素,以及考虑到获得协同配合和范围经济的原因,很多企业将自身结构重新定位于“相关多元化”。但是,很多低技术行业中的企业,如食品加工业,仍在追求不相关多元化。最可能的解释是低技术行业中的低技术机会带来较高的专有性是通过品牌获得的。这使得大量的相关资源可以投资在其他领域(Penrose 1959),这些领域具有相同的品牌,并提供了一个稳定的获利基础。范围经济和规模经济因此会通过营销而不是通过技术来获得。

15.5 产业层面的变革

15.5.1 垂直联盟和网络

企业层面在规模、整合与多元化中的上述变化对其所处产业的结构变化具有很强的启示意义。目前企业已经与上游供应商和下游消费者发展和保持了相当紧密的关系,最典型的例子是汽车业。丰田的“柔性”与“即时”生产系统带给人们的一个重要启示是,整个制造过程高度依赖于供应商及时提供高质量的设备和零部件。丰田并不是通过“层级制”控制这一过程,而是采用了与供应商联合开发的形式,并通常会花费较长的时间与供应商讨论和谈判设备零部件的规格以及生产成本。其中一些最为重要的供应商成为“第一级”供应商,这类供应商通常会在丰田的生产基地附近建厂,并与丰田保持着密切关系。另一些重要性相对较低的供应商成为“第二级”和“第三级”供应商,它们与丰田维持越来越少的直接谈判关系。

很多这类企业都试图将自己发展成为“系统集成商”的角色,即成为围绕其核心活动的运作中心。依赖于外购相关活动的远近程度,这些企业可能在自身的整个“系统”中只生产很小一部分的附加值。此外,系统集成商会在价值链上的不同点出现,以使垂直关联在不同系统集成商之间更多地出现。也就是说,每个集成商都将被一个由供应商和相关活动所构成的网络包围着。

在这些复杂的相互关系结构中,会出现新的权利平衡。特别是在低技术行业中,如纺织业和食品加工业中,整个链条中的“制造阶段”被压缩,因为“控制权”向下游的最后阶段转移，甚至转移到零售商当中。多元化产品竞争的日益激烈，伴随着消费者收入和影响的日益上升，以及消费者经常对所得到的“内容”不满意，都推动了这一趋势的出现。但是，学者们仍有必要研究这一模式的出现和发展是沿着购买者驱动的方向而不是生产者驱动的链条进行的(Gereffi 1999)。

15.5.2 行业差异

上述讨论提出了一个重要问题：不同产业在行为上究竟有何差异，特别是，能否在行业和部门水平上观察到中低技术产业不同于高技术行业的模式存在？现有的研究都试图用熊彼特所识别的两类宽泛的标准对产业行为进行分类(本书第 14 章)。

运用诸如机会、专有性、累积性和知识基础等关键标准(Malerba，Orsenigo 1996/1997)，欧洲的主要产业可以通过客观指标划分为“熊彼特Ⅰ型”和“Ⅱ型”两类行业。这样，在中低技术产业中，制衣业很明显地被划归“熊彼特Ⅰ型”行业，其特点是技术机会少，专有性较弱，小型企业众多，进入和退出快速，以实践性的知识为基础而非科学知识。汽车业作为一个中等技术行业，拥有相对多的技术机会，较强的专有性，大型企业较多。高技术行业通常拥有较多的技术机会和科学知识基础，当然其中的企业规模可大可小。

从中低技术产业的观点看，需求在其中扮演了重要角色(见 15.3.1 节以及下面的案例研究)，市场机会与技术机会同样重要，并且在程度和本质上有很大差异。如上所述，快速增长的消费领域与快速增长的技术领域并不相同。此外，某些低技术行业是“熊彼特Ⅰ型”行业，某些则接近“熊彼特Ⅱ型”行业，而食品加工业很不容易被划归任何一个类型，因为其子部门的运作方式多种多样。

以上讨论表明，对低技术行业而言，技术机会也许会再度增加(见 15.3.2 节)，虽然在大多数情况下该行业中的企业将外购这些新技术。但由于专有性问题,外购会限制使用新技术的企业获取创新收益(当创新很依赖于专有性方法与设施时,“专有性”是萨顿分析中的关键因素)。在供应商主导的低技术行业(见帕维特的定义)中,技术的专有性依赖于“技术开发者-上游供应商-使用者”之间的势力划分,例如食品业或制衣业。这些行业中的活动很少有垂直整合的,因为供应商通常希望为各类用户提供产品。产品的专有性依赖于相关企业的营销投入、下游分销商和零售商之间各自势力的均衡。低技术部门与技术供应商间的关联远比高技术部门与供应商间的关联疏远。

15.5.3 产业动力

15.5.3.1 进入,退出和技术积累

熊彼特传统的产业动力模型,经常会对比“Ⅰ型”和“Ⅱ型”产业中在位企业和可能进入者的技术优势(Marsili 2001)。其中的决定因素可能是单个企业在产业中的进入程度,并由此通过技术轨道的整合或技术轨道的差异化而获取范围经济(Sutton 1998)。

然而,许多中低技术产业具有明显的“扰动”特征,并经常伴随着大量的进入和退出。这导致扰动环境中学习问题的出现——当退出发生时,如果单个企业不能继续留在行业中,那么新进入者可能很容易复制其先行者的错误。然而,至少在北美的产业环境中,相关企业会试图留在行业中,形成另一个企业(贝尔德温,1995)。这种连续性的出现依赖于大型供应商或工业区的技术提供,正如制衣业的例子。在复杂产品系统中,每一个新项目会重新组合而形成联盟,学习是通过联盟中不同企业的交互作用流动而发生,虽然经常出现“忘记”的现象。“熊彼特Ⅰ型”和“Ⅱ型”行业的二分法可能过于有限,从而无法完全描绘出不同产业演化的主要模式,帕维特(1984a)或马斯利(2001)等提出的更为复杂的分类方案可能更易于理解不同技术的影响。

15.5.3.2 及时的动态竞争

当今时代所有产业的根本特征是,由于全球化和快速变化的市场需求所导致的激烈竞争。在中低技术产业中,变化的速度和竞争的强度相对较小,因为市场领导者试图通过形成品牌忠诚而保持主导地位。在烟草产业中,一个新产品投放市场的轨道通常以具有较低价格和较多烟草含量的新品牌出现作为开始。一旦获得了顾客忠诚,生产商会在价格和(或)烟草量的标准上有所放松,直到消费者最终失去信任,此时一个新的品牌又被投放市场,同样的过程再重复一遍。类似地,品牌忠诚度可以通过全球化营销而加以扩展。

因此,“营销专有性”抵消了开发新产品的部分压力。然而,中低技术产业中的企业与那些高技术产业中的企业类似,都倾向于通过创新来加速开发时间(“周期时间”)和新技术应用与扩散的速率。在制衣业中,贝纳通公司(Benetton)将小型供应商的生产网络与复杂的 ICT 系统结合起来,以获取来自顾客的反馈,并在一个相对成熟的产业中获得了快速的全球增长。对那些更为基本的生产技术,中低技术产业面临着较小的创新压力,它面临的主要困难是,将这些基本技术运用到实践中所得到的结果,经常与最初的目标不一致。这种困难的存在不是减少而是增加了进入市场的速度对获取竞争力的重要性,甚至是在中低技术产业中也是如此。这里的关键问题是“范围经济”的实时可获得性——整合企业或外购网络哪个效果更好?

15.6 一些低技术产业中的创新

15.6.1 纺织和服装

作为英国第一次工业革命的“始作俑者”,纺织业在现代往往被看作是典型的低技术行业。然而,需要注意以下几点。首先,目前绝大多数低技术行业的结构与纺织和制衣业并不相同。第二,纺织业本身已反复表现出运用先进技术的能力。在20世纪早期,处于第二次工业革命前沿的化工技术被用来获取“人造纤维”(人造丝织物等);在20世纪中叶,“合成纤维”(尼龙等)依赖于塑料行业的同步进展。就企业结构和技术而言,人工纤维和合成纤维仍是化学工业的两个分支,因此往往不被认为属于纺织业,但这种看法并不合理。近些年来,计算机技术进入了日益分散化的制衣部门,而基因工程也对纺织业的进步起到了重要的推动作用。绝妙的“微纤维”已进入细分市场,并开始渗透到标准化的制衣市场中。

虽然最新的进展其扩散速度放慢是不争事实,但它与技术极限没有多大关系,主要是由组织因素造成的。“纺织-制衣业”仍然建立在工业化前的垂直结构基础之上,这一结构是高度分散化的,允许低收入国家通过使用相对简单的技术(如缝纫机)迅速进入。为了按以上讨论的方式提升纺织技术,生产技术的变化必须与产品的变化相联系,正如微纤维的例子那样。

在纺织和制衣部门中,需求通常比供给(技术)能提供更多的刺激。当收入上升时,消费者愿意为时尚品牌付出更多费用。很多时尚的变化更依赖于样式改进而非技术创新,这在本质上并不意味着创造性的降低。即使在这种情况下,新技术也承担着在设计者、生产者及市场间搭建桥梁的重要作用。贝纳通公司采用的一项重要创新是ICT的运用,其目的是更为迅速地获取和了解市场趣味的变化,为供应商提供重要参考(Belussi 1987)。

15.6.2 食品加工业

第二个经常被划归低技术行业(但并不合适)的部门是食品加工业。该“行业”存在大量不同的组织形式,这主要与营销调节的程度有关(Sutton 1991)。按照帕维特的分类,食品加工业习惯上被看作“供应商主导型”行业,它非常依赖于生产设备供应商。但这一观点目前已在一些重要方面发生了变化。该行业正逐渐转向以市场驱动为主，当然技术仍是重要因素。

与其他行业类似，该行业的技术效率来自它所依赖的知识基础，但是该行业又有各种不同的组织结构。专业知识的范围从科学知识（如食物微生物）到工程技术，不仅包括生产条件，还包括卫生设施、质量保证、环境可接受性等。该产业所依赖的新技术几乎涵盖了所有范畴。来自先进工具（如激光）、电子和计算（因为某些先进产品出现了非规则形状）、生物技术（对材料和生产过程而言）、制药和智能材料（特别是包装）等方面的需要完全超过了该行业在传统上对机器供应商的依赖。这些新技术主要由高技术企业或公共实验室提供。超市中看似包装简单的方便食品和可微波加热食品，事实上需要经过复杂的智能材料分析过程，才能得到合适的热反应、气体释放，并生产、加工出有利于消费者方便使用的最终产品。

目前人们对很多类似的新技术仍然存在争论，特别是生物技术（基因改良）。争论焦点在于，基因改良食品与改良前的产品相比，究竟是同种产品还是不同种产品？针对这一争论频频发生贸易战。如上所述，这类产品具有的特性强调了安全和质量标准应扮演重要角色。当前检测食品安全（“湿化工”）的通常方法的困难在于，需要通过切割许多食物产品薄片（且不论这些薄片是否具有代表性）并将其带到实验室进行观察，而实验结果直到 3 周后才会出来。但 3 周后，被检测的产品早已被卖出和消费掉了。因此，生物技术方法需要寻求实时的检测办法，与处理工艺同步检测。技术创新的另一个重要推动力是节约时间——减少停工期和浪费，增加产出，提升系统的整体效率。

需求方面的变化（社会经济因素如财富增加，女性就业的增多，老龄人口的增长等）和供给方面的技术变化，在部分程度上由该产业正在变化的垂直结构所引导，其中大型零售商相对于大型加工企业已变得越来越强势。在撰写本章时，根据《财富》（*Fortune*）杂志的资料，美国食品零售企业沃尔玛（Wal-Mart）已经成为世界上最大的企业，超过了其他高技术企业和中等水平技术企业。同样，欧洲的连锁超市已经开始积极发展。运用信息技术来扩大其势力基础。这些发展将会使“需求”在创新的影响因素中变得更为重要。

15.7 政府政策的角色

就整体而言,政府在国家层面和跨国家层面上的技术政策会更为重视高技术部门及其活动。为衡量政府技术战略是否成功,最常运用的一个指标是高技术部门产出在总产出中所占的比重,东亚国家在这一指标上会得高分(见本书第19章)。但是,这样的指标混淆了产业与技术水平,从而掉进陷阱,这也是本章所强调的。高技术产业中的低端活动,如“螺丝、起子”等装配活动,对高技术部门中高端活动成功的影响很难预料,低端活动也可以产生来自新对手的竞争,而这种竞争主要建立在提供廉价劳动力基础之上。

正如伦德瓦尔和博拉斯在本书第22章中所指出的,政府的创新政策长期以来被技术推动的“线性模型”所主导。虽然该方法没有将高技术在传统领域中的应用排除,但在实践中这种偏见通常偏向于新领域和新技术。几十年来,对高技术的偏爱,与对企业、产业的合并的偏爱相伴,被视作技术和商业成功的“法宝”。这一观点在最近受到了挑战,因为中小型企业已经越来越被认为是高技术的来源,如生物技术和基因工程、软件和先进制造业等。然而在低技术产业中,人们普遍认为中小型企业拖累和降低了整个产业的绩效水平。

与“供给推动”线性模型相对应的是创新的“需求拉动”模型,其中的因果关系大体上是相反的。虽然政府倾向于将“所有问题留给市场自己解决”,但很明显,市场失灵经常发生于创新活动之中。政府应定位于中间位置,着力去培育扩散而不是推动上游的发明和创新(Stoneman, David 1986)。这不会克服所有的市场失灵问题,但确有必要重新权衡政策并使其更加关注创新的扩散。本章重点关注高技术活动在低技术部门中的扩散。正如我们已经观察到的,跨部门边界的技术转移空间较我们通常所认识到的更为广阔。

事实上,很多国家的早期发展都是以目前所认为的低技术活动为基础的,如食品加工或纺织业等——丹麦、瑞士、澳大利亚是最明显的例子(von Tunzelmann 1995)。同时,更多的国家被锁定在低技术的活动中而从未完全脱离,如拉丁美洲。这一状况目前仍然存在,因为这些国家的比较优势存在于低技术部门中。我们的观点是,当今世界上没有真正的低技术部门。高技术完全有可能成功扩散到"低技术部门"中,正如本章描述的几个例子。因此,中等发达国家和发展中国家在选择传统领域的静态比较优势和来自技术机会的动态竞争优势时,不必再进退两难——他们都将拥有可口美味的蛋糕。

如此,我们将不再像失败主义者那样将传统部门视为"夕阳产业"。正如恩斯特·海明威(Ernest Hemingway)所说,"太阳照常升起"。高技术活动不仅会向下游扩散到低技术部门,旧的技术领域还会横向扩散到新的技术领域。例如,瑞士等国家(有意识或无意识)的演化模式——一方面从纺织业到印染业和化工业,然后进入制药业;另一方面进入机械业,并随后进入先进的工程业,就是一个有力佐证。

以上讨论提出了一个重要的政策启示,低技术部门的优势并不一定是发展的绊脚石,虽然国家和跨国家政府经常会在技术政策中犯这类错误。例如,欧盟运用"框架计划"和"结构资金"作为克服市场失灵的手段,但是对两者协调并运用"结构资金"作为在追赶地区实施创新的手段,是可以想象的(Fagerberg et al. 1999)。"发展绊脚石"这一观点可以被"发展基石"的观点所取代,其中中低技术部门扮演了"搬运者"的角色,它们将来自新技术的收益在整个产业群中加以扩散,正如它们以前成功的做法那样。

虽然上述现象在某些服务业和许多成熟的制造业部门中已相当明显,但我们并未认定它已大规模地发生。相反,对过去的技术创新和产业发展"长波"进行模拟,仍是未来数十年的重要挑战。

15.8 结　论

本章的讨论围绕以下问题展开：低技术部门并不缺乏技术机会，事实上技术专有性和其他与技术创新收益相关的因素在低技术部门中普遍存在。本章得出的主要结论是，当今世界中没有真正的“低技术部门”。相反，我们所观察到的，是高技术以不同程度渗透到中低技术部门和高技术部门的状况。

未来的研究有必要重点关注产业和部门的分类问题，OECD 已经开始用更为精准的产业知识强度评价替代常规的直接和间接 R&D 评价（OECD 2003；更多讨论见本书第 6 章）。这对政策制定和理解长期发展的结构变化与来源具有重要启示。我们建议，未来的研究不仅应进一步理解技术如何被分类（例如帕维特的分类），更应研究技术如何转化为产品的问题。已有一些学者对该领域展开了领先性的研究工作（如：Piscitello 2003），但是这些工作需要来自国家和“跨国家”机构对驱动技术变化和长期繁荣的需求和供应因素的相关概念的发展。中低技术产业在总体产出中的份额太大了，我们不可能像扔垃圾那样随意处理，而应慎重对待。

参考文献

ACHA, Y. L. (2002), “Framing the Past and Future: The Development of Technological Capabilities in the Upstream Petroleum Industry,” Unpublished D. Phil. Thesis, SPRU, University of Sussex.

——and BRUSONI, S. (2003), “Complexity and Industry Evolution: New Insights from an Old Industry,” in Best Papers Proceedings of 2002, European Association for Evolutionary Political Economy Conference, 2003.

BABAEV, H. (2000), “Scientists, Engineers Teaming up to Develop Mars Drilling Technology,” reprinted in *Oil and Gas Journal* 98 (17).

BALDWIN, J. R. (1995), *The Dynamics of Industrial Competition: A North American Perspective*, Cambridge: Cambridge University Press.

——and SABOURIN, D. (2002), “Advanced Technology Use and Firm Performance in Canadian Manufacturing in the 1990s,” *Industrial and Corporate Change* 11: 761~790.

BELUSSI, F. (1987), “Benetton, Information Technology in Production and Distribution: A Case Study of the Innovative Potential of Traditional Sectors,” SPRU Occasional Papers 25, SPRU, University of Sussex.

CHANDLER, A. D. jr. (1977), *The Visible Hand: The Managerial Revolution in American Business*, Cambridge Mass,: Belknap Press.

——(1990), *Scale and Scope: The Dynamics of Pndustrial Capitalism*, Cambridge, Mass.: Belknap Press.

COHEN, W. M., and LEVINTHAL, D. A. (1989), “Innovation and Learning: The Two Faces of R&D,” *Economic Journal* 99: 569~596.

——(1990), “Absorptive Capacity: A New Perspective on Learning and Innovation,” *Administrative Science Quarterly* 35: 128~152.

* DAVIES, S., and LYONS, B. (1996), *Industrial Organization in the European Union: Structure, Strategy and the Competitive Mechanism*, Oxford: Oxford University Press.

DODGSON, M., and ROTHWELL, R. (eds.) (1995), *The Handbook of Industrial Innovation*, Cheltenham: Edward Elgar.

* FAGERBERG, J., GUERRIERI, P., and VERSPAGEN, B. (eds.) (1999), *The Economic Challenge of Europe: Adapting to Innovation-Based Growth*, Cheltenham: Edward Elgar.

* FREEMAN, C., and LOUÇÃ, F. (2001), *As Time Goes By: From the Industrial Revolutions to the Information Revolution*, Oxford: Oxford University Press.

——and PEREZ, C. (1989), "Structural Crises of Adjustment: Business Cycles and Investment Behaviour," in G. Dosi, C. Freeman, R. Nelson, G. Silverberg, and L. Soete (eds.), *Technical Change and Economic Theory*, London: Pinter, 38~66.

GEREFFI, G. (1999), "International Trade and Industrial Upgrading in the Apparel Commodity Chain," *Journal of International Economics* 48: 37~70.

GROSSMAN, G. M., and HELPMAN, E. (1991), *Innovation and Growth in the Global Economy*, Cambridge, Mass.: MIT Press.

HELPMAN, E. (ed.) (1998), *General Purpose Technologies and Economic Growth*, Cambridge, Mass.: MIT Press.

* HIRSCH-KREINSEN, H., JACOBSON, D., LAESTADIUS, S., and SMITH, K. (2003), "Low-Tech Industries and the Knowledge Economy: State of the Art and Research Challenges," mimeo, EU 5th Framework Project, "Pilot: Policy and Innovation in Low-tech."

HOBDAY, M. (1998), "Product Complexity, Innovation and Industrial Organisation," *Research Policy* 26: 689~710.

MALERBA, F., and ORSENIGO, L. (1996), "Schumpeterian Patterns of Innovation," *Cambridge Journal of Economics* 19: 47~65.

* ——(1997), "Technological Regimes and Sectoral Patterns of Innovative Activities," *Industrial and Corporate Change* 6: 83~117.

MANSFIELD, E. (1969), *Industrial Research and Technological Innovation: An Econometric Analysis*, New Haven: Yale University Press.

* MARSILI, O. (2001), *The Anatomy and Evolution of Industries: Technological Change and Industrial Dynamics*, Cheltenham: Edward Elgar.

MELICIANI, V. (2001), *Technology, Trade and Growth in OECD countries: Does Specialisation Matter?* London: Routledge.

MOWERY, D. C. (1995), “The Boundaries of the US Firm in R&D,” in N. R. Lamoreaux and D. M. G. Raff (eds.), *Coordination and Information: Historical Perspectives on the Organization of Enterprise*, Chicago: University of Chicago Press, pp. 147~182.

NELSON, R. R. (ed.) (1993), *National Innovation Systems: A Comparative Analysis*, New York: Oxford University Press.

OECD (1994). *The Measurement of Scientific and Technical Activities: Proposed Standard Practice for Surveys of Research and Experimental Development* (Frascati Manual: 1993), Paris: OECD.

——(2003), *Science, Technology and Industry Scoreboard 2003 – Towards a Knowledge-Based Economy*, Paris: OECD.

ORLIKOWSKI, W. J. (2000), “Using Technology and Constituting Structures: A Practice Lens for Studying Technology in Organizations,” *Organization Science* 11: 404~428.

——and GASH, D. C. (1994), “Technological Frames: Making Sense of Information Technology in Organizations,” *ACM Transactions on Information Systems* 2: 174~207.

* PAVITT, K. (1984), “Sectoral Patterns of Technical Change: Towards a Taxonomy and a Theory,” *Research Policy* 13: 343~373.

* PENEDER, M. (2001), *Entrepreneurial Competition and Industrial Locations*, Cheltenham: Edward Elgar.

PENROSE, E. T. (1959), *The Theory of the Growth of the Firm*, 3rd edn., Oxford: Oxford University Press, 1995.

PISCITELLO, L. (2003), “Generation and Applicability of Technological

Competencies: Another way of Measuring Coherence in Corporate Diversification," paper for Conference in Honour of Keith Pavitt, Politecnico di Milano.

PORTER, M. E. (1985). *Competitive Advantage: Creating and Sustaining Superior Performance*, New York: Free Press.

ROSENBERG, N. (1963), "Technological Change in the Machine Tool Industry, 1840~1910," *Journal of Economic History* 23: 414~416.

——(1976), *Perspectives on Technology*, Cambridge: Cambridge University Press.

RUMELT, R. (1974), *Strategy, Structure and Economic Performance*, Boston: Harvard Business School Press, rev. edn., 1986.

STONEMAN, P. L., and DAVID, P. A. (1986), "Adoption Subsidies vs. Information Provision as Instruments of Technology Policy," *Economic Journal*, Conference papers, 96: 142~150.

SUTTON, J. (1991), *Sunk Costs and Market Structure*, Cambridge, Mass.: MIT Press.

* ——(1998), *Technology and Market Structure*, Cambridge, Mass.: MIT Press.

TIDD, J., BESSANT, J., and PAVITT, K. (2001), *Managing Innovation: Integrating Technological, Market and Organizational Change*, Chichester: Wiley.

* VON TUNZELMANN, G. N. (1995), *Technology and Industrial Progress: The Foundations of Economic Growth*, Cheltenham: Edward Elgar.

WOMACK, J. P., JONES, D. T. and Roos, D. (1990), *The Machine that Changed the World*, New York: Rawson.

* 星号表示建议延伸阅读的条目。

第 16 章　服务业创新

伊安·迈尔斯(Ian Miles)

16.1 引　　言

“服务业创新”正日益引起创新研究者和政策制定者的兴趣,这一趋势在过去 10 年中表现得尤为明显。服务业的发展迅速,在绝大多数工业化国家的就业和经济产出中所占的比重日益增大,并对这些国家的生产率、经济竞争力和生活质量产生了重要影响。需要指出,服务业创新的重要性不仅是因为服务业部门在国民经济中地位的迅速提升,还有以下两点原因:首先,服务创新完全超越了服务业本身,它会对所有经济部门的服务活动都产生重要影响;其次,一些服务部门在整个经济体系的创新过程中扮演了关键性角色,如作为其他行业部门的创新来源、提供创新支持和充当创新转移的有效中介。

16.2 服务业——增长、特性与创新

工业化国家服务业部门的产出和就业自 20 世纪 50 年代开始显著增长。表 16.1 显示,在 20 世纪 70 年代早期,服务业的增加值比重占欧盟国家 GDP 的 50%以上,到了 21 世纪初这一比例已超过 2/3。

表 16.1　欧盟国家 GDP 中服务业增加值的比重(%)

国　家	EC－9（1973 年）	EC－10（1981 年）	EC－12（1986 年）	EU－15（1995 年）	EU－15（2001 年）
欧共体/欧盟	50.7	56.3	59	63.1	65.3
爱尔兰	44.5	49.4	50.4	48.6	49
芬　兰	n/a	49.8	53	56.4	57.1
葡萄牙	n/a	48.8	54.1	59.1	61
奥地利	n/a	55.5	58.6	63.3	63.6
丹　麦	58.8	60.9	60.3	64	64
西班牙	47.8	57.3	58	63.7	64.2
德　国	48.1	54.2	55.9	62.5	64.9
意大利	51.1	56.4	60.6	62.8	64.9
希　腊	40.3	47.7	48.9	62.6	65.4
瑞　典	n/a	60.1	59.7	62.2	65.5
荷　兰	52.2	58.8	60.4	63.9	65.5
法　国	50.8	57.4	61.1	65.3	66.8
英　国	54.7	54.5	57.1	62.1	67.2
比利时	54.6	60.7	62.8	66.1	67.3
卢森堡	46.9	65.2	76.4	83.7	83.8

来源：Eurostat 2003，50 years of figures on Europe，Luxembourg：European Communities

16.2.1　服务业的多样性及其特质

由表 16.1 可知,不同国家的服务业产出和就业的增长速度存在很大差异。以爱尔兰为例,服务部门的产出贡献份额在 1986～2001 年间是下降的。上述差异反映了一个事实,即不同国家的服务部门构成存在较大差异,也凸显出“服务部门(Service Sector)”是一个包含了大量性质各异的活动的部门分类。其中,既包含那些运作规模较小和具有较低技术要求的服务活动(如理发),又包含了那些由大规模企业组成的、具有高信息技术密集度的 FIRE① 部门(如金融、保

① Finance(金融),insurance(保险),real estate service(房地产服务)。——译者

险、地产等)。另外一些技术还运用在流通部门中,如运输部门、零售批发部门、通信和广播部门等。HoReCa 部门(酒店、餐馆和赌场)则由食物配备、传递、娱乐和休闲等多种要素构成。社会性的集体服务如公共管理和医疗健康、教育服务主要或完全由国家提供和实施,虽然不同时期、不同国家的具体组织模式存在很大差异,但其办公运作过程非常依赖于信息技术。商业服务中既包含物流、办公和建筑设施等"实际支持性"服务,也包括法律、会计等"管理支持性服务",还包括计算机和工程服务等"技术支持"。需要指出,以上分类并没有穷尽服务部门所包含的活动和技术的多样性。

服务业市场(Services Markets)同样具有多样性,其范畴涵盖了消费者、企业、公共部门及其客户。因此,服务业是在一个由众多不同"原材料"构成的体系中运作的,服务对象既包括人,也包括生物(如兽医服务),还包括各种实物制品(它们可以被修理、维护、储存、运输、测试,并整合进更大的系统……)、数据、符号和信息(可以被金融业以及计算机、通信业处理、储存并通过电信传输)等。对服务员工技能的要求也从最简单的快餐服务、办公室清洁服务到市场研究人员和建筑师的专业资质以及 R&D 企业的科学和工程服务。

"多样性"意味着任何力图揭示服务和服务创新本质的一般性描述都必将存在众多例外。有些服务业就其特性来说更类似于制造业——如技术密集型服务业(如媒体、电信服务);还有一些服务业非常依赖物质制品在其中发挥的重要作用(如原型设计、修理服务等)。同时,很多制造业企业的运作过程包含了大量"服务"活动(如运输和物流服务、办公、营销和售后服务等)。但无论如何,服务业总能通过自身的一组一般特性与制造业区别开来。

例如,很多服务产品是无形的,使得它相对于制造业产品更难以被存储、运输和输出。从服务业发展历史看,许多服务创新难以通过专利机制加以有效保护,虽然这种状况已在某些服务部门如计算机软件服务和 FIRE 部门(Hall 2003;Graham,Mowery 2003;FhG. 151/2003)中有所转变。服务具有典型的交互作用特性,这表现为服务供应商与顾客在设计、生产、传递、消费及其他服务过程中频繁的交互作用。服务产品经常是在“供应商-客户”交互作用过程中的某个特定时点和地点(“共同边界”)被生产和消费。

创新可能聚焦于服务的交互作用过程,就如同对(制造业中)产品和工艺特性的关注一样,因此服务创新对技术知识的依赖可能并不强,而社会和文化惯例对它的影响会更大。许多服务业具有较高的信息密集度,它包含了大量基于办公服务或沟通与交易性的运作过程,例如电话营销。一些服务产品通过电子化方式加以传递,如文档报告、电视节目、音乐、计算机软件和网站等。此外,很多服务业所包含的信息要素经常会引致基于信息技术(IT)的创新。但在其他方面,服务业内部不同行业间的差异与制造业内部行业间的差异同样显著。显而易见,服务业包含了当代工业经济中最集中也最具知识密集性和 IT 密集性的部门(如银行、专业服务等),也包含了最分散、最缺乏知识密集性和 IT 密集性的部门(如零售服务、清洁服务等)。

16.2.2 服务业创新研究回顾

虽然服务业在整个经济体系中已变得越来越重要,但针对服务创新的研究直到 20 世纪 80 年代才开始受到系统性的关注与重视;到了 90 年代,针对服务创新的研究项目大量涌现;到了 20 世纪末,一部分服务业已被纳入 R&D 和创新调查(Innovation Survey)的范畴当中。

虽然最近的许多创新调查显示,服务业已加大 R&D 投资的力度,但这些调查仍有可能低估了服务企业的创新活动。服务部门 R&D 投入的增加反映了以下两点事实:(1) 创新调查包含的服务企业范围已显著扩大(直到 20 世纪 90 年代,许多国家层面的创新调查都不包含服务业);(2) 某些大型企业中的活动被重新归类为服务活动。美国国家科学基金最近关于服务部门 R&D 投资的描述表明,服务部门确实表现出了以上两种趋势,并呈现出一些系统性的显著变化。

美国服务部门的 R&D 活动在 1987~1991 年间经历了大规模增长,这主要是受计算机软件企业和那些在合同基础上承担R&D任务的企业所驱动。1987年服务部门的R&D投入总额在美国所有产业的R&D投入总额中只占不到9%的份额。在随后的几年中,服务部门的R&D投资速度超过了制造业的R&D投资速度;到了1989年,服务部门的R&D投资几乎占到美国所有产业R&D投资总额的19%,超过两年前份额的两倍还要多。到了1991年,服务部门的R&D投资额已经增长至占美国所有产业R&D投资额的近1/4的比例。与美国不同,日本仍未发现服务部门中R&D投入的显著增长,日本服务部门中的R&D投入总额在1996年占日本所有产业R&D投入总额的4.2%,在1997这一比例为4.5%。

欧洲服务部门的R&D投入自80年代以来增长了两倍,到1997年已经占到整个产业R&D投入的11%左右。服务部门R&D投资的大规模上升在很多欧洲国家中表现得非常明显,特别是英国(1997年服务业R&D投入占产业R&D投资总额的19.6%)、意大利(15.3%)、法国(10.0%, National Science Foundation 2002: 第6章)。

以上服务部门R&D投资的数据驳斥了那些认为服务部门中的创新只可能来自制造业创新的传统观点。[①] 大量案例研究也表明,服务企业确实开展了多样化的创新活动(Andersen et al. 2000;Tidd,Hull 2003)。事实上,一些服务行业进行了大量的R&D投资,其创新项目的开展也与制造企业不相上下。学者们可以从企业年报和会计数据中获取有关企业R&D的有价值信息,对这些数据的分析构成了英国贸易工业部(DTI)的分析报告。2003年的DTI报告指出,IT服务业在2003年全世界所有行业的R&D费用排名中名列第五,在英国2003年所有行业的R&D费用排名中名列第六。由IT企业进行的R&D费用分析报告表明,微软公司在全世界企业的R&D费用排名中列第11,英国电信(British Telecom)在英国企业的R&D费用排名中列第五,路透社排名第11。全球最大的

① 这一观点已得到广泛传播,例如,"服务"在帕维特提出的创新分类中被划分为供应商主导型(1984)——在随后的论文(1994)中,帕维特又将软件服务划进"专业供应商"类型中,并增加了"信息密集型"企业的类型,其中包含了金融、零售、旅游和出版业。

R&D 投资者(Top 700 企业,2002 年的 R&D 费用超过 3 500 万英镑)全部 R&D 费用的 6% 投在了软件和 IT 服务企业中(在英国这一数字是 5%)。

来自 CIS 调查的数据也显示,服务企业是重要的创新者,而且在技术开发中扮演重要角色的不一定是所谓的"高技术"服务业(如软件和通信服务业)。虽然所有的服务业部门都存在创新活动,但创新调查显示,服务业中的平均 R&D 强度比制造业低。采用来自其他部门的技术是服务部门创新的重要形式,其中很多创新活动都表现出"供应商驱动"的特性。

16.2.3　服务业属性与创新轨道：工业化和模块化

服务业的创新模式也许与服务企业和(大多数)制造企业的差异有关。服务业具有的特性对其独特的创新模式有何重要影响？服务的交互作用特性意味着,服务产品经常以满足客户的特定需求为目标(即顾客定制化)。从服务业的发展历史看,交互作用的存在使服务供应经常局限在小规模的本地化供应范围之内。莱维特(Levitt 1972)在 30 多年前就指出,服务企业需要适应"生产线方法",即效仿工业化生产并转向标准化产品的大规模生产,同时需要配合以更为精细的劳动分工和更高水平的技术支持。事实上,目前很多服务业都已具备高度标准化和高技术密集的特性——例如铁路运输、常规通信服务和广播服务等①,当然其他一些服务部门的发展也与日益增强的标准化关系密切。以麦当劳为代表的快餐业是个典型例子。快餐业的生产链中同样包含了定制化运作：不同的要素或模块可以按照顾客需求整合成所需产品,而新的模块可以用来增加创新的多样性。

服务"产业化"曾被批评导致了低质量和低技能工作的出现(如"麦当劳化工作")。其他类型的创新与服务要素的重组也许会产生新的社会形式。例如,呼

① 西普等(Hipp et al. 2000)指出,德国绝大多数服务企业都在考虑将其服务产出标准化,这是令人吃惊的,诸如技术服务和计算机服务等商业服务是标准化程度最低的服务部门。

叫中心和银行自动化的使用经常会导致与传统运作者合作的终止。郊区大型超市的出现对市中心的商店和郊外的商店会产生不利影响。同样,人们还对消费者电子商务的出现和使用表示担忧,因为并不是所有消费者都会使用这种新型交流工具。这种担心可能会引发消费者作出反应,导致政府出台相应的管制政策和法规,从而对服务市场及服务企业的创新战略产生影响。

那么,莱维特提出的"服务产业化"的确切内涵是什么?毕竟,当前很多制造企业已经开始强调灵活的专业化和大规模的定制化生产方式,还进行了高度细分的劳动分工的重新整合。这些趋势使制造业看起来更像服务业,而制造业的某些做法也正在被大型服务企业所模仿,某些服务组织甚至已经开始遵循典型的工业化生产轨道。

服务企业模仿制造企业的一种方式是对组织创新工具——"质量控制程序"的采纳和发展。与很多制造企业一样,服务企业对质量的关注将引发相关创新的出现,其核心是将服务视作是由大量不同要素构成的产品,以便能够运用质量控制的原则与措施。质量控制程序可以用来发现整个运作过程中服务绩效较差并需要改进的地方。信息技术在服务企业中的引入主要用来提升顾客服务质量,特别是在运用呼叫中心等手段提升企业的反应速度方面发挥了重要作用。对服务构成要素的研究,将有助于理解这些要素被转换或重新配置以形成新的"服务束"的创新方式(Sundbo 1998)。"模块化"正是这类创新,服务过程和(或)服务产品的分解会导致一些过程创新和新产品组合的出现。这类创新活动并不一定依赖于 R&D 投入,①如软件业和通信服务业中很多常规性的 R&D 活动就是这类创新。

另一个促进服务产业化的关键因素是 IT 技术的应用。IT 技术的应用使得众多服务企业和其他部门中大型企业的后台运作能够实现自动化——例如文档处理、电子邮件发送、企业资源规划(ERP)软件和系统的使用等。除了在企

① 有关这方面的例子,可参见琼普(Jones 1995)对飞机上餐饮服务的描述。

业后台工作中得到广泛应用外，IT 技术在管理和实施面对顾客的服务（如电子邮件和电话管理）中也得到了广泛应用。这些 IT 技术的应用使得通过重新组合标准化服务模块来提供定制化服务成为可能。运用 IT 技术实现的后台办公自动化还改变了服务活动的空间位置。电话呼叫中心是专门回答顾客问题的计算机辅助回答系统，它主要用来提供常规的顾客服务，这是 IT 改变服务活动空间位置的典型例子。[①] 在过去的 10 年中，我们已经看到英国的呼叫中心迁移到该国的低工资区域，最近更多的公司迁到印度次大陆，这是一个明显的“离岸”活动。关于高水平办公服务的离岸程度问题存在大量争论——一些相当复杂的软件活动在搬到海外地区后，会遵循更为基本的编程工作。很显然，有关新的国际化分工明确包含了服务业、制造业及其外围活动的重新布局。[②]

16.2.4 服务多样性和与 IT 相关的创新轨道

IT 技术已在服务部门中得到广泛应用——事实上，服务业的 IT 投资比制造业的 IT 投资更高，而且不成比例（这引发了关于“生产率悖论”的讨论）[③]。在某些情况下，这些 IT 投资只不过是包括了对个人计算机、移动电话和类似设备及其支持软件与服务的运用；但在很多情况下，IT 在服务业中的应用需要开展大量的创新活动，因为需要开发 IT 技术实质性的新应用。例如，金融业和批发部门中的大型企业在 IT 中进行了大量投资，其目的是开发出用于数据获取、分类和分析的复杂网络与新型系统。大量的 IT 专业高级人才（如研究生）被吸收进这

---

① 直到 2000 年，大约 1%的英国劳动力在电话呼叫中心工作。

② 一系列有关服务国际化和服务创新的研究——这是一个从很大程度上仍未得到深入研究的领域——可参见：Miozzzo and Miles 2003。

③ 比较迈尔斯和马修（1992）与罗奇（Roach 1988）早期的分析。来自“投入-产出表”的数据使我们得以比较不同产业的投资模式。来源于服务部门的 IT 投资组成中包含了大量这类投资，其份额超出了所有产出中服务产出的构成份额。迈尔斯和马修发现，在英国 20 世纪 80 年代对计算机和通信设备有贡献的部门投资份额中，服务业的份额中分别是 5.7%和 4.6%，而制造业的份额分别是 4.1%和 4.0%。其中，这一时期服务部门中有关通信设备的费用主要由电信服务企业主导，总体上高水平的 IT 投资主要由科学部门推动，例如金融。

些服务部门，以致制造商们开始抱怨本部门缺乏具备IT技能的专业人才。①

IT为服务业提供了一种通用的信息处理技术，这与早先革命性的能源技术创新(如蒸汽机或电力)在制造业中的运用一样。但IT技术绝不是服务业中运用的唯一技术，也不是服务企业创新活动的唯一技术来源。例如，医疗服务企业和专业化的生物技术服务企业就是基因科学和后基因组知识与技术的主要使用者。但是，IT的运用在服务部门中非常普遍，新的IT技术出现也使人们形成这样一种认识：服务业经常是创新的用户，同时服务业本身也是创新者。理查德·巴罗斯(Richard Barras 1986/1990)指出，IT革命在很多方面是服务业的一项产业革命。他认为基于工厂的服务业创新并不遵循制造业中的一般模式。与经典的制造业产品周期理论不同，巴罗斯认为服务创新——或更为准确的，基于IT的服务业创新——遵循典型的"逆向产品周期"(RPC)模型。

"逆向产品周期"包括三个阶段——效率的提升、质量的提升，以及新的服务。IT的引入首先用来改进现有的过程，随后才成为服务产品创新的基础，这颠覆了由阿伯纳西(Abernathy)和厄特巴克(Utterback 1978)②提出的制造业创新的正常"产品周期"模型。对"先锋服务部门"(在技术上较为复杂的部门，如金融业)而言，巴罗斯认为逆向周期的三个阶段分别以1970年、1980年和1990年为标志年代。在保险企业的最近30年中，保险服务从保单记录的计算机化开始，到提供在线的保单报价服务，并最终开始提供完全的在线服务产品，就是一个典型例子，类似的情况也同样适用于服务业之外的服务职能。很多新型的远程信息服务企业(如从通用汽车公司中产生的EDS公司)，是围绕制造企业内部关于通信和数据管理过程的创新而创立的，这使得制造企业内部的交流活动得到精简，提

---

① 这一问题并不是由制造商报告的——我发现，20世纪80年代英国公共部门的有关组织怨声载道，因为它们的项目受到了其员工纷纷受雇于金融服务部门的很大影响。除了西方对这一问题有所关注外，《新加坡计算机世界》(*Computerworld Singapore*)在2000年10月的文章也指出，金融服务部门中的计算机专业人员的薪酬要比其他部门从事相同工作的人员要高不少。

② 该模型曾被证明是一个具有重要影响力和颇有价值的分析起点，但目前学者们已广泛指出，即使对制造业而言，它也只有有限的应用空间。

高了效率。最终,这些服务活动从制造业剥离出去并形成独立的 IT 服务企业。此外,一些在线信息服务企业源于企业内部的数据管理服务,如出版社。

巴罗斯的分析影响了众多学者的观点,这些观点都强调了服务业创新轨道和制造业创新轨道间的差异(Barras 1986/1990)。虽然很多服务企业没有任何创新,但越来越多的企业运用了 IT 技术并积极进行各种应用和相关创新的尝试,这丰富了对巴罗斯理论框架进行实证检验的行业范围。①

对 RPC 模型的批评主要包括:

- 反例的存在(如基于 IT 的服务业经常始于产品创新);
- 概念界定的困难(生产和消费边界的模糊使得很难确定一个时点,该时点用来判别某一创新何时从"效率提升"转变到"产品创新");
- RPC 的时间序列特点如何?(在引入新的 IT 技术并经历了 RPC 周期过程之后,服务创新会遵循经典的产品模型吗?)

乌奇帕拉纳(Uchupalanan 1998/2000)对 RPC 方法进行了系统性的批评。他在跟踪考察了泰国银行部门所有企业的五类 IT 创新后,②发现了远比 RPC 丰富并在更广阔范围中出现的创新战略与轨道。对于每一个特定的创新,银行企业会受到竞争者的战略、自身早期创新经验以及来自管制和市场压力等因素的影响。市场竞争、企业环境和创新动力间的相互关系表明,RPC 模型所揭示的创新过程在这种背景下并不适用。因此,RPC 只是服务业中大量可能的创新模式中的一种而已。

虽然 RPC 方法忽略了非 IT 创新和早期实施的服务创新活动,但它在最近的大量服务创新研究中得到了验证,这表明它仍具有强大的影响力。RPC 框架对服务企业日益增加的创新活动的关注,弥补了大多数学者们传统上对服务企业创新活动历史性分析的不足。以上论述表明,RPC 具有重要的理论贡

---

① 美国研究者也提出了同样的观点,见:Faulhaber, Noam and Tasley 1986;但布朗温·霍尔在本书第 17 章指出:"跟随者"在真正成为创新者之前会在很长时间内不进行创新。

② 银行分支机构间的在线服务,自动柜员机,信用卡和相关服务,远程银行,以及在销售点的电子资金转账。

献,它为未来的服务创新研究提供了颇有价值的起点。

其他服务创新研究更为重视服务企业与客户间的关系。这类研究运用与制造业生产活动类似的术语“服务生产”来描述包含在“供应商-客户关系”以及传递“服务”中的活动与程序——这基本等同于前面所说的“交互作用”。贝列弗勒姆等(Belleflame et al. 1986)根据服务企业聚焦于服务生产、产品生产或两者结合的程度(此处没有设定这些创新必须以 IT 为基础),对服务企业的创新进行了分类,发现了包含各种创新类型的大量例子。托德尔(Torddoir 1996)对专业服务进行了研究,发现服务供应商和客户间存在非常不同的交互作用模式,并由此引入了相区别的“标准”关系(服务供应商提供相对标准化的服务)和“协商”关系(供应商和客户共同商定所提供服务的细节)。最近的研究还提出了这样一个问题,即如何根据服务被标准化或满足特定客户需求的程度来判断服务创新间的差异(Hipp et al. 2000/2003)。交互性更强的服务会要求服务企业与客户间进行更多的知识交换,其中的学习过程会成为创新的沃土,然而很多服务创新是针对特定问题的一次性解决方案,或一般性解决方案的更为详细的定制化。

RPC 理论认为,基于 IT 的创新始于后台过程创新,随后向前包含了大量与顾客接触有关的功能,包括新的服务产品(如满足特定环境中的个别客户要求的新银行账目)与传递创新(如在线银行和现金机等)。在其他一些面向顾客的功能中也存在创新空间,如目标营销和计算机辅助热线电话服务等。围绕着服务关系的交互作用包含了丰富的信息流——特别是在信息服务(如咨询、教育服务等)中。当然,这些交互作用中也可能包含大量的有形要素,但并非所有的有形要素都是信息内容的载体(如餐饮、运输、清洁、外科手术和理发等有形服务)。

以 IT 为基础的创新可以应用于以下服务提供的信息要素中——营销、订货、交易等。IT 也是其他类型服务创新的重要组成部分——如果没有电话,比萨递送服务的吸引力就会下降很多。其他类型的交互作用也在服务中有所体现,包括有形要素和其他要素,而这可能受益于非 IT 类型的创新——如比萨递送服务中的摩托车和绝缘饭盒等。RPC 模型本身是一个强调制造业的 IT 设备与软件的引入对服务创新影响的模型，它可以通过适当的扩展而将上述技术完全包含进服务部门中，如超市对冷冻技术开发的投资[包括在冷冻设计中的常规投入；事实上，超市在决定如何替代设备中的CFCs(氯氟烃)方面扮演了重要角色]，铁路企业支持性能更为优异的机车开发(在私有化前，英国铁路部门拥有大量的R&D设施，用以获取更快的机车、寻找更安全的措施、发现更符合环境要求的车厢配色)等。

另一种研究服务间差异的方法强调了服务影响的关键性转变，并区分了三组服务(Miles 1999)。该分类方法除了考虑IT技术外，还考虑了大量其他同等重要的技术在服务业中的应用及其对服务业创新动力的影响。

第一组服务是“*有形物理服务*”(如交通服务、国内航线服务、餐饮服务等)，涉及物理变化，机动车和电力技术特别适用于这些服务——如货物运输、洗衣设施、烹饪设备等。在这类部门中采用新技术经常会在不同的服务提供模式中引发竞争，如公路、铁路和航空服务之间，洗衣和洗烫之间，传统餐馆和快餐店之间等，从而使不同供应模式间的竞争更加激烈。还需要指出，诸如洗衣或食品提供的消费服务还可能受到葛舒纳(Gershuny 1978)提出的、由家庭消费者“自我服务”所产生的竞争影响。汽车、家用冰箱和其他家用设备技术使消费者能够运用它们为家庭提供服务，并由此与服务企业展开竞争。当然，这些产品被消费者采用也推动了一些新服务的出现，如汽车修理服务。

新的IT技术在有形服务中得到了广泛应用，如运输、物流、零售和仓储服务等。计算机已在企业的后台会计和交易职能中得到了长期应用，此外电子数钞机和扫描仪①也被引入超市和小型商铺中。这些基于IT的设备与办公系统相连，主要用来盘点存货、将数据输入自动仓库和构建适用范围更广的超市自动化系统。新的“交通信息”系统相对于传统的时间表和车辆位置记录而言，功能更为强大，它还提供了更为先进的路线安排和收费程序，其背后是移动通信、“智能卡”和其他创新的支持。

---

① 注意，条码扫描器需要制造商在其产品上打码的合作。同样，诸如信用卡和借方卡的金融服务创新也需要在接受这些卡和使用验证系统的零售商的合作。

大规模的*人力服务*部门通常在福利国家的资助下建立和运行，通用性的IT技术在这类部门的前台工作中应用得不多。很多*社会福利*活动的开展都引入和使用了办公和通信系统，而*医疗*领域已经利用了医疗技术——外科设备、制药、辐射技术等。两组服务的共同特征是，必须将大型的管理数据处理程序（如薪水册、年金、护照、驾驶证等）和计划功能（管理住房系统和垃圾处理服务、观测流行病和进行环境分析）与更符合顾客特定要求的定制化工作结合起来。这些大规模工作是计算机早期的应用领域。现在，个人计算机和数据网络已经被广泛使用，使得在拥有个人客户详细资料的情况下进行决策支持成为可能——如支持医疗诊断和开处方的专家系统，或评价个人福利的专家系统。同时，还有一些“自助服务类型”的应用，如客户运用公共访问终端或家庭中的设备收集相关服务信息，或直接获得服务（如交互性的教具、寻找工作的数据库等）。不同公共服务之间的整合是有可能的，同一客户在不同数据库中的信息能够被整合起来——但是与隐私有关的法规会禁止这类整合。在许多其他类似例子中，可能存在的个人隐私和公民自由的潜在威胁限制了涉及信息获取与传播的创新发生。

最后，*信息服务业*在总体上对动力技术的依赖相对较少，虽然电力对它们很重要。信息服务业已经运用了大量IT技术，包括那些在微电子领域中发挥基础作用的新IT技术。某些服务（如广播、影视）以这些技术为基础，而其他一些服务如咨询和技术服务，则将这些技术作为生产和传递最终产品的重要工具。在某些消费者服务中，新的甚至是较老的IT技术都表现出了“自服务”的趋势。这使得娱乐领域中诸如戏院和电影院的传统服务很容易受到新的竞争者的影响，如TV、其他视听设备、视频游戏、PC和在线娱乐等。专业服务和商业服务部门是整个产业中IT密集度最高的部门（如金融服务），当然它们与信息处理也有着相当密切的关系（其中包含有关产权关系数据的处理与操作）。

由此可见，新的IT技术在信息服务中相当重要。其中的创新包括自动柜员机和智能卡、新的电话和远程传输服务、从模拟广播到互动数字媒体和“窄带广播”等，这些都是大规模投资活动关注的焦点。当前，绝大多数西方国家的广播服务已经为通过互联网获得存档广播和电视服务提供了机会，同时还经常会提供大量附加内容和讨论等①。其中某些服务企业在引导创新方面发挥了重要作用，如银行在定义新柜员机的特性中所起到的关键作用。这些行业的创新速度在很多国家中会因受到规制政策变化的影响而加快，同时也将导致众多新进入者和企业、部门所面临的国际竞争更加激烈(Sauve, Mattoo 2003)。

以上讨论为我们提供了分析不同类型服务创新轨道的一般框架，但这仍没有揭示出不同类型的服务在创新过程和动力机制中的差异。RPC 模型也不是关于这一主题研究的最终定论。未来研究当中一个非常重要并且潜力巨大的领域，是将"演化方法"与"基于特性的方法"运用到服务创新的研究中(Gallouj 2002)。

16.3 创新系统和创新的组织

IT 技术提供了一种能够得到广泛应用的跨部门通用技术——这是一种与以往(如汽车和打字机)完全不同的技术，它在有些服务部门中已得到广泛应用，但在有些部门中则很少被采用②。虽然服务部门在采用创新的程度和速度上存在很大差异，而且服务业中的某些部门较其他部门更倾向于采用创新，但事实上很多技术机会对所有服务部门都是开放和可获取的。甚至诸如理发等个人服务也可以进行创新——有些理发店运用个人电脑和视频技术向顾客展示不同的发型形象。IT 技术是结构化程度很高的技术，它能让使用者开发新的

---

① BBC 的网站(http：//www.bbc.co.uk)是一个恰当的例子。新的 BBC 广播和电视频道只能通过数字形式访问，同时大量的存档内容和文本信息也是在线提供的。

② 也许，通用性的创新仅包括那些照明和取暖技术、房屋建筑和维修以及电话技术等。这些创新是几乎不需要任何用户学习的创新。即使在需要新技能的地方(如汽车驾驶技能——在任何情况下都需要)，这些技术都几乎不需要配置就能够满足特定用户的需要。事实上，在有限配置的情况下，相关的工程服务(如车库)更类似一种大街上而非产业实验室内的工艺。

软件和界面,并用一种新的方式将不同的技术要素组合起来。

但是,技术密集度的持续增加并没有改变服务创新的所有特性。很多服务企业仍沿袭着过去的传统,通用性技术难以在这些服务企业的活动中得到应用。服务企业的低技术密集度意味着它很少关注与创新采用和管理相关的战略。服务企业对先进技术的有限使用意味着绝大多数服务企业并没有足够的激励机制将它们与创新系统中负责开发和提供新技术的部门联系起来。同时,在范围更广的创新系统中,由大学、研究机构和政府实验室等提供的与创新有关的设备中,几乎没有一样能满足服务部门的要求。因此,当前几乎没有服务企业大量使用这些技术资源,这也不足为奇(Institute of Innovation Research 2003)。

当然,也存在一些例外情况。例如,铁路、广播和电信服务通常都是国有大型企业,它们与制造商关系密切。这些大型服务企业通常自己建立实验室,设置测试地点,开展技术培训项目等。金融业和零售业中一些非常大型的服务企业也是如此。特别是在零售服务业中,连锁超市已经能熟练管理自己的供应链,常常热衷于指导和支配生产过程和产品,包括创新,尤其是对它们的农业和制造业供应商。譬如,连锁超市会向供应商提出特定要求(如要求他们采纳特定的环境和畜牧饲养和管理做法、使用电子商务技术等)。除了影响供应商之外,这类企业还会成为某些先进技术的使用者和开拓者——如数据储存和数据采集方法①。另一类非常重要的特例是,商业服务作为创新系统中的重要行为者,对

---

① 美国的NIST(National Institute of Standards and Technology,国家标准和技术协会)(TASC 1998)考察了几个技术密集型服务部门是如何处理技术障碍的。其中,某些障碍与特定技术有关——复杂技术具有的高风险将会导致对技术专家的大量需求,但绝大多数企业没有这种资源。因此,企业会与行业中的其他企业开展合作R&D(也经常是与制造业部门合作)以获取互补性的研究或技术技能。对IT开发中遇到的障碍,技术密集型服务部门会通过与制造供应商间的合作开发项目加以克服。这样的合作在总体上并不是以获取来自基础研究的知识为目标。IT实施的障碍与高额的配置和使用系统成本密切相关(IT实施的成本通常是获取硬件和软件成本的4~5倍),其他一些障碍与"市场相关",与新IT技术的系统特性带来的高交易成本有关,而这导致了更为强调标准化的活动,以此减少IT开发和实施的障碍。标准和协议经常是创新战略的核心。

整个经济中的创新活动具有重要影响，如咨询、培训组织以及很多帮助提供新技术服务的服务企业——更不用说专业化的 R&D 和设计服务公司了！

但是，相对而言，很少服务企业和服务部门与国家创新系统以及区域创新系统间保持着紧密关联。创新的组织在很多服务企业中是一个新事物——例如，在最近的一组访谈中我们发现，相对于商标和版权，很多英国大型服务企业直到目前才开始关注企业创新的知识产权应用问题。① 这一新动向部分反映了企业开始普遍重视无形资产，同时也是对美国正在出现的对"商业方法"给予专利保护的回应，对"商业方法"的专利保护将会对企业的服务运作活动产生重要影响。

沿袭这一做法的结果之一是很多服务企业不能运用相关知识，特别是不能进行有效的学习。它们可以快速适应诸如个人电脑等"现货"技术，但却很难开发出一种更为定制化或创新性的解决方案。部分原因是，服务创新很少依赖"标准"的 R&D 管理结构模式进行组织，而更依赖于专门化的、以项目管理为基础的组织模式。服务企业更为强调人力资源和技术的获取，而不是正式的 R&D 活动(Tether et al. 2001，Sundbo 1998)，这导致对学习经验的交流只能是有限的——某项创新可能无法在后续项目中加以复制，服务企业内部和不同服务企业之间有关技术机会和卓越创新实践的知识流动也会受到限制②。以下将要讨论的 CIS 调查表明，很多服务部门的创新水平比制造业低。这一方面可能是由于服务与创新系统的整合不强，现有的技术支持部门基本都针对制造活动；另一方面可能是由于很多服务企业内部的创新组织较弱。

以上讨论部分的服务创新的这些特性反映了过去研究的成果，也反映了一个事实，即不同类型经济活动的特性能够以各种不同方式对创新过程和创

---

① 见 FhG-ISI(2003)的报告，该报告专门对服务业的专利申请活动进行了研究。通常的观点认为，专利机制对很多服务创新并不适用，因此服务企业可能不会专门以获得这类的知识产权作为自己的行为导向。然而，FhG-ISI 的研究表明，大量服务企业积极参与了专利申请活动和新的知识产权战略的制定。

② 当然，也有明显的例外存在——某些 IT 和咨询部门的服务企业在创新和知识管理技术方面相当领先。

新轨道的形成产生重要影响。目前仍然存在争论的是，服务创新需要针对创新过程的管理和组织采用不同方法——如更为注重服务员工（尤其是专业服务员工）和客户，更为注重两者之间的交互作用过程等。传统的研发实验室也许并不适用于服务创新，虽然一些规模密集的大型服务企业已经开始建立和运作这样的实验室（在电信和铁路部门中已存在多年）。

服务业与制造业创新间的差异反映了很多服务活动是低技术密集的历史“遗留物”，以及对于许多服务业来说交互作用特性的重要性（这一交互活动要求特定的过程和实践）。但这些结论都必须考虑服务业创新活动的巨大异质性——因此，它们不适用于大部分的服务业部门。发展一个能对服务部门各种要素中存在的巨大异质性进行敏感反应的更为精细的框架是未来的一项重要研究工作。

16.3.1 创新调查与服务业

虽然近些年学者们在改善创新调查方面付出了大量努力，但有关服务和服务创新方面的数据仍然不如制造业中的数据那么详细和完备，CIS 调查甚至将公共服务和个人服务排除在外。虽然服务创新的诸多特性在这类创新调查中可以得到定性描述，但却很难观察并得到它的定量特征。同时，目前关于服务创新的指标设计很少，因此也难以充分把握服务创新的动力。

考虑到以上现状和服务业创新与制造业创新的差异，加之创新调查中的证据表明，服务业创新似乎并不遵循制造业的创新路径，并且其程度差异大于类别差异。

蒂泽尔等（Tether et al. 2000）进行了目前为止最为广泛的服务创新数据分析，这一分析建立在 CIS2 调查①的基础之上②。CIS2 调查包含了 1994~1996 年间

① 第二次 CIS 调查。——译者注

② 被研究的部门中排除了公共服务和消费者服务部门，如零售部门和 HORECA；微型商业服务和非常小型的企业也被排除在外。

实施创新活动的全部服务企业中的半数企业。这一比例略低于制造企业的调查数量。即使控制了企业规模变量,制造企业和服务企业间的差异仍然存在。与制造业部门相比,服务企业中的小规模业务更多一些(虽然金融服务主要由大型企业主导),大规模企业在大多数服务部门中开展创新活动可能性更大。但这不足以解释服务企业和制造企业的创新水平差异(在创新型企业的规模分布方面,有36%的小型服务企业和48%的小型制造企业,48%的中型服务企业和55%的中型制造企业,以及73%的大型服务企业和79%的大型制造企业分别被划归为创新型企业)。

创新型企业的比例在技术导向型服务企业中很高,很多企业的创新水平与高技术制造企业大致相当——如68%的计算机服务企业、64%的电信服务企业和55%的技术服务企业被划归为CIS2中的"创新型企业"。传统的服务企业主要被划归为低创新度企业(如只有24%的交通服务企业被划归为创新性企业)①。

我们应对上述结果进行审慎的解释,因为正如本章所指出的,应用于CIS中的创新测度方法对于服务业研究来说也许并不太理想。服务企业不太可能将它们所从事的活动视为技术创新,只不过是定制化生产或一次性服务生产。在服务业中,组织创新也许很重要,但在这次调查中并没有涉及。第二次CIS调查也没有具体指出创新中所涉及的技术种类,这意味着我们无法跟踪服务创新中IT所发挥的作用。但是服务创新中IT的作用无论如何强调都不为过。里奇(Licht)和莫奇(Moch 1999)发现德国所有的创新型服务企业都进行了IT创新,尽管它们也应用了其他技术。遗憾的是,他们所做的调查只涉及服务业,因此我们不能说这个结论也适用于其他部门和行业。

与预期有所不同,在里奇和莫奇的调查所涵盖的企业中,只有一小半的创新型服务企业认为它们在1994~1996年间开展了R&D活动。事实上,报告表明有1/4的企业R&D活动是持续性开发的。然而,在控制了企业规模变量后,

---

① 蒂泽尔和斯旺(2003)描述了CIS3数据中英国企业的详细信息,并对不同类型的制造企业和服务企业进行了一定程度的对比研究。

创新型服务企业中的R&D活动要少于制造企业①。R&D活动在大型服务企业和技术型服务企业中更为普遍地存在。

当然,对于多数服务企业而言,R&D活动从严格意义上讲并不是最普遍和最重要的创新来源。CIS2的数据表明,相关机器和设备的获取与运用,以及与创新直接相关的外部技术(包括软件)的获取与培训,是服务企业最广泛采用的创新活动(Tether et al. 2001)。这些创新来源说明了技术在服务创新中的重要性。服务企业中人力要素的重要性可以通过这些企业的培训费用加以反映。平均而言,技术获取在创新支出中占据了最大的比例;内部研发占到创新费用的1/4,在技术导向服务企业中这个比例还更高。技术导向型服务企业投入在创新中的费用最高,当然所有被调研的部门中都包含一些创新投入非常高和非常低的企业。

另一组与CIS调查有关的问题是创新信息的来源。蒂泽尔和斯旺(Swann 2003)运用英国的CIS3数据,比较了制造企业和服务业在信息来源使用上的差异。结果表明,不同部门间的信息源使用模式基本相似,其中制造企业对各类信息源的使用更为频繁。企业内部的信息源是使用频率最高的信息源,85%的制造企业和81%的服务企业都使用该信息源。该研究还指出,有相当大比例的非R&D创新者都使用了这一信息源。供应商是第二级信息源(83%的制造企业和77%的服务企业使用这一来源),消费者是第三级信息源(80%的制造企业和73%的服务企业使用这一来源)。技术出版物是使用频率较低的信息源(制造业和服务业都是65%),竞争者(分别为66%和62%)和行业展会(分别为72%和58%)也较少被使用。有两个信息源在服务企业中的使用频率比制造企业高,分别是各类会议(制造业为52%,服务业为62%)和咨询公司(分别为48%和56%)。其他信息源,如标准、政府部门、企业的其他部门以及大学(36%和24%)等是制造商更为频繁采用的信息源。

该研究还指出,制造业部门与服务业部门在信息源使用上的差异比通常

① 将近70%的创新型制造商开展了R&D活动。

认为的要小(对不同服务业信息源差异的进一步考察显示出显著的多样性)。但目前服务企业对咨询公司的使用越来越多,对大学信息源的使用越来越少,这一事实进一步表明:很多服务业与创新系统和支持它们的正式机构只存在微弱的联系。①

很多专业化的服务企业目前所从事的工作,如办公服务、交通服务、商业交易、饮食服务、安保以及其他类似的服务活动,同样存在于整个经济体系的其他部门中,只是程度有所差异。由于创新调查最初并不是针对服务业设计的,因此创新调查会遗漏一些服务功能,而这将会导致CIS调查工具忽略某些"产品创新或过程创新"所不能包含的服务。更为严重的是,填写问卷的受试者可能并没有意识到这一问题。最近很多研究开始关注支持制造企业核心产品所提供的服务(Kuusisto 2000;Lay 2002;Mathe and Shapiro 1993)。戴维斯(2003)和郝威尔斯(2001)认为,这些核心产品中的服务要素在很多部门变得越来越重要。服务企业对与服务相关的技术的创新与采用可能会影响制造企业中的服务职能部门的创新。服务职能部门是所有经济部门中组织学习和创新的重要场所。但这些服务职能部门中的组织创新是否更像传统的制造业创新,或更像运用于服务创新的非正式系统,仍有待研究。

16.3.2 创新系统中的创新支持性服务企业

商业服务企业在经济中的重要作用已愈加明显——它从1970年占美国附加值和就业比重的3%多一点上升到2000年的9.9%和13.8%,在其他国家中也表现出了同样趋势(ECORYS - NEI 2003)。商业服务企业已成为整个经济体系中创新的重要贡献者②。它们为工业和其他组织提供了中间投入——其客户

① 支持这一观点的其他证据可见:Miles 1999a,Tether and Swann 2003。

② 在商业服务的增长中,有一个(但仅有一个)来源,是对以前由其他部门的企业和组织在内部完成的活动的外包。

往往是私人企业,其服务内容是商业过程,特别是知识密集型商业服务企业(KIBS)在创新系统中扮演了重要角色(Leiponen 2001, Miles 1999b, Gadrey and Gallouj 2002)。KIBS 中有一些是跨国企业,专门处理来自实践前沿的知识。大量的 KIBS 是小型企业,而当地的 KIBS 会成为转移本地化知识的重要中介,它们融入当地网络中,为区域创新系统中的不同行为者提供服务(cf. Kautonen 2001)。一些研究表明,KIBS 的存在和运营改善了各个经济部门和整个区域的绩效①。

KIBS 包括所有建立在高度专业化知识基础之上的商业服务企业,这些知识包括如传统专业服务企业中的社会和制度性知识,以及更加技术性与技能性的知识。这些企业最典型的特征是拥有素质的员工,如大学生②。有些 KIBS 建立在行政、法律、营销或类似的知识基础之上,另一些 KIBS 则直接建立在科学和技术知识基础之上——如测试、原型成型、环境服务、工程咨询等。新技术的出现,对技术用户的知识水平和能力提出了相当大的挑战。企业可能没有足够的知识和能力去理解、掌握和运用新产品或新工艺③。这使得很多技术型 KIBS 聚焦于新的技术机会——如网络和互联网、软件和计算机服务;另外一些 KIBS 则聚焦于新技术知识的生产和转移,如信息和培训服务。

与技术有关的 KIBS 部门是整个经济中最为活跃的创新部门之一,正如 CIS 和其他数据调查所显示的那样(如 DTI2003 的调查数据表明,软件与 IT 服务企业的

① 有些学者甚至将它们描述为“第二级知识基础”。传统的“第一级知识基础”主要包括高等教育机构(HEIs)、政府实验室或公共研究与技术组织(RTOs)。

② 很难从这里包含的具有相关关系的数据得出因果关系,但一些在类型上有很大差异的研究得到了相似的结论。安东内利和托姆林森(Antonelli and Tomlinson 2000)等学者运用稍有不同的“输入-输出”数据库以及统计方法发现,在用户部门的绩效和利用作为中间投入的 KIBS 之间存在关联。然而,人们对 ECORYS-NEI 的方法产生了怀疑。皮尼德(见欧洲委员会 2000: 第 4 章)发现,大量使用 KIBS 的产业集群在绩效上表现相当好。汉森(1994)的报告指出,美国城市经济的增长绩效与这些经济体中 KIBS 部门的规模密切相关。一项由穆勒(Muller 2001)所做的研究相当有趣,他考察了区域层面上 KIBS 与中小型企业间的关系,表明它们双方都获得了创新收益。

③ 蒂泽尔和斯旺(2003)的研究表明,至少在英国,这些部门大学生密度最高。那些拥有高密度科学与工程专业大学生的 KIBS(如技术和 IT 服务企业)与其他专业大学生密集度的 KIBS(如咨询和营销服务)之间,存在明显的差异。

R&D 费用和专利获取水平很高)[①]。在上面我们已经看到,蒂泽尔和斯旺(2003)运用英国 CIS3 的数据发现,绝大多数服务企业与创新系统中公共要素间的关联非常弱(比如,在与大学合作和从大学获取信息来源方面)。但他们也指出,一些技术性的 KIBS 与创新系统中的这些相关要素的关系非常密切。某些技术性服务企业(如合同 R&D 服务企业)与公共科研基地之间存在相当高水平的互动交流,甚至高于制造业部门;然而,IT 服务企业和更为专业化的服务企业一般只具有较低水平的接触度,它们更加依赖专业协会和类似的组织来更新自身的知识。

很多 KIBS 在客户的创新过程中扮演着重要角色。这些角色可能不是全新的——有些早已存在多年。目前,KIBS 部门在增加就业和产出方面已有大规模增长,这表明企业对 KIBS 的使用扩大了,它对整个经济中的创新作用也得到显著增强。

KIBS 究竟扮演了哪些角色? KIBS 能为企业提供有关内部运作和外部环境的一般性知识,如与技术和创新有关的信息。KIBS 也可以在企业面临特定问题并亟待解决时发挥作用(例如,竞争企业正在向市场投放具有新功能的产品,新的管制规定对生产工艺中某种污染物排放量做出更严的要求等)。KIBS 还可能提供解决技术问题的方式(例如,针对产品或工艺创新而提出实施某种战略)。KIBS 能为客户企业提供建议(如提出某个特定的技术解决方案),或为企业具体实施"一揽子"的长期解决方案(如系统集成商和设备管理者)。KIBS 能够灵活地将技术知识和客户遇到的特定问题结合起来加以解决。德国创新调查数据表明,与技术有关的 KIBS 相对于其他类型的服务企业,更有可能生产出满足客户特定需求的专业化产品(Hipp et al. 2003)。

除了要求具备关于特定产业、技术和功能领域中的专业知识外,KIBS 的专业人员还要求具备人际交往、知识介绍和"印象管理"等方面的专业化技能。

① CIS2 数据表明,通过咨询服务企业获取外部技术是制造企业目前使用频率处于第二位的机制。最重要的机制是直接购买设备。

应该说，以上能力相当稀缺，其兼具上述所有能力的复合型人才更为稀缺。正因为如此，劳动力成本和人员工资在绝大多数 KIBS 中都非常昂贵。托冯内(Toivonen 2001)发现，芬兰的所有 KIBS 企业都要求将一般性技能(通用技能)与行业特定技能有效地结合起来。通用技能包括营销和销售技能；社会技能包括对他人的敏感性、分享知识与激励他人的意愿、知识更新的能力，与 IT 相关的技能、与某人的特定专业知识相关的特定行业部门知识、与 KIBS 的过程和商业机制特性相关的知识，以及有关客户所在产业或组织的知识等。

16.4 结　　论

服务业的快速增长及其在产业经济中占据的统治地位表明，我们不能再忽视服务创新，或简单地认为它遵循了制造业生产过程的模式和过程。对“服务创新”的研究会大大扩展我们解释、测度和管理创新的方法。创新研究必须包含更为广泛的创新形式，如组织创新、市场创新、组织间的创新、客户端创新，甚至是美学和文化创新等。20 世纪后期技术创新演进中最显著的特征主要来自合成材料创新和非实体性创新。这表明，现有的创新模式应在强调技术创新和实体产品的基础上，更多地包含进市场关系的变化，这又与服务创新密切相关，还包含进了组织维度与技术维度。

在过去的几年中，服务创新已经在创新研究中占据了更为显著的地位，但这一现象并没有在创新政策中得到反映。当前，创新政策并没有对服务创新给予高度重视，服务创新的特定要求也经常会被忽略。(现在仍然缺乏创新政策影响服务业的相关研究，更谈不上对服务相关的政策的探讨了。)芬兰是个例外，KIBS 被视作该国创新的重要因素。学者们已经发现，KIBS 是创新系统中的关键因素之一，创新政策也越来越倾向于采用更为系统化的观点，因此 KIBS 有理由逐步成为政策制定所关注的焦点。

政策上越是强调服务创新,越有可能激发和推动这一领域研究的深入。今后学术界有必要对 KIBS 的发展进行深入探索,以准确考察 KIBS 作为知识来源和中介者的功能和机制,包括以哪种方式发生了哪种类型的知识交换,这些知识交换是在创新过程的哪些步骤中发生的,如何在服务企业和客户端对知识交换进行有效管理,有效实施创新解决方案需要哪些技能和能力等。这些都是有待解决的基础问题。①

参考文献

ABERNATHY, W., and UTTERBACK, J. (1978), "Patterns of Innovation in Technology," *Technology Review* 80: 40~47.

* ANDERSEN, B., HOWELLS, J., HULL, R., MILES, I., and ROBERTS, J. (eds.) (2000), *Knowledge and Innovation in the New Service Economy*, Cheltenham: Edward Elgar.

ANTONELLI, C. (2000), "New Information Technology and Localized Technological Change in the Knowledge - Based Economy," in Boden and Miles 2000: 170~191.

BARRAS, R. (1986) "Towards a Theory of Innovation in Services," *Research Policy* 15(4): 161~173.

——(1990), "Interactive Innovation in Financial and Business Services: The

① 托姆林森(1999)分析了英国的调查数据并发现,相对而言,KIBS 员工更有可能学习新的事物、接受培训和运用计算机,并在不同类型的工作中进行"流动"。劳动力的流动性经常被认为是在经济中扩散知识的一种手段。托姆林森认为,KIBS 提供了一种可选择的——也许是最优的——方式(该调查指出,人们在不同工作间的流动很少依赖于诸如"终生学习"这样的指标。不管这一结论是否只适合于英国,也不管在开展该项研究时正在发生的衰退及其引发的流动性下降,学者们都需要开展进一步的研究,因为这一观点相当具有挑战性)。有关商业服务及其客户的文献回顾与评论参见: Cf. ECORYS-NEI 2003。相关的几项研究可见: Dankbaar 2003;Tidd,Hull 2003。

Vanguard of the Service Revolution," *Research Policy* 19: 215~237.

BELL, D. (1973), *The Coming of Post – Industrial Society*, London: Heinemann.

BELLEFLAMME, C., HOUARD, J., and MICHAUX, B. (1983), *Innovation and Research and Development Process Analysis in Service Activities*, Brussels, EC, FAST. Occasional papers no 116.

BESSANT, J., and RUSH, H. (2000), "Innovation Agents and Technology Transfer," in Boden and Miles 2000: 156~169.

BODEN, M., and MIELES, I. (eds.) (2000), *Services and the Knowledge Based Economy*, London: Continuum.

BOLISANI, E., SCARSO, E., MILES, I., and BODEN, M. (1999), "Electronic Commerce Implementation: A Knowledge – Based Analysis," *International Journal of Electronic Commerce* 3 (3): 53~69.

* BRYSON, J. R., and DANIELS, P. W. (eds.) (1998), *Service Industries in the Global Economy*, 2 vols., Cheltenham: Edward Elgar.

COX, D., GUMMETT, P., and BARKER, K. (2001), *Government Laboratories — Transition and Transformation*, Amsterdam: ISO Press.

* DANKBAAR, B. (ed.) (2003), *Innovation Management in the Knowledge Economy*, London: Imperial College Press.

DAVIES, A. (2003), "Are Firms Moving 'Downstream' into High – Value Services," in Tidd and Hull 2003: 321~341.

DENHERTOG, P. (2000), "Knowledge Intensive Business Services as Co – Producers of Innovation," *International Journal of Innovation Management* 4(4): 491~528.

——and BLLDERBEEK, R. (2000), "The New Knowledge Infrastructure: The Role of Technology – Based Knowledge – Intensive Business Services in

National Innovation Systems," in Boden and Miles 2000：222～246.

DEPARTMENT OF TRADE AND INDUSTRY (2003), *The 2003 R&D Scoreboard* (data provided by Company Reporting Ltd), London：DTI available at：http：//www.innovation.gov.uk/projects/rd_scoreboard/introfr.html.

ECORYS - NEI and CRIC (2003), *Business Services: Contribution to Growth and Productivity in the European Union*, Report to European Commission DG Enterprise, Rotterdam：ECORYS.

EUROPEAN COMMISSION (2000), *European competitiveness report 2000*, Brussels：Commission Staff Working Paper ENTR DT 2000/045/A1 Competitiveness, available at：http：//europa.eu.int/comm/enterprise/enterprise_policy/competitiveness/doc/compet_rep_2000/cr-2000_en.pdf.

EVANGELISTA, R., and SAVONA, M. (1998), "Patterns of Innovation in Services：The Results of the Italian Innovation Survey," paper presented to the 7th Annual RESER Conference, Berlin, 8～10 October; revised version forthcoming in *Research Policy*.

FAULHABER G., NOAM, E., and TASLEY, R. (eds.) (1986), *Services in Transition: The Impact of Information Technology on the Service Seaor*, Cambridge Mass.：Ballinger.

* FHG - ISI (Fraunhofer Institute for Systems and Innovation Research) (2003), *Patents in the Service Industries*, Karlsruhe：FhG - ISI; report to the EC; available at：ftp：//ftp. cordis. lu/pub/indicators/docs/ind _ report _ fraunhoferl.pdf.

FUCHS, V. (1968), *The Service Economy*, New York：NBER.

——(1969), *Production and Productivity in the Service Industries*, New York：NBER.

GADREY, J., and DE BANDT, J. (1994), *Relations de service*, *Marchés de service*, Paris: CNRS.

* ——and GALLOUJ, F. (eds) (2002), *Productivity, Innovation and Knowledge in Services*, Cheltenham: Edward Elgar.

GALLOUJ, C., and GALLOUJ, F. (2000) "Neo - Schumpeterian Perspectives on Innovation in Services," in Boden and Miles 2000: 21~37.

GALLOUJ, F. (2000), "Beyond Technological Innovation: Trajectories and Varieties of Services Innovation," in Boden and Miles 2000: 129~145.

* ——(2002), *Innovation in the Service Economy: The New Wealth of Nations*, Cheltenham: Edward Elgar.

——and WEINSTEIN, O. (1997), "Innovation in Services;" *Research Policy* 26: 537~556.

GERSHUNY, J. I. (1978), *After Industrial Society? The Emerging Self Service Economy*, London: Macmillan.

——and MILES, I. D. (1983), *The New Service Economy: The Transformation of Employment in Industrial Societies*, London: Pinter.

GRAHAM, S. J. H., and MOWERY, D. C. (2003), "Intellectual Property Protection in the U. S. Software Industry," in W. Cohen and S. Merrill (eds.), *Patents in the Knowledge - Based Economy*, Washington, DC: National Academy Press, 217~258.

GREENFIELD, H. C. (1966), *Manpower and the Growth of Producer Services*, New York: Columbia University Press.

HALL, B. H. (2003), "Business Method Patents and Innovation," presented at the Atlanta Federal Research Bank conference on Business Method Patents, Sea Island, Georgia, 3~5 April.

HIPP, C., TETHER, B., and MILES, I. (2000), "The Incidence and Effects of Innovation in Services: Evidence from Germany," *International Journal of Innovation Management* 4 (4): 417~454.

——(2003), "The Effects of Innovation in Standardized, Customized and Bespoke Services: Evidence from Germany," in Tidd and Hull 2003: 175~210.

HOWELLS, J. (1999), "Research and Technology Outsourcing and Innovation Systems: An Exploratory Analysis," *Industry and Innovation* 6: 111~129.

——(2001), "The Nature of Innovation in Services," in D. Pilat (ed.), *Innovation and Productivity in Services*, Paris: OECD, 55~79.

INSTITUTE OF INNOVATION RESEARCH (2003), "*Knowing How, Knowing Whom: A Study of the Links between the Knowledge Intensive Services Sector and the Science Base*," Mimeo, IoIR (Manchester); Report to the Council for Science and Technology, available at: http://www.cst.gov.uk/cst/reports/files/knowledge-intensive-services_study.pdf.

JONES, P. (1995), "Developing New Products and Services in Flight Catering," *International Journal of Contemporary Hospitality Management* 7(2/3): 24~28.

KAUTONEN, M. (2001), "Knowledge - Intensive Business Services as Constituents of Regional Systems: Case Tampere Central Region," in M. Toivonen (ed.), *Growth and Significance of Knowledge Based Services*, Helsinki: Uusimaa TE Centre Publications 3.

KUUSISTO, J. (2000), "The Determinants of Service Capability in Small Manufacturing Firms," Ph. D. thesis, Kingston University Small Business Research Centre, Kingston.

——and MEYER, M. (2002), *Insights into Services and Innovation in the Knowledge - intensive Economy*, Helsinki: Finnish Institute for Enterprise Management, National Technology Agency, Technology Review 134/2003.

LAY, G. (2002), *Serviceprovider Industrie: Industrial Migration from Manufacturing to Selling Products and Services*, Karlsruhe: Fraunhofer Institute for Systems and Innovation Research (FhG - ISI) 8 S (ISI - A - 13 - 02).

LEIPONEN, A. (2001), *Knowledge Services in the Innovation System*, Helsinki, Efla: Working Paper B185; SITRA 244 (publisher: Taloustieto Oy).

LEVITT, T. (1972), "Production Line Approach to Service," *Harvard Business Review* 50(5): 41~52.

LICHT, G., and MOCH, D. (1999), "Innovation and Information Technology in Services," *The Canadian Journal of Economics* 32(2): 363~383.

* MATHÉ, H., and SHAPIRO, R. D. (1993), *Integrating Service Strategy into the Manufacturing Company*, London: Chapman & Hall.

* MIOZZO M., and MILES, I. (eds.) (2003), *Internationalization, Technology and Services*, Aidershot: Edward Elgar.

MILES, I. (1993), "Services in the New Industrial Economy," *Futures* 25(6): 653~672.

——(1999a), "Services and Foresight," *Service Industries Journal* 19(2): 1~27.

——(1999b), "Services in National Innovation Systems: from Traditional Services to Knowledge Intensive Business Services," in G. Schienstock and O. Kuusi (eds.), *Transformation towards a Learning Economy: the Challenge to the Finnish Innovation System*, Helsinki: SITRA (Finnish National Fund for R&D).

——KASTRINOS, N. (with K. FLANAGAN), BILDERBEEK, R., and DEN HERTOG, P. (with W. HUITINK and M. BOUMAN) (1995), *Knowledge - Intensive Business Services: Users, Car riers and Sources of Innovation*, Luxembourg: European Innovation Monitoring Service, EIMS Publication no. 15 (ed. /d - 00801 mas).

——and MATTHEWS, M. (1992), "Information Technology and the Information Economy," in K. Robins (ed.), *Understanding Information*, London: Pinter.

* MULLER, E., (2000), *Innovation Interactions between Knowledge - Intensive Business Services and Small and Medium - Sized Enterprises*, Heidelberg and New York: Physica Verlag.

NATIONAL SCIENCE FOUNDATION (2002), *Science and Engineering Indicators* 2002, Washington, DC: National Science Foundation (online version).

PAVITT, K. (1984), "Sectoral Patterns of Technical Change: Towards a Taxonomy and a Theory," *Research Policy* 13 (6): 343~373.

——(1994), "Key Characteristics of Large Innovation Firms," in M. Dodgson and R. Rothwell (eds.), *The Handbook of Industrial Innovation*, Aldershot: Edward Elgar.

PREST (2002), *A Comparative Analysis of Public*, *Semi - Public and Recently Privatised*, *Research Centers*, Manchester: PREST available at: http://les.man.ac.uk/PREST/Research/Final% 20 Summary% 20Report.pdf.

ROACH, S. S. (1988), "Technology and the Services Sector: America's Hidden Competitive Challenge," in B. R. Guile and J. B. Quinn (eds.), *Technology in Services*, Washington, DC: National Academy of Engineering.

SAUVÉ, P., and MATTOO, A. (eds.) (2003), *Domestic Regulation and Service Trade Liberalization*, Oxford: Oxford University Press/World Bank.

SOETE, L., and MLOZZO, M. (1989), *Trade and Development in Services: A Technological Perspective*, Working Paper No. 89~031 Maastricht: MERIT.

SUNDBO, J. (1998), *The Organization of Innovation in Services*, Roskilde: Roskilde University Press.

——(2000), "Organization and Innovation Strategy in Services," in Boden and Miles 2000: 109~128.

——and GALLOUJ, F. (2000), "Innovation as a Loosely Coupled System in Services," in S. Metcalfe and I. Miles (eds.), *Innovation Systems in the Service Economy*, Dordrecht: Kluwer.

TASC (1998), The Economics of a Technology - Based Service Sector, National Institute of Standards & Technology Program Office, Strategic Planning and Economic Analysis Group, January 1998 NIST Planning Report: 98~102.

TETHER, B. S. et al. (2001), "Analysis of CIS Data on Innovation in the Service Sector: Final Report," report to European Commission DG12, CRIC, University of Manchester (112 pp.) available at: http://www.kiet.re.kr/files/econo/20021230-inno.pdf.

——HIPP, C., and MILES, I. (2001), "Standardization and Particularization in Services: Evidence from Germany," *Research Policy* 30: 115~138.

——and SWANN, G. M. P (2003), "Services, Innovation and the Science Base: An Investigation into the UK's 'System of Innovation' Using Evidence from the UK's Third Community Innovation Survey," presented at the International Workshop: *Innovation in Europe: Empirical Studies on Innovation Surveys and Economic Performance*, Institute of Socio - Economic Studies on Innovation and Research Policy, National Research Council, and University of Urbino, Faculty of Economics; Rome, 28 January 2003.

* TIDD, J., and HULL, F. M. (eds.) (2003), *Service Innovation: Organizational Responses to Technological Imperatives and Market Opportunities*, London: Imperial College Press.

TOIVONEN, M. (2001), "Megatrends and Qualification Requirements in the Finnish Knowledge Intensive Business Service Sector," in M Toivonen (ed.), *Growth and Significance of Knowledge Based Services*, Helsinki: Uusimaa TE Centre Publications 3.

TOMLINSON, M. (2000), "Information and Technology Flows from the Service Sector: a UK－Japan Comparison," in Boden and Miles 2000: 209～221.

TORDOIR, P. P. (1986), "The Significance of Services and Classifications of Services," in P. Coppetiers, J.-C. Delaunay, J. Dyckman, J. Gadrey, F Moulaert, and P. Tordoir, *The Functions of Services and the Theoretical Approach to National and International Classifications*, Lille: Johns Hopkins University Center.

——(1996), *The Professional Knowledge Economy: The Management and Integration of Professional Services in Business Organizations*, Dordrecht: Kluwer.

UCHUPALANAN, K. (1998), *Dynamics of Competitive Strategy and IT－based Product－Process Innovation in Financial Services: The Development of Electronic Banking Services in Thailand*, D. Phil, thesis, University of Sussex, Falmer, Brighton.

——(2000), "Competition and IT－based Innovation in Banking Services," *International Journal of Innovation Management* 4(4): 455～490.

＊星号表示建议延伸阅读的条目。

第 17 章　创新及其扩散

布朗温·H. 霍尔(Bronwyn H. Hall)

17.1　引　　言*

1953 年,一只日本南部的年轻母短尾猴在吃一个沾满泥土的甜薯前用溪水进行了冲洗。结果,这一改进迅速被其他猴子效仿。不出 10 年,这一做法已经成为周边所有猴群遵循的行为标准;到了 1983 年,该方法已得到全面扩散。1956 年,还是这只猴子又做了一个创新,它将混在一起的沙子和谷物抛进海里,以便让谷物漂出海面;到了 1983 年,该方法也在当地猴群中得到了广泛传播。① 以上例子除了表明人类不是唯一的创新者外,还充分说明创新扩散的几个特点:首先,当某种创新明显较之前的做法更好时,它通常会通过"在观察中学习"的过程进行传播;其次,创新扩散需要持续一段时间。在以上例子中,整个扩散过程持续了 30 年之久,而短尾猴案例中的扩散生命周期要短于人类社会中的扩散生命周期(Kawai, Watanabe, Mori 1992)。

---

* University of California at Berkeley, Scuola Sant' anna Superiore Pisa, NBER, and the Institute of Fiscal Studies, London;我要感谢汉先生(Beethika Khan)对本章所讨论主题提供的部分文献评述,以及对本手册作出贡献的其他学者,特别是我的共同讨论者,感谢他们富有建设性的意见,他们是克里斯汀(Kristine)、布鲁兰德、约翰·坎特威尔、奥弗·格兰斯坦德。最后,我要非常感谢主编对本章书稿的精心审读。

① 感谢克里斯·霍尔让我对该案例引起了足够重视。在麦克格鲁(McGrew 1998)的论文中,给出了更为详细的有关人类学文献的全套参考资料。该例子的第三个特色(也许与本章不直接相关)是,一旦曾经创新,创新者将倾向于再次创新。

再来看人类社会中的创新。可以断言,如果没有扩散,创新将很难对人类社会和经济发展真正产生影响。在创新研究中,“扩散”一词通常用来描述处于某个社会或经济体中的个人或企业采用一项新技术的过程,或是新技术替代旧技术的过程。但是,创新扩散不仅是一个通过在人群中传播而变得有价值的手段,它还是创新过程固有的一部分,即在新技术的传播过程中所产生的学习、模仿和反馈效应改善了最初的创新①。要理解由企业或政府组织实施的创新活动,对创新过程的把握是关键(包括资助研发项目、技术转移、投放新产品或开发新的工艺过程等),而这些活动的最终目的是改进现有的社会与经济福利。对那些正处于“追赶”中的发展中国家、落后地区或技术上滞后的企业而言,扩散是其创新过程中最重要的组成部分。②

30年前,经济史学家罗森博格(1972)基于观察对创新扩散得出了如下结论:

> 综观许多创新扩散的历史,不难看出扩散过程的两个显著特点:一方面,创新扩散的速度总体来说较为缓慢;另一方面,不同发明被接受的速度存在很大差异(Rosenberg 1972: 191)。

30年以来的经验性测度和研究早已证实了上述观点。本章的正文内容和参考文献回顾了诸多发明与创新过程的扩散,包括从饮用开水以防止腹泻到欧洲的移动电话等。这些研究和数据所揭示的不同国家创新速率间的差异,证实了罗森博格论断的正确性。需要指出,这些研究不仅注意到创新扩散的速度和差异,更重要的是将创新采用速率与特定技术及其潜在采用者的特性

① 正如本卷引言所言,每个创新采用者开发和采用一项发明以满足自身的需要导致一些文献认为,“采用”本身就是“创新”,我将遵循一般的实践认识,将创新定义为“新的产品、过程和实践的首次公开运用”。

② 有关新技术采用在追赶和长期经济增长中所扮演角色的论述见本书: Godinho and Gagerberg 第19章。

关联起来,以解释创新扩散的速度和新产品最终被接受的问题。除了在创新接受方面存在巨大差异,创新扩散过程的另一个重要特点是它与创新过程间的交互作用。这点在创新扩散研究中很少涉及,主要在于难以搜集到系统的数据,但已经有大量的案例研究。罗森博格(1982)和其他一些学者都着重指出,创新扩散的过程往往伴随着不同环境下针对具体创新应用的学习,而这又会对最初的创新产生反馈并导致改进。

为什么创新有时扩散得相当缓慢?为什么它在某些国家或地区比在其他国家和地区扩散得快,为什么某些创新比其他创新的扩散要快?创新扩散速率的巨大差异可以用哪些因素解释?本章考察了创新扩散的历史观研究与比较观研究,并从经济、社会和制度因素角度进行了分析。此外,本章还对从不同社会科学角度讨论创新扩散方式和创新扩散决定因素的框架进行了讨论,分析了创新扩散决定因素的经验证据,给出了众多实例。本章最后讨论了现有研究和未来研究方向之间存在的差距,指明了未来的研究方向。

17.2 概念框架

学者们已从不同理论视角对创新扩散进行了研究,包括历史学、社会学、经济学(商业战略和营销视角),以及网络理论等。选取哪种方法取决于研究目的。但毫无疑问,基于某个视角的研究将会丰富其他视角的研究。一个颇具说服力的例子是,从历史学角度对一项重大发明及其扩散过程的研究,对经济学家研究创新扩散过程在生产率动态变化中发挥作用的方式产生了重要影响,本章随后将对这一问题展开深入讨论。下面,我们首先对不同学科研究创新扩散的分析框架进行概述。

社会学和组织学对创新扩散的研究以罗格斯(Rogers)的《创新扩散》(*Diffusion of Innovations*)最为有名(目前已出版第五版)。在该书中,罗格斯主要从社会学角度对创新扩散这一主题进行了分析,这是一个有关组织、经济因素的作用与企业和研发中介机构(development agencies)战略的研究。罗格斯将影响潜在创新采用者的特性划分为五类:

(1) 创新的相对优势;

(2) 与潜在创新采用者当前的行为模式和社会规范间的相容性;

(3) 创新的复杂性;

(4) 可测试性,即创新被潜在采用者测试和检验的难易程度;

(5) 可观察性,即创新在测试之后能够被评价的难易程度。

以上大多数属性在过去的创新研究中都已得到认可,只是在具体的术语表达上存在差异。例如,可测试性和可观察性与创新的潜在采用者面对的不确定性水平直接相关。其中,后一特性还是技术选择实物期权模型的关键属性变量,本章随后将对这种强调商业企业技术采用的模型进行讨论。复杂性作为创新相对优势的一个决定因素,与经济学框架中的“成本”和“互补性资产”等概念密切相关,经济学家主要从一项新技术采用带来的“收益/成本率”方面来考虑最终的创新决策。

为更深入地理解创新扩散过程的方式,除了简单识别决定最终失败或成功的特性要素外,还需要一个更为宏观的分析框架,该框架由罗格斯在本书的后续章节中提出。除了以上列举的影响个人层次创新采用决策的属性外,罗格斯还指出加速或减缓创新采用过程的外部条件或社会条件的多样性属性,如下所述。

(1) 创新采用决策是否由集体、或个体、或中央权威做出;

(2) 获取创新信息的渠道是通过大众媒体还是人与人之间的“口口相传”;

(3) 潜在创新采用者所处的社会系统的本质、社会系统的规范和相互关联程度;

(4) 变革参与者(广告主、研发中介机构等)的广告促销的投入程度。

运用微观经济理论分析当代技术环境中创新采用决策的一个实例是,基于有线物理连接的互联网被无线网络所替代。该创新使得人们无须在某一固定地点(如办公桌)或没有有线连接的地点办公,而可以通过房间或其他空间中的无线网络进行工作。通过无线网络还可以使若干家庭成员同时在线。该创新的成本包括购买网络基站和安装基站的技术服务成本,调整计算机并确保所有通信工具正常工作的时间成本,还可能包括获取新软件的成本,以及培训家庭成员或办公室其他成员使用无线网络的时间成本等。如果将创新采用的环境要素也考虑进来,我们还需要关注以下一些因素,例如周围的同事或家庭成员是否已安装无线网络,技术供应商开展广告宣传的程度(或政府相关部门以及主导企业推动该技术应用的程度),甚至是新技术的开发状况或使用新技术所必需的操作系统的开发状况。需要注意的是,上述大多数因素都会随时间而发生快速变化。

如前所述,针对技术扩散的第一项经验性研究是经济学家格瑞里克斯(1957)对美国中西部杂交玉米种子扩散问题的研究。这项研究将预期收益和规模等变量作为解释美国西北部各州创新扩散速率差异的重要经济变量。研究发现,不同地区采用杂交玉米种子的初始时间取决于玉米种子在某个特定区域被定制化和本地化的速度。也就是说,技术扩散在一定程度上依赖于技术供应商使技术适应当地特定条件的活动,而这进一步强调了在创新采用过程中技术的根本特性可能发生变化的趋势。布鲁兰德(1998/2002)也发现,19 世纪挪威纺织工业的发展在很大程度上受到英国机器供应商技术转移活动的影响和推动,其技术转移活动的形式包括培训、为挪威纺织业提供更多的熟练工人等。

营销领域对创新扩散的研究关注两个问题:首先,如何鼓励消费者购买新产品和使用新技术;其次,如何在市场中发现和预测新产品与新技术的成功。也就是说,营销研究试图发现一些能对扩大选择某个特定产品的用户数量产生影响的重要因素。因此,营销研究文献更加强调媒体信息或社会网络和变革参与者所扮演的重要角色,并非常关注产品本身的特性而非教育和收入水平等很难被营销组织所影响的新产品采用者的属性。营销研究中关于创新扩散的主要模型是Bass模型(1969),该模型假定大众传播媒体在创新过程的初期相当重要,随着时间推移,人与人之间的交流变得更为重要。Bass模型针对大量耐用消费品的应用研究表明,人与人之间的交流较大众媒体在创新扩散中的作用更为重要(Rogers 1995)。对创新扩散研究的营销学与经济学视角以及两类文献中模型的比较,请参见泽特梅耶和斯通曼(Zettelmeyer and Stoneman 1993)的文献。近期营销文献中对创新扩散成功因素的识别和预测工作由高尔德和特里斯(Golder and Tellis 1997)进行。本章将在后续小节对由特里斯、斯特里莫斯奇和殷(Stremersch and Yin 2002)运用该方法得到的研究结论进行分析。

营销文献对创新扩散所持的积极观点同样是技术政策专家所追求的,这些技术专家通常因为改善福利的原因而鼓励采用某种特定的新技术,这可能是由于该技术服务于某一特定的公共政策目标(例如,在欠发达国家鼓励饮用开水以降低疾病发生率),也可能是由于该技术被认为对整个社会具有正面的外部效应(例如,对因特网或防治流行性疾病疫苗的使用)。要理解不同国家间创新扩散的差异,就有必要对这些国家的制度和文化变量进行深入分析(见17.5节;Tellis, Stremersch, Yin 2000)。

17.3 扩散模拟

理解新发明的采用决策过程的最重要一点,是它在任何时点都不是一个采用与否的决策,而是当前采用与推迟采用之间的决策问题。基于成本和收益的考虑,从这种方式考察决策问题显得相当重要。正如上面的无线通信案例所表明的,采用一项新技术的收益,基本上是在获取创新的生命周期中的一种流动性收益。然而,成本,特别是那些非金钱形式的"学习"成本,很容易在创新采用的过程中发生,而这种成本通常无法收回。当然,在使用某些类型的新技术时,可能存在持续性的收费,但这对初始成本来说很低。经济学家将这种成本称为“沉没成本”。也就是说,“事前成本”是一个创新的潜在采用者在创新采用的固定成本和预期收益之间进行权衡的成本,而“事后成本”则是已经沉没并无法收回的固定成本。

对以“沉没成本”为特征的创新采用的讨论得到了两点关于新技术采用的结论:首先,创新采用通常是一种吸收状态,其内涵是,我们很少观察到一种新技术的出现会导致旧技术被完全替代和放弃①。这是因为创新采用决策面临着大量收益与成本间的权衡问题;一旦采纳一项新技术,成本就会成为沉没的,放弃旧技术的决策也要求放弃其利润而不再发生成本,因此即使总收益相对于预期有所减少,净收益仍有可能为正。第二,面对新技术收益不确定的情况时,在沉没成本发生之前存在一个可预期的期权价值,而这将会延迟创新的采用②。

当然,对“创新采用过程通常是一种吸收状态”这一论断,也存在例外情况。“时尚物品”的采用过程,例如“呼啦圈”热的扩散过程就是一个典型例子。呼啦圈在初期的扩散非常迅速,但一段时间后很快消失。这种在采用一段时间后不再采用的情况,似乎对在“实践”中创新的行业(如医疗或商业)比有形产品行业更有可能发生。这可能是因为对有形产品而言,沉没成本主要是实际支出的现金费用,而前者③沉没成本的一大部分(虽然肯定不是全部)来自创新采用者付出的时间成本和努力成本。也就是说,当用现金(如美元或欧元)去衡量时,沉没成本对创新采用者而言会激增。纳尔逊等学者(2002)对这一现象展开了深入讨论并给出了一些实例(如质量环运动)。学者们通过案例指出,要想得到“创新确实是一种改进”的论断相当困难。伴随着不确定性利益的、相对较低

① 请见罗格斯(1995)论文中有关创新扩散失败的例子,这些实例在中试之后都被淘汰了。

② 期权是在什么都不做与支付固定费用购买一个不确定回报之间的选择。如果它包含了对实际资产的投资,那么它是真实的(与财务相对)。在这个环境中,采用一项新技术就是一种投资,而它具有不确定性的收益,成本会随时间而发生变化。期权价值的上升来源于一个事实,即等待会减少作出错误决策的机会。

③ 指那些在“实践”中进行创新的行业(如医疗或商业)。——译者注

的沉没成本意味着这种情况下的创新采用决策更容易发生逆转。斯特朗和索勒(Strang and Soule 1998)还对商业运作中"时尚物品"扩散的周期循环运动进行了讨论。

一个很著名的事实是,采用一个新产品或新发明的用户数量随时间演变的分布,最终呈现典型的S形曲线或尖拱型分布曲线。其一般过程是,对创新的采用最初较为缓慢;随着潜在采用人群的增多,扩散速度也在加快;当进入成熟阶段后,扩散速度又变得缓慢。事实上,S形曲线是"吸收状态"的一种自然表现。图17.1给出了美国1898~1955年间电动马达的扩散曲线,它也呈现出S形曲线的形状。1898年由电动马达提供的制造业动力份额约为4%;在1900~1940年间,基于电动马达提供的动力份额稳定地增长,而在某个点几乎所有的动力都由电动马达提供;在成熟期,电动马达占了约90%的动力份额,这可能是由于一些其他类型的马达成为某些专业化用户的首选。

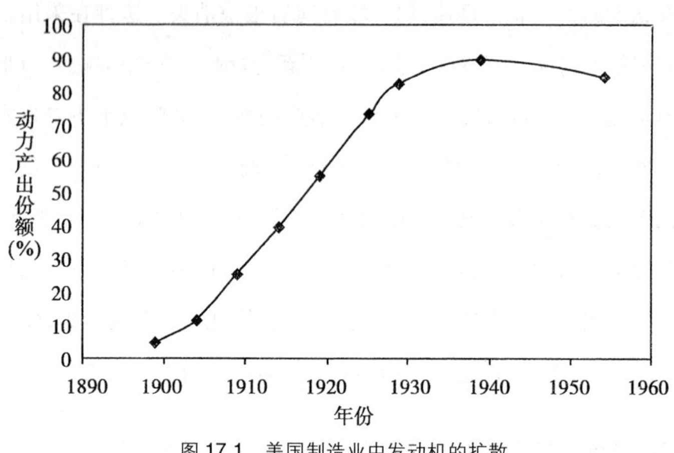

图 17.1　美国制造业中发动机的扩散

下面分析技术采用的收益和成本,通过一系列简单假设将会得到S形曲线。现有的两个模型运用两种不同机制解释了创新采用在时间分布上的差异,分别是"消费者异质性"机制和"消费者学习"机制。消费者异质性模型假定,不同消费者从同一创新中预期得到的收益不同。如果消费者收益的分布是正态分布(或近似正态分布),而新产品的成本不变或随时间单调下降,同时假定当消费者从产品中获取的收益大于其成本时,消费者采用该创新,那么产品的扩散曲线将会呈现类似的 S 形曲线。

另一个可选择的重要模型是"学习模型"或"流行病模型",该模型在营销文献和社会学研究中更为普遍(Bass 模型是一个典型例子),它也被经济学家所使用。在这个模型中,消费者具有同样的偏好,新技术的成本不随时间发生变化,但不是所有的消费者都在同一时间都被告知并能获取有关新技术的信息。由于每个消费者都能从周围的消费者中了解到该技术的信息,随着时间推移,越来越多的人将在某个时期采用该技术,从而导致了创新采用速率的上升。然而,当市场最终变得成熟后,创新速率又开始下降。这也将导致创新扩散速率的 S 形曲线①。总之,将上述两个模型结合起来,也只是强化了 S 形曲线的结论而已。高尔德和特里斯(Tellis 1997)定义了他们称之为"起飞"的概念,用以识别在经验性的扩散曲线中相对于初始增长速率的最大变形点②。就图 17.1 的数据而言,这个点出现在 1910 年左右。因为对很多消费品而言,这样一个点的存在是识别最终能否成功的良好标识,高尔德和特里斯的工作重点就是发现可用于识别这一点的预测指标。

若不考虑创新采用的时间概率分布机制的细节,社会学家和技术创新扩散学者们关注的第一个重要问题是:什么因素影响了这些事件发生的速率;第二个重要问题是:什么是 S 形渐进曲线最高点的决定因素。换句话说,我们什么时候能够预期这个最高点的出现?下一节讨论了这些因素,并提供了一些

① 对这类模型及其拓展的详细讨论请见:Geroski 2000, David 2003;提供了关于这一机制演化的解释。

② 对任何特定的参数分布函数,这个点可以通过累计性分布(第二级衍生)的弧度加以定义。该点若存在,将会得到良好的定义。在 Logit 分布中,该点在 20%的人群采用时会出现;在正态分布中,该点在 15%的人群采用时会出现。高尔德和特里斯(1977)通过将现时的创新采用率看作当前的创新采用份额,给出了这一测度的非参数离散型定义。

重要的经验证据。

17.4 创新扩散速率的决定因素

图17.2是采用某项发明的美国家庭数量示意图。虽然这些曲线不是很光滑，但它们明显遵循了S形曲线的发展路径。这些曲线也显示出扩散采用在时间跨度工具有很大的伸缩性的特点。例如，洗衣机从占美国家庭的1/4扩张到3/4总共用去40年时间，而录音机和彩电(不在图中)达到同样的比例只花了不到10年时间。表17.1是日本1989~1995年间一般家庭电子消费品的扩散过程数据表。值得注意的是，不同产品的创新扩散速率存在很大差异，甚至在同一个6年期中也是如此，这种差异不能通过1989年的创新扩散水平加以解释[可以通过将冰箱看作空调，或将CD(或盒式磁带、广播)视为视频相机来进行分析]。

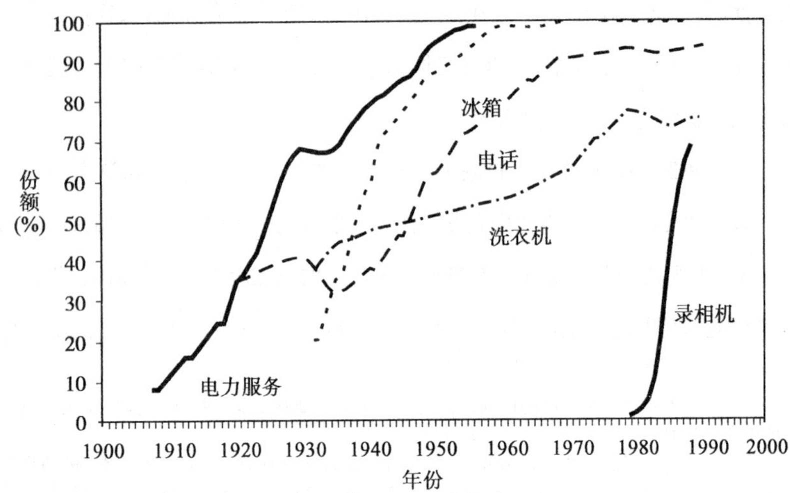

图17.2 美国主要创新的扩散

来源：Dallas Federal Reserve Bank

表 17.1　日本家庭的扩散比例(%)

新　产　品	1989 年	1995 年	变　　化
无线话筒	NA	43.7	NA
CD(或广播、录音机)	31.5	68.2	36.7
对流加热(冷凝)器	34.7	57.3	22.6
洗衣机	34.7	55.4	20.7
打字处理器	25.1	43.7	18.6
微波炉	72.9	89.5	16.6
数码相机	17.5	34.0	16.5
空　调	64.8	79.3	14.5
汽　车	76.6	82.1	5.5
个人电脑	12.4	16.6	4.2
电　视	98.4	99.3	0.9
冰　箱	62.9	63.6	0.7

资料来源：Japan Echo. Inc. Information Bulletin No.18

综上所述，读者可以总结出影响创新的一系列因素，这些因素可以划分为四类：影响创新收益的因素、影响创新采用成本的因素、与产业或社会环境有关的因素、与不确定性和信息相关的因素。运用罗格斯的分类系统可以发现，第一类和第二类因素结合起来可以导致“创新的相对优势”和“复杂性”，第三类因素可以视为“相容性”因素，第四类因素主要通过“可测试性”和“可观察性”来识别。

17.4.1　新技术收益

很明显，从一项新技术采用中获取收益最重要的决定因素是新技术相对旧技术所提供的改进数量，而这在很大程度上取决于新技术对旧技术的替代程度。例如，在图 17.2 中我们可以看到，收音机和自动洗衣机同时在 20 世纪 20 年代早期被引入美国，但前者的扩散要明显快于后者。对这一现象的部分解释是，对自动洗衣机而言，存在诸如手动洗衣机这一类较好的替代品，而收音机则没有较好的替代品。这一发现与特里斯等学者(2002)对20世纪下半叶跨欧洲国家的研究结果一致，用来解释创新扩散速度的一个最重要因素在于产品是“白色”(家用电器)还是“黑色”(娱乐或信息耐用消费品)的。学者对该发现的一般性解释是，“黑色产品”是“地位增强”型的，它们更容易被非家庭成员观察到。但是，由于缺乏进行国家间比较的一致性数据，这些学者没有控制住产品价格变量。因此，很难判断这一发现是否与不同国家之间以及不同产品之间的总体采用成本差异有关。

用来解释技术采用较为缓慢的一个重要因素是，当新技术被第一次引入时，它的相对优势通常较小。正如很多学者所强调的，技术学习伴随着创新扩散而发生，创新经常会被改进以适应不同环境，这使得该创新能吸引更为广泛的创新采用者(Rosenberg 1972, Nelson et al. 2002)。其基本启示是，创新采用的收益通常随着时间而增长；如果创新收益的增长速度快于成本，创新扩散就会被延缓(因为创新的潜在采用者数量会随时间增长，由此扩大了采用群体的规模)。在罗森博格(1982)的研究中，一个最明显的例子是专门用于波音747飞机的机身创新。事实上，任何一个“干中学”或“用中学”在其开发过程中扮演重要角色的技术，都将会在创新和扩散过程之间表现出交互反馈作用。一个恰当的实例是应用软件，很多应用软件的开发都是在它第一次投放市场后，根据用户的经验和要求做出进一步的改进；在网络浏览器被创造和首次推出后，对万维网的改进也是相当明显的。

17.4.2 网络效应

一项新技术对消费者的价值在一定程度上依赖于该技术被其他消费者采用的程度，这一现象已越来越明显。这可能是由于该技术用来和其他人交流(如互联网或即时信息传递技术)，或许是因为该技术的软件和相关服务的提供依赖于大规模的消费群体。具有这类属性的产品通常被经济学家称为“网络产品”。这类产品非常依赖于技术“标准”的存在,以确保能够进行直接或间接的沟通。因此,对这类产品而言,创新的可得收益的一个重要决定因素是当前或预期网络规模的大小。

例如,赛隆和谢帕德(Saloner and Shepard 1955)研究了银行业对ATM机的采用过程,并提出假设:消费者更偏好于较大规模的ATM机网络,而不是那些较小的网络;同时,银行会对消费者的偏好作出反应。学者们在实践中也确实发现,拥有更多分支机构的银行会更为迅速地采用ATM机,即便控制了银行总体规模变量后也是如此。该结果表明,网络价值越高,越容易导致对新技术较早的采用①。该实例描述了网络的重要性,强调了大型企业作为技术和消费者之间的中介在推动特定网络标准形成过程中扮演的重要角色。

VHS/Beta间的竞争实例是“网络外部性”在消费者对新技术采用影响中所扮演角色的一个著名案例。这场竞争最终导致录像机(放像机)单一标准的出现。几乎所有学者都将此结果归结为消费者希望在硬件周围伴随着大量预先录制好的软件节目的需求,而在早期,VHS在录制节目的长度方面拥有优势。关于该技术在消费者中扩散的分析请见帕克(Park,2000)的研究。

网络效应(特别是那些与创新的知识和经验有关的网络)一直以来都被认为是影响创新扩散的重要因素,特别是在社会学研究的文献中。最近,经济学领域的研究开始关注“标准”在加速或延缓创新过程中发挥作用的问题,正如VHS/Beta例子所展示的那样(David 1985; Katz, Shapiro 1985; Arthur 1989; Economides, Himmelberg 1995)。当前有关“标准”和“网络外部性”的经济学文献关注的焦点是,消费者和企业的收益来自其他选择使用相同技术的消费者和企业。这些收益可以分为直接收益和间接收益。其中,直接收益主要来自创新采用者与其他选择同样技术的采用者之间的沟通与交流,如传真通信技术的选择或文字处理技术

---

① 有关ATM系统采用的文献,也请见:Hannan and McDowell 1984a and b;他们着重强调了银行规模和产业集中度扮演的重要角色,这主要是基于成本和市场结构的考虑。

的选择等。间接收益主要源于,越多的人使用某种特定技术标准的产品,该技术标准越有可能“存活”下来,而与该技术标准相兼容的产品将会被持续生产。之前的 VHS/Beta 例子中,间接网络收益相当重要,虽然直接收益也是其中的组成部分(如将录像机租借给邻居或朋友带来的收益)。

技术标准和网络外部性间的密切关联来自一个事实,即“标准”创造了大量使产品本身更容易表现出网络外部性的效果。首先,技术标准增强了两个产品间的“交流”,如电话与即时信息服务,CD 播放器与 CD 唱片等;其次,标准的存在简化了消费者的学习,并鼓励在一系列产品中采用相同或类似的标准。当某个特定标准如视窗操作系统(Windows)被消费者网络中的成员使用时,也将有助于学习并鼓励创新的采用,因为新采用者会从周围的人群中获取有价值的建议;第三,一个成功的技术标准将会扩大产品的潜在市场规模,这对于降低生产成本、增强多样性以及改善配套产品的可得性非常重要。除了早先提到的 VHS/Beta 案例,增强配套产品可得性的另一个实例是,相对于 Macintosh OS 和 Linux, Windows 操作系统拥有更为广泛的软件可得性。

虽然技术标准对创新扩散相当重要,但数字技术和信息技术的重要性也正在上升,并导致各种标准战的出现,影响了希望采用创新的企业的战略行为。早期的标准战实例包括在电力分配方法上的 AC 和 DC 之争(David 1990a),以及“汽油驱动型电冰箱”的失败(虽然它具有明显的效率优势)。总之,这一现象的重要性正随着信息和通信技术应用的增加而增长。例如,网景(Netscape)和微软网络搜索器(IE)在互联网浏览市场中对主导地位的争夺。

“标准”变得越来越重要,信息和通信产业的重要性也在增强,这导致学术界出现了通过经济学建模进行研究的趋势。这些模型将已有网络基础的正向反馈所导致的回报增长和其他消费者的创新采用决策结合了起来。早期的建模工作主要由阿瑟、厄莫维夫和卡尼奥夫斯基(1983)等学者进行。几位学者强调了戴维的观点,即当存在多重可能的标准时,整个过程中支持某一类标准的小事件的出现,会导致一个并非最佳的标准被最终采纳。之后的研究者通过增加消费者偏好的异质性或信息溢出中的本地化特性，提出了更为复杂的扩散模型，即网络外部性的存在将导致一个市场中同时存在多于一个的标准，即使创新采用的回报出现增长时也是如此(Bassanini, Dosi 1998; Wendt, van Westarp 2000)。

产业组织研究者和战略理论学家将理论建模的中心放在采用竞争战略和市场结构获得的回报增长方面，相关研究包括卡茨和夏皮洛(Shapiro 1985/1986/1994)、费雷尔(Farrel)和赛隆(1992)、夏皮洛和瓦里安(Varian 1999)等的工作。卡茨和夏皮洛在其系列论文中，研究了当存在网络外部性时，消费者的采用行为对提供竞争性产品的企业间战略交互作用的影响。上述研究在大体上识别了在这样的环境中竞争企业之间存在的多种可能均衡，因此难以得到稳固的结论。

费雷尔和赛隆研究了具有网络外部性条件下的创新扩散速度问题(相对从社会角度而言的最优速率)，考察了早期的创新采用者在这种情况下是否会忽略其自身的创新采用对未来采用者和之前旧技术使用者的影响。研究表明，在这种情况下，扩散速度要么过快(动量过大)要么过慢(惯性过强)。最后，夏皮洛和瓦里安阐明了这些理论模型在信息产品生产和营销中的启示，并描绘了在一个网络外部性具有重要作用的市场中的竞争战略，指出赢得标准之战非常关键——一旦失去标准，就意味着商业上的最终失败。

17.4.3　采用新技术的成本

影响新技术采用决策的第二类因素是成本因素，其中不仅包括价格成本，更重要的是配套投资的成本和技术学习的成本。这种投资也许还包括工人培训以及必要的资本设备购买成本。然而，我们不应过分强调对配套投资需求的重要性，特别是那些需要对使用过程进行重新组织的复杂的现代技术(更多内容见本书第 5 章)。

例如，布里约尔夫森(Brynjolfsson)在最近的一系列研究论文中指出，采用一项建立在个人计算机网络化基础上的新的计算机信息系统的成本是其硬件成本的

10倍①。格里纳和古列克(Greenan and Guellec 1998)运用法国的企业和员工数据得到了相同的结论,即ICT的有效实施要求组织的相应变化,并因此提升了创新采用的成本,而这会降低创新采用的速度。卡塞利和柯尔曼(Caselli and Coleman 2001)比较了OECD国家在1970~1990年间的计算机投资,指出员工技能水平和配套资产投资在决定新计算机系统的购买速率中起到了重要作用。这一研究结论的内涵是,新的计算机技术的使用需要员工的培训和配套设备的安装(如安装服务器的空间调整成本,购买必要的冷却设备等)。因此,配套投资包括两种效应:成本提高导致了扩散速度下降;投资所花费的时间降低了企业和整个经济生产率的增长。

戴维(1990b)指出,制造业在采用电力的过程中也发生过类似的成本调整,这一过程在美国整整花费了40年时间(见图17.1,以及Mower, Rosenberg 1998)。在一家工厂中安装电力需要重新进行全面的设计布局,还需要工作分配上的变化,这意味着采用一项新技术是一个相当昂贵的过程,而且较为缓慢。戴维认为,当计算机技术被引入某一工作空间或基于互联网的技术替代了电话或邮件预定时,也会发生类似的工作流重组。最近美国生产率增长的证据表明,重大的技术组织变化需要花费大量时间才能收到成效(Gordon 2003, Economist 2003)。

肖(Shaw 2002)对这种过程进行了记录,他重点关注连续热铁生产线中的手动监测仪被计算机运作替代的过程。这一过程不仅要求在高技术设备中进行大量投资,还要求工人具有很强的认知技能。这些员工过去主要在机器生产线上工作,现在则主要在生产控制室里运用计算机技术调整生产工艺过程。

技术供应商经常试图对新技术的使用进行"资助",主要是通过提供免费培训和其他帮助,或通过在某个时期收费率的逐渐降低而实现。为补偿新消费者在旧技术使用中所发生的沉没成本,创新型企业普遍存在一种做法,即为其竞争性产品所有者以及自己产品所有者提供一种竞争性的软件更新。更多针对技术供应商采用的有关激励技术扩散和扩大产品基础战略的讨论,见夏

① 有关该项工作的总结和进一步的文献请见:Brynjolfsson 2000。

皮洛和瓦里安(1999)的研究。

因为绝大多数创新采用的成本都是固定成本,因此企业转换技术或引入新技术的选择会受到自身规模和所在行业结构的影响。保罗·戴维对 19 世纪美国和英国引入农用收割机的研究是这方面的一个有趣例子(David 1975a,b)。他认为,总体上英国农业对收割机的采用相对美国要迟滞,原因有二:首先,收割机是一项固定成本投资,可获利性要求有一定规模的农田土地;其次,收割机与英国由树篱分割而成的小土地模式不匹配。此外,戴维还发现,收割机在美国的扩散一直相当缓慢,直到劳动力价格上升到一定水平,使得收割机(劳动力节约型设备)的使用有利可图时才得到迅速应用。

当前大量的创新扩散研究都得到了类似的经验结果。马约姆达和冯卡塔拉曼(Majumdar and Venkataraman 1998)考察了美国通信业中的机械开关被电子开关替代的过程,发现大规模企业首先采用电子开关的原因可能是每个消费者的成本相对较低。需要注意,当企业采用一项新技术,包括进行与企业现有规模成比例的设备投资时,需要该企业具有足够的吸收能力,并需要进行员工培训或其他互补性的调整,这也许会造成与企业规模不成比例的固定成本出现。

与在创新中进行投资的情况类似,企业在新技术中的投资对财务因素同样非常敏感。如前所述,采用新技术的决策在本质上是在不确定环境中作出的,因此进行有关财务来源和投资战略间关系的讨论也就没什么可惊奇的。本书第 9 章详细回顾了相关的财务因素。例如,曼斯菲尔德(1968)的报告指出,铁路运输业对柴油机车的采用依赖于其流动性,表明这些企业面临的外部成本高于内部财务成本。

17.4.4 信息和不确定性

采用一项新技术的决策需要获取与该技术有关的知识以及潜在采用者的信息。因此,创新扩散的一个重要决定因素是新技术的信息,而这很可能受到新技术供应商行为的影响。显然,广告在很多情况下是企业经常采用的一种重要形式,它会直接影响新技术的成本。新技术采用的决策还依赖于决策者在周围环境中可得到的经验信息,这些信息可能来自从周边空间地域获取的信息或来自企业与消费者相互作用中获取的信息。

采用创新的利益随时间而分布,而成本通常发生在创新初期,因此对技术或创新采用者生命周期的预期相当重要。关于利益、成本或生命周期的不确定性将会影响技术采用的速率,并可能经常将决策问题转化为基于选择的计算问题。正如之前所讨论的,后者在很多案例中是实施的结果,一旦一项新技术被选择,就会产生大量沉没成本并因此不能收回。也就是说,潜在采用者有一个关于新技术的选择权;如果潜在采用者看到不确定性回报达到了一定水平(协定价格),他将会通过采用技术而实施这一选择权(有关理论开发的研究见:Stoneman 2001b)。

目前,将期权理论融合进创新扩散的经验研究还很少,虽然有关"可测试性"和"可观测性"的描述性工作已大量存在(具体实例可见:Nelson et al. 2002)。关于期权实践在技术采用中发挥作用的一个著名例子是卢克(Luque, 2002)的工作。她考察了美国工厂所采用的三项先进制造技术决策,发现在需求度较低、技术不确定性较少和销售市场较稳定的行业中运作的工厂更有可能采用这些技术。卢克指出,该结论进一步表明不确定性在创新采用中的重要性;如果采用一项新技术与期权实践相对应,那么我们可以预期创新采用更可能经常发生在不确定性较低和沉没成本较低的产业中。

17.4.5 市场规模、产业环境和市场结构

企业规模或产业集中度与企业新技术采用之间的关系,以及这些因素与创新之间的关系一样,受到了学者们的普遍关注。如上所述,大型垄断性企业可以通过很多单元来分摊创新采用的成本,它们可能不会察觉到在新技术投

资中降低成本的压力。从经验层面看,在技术采用的案例中,绝大多数研究发现大企业会迅速采用任何给定的技术,但也有一些例外。奥斯特(Oster 1982)发现,钢铁行业中的小型企业在二战后用氧气炉替代平炉的速度比大企业快。在煤矿、钢铁和酿造行业的 12 个案例中,曼斯菲尔德(1961)发现了很弱的证据:企业在具有竞争性和集中度较低的行业中会更迅速地采用新技术,这与罗密欧(Romeo 1977)对数控机床的扩散研究的发现一致。

在某些案例中,新技术的采用是由企业决定的,企业基于消费者利益和自身利益的考虑而作出这样的决策,如航空公司采用的计算机化仓储系统。消费者很少会对这个决策产生影响,虽然他们最终可以从旅行成本的降低或更好的服务中受益。在其他案例中,这样的决策也基本上与消费者无关,如 VCD 记录技术的选择,VHS、Beta 以及当前的 DVD 技术。虽然以上两个案例都考虑了成本和利益的关系,但市场结构在前一个案例中的重要性可能大于后者。由于采用新技术的企业在数量上非常少,因此会在战略上与采用决策本身发生相互作用。在后一个案例中,战略性的交互作用发生在所提供的技术中;企业大体上可以得到和前一个案例相同的战略结果集(通过价格渗透等),但缺乏关于消费者偏好的完美信息,同时在市场细分方面的能力局限也使得企业不能完全将消费者偏好考虑进决策当中。

市场结构能通过两种完全不同的方式影响创新采用决策:销售者行为或购买者行为。具有高集中度的新技术供应商通常有更高的价格,并会放慢对创新的采用速度,但它们也更容易具备决定标准的能力,而这会增加创新的收益。如果两个或多个寡头企业为提供不同的标准而展开竞争,我们可能会看到某项新技术被很快地采用,因为这些企业面临着以低于成本的价格获取市场份额的激励(Farrell, Saloner 1992)。就潜在采用企业而言,市场集中度影响了它们将成本转移给消费者的能力,还影响了它们降低创新采用成本的动力。很多由"害怕被替代"和"拥有市场势力"之间矛盾所引发的争论,与垄断者创新激励文献所讨论的主题类似(实例可见:Gilbert, Newberry 1982)。

除了市场结构和规模外,整体规制环境也会对创新采用产生影响,它可能会在某些地区放慢创新采用的速率,这主要是由规制变化的僵化所造成;还可能在其他地区加快创新采用的速率,这主要是因为规制能强制性推动某种特定技术标准的采用和实施。前者的一个恰当例子是管道装置中塑料管的使用,它降低了建筑成本,却由于建筑法规的问题而只能缓慢扩散。后者的一个恰当例子是由莫利和罗森博格(1982)所提供的,美国国家航空委员会制定的航空业规制对机身和空气发动机中的创新采用活动发挥了重要作用,它充当了整个行业的标准制定者和行业内部协调者的角色。

规制对创新扩散造成的意想不到后果的一个重要实例是美国和欧洲的家庭互联网使用案例(日本也在一定程度上出现了这一现象)。在历史上,美国电信产业的定价标准规定,允许以月为单位无限制进行本地电话呼叫;而在其他国家中,本地电话呼叫的费用通常与使用量成正比。这些政策主要由规制制定者所决定,由于消费者和企业都已经适应了这些规制,因此很难发生改变。当缺乏直接联网条件时,家庭互联网用户就要求能够通过当地电话线上网。因此,家庭互联网使用的边际成本在很大程度上取决于本地电话呼叫的成本,这使得包含电子邮件和即时信息使用的互联网在美国的扩散比在其他(发达)国家迅速得多。只有在最近一些欧洲国家的 ISDN 服务出现并实行按月收费后,家庭互联网才开始在这些地区得到传播使用。相反,依赖于无线电话的各类“文本短信息”(一种受到年轻人普遍欢迎的交流方式,与互联网的即时信息交流类似)的扩散在日本和欧洲就比在美国迅速得多。两种即时通信形式的相对成本差异——都是由规制造成的结果——可能是解释两者差异的主要因素。

17.5 文化和社会决定因素

上述经济因素可以从很大程度上用来解释创新扩散速率的差异(Griliches

1957)，但也不能忽视其他因素的重要性。例如，很多学者指出针对"风险"和"新生事物"存在不同的文化态度[①]。这些特性在同一文化内部和不同文化之间存在较大差异，导致了创新传播速率的差异，这是经济变量所无法解释的。斯特朗和索勒(1998)还对创新扩散的文化基础进行了探讨。

罗格斯(1995)引用了大量与健康有关的创新采用的例子，其中与"社会规范"的"相容性"对创新采用具有显著影响。这些例子包括：饮用沸水，在不发达国家发放各类避孕用品，这些技术的普及程度非常依赖于当地的文化和传统。其中，某些地区在传统上以饮用凉水为主，这使得通过饮用沸水来预防痢疾的简单创新措施无从发挥效用。

特里斯等学者(2002)发现，对家庭耐用消费品而言，诸如性别、文化态度、传统等变量对创新在(欧洲各国的)落后市场中的渗透几乎不具有预测能力。当把这些变量单独视作预测指标时，"勤奋程度"(由气候变量加以测量)以及"对获取成就的需要"(通过该国的天主教与新教比率进行测量)加速了扩散过程，对"不确定性的回避"则降低了扩散速度。特里斯等学者的研究因为在一个预测方程中同时包含了经济、文化和信息变量而显得异常引人注目。

17.6 结　　论

在传统意义上，"扩散"是将新产品、新过程和新的实践成功引入社会环境的三个重要"支柱"之一，另外两个"支柱"是发明(新的概念)和商业化/创新(使发明变为实践)。在某些方面，可以认为扩散是整个学习过程中最容易的部分。因为相对于其他两个因素(发明和创新)，扩散更容易通过可观测变量加以预测。目前关于创新扩散大量的研究表明(详见本章参考文献，Rogers 1995)，不同的创新扩

① 有关不同文化解释的讨论，请见：Mokyr 1999。

散具有共性，如具有共同的S形曲线，同样强调经济因素和社会网络在创新扩散中的重要作用等。

虽然很多学者已经指出，将创新活动划分为三个部分的线性模型过于简单，但有一点是不变的：如果没有发明，任何事物都难以扩散。因此，虽然该模型存在局限，但它仍是一个值得借鉴的有效原则。从现有关于单个发明的大量历史研究案例中可以发现，在各种不同条件和包含不同用户的情况下，扩散过程会通过与运作或使用相关的信息反馈来改进和加强创新本身。此外，跨地理区域的创新采用速率或规模差异与创新改进的速率之间，也可能存在反馈作用。

本章的导言部分引用了罗森博格的“扩散较为缓慢”和“不同的创新扩散存在可变性”这两个重要研究成果。本章对上述成果的理论解释进行了回顾，如沉没成本（可测试性），发明在初次概念化后的适应性改进，以及人际交流网络在传播信息方面较为缓慢等。一些学者认为，对计算机或电动机等重要创新而言，有必要通过结构重组而充分利用新的创新手段，这样可以推动创新的扩散，而创新的预期收益必须花费时间来获取。

有几个领域对未来的研究具有潜在的重大意义。首先，截至目前大多数研究在方法上相当简单，其中最复杂的一项是将创新采用发生的时间与创新和采用者的特性关联在一起的风险模型（基于数据库的支持）。因此，今后有必要采用更为结构化的方法研究创新采用者面临的选择问题。一个极有可能用来建模的方法是斯通曼（2001b）提出的实物期权方法（real options），该模型会内生地产生风险或时间等待模型，同时明确地将决策的不确定性包含进来①。源于风险模型的创新采用累积分布曲线类似于S形曲线。

第二，虽然很多研究已经从定性角度描述了扩散中的创新增强过程，但尚未对这方面的数据进行系统收集，也几乎没有对创新过程的建模研究。因此，

---

① 在劳动经济学文献中，有一个相似的、失业后获取工作的可能性模型（Lancaster and Nickell 1980，Lancaster 1999）。

对这一过程展开定量研究将有助于对这一效果进行量化分析,它与著名的学习曲线类似,但不完全相同。此外,在这方面非常重要并值得研究的一个技术领域是用户驱动的软件开发问题。

最后,一个在全球化经济中越来越受到关注的研究领域是国际技术转移问题。① 这方面的研究通常是一种基于经验分析的实证研究,重点考察技术从发达国家向欠发达国家的转移和扩散机制,而不是单个国家的创新采用决策。换句话说,这一分析是在整体水平而不是单个决策者的水平上进行的。因此,可以肯定地说,这一领域尚有很大的研究空间,因为技术扩散是经济和社会发展的一个重要来源。从福利的角度看,未来研究的一个最重要的领域是对发展中国家间不同的健康和医疗创新扩散问题进行比较研究,因为即使在同样的低收入发达国家中,创新采用速率也存在很大差异。

参考文献

ARTHUR, W. B. (1989), "Competing Technologies, Increasing Returns, and Lock - in by Historical Events," *The Economic Journal* 99 (March): 116~131.

——ERMOLIEV, Y., and KANIOVSKI, Y. (1983), "Generalized Urn Problem and Its Applications," *Cybernetics* 19: 61~71.

BABCOCK, J. M. (1962), "Adoption of Hybrid Corn—A Comment," *Rural Sociology* 27: 332~338.

BASS, F. M. (1969), "A New Product Growth Model for Consumer Durables," *Management Science* 13 (5): 215~227.

BASSANINI, A., and DOSI, G. (1998), "Heterogeneous Agents,

① 有关该文献的评述见: Keller 2001。

Complementarities, and Diffusion. Do Increasing Returns Imply Convergence to International Technological Monopolies?" in D. D. Gatti, M. Gallegati, and A. Kirman (eds.), *Market Structure, Aggregation, and Heterogeneity*, Berlin: Springer, 163～185.

BRULAND, K. (1998), "Skills, Learning and the International Diffusion of Technology," in M. Berg and K. Bruland (eds.), *Technological Revolutions in Europe*, Cheltenham: Edward Elgar, 45～69.

—— (2002), *British Technology and European Industrialization: The Norwegian Textile Industry in the Mid－nineteenth Century*, Oxford: Oxford University Press.

BRYNJOLFSSON, E. (2000), "Beyond Computation: Information Technology, Organizational Transformation and Business Performance," *Journal of Economic Perspectives* 14: 23～48.

CASELLI, F., and COLEMAN, W. II (2001), "Cross－country Technology Diffusion: The Case of Computers," *American Economic Review* 91 (2): 328～335.

DAVID, P. A. (1975a), "The Mechanization of Reaping in the Ante－bellum Midwest," in P. A. David, *Technical Choice, Innovation, and Economic Growth*, Cambridge: Cambridge University Press, 195～232.

—— (1975b), "The Landscape and the Machine: Technical Interrelatedness, Land Tenure, and the Mechanization of the Corn Harvest in Victorian Britain," in P. A. David, *Technical Choice, Innovation, and Economic Growth*. Cambridge: Cambridge University Press, 233～290.

DAVID, P. A. (1985), "Clio and the Economics of QWERTY," *American Economic Review* 75: 332～337.

—— (1990) "At last, a Remedy for Chronic QWERTY－Skepticism!"

Oxford: All Souls College, Oxford University. Manuscript.

—— (1990a), "Heroes, Herds, and Hysteresis in Technological History: Thomas Edison and the Battle of the Systems Reconsidered," *Industrial and Corporate Change* 1 (1): 129~180.

* (1990b), "The Dynamo and the Computer: An Historical Perspective on the Modern Productivity Paradox," *American Economic Review* 80: 355~361.

—— (1999), "'Myth' – informing the public about the public goods and QWERTY," (a reply to "Lock and Key"), Economic Focus, The *Economist*, 18 September.

—— (2003), "Zvi on Diffusion, Lags and Productivity Growth ... Connecting the Dots," Paper presented at the Conference on R&D, Education and Productivity held in memory of Zvi Griliches in Paris, August 2003.

DAVIES, S. (1979), *The Diffusion of Process Innovation*, Cambridge: Cambridge University Press.

DIXIT, A., and PINDYCK, R. (1994), *Investment under Uncertainty*, Princeton: Princeton University Press.

ECONOMIDES, N., and HIMMELBERG, C. (1995), "Critical Mass and Network Size with Application to the U. S. Fax Market," New York University, Salomon Brothers Working Paper S/95/26 (August).

Economist (2003), "The New 'New Economy'," 11 September.

FARRELL, J., and SALONER, G. (1992), "Installed Base and Compatibility: Innovation, Product Preannouncements, and Predation," *American Economic Review* 76: 940~955.

* GEROSKI, P. A. (2000), "Models of Technology Diffusion," *Research Policy* 29 (4/5): 603~625.

GILBERT, R. J., and NEWBERRY, D. M. G. (1982), "Preemptive

Patenting and the Persistence of Monopoly," *American Economic Review* 72 (3): 514~526.

GILFILLAN, S. C. (1935a), *Inventing the Ship: A Study of the Inventions made in her History between Floating Log and Rotorship*, Chicago: Follett.

—— (1935b), *The Sociology of Invention: An Essay in the Social Causes of Technic Invention and Some of its Social Results; Especially as Demonstrated in the History of the Ship*, Chicago: Follett.

GOLDER, P. N., and TELLIS, G. J. (1997), "Will It Ever Fly? Modeling the Takeoff of Really New Consumer Durables," *Marketing Science* 16 (3): 256~270.

GORDON, R. J. (2003), "Five Puzzles in the Behavior of Productivity, Investment, and Innovation," in *Global Competitiveness Report*, 2003~2004, World Economic Forum.

GREENAN, N., and GUELLEC, D. (1998), "Firm Organization, Technology, and Performance: An Empirical Study," *Economics of Innovation and New Technology* 6: 313~347.

* GRILICHES, Z. (1957), "Hybrid Corn: An Exploration in the Economics of Technological Change," *Econometrica* 25: 501~522.

—— (1960a), "Hybrid Corn and the Economics of Innovation," *Science* 132: 275~280.

—— (1960b), "Congruence Versus Profitability: A False Dichotomy," *Rural Sociology* 25: 354~356.

—— (1962), "Profitability Versus Interaction: Another False Dichotomy," *Rural Sociology* 27: 325~330.

HANNAN, T., and McDOWELL, J. (1984a), "The Determinants of Technology Adoption: The Case of the Banking Firm," *Rand, Journal of*

Economics 15 (3): 328~335.

—— (1984b), "Market Concentration and the Diffusion of New Technology in the Banking Industry," *The Review of Economics and Statistics* 66 (4): 686~691.

HAVENS, E. A., and ROGERS, E. M. (1961), "Profitability and the Interaction Effect," *Rural Sociology* 26: 409~414.

JOVANOVIC, B., and STOLYAROV, D. (2000), "Optimal Adoption of Complementary Technologies," *American Economic Review* 90 (1): 15~29.

KATZ, M. L., and SHAPIRO, C. (1985), "Network Externalities, Competition, and Compatibility," *American Economic Review* 75 (3): 424~440.

—— (1986), "Technology Adoption in the Presence of Network Externalities," *Journal of Political Economy* 94: 822~441.

* —— (1994), "Systems Competition and Network Effects," *Journal of Economic Perspectives* 77: 93~115.

KAWAI, M., WATANABE, K., and MORI, A. (1992), "Pre – Cultural Behaviors Observed in Free – Ranging Japanese Monkeys on Koshima Islet over the Past 25 Years," *Prim. Rep.* 32: 143~153.

KELLER, W. (2001), "International Technology Transfer," NBER Working Paper Number w8573.

LANCASTER, T. (1990), *The Economic Analysis of Transition Data*, Cambridge: Cambridge University Press.

—— and NICKELL, S. (1980), "The Analysis of Reemployment Probabilities for the Unemployed," *Journal of the Royal Statistical Society* A 143 (2): 141~165.

LIEBOWITZ, S. J., and MARGOLIS, S. E. (1990), "The Fable of the Keys," *Journal of Law and Economics* 33: 1~26.

LUQUE, A. (2002), "An Option – Value Approach to Technology Adoption in U. S. Manufacturing: Evidence from Microdata," *Economics of Innovation and New Technology* 11 (6): 543~568.

McGREW, W. C. (1998), "Culture in Nonhuman Primates?" *Annual Review of Anthropology* 27: 301~328.

MAJUMDAR, S., and VENKATARAMAN, S. (1998), "Network Effects and the Adoption of New Technology: Evidence from the U.S. Telecommunications Industry," *Strategic Management Journal* 19: 1045~1062.

MANSFIELD, E. (1961), "Technical Change and the Rate of Imitation," *Econometrica* 29 (4): 741~766.

* —— (1968), *Industrial Research and Technological Innovation*, New York: Norton.

* MOKYR, J. (1990), *The Lever of Riches*. Oxford: Oxford University Press.

MOWERY, D., and ROSENBERG, N. (1998), *Paths of innovation, Technological Change in 20th – Century America*, Cambridge: Cambridge University Press.

—— (1982), "Government Policy and Innovation in the Commercial Aircraft Industry, 1925 ~ 1975," in R. R. Nelson (ed.), *Government and Technical Progress: A Cross – Industry Analysis*. Oxford: Pergamon Press.

NELSON, R. R., PETERHANSL, A., and SAMPAT, B. N. (2002), "Why and How Innovations Get Adopted: A Tale of Four Models," New York: Columbia University (Photocopied).

OSTER, S. M. (1982), "The Diffusion of Innovation among Steel Firms: The Basic Oxygen Furnace," *Bell Journal of Economics* 13 (1): 45~56.

PARK, S. (2002), "Quantitative Analysis of Network Externalities in

Competing Technologies," New York: SUNY at Stony Brook. Photocopied.

* ROGERS, E. M. (1995), *Diffusion of Innovations*, 4th edn., New York: The Free Press.

—— and HAVENS, A. E. (1962), "Rejoinder to Griliches, 'Another False Dichotomy'," *Rural Sociology* 27: 332~334.

ROMEO, A. A. (1977), "The Rate of Imitation of a Capital - embodied Process Innovation," *Economica* 44: 63~69.

* ROSENBERG, N. (1972), "Factors Affecting the Diffusion of Technology," *Explorations in Economic History* 10 (1): 3~33.

—— (1982), "Learning by Using," in N. Rosenberg, *Inside the Black Box*, Cambridge: Cambridge University Press, 120~140.

SALONER, G., and SHEPARD, A. (1995), "Adoption of Technologies with Network Effects: An Empirical Examination of the Adoption of Automated Teller Machines," *Rand Journal of Economics* 26 (3): 479~501.

SHAPIRO, C., and VARIAN, H. (1999), *Information Rules*, Boston: Harvard Business School Press.

SHAW, K. (2002), "By What Means Does Information Technology Affect Employment and Wages," in Greenan, N., Y. D' Horty, and J. Mairesse, (eds.), *Productivity, Inequality, and the Digital Economy*. Cambridge, Mass.: The MIT Press, 229~268.

* STONEMAN, P. (2001a), *The Economics of Technological Diffusion*, Oxford: Blackwells.

—— (2001b), "Financial Factors and the Inter Firm Diffusion of New Technology: A Real Options Model," University of Warwick EIFC Working Paper No. 2001~2008 (December).

* STRANG, D., and SOULE, S. A. (1998), "Diffusion in Organizations

and Social Movements," *Annual Review of Sociology* 24：265～290.

TELLIS, G. J., STREMERSCH, S., and YIN, E. (2002), "The International Takeoff of New Products：The Role of Economics, Culture, and Country Innovativeness," *Marketing Science* 22 (2)：188～208.

WENDT, O., and VAN WESTARP, E (2000), "Determinants of Diffusion in Network Effect Markets," Paper presented at the 2000 IRMA International Conference, Anchorage, Alaska.

ZETTELMEYER, F., and STONEMAN, P. L. (1993), "Testing Alternative Models of New Product Diffusion," *Economics of Innovation and New Technology* 2：283～308.

＊星号表示建议延伸阅读的条目。

4 第四部分

CHAPTER FOUR 创新与绩效

导　言

有关创新和经济绩效关系的文献一直由经济学家主导。本部分第一章论述了创新与经济增长的关系(第18章,菲思佩奇著),这是该领域最受人关注的问题。本章作者指出,经济学家一直采用不同的框架来分析这一关系,其中最为相关的方法就是"演化"和"新增长"理论。这两个方法在创新对于经济增长的重要性方面并无二致,但在创新影响经济增长的具体机制方面存在不同看法。创新促进经济增长的一个重要途径是,技术从发达国家向欠发达国家("后来者")进行扩散。法格博格和戈丁赫(第19章)对有关"后来者"追赶的文献提供了一个历史的、解释性概述,重点论述了创新对于这一进程的效果所起的作用。一个相关的问题是竞争力的变化模式以及创新在其中所起的作用。坎特威尔(第20章)回顾了有关创新和竞争力的文献。尽管自20世纪80年代以来竞争力问题引发了许多争议,但是一个更为热议的问题(尤其在欧洲)是,创新对就业的影响。皮安特(第21章)对这一主题的大量实验文献进行了概述。本部分乃至全书的最后一章(第22章)由伦德瓦尔和博拉斯撰写,论述科学、技术和创新政策。

第 18 章　创新与经济增长

巴特·菲思佩奇(Bart Verspagen)

18.1　引　言

根据麦迪森(Maddison 2001)的研究,全球经济大约在公元 1000 年时开始有所增长,但在此后的几百年内,全球经济增长极其缓慢,甚至出现停滞(见图 18.1)①。直到公元 1600~1800 年,全球经济的增长才比较明显,而且全球经济从此开始步入持续增长,如图 18.1 所示。

经济史研究者认为图 18.1 的经济增长与历史事件诸如工业革命(Bruland and Mowery,本书第 13 章)相关。尽管历史事件对经济增长,尤其是对产业部门层次的具体影响在经济史研究中还存在争论(例如:Crafts 1985),但是技术进步(纯粹意义上的)以及组织变革(不同层次变革的累积)作为促进经济持续增长并不断提高人民生活水平的主要因素似乎是毫无疑问的。

经济学家喜欢用人均收入的数据来表征经济增长,但历史表明,经济增长绝不仅仅是人均收入的数据增长。从广义上讲,经济增长是一个结构变化的历史过程,只有这个过程的一些最基本的方面才可以用生产和收入的数据来衡量。从统计上看,最常见的结构调整形式是经济中产业构成的变化。齐纳

① 以前的数据可能是不准确的,但基于历史事实分析的经济发展趋势应该是可信的。需要注意的是,图中纵轴是人均收入的对数值,因此,直线可能意味着经济发展长期保持在一个稳定的水平,而曲线的斜率则是增长速率。

瑞、斯奎和罗宾逊(Chenery, Syrquin and Robinson 1986)阐明了经济中产业构成变化与生产力水平提高之间的规律,他们进一步指出,对于长期经济增长的结构变化的“更深层次的”阐释大部分仍然属于经济史研究的范畴。

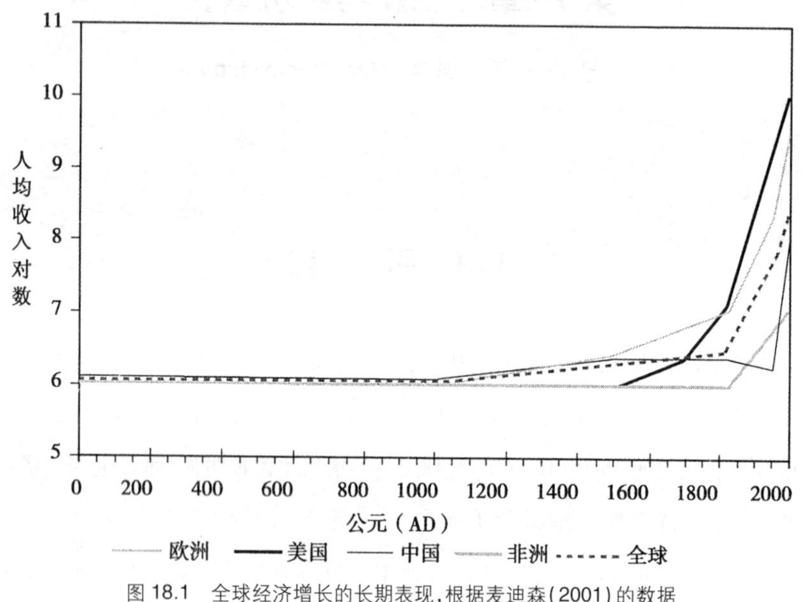

图 18.1 全球经济增长的长期表现,根据麦迪森(2001)的数据

越来越多的人赞同技术创新与组织创新是推动经济长期持续增长的重要因素。但事实上,技术创新与组织创新如何推动经济增长是复杂的,远非那种简单直接的关系。正因为这样,学者们在解释经济增长的贡献要素方面,尤其是涉及有关技术的问题时,存在着激烈的争论。比如,演化经济理论和新古典内生增长理论在解释经济增长上就存在着很大的分歧。

本章认为,演化经济理论和内生增长理论在解释经济增长上存在区别的最根本原因是,两个理论的“世界观”不同。新古典学派的世界观认为,原因和结果是可以清楚区分开的,经济增长是有序的、稳定的现象;而演化经济理论的世界观则认为,历史环境、复杂的因果机制随着时间而不断变化,最重要的是,经济增长是动态发展的,永远不能达到平稳状态(即所谓均衡)。

在比较这两种解释经济增长的理论之前(见 18.3 节),本章首先分析早期文献中有关经济增长的研究(见 18.2 节),包括一些主流经济学领域(增长核算和探讨研发与生产力关系)常用方法和后凯恩斯或熊彼特理论中的一些应用研究。18.4 节给出了一些未来研究的思路。

18.2 经济增长与技术:传统经济学方法

技术变迁和经济增长是古典经济学家(比如亚当·斯密、卡尔·马克思)研究的核心内容,但这些研究主题随着 19 世纪末、20 世纪初经济学思潮中新古典主义革命的兴起而风光不再,甚至从人们的研究视野中淡出。新古典经济增长模型出现在半个世纪前(Solow 1956),该模型将技术进步视为外生变量。作为解释经济增长"最后诉求"的一个解释变量,技术在索罗模型中是这样对经济增长起作用的,即凡是没有被模型中已有变量解释的经济增长贡献都是由外生的技术进步所引起的。然而,当实证研究——也就是"增长核算"(Abramovitz 1956, Solow 1957)①——表明长期经济增长中没有被模型中已有变量解释的部分占了很大比例时,研究者开始关注技术进步以及其他可能的解释变量。此前这些变量并没有被模型的设计者纳入。

继索罗(Solow 1957)之后,增长核算的测定通常都假设所谓的"中性技术进步"(neutral technological change),并假设所有的市场都是完全竞争和处于均衡状态的,同时,规模经济可以忽略。

根据这些假设,测算"技术进步"对经济增长贡献的方法是:用工资在 GDP 中所占的比例作为劳动要素的权重,用资本从市场中获得的回报来表征

① 索罗(1957)的模型在经济增长核算理论中是经典模型,是极为重要的参考。但早在索罗之前,其实已经有学者对此进行了研究,如:Tinbergen 1934, Abramovitz 1956;具体可参考一个综述:Abramovitz 1959。

资本要素对产出的贡献大小,然后以GDP增长率减去资本和劳动的增长贡献率,剩下的,也即“剩余”被称为全要素生产率(TFP)增长。根据索罗模型,这些都被看作是技术进步的结果。虽然这种方法计算很方便,但是这种测算方法背后的强假设可能不符合现实。几乎可以肯定,前面所述的“剩余”包括很多因素而不仅仅是技术的贡献。这就是阿伯拉莫维奇(1956)所说的“剩余”是“对我们无知的测量”(a measure of our ignorance)的原因。

经过多年的不懈研究,经济增长核算方法有了很多改进和优化。首先,更加精确的统计数据使得更多的生产要素可以被区分开,比如不同类型的劳动力(所受教育水平不同)、不同类型的资本,等等。通过这种方法,现在可以比较精确地测量“剩余”在经济增长中的作用(Denison 1962)①;其次,在理论上,经济学家对一些概念进行了更准确的定义,比如假设某些因素(资本等)是准固定的(quasi-fixed),不会因短期产出的波动而减少或增加(Morrison 1986)。

经济学家在研究经济增长时,TFP的概念一直是很重要的,因为技术进步对经济增长影响的“最接近”的因素就是TFP。然而,在概念化和要素度中所存在的问题使该领域的学者对TFP的应用持批评态度。也许最根本的批评是这一理论并没有考虑用来解释增长核算的大部分因素之间是存在因果关系的②。

20世纪五六十年代,经济增长理论建立在将技术单纯地看作“公共品”的基础上。技术知识显然具有公共品的一些特性,例如,多个企业可以同时(非竞争性)利用同一技术。技术知识一旦公开,很难排除其他企业使用该技术(非排他性)。在极端情况下,这样的认识会导致如下结论:所有的技术知识都可以作为“常识”从外部获得,企业不需要自己研发技术。

然而,技术的其他一些重要方面使其更具有私人品的属性,而不是公共品(Fagerberg,本书第1章)。纯公共品并不需要消费者或产品服务接受者通过特别努

① 这方面的研究做得比较好的是:Denison 1962/1966, Jorgensen 1967, Maddison 1987/1991;对此研究方法的早期综述具体可以参考:Nadiri 1970。

② 对此理论的批评可以参考:Nelson 1973/1981,Fagerberg 1988b。

力或特殊技能获得,而技术知识显然不是这样的。使用技术知识,即使这些知识源于公共领域,也需要技术的接受者具有相当的技能和付出很大的努力。因为技术知识具有很强的累积特性,也常常具有暗默性(tacit)。每一项新技术知识都在很大程度上建立在以前的知识基础上,应用新技术需要首先掌握新技术以前的知识基础。

经济学家在 20 世纪五六十年代研究出的一些模型将技术设定为内生变量。卡尔多(Kaldor 1957)为此提出了"技术进步函数"模型,该模型假设人均资本增长率和人均产出增长率之间存在线型关系。卡尔多的工作开启了一个特定的学派,被称为"后凯恩斯主义学派"。该学派明确提出需求要素要考虑在经济增长模型中①。

后凯恩斯学派同时强调"累积因果关系"或"正反馈"。与新古典主义认为技术知识是公共品相反,这些模型认为技术知识对于研发该技术的机构是"专有"的,该技术知识向其他机构或国家溢出并不容易。这种观点被应用到卡尔多(1970)的区域经济增长研究中,这甚至可以回溯到凡尔登(Verdoorn 1949)、法布里肯(Fabricant 1942)和杨(Young 1928)的研究。这些研究认为,开发技术知识主要是一个基于获取特定产品或工艺经验的学习过程:"干中学"和"用中学"是两个关键概念。只有真正参与学习的机构才能从中获益,而那些没有从学习经历中获益的则必将落后。

由此导致了"马太效应"的正反馈倾向:经济快速增长的国家(或地区)积累了经验,因而学习的速度也更快。这就使得已经走在前列者处于一个更好的竞争地位,便于它们取得更大进展。结果是,有些国家(地区)的经济不断快速增长而其他国家则被甩在后面。迪克逊和瑟尔瓦尔(Dixon and Thirlwall 1975)研究过有关这方面的区域经济增长②。

---

① 帕斯纳迪(1993)从需求的角度分析了经济增长和技术进步之间的关系。

② 麦克白(McCombie)和瑟尔瓦尔(1994)对后凯恩斯学派在经济增长方面的研究工作做了详细的综述(包括理论和实证的研究),对此理论的一个应用可参考:Fagerberg 1988a。

在后凯恩斯学派中，康沃尔(Cornwall 1977)作了很大的贡献。他认为，由于制造业对其他行业具有外部性，制造业是经济增长的领导行业，具有很强的拉动作用。这与熊彼特的思想是一致的——熊彼特认为创新对很多行业都有广泛的影响(见18.4.2节)。这种思想与国外技术对于大多数国家来说都是非常重要的这一观点相吻合(Fagerberg and Godinho，本书第19章)。

20世纪60年代，新古典学派也试图设计一个内生技术进步模型。阿罗(1962)提出了一个将“干中学”作为技术进步源泉的模型。乌扎瓦(Uzawa 1965)和薛尔(Shell 1967)提出了将技术变革作为内生因素的充分增长模型(Fullfledged growth model)，该模型在很多方面可称为20世纪80年代末期和90年代初期出现的“内生增长模型”浪潮的先行者(见18.3.3节)。

20世纪70年代，经济增长核算的研究还引发了一个关于技术和经济增长问题的纯实证方法，这一方法提出了一个估算GDP和R&D的投入/产出关系的计量经济模型(Griliches 1979/1984)。这些研究使用的生产函数中除具有传统的资本和劳动要素外，另外加入了“知识存量”(一般是累积的、折旧后的R&D投资)。对不同生产要素产出弹性的估计表明，技术知识(R&D)对经济增长有显著的影响。这种方法被应用到不同层面的研究中：企业(Griliches and Mairesse 1984)、行业(Verspagen 1995)和国家(Griliches 1986)。

这一类文献引出的一个重要问题是所谓的研发溢出的实证研究。这就回到了另一个假设——知识至少部分上属于公共品，不仅其研发者可以使用，其他企业也可以利用。在生产函数中，研究溢出引入了两个研发知识存量：一个是由研发企业(或国家、行业)本身所承担的研发，另外一个是由其他企业(或国家、行业；关于微观层面的应用见：Los and Verspagen 2000)承担的研发。这些研究的一般结论是：在任何层面上，研发的社会收益率都比私人收益率高。因此企业往往从其他企业的研发中获益(在国际层面上同样如此：一个国家的经济增长率在很大程度上决定于其他国家的经济增长率)。尽管研究者利用了复杂的计量经济学计算，但还是不能揭示溢出发生的确切方式。当然，这些方式也许包括货物贸易、人员流动、技术联盟,甚至是“无形”的知识①。

18.3 解释技术和经济增长关系的范式比较

20 世纪 80 年代和 90 年代,在分析技术和经济增长关系的所有研究中,诞生了两种在该研究领域内处于主流地位的学派。其一是新古典主义学派,该学派在经济学的其他领域中也处于主流地位;其二是新熊彼特主义学派,或演化经济学派。新古典主义学派使用的是相对单一的相互关联的要素模型,而新熊彼特主义学派或演化经济学派使用的则是一个比较松散的贡献要素模型。演化经济学派除利用正式的模型外还使用了“情感式”(appreciative)或历史的方法,下面将会详细阐述,但所谓的“情感式”或历史方法目前尚未形成共识。为了方便起见,这里我们统一使用“演化经济学”的概念,当然演化经济学这个说法包含了更广泛的研究内容,包括有些人所称的“新熊彼特经济学”。

这两个学派在基本问题上的认识是一致的。例如,创新和技术对经济的增长非常重要,政府科学技术政策可以起到积极的作用。但是基于相关理论的行为基础上存在分歧。两个学派的不同之处在于,新古典主义学派为了获得数据/模型分析的强一致性,在描述真实的创新过程时简化了众多的现实情况;演化经济学派包含了创新过程的微观复杂性,采用了一个比较折中也更符合实际的研究方法。虽然这两个学派存在以上的一些基本区别,但我们首先需要了解一下它们对内生技术进步和创新的微观经济方面的分析。

---

① 格瑞里克斯(1992)综述了已有的研究 R&D 溢出效应的实证研究;对国际范围内的溢出的调研见:Cincera and Van Pottelsberghe 2001;对跨部门的溢出的研究见:Van Pottelsberghe 1997。

18.3.1 经济增长与技术进步和创新的微观经济基础

在这部分,我们主要讨论创新和技术进步的两个主要微观基础:创新的不确定性和创新的分类及其不同。经济学家在处理不确定性时,一般会对一系列的不确定性事件假设一个概率分布。借助这些概率分布,经济学家可以通过加权平均对不确定的经济决策进行确定性的计算。虽然计算过程比确定环境复杂很多,但只要计算合理,结果就没有明显差别。我们称这种情况为弱不确定性。

然而,当不确定过程是强不确定性[不确定事件(过程)的可能(或概率、结果)在事先不知道的情况称为强不确定性],即不能确定事件的概率分布时,情况就会发生变化。可以论证,强不确定性是对创新过程的较好描述,至少很多根本性创新就是这样(专栏18.1讨论了计算机发展历史上的一些例子)。在强不确定性的情况下,运用概率加权计算随机过程的期望值方法将不再适用。如下面将要说明的,对于创新的不确定性,是以弱不确定性还是以强不确定性来进行分析是新古典主义学派和技术创新学派解释经济增长的重要区别。

专栏 18.1

技术变迁和不确定性

技术的不确定性可以从不同的方面来理解。我们可以比较一下图灵、莫奇莱和艾克特(Turing, Mauchly and Eckert;20世纪40年代和50年代早期)首次提出的计算机概念和1992年英特尔公司开发出奔腾处理器芯片后的计算机之间的区别。根据对美国计算机早期历史的研究(Katz and Philips 1982),当时的商业界领袖并没有预测到计算机的大量商业运用。他们引用了IBM创始人托马斯·约翰·沃森曾说的话来说明当时的情况:"在IBM纽约办公室展览的SSEC机器可以解决科学界的所有科学计算难题。”然而正是这个托马斯·约翰·沃森，带领 IBM 在 20 世纪 50 年代迅速走向了全球计算机产业的领导地位(并开发出一系列商用计算机)。

对计算机商业潜力的悲观预测反映了一个事实——即便是沃森这样的商业人士也对计算机技术的未来发展并不了解。……因此，普通人要能准确认识并预测计算机领域在未来几十年的发展是不可能的，比如 20 世纪 50 年代一个房间大小的计算机的功能，如今一个放在桌面上的台式电脑就可以完全胜任了。识别一个重要技术突破的商业机会是很难的，导致不确定性的因素是缺乏判断技术影响的分析框架。

1992 年英特尔发明奔腾处理器芯片的情形与那时有很大的不同。在正式引入奔腾处理器芯片时，英特尔和其他公司以及消费者已经积累了计算机及其配件的应用知识。英特尔也知道其产品对于很多消费者和企业购买的小型计算机来说是一个重要的创新。但是由于产品设计的复杂特性，英特尔的新芯片仍然面临着一定程度的技术不确定性。事实上，英特尔的工程师曾犯了一个小错误，而这个失误可能导致奔腾处理器的计算错误。这个所谓的“奔腾处理器缺陷”的最终公开迫使英特尔召回所有有缺陷的芯片，并免费替换。这个例子表明，即使是相对成熟的技术，也仍然存在一定程度的不确定性。

本部分要讨论的第二个问题是创新的技术或经济重要性。技术发展的历史充满了创新。创新改变了世界——无数的例子包括蒸汽机、电力、汽车、计算机以及基因工程，等等(如图 18.2)。其中任何一项创新对经济的影响几乎都是无法估量的。但同时也有很多没有经济意义的不重要的创新。

有人或许认为上面的这种比较并不公平，毕竟“计算机”或“蒸汽机”并非横空出世。上面提到的所有根本性创新都经历了数十年的研发过程，是根本

图 18.2 技术变革的历史,根据弗里曼和索易特(1997)的研究(年代近似)

性的技术突破和累积的渐进性创新相结合的产物。即使我们这里不谈“计算机”或“蒸汽机”等创新,但也确实存在一些创新——不管在什么层次上定义这些创新——比别的创新更有价值。事实上,多数创新最终没有用武之地的原因仅仅是由于先进的技术没有转化为成功的商业应用。

这就引出了已有文献中提到的渐进性创新和根本性创新的不同。但是这种不同模糊了创新分类并不是二分法的事实,创新实际上涵盖了由小到大的连续变化。另外,根本性创新和渐进性创新还有重要的相互作用和相互依存的关系。例如,第一台蒸汽机(所谓的纽卡门蒸汽机)体积非常大,其适用性和效率也很有限。之后,经历了 50 多年的发展,蒸汽机才得以发生突变,即增加了分离式冷凝器的瓦特蒸汽机。我们可以将创新的影响分为“主要的”“基本的”或“根本的”,这是因为当一个基本的新设计(主导设计)出现后,会有连续的渐进性创新流伴随其后。

专栏 18.2

盲目的钟表匠与经济增长的演化过程

我们运用理查德·道金斯(Richard Dawkins)的“盲目的钟表匠”这一比喻来阐释经济增长是一个演化过程的基本思想。道金斯的比喻起始于18世纪神学家威廉·佩利(William Paley)的思想。佩利认为一定的物体,比如手表,是明显通过有意识的设计创造的,然而对于其他物体,比如岩石,“它们一直就存在着”。然后他又强调说自然界包含很多这样明显有意识设计(或创造)的物体。佩利讨论的这类物体中最著名的是人类的眼睛。然后他以此为依据给出了如下观点:世界一定是由一个有意识的存在(上帝)创造的。

道金斯用佩利的例子说,手表也许看起来是经过精心设计的(对于单个手表确实是这样的),但是它也可能是某个盲目的钟表匠不断演化的结果。这个盲目的钟表匠不会在画板上细心计划,然后利用精确工具实施该计划并设计手表。相反,他是通过随机突变和自然选择来完成这个手表的设计的。他使用的方法很简单,首先用一个简易的装置,并用随机的方式加入一些小的、简单的变化。这些变化要经过真实世界的检验,看它们是否对计时有无改进。只有它们对计时有所改进才被保留,否则就被放弃。这样,手表就不断地增加适宜的小变化,这个过程一步一步地不断积累,结果一个复杂的设计就产生了。最后,经过一个较长的渐进过程,一个像手表这样的复杂的人造物品就产生了。尽管这个人造物品看起来似乎经过精心设计,其实是盲目的钟表匠以随机突变和自然选择的方式创造了它。

同样,可以将这种比喻应用到经济增长和技术进步上。由于每一个经济决策者所面临的强不确定性,我们的“钟表匠”也是盲目的。当一个新的创新出现时,没有任何商人可以完全预见其巨大的潜力。但正是通过这样一个渐进创新的过程,技术的全部潜力才被发现,其中任何一个渐进性创新都是由完成产品创新的企业家通过市场实施的。经济领域的渐进性创新类似于生物界中的变异。经济选择也类似于生物界的自然选择,即市场决定创新是否成功。正如生物界一样,很多“变异”(渐进创新)是不成功的,选择过程将它们从历史中淘汰。

因此,这个比喻的结论是:尽管单个的企业家必须面对强不确定性,因而不能提前设计一个我们称之为“技术演化”的过程,但是通过将创造新事物(创新)和经济选择(市场)混合在一起而运行的资本主义制度可以创造出似乎是经过精心设计的“物体”。进而我们可以得出,技术演化,例如蒸汽机或信息通信技术(ICTs)的扩散,可能看起来好像从一开始就是周密计划要创造出一个“新经济”的,但是事实上,正如演化经济理论所坚持的那样,这些技术系统是由“盲目的钟表匠”用试错的方法创造出的。

18.3.2 演化经济学关于技术进步和经济增长的理论

18.3.2.1 演化经济学的哲学基础

演化经济学派关于经济增长的分析部分地建立在这样的理论上:任何单个人的力量相比技术变化来说都是不足的,这在18.3.1中讨论过。一个经济决策者,无论他是工业革命早期的企业家,还是一个21世纪大型跨国公司的企业家,都不可能看清技术变化带来的所有商业机会,也不可能以一种利润最大化的方式来实施它们。因此,决策制定者们总是在有限理性下作出决定的。在有限理性下,他们不得不利用相对简单和偶然的适应行为规则(“大拇指规则”或“惯例”)来做决策。这些决策不是固定的,会随着时间而变化,尤其是在经济绩效反馈的不断影响下。

尽管这些简单的行为规则能帮助经济决策制定者在动荡复杂的环境中处理强不确定性,但它们所起的作用仍不能阐释复杂的基于持续技术进步的现代经济增长机制。演化经济学对总体经济绩效的解释依赖于两个动力因素:

选择和创新。随着时间的推移,经济系统内的多样性因选择而减少——即,能够较好适应环境的经济体的经济增长,而不能适应环境的经济体的经济则必然下滑。市场和其他经济制度是现代经济最重要的选择机制。创新不断地影响经济系统的发展,并提供经济发展的多样性路径。演化就是多样性和选择不断相互作用的结果。

在生物界,新事物的产生(变异)是完全随机的,变异机制本身不存在任何所谓的"聪明"变异。每次变异都是完全"盲目"的,事前不能确定变异是否能够提高生物机体的性能。然而,在经济演化中,微观层次上的经济决策者并不是"完全盲目"的——为了获得成功或有潜力的创新,他们会对自己的行动进行周密的计划,这个过程更加接近拉马克(Lemarck)的进化论。因此,创新是由追求利润而产生的,"感到满意"的企业家至少获得一些潜在的商业利益。也就是说,他们更加倾向于朝着"积极"的方向努力。不过,由于预见大量较小的、渐进式的、小改善的累积效果很困难,以及技术知识在相关领域中存在外溢的系统特性,不确定性的影响仍然相当突出。新技术的研发人员在本领域内进行的创新并不一定能预见该创新在本领域以及其他领域内的所有商业潜力。

演化经济学的方法特别适合于分析历史的发展过程。演化和历史都是随机事件、偶然性人或更为系统的趋向(more systematic tendencies)的复杂的混合产物。人们经常认为,生物演化过程是目标导向的　即努力达到既定目标,但这其实并不正确。本章引用的盲目钟表匠比喻可能误导读者,认为这样一个目标是存在的,比如,创造一个诸如手表或人类眼睛是演化的目标。但事实上,这是个体的突变在发生作用。渐进性创新似乎有一个目标,但事实上,系统内并没有动力机制来确定或甚至尝试达到这样的一个目标。这种情况同样适用于经济演化。

历史世界观、演化世界观和辩证世界观(黑格尔)都认为世界是偶然性和必然性的结合。这与牛顿和拉普拉斯的世界观相悖。牛顿或拉普拉斯的机械论认为,世界如同钟表一样,只要有足够的有关现在的信息就能够精确地预测未来的状态。我们认为,下面将要讨论的新古典主义经济增长理论和牛顿的观点更加相似。

18.3.2.2 演化经济理论关于经济增长和技术进步的非正统理论

演化经济学理论在分析经济增长时,离不开经济发展的历史和科学技术进步的历史。演化经济学者在描述和分析经济发展时经常使用的历史分析方法首先会设定一个启发式模型。"在情境(appreciative)和应用演化经济学文献中,大部分文献都有技术范式(Dosi 1982)和路径依赖(Nelson and Winter 1982)这些概念。这确实是给技术施加了一种结构,并将技术空间之间的联系进行区分,尽管是事后的方式……这应该与新古典经济理论的流畅的、可替代的和无限生产能力集的假设截然相反。"(Silverberg 2001: 1277)①

多西(1982)把技术范式定义为"根据一些有选择的自然科学的原理和有选择的物质技术而形成的、解决一些有选择的技术问题的模型和模式。"这是借用库恩科学哲学(Kuhn 1962)中的术语。库恩认为,科学知识的正常发展路径严重依赖于本领域内学术带头人共同遵守的主导框架。因此,技术范式限制了技术发展可能出现的新方向。

弗里曼和罗卡(2001)认为,一小部分基本创新(basic innovation)引发的技术范式可能在很长时间内主导技术-经济的发展。在已有的技术范式内,创新不断被渐进性创新所调整和改进,但技术范式限制了技术发展的方向。虽然技术范式内部仍然有选择的空间,但这些选择被特殊的技术发展环境(例如某种特殊资源的稀缺性)所支配。这种发展被称为"技术轨道"。

因此,在范式/轨道的启发性方法中,一个基本创新可以被认为开启了未来数年内技术经济领域内的新发展。但是,范式的成败,也是基本创新的成败,取决于渐进性创新是否很好地根据当时环境(例如工业时代)对范式进行及时

① 席维伯格在这方面所作的带有启发式的探索研究引用了:Sahal 1981。

调整。这些环境不仅包括不得不使用新机器的劳动力技能和能力,还包括范式发展所处的社会文化等方面的因素。

演化经济学在历史方面提出的另外一个启发式方法是关于创新的时间聚类。这方面的研究是基于熊彼特的发现——创新“不是在时间上平均分布,而是趋向于在时间上聚集,成群出现。这种现象出现的原因是因为在一些企业的原始创新成功之后,很多企业迅速追随”(Sshumpeter 1939: 75)。尽管熊彼特实际上指的是渐进性创新跟随在一个重大创新之后聚集出现的趋势(这种观点与上面总结的范式观点不同),但后来的学者把他的观点解释为重大的(或“根本”)创新在时间上聚集(例如: Mensch 1979, Kliinknecht 1987)。根据这种观点,有些历史阶段(根本)创新率比较高,而其他阶段的创新率则相对较低。

这两种启发式的方法对经济增长都是有意义的。它们表明技术创新可以引起时间上不平衡的经济增长。初期,在技术范式的探索阶段,技术进步非常迅速。但是当技术范式进入“正常”发展阶段时,技术进步的步伐就会减慢。当技术机会变得很少时,技术进步将进一步减慢(技术范式可能因此而完全固化)。聚集方法表明经济增长在不同时间段内存在差异是因为重大的有影响的创新的出现频率随着时间而发生变化。

创新时间模式的一个极端解释是经济增长的“长波”观点。经济波动的周期大概跨度为50~60年(例如: Kleinknecht 1987, Freeman and Louçã 2001)。另一观点认为,经济增长是内在不稳定的,很难表现出一定的周期规律。无论如何,演化经济学派的观点认为时间上不均衡的技术进步率说明经济几乎总是远离平稳状态。

这种理论和历史分析提出了一个技术、经济和制度环境之间交互作用的观点。制度环境既是技术进步的协助者又是其障碍,因此制度环境非常重要。再者,制度环境本身是在技术和经济发展影响下而变化的内生变量。尽管有时人们争论说这些理论是“技术决定主义”(即从技术到经济增长的单向因果关系,具体见: Bijker et al. 1987),相关的研究,如佩雷兹(1983),则强调了制度、经济和技术之间交互作用的相互因果关系。

18.3.2.3　正统的演化经济增长模型

演化经济学家基于其基本的观点构建了技术和经济增长的模型。演化经济学最早的经济增长模型是纳尔逊和温特提出的，在该模型中企业的异质性(heterogeneity)是根据固定比率的资本和劳动生产要素来定义的(即所谓的列昂捷夫技术。)。创新(新的固定比率技术)是由企业的搜寻行为引起的，但是只有当企业的回报率下降到一定的程度(武断设定)时，搜寻行为才会发起。搜寻可能采取两种不同的方式：本地搜寻和模仿。在第一种情况下，企业去搜寻目前还没有发现的新技术，如果新技术与企业现有技术(因此称为本地搜寻)的技术距离较小，那么这些新技术中任一技术被发现的可能性就越大，而且被发现的可能性与技术距离呈线性关系。在第二种情况下，模仿是指企业寻找已被其他企业应用而在自己的生产过程中还没有使用的技术。

和大部分该学派的模型一样，纳尔逊和温特的模型也通过计算机模拟来验证其实用价值。该模型利用索罗(Solow 1957)的美国20世纪上半世纪的全要素数据进行校正，得到了资本、劳动力投入、产出(GDP)和工资(产出中劳动力所占比重)的分析结果，与索罗的研究成果相对应。基于这些研究成果，纳尔逊和温特提出："因为演化经济理论不能给出一个对宏观经济……的一致解释，所有经济学家就抛弃此理论是没有道理的。"他们还认为，尽管索罗给出的新古典主义对经济增长的解释和纳尔逊和温特的模型都解释了同样的事实趋势，但是这两种观点基于的因果机制完全不同：

> 新古典主义学派对长期生产率增长的解释……建立在这样一个基础上："沿着"一个已经存在的生产函数和转换到一个新的生产函数之间有着清晰的区别。在演化经济理论中……没有生产函数……我们认为……在新古典范式下"增长核算"明显地分裂在经验和概念上都是麻烦的。(Nelson and Winter 1982：227)

继纳尔逊和温特(1982)之后的演化经济模型,例如基亚罗蒙特(Chiaromonte)和多西(1993)以及席维伯格和菲思佩奇(1994)展开了进一步的研究。席维伯格和菲思佩奇(1998)的研究提供了一个更加完整的综述。基亚罗蒙特和多西的模型说明了一个国家的跨部门经济增长率是怎样变化的。席维伯格和菲思佩奇的模型给出了在一群企业中企业的研发投资“惯例”如何内生增长,以及增长方式如何随着“集体”学习的方式而发生变化的。

康利斯克(Conlisk 1989)模型是该学派罕见的一些模型中一个以解析而不是通过数值模拟来分析的模型。在技术进步是随机的假设下,康利斯克构建了一个模型。在这一模型中,总经济增长率是三个变量的函数:新工厂生产率分布的标准差(可以解释为平均创新规模)、储蓄率(某种程度上不以惯例来定义)和新知识的扩散速度。再者,通过改变关于技术进步标准的假设,该模型模仿了新古典主义学派增长模型中的三个技术进步标准。在这种情况下,第一个和第三个因素对经济增长不再有影响(在模型中,它们对“演化经济”技术进步标准是明确的)。然而,储蓄率的影响可以在不同的模型设置间作比较。康利斯克发现运用纯外生技术增长(如在索罗模型中),或者“干中学”理论[如在阿罗模型中(1962)],储蓄率对(长期)经济增长没有影响。这个结论表明了他的研究中充满了更多的演化驱动的分析,该结论事实上在标准的新古典经济增长理论中也是人所共知的。

最近所谓的“历史友好模型”(Malerba et al. 1999)通过重现一个特定产业(例如计算机产业)的演化过程而将演化模型和经验现实紧密联系。为此,他们首先对诸如增长、集中度、就业等产业变量作了描述性分析,然后将一些与演化经济学派观点一致的、从行为科学的基础出发得到的观点结合到模型中。该模型经过调整和模拟,力图尽可能重现实际发展趋势。用这种方法得到了经验相关模型,并应用了参数值较窄的设置。此研究并没有关注一个更加开放的社会,以及为了研究特定行业某方面的结构演化而如何设定一个必要的最小假设集等。

这种更加开放的应用演化经济微观模型可以产生一类新的模型。新模型以相对简单的演化微观经济学为基础,得出演化经济学解释技术和经济增长方面更加普适的现象,而不是增加微观基础的复杂性。使用这种方法我们可以分析那些我们应该重点关注的宏观现象以及微观层面的驱动因素,这可以有效减少不同的观点(如历史的观点和演化的观点)与基于模型建构的分析结论之间的差距。

18.3.3 新古典主义关于技术进步和经济增长的观点

18.3.3.1 内生增长模型

主流经济学理论怎么处理技术进步的复杂性呢? 继罗默(1986)的那篇文章之后,有关新古典内生经济增长及模型的研究文献快速增加。新古典主义学派中,罗默的模型和其他模型都修正了索罗模型中的基本假设——资本边际收益率递减:当其他投入不变时(劳动、土地、基础设施、建筑),边际产出将随着资本要素的投入而下降。如果资本投资的边际报酬率长期递减,甚至可能导致经济增长减慢甚至停滞。在经济增长过程中,一开始是资本的积累,结果是资本存量迅速增加,但每增加一单元的投资,资本将产生越来越少的单位经济增长贡献。外生的增长或生产力(技术知识)曾是对这一问题的传统回答。但是罗默(1990)、格罗斯曼和赫尔普曼(Grossman and Helpman 1991)提出,通过将研发和创新过程加入模型而将技术内生化。从学术上,对这一个问题的分析给出了如下综述(Verspagen 1992):

所有的模型都假定研发本质上就是买彩票,买中的话就是一个成功创新。在阿格依奥恩和豪伊特(Aghion and Howitt 1992)的模型中,创新的奖励是使企业获得一个暂时的垄断优势,用最佳的资本品进行消费品的生产。当下一个企业开始创新时,短暂的垄断优势就会消失。因此,创新过程在该模型中是作为一个创新的“质量阶梯”,在这个阶梯中,每一个新的创新都取代旧的创新。这在产业组织理论中,被称为产品的“纵向差异化”。

在罗默(1990)的模型中,创新的收益在于使企业获得资产的新特性,消费品的生产者将永远需要这些资产的新特性,但必须与其他的新特性(过去产生的,由于研发而不断发展的)进行竞争。在该模型中,产品(创新)的多样性永远伴随着市场而变化。不同产品之间的替代是由一个效用函数或一个生产函数决定的(取决于创新是发生在消费品中还是中间品中)。这被称为"横向差异化"。

企业可以通过以更多的研发来获得更多的研发彩票,当然这是个代价高昂的过程。与上面提到的演化模型比较而言,其关键的假设是研发过程的结果实际上具有弱不确定性,比如,给定企业研发投入的水平,企业可以估计到获得创新收益的概率。在期望收益和研发投入已知的情况下,企业可以进行成本-收益分析,从而得到研发投入的最佳水平。一般情况下,就会产生一个创新结果,并影响给定的经济增长率。尽管附加一些假设是必要的(例如对投资研究开发的资本市场的运作假定),但这种机制是产生内生经济增长的关键。

在这些模型中,由于对于技术属性有一个关键假设,所以对于内生经济增长的研究才成为可能。这个假设与技术的公共品属性(部分)有关。在新经济增长模型中,对该假设的表述是:企业间存在研发过程中的技术外溢。这个假设有两种表述,主要取决于使用哪个模型。在横向差异化一类的模型(也称"新奇爱好"模型)中,每一次创新都增加了经济体内可以获得的一般知识的水平,这又增加了研发过程本身的生产率(Romer 1990)。由于创新产品之间更加激烈的竞争以及由此导致的利润率的下降,这种假设是必要的。研发效率提高(例如研发成本下降)的趋势补偿了利润率的下降,使研发在长期经济增长过程中变得可能(Grossman and Helpman 1991)。

在质量阶梯模型(纵向差异化)中,每一次新的创新都破坏了原有创新者的垄断。然而,新的创新同样建立在原有创新的基础上,因为新资本品的质量对于原有资本品的质量来说,具有固定的改进。换句话说,每一个新的创新者都是"站在巨人的肩膀上",知识在时间上从一个创新者向下一个创新者外溢。没有知识外溢,内生经济增长是不可能的。

内生经济增长模型中的技术外溢导致总量水平上的收益报酬递增。尽管在微观层次上企业的生产函数具有报酬不变的特性，但从一个企业向其他企业的研发外溢意味着总量水平的报酬递增。在经济的总增长率上，内生经济增长模型的这种特征意味着在国家层次上的经济增长取决于（在其他条件不变的情况下）国家规模的大小。从表面理解，这个意思就是说（在其他条件不变的情况下）较大国家的经济增长将较快。与这个问题相关的一个事实是，基本的内生经济增长模型对于模型中关于技术外溢的微小变动都非常敏感。"一般知识"对研发生产率影响的一个很小不同可能导致长期过程中的零增长，也可能导致不断的经济增长（Grossman and Helpman 1991）。

技术外溢使内生经济增长成为可能，但是却给政策制定者提出了挑战。当技术产生正外部性时，研发的社会收益比私人收益大（投资于研发的理性企业不会考虑竞争对手从其研发中获得的收益）。因此从社会的角度来看，由"市场驱动"的研发投入的数量将会太低。以研发补助形式的技术政策可以将经济运行引导到一个较高的、社会最优的增长路径上。罗卡（1988）人力资本与经济增长模型的研究也得到了一个类似的结论。在阿格依奥恩和豪伊特（1992）的研究中，研发投资则存在一个负的外部性：每一个新的创新者破坏了现有垄断者的租金［也称为"商业剽窃"，或熊彼特（1939）所说的"创造性破坏"概念］。在这个模型中，私人研发投入从社会福利的角度看也可能太高，结果取决于两种形式的外部性（创造性破坏或站在巨人的肩上）哪种更大。

这种新模型的研究提出新的建议和问题。在积极的方面，这种新的经济增长模型认真分析了已有的很多关于技术进步的争论。技术进步由于较早受到演化经济学家的关注而被主流经济学家所忽视。主流经济学家认为，技术包括研发，本质上属于随机现象（尽管演化经济理论会争论说这种随机是完全不确定的，即在弱不确定性的情况下概率分布是知道的，而研发不是这样），并同时强调长期经济增长过程中技术在各个机构间流动（技术外溢）的重要性。新古典内生经济理论中很多认为技术政策与经济增长有关系的理论模型的政策含义与演化经济理论相对一致，但是很难与强调市场力量发挥市场效率的主流经济学理论相符。

在消极的方面，这些新经济增长模型还提出了经济增长和技术相互作用的观点，这与演化经济理论的观点有很大的不同。演化经济理论的观点提出，相关和比较系统的因素在历史时间的辩证过程中混合在一起，而新经济增长理论更加接近于存在一定程度的“弱”不确定性的牛顿的机械论。换句话说，新经济增长理论仍然将技术和经济增长之间的关系看作一个不变的增长模式，可以很容易通过研发过程这个旋钮来调整。

与此相反，演化经济理论认为经济增长过程的特性是比较复杂的，随着时间的推移不断变化。新经济增长理论对技术因素重要性的认可与演化经济理论是一致的，但是技术和经济增长的关系很容易调整的观点与演化经济理论观点相悖。演化经济理论认为，精确预测政策措施的效果是很难的，因为政策措施对一系列复杂的相互有关的因素都有影响。再者，通过对特定实例进行及时细心的研究可能可以揭示出很多因素之间的关系，并且可以预计这些关系的特性会随着时间而变化，主要是因为过程的(共同)演化特性。

新经济增长模型的最近的一个分支是基于“通用技术”(general purpose technology, GPT, Helpman 1998)的研究。对通用技术的定义本质上与演化经济学派对基本创新或技术范式的定义相同。通用技术包括一个基本的创新(根本技术突破)，但是这个基本创新必须以一系列中间(资本)品的形式发展。在每一个通用技术中，生产率的决定因素本质上与上面讨论的新经济增长模型中的一个变量相同：技术进步是以资本品发展的形式发生，但这对于通用技术是具有明确时间性的。因此，我们可以看到至少有两个思想是从演化经济学派得来的：创新规模有差别的思想和基本创新的扩散依赖于渐进创新的思想。

通用技术模型产生了循环的经济增长，在其最简单的循环中包括两个阶段。在“低经济增长阶段，新的通用技术被研发，但还没有应用”。有关该通用技术的新的资本品正在研制，但受到原有通用技术的阻碍。因此，经济增长是低速的，因为主要技术的应用还没有形成。一旦可以获得足够的新通用技术的资本品,其生产率就将超过原有通用技术的生产率,原有通用技术就会消失,经济从而进入"高经济增长阶段"。

通用技术模型和演化经济增长理论中熊彼特的长波思想类似。但是演化经济学派的学者不赞同通用技术模型中固定的、确定性经济周期的观点。自从索罗模型之后,经济增长的机械论观点就在新古典学派占统治地位。但新古典机械论的一个局限是:从 GPT 的观点来看,范式之间只可以替代。但是在经济和技术的历史中,很多新范式在改进原有范式的过程中,原有范式仍然幸存。例如,尽管汽车是大量生产范式的典型,但是汽车仍然在现代"信息经济"中扮演着至关重要的角色,而信息通信技术在汽车的生产中则被大量应用。

总而言之,在某些很重要的现象上,演化经济学派和新古典学派的分析方法有某种程度的趋同。但是他们在有关经济增长过程的主要性质方面的观点则不同。新古典理论认为经济增长是一个确定性的过程,在这个过程中,因果关系是明确的,政府政策可以建立在对经济增长的非时变决定因素的理解上。而演化经济观点认为,偶然和特殊历史环境发挥着更大的作用,一个阶段的因果机制可能受下一个阶段的内生变化的影响。在这个世界中,制定政策是很难的,但并不是不可能的。

18.3.3.2 遵循内生经济增长模型有关技术和经济增长的实证研究

新经济增长模型引发了对经济增长进行实证研究的浪潮。坦普尔(Temple 1990)对这方面的研究作了一个详细的综述。几乎所有这方面研究的数据来源都是麦迪森(1995)的数据或所谓的潘式世界数据(Penn World Tables, PWT, Summers and Heston 1991)。潘式世界数据提供了 100 多个国家的跨部门数据。遵循内生增长模型,实证研究争论的一个关键问题是,平稳状态的经济增长率和朝着平稳状态经济增长率收敛的各自作用。索罗的模型预测各个国家都将收敛于同一平稳状态(取决于每一个国家都可以获得的外部技术进步率),而外生增长模型预测在一般情况下这种平稳状态在各个国家之间是不同的。这方面的实证研究为了验证国家间平稳状态经济增长率的不同,在对国家间经济增长率微分的回归分析中运用了较宽的变量范围。

遗憾的是,这种方法是基于数据而不是基于理论的:缺乏一个管理和证实变量选择的总的框架。同时,大部分的估算结果对大样本中的少数观察数据很敏感(Levine and Renelt 1992)。虽然如此,这些研究得出了国家之间平稳状态经济增长率不同的结论。经济增长率最多可能朝着国情相同的平稳状态的经济增长路径收敛(即所谓的条件收敛),这就导致了各个国家间增长路径的不同。每个国家的经济增长似乎是不同的种类,同样起始于较低的人均GDP水平,有些国家落在了后面,有些国家却追赶上来。法格博格和戈丁赫对这种现象进行了比较详细的讨论(本书第19章)。

琼斯(1995a and 1995b)认为观察到的实证记录和内生增长模型(见专栏18.3"琼斯批评"和半内生增长模型)的理论预测不相符合。琼斯所观察的战后的经验证据和基于研发的内生增长模型提出的研发人员数量的增加可以提高经济增长率的关系不相符。琼斯指出,自20世纪60年代后,研发员工的数量开始增加,而经济增长率(全要素生产率)在这个时期却下降或者没有变化。所谓的"琼斯批评"致使内生经济增长学派进行了更多的研究。琼斯(1995a)提出了一个看来与经验事实更加一致的所谓的半内生增长模型。但在该模型中,只有当人口增加时内生经济增长才会发生。

国际内生增长模型在格瑞里克斯发起的对研发和生产率的实证研究中加入了其他的新变量。最近这些研究集中在研发外溢的国际传播渠道方面。柯和赫尔普曼(Coe and Helpman 1995)假设研发外溢嵌入在贸易产品中,因此可以用以贸易流量来衡量研发外溢。柯和赫尔普曼的实证分析表明TFP增长和以贸易流量衡量的研发之间有很强的相互关系,这说明贸易是一个很重要的知识外溢的来源。然而,后来的研究表明,其他的度量框架可能给出不同的解释。例如,利希滕贝格和范珀特苏泊尔格(Lichtenberg and Van Pottelsberghe 1996)的研究表明，外国直接投资可能是知识外溢的载体，菲思佩奇的(1997)研究表明了部门之间知识外溢的重要性，而凯勒(Keller 1998)对不同的衡量框架持批评态度。这些实证研究者的研究结果同样表明，接受国家的吸收能力对测量相当敏感。

专栏 18.3

“琼斯批评”和半内生增长模型

图 18.3 阐明了琼斯对 20 世纪八九十年代美国和欧盟经济增长解读的批评。基于研发的内生经济增长模型预测经济增长率取决于研发人员数量。这里的增长率是通过全要素增长估计的。我们看到研究人员数量有一个稳定的增长，但是全要素增长并没有表现出明显的趋势，而是沿着一个不变的水平剧

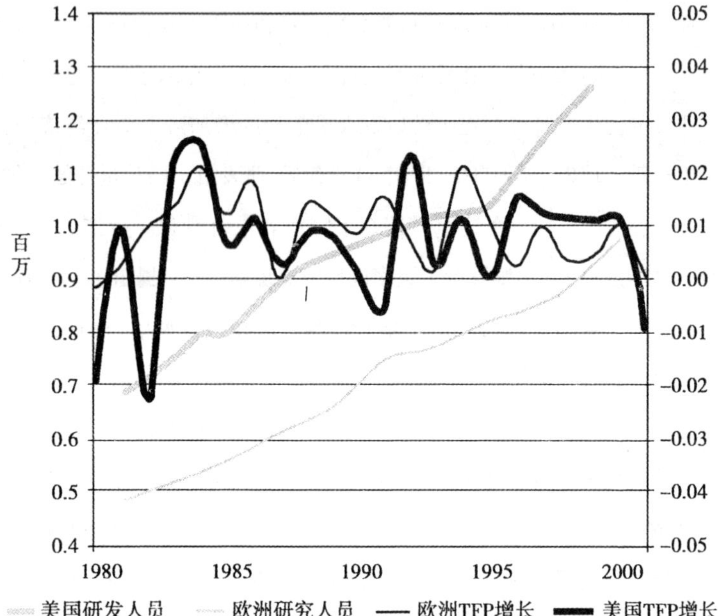

图 18.3 “琼斯批评”：在研发人员数量不断增加的同时，全要素的增长趋势却是平缓的

资料来源：TFP 数据来源：Groningen Growth and Development Centre Total Economy Growth Accounting Database；研发人员数量来源于：OECD Main Science and Technology Indicators Database

烈地波动。这是不是构成反对创新与经济增长之间关系的证据?

琼斯通过对创造过程的一个不同的规范提出了另外一个模型,这个模型与罗默、格罗斯曼和赫尔普曼、阿格依奥恩和豪伊特给出的基于研发的内生增长模型不同。这些最初的基于研发的增长模型假设知识的增长率取决于研发人员的数量,并与之呈线性关系。而琼斯假设研发劳动的回报是不断减少的。该假设建立在这样的观念上,“最明显的思想首先被发现,因此从事研发的人员再发现一个新的思想的可能性不断减少……在同一时间段研发的重复和交迭降低了创新的总数量(Jones 1995a: 765)”。在所谓的半内生增长模型中,只有当人口增加时,内生增长才有可能。从演化经济增长理论的观点来看,“琼斯批评”似乎是针对基于研发的内生增长模型的。研发投入、创新数量和因而发生的经济增长之间关系的假设是基于一个假设前提的,即经济的均衡行为和技术进步的弱不确定性。在较少机械论的演化世界内,创新、研发和经济增长以一种较不严格的关系相互联系和影响。这种关系可能会因为新的、根本的技术进步而随时间发生变化。该观点认为,琼斯所观察到的研发人员和全要素增长之间的特定关系对于具体阶段的历史环境同样也是特定的,这种特定的关系以后可能会变化。

伊顿和柯塔穆(Eaton and Kortum 1999)的实证模型是对生产率和研发进行研究的实证学派和新经济增长理论之间的一个有趣“整合”。在其论文给出的模型中,创新和技术扩散是国家层面经济增长的驱动力。这个模型是受实证观察趋势的启发,并用技术指标(专利、研发)和经济增长的数据来计算和评估的。估计的结果表明,国家间的内生研发和技术扩散对经济增长都有贡献,尽管内生研发和技术扩散之间的混合在不同国家和时期有很大的不同。这种方法和结论与早期的技术差距模型,比如纳尔逊(1968)的模型,有很多相同之处,法格博格和戈丁赫(第 19 章)对此进行了进一步分析。法格博格和菲思佩奇(2002)最

近通过这类模型重新计算了二战以后的经济发展，并得出结论，即随着时间的流逝，与对国外技术的“纯粹”模仿相比，创新已经成为一个更加重要的经济增长来源。因此，像伊顿和柯塔穆的模型，都可能将现有的经济学研究转到一个与基于历史的演化经济学方法有很多共同点的新增长理论的方向上来。

18.4 创新与经济增长理论的研究展望

最近，新古典学派对“新经济增长”或“内生经济增长”的研究已经转向更加“现实”的模型，这些模型可以涵盖一系列此前只有演化经济学家感兴趣的事实。贺特杰(Heertje 1993)将这种趋同描述如下：

> 新熊彼特学派(例如演化经济学派)基于其演化方法对新古典学派框架的批判很有成效，但是新熊彼特学派所提出的问题或多或少地被与新古典学派有密切关联的很多学者解决……在20世纪末，如果有人看到新熊彼特学派现在的研究成为主流经济学的一部分，我并不会感到吃惊。(Heertje 1993：273~275)

这两个学派是否如贺特杰所预测的那样在20世纪末进一步趋同？一个趋同的可能途径是建立在对不同历史阶段中经济增长模式变化的分析上。至少有一些模型(如：Aghion and Howitt 1992)争论说经济增长的时序显示出可变性，在演化经济模型中这是一个重要的命题。帕累托概率分布的应用，使得创新具有不可忽略的可预测性，这一结果使这两种学派的观点更加接近，因为它提供了一种直观的模型化“强不确定性”的方法(如：Sornette and Zajden weber 1999)。

这两个学派都包括了一系列重要、有意思的需要继续从事的研究。在内生经济增长学派，纯理论研究的成果逐渐减少，但是实证研究的挑战始终存在。最富有成效的研究似乎是通过对技术与经济增长的实证研究而进行理论创新,其明确的目标是构建与实证研究相关的模型而不是基于已有模型进行技术问题的新探索。在很长一段时间里,实证研究是对技术和经济增长分析的主流方法,这种方法仍然在不断发展中。

演化经济学派面临着两个主要的挑战。第一个挑战是建立一个超越而不仅仅是仿效新古典分析的研究框架,并使得这一个框架具有更加合理的微观基础。演化经济学研究的这种扩展可以通过更加偏重历史研究以及与演化经济学派非正统研究的紧密互动而加强。演化经济的模型构建者应该可以探索解释技术和经济增长之间关系的历史规律。

对演化经济理论的第二个挑战是提出更加实用的相关模型并得出特定的政策建议。演化经济理论极少产生精确的政策建议(Lundvall and Borrás 本书第 22 章),主要是因为该理论将复杂的互动和无法预测的变量作为经济环境的特性因素。在一定程度上,演化经济理论影响着人们对政府政策方式和政策效果的改变,但是政府政策如何使经济更快速更稳定地增长却仍然是至关重要的研究课题。

参考文献

ABRAMOVITZ, M. A. (1956), "Resources and Output Trends in the United States since 1870," *American Economic Review* 46: 5~23.

—— (1989), *Thinking About Growth*, *Cambridge*: Cambridge University Press.

AGHION, P., and HOWITT, P. (1992), "A Model of Growth Through Creative Destruction," *Econometrica* 60 (1992): 323~351.

ARROW, K. J. (1962), "The Economic Implications of Learning by

Doing," *Review of Economic Studies* 29：155~173.

BARRO, R. J. (1991), "Economic Growth in a Cross - Section of Countries," *Quarterly J ournal of Economics* 106：407~443.

BIIKER, W. E., HUGHES, T. P., and PINCH, T. (eds.) (1987), *The Social Construction of Technological Systems*, Cambridge, Mass.：MIT Press.

CHENERY, H. B., SYRQUIN, M., and ROBINSON, S. (1986), *Industrialization and Growth: A Comparative Study*, Oxford：Oxford University Press.

CHIAROMONTE, E, and DOSI, G. (1993), "Heterogeneity, Competition, and Macroeconomic Dynamics," *Structural Change and Economic Dynamics* 4：39~63.

CINCERA, M., and VAN POTTELSBERGHE, B. (2001), "International R&D Spillovers：A Survey," in M. Cincera, *Cahiers Economiques de Bruxelles* 169：3~32.

COE, D. T., and HELPMAN, E. (1995), "International R&D Spillovers," *European Economic Review* 39：859~887.

* CONLISK, J. (1989), "An Aggregate Model of Technical Change," *Quarterly Journal of Economics* 104：787~821.

CORNWALL, J. (1977), *Modem Capitalism: Its Growth and Transformation*, London：Martin Robertson.

CRAFTS, N. F. R. (1985), *British Economic Growth During the Industrial Revolution.* Oxford：Oxford University Press.

DENISON, E. (1962), *The Sources of Economic Growth in the United States and the Alternatives Before Us*, Washington：Committee for Economic Development.

—— (1966), *Why growth rates differ*, Washington：Brookings Institution.

DIXON, R. J., and THIRLWALL, A. P. (1975), "A Model of Regional Growth - Rate Differences on Kaldorian Lines," *Oxford Economic Papers* 11: 201~214.

DOSI, G. (1982), "Technological Paradigms and Technological Trajectories," *Research Policy* 11: 147~162.

EATON, J., and KORTUM, S. (1999), "International Technology Diffusion: Theory and Measurement," *International Economic Review* 40: 537~570.

FABRICANT, S. (1942), *Employment in Manufacturing* 1899~1939, New York: NBER.

FAGERBERG, J. (1988a), "International Competitiveness," *Economic Journal* 98: 355~374.

—— (1988b), "Why Growth Rates Differ," in G. Dosi, C. Freeman, R. R. Nelson, G. Silverberg, and L. Soete (eds)., *Technical Change and Economic Theory*, London: Pinter, 87~99.

—— and VERSPAGEN, B. (2002), "Technology - gaps, Innovation - diffusion and Transformation: an Evolutionary Interpretation," *Research Policy* 31: 1291~1304.

FREEMAN, C., and LOUÇÃ, F. (2001), *As Time Goes By: From the Industrial Revolutions to the Information Revolution*, Oxford: Oxford University Press.

—— and SOETE, L. (1997), *The Economics of Industrial Innovation*, 3rd edn., London and Washington: Pinter.

* —— (1990), "Fast Structural Change and Slow Productivity Change: Some Paradoxes in the Economics of Information Technology," *Structural Change and Economic Dynamics* 1: 225~242.

GRILICHES, Z. (1979), "Issues in Assessing the Contribution of Research and Development to Productivity Growth," *The Bell Journal of Economics* 10: 92~116.

—— (1980), "R&D and the Productivity Slowdown," *American Economic Review* 70: 343~348.

—— (1984), *R&D, Patents and Productivity*, Chicago: Chicago University Press.

—— (1986), "Productivity, R&D and Basic Research at the Firm Level in the 1970S," *American Economic Review* 76: 141~154.

* —— (1992), "The Search for R&D Spillovers," *Scandinavian Journal of Economics* 94: S29~S47.

—— (1996), "The Discovery of the Residual: A Historical Note," *Journal of Economic Literature* 34: 1324~1330.

—— and MAIRESSE, J. (1984), "Productivity and R&D at the Firm Level," in Z. Griliches (ed.), R&D, *Patents and Productivity*, Chicago: Chicago University Press, 339~374.

* GROSSMAN, G. M., and HELPMAN, E. (1991), *Innovation and Growth in the Global Economy*, Cambridge, Mass.: MIT Press.

GRUEBLER, A. (1990), *The Rise and Fall of Infrastructures: Dynamics of Evolution and Technological Change in Transport*, Heidelberg: Physica - verlag.

HEERTJE, A. (1994), "Neo - Schumpeterians and Economic Theory," in L. Magnusson, (ed.), *Evolutionary Approaches to Economic Theory*, Dordrecht: Kluwer, 265~276.

HELPMAN, E. (ed.) (1998), *General Purpose Technologies and Economic Growth*, Cambridge, Mass.: MIT Press.

* JONES, C. (1995a), "R&D Based Models of Economic Growth,"

Journal of Political Economy 103: 759～784.

—— (1995b), "Time Series Tests of Endogenous Growth Models," *Quarterly Journal of Economics* 110: 495～525.

JORGENSON, D. W., and GRILICHES, Z. (1967), "Explanation of Productivity Change," *Review of Economic* Studies 34: 249～283.

* KALDOR, N. (1957), "A Model of Economic Growth," *Economic Journal* 67, *December*: 591～624.

—— (1970), "The Case for Regional Policies," *Scottish Journal of Political Economy* 67: 591～624.

KATZ, B. G. (1982), "Government, Economies of Scale and Comparative Advantage: The Case of the Computer Industry," in H. Giersch (ed.), *Proceedings of Conference on Emerging Technology*, Kiel Institute of World Economics, Tuebingen: J. C. B. Mohr.

KELLER, W. (1998), "Are International R&D Spillovers Trade - Related? Analyzing Spillovers Among Randomly Matched Trade Partners," *European Economic Review* 42: 1393～1612.

KLEINKNECHT, A. (1987), *Innovation Patterns in Crisis and Prosperity. Schumpeter's Long Cycle Reconsidered*, London: Macmillan.

KUHN, T. (1962), *The Structure of Scientific Revolutions*, Chicago and London: The University of Chicago Press.

LEVIME, R., and RENELT, D. (1992), "A Sensitivity Analysis of Cross - Country Growth Regressions," *American Economic Review* 82: 942～963.

LICHTENBERG, E, and VANPOTTELSBERGHE, B. (1996), "International R&D Spillovers: A ReExamination," NBER *Working Paper* 5668.

LOS, B., and VERSPAGEN, B. (2000), "R&D Spillovers and Productivity: Evidence from U. S. Manufacturing Microdata," *Empirical*

Economics 25：127～148.

LUCAS, R. E. B. (1988), "On the Mechanics of Economic Development," *Journal of Monetary, Economics* 22：3～42.

* MADDISON, A. (1987), "Growth and Slowdown in Advanced Capitalist Economies：Techniques of. Quantitative Assessment," *Journal of Economic Literature* 25：649～698.

—— (1991), "Economic Stagnation Since 1973, its Nature and Causes：A Six－Country Survey," *De Economist* 131：585～608.

—— (1995), *Monitoring the World Economy* 1820～1992. Paris：OECD Development Centre.

—— (2001), *The World Economy: A Millennial Perspective*, Paris：OECD Development Centre.

MALERBA, F., NELSON, R., ORSENIGO, L., and WINTER, S. (1999), "'History－Friendly' Models of Industry Evolution：The Computer Industry," *Industrial and Corporate Change* 8：3～40.

MCCOMBIE, J. S. L., and THIRLWALL, A. P. (1994), *Economic Growth and the Balance of－Payments Constraint*. London：St. Martin's Press.

MENSCH, G. (1979), *Stalemate in Technology: Innovations Overcome Depression*, Cambridge：Ballinger.

MORRISON, C. J. (1986), "Productivity Measurement with Non－Static Expectations and Varying Capacity Utilization," *Journal of Econometrics* 33：51～74.

NADIRI, M. I. (1970), "Some Approaches to the Theory and Measurement of Total Factor Productivity：A Survey," *Journal of Economic Literature*：1137～1177.

NELSON, R. R. (1968), "A Diffusion Model of International Productivity

Differences in Manufacturing Industry," *American Economic Review* 58: 1219~1248.

—— (1973), "Recent Exercises in Growth Accounting: New Understanding or Dead End?" *American Economic Review* 63: 462~468.

—— (1981), "Research on Productivity Growth and Productivity Differences: Dead Ends and *New Departures*," *Journal of Economic Literature* 19: 1029~1064.

* —— and WINTER, S. G. (1982), *An Evolutionary Theory of Economic Change*, Cambridge, Mass.: Harvard University Press.

* PASINETTI, L. L. (1993), *Structural Economic Dynamics*. Cambridge: Cambridge University Press.

PEREZ, C. (1983), "Structural Change and the Assimilation of New Technologies in the Economic and Social Systems," *Futures* 15: 357~375.

ROMER, P. (1986), "Increasing Returns and Long Run Growth," *Journal of Political Economy* 94: 1002~1037.

—— (1990), "Endogenous Technological Change," *Journal of Political Economy* 98: S71~S102.

SAHAL, D. (1981), *Patterns of Technological Innovation*, New York: Addison Wesley.

SCHUMPETER, J. A. (1939), *Business Cycles: A Theoretical, Historical and Statistical Analysis of the Capitalist Process*, New York: McGraw - Hill.

SHELL, K. (1967) "A Model of Inventive Activity and Capital Accumulation," in K. Shell (ed.), in *Essays on the Theory of Optimal Growth*, Cambridge, Mass.: MIT Press, 67~85.

SILVERBERG, G. (2001), "The Discrete Charm of the Bourgeoisie: Quantum and Continuous Perspectives on Innovation and Growth," *Research*

Policy 31：1275～1289.

* —— and VERSPAGEN, B. (1994), "Learning, Innovation and Economic Growth: A Long Run Model of Industrial Dynamics," *Industrial and Corporate Change* 3：199～223.

—— (1994), "Economic Growth and Economic Evolution: A Modeling Perspective," in F. Schweitzer and G. Silverberg (eds.), *Selbsorganisation. Jahrbuch für Komplexitüt in den Natur –, Sozial – und Geisteswis-senschaften*, Berlin：Duncker & Humblot, 265～296.

—— (1957), "Technical Progress and the Aggregate Production Function," *Review of Economics and Statistics* 39：312～320.

Solow, R. M. (1956), "A contribution to the Theory of Economic Growth," *Quarterly Journal of Economics*, vol. 70,65～94.

SORNETTE, D., and ZAIDENWEBER, D. (1999), "The Economic Return of Research: The Pareto Law and its Implications," *European Physical Journal* B 8 (4)：653～664.

SUMMERS,R., and HESTON, A. (1991), "The Penn World Table. Mark 5: An Expanded Set of International Comparisons 1950～1988," *Quarterly Journal of Economics* 6：361～375.

Temple, J. (1999), "The New Growth Evidence," *Journal of Economic Literature*, March, 37 (1)：212～256.

TINBERGEN, J. (1943), "Zur Theorie der Langfristigen Wirtschaftsentwicklung," *Weltwirtschaftliches Archiv* 55：511～549.

UZAWA,H. (1965), "Optimum Technical Change in an Aggregative Model of Economic Growth," *International Economic Review* 6：18～31.

VAN POTTELSBERGHE DE LA POTTERIE, B. (1997), "Issues in Assessing the Effect of Interindustry Spillovers," *Economic Systems Research* 9：

331 ~ 356.

VERDOORN, P. J. (1949), "Fattori che Regolano lo Sviluppo della Produttivitá del Lavoro," *L'Industria* 1: 45 ~ 53.

VERSpAgEn, B. (1992), "Endogenous Innovation in Neo - Classical Growth Models: A Survey," *Journal of Macroeconomics* 14: 631 ~ 662.

—— (1995), "R&D and Productivity: A Broad Cross - Section Cross - Country Look," *Journal of Productivity Analysis* 6: 117 ~ 135.

—— (1997), "Estimating International Technology Spillovers Using Technology Flow Matrices," *Weltwirtschaftliches Archiv* 133: 226 ~ 248.

YOUNG, A. (1928), "Increasing Returns and Economic Progress," *Economic Journal* 38: 527 ~ 542.

* 星号表示建议延伸阅读的条目。

第19章　创新和追赶

詹·法格博格、曼纽尔·M.戈丁赫(Manuel M. Godinho)

19.1　引　　言

自工业革命以来,资本主义的发展史就是一部全球范围内国家和地区之间的生产率差异加剧、生活水平两极分化的历史。研究显示,250年前世界上最富有的国家和最贫困的国家之间的人均收入和生产率差距大概是5∶1,而今天这个差距已经达到了400∶1(Landes 1998)。虽然在经济发展"长跑"中,全球不同国家和不同地区之间的生产率和收入差距有逐渐拉大的趋势,但也有很多最初相对落后的国家——在不同的时期——缩短了自己和先进国家在生产率和收入水平上的差距,成功地实现了某种"追赶"。这些相对落后的国家,即后发国家是如何做到这一点的呢?在这个过程中,创新和扩散起到了什么作用?这些就是本章要讨论的问题①。

"追赶"问题和"趋同"(convergence)②问题虽然有部分交叉,但存在着明显的不同。"追赶"是指某个后发国家在缩短与先进国家在生产率和收入差距上的能力,而"趋同"则指整个世界范围内生产率和收入水平差距不断减小的趋势。趋同问题曾一度成为经济学研究的主要领域之一,部分是由于一些著名经济

---

① 我们要感谢弗尔维奥·卡斯特奇、桑德里·蒙多卡和本书第四部分的作者和主编所提供的有益意见和建议,如本章出现任何错误和疏漏则是作者自己的问题。

② 也有部分学者翻译为收敛,如经济增长的绝对收敛假说(Absolute Convergence)。——译者

学家在其长期经济增长的理论模型中包含了对趋同的分析(Solow 1956)①。当然,如果所有落后国家或地区都实现了某种程度上的追赶,那么趋同则必然发生。然而,如果只有部分国家或地区成功实现了追赶(甚至跨越),而其他国家或地区仍然落后,那么其结果是否趋同(收敛)就不清楚了(Abramovitz 1986)。经验表明,所谓的趋同最多只发生在那部分在特定时期实现赶超的国家或地区,一定意义上,我们可以说这些国家或地区加入了"趋同俱乐部"(Baumol et al. 1989)。正如现有经济发展事实所显示的那样,用一个普适的机制来解释不同时期追赶所需要的不同要素是不现实的。因此,我们需要从历史维度的视角来分析。

在19世纪的大部分时期,资本主义世界中经济和技术的领导者是英国,其人均GDP甚至高出其他领先资本主义国家50个百分点。然而,在19世纪的后半期,美国和德国则开始快速追赶并最终取代了英国的领先地位。美国和德国追赶成功不是靠简单地模仿领先国家(英国)业已使用的先进技术,而是自行发展出新的生产和分配的组织形式,即通过创新(Freeman and Soete 1997, Freeman and Louçã 2001)。以美国为例,基于大规模生产、分销和研究开发的规模经济效应,美国创造了有着重大历史意义的动态发展体系。德国也引入了新的生产组织模式,特别是在化学和工程工业中首次展开研发工作,这对德国经济的长期发展产生了深远的影响。20世纪上半叶,日本对西方发达国家的成功追赶很大程度上与组织创新有关[如"即时制生产(Just-In-Time)系统"几乎改变了全球的汽车工业,具体请参考专栏19.1]。这一组织创新不仅使日本受益,也最终扩散(但有滞后)到现有的领先者(如美国),并提高了其生产力水平。

正如上面这些简单的例子所表明的那样,历史上成功的追赶决不仅仅是由于他们掌握并使用了现有产业中已有的技术,而更多地是依靠创新,特别是组织方面的创新以及对于新兴产业的探索。不过,同样明显的是,追赶的过程

① 直到最近,经济学家才提出了对趋同不会出现的增长理论(因此被称为新增长理论)。要进一步了解相关信息,可以参见本书法格博格(Fagerberg 1994/2000)和菲思佩奇(Verspagen)的研究。

存在着不同的路径，并导致不同的结果。如果我们将分析视角集中在最近的几十年，正如本章接下来要分析的那样，追赶策略和追赶效果都存在多种可能。其差异性非常显著。在接下来的一节（19.2 节），我们将综述现有文献中有关追赶的一些理论。在 19.3 节，我们的视角将延伸到最近几十年。通过对比成功的追赶者和欠成功的追赶者，本文试图从中总结一些经验和教训。最后，在 19.4 节中，全文总结了当今的发展中国家或地区可以从有关的创新和追赶研究得到的借鉴，尤其是在政策方面。

19.2　现有的追赶研究

在解释为什么各个国家或地区的经济增长会不同（以及为什么有些国家实现了追赶而有些国家没有）的相关文献是很多的。因此，对所有的文献进行回顾和综述是不现实的。然而，现有的这些文献论述的焦点集中于追赶——和一般的经济增长的探讨不同——特别是在概念上和理论上研究追赶（或者与追赶相关）的并不多见。接下来，本文将主要讨论已有的三个主要研究。其一是索尔斯坦·凡勃伦（Thorstein Veblen）和亚历山大·格申克龙（Alexander Gerschenkron）等对一战前欧洲追赶的研究①，这些研究的核心是解释德国追赶英国的过程中政策和研究机构所发挥的作用。其二，更多的研究集中在亚洲的追赶，特别是日本的追赶，因为日本的追赶最受人关注，但也有越来越多的学者研究韩国、中国台湾地区等其他国家和地区如何不同程度地实现追赶成功。在亚洲的追赶研究中，"国家干涉主义"成为讨论的焦点。最后，有一些宏观历史或宏观经济的数据分析，集中于对经济长波的增长研究，以及技术和创

① 虽然有大量关于美国经济增长的文献，但是大多都不是从追赶的角度入手，也就是说并没有集中在其他国家（地区）可以从美国的经济增长经验中学习到什么、应该做什么（或者不应该做什么）以实现本国（地区）的成功追赶。参见：Chang 2002，以及他近期的著作和他在本章 19.4 节所做出的论述。

新在其中所发挥作用的解释。在这方面有着杰出贡献的是摩西·阿伯拉莫维奇(Moses Abramovitz)。在本章后面部分,我们将分别地介绍欧洲、亚洲和宏观视角的三个不同研究。

19.2.1 欧洲的追赶

对欧洲大陆追赶的研究是现有追赶理论研究的核心内容。最早开始这一讨论的凡勃伦(1915)认为,科技进步改变了后发国家工业化的条件。更早前,他曾指出,技术内隐于个人头脑中的这一特点一定程度上阻碍了技术的扩散,因此熟练技术工人的迁徙是区域发展的先决条件。但是,随着"机器科技"(Machine technology)时代的到来,这种情况发生了变化,并和早期的情况形成了鲜明的对比。凡勃伦指出,这种"机器科技"的新知识"以明确和统一的方式来传播,而且相关技术扩散后的吸收既不困难,也没有那么多不确定的因素"。虽然凡勃伦没有使用今天我们描述整个追赶过程的通用术语,但是,他的思想脉络还是十分清楚的。显然,他所论述的核心内容就是:当技术最初是"隐性的"并且内隐于个人时,技术的扩散并不是那么简单;但后来技术开始"编码化",情况也就发生了改变。从这个意义上看,追赶应该是越来越容易的,而且是在一种"适当的环境下"①才得以发生的,包括"追逐利润的动机以及新兴产业的发展机遇"。考虑到后来者可以直接使用成熟(Ready-made)的技术,而不需分担任何开发成本,所以,追赶是一笔划算的买卖。凡勃伦预测,欧洲一些国家如法国、意大利和俄国,都将快速地以这种方式追赶(当然,他也提及了日本的案例)。

用凡勃伦的理论来解释德国的追赶是非常容易的,而经济史学家亚历

① 凡勃伦提及的因素包括"用于投资的基金"(Veblen 1915: 186)、"受过良好教育人员的足量供给"(同上,194),以及"大量受过良好训练的操作工人"。后来他又指出,不一定需要受过良好教育或是良好训练的人员。

山大·格申克龙(1962)却提出了不同的看法,他特别强调了追赶的困难。格申克龙指出,在英国的工业化时期,技术只是小规模地介入到生产中,而且也并没有形成制度化的需求,但这种情况到19世纪德国开始追赶时发生了改变。在格申克龙头脑中根深蒂固的思想是,现代技术需要更加庞大和复杂的工厂(静态和动态的规模经济),需要相当的实体基础设施、金融体系和制度基础的支持。他进一步强调,成功追赶所带来的高回报激励,以及经济体中产业升级(或产业现代化)的强大压力,促进了后来者追赶的发生。而且对于追赶者而言,非常重要的是将追赶目标定位于持续改进的、动态变化的产业,并对更为先进的设备/工厂投资以参与全球化竞争。[①] 在格申克龙看来,为了实现成功的追赶,追赶国家需要"采取现有的工业化国家未曾采取过的新制度手段"(1962: 7)。新的制度变革的目的就是实现资源的流动和最优配置,以满足现代技术发展所需要的大规模资源需求。他举出的制度变革例子[②]是德国的投资银行(以及欧洲其他地区相似的例子),但是他也承认,由于大环境的不同,其他类型的制度手段如政府变革(俄国的案例)[③]也可以发挥类似的作用。

格申克龙的研究主要关注银行在工业化中所发挥的作用。不过,正如谢林(Shin 1996)所指出的那样,格申克龙尝试建立成功追赶的一般理论,关注成功追赶的一定条件,包括不同但"功能相同"的制度手段(或者说追赶策略)。在格申克龙的论述中的一个重要链条是,他强调追赶目标应该定位于快速增长的、技术新兴的产业。然而,我们还需要指出的是,这些结论都是他基于历史的经验得出的。因此,他所推崇的做法是否适用于未来其实没法下定论。况且,格申

① "至于工业化的发生,则更多的是现代的、有效率的技术发挥作用的结果,后发国家也可以通过这样的途径来获得成功,特别是当其工业化进程面临发达国家的竞争时。"(Gerschenkron 1962: 9)。

② 也许非常奇怪,他并没有提及德国在其他方面取得的成就(凡勃伦也没有),如德国的教育部门,以及在研发基础设施方面的开创性贡献。

③ 参见:Gerschenkron 1962: 16~20。

克龙虽然也强调了可能存在的某些例外,但在他的研究中,格申克龙并没有指出其他可能成功的工业化路径。比如,格申克龙指出,丹麦的追赶就没有将目标定位于当时正在快速发展的工业,主要是由于那时丹麦与英国快速增长的农产品市场有着非常紧密的联系。

我们可以将凡勃伦和格申克龙对德国追赶的解释整理成一个初步的追赶战略。在凡勃伦看来,追赶的关键是技术可较为容易地获得或扩散,追赶不需要特殊的技能或是相关的基础设施支撑,即使不存在外部"变化动因"(change agents)的大量介入,市场也足以发挥其强大的资源整合和集成作用。但是,在格申克龙的理论看来,技术转移和扩散对技能和基础设施有着特别的需求,因此,市场力量本身对成功的追赶难以起到根本的作用,相反,一些组织创新或政府作用对追赶的顺利进行来说是十分必要的。

19.2.2 亚洲的追赶

二战以后,亚洲的一些国家和地区成功实现了追赶。用凡勃伦和格申克龙的理论可以部分解释二战后亚洲的追赶。亚洲除了日本外,其他还有韩国、新加坡和中国台湾地区等国家和地区也成功实现了追赶。虽然有很多学者试图用凡勃伦的追赶理论来解释亚洲的追赶(World Bank 1993),但是,现在看来,有更多的文献认为,亚洲的追赶更接近于格申克龙的理论框架(Johnson 1982, Amsden 1989, Shin 1996)。

研究日本如何追赶的文献是相当多的。1868年的明治维新是日本追赶的一个自然起始点。1868年,在西方资本主义国家的巨大压力下,日本统治阶级的一批精英分子建立了一个新的政权,旨在增强本国的经济和军事实力(Beasley 1990)。当时的鲜明口号是:"富国强兵"。那个时候,日本并没有任何可以促进"现代化"的"变化动因",于是政府(官僚组织)承担了这一挑战。政府采取了改善法律系统、提高基础设施、改进教育体系,以及开创/进入新产业(后来被私有化)等一系列重要措施。[①] 大学、学院和研究中心逐渐建立起来,并主要集中在工程和应用科学领域。在追赶的最初阶段,公共部门(机构)起到了至关重要的作用,之后,公私之间的合作以及大量私人参与者的进入也促进了追赶。日本最初的私人商业大多以家族式企业为主,很多是与政府、军队有着密切关系的财阀。早期追赶的产业局限在食品加工和纺织等工业,但在一战期间以及其后的阶段,日本经济实现了快速的转型,机械和其他“重工业”在经济中占据了主导作用。那时,R&D 活动也开始大量展开,部分是为了满足军事的需求,据一项资料(Odagiri and Goto 1996)研究,日本在 20 世纪 40 年代早期 R&D 投入已经占到 GDP 的 1%。

二战中日本战败,这一事实极大地改变了日本社会的权力结构,军队和财阀的权力被消减,大约三分之二的权力组织被改变,包括众多的财阀。这些财阀在日本追赶西方国家的过程中曾经发挥了很大的作用。由于军队的力量被削弱,政府的作用又再次凸显,19 世纪的历史似乎再次重演。通过政府的努力(特别是通产省)以及大量私有经济的介入(包括商业团体),日本经济实现了快速稳健的增长(这个时候军队没有发挥作用的空间)。新的商业组织如财团(Keiretsus)[②]开始涌现,财团是在二战前的财阀等组织(这一组织被美国占领军解散)的基础上发展而成的,相比二战前的组织形态,财团更强调发挥银行的作用,并大量弱化私人投资/家族在企业上的控制权。除此之外,日本追赶过程中还出现了其他新兴的组织形态。日本追赶的早期,银行非常依赖国家的贷款,并通过同政府合作经营的方式增强自己在产业内的地位,这也成为日本追赶所青睐的路径。在日本几十年的快速增长后,银行(以及其他的企业)开始变得越来越独立,与此同时政府的作用也开始变得更加“正常”,和西方并无二致。

---

① 例如这些措施的结果是,文盲——即使在明治维新之前都低于世界的平均水平——到 20 世纪初期在日本青年中已经被消除,到 1920 年,多于一半的日本儿童从初等学校毕业之后进入了中等学校学习(Odagiri and Goto 1996)。

② Keiretsus 是一种特殊的组织形态。日本经济在发展中,特别是二战后,许多厂商垂直整合,通过连锁的纵向关系,彼此之间密切联系和合作。这种大型组织通常不是以权力关系为联结,而是以跨公司的所有权、长期协定、联合董事会或是社会关系联结的,如许多公司的高层主管曾经是同学,等等。也称为经连组织。——译者

日本的经济增长中政府和私人参与者的作用孰轻孰重一直存在着争论，本文不打算回答此问题。但必须要说明的是，政府/官僚组织在追赶过程中的干涉作用是非常重要的，特别是在追赶的早期阶段。政府可以对经济政策、产业政策和贸易政策（贸易保护）发挥其干涉作用，但并不是所有的追赶都可以通过这种方式“点石成金”，甚至在有些时候政府作用（以某种很好的理由）对私人企业的成长起到了阻碍的作用。无疑，政府政策对于引导私营企业追赶西方是起到引导等作用的，很多时候甚至不可或缺。这是因为，政府政策（以及政策的执行）可以快速而有秩序地推动追赶过程的结构变化，即推动“过时的”产业向更先进技术产业的转变，同时提高规模经济的效益，促进产品差异化和需求的快速增长，以及通过技术学习实现产品和工艺的创新和改进等。通过这种方式，日本经济迅速在其追赶的产业领域中占据了领先地位，首先是在钢铁和造船工业中，接着是汽车和（消费）电子。[①] 虽然日本在追赶过程中的创新也包括大量的产品创新，特别是小的创新（以满足消费者的需求），但日本创新的重点更多是落在工艺创新，特别是在组织创新方面，以达到经济规模和灵活性的双重统一。日本企业在单位时间的高产出、高效率的存货管理、产品的高质量（可靠性），以及良好的贴近终端使用者需求的能力等方面具有明显的竞争优势（参见专栏19.1）。

专栏 19.1

日本的组织创新

亨利·福特(Henry Ford)曾说，黑色的轿车应该是所有消费者都可以接受的基础颜色，虽然顾客可以在这个基础上将他的爱车改成任何喜欢的颜色。标准化的产品，针对大规模用户的批量生产，低技能的劳动力（通常是缺乏技能的移民），以及由领班、工程师和经理所构成的管理和控制队伍，就是美国制造业的

---

① 在20世纪90年代以及21世纪初，日本的生产率（以及生产率增长）持续走低，部分也由于受保护的产业（农业和服务业）加剧了经济增长的负担。

精髓所在。

二战以后，日本的汽车制造产业在学习、借鉴美国的汽车制造体系过程中进行了适应性改变。首先，日本汽车市场相比美国市场是小得多的，所以批量生产的同时必须做到产品的多样性；第二，日本的劳动力受过良好的教育、较多的训练和相同的文化熏陶；最后，日本蓝领和白领在地位和薪酬上的差距相比美国是很小的。由于这些不同，日本的生产系统和美国的生产系统相比就变得截然不同(Freeman 1987)。

"看板管理"或者说准时制生产是日本汽车产业的创新，这一创新结合了大规模生产和消费者需求层次以及需求构成上的多样性，对标准化产品的个性调整是日本汽车制造体系的主要特色(Aoki 1988)。将要生产什么(以及何时生产)由下一个环节的使用者(即产品的直接市场)来决定。每天，企业的生产单元都被赋予这样的命令，而这些需求必须被"准时"解决。这种做法同样应用于供应商，这就是我们常说的"零库存"方法。然而，"零库存"意味着不能容忍任何缺陷(否则生产将会停滞)。为了提高质量并减少缺陷，很多组织实践如"全面质量控制"等最初来源于美国产业的管理思想，而"质量循环"则是日本创造的。渐渐地，一种新的组织形式诞生了。工人在不同的职责上进行轮岗，相对于传统的美国工业，日本的产业工人(和工作团队)在生产和质量控制方面被赋予了更加重要的责任。这种新的工作组织形式同时意味着更加有能力的、负责任的和有干劲的工人。

组织创新促成了重要的效率改进。到20世纪80年代为止，日本的制造业特别是汽车产业，都有着世界领先的效率(Womack et al. 1990)。1989年日本制造一辆车的时间是16.8小时，相比之下制造相同特性的车，美国企业需要25.1小时，而欧洲企业需要36.2小时(《经济学家》1992年10月17日)。

毋庸置疑，日本的经验迅速在一些发展中国家扩散，特别是在亚洲地区。日本政府的作用和追赶的实际经验成为那些亚洲国家或地区学习日本并追赶

西方发达国家的一个可选模式。在那些追赶的案例中,可圈可点的是韩国、新加坡和中国台湾地区等,而日本经验对别的国家和地区追赶的影响则远远不只局限于这几个例子。让我们将目光首先聚焦于上述三个国家(地区),它们的共同之处就是实现了快速的追赶,经历了产业结构的升级,并最终进入当时技术最为先进的产业,特别是成为电子业(广义上的)的主要生产和制造者,同时政府在追赶进程中发挥了主要的作用。当然,无论在哪个国家(地区),教育的作用,特别是培养高素质工程师的作用都被提及(Lall 2000)。在其追赶早期,韩国和中国台湾地区政府都采取了关税保护、进口限制和财政支持等措施来支持特定本土产业的发展。新加坡是一个特例,它的政府很大程度上依赖于外商直接投资(FDI)对本国产业的作用,而追赶目标也定位于通过FDI政策来实现(Lall 2000)。对于这些国家而言,实施出口替代战略或者出口导向的政策是非常重要的。直到最近,这些国家才开始强调R&D和创新的政策支持。然而,这些国家和地区在产业结构方面却有着很多值得我们思考的不同之处。在韩国,大型的多元化企业组织(财团,Chaebols)和日本战前的家族式企业组织一样,在追赶中发挥着非常重要的作用,而在新加坡,跨国公司则占据着主导。相反,中国台湾地区则以中小型私人企业的发展著称。

参照格申克龙的理论框架,亚洲经济追赶的经验很好地符合了他提出的追赶发生在技术新兴产业的理论。从更一般的层面,在这四个国家和地区中,政府(官僚组织)都发挥了非常重要的作用,特别是在追赶的早期阶段。然而,正如我们上面所指出的那样,追赶的途径在不同的国家(地区)有所不同。例如在日本和韩国,国家通过指导性信贷(directed credit)来鼓励私营机构保持与政府相同的信贷目标,然而这套机制却没有在中国台湾地区发挥作用(中国台湾地区在早期就进行了金融的自由化运动)。在中国台湾地区案例中,"政府"需要借助国有企业来发挥政府的重要作用,特别是中国台湾地区"政府"大力扶持了公私共同参与的"中间机构"(R&D基础设施等)发展。此外,和韩国、中国台湾地区以及新加坡这"三小虎"相比,日本的工业化进程,甚至于先前的美国和德国,大都以面向本国的市场为主,出口在追赶战略中占据了相对次要的位置。出口导向是由于“三小虎”的本地市场太小以致不足以维系大规模工业化发展的要求,而且二战后逐渐减少的贸易障碍在其中也有不小的促进作用(Abramovitz 1994)。

随着国际资本流动的自由化,以及资本市场管制的放松,“小虎”们的追赶进入了一个新的时期,这也是其他的后发国家所面临的追赶环境,即外部资本或FDI,或直接贷款在追赶中产生了重要的潜在影响,这一点在某种程度上和50~100年前的日本有着很大的不同。当日本进行追赶时,资金几乎都是国内的,而韩国追赶则很大程度上依赖于国际资金。然而,日益增加的国外债务在提供本国追赶机会的同时,也增大了国家的金融风险。20世纪90年代末在韩国(以及亚洲其他国家和地区)发生的金融危机就是最好的例证(参见专栏19.2)。虽然存在一定的争议(Shin and Chang 2003),但是金融危机部分证明了在不同追赶时期需要不同的追赶策略,即先前追赶有效的政策和制度过了一段时间后再拿来就发现不那么有效了,而且后期追赶的国家还需要与已经或即将进入发达国家行列的追赶成功者以类似的政策和制度在同一点上进行竞争。无独有偶,日本也出现了类似的情况。日本的金融体系,特别是在追赶时,是通过公众的高储蓄率来集聚大量金融资本的,然后这些集中的资金投入到那些需要大量资金的规模化产业中。结果是日本金融体系的专业性和高效率成了追赶的“先锋官”。然而,当日本的追赶完成以后,金融体系依旧在搜罗各方面资金,大量鼓励储蓄,甚至在追赶所创造的潜在机遇都已经丧失殆尽后也依然如此。最终的结果只能是日本经济的过剩、危机和低迷。因此,日本的金融体系也从很有价值变成了日本经济的沉重负担。

专栏 19.2

韩国的金融危机

韩国在1997~1998年经历了一场前所未有的金融危机。产生这个危机的重要原因是，依照国际标准，韩国的财团有着太多的债务。但这也正是韩国企业在追赶过程中的普遍做法(和日本一样，韩国企业通常是通过国有控股银行进行大规模借贷，而不是大量提高自有资金)。正如二战后大多数国家所发生的一样，最早，国际资本的流动紧紧掌握在政府手中，这样整个金融体系都充满了国家“快速追赶”的意志。但是，当资金自由流动的限制逐渐被解除后，一些韩国财团和金融机构便纷纷寻找新的资金来源，特别是来自海外的资金。这些做法最终增加了国家债务，这成为金融危机的导火索。

为了尽快从危机中解脱出来，韩国政府向国际货币基金组织(IMF)寻求帮助，包括进行大规模的“结构调整”，力图将韩国的金融系统调整为和英美接近的模式(进一步的讨论参见：Shin and Chang 2003)。当1999年韩国经济快速复苏时，金融危机也逐渐平复。

这场危机波及了亚洲的其他地区，虽然中国台湾地区和新加坡并没有受到多大的影响，但只能说明上述两个国家/地区的债务金融和国际借贷并没有像韩国一样在追赶中起到很大的作用。

19.2.3 宏观视角

第三种研究追赶的视角集中于从宏观的层面来解释追赶或者趋同究竟发生在什么方面，以及哪个国家如何实现了追赶。正如引言中我们所提到的那样，此类研究的一个很重要发现就是自英国工业革命以来的长期经济发展过程中，各个资本主义经济体的发展模式并不相同，而且有着明显的不同。每个国家在不同的时期发展模式也不一样，即使是二战以后的几十年中全球范围内追赶非常有利的时期(而且在这个时期内，很多国家都试图缩小和领先国家在生产率和收入方面的差距)，这也正是阿伯拉莫维奇(1986/1994)所说的“战后追赶和趋同/一致性的繁荣”。阿伯拉莫维奇指出，追赶绩效在国家和时间这两个维度上的明显差异,在很大程度上可以被两个概念所解释,那就是技术一致性(technological congruence)和社会能力(social capability)。第一个概念是指追赶国家和领先国家在市场规模、要素供给等特性方面的一致性。例如世纪之交,美国的技术系统更多地依赖于大规模的同一市场,而这在欧洲却是基本不可能发生的,这也就解释了为什么美国的技术很少转移(扩散)到欧洲的原因。第二个概念是指发展中国家为了实现追赶而展开的努力和所具有的能力,如改善教育、增加基础投资以及更为普遍地增强技术能力(R&D 设备购买等)。阿伯拉莫维奇解释了战后时期的前半段时间欧洲对美国的成功追赶,其策略既包括提高技术一致性,也包括了提升社会能力。对于技术一致性他给出了一个例子,欧洲经济一体化就是旨在创造大规模和更加一体化的市场,这为将美国大规模市场的技术转移到欧洲提供了良好基础。针对社会能力的提升,阿伯拉莫维奇指出,欧洲通过提高教育水平、共享公共和私人部门的 R&D 资源以及改善资源配置所需要的金融体系等来学习美国。

也有一些学者研究是什么因素导致了不同国家之间增长绩效(或者生产率)的不同,以及影响追赶的因素,并试图总结出一个可以检验的模型。这方面经典的文献是纳尔逊(1968)和葛穆卡(Gomulka 1971)的研究。康沃尔(1977)的工作也有很大的创新贡献,他分析了二战后的前半段时间内基于追赶的全球经济增长、全球内的资源配置、市场需求以及内生的技术进步[借鉴了所谓的"凡尔登定律"(Verdoorn's law)]。鲍莫尔(Baumol 1989)等提出了一个跨国经济追赶模型,包括对追赶要素和社会能力(通过教育提高)的分析,这一模型通过众多的国家和不同的时间跨度的追赶来佐证(或者质询)这些要素的重要性(参见 Fagerberg 1994, Temple 1999;综述)。然而,很多此类的研究都忽略了阿伯拉吴维奇所强调的技术一致性以及创新在其中发挥的重要作用。之后,法格博格(1987/1988)基于熊彼特的思想提出了一个新的实证模型,强调将创新、模仿和其他技术商业化的手段作为追赶的驱动力。依照这种观点,追赶或者趋同是不容易成功的,特别取决于创新和模仿的平衡,追赶的国家(地区)需要发展出对应的平衡能力,这为追赶增加了不少难度。依照菲思佩奇(1991)的观点,追赶和“低增长陷阱”之间并没有必然的联系,有着较低“社会能力”的穷国才可能有更多落入“陷阱”的风险。

阿伯拉莫维奇的工作由于缺乏历史维度的分析而受到了谢林(1996)的批评。谢林强调,“社会能力”这一概念是极不具可操作性的,当然这点阿伯拉莫维奇自己也承认。然而,阿伯拉莫维奇所强调的技术一致性却澄清了随时间将技术进行动态调整的重要性,虽然对此他自己几乎并未给出足够的证明。从这个意义上说,阿伯拉莫维奇的研究与格申克龙所强调的通过规模性技术产业而追赶是类似的。然而,阿伯拉莫维奇始终缺乏对规模性技术产业的动态变化体系的研究(Nelson and Wright 1992, Fagerberg et al. 1999)。如果真的是这样,这将对研究追赶发生的条件有着很大的启发性意义。我们将在本章的最后部分讨论这个内容。

19.3 对最新追赶的评述

本文所指的最新追赶主要是过去40年中(全球化过程)的追赶,当然有的国家或地区在全球化过程中并没有实现“真正”的追赶。现有研究,特别是分析不同国家的不同追赶和增长的模式是很多的(相关综述可以参见:Fagerberg 1994, Temple 1999)。本部分我们将分析集中于我们所选定的符合全球化追赶的国家和地区,而且这些追赶案例有良好的、易获得的相关数据支持,如R&D和创新,等等。这些国家和地区既包括我们刚才讨论过的国家,如前面的日本、韩国、新加坡等;甚至还包括当前的世界领先国家(美国和英国)以及格申克龙最为关注的德国(我们也加入了法国和意大利的数据作为比较);此外,我们的研究还包括很多亚洲的国家和地区,在前面所提到的亚洲国家和地区的基础上,又加入中国大陆、中国香港、印度、马来西亚和菲律宾;最后,我们还引入了两个其他的国家群,一组是欧洲的追赶国家(芬兰、希腊、爱尔兰、葡萄牙和西班牙),另外一组是有着追赶潜质的拉丁美洲国家(阿根廷、巴西、智利和墨西哥)。

表19.1列举了我们选取为样本的这些国家和地区的人均GDP水平(购买力评价)。依据1960年人均GDP的排序,一个世纪以前甚至更早时候就完成了工业化的国家显然会排列在前面,特别是美国占据了最领先的地位,而最后面的七个都是亚洲国家或地区。在中间的部分,我们看到大多是欧洲国家和拉丁美洲国家,当然也有亚洲的经济体参与其中,如中国香港和日本。到了1999年,如图19.1所示,在过去的40年中,增长的情况发生了一些变化。在近40年的历史中,亚洲的国家非常快速地实现了追赶,这些国家的人均GDP增长甚至达到了年均6.5%(韩国)和4.2%(日本)的水平。欧洲的国家紧随亚洲国家的追赶绩效,特别是爱尔兰在欧洲国家群中首屈一指(年均4.1%),葡萄牙紧随其后(年均3.9%)。相反,一些工业化水平较好且已经在20世纪60年代领先的国家在过去近40年的历史中其增长速度上却落在了后面,年均GDP增长率只有2%~3%。增长最为缓慢的,是三个经历了很长时间低迷期的所谓的潜在"追赶"国家:菲律宾、阿根廷和墨西哥,用阿伯拉莫维奇的话讲,它们其实是"落后"了。拉丁美洲其他的潜在"追赶"国家,加上印度,虽然增长的绩效稍微好一些,但在缩小和领先者美国的差距方面还不是很成功。这种动态发展的结果是,表中列举的七个亚洲国家(或地区)全都在这个时期,通过高经济增长改变了它们的名次,而所有的拉丁美洲国家却都降低了一个甚至几个梯队(如表19.1所示)。

表19.1　1960~1999年各国家(地区)的收入梯队(以1990年购买力评价不变美元为基准)

	1960年	人均GDP(千美元)	1999年	人均GDP(千美元)
第一梯队	美国	11.3	美国	28.1
	(联邦)德国	10.1	日本	21.0
	英国	8.6	新加坡	20.7
	法国	7.5	法国	20.1
	芬兰	6.2	中国香港	19.9
	意大利	5.9	爱尔兰	19.7

(续表)

	1960 年	人均 GDP (千美元)	1999 年	人均 GDP (千美元)
第二梯队	阿根廷	5.6	英　国	19.2
	智　利	4.3	芬　兰	19.1
	爱尔兰	4.2	(联邦)德国	19.0
	日　本	3.9	意大利	18.2
	西班牙	3.4	中国台湾地区	16.6
	墨西哥	2.2①	西班牙	14.6
第三梯队	希　腊	3.1	葡萄牙	13.5
	中国香港	3.1	韩　国	13.2
	葡萄牙	3.0	希　腊	11.5
	巴　西	2.3	智　利	10.0
	新加坡	2.1	阿根廷	8.7
	马来西亚	1.5	马来西亚	7.7
第四梯队	中国台湾地区	1.5	墨西哥	6.9
	菲律宾	1.5	巴　西	5.4
	韩　国	1.1	中　国	3.3
	印　度	0.8	菲律宾	2.3
	中　国	0.7	印　度	1.8

资料来源：Calculations based on Angus Maddison/Gronigen Growth and Development Centre and The Conference Board, Total Economy Database, July 2003. http://www.ggdc.net.

下面,我们将研究这些国家和地区的不同增长绩效和它们的"社会能力"之间的关系。虽然可能存在多个因素与"社会能力"相关,但是我们还是将讨论集中在三个我们认为非常相关的因素上,它们分别是技能(教育)、R&D 和创新(反映在专利中)。以前的很多研究,特别是有关跨国经济增长的比较研究,大都研究了相当多的国家样本。在这些增长差异研究的背后,都首先考虑国家大小的不同,然后再将初等教育和中等教育作为一个可能的影响因素(参见:Baumol et al. 1989)。然而,当我们深入理解一些发展中国家追赶失败的案例,比如以撒哈拉沙漠地区的非洲国家的追赶为例,我们会发现,虽然和我们选取的典型国家有诸多的不同,但无一例外这些追赶失败的国家或地区也具有较为完善的初等和中等教育体系。因此,我们以高等教育(大学和学院等)作为技能

① 原文为 2.2,但根据译者查找的其他资料,应为 3.2。——译者

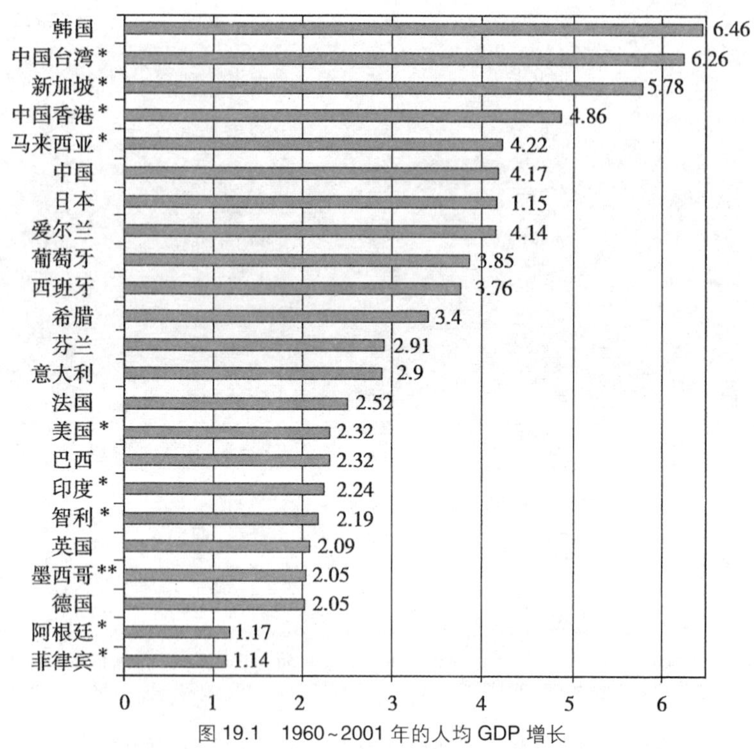

图 19.1　1960~2001 年的人均 GDP 增长

注：所有的计算都是基于 1990 年购买力评价不变美元价格计算。带"＊"的国家或地区计算的年限是 1960~1990 年。德国＊＊的增长率特指(联邦)德国，计算年限为 1960~1997 年。

资料来源：Calculations based on Angus Maddison/Gronigen Growth and Development Centre and The Conference Board, Total Economy Database, July 2003. http：//www.ggdc.net.

(教育)因素的代表。

图 19.2 表明，工业化国家，特别是美国作为其中的绝对领先者，特别强调高等教育的作用。① 很多追赶经济体的指标值也相当高，如芬兰排在第二位，

① UNESCO 所定义的"高等教育毛入学率"(Gross enrolment ratio in tertiary education)是我们图 19.2 中的主要指标，是指"不管年龄大小，从中等学校毕业后五年内进入高等教育学校学习的总人数占中等学校毕业生数的比例"。如果很多高校学生都比这个年龄大[即中等学校毕业 5 年后才进入高校，很多发达国家是这样的(特别强调"长期"学历过程)]，那么本文引用的这个指标差异就过于乐观，即实际的高等教育入学率差距没有这么大。和其他基于教育完成程度的教育指标相对照，上述的偏差也会存在，特别是对于美国来说(其他国家这一偏差可能小一些)。因此，这个指标也可能夸大美国和其他国家在高等教育重视程度方面的差距。

紧跟其后的是韩国。然而，我们却不能过分强调这些不同，毕竟今天的情况与过去三四十年相比已经大不相同，世界上的绝大多数国家都已对高等教育给予了充分的重视。亚洲和欧洲一些追赶国家的高等教育发展更是令人瞩目，如芬兰、韩国和西班牙。与此情况形成鲜明反差的是一组低收入的拉丁美洲国家和亚洲国家（墨西哥、巴西、马来西亚、印度和中国）在高等教育发展水平方面仍不尽人意。

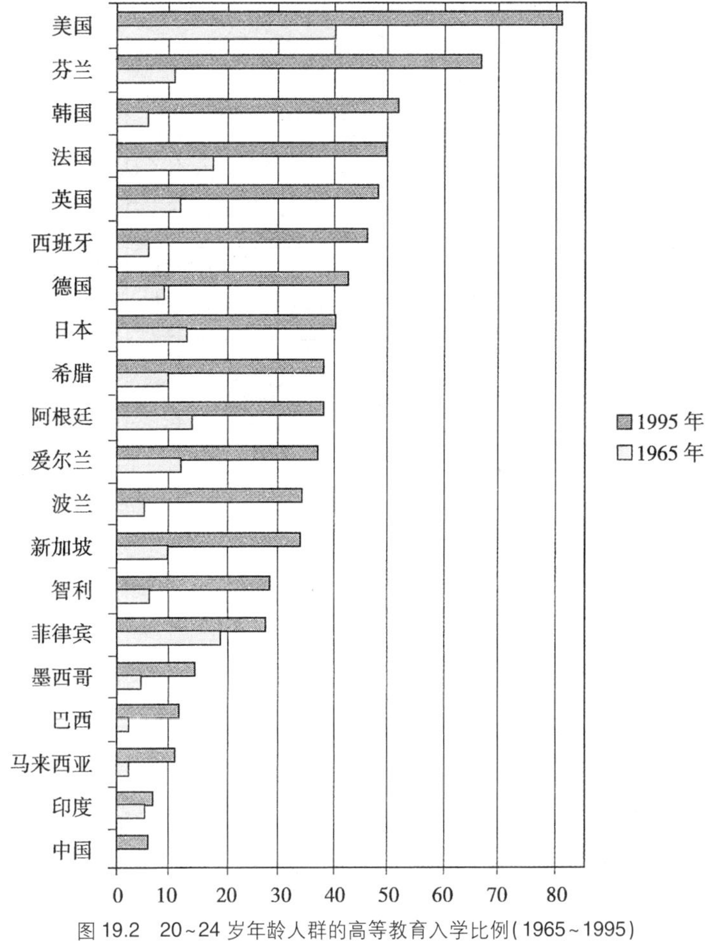

图 19.2　20～24 岁年龄人群的高等教育入学比例（1965～1995）

资料来源：UNESCO，Education Statistics，various years.

需要说明的是,高等教育其实是一个大口袋,并不是所有的高等教育要素都对技术创新或者追赶有帮助。如图 19.3 所示,我们将研究对象聚焦于大学培养的自然科学和工程学科学生在 24 岁年龄层人口中所占的比例。通过这一比较,我们可以更清楚地看到增长水平较高的国家(地区)和较低国家(地区)的不同。增长水平较高的那些国家(地区)24 岁人群中有 6%~9%的人接受了高等教育,而增长水平较低的那些国家(地区)——并非所有——24 岁人群中不到 3%接受了高等教育。

正如图 19.3 所显示的那样,在高等教育中自然科学和工程人才培养力度

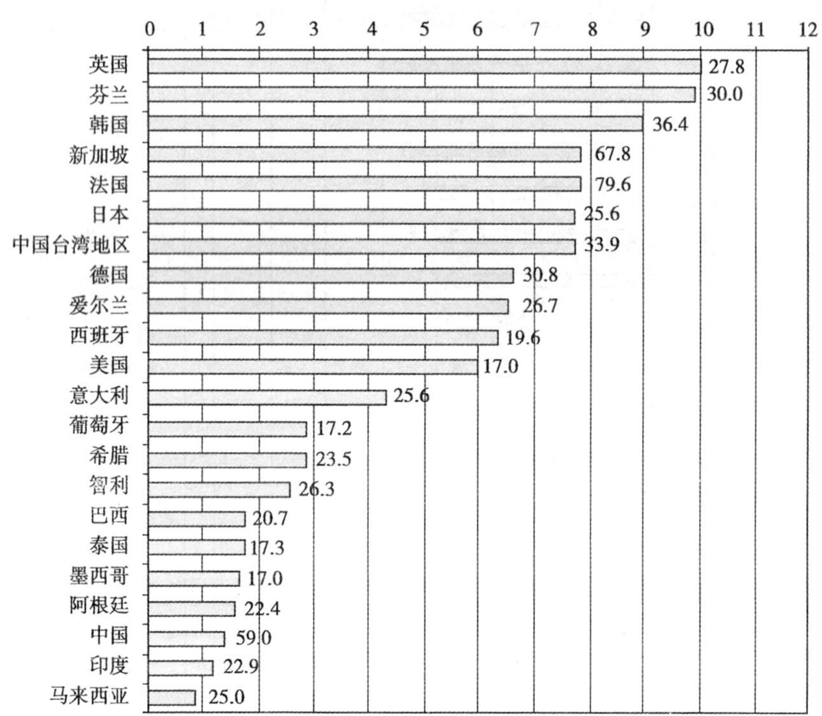

图 19.3　24 岁人群中大学第一学位是自然科学或工程的人数比,1999 年(%)

注:所有的数据都是 1999 年或近期获得。每一个柱图右边的数字都代表“第一学位是自然科学或工程的学生”占“第一学位总人数”的比例(法国和希腊的数字是指“长期”学位教育,因此和其他国家的数据不具有可比性)。

资料来源:NSF, Science and Engineering Indicators 2002, http://www.nsf.gov/sbe/srs/seind02/start.htm

较大的国家大都是发达国家(早期工业化国家)以及亚洲的四个国家或地区,同样也有一些欧洲国家[特别是芬兰(30%)、爱尔兰(26.7%)和西班牙(19.6%)]也在其中。对高等教育自然科学和工程学科不太重视、投入较低的主要是一些拉丁美洲国家以及亚洲欠发达国家,接近平均水平的是某些追赶的欧洲国家[葡萄牙(17.2%)和希腊(23.5%)]。我们还需要注意的是,美国有六分之一的学生毕业于自然科学或者工程,而在韩国这一比例甚至到了三分之一,新加坡是三分之二。因此,韩国、中国台湾地区和新加坡等国家和地区不仅在一般意义上强调高等教育,而且针对技术创新和追赶的特殊领域教育投资也远高于其他国家和地区。

然而,我们也必须看到有很多国家(地区)也没有摆脱高等教育高投入同时追赶落后的窘境,如我们例子中所提到的阿根廷和菲律宾。对于长期的增长非常重要的是如何将教育付诸于应用,相反如果不能为高等教育人才提供良好的就业机会,则很大程度上会抹杀高等教育所带来的潜在增长作用。事实上,亚洲的新兴工业化国家(地区)之所以在高等技术教育方面发展迅速,正是由于社会对于工程师(科学家)的需求显著增加所致。因此,对于这些国家和地区,工业、技术和教育政策是相辅相成的关系,而不是相互孤立,这些政策的持续和协调执行成为了它们经济成功的很重要的原因。同样,追赶目标瞄准在高增长,但却没有相应的辅助资源支持,如大力发展高等教育却不能促使技术升级(一个“动态的”竞争环境),失败也是不可避免的,这正是拉丁美洲国家的惨痛教训。

显然,为高层次劳动力提供的最好就业机会是让他们从事 R&D 活动。图19.4 中 R&D 占 GDP 比例的指标表明,我们选取的国家(地区)中在 20 世纪 60 年代只有少部分国家(地区)如美国、英国、法国等领先国家投入了占 GDP 很大比例的 R&D 资源。[1] 除了上述三个国家和日本、德国,其他所有的国家和地区

---

① 这里的数据统计的是 R&D 的总值,包括公共部分。如果我们只是集中在对商业部分 R&D 的讨论,国家之间的排列也会基本相同,但是最高层和最底层的差距会显著增加(一般意义来讲,一个国家的 R&D 投入越高,企业研发所占的比重越大)。

其 R&D 占 GDP 的份额都小于 1%。20 世纪 90 年代,美国 R&D 活动投入比例世界第一的地位被日本所取代,R&D 高投入俱乐部中也加入了新的成员,如韩国、芬兰、中国台湾地区等国家和地区都可圈可点。同时,新加坡、爱尔兰和意大利也将 R&D 占 GDP 的比值提高到了 1%以上。剩下的其他国家,包括拉丁美洲和很多亚洲国家,以及大多数的欧洲追赶国家,却始终保持着较低水平的

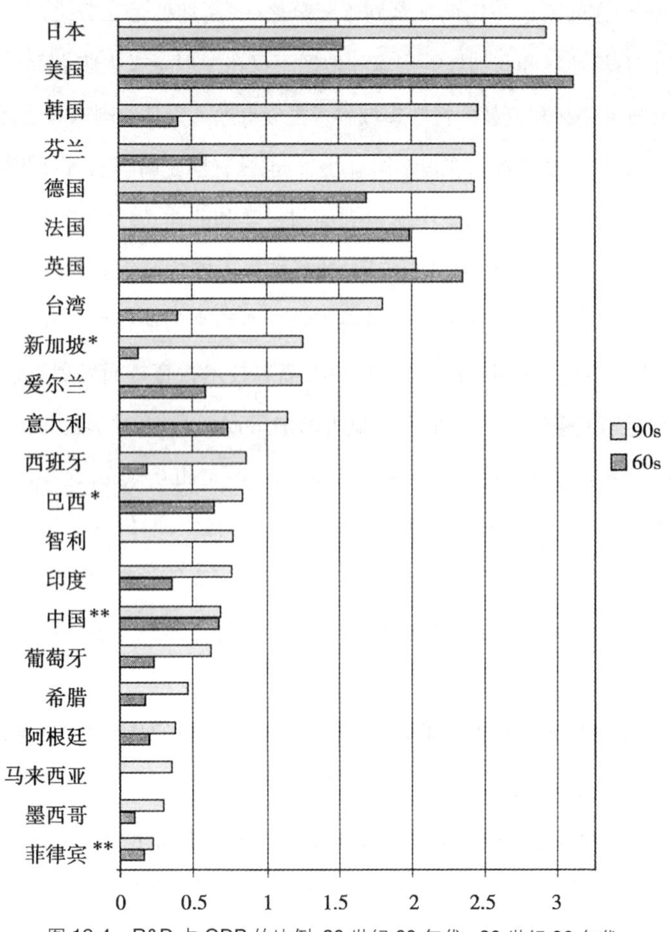

图 19.4　R&D 占 GDP 的比例,20 世纪 60 年代~20 世纪 90 年代

注:带" * "的国家数据计算自 20 世纪 70 年代,而带" * * "的国家数据计算自 20 世纪 80 年代。

资料来源:Calculations based on OECD, UNESCO and national statistics.

R&D 投入,虽然和几十年前相比,它们的投入水平也有显著的提高。与之对应的是,专利的分布状况呈现出相似的态势(图 19.5)。

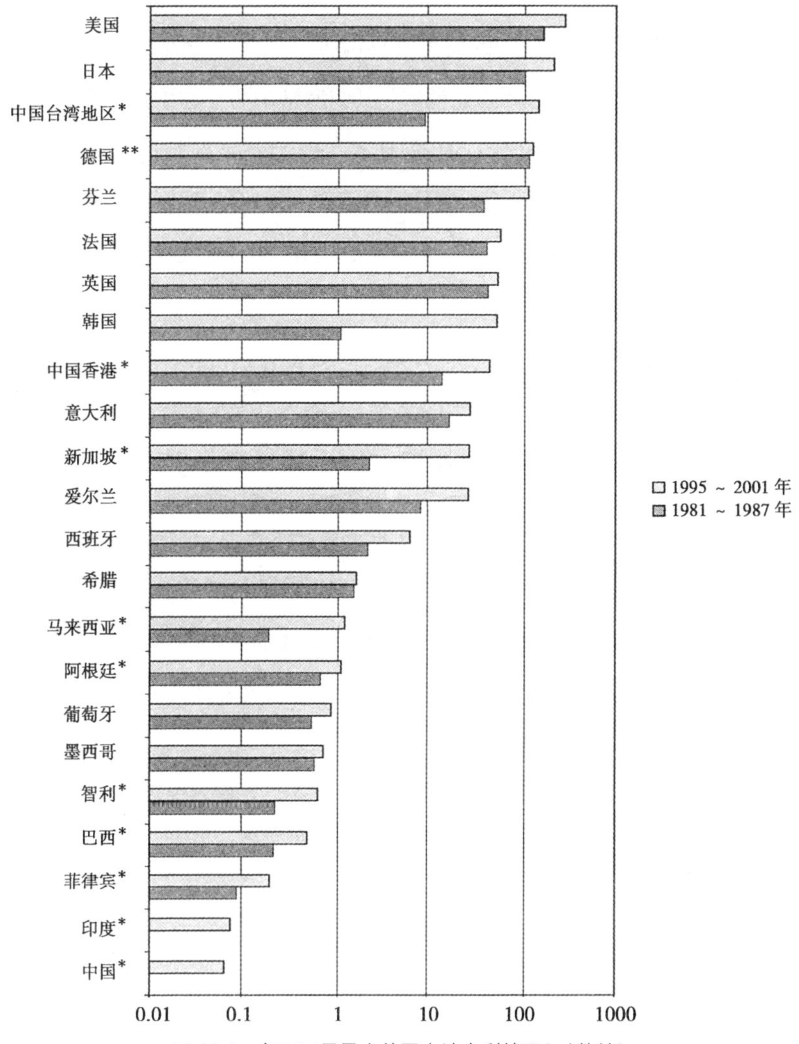

图 19.5　每百万居民在美国申请专利情况(对数轴)

注:带"*"的国家或地区所选取的时段是 1995~1999 年;带"**"的数据则显示了 1989 年联邦德国的情况。
资料来源:USPTO, Patent counts by country/State and year-All patents, all types, http://www.uspto.gov/web/offices/ac/ido/oeip/taf/reports.htm.

分析追赶和技术转移的另一个常用指标是流入的外商直接投资(FDI),这个想法基于这样的假设——一个国家如果愿意去对另一个国家投资,它就应该想去利用,或者愿意分享先进技术。然而,依据我们得到的证据,FDI 的流入和实际追赶情况却发生了一定的偏离,相当多的 FDI 不均衡地偏向了中国香港和新加坡两个经济体,以及诸如爱尔兰、智利、马来西亚和中国等低收入国家。但是,很多成功追赶的国家(地区)如日本、中国台湾地区和韩国,却很少获得 FDI 投资。当然,这并不是意味着这些国家(地区)没有从国际性的技术流动中受益,相反,它们找到了其他——也许等价,也许更为有效——获取国外技术的方法(参见专栏 19.3)。

专栏 19.3

怎样获取外国技术? OEM 系统

亚洲的追赶很大程度上得益于所在区域的技术进步。然而,这些国家和地区利用外国技术资源的体系却不尽相同。新加坡获取国外技术主要通过吸引外商直接投资(FDI)。相比之下,中国台湾地区,尤其是韩国则更多依赖代工(OEM)。正如霍布德(2000)所指出的那样,OEM 可以被看做是一种组织创新,促进了后发企业的技术学习和技术升级。

在 OEM 合约中,产品由代工企业依照顾客的需求特别制造而成,而销售和营销环节通常由一家跨国企业(TNC)以其自己的品牌(如 Nike 和 IBM)来完成。从 20 世纪 70 年代开始,很多美国和日本企业,特别是在 ICT 领域使用了这种体系,将生产部分转移到韩国和中国台湾地区企业。这为后来者在 ICT 行业中吸收基本的制造能力提供了方便。在这个过程中,跨国企业通常帮助 OEM 企业"选择设备;培训经理、工程师和技术人员;对生产、金融和管理提出建议……由于跨国企业更关注商品的质量、运输和价格,本地化的技术学习得到鼓励"(Hobday 2000:134)。

一个成功的OEM合约培养了企业间的长期亲密合作关系。韩国和中国台湾地区的企业获得更为先进的能力首先在工艺流程方面，然后是产品设计。这也使得OEM发展到更高级的阶段——ODM(自主设计和生产)，此时R&D也成为OEM企业的重点发展方向。而下一步，OBM(自主品牌生产)则发生在企业获得了以其自主品牌进行生产和市场化产品之后。这也需要新的营销能力以及在配送方面的相应投资。因此，最后的一步OBM才是最艰难的一步。很多韩国和中国台湾地区企业都尝试过，虽然只有很少一部分能成功做到这一点，甚至做得非常好(如三星)。

本节分析的结果进一步验证了前面我们所提到的格申克龙理论框架。最为成功的追赶国家(地区)，如韩国、中国台湾地区和新加坡(以及此前的日本)都在某种程度上通过一些传统的方式获得了相关的能力——果敢地将目标定位于当时技术最为新兴的产业，这一选择为成功追赶起到了至关重要的作用。追赶国家(地区)经济转型的成功依赖于对教育方面的充分投资，特别是在工程和自然科学方面，并且加大了R&D和创新资源的投入力度。正如我们前面所讨论的那样，政府的政策在这个过程中发挥了重要的推动作用，而作用的方式又可以由于历史背景和现实条件而有所不同。与韩国、中国台湾地区和新加坡这些成功追赶者类似，如果我们只以经济发展作为追赶绩效的测度，那么我们还能看到其他很多国家也缩短了与领先者之间的差距，以及他们所付出的努力。如芬兰、爱尔兰、马来西亚等很多国家也将追赶的目标定位在当时技术最为新兴的产业(ICT)，不过，它们在实现这个目标时所采取的制度工具有所不同。其他的国家(地区)如葡萄牙、西班牙、希腊等则没有将追赶和改变产业结构联系起来，不过它们也在经济增长、“社会能力”获得以及技术能力提高方面取得了一定的成效。其他的拉丁美洲国家，由于未能发展出良好的“社会能力”和较高的技术能

力，无疑会被甩在后面。

19.4 追赶和政策

欧洲追赶的已有理论研究，特别是德国追赶的研究引发了追赶中的“制度手段”以及政策的讨论。同样，亚洲追赶的已有理论和文献研究，尤其是日本追赶的研究使得人们更为关注政府政策在追赶过程中所发挥的作用。这些相关研究成果促进了世界银行展开对东亚追赶的研究，世界银行为此发布了一个报告，报告特别强调“市场友好”手段对追赶的作用，但报告对这些国家（地区）追赶过程中政府所采取的一些干预性政策并不完全认可（World Bank 1993；对此的反驳可以参考：Rodrik 1994，Cappelen and Fagerberg 1995）。实际上，对于追赶政策的争论很久以来就存在（Chang 2002）。两百年前，当美国试图缩短其同英国之间的差距时，就存在这样的争论。有些人基于亚当·斯密的理论认为，最好的方法莫过于“自由贸易”，政府应该远离经济事务，并坚持美国应该发挥农业方面的比较优势。另外一派，如美国第一任财政部长亚历山大·汉密尔顿（Alexander Hamilton）却不认为这是一个明智的做法，于是他提出了一种所谓的“幼稚产业保护”的政策理论。德国的经济学家、贸易保护理论的积极倡导者之一弗里德里希·李斯特（Friedrich List）指出，英国——当时自由贸易最为发达的国家——同样在经济起飞和技术领先阶段动用了幼稚产业保护的政策（List 1841）。李斯特（1841）强调，直到最近英国才开始鼓励自由贸易，这无疑是英国在工业化成功之后的“过河拆桥”。

自此以后，有关追赶和政府政策方面的研究也逐渐多了起来。最新的一个研究是张（Chang 2002）基于历史经验系统地回顾了现有的那些发达国家在工业化过程中所采取的政策。他明确指出，日本和其他亚洲国家在其追赶过程中所推行的干涉主义政策并不是历史性的独创。相反，大多数（虽然不是所有）现在的发达国家都在其发展过程的类似阶段采取了这样的政策。很多政策被用来支持新产业的增长,如贸易保护(关税等)就是其中之一,虽然并不是最为重要的一个。张(2002)进一步指出,在过去的几十年中,美国以及诸如世界银行、国际货币基金组织(IMF)、世界贸易组织(WTO)等为首的国际性组织极力抵制追赶国家推行的干涉主义政策。① 他总结说,正如李斯特先前批评的那样,现在的经济领先和技术先行的国家(地区)在通过实施政府干涉主义政策取得发展后"过河拆桥",不再希望其他的追赶国家(地区)走它们曾经走过的道路。

因此,最近几十年间国际规则和管制放松的变化是否意味着新的追赶国家更难(甚至不可能)制定此类政策(或实践)? 是否意味着追赶本身也变得日益困难? 这是一个非常重要的问题,也需要进一步的深入研究。但我们必须强调的是,一个行之有效的政策并不完全取决于过去此类政策发挥的效用如何,而且也需要适应现在的经济、技术、制度和社会环境(比如现在的情况和过去相比,可能发生了巨大的变化)。然而,我们还需要警醒的是,过去几十年的实际经验表明,很多国家已经发现要找到新的追赶途径非常困难。法格博格和菲思佩奇(2002)的实证研究恰恰印证了这一点,它们发现追赶的基础条件开始变得日趋困难,如果现有的追赶国家(地区)想缩短同领先国家(地区)之间的差距,就需要在技术能力和创新手段方面做出更多的努力。20世纪60~70年代,支持创新的最主要因素是资本的积累和必要的制造基础,而到了20世纪80~90年代,技术的积累和服务的专业化则显得非常重要。这些发现表明,追赶的发生并不是仅用制度和政策就可以解释的,还有技术环境作用的结果,而这些都需要进一步的研究。法格博格和菲思佩奇指出,追赶条件的变化"可能反映了过去几十年的突破性技术变化,以信息通信技术为基础产业逐渐取代了机械和电气产业,也同时改变了对社会技能和基础设施的需求(2002: 1303)。当然,我们也可

① 张所提到的最近例子是我们称作TRIPS的针对发展中国家的协议,协议大力提高了知识产权保护的力度,要求发展中国家接受发达国家在此领域的标准和制度。进一步的讨论参见本书: Grandstrand第10章。

以将这种变化看做是阿伯拉莫维奇所提出的“技术一致性”概念的再现。依照这样的观点，我们可以设想，30~40年前，在很多发展中国家中，技术进步和经济条件（社会技能和R&D基础）并没有那么“一致”。而实际上，正如前面的部分所说明的那样，今天只有对社会技能和R&D基础进行大量投资的国家才有可能实现追赶（没有这方面投入的国家则被甩在后面）。

现有的有关追赶和政策关系的研究，都将研究的主题集中在政策（政府）的作用上，即政策对追赶的影响。而受政策影响的主体——企业则假定主动接受政府的相关政策，包括那些有追赶潜力国家的企业。但正如蒂斯（2000：124）所指出的那样：“如果企业真的是市场经济发展的主体，那么经济增长研究就离不开企业成长理论的研究。”我们认为，对于企业的研究将是未来研究的一个重要方向，该理论也会在现实中得到良好的应用。虽然对于企业在追赶中所发挥的作用研究已经超出了本章的讨论范围，我们还是希望强调一些关键点，而且我们相信这些应该会对未来的研究有帮助。① 关注创新和长期经济增长中的理论研究强调，在大多数情况下，企业对于创新和长期增长通常只拥有部分有缺陷的知识，因此它们可能是短视的，只能在现有能力的范围内寻找信息、建议和解决方案（Nelson and Winter 1982；Dosi 1988；Fagerberg，Lam，本书第1章；本书第5章）。当然，这些企业特性对于发达国家的企业和发展中国家的企业都应该成立，如果企业远离技术领先者或者远离潜在市场，那么这些特性会更明显。此外，发展中国家的企业由于其局限的环境以及所面临的问题，相对于发达国家的企业而言，这些特性更为明显：发展中国家的企业可能更有意愿（也许甚至更有能力）去引进新的产品或者新的工艺而不是自我开发，但是这个可能性还取决于其他企业的能力，也可能所有企业都不具备这一能力。因此，为了克服企业的这些特性，避免永远落后，或者说避免追赶根本没有发生的情况，用格申克龙的说法，“制度手段”可能会帮助规避这些“后来者劣势”。发展中国家企业

① 参见：Granstrand 1999，本书第6章；尝试将追赶和企业策略放在一起讨论。

所需要的“制度手段”包括：

- 和技术领先者之间的联系
- 和市场的联系(潜在的客户)
- 辅助能力、相关服务和其他资源的投入
- 区域创新系统/网络

很多追赶国家企业和政府的关系可以从上述角度去理解。例如，日本和韩国所发展起来的多样化企业组织，都可以被看做是“制度手段”满足其某种需要的结果(Shin 1996)。而东亚国家所发展起来的电子工业的OEM也可以被看做是“制度手段”或者是“组织创新”(Hobday 2000)的产物——这种体系有效地加强了追赶者和技术领先者以及市场之间的联系。同样，吸引外国直接投资的做法和OEM“功能上是等价的”，然而实践经验表明FDI的方式并不利于本土企业的自主创新。当然，通过这种方式也能提高追赶者的技术能力——只要后发国家的企业能获取更大份额的收益——包括技术许可、自主品牌制造(OBM)等。当然，提高企业的技术能力，改善所需要的追赶环境是很多后发追赶国家政府政策的中心内容，本章前面19.3节给出了例证。此外，我们也必须注意到后发国家政府为了提高企业能力而对更高质量的R&D基础(创新系统)所做出的努力。

追赶非常成功的国家(地区)和某些追赶失败的案例能对当今的发展中国家给出什么经验和教训呢？本文认为，一个非常重要的经验就是，没有哪种追赶路径对每个国家都适用。每个国家都必须根据其追赶的特性要素来考虑追赶途径：(a)最新的全球化条件下的技术、制度和经济动态；(b)相关的经济主体(特别是企业)的行为和需要；(c)追赶所需要的特定环境以及影响因素，包括经济、技术、制度、政治和文化等方面(Freeman and Louçã 2001)。有人可能会建议，追赶国家(地区)应该依照格申克龙的追赶战略，集中在技术新兴的产业，在更广的层面上促成经济转型，刺激技术学习，并且提高和创造新技能(或有用的资产)，这些做法可能会带来更多的潜在收益。然而，并不是每个国家都有能力来实施这一策略的。例如,日本在19世纪中期开始追赶西方发达国家,就技术差距而言,那时日本同发达国家的差距是较小的(和现在的发展中国家相比),况且日本的国民教育水平甚至超过了当时大多数国家(Odagiro and Goto 1996)。目前看来,教育在追赶中的作用越来越大,而且全球的教育水准相比以前也有很大的进步,因此,对于追赶国家而言,投资于教育还是一个可行且必需的选择。而对于那些已经追赶成功或者部分追赶成功的国家和地区来说,它们发展的策略就有多种选择了,这些都与本章中已特别强调的经验密切相关。(参见专栏19.4)

专栏19.4

追赶"双城记"

爱尔兰和葡萄牙是西方世界外围的欧洲小国。由于种种原因,它都在20世纪前半期的追赶和工业化中遭受了失败。结果,相比欧洲其他发达国家,它们都处于最贫穷的底层,其产业结构也是以传统的、低技术的经济活动为主。

20世纪的后半期,两个国家都加快发展,步入了欧洲经济一体化的进程当中,首先是加入欧洲自由贸易协会(EFTA,1961),接着加入了欧盟(EU,分别在1981年和1986年)。作为欧盟的一员,爱尔兰和葡萄牙获得了旨在促成技术和经济追赶,以及改善落后欧盟国家和地区经济的"结构基金"(Structural Fund)的支持(Gappelen et al. 2003)。在20世纪80年代和90年代,两个国家都实现了非常快速的增长,其人均GDP同其他西方发达经济体之间的差距日趋减小。随后,两国的经济结构也发生了重大的变化,由传统的("低技术")活动向更高级的产业结构延伸和升级。在葡萄牙,由于FDI的大量引入,汽车工业得到了迅猛的发展。此外,传统工业之一的鞋类行业,也成功地实现了技术升级,并在不增加劳动力成本的情况下得到了大规模发展(Godinho 2000)。相比之下,爱尔兰则跨越并进入了时下最新兴的技术——ICT行业,这在很大程度上也得益于FDI的引入(O'Sullivan 2002)。结果,爱尔兰成了当今世界最发达的"高技术"经济体之一,和亚洲的“小虎”们相比,有着对于ICT技术更强大的输出能力,以及所谓的“高科技”制造基础。

为什么两个国家的发展道路如此不同?共同的语言和长久以来的紧密联系对于美国跨国公司将目光集中在爱尔兰有很大帮助。另外的一个重要因素就是教育。虽然爱尔兰的教育水平按照发达国家的水平并不是非常高,而葡萄牙则更为落后。这是萨拉则(Salazar)独裁政权对葡萄牙人民严格管制而不支持教育以提高技能的产物。结果,今天三分之二的葡萄牙人还只是拥有初等教育的最高学历,也只有十分之一的人完成了某种形式的高等教育。在OECD国家中,只有土耳其是在同一水平。

今天,两个国家都面临着挑战,但也不尽相同,正如我们刚才所说的那样,追赶结果都是政策导向的结果。

爱尔兰现今的问题是外国企业控制的ICT企业和国内其他的经济体(除了蓬勃发展的软件行业)之间只有微弱的联系,另外,很多企业忽视研发,对于提高技术能力的重视程度不够(O'Sullivan 2002)。而葡萄牙受到的挑战则来源于欧盟扩张之后东欧国家的竞争,甚至很多东欧国家的教育和劳动力水平都比葡萄牙要好。

参考文献

* ABRAMOVITZ, M. (1986), “Catching Up, Forging Ahead, and Falling Behind,” *Journal of Economic History* 46: 386~406.

—— (1994), “The Origins of the Postwar Catch - Up and Convergence Boom,” in J. Fagerberg, B. Verspagen, and N. von Tunzelmann (eds.), *The Dynamics of Technology, Trade and Growth*, Aldershot: Edward Elgar, 21~52.

AOKI, M. (1988), *Information, Incentives and Bargaining in the Japanese Economy*, Cambridge: Cambridge University Press.

AMSDEN, A. H. (1989), *Asia's Next Giant: South Korea and Late Industrialization*, New York: Oxford University Press.

BAUMOL, W. J., BLACKMAN, S. A. B., and WOLFF, E. N. (1989), *Productivity and American Leadership*, Cambridge, Mass.: MIT Press.

BEASLEY, W. G. (1990), *The Rise of Modern Japan*, New York: St. Martin's Press.

CAPPELEN, A., CASTELLACCI, F., FAGERBERG, J., and VERSPAGEN, B. (2003), "The Impact of EU Regional Support on Growth and Convergence in the European Union," *Journal of Common Market Studies* 42: 621~644.

—— and FAGERBERG, J. (1995), "East Asian Growth: A Critical Assessment," *Forum for Development Studies* 2: 175~195 [repr. as ch. 3 in J. Fagerberg (2002), *Technology, Growth and Competitiveness: Selected Essays*, Cheltenham: Edward Elgar].

* CHANG, HA-JOON (2002), *Kicking Away the Ladder: Development Strategy in Historical Perspective*, London: Anthem Press.

CORNWALL, J. (1977), *Modern Capitalism: its Growth and Transformation*, London: St. Martin's Press.

DosI, G. (1988), "Sources, Procedures and Microeconornic Effects of Innovation," *Journal of Economic Literature* 26: 1120~1171.

* FAGERBERG, J. (1987), "A Technology Gap Approach to Why Growth Rates Differ," *Research Policy*, 16: 87~99 (repr. as ch. 1 in J. Fagerberg (2002), *Technology, Growth and Competitiveness: Selected Essays*, Cheltenharn: Edward Elgar).

—— (1988), "Why Growth Rates Differ," in G. Dosi, et al. (eds.),

Technical Change and Economic Theory, London: Pinter, 432~457.

* —— (1994), "Technology and International Differences in Growth Rates," *Journal of Economic Literature* 32: 1147~1175.

—— (2000), "Vision and Fact: A Critical Essay on the Growth Literature," in J. Madrick (ed.), *Uncovential Wisdom: Alternative Perspectives on the New Economy*, New York: The Century Foundation Press, 299~330, 350~4 (repr. as ch. 6 in J. Fagerberg (2002), *Technology, Growth and Competitiveness: Selected Essays*, Cheltenham: Edward Elgar).

—— GUERRIERI, P., and VERSPAGEN, B. (eds.) (1999), *The Economic Challenge for Europe: Adapting to Innovation Based Growth*, Cheltenham: Edward Elgar.

—— and VERSPAGEN, B. (2002), "Technology - Gaps, Innovation - Diffusion and Transformation: An Evolutionary Interpretation," *Research Policy* 31: 1291~1304.

* FREEMAN, C. (1987), *Technology Policy and Economic Performance: Lessons from Japan*, London: Pinter.

—— and LOUçÃ, F. (2001), *As Times Goes By. From the Industrial Revolutions to the Information Revolution*, Oxford: Oxford University Press.

—— and SOETE, L. (1997), *The Economics of Industrial Innovation*, 3rd edn., London: Pinter.

* GERSCHENKRON, A. (1962), *Economic Backwardness in Historical Perspective*, Cambridge, Mass.: Belknap Press.

GODINHO, M. (2000), "Desenvolvimento competitivo do sector de calçado em Portugal: Lições de um caso de *clustering*," in I. Salavisa Lança (ed.), *Trajectórias competitivas naindústria portuguesa*, Oeiras: Celta.

GOMULKA, S. (1971), "Inventive Activity, Diffusion and the Stages of

Economic Growth," Report No. 24, Institute of Economics, Aarhus University, Aarhus.

GRANSTRAND, O. (1999), *The Economics of Management and of Intellectual Property*, Cheltenham: Edward Elgar.

HOBDAV, M. (2000), "East versus Southeast Asian Innovation Systems: Comparing OEM - and TNC - led Growth in Electronics," in L. Kim and R. Nelson (eds.), *Technology, Learning & Innovation: Experiences of Newly Industrializing Economies*, Cambridge: Cambridge University Press, 129~169.

JOHNSON, C. A. (1982), *MITI and the Japanese Miracle: The Growth of Industrial Policy, 1925~1975*, Stanford: Stanford University Press.

* LALL, S. (2000), "Technological Change and Industrialization in the Asian Newly Industrializing Economies: Achievements and Challenges," in L. Kim and R. Nelson (eds.), *Technology, Learning & Innovation: Experiences of Newly Industrializing Economies*, Cambridge: Cambridge University Press, 13~68.

LANDES, D. (1998), *The Wealth and Poverty of Nations*, London: Abacus.

LIST, F. (1885), *The National System of Political Economy*, trans, from the original German edn. (1841), London: Longmans, Green and Company.

NELSON, R. R. (1968), "A 'Diffusion' Model of International Productivity Differences in the Manufacturing Industry," *American Economic Review* 58: 1219~1248.

—— and WINTER, S. G. (1982), *An Evolutionary Theory of Economic Change*, Cambridge, Mass.: Harvard. University Press.

* ——and WRIGHT, G. (1992), "The Rise and Fall of American Technological Leadership: The Postwar Era in Historical Perspective," *Journal of*

Economic Literature 30: 1931～1964.

ODAGIRO, H., and GOTO, A. (1996), *Technology and Industrial Development in Japan*, Oxford: Clarendon Press.

O'SULLIVAN, M. (2002), "Industrial Development: A New Beginning?" in John O'Hagan (ed.), *The Economy of Ireland: Policy and Performance of a European Region*, Gill and Macmillan, 260～285.

Ropier, D. (1994), "King Kong Meets Godzilla: The World Bank and the East Asian Miracle," in A. Fishlow et al. (ed.), *Miracle or Design? Lessons from the East Asian Experience*, Policy Essay No. 11, Washington, DC: Overseas Development Council, 13～53.

* SHIN, JANG－SUP (1996), *The Economics of the Latecomers: Catching－up, Technology Transfer and Institutions in Germany, Japan and South Korea*, London: Routledge.

—— and HA－JOON CHANG (2003), *Restructuring Korea Inc.*, London: Routledge.

SOLOW, R. M. (1956), "A Contribution to the Theory of Economic Growth," *Quarterly Journal of Economics* 70: 65～94.

TEMPLE, J. (1999), "The New Growth Evidence," *Journal of Economic Literature* 37: 112～156.

TEECE, D. J. (2000), "Firm Capabilities and Economic Development: Implications for the Newly Industrializing Economies," in L. Kim and R. Nelson (eds.), *Technology, Learning & Innovation: Experiences of Newly Industrializing Economies*, Cambridge: Cambridge University Press, 105～128.

VEBLEN, T. (1915), *Imperial Germany, and the Industrial Revolution*, New York: Macmillan.

VERSVAGEN, B. (1991), "A New Empirical Approach to Catching Up or

Falling Behind," *Structural Change and Economic Dynamics* 2：359~380.

* WADE, R. (1990), *Governing the Market: Economic Theory and the Role of Government in East Asian Industrialization*, Princeton：Princeton University Press.

WOMACK, J., JONES, D. T., and Roos, D. (1991), *The Machine that Changed the World*, Cambridge, Mass.：MIT Press.

WORLD BANK (1993), *The East Asian Miracle: Economic Growth and Public Policy*, New York：Oxford University Press.

*星号表示建议延伸阅读的条目。

第 20 章　创新与竞争力

约翰·坎特威尔(John Cantwell)

20.1 引　言

从历史上看,自亚当·斯密以来,经济学家和经济史学家就开始探讨经济增长问题,并主要集中在国家层次上——为什么有些国家的经济增长比别的国家更快(按照现代的说法,即这些国家拥有比较优势,即获得经济持续增长所需要的能力),从而变得更加富有。然而,在新古典经济学中,研究的注意力却由经济增长问题转移到了静态的资源配置和效率提高问题上,对国家竞争力的关注相对较少;与之对应,新古典经济学对企业竞争力的研究更少,只有唐尼(Downie 1958)、彭罗斯(1959)和麦丽丝(Marris 1964)等少数学者对企业(比较)增长理论的研究有些兴趣。虽然一定意义上,他们的研究在传统的企业理论(传统的企业理论才是研究企业和市场关系的理论)那里更受欢迎,但总体上他们的研究还是属于冷门。近年来,经济学及相关研究领域正发生着两种相关的变化。其一是古典的国家层次竞争力研究正在复兴,受到了更为广泛的关注;其二是越来越多的学者开始重视产业、区域和企业层面的竞争力研究,并在这几个领域产生大量的新成果。本章第 20.2 节对国家竞争力的相关最新研究成果作了评述;第 20.3 节考察了产业层次的创新和竞争力问题,产业层次的竞争力能将企业和企业所处的环境联结起来;第 20.4 节从区域和企业层次来考察创新与竞争力的问题;第 20.5 节是结论部分,对创新活动参与者之间的交互作用,不同层次竞争力研究间的相互关系以及未来研究可能存在的机会等进行了总结。

本章的“竞争力”指国际竞争环境下主体所拥有的，使经济持续增长的能力。在现今的国际竞争环境下，各种主体（视分析层次的不同，可以是国家、集群或单个企业）可同时存在，但它们所涉及的竞争力的定义却基本类似，虽然能力的性质存在差异。“竞争力”一词有时也指个体所处的社会团体具备的必需能力，这些能力可以有效地提高该社会团体中的个体生活水准（多数情况下，竞争力指一国在世界市场上具备较强的能力，该国人民生活水准由此得到了持续提高；Tyson 1992）。尽管劳动生产率的增长确实会提高人民的平均收入（即人均收入），但在能力形成与提高的过程中，人民收入的分配却可能会恶化。本章暂不研究这个问题，因为创新对个人就业机会及收入的影响，是皮安特所要回答的问题（本书第 21 章）。

创新胜利者是那些成功掌握了适宜能力（appropriate capabilities）的个体。由于能力具有本地性（localized），因国家的不同而不同（Edquist，本书第 7 章），所以在提高能力的竞争性博弈中可能有多个参与者（主体）取得了成功。各参与者提高能力的路径不尽相同，他们都在一定程度上相互学习、相互影响。通过创新来追求竞争力的提升，应是国家政策中一项值得称道的目标，对此，几乎没有人持反对意见。事实上，由于创新在现代知识经济中的重要性不断上升，通过创新来提升竞争力成为国家政策越来越重要的目标。即使是（可以说尤其是）对于起步较晚但希望实现追赶的国家，情况也是如此（Fagerberg and Godinho，本书第 19 章）。

我们需要正确看待竞争力。为评估各主体在提高能力以实现创新与增长这一过程中的表现，“竞争力”应包括对增长率的比较和对绩效的基准衡量。“竞争力”决不是指竞争主体间互相损害，一方提高而另外一方下降的能力，这是一种对竞争力的错误解释，曾遭到克鲁格曼（Krugman 1994a/1996）的批评。我们可以认为，至少在平均意义上，如果某一地区或某一主体在提升竞争力上有良好表现，那么这个地区或主体对其他地区或主体所产生的外溢效应往往大于投入成本。不管分析的主体是世界经济竞争中的国家还是某一产业中的企业，这种观点都是成立的。在国家层次上，各国在创新体系上为提高本地企业的竞争力而采取的措施越来越具有互补性，这是由于科学和工程共同体越来越国际化，跨边界的知识流动越来越普遍（如：Narula and Zanfei，本书第 12 章）。同样，某一企业通过某一创新获取了收益，但同时，这一创新还有相当多的收益被产业内的其他企业（模仿者）所获取。企业之间的竞争会刺激创新，而创新可以降低成本，并提高产品质量，从而提升产业需求。所有参与创新的企业都从组合和交互的创新过程中获益。

20.2　国家层次的竞争力

从国家层次上看，竞争力研究的不是国际贸易理论中所经常讨论的比较优势，而是研究国际贸易如何随时间进行演化从而反映能力及竞争优势的不断变化（可以看作是各个国家比较优势的演化）。最早的国际贸易和经济增长理论可以追溯到古典经济学的研究，之后，在技术差距学说（technology gap approach，Posner 1961）和产品生命周期模型（Vemon 1966）的推动下，有关国际贸易与投资的研究受到人们的关注。但是，产品生命周期模型存在的一个主要缺点是它依赖于一个过于简单的创新需求驱动理论（该理论体现了 20 世纪 60 年代产品生命周期模型刚创建时的创新理念），这一理论将企业或国家比作产品，并认为创新只存在一个中心，比如集中在一个主导国家——美国（对该模型的进一步讨论请参考：Cantwell 1989）。产品生命周期模型在 20 世纪 70 年代没有经受住实践的检验，这主要是由于国际范围内再度出现了创新的多中心现象。不幸的是，虽然弗农于 1974 年和 1979 年对该模型进行了修正，但修正版着重研究的是寡头竞争策略，而没有对构成该模型基础的创新和竞争力理论进行修正。直到 20 世纪 80 年代，苏塞克斯的学者们才将国际贸易随时间发生的结构变化与更加务实的创新研究紧密结合起来，如索易特（1981），多西、索易特（1988），多西、帕维特和索易特（1990），以及法格博格在 1987 年完成的关于国际贸易结构变化的论文（2002，本书第 7 章）。

法格博格的研究给我们的部分启示是,经济学家对“竞争力”一词有各种不同的用法,尤其是在宏观经济政策的研究中,经济学家的“竞争力”一词的用法与本章所定义的“竞争力”常常是不一样的。本章主要研究创新与竞争力,并特指长期的技术竞争力,而非短期的价格竞争力。目前,学者们对短期价格竞争力的讨论存在着两种方法和思路。在传统的需求管理理论下,如果(譬如)利率下降同时对外净投资额增加,则导致本国货币的贬值,这样就可以说是本国生产的商品或服务的价格“竞争力”上升了,因为以外国货币衡量的出口价格下降了,以本国货币衡量的进口价格上升了。然而,这种类型的竞争力并不是可持续的,尤其是(比如说)当进口价格上涨引发国内通货膨胀时,或者是外来净投资额降低对国内生产率的增长产生了不利影响时。第二种思路,在我们看来要更加切合实际一些,那就是传统的以降低成本为基础的竞争力——降低单位劳动成本能够使价格下降(或者说通货膨胀率下降),从而导致出口上升和进口下降,进而本国货币的价值随之上升。

长期的技术竞争力与上述两种价格竞争的第二种类型更为相像,即认为出口(和产出)增长会推动本国货币的升值,竞争力的提升并不等于通过货币贬值来使净出口增加。我们有时采用“非价格”竞争力一词,这样便于与刚才提到的以降低成本为基础的价格竞争力相区分。在“非价格”竞争力的情形下,创新和价值创造的新方法可能意味着平均价格水平的上升(因为质量提高),但它们一定会带来生产率和贸易额的快速提高,从而使本国货币的价值趋于上升。除去前面所讲的,这里有必要再强调的是,按照这种观点,货币价值的增加只是竞争力提升(即生产率与产出和出口价值的相对较快增长)的一个结果。本币升值并不一定等于竞争力提升(根据国际贸易术语,本国货币价值增加是竞争力提升必然带来的一个副作用)。还应该明确的是,在这种框架下,获取比较优势或者获得贸易顺差只是竞争力提升的一个暂时效应,并不是竞争力提升的根本目的之所在。此处隐含假定,劳动生产率的增长会提升一国在世界贸易中所占的份额,在此过程中,出口的增长会拉动进口增长。所以净出口额会一直增加,直到进口额赶上出口额,本币升值和国内工资水平的上升都会促进这种赶超的实现。

当前,新熊彼特主义者关于国际竞争力的研究主要集中于技术竞争力。对那些创新非常成功的国家而言,技术竞争力意味着其在国际贸易中的份额会持续增长(或者,在企业层面上,企业在相应世界市场中所占的份额会持续增长)。不过,正如前面已经详细讨论过的一样,熊彼特经济学说认为,创新是价值创造的正和博弈,并能扩充国际贸易和国际市场的总体规模。那些对这一扩充过程有很大贡献的国家在国际贸易和国际市场中所占的份额会上升,这是因为他们创造了更多的新价值,而不是由于他们在固定的世界贸易量或给定的国际市场(即使是在稳步增长的外生的国际市场)中的相互替代。在此情况下,新熊彼特学说对创新和竞争的研究不同于均衡增长学说的研究。即使均衡增长学说中也肯定了研发活动,但如果认为创新方面的投资在本质上与其他经济活动中的投资相同,各项活动间的差异也仅在于其外部性大小的不同,那么,新熊彼特学说与均衡增长学说也仍然存在不同。事实上,新熊彼特学说认为,创新活动的本质和根本目的是,以一种试验性的和非均衡的方式,干扰并改变当前收益要素的流动和循环。

对于新熊彼特主义的各种创新与发展模型,至少可以采用两种不同的方法来加以阐述。第一种方法非常注重对短期价格竞争力和长期非价格技术竞争力的区分。在法格博格(1987/1988)关于各国国际竞争力的技术差距的研究中,创新对一国经济增长率的影响以及该国与技术领先国家之间的差距,都是加法要素(additive element),将资本积累(该国产出中用于投资的比例)和相对单位劳动力成本添加到传统的经济增长要素中。通过添加要素的方法来研究各国家的经济增长,可以追溯到阿伯拉莫维奇(1956)、索罗(1957)和丹尼森(Denison 1967)。在他们看来,技术进步(及其带来的生产率提升)可以很好地解释在考虑要素投入增加的贡献后,经济增长率中仍然剩下的大量“残差”。在此情形下,资本积累代表了现有活动的规模扩张,相对单位劳动成本代表了基于成本的“价格”竞争力,而共同研究能力和通过模仿领先者以实现追赶的能力,则代表了“非价格”

的技术竞争力。

以这种方式来分析问题是比较方便的，因为经验证据普遍显示，技术竞争力要比通常所说的竞争力传统影响因素——价格竞争力更为重要，技术竞争力比相对单位劳动成本的竞争力更为重要；尽管克鲁格曼(1994b)和杨(1995)指出，在这种结构框架下资本积累具有持续的重要性。表 20.1 列出了日本、英国和美国这三个国家在 1960~1973 年间的相关数据。以国际竞争力实证模型作出的估计为基础，法格博格(1988)对各国在世界贸易中的份额变化做了预测，并根据其贡献将其分解为四个要素(如表 20.1 中所示)。研究的结论是，传统的相对工资成本对任何一个国家的整体竞争力都只有很小贡献(尽管在模型的所有要素中，相对工资成本在统计意义上是显著的)。与此相反，内生技术能力的增长和国外前沿技术的获取，是这一时期日本在竞争中获胜的主要原因。同一时期英国和美国在世界贸易中所占份额的下降主要归因于较低的资本积累，法格博格认为它们资本积累低的主要原因是这两个国家的高额军费支出消耗了国家资源。

表 20.1 1961~1973 年，根据国际竞争力实证估计模型得出的国际市场份额变化的要素分解比例(%)

	日 本	英 国	美 国
技术能力增长相对单位	66.9	6.9	−0.6
劳动成本的上升最初的	−0.9	0.8	1.6
技术能力(追赶)投资	20.9	15.9	7.3
占 GDP 的比例全球需求的增长	16.5	−39.8	−38.2
市场份额的整体增长(根据模型预测得出)	103.3	−16.2	−29.8

资料来源：Fagerberg 1988

需要说明的是，如果说资本积累对经济增长有积极贡献的话，那么这些贡献可能来源于新的创新机会，即部分资本积累建立在新活动领域内，并导致创新。不过,目前还不清楚能否将传统要素投入对经济增长的贡献与创新对经济增长的贡献彻底区分开来,这不同于标准生产函数方法的逻辑。所以,若要将资本积累的贡献从技术竞争力的贡献中分离出来,那么在评价技术竞争力的重要性时,只会变得更加保守,并且可能向对创新在增长和竞争力提升中的作用持怀疑态度的传统观点作出过多让步。法格博格(1988)是清楚这个问题的,所以他在关于资本积累的方程组中包含了一个单独的方程式,该方程式是产出增长的函数,而产出增长又是依赖于技术能力增长的,所以他间接承认了技术竞争力与资本投资的关系。在经济结构发生重大变革的背景下,如果采用总体测量的方法来分析东亚竞争力的提升的话,特别是将创新或技术的"消化吸收"解释与资本的"积累"解释进行比较,我们就有必要重新修正传统的生产函数方法理论逻辑结构(Nelson and Pack 1999)。我们前面已经谈到,新熊彼特主义经济学家特别强调结构变革与通过创新实现的经济增长之间的联系。

表 20.2 中列出的一些数据显示了东亚国家(地区)的经济增长与其他国家(地区)的不同之处,其他的那些国家(地区)在 1960~1989 年间也保持了与东亚国家(地区)相似的高资本积累率。在表中第一栏列出的 11 个国家投资占 GDP 的比重都非常高,都在 20%以上。表中右栏列出的数据是,以人均 GDP 为因变量,对投资份额(代表资本积累率)和其他三个控制变量(即以 1960 年的初始人均 GDP 为代表的追赶效应,用人口增长率代表劳动供给,受教育程度在初中以上的人口比率)进行回归分析后得到的残值(对 101 个国家进行了这样的回归分析)。这是纳尔逊和帕克(Pack 1999)研究成果的一部分。研究得出的结论是,在高投资率的国家(地区)中,东亚四小龙(中国香港、韩国、新加坡、中国台湾地区)表现抢眼,实际的经济增长率远远超过仅根据其资本积累率预测出来的增长率。这些经济体的特点在于,他们有更强的创新能力、更强的升级和重组本土产业的能力,以及更强的学习和吸收国外技术的能力。如果将资本积累与当前生产活动的转型相联系,资本积累中就包含了创新。

表 20.2　1960～1989 年，实际增长率超过资本积累率预测值的国家

国家(地区)	投资/GDP(%)	人均 GDP 增长率的实际值与预测值之差
中国香港	27.3	0.031
韩　国	24.9	0.032
新加坡	34.3	0.017
中国台湾地区	25.0	0.047
加　蓬	40.0	−0.030
阿尔及利亚	35.0	−0.026
希　腊	24.2	0.008
巴拿马	24.0	0.002
葡萄牙	23.7	−0.002
牙买加	25.0	−0.037
爱尔兰	22.2	0.011

资料来源：Nelson and Pack 1999

所以，熊彼特主义的部分学者将技术积累和资金积累都看作是同一过程的不同方面，而不是相互独立地(即使是互补地)看待它们对经济增长的促进作用。这种观点认为，创新提升了主体的盈利能力，使工资在产出中的比重不断下降(尽管工资上升得较快，单位劳动成本也可能上涨得很快)，这样就反过来提高了投资在产出中的比重，从而导致更高的资本积累以及更多的技术积累(Cantwell 1989/1992)。其基本思路是，在快速增长的国家里，如同进口增长往往要滞后于出口增长一段时间，工资上升与生产力提高往往也会存在时滞，使得创新能够获取利润，成为经济增长的新来源。这也表明，技术竞争力部分是以成本为基础的。应该注意的是，这里定义的劳动生产率是指每个工人所创造产出的价值。这意味着劳动生产率的增长既归结于工艺改善带来的成本降低，还在相同程度上归结于产品创新或产品质量的提高(提高产出的价值或单位价值，法格博格的研究中强调了这一点)。按新熊彼特主义的这种方法，我们不用太关注内涵式和外在式的技术变革(embodied and disembodied technology change)之间的区别，或者说不用太关注产品质量改进和交货期加快与成本减少和价格降低之间的区别。

研究者对国际竞争力和增长率差异重新表现出兴趣，产生了大量的研究国家间趋同与追赶、国家间分化与落后的新研究成果(如：Baumol, Nelson and Wolff 1994)。有证据表明，研究者观察到的世界经济是趋同还是分化，取决于所研究的阶段和所研究的国家。无论如何，研究世界各国的整体变化趋势，可能不是最为重要的；相反研究为什么自 1960 年以来东亚国家(地区)具备了追赶能力，而非洲的国家(地区)却没有，比从总量上计算出东亚的趋同效应是否在统计意义上超过非洲的分化效应，具有更加重要的意义。在这方面，技术-社会-经济范式(Freeman and Perez 1988)或资本主义制度特征的演化(Lazonick 1991/1992)都会有助于解释技术领导地位或长期竞争力的偶尔变化，以及这些变化的方向。强调增长中结构变革的作用，尤其是在创新的主要特征正经历转型的范式变革时期，有助于解释机会窗口的存在，在机会窗口内实现追赶的机会特别大。在这一时期，领先国家为适应新环境而进行调整的过程中可能会遇到特殊困难，因为它们已深陷于前一范式所推崇的创新类型中，而其他原先处于落后地位的国家会发现，它们的与领先国家有很大差异的制度和社会组织方式，可能更易于调整以实现结构变革，从而获得最多的创新机会。

20.3 产业层次的竞争力：联结企业及其所处环境的纽带

当论及产业层次的竞争力，特别是国际产业层次的不同国家企业群(national groups of firms)之间的竞争力时，莫利和纳尔逊(1999)喜欢使用“产业领导力(industry leadership)”一词，以强调“领导力”除了来源于那些完全存在于企业内部的因素，还可能源自企业所处国家或地区的环境，或者产业的特定制度。通过对各国产业演化历史的案例研究，他们得出结论，即竞争力来自于企业、地区、国家和联结各不同层次的部门支持系统的作用，以及它们之间的相互作用。他们的研究表明,需要有这么一节内容来研究产业层次的竞争力,而不是直接从国家层次的竞争力进入到企业层次的竞争力。

在这个框架下,影响竞争力的各种因素可能都包含在资源或能力、制度(尤其是高等教育和科学制度,以及金融体系中的制度)、市场或需求状况,以及企业间网络系统等标题之下。无论是建立在特定产品或技术演化基础上的各种模型,还是建立在能力破坏型创新(当从一种产品或工艺转移到与以往的生产模式有很大偏离的另一种产品或工艺时)这一理念上的各种模型,可能都具有一定的相关性。但莫利和纳尔逊认为,当研究那些生产多种产品的大企业在一段很长时期内的表现时,这种适用性是有限的。同样,关于政府的政策干预和竞争力的联系,如果争论各方都只知道一个关于这种联系(或者缺乏联系)的非常简单模型,那么围绕这种关系的政策争论就会被极端化。这些简单模型只适用于某些场合和特定时期,而不像其倡议者所想象的那样能够普遍适用。

企业技术能力的提升与社会制度之间的关系在不同的国家是存在差异的,尤其是在已经进入发达国家行列的工业化国家与试图追赶的国家之间(见:Fagerberg and Godinho,本书第 19 章),当然,企业技术能力的提升会直接促使产业竞争力的提升,而社会制度本身是多范围的,不同国家本身也存在很多差异。值得注意的是,已经有许多准备追赶的国家,对促进本地幼稚产业和本土企业的能力发展起到了很积极的作用,部分原因是在国内实行了保护措施。19 世纪追赶英国的美国和德国(Landes 1969)是如此,20 世纪追赶西方国家的日本也是如此(Ozawa 1974),20 世纪 60 年代后的韩国也是这样(Enos and Park 1988)。诚然,偶尔也有其他追赶的例子,如近年来的新加坡和墨西哥就是充分利用了贸易自由化的环境。但是,在所有这些成功追赶的例子中,尤其需要注意的是,贸易政策仅仅是政府为本土企业的长期能力发展所提供的广泛支持中的一部分。自 19 世纪末期以科学为基础的产业诞生以来,各国更为注重的是在科学和高等教育、工程师培训、更广泛的技能学习等方面的投资(Freeman and Louçã 2001)。同样值得注意的是,在实行贸易保护政策的国家,本地企业从贸易保护中得到的好处以一种外向的和出口导向的方式大力投资于能力建设，而不再是保持低效率的产业部门，这与许多其他贸易保护主义或所谓的进口替代工业化的例子不同。

当然，追赶经济体中的企业本身也在不断追赶，有时会处于领先地位并成为创新的领导者。在这一过程中，追赶经济体的制度结构会发生显著改变（并且会有很多保护主义措施发生较大的转变）。这也许是对一种具有普遍性的观察结果的最生动例证。这种观察发现，通过连续的互动过程，企业技术能力的提升与社会制度往往是共同演化的（Nelson 1995）。从另外一个视角探讨构建竞争力的国家系统（国家竞争力）的，是波特（1990）的研究。该研究通过钻石模型的四个要素来体现，即生产要素、需求条件、相关产业和支持产业，以及企业战略、结构与竞争对手。根据波特的观点，企业的创新能力主要取决于企业所在国家是否有充分的内部竞争，但也依赖于与当地集群存在联系的企业之间的外溢效应（下文还会谈到这个问题）。换言之，创新要求把企业间的竞争与合作（或交流）适当结合起来（Richardson 1972）。拉左尼克（1993）认为，当面临外部创新源带来的重大竞争挑战时，本土产业会打破原来的平衡，由敌对转为寻求更多的合作，从而更加有效地应对挑战。为了与前面提到的全球化趋势相一致，我们这里采用另一种表达方式，即为了与本地特长领域或创新专业领域更好地结合起来，一个国家某些产业内的企业应该集体性地专注于在本地所从事的活动（而不是在国外所从事的活动）。这样有助于国家在某个创新领域的比较优势的强化。

前文已经提到，随着百余年前以科学技术为基础的产业的出现，建立能够很好地提供相对应的教育、技能发展和培训的基础设施，对提升产业竞争力具有极为关键的作用；而且人们普遍认为，在与计算机化和信息处理紧密联系的现代技术-社会-经济范式中，建立这样的基础设施变得更为重要了。对于企业而言，其能力的提高需要经过一个昂贵而困难的学习过程，而这些又取决于企业管理层和员工的组织和技术才能是否匹配。因此，企业总部所在地劳动力的技能结构，对那些试图实现追赶的国家来说至为重要。在国家企业群具有独特创新和能力创造模式的领域中，劳动力的技能结构也变得非常有影响力。当然，这决不是一条“单行线”，因为在学习过程中关于投资和培训类型的决策都是由企业自己制定的；企业协助成立专业协会，企业向政府及其他组织施加压力，这些再次表明企业能力提高与其外部环境之间是一个共同进化的过程。

表 20.3 有助于说明教育和技能对于东亚四小龙实现经济追赶的意义（另见：Fagerberg and Godinho，本书第 19 章）。韩国的表现较为抢眼，在自然科学以及数学

表 20.3　高等工程技术类教育所招收学生占全部人口的百分比（根据 1995 年或最近年份的数据）

国家（地区）	自然科学、数学和计算机（%）	工程科学（%）
日　本	0.07	0.39
法　国	0.53	0.09
德　国	0.39	0.49
英　国	0.31	0.38
美　国	0.39	0.31
中国香港	0.20	0.25
新加坡	0.10	0.47
韩　国	0.56	0.98
中国台湾地区	0.24	0.86
印度尼西亚	0.02	0.11
马来西亚	0.07	0.07
菲律宾	0.22	0.33
泰　国	0.14	0.19
中　国	0.03	0.10
印　度	0.10	0.02
阿根廷	0.21	0.29
巴　西	0.09	0.10
墨西哥	0.06	0.27

资料来源：Lall 2001

领域,韩国对高层次教育的投入甚至超过了传统的工业化国家。然而,东亚四小龙成功的关键更在于他们在培养工科毕业生方面的投资。除了中国香港在这方面的投资低于传统工业化国家[这也许有助于解释为什么与其他三个国家(地区)相比,中国香港的学习和升级更为有限。对此的专门研究见:Lall 2001],新加坡在这方面的投资高于工业化国家的平均水平,韩国和中国台湾地区的高等工科学生占人口的比例远远高于工业化国家的平均水平。在工科教育上,尽管菲律宾、阿根廷和墨西哥达到了中国香港的水平,但其他发展中国家通常都远远落后于亚洲四小龙。考虑到中国巨大的人口规模,可以看出,中国在这方面也已经开始快速追赶。

日本和德国的教育体系以广泛而深入的技能基础教育闻名于世,即强调通用的工程技能和针对全民的高水平基础教育。而美国和英国的教育体系更加精英化,强调在更小范围的人群中培养出高精技能的人才(Prais 1995, Lazonick and O'Sullivan 1997,Lazonick 1998)。这一点有助于解释为什么日本和德国在创新上具有比较优势的领域(然后成为竞争优势)主要是汽车与工程类等依赖于(并且将越来越依赖)通用技术基础的领域,而美国和英国的优势则主要集中在航空、软件、医药、生物技术和医疗设备等需要高技能人才和高强度研究开发的领域。

如果我们考察国家企业群在特定技术和特定产业发展上的路径,并以此来分析这些国家企业群之间的跨越国界的相互依存性,我们就再次引出国家间是否存在一定程度趋同的问题。不过,这里并不是指总生产率或绩效的趋同,而是指国际范围内的优、劣势产业组合的趋同。以企业专利数据来分析六国(美国、德国、英国、法国、瑞士和瑞典)的国家企业群的技术发展模式,我们发现,这些国家的技术发展的专业化道路都一定程度上显示出路径依赖性的特点,而且路径依赖持续的时间可能是60年以上,即从两次世界大战一直到今天(Cantwell 2000)。这说明,在各国家企业群体内部,企业之间的技术合作和技术外溢对共同的连续技术轨道所产生的正面影响,往往大于企业间交流所带来的负面影响。有证据表明,基于这些技术竞争力发展模式的演化,一些国家企业群更为类似和集聚，或者说这些企业的演化路径是相似的。事实上，我们可以将这六个被研究的国家企业群分为三类，每一类有两个国家。

第一类是美国和英国的国家企业群，可以认为其技术能力特点是以资源为基础，与石油和国防相关，且越来越多地与健康有关。如表 20.4 所示，在石油、食品、橡胶制品、航空航天（国防和大规模交通运输系统）和建材等领域，美国最大的工业企业在创新方面的比较优势从第二次世界大战时期一直持续到现在。19 世纪 30 年代以来，英国企业最明显的持续性竞争优势一直集中在纺织业、国防相关的运输业和石油行业。因此可以认为，美国和英国的创新体系有一定的趋同性（Vertova 1998）。战后，英国企业在医药行业内也开始了技术竞争力的提升，尽管这可以说是英国 19 世纪早期的生物和医学技术传统的复兴。但不管怎样，英国医药产业竞争力的提升与食品行业有关，这与美英两国的整体技术发展是一致的。相反德国的医药产业竞争力完全源于化学产业

表 20.4 各个国家在创新方面拥有持续比较优势的产业（1920~1939 年和 1978~1995 年）

美国 食品和饮料 办公设备和电脑 其他运输设备（除了机动车辆） 橡胶和塑料制品 非金属矿产品 煤和石油产品 专业科学仪器	**英国** 纺织品 其他运输设备 煤和石油产品	
德国 化学制品 医药 金属产品 机动车辆	**瑞士** 化学制品 医药 机械工程	
法国 金属产品 橡胶和塑料制品 非金属矿产品	**瑞典** 机械工程	

资料来源：Cantwell 2000

(Kline and Bachmann 1998)。在美国,医疗仪器行业(在表20.4中,被分在专业科学仪器组)在战后也不断发展和壮大,最近又进入到生物技术领域,尽管目前还没有体现在医药产业的整体比较优势中。

第二类是德国和瑞士的国家企业群。19世纪末期以来,这两个国家企业群的技术发展主要是以科学为基础,且主要集中在化学产业。二战以后,德国和瑞士在工程领域一直有出色的表现,不过最近这种状况逐渐改变,有些人认为它们由于在新兴的以科学为基础的电子领域未能取得竞争优势,某种意义上这可以说是德国现今创新体系的一个劣势(Albach 1996, Audretsch 1996)。德国的优秀企业一贯重视化学和金属产品行业的发展,近期部分企业更转向了依赖于工程技术的行业,结果是在很多领域出现了专业化的创新型小企业(所谓的隐形冠军)。瑞士历来专注于化学和医药,这使瑞士像是德国创新体系的一个缩影(部分),而且现在也开始向工程优势方面转化。

第三类包括法国和瑞典的国家企业群。这一类型不是因为存在历史、地理、文化上的联系,可能更多地是一种巧合。这类体系强调基础设施,包括建筑、运输和通信系统等领域,最近也开始涉及卫生保健。自第二次世界大战以来,法国大企业在金属制品、橡胶制品和建筑材料等领域的创新比较优势一直较为突出,在早期就已存在的电气通信技术方面的优势也得到了强化。这类基础设施导向的体系没有德国体系那么依赖于大私营企业的R&D,但也不同于美国或英国的资源导向的技术开发体系。瑞典的技术主要是以工程为基础的,并集中在金属制品和汽车产业,但近来瑞典加大了电信和医药领域的开发力度,其技术模式变得更加接近法国。

某些国家以大企业为主体的创新体系虽然看起来与以上国家有一些差异,但更多地表现出的是趋同。这也许说明,技术的相互关联和技术体系的相互衔接正在加强,这就改变了过去那种高度专业化的国家创新体系。因此,各个国家创新体系除了有显著的技术锁定和路径依赖性之外,特定国家集团之间也存在着选择性的趋同。

20.4 区域和企业层次的竞争力

创新体系中的“区域维度”是非常重要的，这就像创新交互模型（Kline and Rosenberg 1986）中强调企业与企业外部知识源之间联系的重要性一样（Asheim and Gertler，本书第11章），区域创新体系有太多的交互，企业与科技基础设施之间、创新生产者和创新使用者之间，以及企业和制度环境之间，都受到空间临近的强烈影响，并最终对“创新极”的形成和累积过程有相当多的促进作用（Lundvall 1988，Eric von Hippel 1989）。此外，有时为了实现知识的扩散（隐性知识或未编码的知识），区域发展需要借助非正式的渠道，这也表明创新往往会受地理条件的限制（Hagerstrand 1967，Lundvall 1992）。如果某一区域内现有的技术能力不强，这也阻碍了区域内和区域间的技术扩散（Verspagen and Camels 1997）。

表20.5中列出的是欧洲企业创新能力的区域集中度的资料（以专利这一创新产出作为创新能力的代表）。数据显示，除了德国的创新能力分散在四个区域外（这四个区域的专利也都占德国总专利数的13%以上，其中，最高的区域——北威州的比例达到了27%），其他欧洲国家的创新能力都比较集中，基本都在50%左右或者更多。这表明创新活动的地理集中性非常显著，远远胜过人口或总产值的地理集中性。由于企业技术能力发展与企业所处环境中的互动主要发生在边界的区域内，本节接下来讨论区域集中性或“工业区”与企业竞争力之间的关系（Malmberg，Solvell，Zender 1996；Porter and Solvell 1998；Enright 1998；Scott 1998）。

区域创新系统研究中一个值得关注的方面是跨国企业的创新战略，这主要是由于跨国企业要在全球范围内重组其技术活动，配置其技术资源。因此，跨国企业的创新活动对区域的集中有一个分散的反作用。一方面，如前面所述，某些区域拥有外部经济和溢出效应，从而吸引着各种创新活动；在企业整合时，这种外部经济和溢出效应决定了企业会将新研发机构设在何处。这些

表 20.5　部分欧洲国家(区域)中大型工业企业专利占总专利的比例(1969~1995 年)

国家(区域)	百分比(%)
比利时(佛兰德斯-布鲁塞尔)	78.6
法国(大巴黎区)	57.9
德国(北威)	27.0
意大利(伦巴蒂大区)	52.3
荷兰(荷兰南部)	62.7
瑞典(斯德哥尔摩-瑞典中西部)	49.5
瑞士(巴塞尔)	57.5
英国(英格兰东南部)	46.9

资料来源: Cantwell and Iammarino 2001; and (for Germany) Cantwell, Iammarino and noonan 2001

向心力增强了跨边界的地理意义上的企业整合,以及知识反馈、专业技术和成员网络内信息的反馈。另一方面,特定区域的经济发展强化了边界内的产业整合,从而在当地形成联系现有的子公司、本地公司和当地非市场机构的外部网络。通过接近当地的知识和专业技术人才,跨国企业获取了竞争优势。这些竞争优势不仅可在当地使用,还可以转移回母公司,从而提高其全球的技术能力。因此,纳如拉和赞菲(本书第 12 章)指出,最近跨国企业的投资正由资产利用型(asset-exploiting)向资产提升型(asset-augmenting)转变,这一转变意味着跨国企业在国际网络中的创新活动将更加分散。然而,跨国企业的国际创新系统与地方系统之间的关系,在各不同区域间是不同的(Kline and Iammarino 2000/2001)。因此,以提升技术竞争力为目标的区域战略是多种多样的。

研究表明,跨国企业如何在国外选择从事技术开发的地点以支持企业总部,取决于备选区域是不是主要的创新中心(Kline and Iammarino 2000,定义为"高位"和"低位"区域)。然而,大多数区域并不是主要的创新中心,其技术开发往往是高度专业化的,通常是在较窄的专业领域内吸引跨国企业的活动。与此相反,在主要的创新中心,许多由外国投资者投资的跨国企业在当地的创新活动中与当地特有的专业化领域并不是很匹配,但这些企业的创新主要致力于对多个产业创新有平台作用的通用技术(GPT)的开发,目前是这样(最明显的是信息和通信技术),过去也是这样(最明显的是机械技术)。来自各产业的企业都有开发通用技术的需求,在这种情况下,跨国企业和当地企业之间的知识外溢可能是产业之间的知识外溢。因此,卓越的创新中心内信息通信技术的发展,并不是信息通信产业内的企业发展的前提条件,而是由于同处这个地区的其他产业的跨国企业的努力。

接下来我们转而研究企业层次的竞争力。表 20.6 中列出了影响企业增长的决定性因素。资料源自 1972~1982 年间世界上最大的 143 个企业所做的回归分析(Kline and Sanna Randaccio 1993)。正如前文所说的那样,企业创新和增长与其所处产业的特定环境有很大关系,产业环境影响了单个企业的行为,而且部分地决定了它们之间的相互作用(Levin, Cohen and Mowery 1985)。因此,企业所处产业内需求增长和技术机会的增长,是影响企业业绩的关键力量。

表 20.6　对世界最大工业企业发展起决定作用的统计显著因素(1972~1982 年)

变量(回归)	相 关 性
自身所处产业的需求增长	+
自身所处产业技术机会的增长	+
企业规模	
企业特有的技术竞争力	-
市场力	+
自身所处产业的多国性(multinationality)	+
该时期内多国性市场的增长	+

资料来源:Cantwell and Sanna-Randaccio 1993

令人感到奇怪的是,尽管彭罗斯和唐尼(本章开始已提到)的著作中都强调企业特有能力的建立和产业内部的竞争等问题,但直到最近,即使是那些研究企业增长的为数不多的经济学家,对这些问题的重视程度仍是比较低的。不过,在战略管理文献中,企业竞争力这一概念已登上中心舞台(Lam,本书第 5 章)。彭罗斯曾指出,企业的竞争优势本质上源于企业管理团队的累积性和渐进性的学习经验,这些经验使企业变得与众不同。企业所积累的经验和知识的独特性使得企业在面临外部环境(其所在产业的需求增长和技术机会)的变化时,能先于竞争对手发现增长机会。企业的技术竞争力就是由差异化学习所带来的主要优势(Kline 1989;Wilkinson, Pisano and Shuen 1997)。在一定的增长率下,更高的技术能力能降低企业的单位产出成本,提高企业产出的需求曲线,并且使企业能更容易进入相关的新产品线。企业的技术能力越强,就越能够利用其现有的经验降低其在相关领域扩展产品线的成本。在表20.6所列的众多影响企业增长的因素中,技术竞争力是统计意义上最为显著的影响因素之一。在这项针对大企业的研究中,技术竞争力是通过比较企业专利在其所处产业中的份额以及占整个产业产出的市场份额来衡量的。

20.5 结　论

重新回到本章开始提出的问题。提高竞争力要求创造出在国际竞争选择环境下保持持续增长所需的本地化特殊能力。这种能力是通过创新来培养的,并且由于能力的多样性和差异性,形成能力的创造性学习过程是自由和开放的,可以有多种途径获得,所以可以有多个参与者同时提升自己的竞争力。创新是一个正和博弈,博弈过程中有许多参与者在努力开拓新的价值创造领域。尽管总有一些参与者受到损失或遭受失败,但平均来讲,博弈过程中创新者的互补或溢出效益要大于负面效应或替代效应。一个基本的结论是,若要分析某一个主体为提高竞争力而作出的创新努力,就必须考察其他参与者在同一时期所付出的努力。这个结论既适用于国家和产业范围内的国家企业群,也适用于亚国家(地区),更适用于企业。事实上,在寻求竞争力提高的过程中,创新者之间的互动在过去一段时间里已经有了很大的改善,而且在近年内达到了一个新的高度。

企业之间相互独立的程度比以往降低了,他们现在都遨游在一个知识背景更深的海洋中,纳尔逊(1992)称之为技术的"公共"成分。这其中至少包含四个方面:企业之间的知识流动更多了;政府和其他非企业机构在知识发展和知识转移方面所起的作用越来越大;科学对技术的影响力上升了,形式也更多样;知识的编码化更加迅速了,专业团体和科学团体不断形成和扩大。我们可以将企业和个人看作是漂浮在公共知识海洋上的船只。更准确一点来说,企业和个人能在多大程度上利用这些知识,取决于其自身的吸收能力以及其所在团体内的成员关系(无论是企业联盟、专业协会或其他类似团体等),这也由于很多知识指潜在的公共知识。随着时间的推移,尤其是 1945 年后,知识海洋更深了,但构成企业和个人自身缄默能力的关键部分仍然浮在水面上,这部分是不会沉下去的,也不会成为公共部分。事实上,要使浮在水面上的能力更强,就越要更深地沉入水下,这样有利于提高互补性知识的吸收能力,并提高自身对公共知识库的贡献。大学和政府对公共知识库的贡献越来越多。此外,对于那些准备通过技术联盟来加强合作的企业,可以通过交换员工来达到协同学习的目的。

企业间更多知识的共享意味着,技术发展是一个社会与文化的互动演化过程,而不是相互独立的主体相互竞争的生物演化过程;而且意味着,在一些技术发展的新领域,跟随者和后期应用者获得的收益可能比初始的创新者更多。比如说,在某一环境下发展出来的知识可能在另一种环境下带来更强的冲击,而知识的原创者甚至是最成功的接收者在一开始都没能预料到这一点。为了能更好地了解自己以及其他企业的技术实践,现在的企业比以往投入了更多的努力。知识编码是企业有意识行为的结果,公共知识和隐性知识之间的分界线的变化更加有利于企业对知识的获取(Cohendet and Steinmueller 2000; Cowan,David,Foray 2000)。所以那些尤为擅长知识编码的企业会发现这是它们的一项竞争优势,因为它们能够更好地利用公共知识库。

为了富有成效地参与企业间的互动,企业必须使其内部的技术活动保持足够的多样性。这是因为,如果知识与某一企业的专门利益联系紧密,那么一般而言,只有与这些知识存在技术互补,才有可能共享到这些知识。这也是为什么每个企业都想加入相应的企业俱乐部的原因(Kline and Barrera 1998)。企业家的功能并没有消除,而是更加制度化地嵌入到了网络协作和建立新链接的能力中(Powell and Grodal,本书第 3 章)。

信息通信技术将那些以前长期基本上是处于隔离状态的知识创造领域组合起来了[即(Kodama 1992)所定义的技术融合,并且创造了新领域,如生物信息学等],使创新者之间的互动效应更强了。因此,通过将以往隔离的创新活动领域联结起来,信息通信技术拓宽了潜在领域的创新。信息通信技术本身也是各种技术的结合,这使创新的范围更加宽广。

基于创新与竞争力研究的最新进展,我们该如何重新评价本文所总结的这几个领域已有的研究成果呢?哪一类研究可能暂时失去动力,而哪一类研究会为未来的研究指出极具前景的新路径或新机会呢?国家层次的竞争力这一古典问题的复兴是有益处的(见 20.2 节),因为这表明研究者的兴趣又回到了有关国家财富的一系列重要问题上来,而从社会角度来看,国家财富问题是最重要的。但是,这些新研究成果也暴露出一些不足,它们试图从总体层面上研究实际上属于结构变革范畴的问题。

最近的研究都将重点转向产业与企业层次的竞争力。当回顾产业层次所做的分析时(20.3 节),我们对国家间产业领导地位模式转换的历史、追赶经济中教育的作用,以及某些特殊类型的技能是如何导致行业间创新潜力的变化等问题已经有了很多分析。但是,我们对于政府、非商业机构和企业(特别是大型企业)在提升竞争力过程中的互动还知道得太少。特别是,我们想了解更多国家的大学与产业(科学与技术)之间的互动,而不仅仅是已经相对清楚的美国(Mowery and Sampat,本书第 8 章)。现在的情况是,本地的科学基础对于企业能力及竞争力的构建似乎有越来越重要的意义,对那些经济起步较晚的国家更是如此。我们应注意到,这种新兴的观点不同于认为发展中国家应集中于低技能的活动,而由最发达的国家来从事科学研究的"传统"看法。

在企业或集群层次的竞争力问题上(20.4 节),最近的研究也开始重视企业在知识创造和创新上的互动,尤其是发生在亚国家区域内的互动,以及通过联盟或合作协议实现的互动。现在,我们更详细地理解了创新的本地化特性;我们也详细地了解到作为一种知识交流和外溢来提升竞争力的手段,技术联盟正在获得稳步发展。至于研究企业规模与创新或增长的关系,似乎现在难以进行,因为至少到目前为止,这些研究还是将企业看作是相互非常独立的实体。我们下一步需要更多研究的是,区域之间和企业之间的知识流动特性;企业如何以及从哪里获得技术知识,以及这些知识在企业内部及企业之间的创新网络中如何有效组合。以上所述的未来研究计划一定是非常有前景的。

参考文献

ABRAMOWITZ, M. (1956), "Resources and Output Trends in the United States since 1870," *American Economic Review* 46(1): 5~23.

ALBACH, H. (1996), "Global Competitive Strategies for Scienceware Products," in G. Koop - mann and H. - E. Scharrer (eds.), *The Economics of High - Technology Competition and Cooperation in Global Markets*, Baden - Baden: Momos Verlagsgesellschaft, 203~217.

AUDRETSCH, D. B. (1996), "International Diffusion of Technological Knowledge," in G. Koopmann and H.- E. Scharrer (eds.), *The Economics of High - Technology Competition and Cooperation in Global Markets*, Baden - Baden: Momos Verlagsgesellschaft, 107~135.

BAUMOL, W. J., NELSON, R. R., and WOLFF, E. N. (eds.) (1994),

Convergence of Productivity: Cross - National Studies and Historical Evidence, Oxford and New York: Oxford University Press.

*CANTWELL, J. A. (1989), *Technological Innovation and Multinational Corporations*, Oxford: Basil Blackwell.

——(1992), "Japan's Industrial Competitiveness and the Technological Capabilities of the leading Japanese Firms," in T. S. Arrison, C. E Bergsten, E. M. Graham and M. C. Harris (eds.), *Japan's Growing Technological Capability: Implications for the US Economy*, Washington, DC: National Academy Press, 165~188.

——(2000), "Technological Lock - in of Large Firms since the Interwar Period," *European Review of Economic History* 4(2): 147~174.

——and BACHMANN, A. (1998), "Changing Patterns of Technological Leadership: Evidence from the Pharmaceutical Industry," *International Journal of Innovation Management* 2(1): 45~77.

——and BARRERA, M. P. (1998), "The Localisation of Corporate Technological Trajectories in the Interwar Cartels: Cooperative Learning versus an Exchange of Knowledge," *Economics of Innovation and New Technology* 6(2~3): 257~290.

——and IAMMARINO, S. (2000), "Multinational Corporations and the Location of Technological Innovation in the UK Regions," *Regional Studies* 34(4): 317~322.

——(2001), "EU Regions and Multinational Corporations: Change, Stability and Strengthening of Technological Comparative Advantages," *Industrial and Corporate Change* 10(4): 1007~1037.

——and NOONAN, C. A. (2001), "Sticky Places in Slippery Space - the Location of Innovation by MNCS in the European Regions," in N. Pain (ed.),

Inward Investment, Technological Change and Growth: The Impact of MNCS on the UK Economy, Oxford: Pergamon, 210~239.

* ——and SANNA - RANDACCIO, F. (1993), "Multinationality and firm growth," *Weltwirtschaftliches Archly* 129(2): 275~299.

COHENDET, E, and STEINMUELLER, W. M. (2000), "The Codification of Knowledge: A Conceptual and Empirical Exploration," *Industrial and Corporate Change* 9(2): 195~209.

COWAN, R., DAVID, P. A., and FORAY, D. (2000), "The Explicit Economics of Knowledge Codification and Tacitness," *Industrial and Corporate Change* 9(2): 211~253.

DENISON, E. F. (1967), *Why Growth Rates Differ: Post - War Experience in Nine Western Countries*, Washington, DC: Brookings Institute.

DOSI, G., PAVITT, K. L. R., and SOETE, L. L. G. (1990), *The Economics of Technical Change and International Trade*, London: Harvester Wheatsheaf.

——and SOETE, L. L. G. (1988), "Technical Change and International Trade," in G. Dosi, C. Freeman, R. R. Nelson, G. Silverberg, and L. L. G. Soete (eds.), *Technical Change and Economic Theory*, London: Pinter.

DOWNIE, J. (1958), *The Competitive Process*, London: Duckworth.

ENOS, J. L., and PARK, W. H. (1988), *The Adoption and Diffusion of Imported Technology: The Case of Korea*, London: Croom Helm.

ENRIGHT, M. J. (1998), "Regional Clusters and Firm Strategy," in A. D. Chandler, P Hagström, and Ö. Sölvell (eds.), *The Dynamic Firm: The Role of Technology, Strategy, Organization and Regions*, Oxford and New York: Oxford University Press, 315~342.

FAGERBERG, J. (1987), "A Technology Gap Approach to Why Growth

Rates Differ," *Research Policy* 16(1): 87~99.

* (1988), "International Competitiveness," *Economic Journal* 98: 355~374.

* (2002), *Technology, Growth and Competitiveness: Selected Essays*, Cheltenham: Edward Elgar.

——VERSPAGEN, B., and CANINES, M. (1997), "Technology, Growth and Unemployment across European Regions," *Regional Studies* 31 (5): 457~466.

FREEMAN, C., and LOUçÃ, E (2001), *As Time Goes By: From the Industrial Revolutions to the Information Revolution*, Oxford and New York: Oxford University Press.

——and PEREZ, C. (1988), "Structural Crises of Adjustment, Business Cycles and Investment Behaviour," in G. Dosi, C. Freeman, R. R. Nelson, G. Silverberg, and L. L. G. Soete (eds.), *Technical Change and Economic Theory*, London: Pinter 38~66.

HÄGERSTRAND, T. (1967), *Innovation Diffusion, as a Spatial Process*, Chicago: University of Chicago Press.

KLINE, G. J., and ROSENBERG, N. (1986), "An Overview of Innovation," in R. Landau and N. Rosenberg (eds.), *The Positive Sum Strategy: Harnessing Technology for Economic Growth*, Washington, DC: National Academy Press, 275~306.

KODAMA, E (1992), "Technology Fusion and the New R&D," *Harvard Business Review* (July - August): 70~78.

* KRUGMAN, P. R. (1994a), "Competitiveness: A Dangerous Obsession," *Foreign Affairs* 73(2): 28~44.

——(1994b), "The Myth of Asia's Miracle," *Foreign Affairs* 73 (6):

62～78.

——(1996), "Making Sense of the Competitiveness Debate," *Oxford Review of Economic Policy* 12(3): 17～25.

* LALL, S. (2001), *Competitiveness*, *Technology and Skills*, Cheltenham: Edward Elgar.

LANDES, D. S. (1969), *The Unbound Prometheus: Technological and Industrial Development in Western Europe from 1750 to the Present*, Cambridge and New York: Cambridge University Press.

LAZONICK, W. (1991), *Business Organization and the Myth of the Market Economy*, Cambridge and New York: Cambridge University Press.

* (1992), "Business Organization and Competitive Advantage: Capitalist Tranformations in the Twentieth Century," in G. Dosi, R. Giannetti, and P. A. Toninelli (eds.), *Technology and Enterprise in a Historical Perspective*, Oxford and New York: Oxford University Press, 119～163.

——(1993), "Industry Clusters versus Global Webs: Organizational Capabilities in the American Economy," *Industrial and Corporate Change* 2(1): 1～24.

——(1998), "Organizational Learning and International Competition," in J. Michie and J. Grieve - Smith (eds.), Globalization, *Growth and Governance*, Oxford and New York: Oxford University Press, 204～238.

——and O'SULLIVAN, M. (1997), "Big Business and Skill Formation in the Wealthiest Nations: The Organizational Revolution in the Twentieth Century," in A. D. Chandler, F. Amatori, and T. Hikino (eds.), *Big Business and the Wealth of Nations*, Cambridge and New York: Cambridge University Press, 497～521.

LEVIN, R. C., COHEN, W. M., and MOWERY, D. C. (1985), "R&D

Appropriability, Opportunity and Market Structure: New Evidence on Some Schumpeterian Hypotheses," *American Economic Review* 75: 20~24.

LUNDVALL, B. A. (1988), "Innovation as an Interactive Process: From User - Producer Interaction to the National System of Innovation," in G. Dosi, C. Freeman, R. R. Nelson G. Silverberg, and L. L. G. Soete (eds.), *Technical Change and Economic Theory*, London Pinter, 349~369.

——(ed.), *National Systems of Innovation*, London: Pinter.

MALMBERG, A., SÖLVELL, Ö., and ZANDER, I. (1996), "Spatial Clustering, Local Accumulatiol of Knowledge and Firm Competitiveness," *Geografiska Annaler* 78B(2): 85~97.

MARRIS, R. (1964), *The Economic Theory of Managerial Capitalism*, London: Macmillan.

MOWERY, D. C., and NELSON, R. R. (1999), *Sources of Industrial Leadership: Studies of Seven Industries*, Cambridge: Cambridge University Press.

NELSON, R. R. (1992), "What is 'Commercial' and What is 'Public' about Technology, ant What Should Be?" in N. Rosenberg, R. Landau, and D. C. Mowery (eds.), *Technology and the Wealth of Nations*, Stanford: Stanford University Press, 57~71.

——(1995), "Co - evolution of Industry Structure, Technology and Supporting Institutions, and the Making of Comparative Advantage," *International Journal of the Economics of Business* 2: 171~184.

*——and PACK, H. (1999), "The Asian Miracle and Modern Growth Theory," *Economic Journal* 109: 416~436.

OZAWA, T. (1974), *Japan's Technological Challenge to the West, 1950~1974: Motivation and Accomplishment*, Cambridge, Mass.: MIT Press.

PENROSE, E. T. (1959), *The Theory of the Growth of the Firm*, Oxford:

Basil Blackwell.

* PORTER, M. E. (1990), *The Competitive Advantage of Nations*, New York: Free Press.

——and SÖLVELL, Ö. (1998), "The Role of Geography in the Process of Innovation and the Sustainable Competitive Advantage of Firms," in A. D. Chandler, P. Hagström, and Ö. Sölvell (eds.), *The Dynamic Firm: The Role of Technology, Strategy, Organization and Regions*, Oxford and New York: Oxford University Press, 440~457.

POSNER, M. V. (1961), "International Trade and Technical Change," *Oxford Economic Papers* 13(3): 323~341.

PRAIS, S. J. (1995), *Productivity, Education and Training: Facts and Policies in International Perspective*, Cambridge and New York: Cambridge University Press.

RICHARDSON, G. B. (1972), "The Organization of Industry," *Economic Journal* 82: 883~896.

SCOTT, A. J. (1998), "The Geographic Foundations of Industrial Performance," in A. D. Chandler, P. Hagström, and Ö. Sölvell (eds.), *The Dynamic Firm: The Role of Technology, Strategy, Organization and Regions*, Oxford and New York: Oxford University Press, 384~401.

SOETE, L. L. G. (1981), "A General Test of Technological Gap Trade Theory," Weltwirtschaftliches Archiv 117 (4): 638~660.

SOLOW, R. (1957), "Technical Change and the Aggregate Production Function," *Review of Economics and Statistics* 39: 312~320.

* TEECE, D. J., PISANO, G., and SHUEN, A. (1997), "Dynamic Capabilities and Strategic Management," *Strategic Management Journal* 18 (7): 537~556.

TYSON, L. D' A. (1992), *Who's Bashing Whom: Trade Conflict in High Technology Industries*, Washington, DC: Institute for International Economics.

VERNON, R. (1966), "International Investment and International Trade in the Product Cycle," *Quarterly Journal of Economics* 80(2): 190~207.

——(1974), "The Location of Economic Activity," in J. H. Dunning (ed.), *Economic Analysis and the Multinational Enterprise*, London: Allen and Unwin, 89~114.

——(1979), "The Product Cycle Hypothesis in the New international Environment," *Oxford Bulletin of Economics and Statistics* 41(4): 255~267.

VERTOVA, G. (1998), *Historical Evolution of National Systems of Innovation and National Technological Specialisation.* Ph. D. thesis, University of Reading.

VON HIPPEL, E. (1989), *The Sources of Innovation.* Oxford and New York: Oxford University Press.

YOUNG, A. (1995), "The Tyranny of Numbers: Confronting the Statistical Realities of the East Asian Growth Experience," *Quarterly Journal of Economics* 110(3): 641~680.

* 星号表示建议延伸阅读的条目。

第21章　创新与就业

马里奥・皮安特(Mario Pianta)

21.1　引　　言

创新与就业之间的关系较为复杂,且一直都是经济学理论关注的主要问题之一[①]。从经典问题"技术进步是创造了就业机会还是减少了工作机会?"开始,近年的一些学者调查研究了不同类型创新对就业的影响,以及对就业数量有影响的结构和制度因素。就业质量也得到了学者们越来越多的关注,例如"创新到底创造或摧毁了哪一类型的工作?"这类研究提出了"技能的组成是如何变化的"和"工资结构是如何变化的"等问题,并由此产生了大量关于技能偏好型(skill-biased)技术变革和工资两极化的研究成果。

本章将考察经济发达国家在这个问题上所取得的大量学术研究成果。我们首先分析创新的视角、范围和类型,并识别出它们可能对就业产生的不同影响。之后,本章在企业、产业和宏观经济的层面上回顾了就业受到创新的影响,接下来,本章在不同的层面上分析就业质量的变化,考察了其对技能和工资的影响,以及对组织创新的影响。最后一章进行总结,并就未来研究问题作了探讨。

---

① 感谢查尔斯・埃德奎斯特、本特阿克・伦德瓦尔、马可・维瓦雷里(Maco Vivarelli)以及其他对本章作出贡献和帮助的人,谢谢他们的意见和建议。

21.2 创新的视角和范围

有关创新与就业的研究文献,可以分为几个不同学派,各学派研究了不同的问题。表 21.1 根据经济系统假设、方法论以及实证研究的层次等对主要观点作了总结(对理论方法的回顾,请参见:Petit 1995)。

表 21.1 创新与就业关系研究总结

主要研究问题(技术是创造了就业机会还是减少了就业机会?)	一般理论	主要学派及重要发现	核心假设及方法论	分析的主要层面
产品和劳动力的市场均衡 就业/失业数量 技能组成 工资结构	劳动经济学	就业人口统计及劳动力市场弹性; 技术变革对技能型工人更有利,替换低技能工人,使差距拉大; 教育良好的工人供给决定了技术变革; 技术性失业与此无关	产品和劳动力市场是均衡的; 工作减少或新增的绝对量是不相关的; 信息通信技术与高技能工作具有互补性	企业、产业、宏观经济
创新回报	增长理论	技术、生产力、增长与就业:创新可能提高自然失业率	标准生产函数; 侧重工艺创新	产业、宏观经济
创新在经济增长中的作用	新增长理论	内生增长、创新与就业:可能发生失业	创新与非创新企业,溢出,侧重工艺创新	宏观经济
非均衡观点 创新的类型 失业的数量、性质	进化论	技术机会、种类和制度:企业战略与产业的产出都是不同的	创新使市场失衡; 出现新产品市场	企业、产业
	新熊彼特主义	技术经济范式和长期波动:不匹配可能引起失业	根本性创新; 新技术系统和信息通信技术的渗透与扩散	产业、宏观经济
结构因素 需求因素	结构学派	经济的行业组成:创新与需求特性,不同的就业状况	创新是有差异的:对比产品创新与工艺创新的不同效果	产业
分配效应、机制	规制学派	检验创新的间接效应的宏观经济模型:补偿机制可能不起作用	各产业情况不同、需求是重要因素,各国家情况不同、制度是重要因素	宏观经济

主流的经济学理论将创新看作是遍及整个经济系统的技术变革，能带来经济增长和就业数量的增加。然而，缺乏对技术的清晰定义(无论是私人主体的决策还是公共政策工具)以及将技术视为外生变量，始终是凯恩斯增长理论以及索洛增长模型的局限之处。而现代经济学理论则从两个方面来研究技术对就业的影响，一方面，新增长理论不再将技术变革视为外生变量，新增长理论用技术、知识和教育等变量来表征创新，将创新视为内生经济增长的引擎；另一方面，劳动经济学家从就业人口统计、宏观经济变量、工资成本、谈判模型和劳动力市场弹性等视角解释了就业(以及工资)的变化，接下来他们还会考虑竞争力和技术要素(见表21.1)。

然而，技术变革本质上的不均衡性却常常对应市场一般(或部分)均衡的背景假设，也就是说，所有的产出都会有需求，所有愿意接受当前工资水平的工人都能找到工作。由于相关模型很少能预见到产品创新的出现，技术变革经常等同于新的生产工艺出现(以及新的生产函数)。在这些研究中，就业率降低很少会引起永久性(或是结构性)失业，而只是引起工资水平的下调，从而使失业者重返工作岗位。如果现实情况不是这样，研究者则将责任归结于劳动力市场弹性不足、劳动力市场工会权力过大或制度僵硬，例如有关最低工资的规定等。

从经济变革的不均衡性出发来研究创新及其影响，是一种更令人信服的方法。新熊彼特视角、卡尔多学派、结构和演化理论(见表21.1)都在这个方法上有较多研究，并取得相当好的研究成绩。

新熊彼特经济学认为，发达经济正经历一个以信息与通信技术为基础的新技术经济范式的诞生(本书第1章)。如此强有力的技术变革一方面会创造大量工作岗位，另一方面也会减少大量就业岗位。哪里的工作会被创造或被毁灭，以及在何种程度上被创造或被毁掉，都是一个高度动态发展的过程，这个过程决定了特定技术创新的内容及其被采用的速度，而这两者之间的区分常常非常模糊(见下文)。另外，失去的和新产生的工作岗位可能出现在不同的领域，或者需要不同的技能，从而造成就业的不匹配现象。所以调整速度非常重要，它决定了此时的失业是摩擦性失业（易被运作良好的劳动力市场吸收）还是技术性失业。

专栏 21.1

技术与失业：一个经典的辩论

工业革命以来，大量的劳动力被采用新技术的机器所替代，这引发了经济学家和政策制定者们关于经济和社会效应的辩论。18 世纪末，詹姆斯·斯图亚特（James Steuart）注意到，虽然新机器的采用以及产品价格的下降能带来一些经济发展的好处，但是要减轻突然而至的机械化所带来的失业效应，还存在着很大困难。他认为，政府应该对此作出努力。亚当·斯密将机器的发明与劳动力的差别相联系，并强调机器劳动力的节省效应。詹·萨伊（Jean-Baptiste Say）相信市场的调节能力，而托马斯·马尔萨斯（Thomas Malthus）则强调英国当时的强劲需求所带来的积极影响。19 世纪初期，古典经济学家的乐观与英国工人阶级（工业工人、小手工业者和离开家园的农民）的极其贫困形成了鲜明的对比，工人阶级开始组建工会并发起了勒德（Luddite）运动[①]，以此来反抗机械化带来的失业和对技能要求的变化。戴维·李嘉图（David Ricardo）相信，经济发展可以弥补失业的负面效应，但其在《政治经济学及赋税原理》（*Principles of Political Economy an Taxation*）第三版中增加的“关于机器”一章中，有以下这段非常著名的话：“劳动阶层认为使用机器总是有损于他们的利益，但这一观点并不存在偏见和错误，它符合政治经济的基本原理。”（Ricardo 1951：392）

卡尔·马克思观点鲜明地批判了补偿机制理论，他强调，是机械化的推行造成工人在工作、技能、工资等方面的损失，并失去对自己所从事工作的掌控。马克思对资本主义的运转机制有深刻洞察，他认为，技术变革造成的失业比资

① 1811~1816 年发生于英国的手工业工人的运动，以反对机械化著称。——译者

本积累对工人的需求来得更为剧烈。资本家对资本积累的本能导致了其不断寻求新的生产技术和新的产品(熊彼特创新理论的一个重要出发点)。虽然高失业率可以使工人工资更低,对工人的控制更强,但资本积累最终会面临如何找到足够的市场和需求,以及赚取足够利润等难题(关于这一争论,见:Heertje 1973,Vivarelli 1995)。

只有新技术与旧的经济社会结构和制度之间通过双向的调整达到协同,持续的经济增长才成为可能。创新必须符合社会需要和经济需求;经济和社会结构则在新技术的影响下发展和演化。新技术需要多方面因素的适应,包括组织变革、新的制度和规则、学习过程、新产业和市场的出现以及新需求的扩充等。几个对过去技术范式及关键技术的研究表明,这些因素对经济增长和就业的影响(正面或负面)要经过很长的一段时间才会显现出来(Freeman, Clark and Soete 1982;Freeman and Soete 1987/1994;Freeman and Louçã 2001)。虽然这种方法能很好地解释长期的经济变革和历史演进,但仍需要进一步"操作化",因此,我们需要考虑具体的创新类型,以及创新与经济变量和就业变量的相互作用。

21.2.1 产品、工艺及组织创新

熊彼特(1934)将产品创新定义为"引入一种新商品……或者一种商品的新特性",将工艺创新定义为"引入一种新的生产方法……或者一种新的商业性运作某种商品的方法"①。工艺创新的发展(或采用)能提高生产效率,节约劳动力和(或)资本,且有可能降低产品价格。工艺创新通常带来生产率的提高和就业率的下降;如果工艺创新提高了产品质量或降低了价格,则由此带来的需求增长(当弹性较高时)可能会创造更多的就业。

---

① 熊彼特认为,创新的其他形式还有:新的组织形式、新的市场以及材料的新来源。

新产品(或服务)可以是根本性创新(在世界范围内都是新的),可以是对先前创新的渐进性改进,也可以是对其他国家或企业产品所做的模仿。一般来说,产品创新提高了商品的质量,增加了商品的种类,并有可能开辟新的市场,以及带来生产量和就业率的提高(当弹性较高时)。但新产品如果仅仅是对旧产品的替代,则经济效果有限;开发新产品的目的也可能仅仅是为了降低成本,其产生的经济影响与工艺创新类似。

新产品以消费品、中间产品或者投资品等形式进入经济活动中,与此对应的需求主体是消费者、企业和投资者。创新性投资品具有双重特性:在生产它们的产业中,它们是产品创新,而在需求它们的产业中,它们是工艺创新。在机器制造行业,创新性投资品通常带来正向的就业效应,如果是作为新投资,则带来的就业效应很可能是负面的(若需求的增加无法有效弥补,如前讨论:Edquist, Hommen and McKelvey 2001)。

对产品创新与工艺创新不应作特别区分。许多创新型企业都是两者同时进行的,但在大多数企业或产业中(见本书第14章),我们可以根据其战略需要从提高价格竞争力(主要是工艺创新)还是提高技术竞争力(主要是产品创新)来判别出创新的主导类型。

除了产品创新与工艺创新,组织创新也会影响就业的数量和质量,并且通常与新技术的引入紧密相关(Caroli 2001)。下面的21.2.2和21.3节将分别考虑这三种创新类型对就业的影响。

21.2.2 创新、模仿、采纳和使用

新技术只有在生产活动中得到应用,才能对就业产生影响。企业首次向市场推出新产品或引入新工艺,就是一种创新;而同一产业的跟随者可能会模仿它们(可能会有渐进性改进)。企业可以采用其他产业的新工艺或使用其他产业的新产品,从而在整个经济体内形成了创新的扩散,并对就业产生影响(本书第17章)。

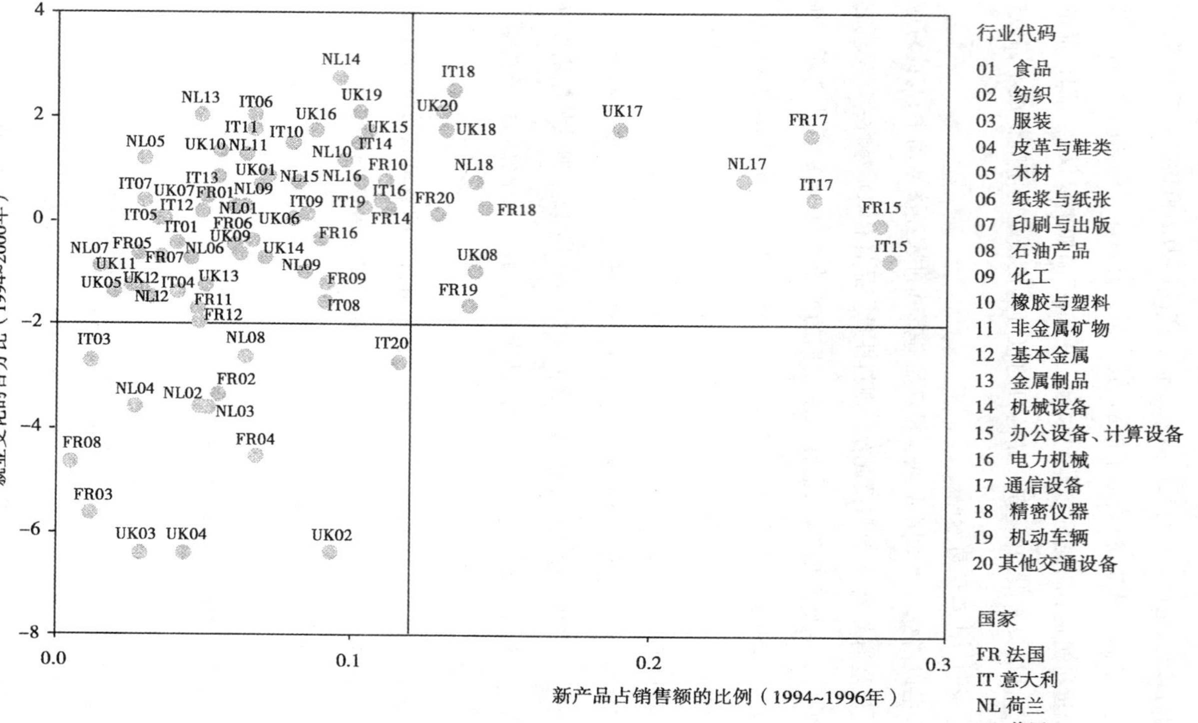

图 21.1 新产品占销售额的比例与就业变化

资料来源：CIS2－SIEPI，Innovation Database，University of Urbino and OECD SIAN data.

在实证研究中，可以通过以下两种方法来区分这几种创新类型：研究特定技术的出现，对其演化过程中的各阶段进行跟踪；研究企业（或产业），通过调查以明确哪些产品创新对整个市场而言都是新的（原创者），哪些产品创新仅仅在企业层面上是新的（模仿者），以及哪些仅仅是新工艺的引入（采纳者）。传统的指标如研发和专利等无法很好地表征出后两种类型的技术创新。

有些变量可以很好地描述创新与经济的关联，并且这些变量与四个欧盟国家（法、意、荷兰及英国）中 20 个制造产业的就业状况（年均变动率）有关（图 21.1）。新产品占销售额的比重（来自：CIS 2 - SIEPI 数据库，里面提供了国家主要产业分类中的二位代码产业①的有关数据）在各产业间显示出了很强的差异性，在办公计算处理和电信业中这一比例超过了 20%，而相对传统的产业中这一比例接近于零（同样，由于不同国家的产业专业化特征，新产品占销售额的比重在各个国家间存在着很大差异）。当考察整体的就业变化时，我们首先可以看到，在 1994 ~ 2000 年间，绝大多数产业的工作岗位都减少了。在欧洲很多产业中，产品创新与就业的关系似乎表现为一条正相关的曲线，但我们有必要进一步研究其具体分布。

专栏 21.2

有关创新-就业关系的证据

由于概念定义和数据获取上的困难，长期以来经济学家们基本都是用研发费用（创新的投入之一）来描述创新，或者用专利（创新的产出之一）来表示创新，结果是他们对创新的看法基本相同。在过去的 10 年里，欧洲的创新调查和美国对企业的抽样调查，为创新活动的多样性提供了新的重要证据。

1994 ~ 1996 年欧洲创新调查的重要发现是，在 51% 的制造业企业和 40%

① 北美产业分类系统（North American Industry Classification System，NAICS）对二位代码产业的定义如下：二位代码产业是产业分类中以两个代码表示的基础宽、范围广的产业，如信息产业（代号 51）、金融保险业（代号 52）、交通运输和仓储业（代号 48 - 59），相反，信息产业下面的广电通信业则为三位代码产业（代号 513）。——译者

的服务业企业中都存在着创新(本书第6章,第16章)。将近40%的制造业企业改变了生产工艺,同时有1/5的企业对产品作了较小改进,还有1/5的企业开发出了市场上全新的产品,但对销售额的影响在12%之内。由于各个国家间的产业结构和国家创新体系存在本质上的不同,在所有指标上,各国家间都存在重大差异(European Commission-Eurostat 2001)。

ICT产业(计算处理、电信、精密仪器以及其他运输业,包括航天业)通常处在象限图的右上角。在这个区域,新产品占销售额的比重比欧盟的平均值要高,而且没有出现严重的失业。与预期的一样,在以新技术(以及专注于产品创新)为特征的产业中,新产品在提高营业额和就业率方面表现最佳。但也有少数案例表明,由于激烈的国际竞争可能导致某些国家ICT产业的衰退,故而即使在这些产业里也存在一定的失业。

传统产业(纺织、服装以及皮革等)往往集中在象限图的左下角。在这个区域,产品创新低于均值(并且工艺创新有很强的主导性),同时存在大量失业。

在象限图剩下的左上角部分,创新的影响中等或者较低,就业率大幅度提高或略有下降,再次显示出产品创新与就业效果之间的正向关系。尽管除了创新以外,其他的因素也会影响就业状况(如宏观经济环境和竞争等,参见:Pianta 2000),但是,图21.1显示,产品创新与就业通常是一种正向关系,这与我们之前的预计是相同的;另一方面,图21.1也显示,在各产业的就业率上,有些国家成为赢家,有些国家是输家,这表明国家专业化、经济结构以及开放经济中国际竞争的激烈程度等都具有重要影响。

21.3 创新对就业数量的影响

对于创新与就业之间的关系,本节考察创新对就业数量的影响。其中,就业数量以现有工作岗位的数量(或者更精确地说,是总的工作小时数)来界定。创新与就业二者之间的联系可以从企业、产业和整体经济等不同层面来研究。表21.2总结了文献中出现的最有相关性的实证证据。

21.3.1 企业层面的直接影响

企业是创新引入的主体,在企业,创新对就业有直接的、立竿见影的影响。越来越多的文献用各种模型、国家调查和企业抽样调查等方法对此问题进行了研究(相关评论可参考: Petit 1995, Chennells and Van Reenen 1999, Spiezia and Vivarelli 2002)。该领域内的实证研究所采取的方法通常是以抽样调查方法对企业进行每年一次的调查;但抽样调查数据通常难以反映制造业的整体状况,而且在多数情况下完全没有考虑服务业,因此很难总结出研究结论。

现有研究趋向于认为,在企业层面上,创新对就业的总体影响是正向的:进行产品和工艺创新的企业比非创新型企业成长得更快,更有可能增加员工数量,而这都与产业、企业规模及其他特性无关①。在这些研究中,创新战略的类型、就业创造与减少的模式以及有利于改善企业业绩的企业特点(结构因素、灵活性和竞争力,等等)受到了高度重视。

我们也可以反过来考虑这种关系。在企业的长期发展过程中,员工大幅度增加阶段可以引发创新,因为此时企业需要应对生产工艺僵化和工资的不断上升,还要试图通过提高生产率和质量来抓住市场扩张的机会②。

---

① 范·雷南(Van Reenen 1997)将英国制造业企业的大型抽样调查结果与关于英国创新的SPRU数据库进行了比较,麦金和维瓦尼(Machin and Wadhwani 1991)对英国工厂采用信息通信技术的状况做了调查研究,结果都表明创新对就业的影响通常是正向的。斯莫尔尼(Smolny 1998)对德国企业的抽样调查发现,产品创新对就业有正向影响,而工艺创新对就业则没有影响。布劳威尔、克莱尔肯尼特和雷伊南(Brouwer, Kleinknecht and Reijnen 1993)对荷兰企业的调查中发现创新与就业总体上呈负相关关系,但在产品创新占主导的企业,创新的就业效果要好一些。

② 这个观点是安东内利(2001: 173)在研究1900~1970年意大利的汽车制造企业菲亚特时提出的;研究结果表明,就业增长时专利数量也会随之增长,进而,专利的增长又会带来生产率的增长。

一些研究也提出,技术创新对就业的正向影响与组织变革有关。对法国企业进行的一项数量较大且具有代表性的抽样调查研究表明,1988~1993年间采用了先进制造系统并同时进行了组织变革的企业比其他企业(包括仅进行了组织变革的企业)雇佣的员工数增长得更快,且这一结论与企业规模及所属产业无关(Greenan 2003;见21.3.3节)。

但是,企业层面上对创新-就业关系的研究无法确定创新型企业所增加的产品产量和就业是来自产业内竞争者的牺牲,还是产业内整体就业量存在净增长①。而且研究的结论很难推广至所调查企业以外,也难以将不同国家的结果进行比较。另外,采用抽样调查时,很大一部分就业增减可能是由于样本之外的企业的进入与退出。为了解决这些问题,我们需要转向产业层面的研究。

表21.2 创新对就业数量的影响:相关实证研究

研究	国家	年份	研究层面	创新数据来源	就业影响
企业层面的研究					
Machin, Washwani 1991	英国	1984	企业之间,制造业	英国的工作地点产业联系调查	正
Brouwer, Kleinknecht, Reijnen 1993	荷兰	1983~1988	企业之间,制造业	荷兰的调查	负 正(产品创新)
Meghir, Ryan, Van Reenen 1996	英国	1976~1982	企业抽样调查;制造业	SPRU创新数据库与专利	正(灵活性高)
Van Reenen 1997	英国	1976~1982	企业抽样调查;制造业	对英国企业的调查	正
Smolny 1998	德国	1980~1992	企业抽样调查;制造业	对德国企业的调查	正
Greenan, Guellec 2000	法国	1986~1990	企业之间;行业之间;制造业	创新调查	正(企业层面) 负(产业层面的工艺创新)

① 格里纳和古列克(2000)发现,在法国,企业层面上的产品创新与就业、工艺创新与就业都是正相关的;而在产业层面上,只有前者表现为正相关关系。对法国家庭的调查(Entorf, Gollac and Kramarz 1999)发现,使用计算机可以降低短期内失业的风险,但在长期内则没有效果。

（续表）

研　究	国　家	年　份	研究层面	创新数据来源	就业影响
产业层面的研究					
Meyer-Kramer 1992	德国	1980s	整体经济；投入产出模型	产业数据	负，各行业有差异
Vivarelli, Evangelista, and Pianta 1996	意大利	1985	行业之间；30 个制造产业	创新调查	负(工艺创新) 正(产品创新)
Pianta 2000/2001	五个欧洲国家	1989～1993	行业之间；21 个制造产业	创新调查	总体上为正 负(产品创新)
Antonucci and Pianta 2002	八个欧洲国家	1994～1999	行业之间；10 个制造产业	创新调查	整体上为负 正(产品创新)
Evangelista and Savona 2002/2003	意大利	1993～1995	行业之间；服务业	创新调查	整体上为负，视服务产业和规模而定
宏观经济层面的研究					
Layard and Nickell 1985	英国	1954～1983	宏观经济模型	劳动生产率	中性
Vivarelli 1995	美国、意大利	1966～1986	宏观经济模型	与产品和工艺创新相关的研发	视补偿机制和国家而定
Simonetti, Taylor and Vivarelli 2000	美国、意大利、法国、日本	1965～1993	宏观经济模型	与产品和工艺创新相关的研发	视补偿机制而定
Simonetti and Tancioni 2002	英国、意大利	1970～1998	宏观经济模型；季度数据	与产品和工艺创新相关的研发	视补偿机制而定
模拟研究					
Leontief and Duchin 1986	美国	1980～2000	整体经济；投入产出模型	对业绩的假设	负
Kalmbach and Kurz 1990	德国	2000	整体经济；投入产出模型	假设	为负
IPTS-ESTO 2001	欧洲	2000～2020	整体经济；一般均衡模型	对生产率增长的假设	正，视创新政策而定

21.3.2　产业层面的影响

产业层面上的分析不仅包括企业内部创新对就业带来的直接影响，也包括产业内部创新对就业的所有间接影响。这些间接影响包括产出和就业由低创新企业转到高创新企业的竞争性重新分布,以及对应该产业商品的价格弹性由创新带来的价格下降引致的需求演化。产业层面可能是最令人满意的研究层面,因为它不仅可以对各种各样的技术体制和技术战略作出区分,还能在考虑各国家经济结构差异的基础上,将某些特定行业的需求动力机制考虑进来。

产业层面的研究表明,在需求增长率较高并且以产品(或服务)创新为导向的产业(无论是制造业还是服务业)里,创新对就业的影响是正向的,而在工艺创新导向的产业内,情况相反。尽管创新行为的整体效果取决于所考察的国家和时期,但一般而言,如果需求增长越快,创新型产业越重要,以及企业越倾向于产品创新,那么创新对就业的促进效果就越明显。

一个产业的需求总是被国内外需求的构成和动力机制所限制,因此考虑需求因素非常重要。高需求增长为企业战略决策提供了更多空间,就业效果也更好,而需求的停滞不前会加深企业间的竞争性选择过程,技术竞争显得愈加重要(Pianta 2001)①。

在产业层面上创新对就业影响的实证研究中,有些研究以研究开发或专利作为创新衡量指标②,有些研究则采用了投入-产出模型③,而最近的许多研究则采用创新调查的方法(不幸的是,仅欧洲可获得数据)。20 世纪 90 年代,欧洲上演着关于"失业的增长"的辩论,而研究表明,需要对那些价值增长与就业增长不匹配的众多制造产业进行广泛的结构改革(Pianta, Evangelista and Perani 1996; Fagerberg, Guerrieri and Verspagen 1999)。

---

① 高需求是就业增长的必要条件,但不是充分条件。为了增加工作的数量,需求和产出必须比生产率增长得更快。这种情况多发生在美国,在欧洲并不多见。

② 前一种方法(以 R&D 衡量创新)的典型是 OECD 就业研究(OECD 1994),这项研究调查了发达国家持续的高失业率,对技术变革的作用则不予重视。研究报告强调了与组织变革相联系的新技术的积极作用,并表明在技术含量低的行业甚至一些 R&D 集中度较高的行业出现了就业率下降。

③ 梅耶·克雷默(Meyer Kramer 1992)采用 51 个行业的直接或间接 R&D 作为指标,用一个涵盖整个德国经济的模型来估计 ICTs 带来的就业影响。研究结果显示,除在高技术产业中有一定的正向效应外,ICTs 对就业的影响通常是负面的。

基于创新调查数据[①]的研究表明,在欧洲,需求动力机制和相关产品创新对就业有正向影响(多数情况下就业率下降),但是,创新方面的投入本身会对就业产生负面影响,表明技术变革大多是劳动替代型的。

在另一个模型里得到了相似的结论。在该模型中,就业率受需求动力机制、劳动力成本以及有关产品或工艺创新的创新变量等影响;在 20 世纪 90 年代总体经济增长不大的情况下,工艺创新在欧洲许多产业(包括八个国家)中占据主导地位,这通常给就业带来负面影响。

服务业的情况与制造业没有多大区别。对意大利的研究发现,整体上创新对就业起到负面作用,这种负面作用主要集中于最大型的企业、低技能工人、资本密集型及与金融相关的产业,以及信息通信技术有广泛影响的地方。与此相反,在小型企业里和以技术导向的活动中,净就业是增加的(Evangelista and Savona 2002/2003;参见本书第 16 章)。

产业层面的研究表明,对创新的就业效应需要审慎乐观,尤其是对于欧洲国家而言。20 世纪 90 年代较低的经济增长率抑制了需求,使得技术变革对就业的潜在好处受到了限制。虽然产品创新使产出和就业率均得以提高,但日益剧烈的国际竞争逼迫企业不断进行组织结构调整,且在许多欧洲国家,工艺创新主导着一些产业,劳动力节约效应显著。与此相反,美国在 20 世纪 90 年代则表现为高需求和高就业增长。

21.3.3 宏观经济层面的直接和间接补偿效应

从宏观经济视角来研究创新对就业的影响,这基本能够概括技术变革带

---

① 维瓦雷里、伊万戈琳斯塔(Evangelista)、皮安特(1996)在早期的时候采用这些数据研究了意大利的制造业。研究发现,技术变革给就业带来的影响通常是负面的;产品创新和工艺创新的就业影响是相反的。皮安特(2000/2001)调查研究了五个欧洲国家(丹麦、德国、意大利、荷兰和挪威)1989~1993 年间 21 个制造业的情况,发现需求和产品创新对就业有正向影响,而创新对就业的总体影响是负面的。

来的所有间接效应,这也是最为完备的视角。这种方法的一个特点是,自李嘉图和马克思时代以来便存在有关“补偿机制”的争论。“补偿机制”支持者认为经济系统中存在嵌入机制,它能确保创新带来的失业恢复到原来水平,而批评者则指出这些嵌入机制具有局限性,技术性失业是可能的。大多数辩论都将技术变革看作是新的资本品的引入(这是19世纪机械化过程的特色),“创新”与“工艺创新”几乎等同起来。另外,这些辩论遵循萨伊法则,通常假定产品市场是均衡的,也即不需考虑需求因素。帕斯纳迪(Pasinetti 1981)和波义耳(Boyer 1988a/1988b)在这个方向上的近期研究采用了卡尔多律(Kaldorian)。维瓦雷里(Vivarelli 1995)对这个问题进行了详细的讨论,总结了补偿机制并研究了其在经济中何时可能起(或不起)作用。

基于价格降低的补偿机制是最重要的机制之一:新技术使价格降低成为可能,提高了产品的国际竞争力和产量,从而弥补创新最初所带来的就业损失。但这个结论成立的前提是:需求不受限制;企业愿意将从创新带来的生产率增长中获得的好处,以降低价格的方式转移出去;以及在相关产业里无寡头垄断势力存在(Sylos Labini 1969)。

基于新机器的补偿机制可能在制造新型生产工具的产业中创造工作岗位,这是因为用户对设备的需求增长了。然而,在总体以及企业层面上,这种补偿机制的效果是有限的,因为机械化的目的本身就在于节约总的劳动使用量。

基于新投资的补偿机制认为,在收益预期良好的情况下(并假定萨伊定律成立),创新者可能将暂时性的超额利润转化为新投资;然而,这有可能增加产能和工作岗位,但也有可能进一步节约劳动力。

基于工资降低的补偿机制是典型的新古典主义对劳动力市场的看法。当技术性失业出现时,工资会降低,企业将雇佣更多的工人。但是这种机制是建立在以下强假设的基础上的:劳动力与资本之间可以进行任意组合,市场是竞争性的,工资和劳动力市场都富有弹性。

基于收入提高的补偿机制则以一种相反的方式起作用：通过将创新所得的部分收益，以提高工资的形式进行分配，从而提升总需求，就像大规模生产行业内的大型寡头垄断企业所采取的做法一样。但是，很难将工资提升到足以维持更高水平总需求的程度。

最后，如上所述，新的产品可能带来新的经济活动和新市场（福利效应），但它们也可能仅仅是对现有商品的替代（替代效应，见：Katsoulacos 1986）。

鲍莫尔和沃尔夫（1998）描述性地研究了美国的总体经验模式。研究中考虑了整体经济层面上的五个创新指标以及它们与1950~1995年间美国失业结构和失业变化的相互联系。他们的结论指出，创新加快会使自然失业率上升，摩擦性失业的时间段将更长①。另一方面，雷亚德和尼可尔（Layard and Nickell 1985）曾指出，各种补偿机制的作用使得英国不会出现技术性的失业。

在波义耳和规制学派研究的基础上，维瓦雷里（1995）发展出一套检验美国和意大利补偿机制的联立方程组模型。他发现基于价格降低的补偿机制是最有效的；在美国新产品和劳动力市场都具有正向效应（创造了新的工作岗位），但意大利却不同，在那里出现了净失业。此后这种方法又得到了进一步发展：西蒙纳迪、泰勒和潭斯欧内（Simonetti, Taylor and Tancioni 2000）研究了四个国家；西蒙纳迪和潭斯欧内（2002）建立了一个适于英国和意大利开放经济的模型。大家都发现，在不同的国家经济里补偿机制的作用不尽相同。

宏观经济层面是解释技术变革对就业整体影响最全面、最令人满意的方法，但模型构造的复杂性、阐明所有相关关系的困难性，以及缺乏足够数据等都限制了这种方法的应用。这类研究的总体发现是，根据各国的宏观经济情况和制度因素不同，创新带来的影响也是不同的。在那些新产品问世更快和对新经济活动的投资更多的国家，以及价格下降能引起需求更大上升的国家中，创新对就业的影响更为有利。

① 他们主张，“有证据表明，创新速度的提高（其他因素不变时）会提高自然失业率，还会增加失业人员‘待业’的平均时间”（p.10）。

21.3.4 模拟研究

关于创新对就业的影响，也曾有许多学者采用模拟方法进行了研究。列昂惕夫和杜钦（Leontief and Duchin 1986）采用投入-产出模型推测出，计算机技术和自动化技术在美国经济的扩散会对就业产生负面影响。模型中假设工艺创新能够提高生产力，但未考虑需求动力机制的影响①。对20世纪80年代英国40个行业中微电子技术的就业影响的研究也表明，净增长或减少都是可能的，这取决于对微电子技术的扩散速度和用户需求所作的假设（Whitley and Wilson 1982）。IPTS-ESTO②（2001）采用了一种新方法（行业结构的一般均衡模型，该模型假设充分就业）对欧盟进行了调查，模拟了基于技术的生产力增长以及消费构成在不同情况下对就业的影响。其研究结果表明，整体上创新对就业的影响是正向的，视研发和创新工作在行业间分布的不同而有所差异；将研发和创新工作集中于高技术产业时，效果是最佳的。尽管这些模拟研究非常有趣，但这些模型无法识别出技术性失业（当采用一般均衡模型时）和大部分的补偿效应（当采用投入-产出模型时），对新技术扩散及新技术生产力的有关假设也存在主观任意性，故模拟研究结果的价值被削弱。

此处对该节做个总结。无论是行业的还是整体的研究都表明技术性失业是可能存在的，当产业或国家中需求不足且以工艺创新为主导时，技术性失业就会出现。无论在什么经济环境下，进行产品和工艺创新的企业都可能成功地扩大产出和提高雇用人数，但这通常要以牺牲非创新型企业的利益作为代

---

① 他们有关生产率的假定是通过机器人工程性能的改进来反映的。由于机器人的采用是有很长时滞的，而且刚开始采用时性能很差，这意味着机器人对生产率提升产生的实际效果其实是要低很多的。

② IPTS-ESTO（Institute for Prospective Technological Studies, European Science and Technology Observatory Network），即欧盟技术预测研究所的欧盟科学与技术观察网络。——译者

价。产业、国家及宏观经济条件的具体状况,对实证研究的结论有着极为重要的影响。

本部分的所有研究都从国家经济出发,有时甚至假设经济系统是封闭的。如果我们研究开放的经济系统,情况会更加复杂。比如,一方面,创新能够提升竞争力,增加出口,从而弱化了需求约束;另一方面,当外国竞争者在价格或质量方面更具优势时,国内会增加对进口的需求。迄今为止,还没有实证研究是真正从全球范围内讨论创新-就业问题的。在高度国际化的制造行业中,创新的导入和扩散会在许多国家引起就业增加及减少,使得技术变革收益与成本的分配变得非常复杂。在这种背景下,发展中国家尤其值得研究,因为新技术在追赶国家的结构变革和动态学习中处于中心地位,而追赶国家在获取技术变革对就业带来的好处时会面临更大的困难(参见:Karaomerlioglu and Ansal 2000,本书第19章)。

21.4 创新对就业质量的影响

大多数假定劳动力市场均衡(因此无技术性失业,见表21.1)的研究都忽视了创新对就业数量的影响,而聚焦于就业技能组合的变化和工资的两极化。美国的大量(绝大部分)有关技能偏好型技术变革(Acemoglu 2002:7)的研究提出,技术变革有利于有技能的工人,同时替换了缺乏技能的工人,扩大了工资差距。事实上,在20世纪大部分时期内,技术与技能之间都表现出了强互补性,创新基本上都是技能偏好型的;与此相反,19世纪的创新则主要是无技能偏好型(unskilled bias)的,当时的机械化导致了手工艺者技能的不断降低[1]。

---

① 见:Petit 1995。他提出,在工业化之前,在社会规范的强大约束下,技术和人类劳动是互补的。工业化时期的特点是,为了追逐利润,机器不断地替代劳动;战后经济的迅速增长,则是因为技术发展克服了劳动力短缺问题,提高了生产率;但是,当前出现的以ICTs为基础的新技术体系会带来什么影响,仍然无法确定。

本部分考察了那些证实信息通信技术与高技能之间具有互补性关系的研究,以及那些关注技能降低过程(因为信息通信技术使得对生产的控制增强)的研究。许多这类研究都有一个共同发现,即采用信息通信技术会改变就业技能结构,可能增强工资结构的两极分化。另外一些研究考察了组织创新(单独的组织创新,或者与技术创新相结合)对技能、工资和就业的影响(具体可参见:Chennells and Van Reenen 1999, Sanders and Ter Weel 2000)。表 21.3 对相关性较强的文献做了总结。

表 21.3　创新对就业质量的影响,技能、工资和组织,相关实证研究

研　究	国　家	年　份	研究层面	创新数据来源	结　果
技能偏好型技术变革					
企业层面					
Machin 1996	英　国	1984～1990	跨行业的制造业企业之间	英国的工作地点产业联系调查;研发、创新、计算机使用	对高技能工作的影响为正;对低技能工作的影响为负
Doms Dunne and Troske 1997	美　国	1988/1993	企业抽样及企业之间	五项制造技术的使用	采用新技术的地方技能也更高;抽样调查结果:仅需要计算机技能;采用新技术的地方工资也更高;抽样调查结果:无影响
Bresnahan, Brynjolfsson and Hitt 2002	美　国	1987～1994	企业抽样及企业之间	IT 存储和使用	与组织变革相结合,对技能需求的影响为正
产业层面					
Howell and Wolff 1992	美　国	1970～1985	私有经济各行业之间	计算机方面的花费,新投资	对要求认知技能的工作有正向影响;对要求交互技能、运动技能的工作有负面影响
Berman, Bound and Griliches 1994	美　国	1979～1989	四级行业之间,制造业	研发;计算机方面的投资	采用的技术更高时,技能也更高
Wolff 1996	美　国	1970～1990	私有经济各行业之间	计算机方面的投资,研发	对工作任务的复杂性有正向影响;对运动技能有要求的工作有负面影响

（续表）

研　究	国 家	年 份	研究层面	创新数据来源	结 果
Autor, Katz and Krueger, 1998	美国	1960～1995	整体经济中的各行业之间	计算机使用；研发，全要素生产率(TFP)	1970 年后，高技术产业内技能水平提高更快了
Machin and Van Reenen, 1998	7 个 OECD 成员国	1970～1989	二级行业之间，制造产业	研发强度	在所有国家中，研发强度越高，技能水平则越高
技术和工资两极化					
企业层面					
Casavola, Gavosto and Sestito 1996	意大利	1986～1990	企业之间	无形资产的百分比，工资数据	对技能有正向影响；工资的两极化有限
Van Reenen, 1996	英 国	1976～1982	企业抽样及企业之间	创新计算与专利	对工资两极化的影响是正面的
Black and Lynch 2000	美 国	1993～1996	企业抽样及企业之间；制造业	计算机使用，组织变革	通过使用新技术，以及涉及员工的组织变革，工资和生产率都变得更高
产业层面					
Bartel and Lichtenberg 1991	美 国	1960/1970/1980	行业之间，制造业	计算机相关投资；研发	采用新技术的行业工资更高
Bartel and Sicherman 2000	美 国	1979～1993	行业之间，制造业	计算机相关投资，全要素生产率，等等；国家对青年的长期调查	高技术产业工资更高
组织结构创新					
企业层面					
Caroli and Van Reenen, 2001	英 国 法 国	1984～1990 1992～1996	企业抽样及企业之间	受影响工人的百分比，计算机使用	在英国，组织创新对技能提升有正向影响，在法国较弱；组织创新对低技能工作有强大的负面影响
Piva and Vivarelli 2002	意大利	1991～1997	企业抽样及企业之间	研发；组织变革	组织创新对技能有正向影响；但技术对技能没有影响
Greenan 2003	法 国	1988～1993	企业抽样及企业之间	技术投资；组织变革	组织创新对低技能有正向影响；技术对技能提升的影响要小一些

21.4.1 技能偏好型技术变革

许多研究(主要是美国企业及产业的研究)指出,在过去的20年里,技能密集性(skill-intensity)的就业不断增加,而信息技术和计算机的引入则加快了这种趋势。学者们通常采用要素替代框架对此问题进行研究;研究表明,技术的直接或间接测量标准对于解释技能型劳动力的增长十分重要(Berman, Bound and Griliches 1994;Autor, Katz and Krueger 1998)。有一类研究将技术与国际贸易增长对就业的影响进行了比较,并发现在很大程度上是技术引起了对低技能工人的需求减少(Berman, Bound and Machin 1998)。其他的一些研究发现,工人技能更强的工厂会更广泛地采用新技术,但是新技术不会提高对技能的要求(Doms, Dunne and Trotske 1997;the review in Chennells and Van Reenen 1999)。

当采用更精细的方法来衡量技能时,关于技能偏好的证据就没有那么明显了。郝威尔和沃尔夫(1992)在对1970~1985年间美国多个产业的研究中,采用了蓝领工作、白领工作、学校教育年数等简单指标,以及更为精细的技能指标,包括认知能力(典型的如技术人员)、交互能力(如监督人员)、机动能力(如手工工人)。他们的研究发现,在计算机和新投资上的花费会增加对具有高认知技能的工人的需求,尽管不同的职业和产业间会有所差异。

郝威尔(1996)的研究中没有将计算机化、技能提升和工资差距这三者联系起来,并且发现,技能结构的重大转变主要发生在1973~1983年间(此后变化甚小),在此期间,信息通信技术不断加速扩散,为每名员工花费的与计算机相关的投资急剧增加①。近年来,高技能蓝领和低技能白领在就业中所占的比例快

① 无论是制造业还是服务业,与计算机有关的投资都从1982年的人均150美元上升到了1992年人均约1 000美元的水平(Howell 1996: 292)。在美国的制造产业中,低技能蓝领工人所占的比例由1978年的45.1%下降到1982年的39.7%,随后保持稳定;到1990年底,这一比例为41%。在20世纪80年代后期,ICTs越来越重要,最严重的就业比例下降主要发生于高技能蓝领工人(其所占比例自1978年来一直稳定在21.7%;但1985年之后(转下页)

速下降,而服务业就业的技能结构没有明显变化。因此,自 20 世纪 80 年代中期以来,信息通信技术投资对低技能白领(主要是女性)就业产生的不利影响远大于低技能蓝领。

21.4.2 工资两极化和劳动力市场

尽管许多研究都没有将技术变革对劳动力技能的影响与对工资的影响分开,但有些学者考察了以下三种情形下工资差别的形成过程:研发和资本密集度不同的各产业之间;计算机技术和信息通信技术使用程度不同的工人之间和企业之间;具有不同教育程度的工人之间或社会团体之间(Sanders and ter Weel 2000,Acemoglu 2002)。这些研究发现了较弱的工资两极化趋势,尽管有一个情况使得工资两极化与技术变革之间的关系难以弄清,即计算机通常由更有能力的、工资更高的员工来操作使用(Chennells and Van Reenen 1999)。另外,有一些研究对技术与工资两极化之间的联系提出了质疑,因为近几年来技术带来的工资两极化效应并没有增加;相反,这些研究还认为,与技术相比,行业间的就业转移和国际贸易的不断增长对工资结构的影响更大(Addison and Teixeira 2001)。

将美国和欧洲的情况进行比较,就会出现一个悖论。实证研究表明,过去 20 年间,美国低技能和低工资就业机会的增长比欧洲更快,与此同时,劳动力供给的增长也更快速,工资结构两极分化也更严重。因此,技能偏好型的技术变革可能更是一种欧洲现象,而不是美国现象。根据这种观点,停滞不前的劳动力供给、工人受教育程度的提高、总增长速度的放慢以及竞争压力的加大,在过去 20 年里迫使欧洲企业和产业进行了相对有利于技能型工人的技术创新和组织创新。欧洲劳动力市场的制度(比如强大的工会)大大削弱了技能偏好对

(接上页)持续减少,减少到 1990 年的 19.7%)和低技能白领工人(在 1985 年之前,其所占比例稳定在 12%;随后逐渐减少,到 1990 年减少到 10.6%)。与此相反,高技能白领工人就业比例在 1978~1983 年间持续增长(从 19.5%增长到 24.1%),随后保持稳定,直到 1989~1990 年间上升为 25.8%(Howell 1996: 299,表 1 和表 2)。

工资两极化的影响。而在美国,处于技能结构顶部和底部的新工作均在快速增长,加上工会势力弱小,使得工资出现了明显的两极分化①。

21.4.3 组织创新对就业和技能的影响

在对美国制造业和服务业企业组织变革的一项广泛调查中,阿普鲍和巴特(Appelbaum and Batt 1994)发现,这些企业大量引入了新的管理方法和新技术,但雇用人数却没有任何变化。新技术的采用(比如使用计算机的非管理层人员的数量)和新的工厂实践都带来了生产率和工资水平的提高(Black and Lynch 2000)。该研究还发现,在引入 ICT 技术的同时,还进行了将权力下放到工人和团队的组织创新的美国企业,业绩和员工技能都获得了提升(Brynjolfsson and Hitt 2000, Bresnahan et al. 2002)。

有关欧洲的几项研究(对法国和英国的研究: Caroli and Van Reenen 2001;对法国的研究: Greenan 2003;对意大利的研究: Piva and Vivarelli 2002)表明,在改变职业结构和职业技能方面,组织创新比技术创新更为重要。组织创新一般不会带来雇佣人数的增加,但管理人员除外。

另一方面,服务业中组织变革和技术变革体现了信息通信技术带来的机遇。信息通信技术帮助服务业克服了在提供服务时受到的时间和空间限制,导致了大量就业机会的创造与毁灭,对技能的要求也迅速变化。结构重塑、网络、分包和外包等各种各样的战略随之出现,同时带来了技能和工资的两极分化(Petit and Soete 2001b, Frey 1997)。

---

① 这有可能造成"工资标准"的转变:"面对逐步升级的竞争,雇主通过'低端途径'——降低工资、减少培训、减少永久雇员数量——来降低单位劳动成本,增加生产流程中的弹性(Howell 1996: 301)。"这些转变与大量雇用兼职工人和临时工人、反工会行动、低工资职位重新分配、低工资国外工人的流入等相结合,使得竞逐低技能工作岗位的劳动力增加,进而导致低技能劳动力的工资大幅下降,在 20 世纪 80 年代期间,实际最低工资下降了 25%(同上,292)。

现有的关于组织创新的琐碎证据表明，与技术创新相结合，组织创新对生产率和就业状况起着重要的作用。在这两者之间可以形成互补关系（尤其是处于较为理想的增长周期时），对企业业绩及技能提高的共同影响远大于二者各自影响的加总。另一方面，可以将组织变革或技术变革看作是解决组织重塑和失业问题的两种可选择的路径。

21.4.4 更广阔的视点

从长期来看，技术变革能够提高部分工人的技能和工资，这一点几乎没什么疑义。但是，在特定国家和特定时期，创新对就业的影响还反映了许多其他因素的作用，如经济结构、企业战略、劳动力市场规章制度和国家经济政策等。当前的许多研究技术创新与就业的文献，都没有考虑宏观问题。很少有研究考察了技术变革的更为广阔的分配效应，包括利润、租金、工资，工作时间的缩短以及价格的降低等方面。

本文的研究也只聚焦于劳动力的需求方面，尽管有丰富的证据表明，新技术与那些影响劳动力供给的更广泛的社会变革之间是相互作用着的（Acemoglu 2002）。更低的人口增长率、更高的移民流入、人口老龄化以及妇女参与劳动的形式等，都会影响劳动力的供给。此外，教育与培训、学习过程以及工人和企业竞争力的积累，都会影响劳动力供给的质量以及创新的潜力。

21.5 结论：主要事实和未来研究的方向

本章考察了创新与就业之间的关系，并对大量实证研究进行了回顾。创新与就业这个问题相当复杂，以至于还没有一种方法能够独立解释技术创新带来的直接和间接后果,或者解释技术创新对经济中就业数量和质量的影响①。理论和实证研究必须同时进行,学者们需要在概念与方法、假设与检验等方面保持紧密互动,与相关研究领域建立联系。本节对现有实证研究得出的一些重要结论作一总结,同时重点探讨了未来研究的可能方向。

21.5.1 主要事实

创新与就业二者之间的赛跑无止境。(大多数)经济发展的事实都表明,当增长、结构变革和需求动力机制同时发生的时候,长期来看,经济发展就不会出现由技术变革带来的失业。如果没有创新,迫于竞争的压力,经济活动将会紧缩开支,降低工资,最终造成就业的减少。问题的关键在于技术创新与扩散使工作岗位减少的速度,与新经济活动创造新工作的速度,二者孰快孰慢?

技术性失业是可能发生的。现有证据表明,当前的技术变革可能是导致失业的一个原因。没有任何自动机制可以保证国家经济或区域经济能够完全弥补创新引起的失业。事实上,在20世纪90年代的欧洲,技术创新及其扩散与大量支持性的影响因素相结合,大大提高了失业率。

创新的类型非常重要。证据表明,有必要区分产品创新(原创的或是模仿的)和工艺创新(新技术的采用与使用),前者的就业效应通常为正,后者的就业效应通常为负;不论采用哪种理论方法,都会有这样的发现。

组织创新与技术创新密切相关。组织创新绝大多数情况下会同时采用新技术(尤其是信息通信技术,见本书第5章),两者是互补的。组织创新对技术创新及其技术扩散(尤其是ICT技术)的生产率和就业效应有非常显著的影响。

技术创新及应用的一个重要结果就是带来了就业"技能偏好"的变化。长

① 大多数研究都有"国家特性"。有关"技能"的研究大部分集中在美国,而绝大部分产业层面的研究集中在欧洲。目前的英文文献中,还很少出现关于日本或其他经济快速增长的亚洲国家中就业-创新之间关系的实证研究。

期以来,低技能工作的绝对数量在不断下降(在欧洲)或缓慢增长(在美国),而在大多数国家里,需求更多的都是那些受教育程度较高的工作岗位,并且这一需求的增长速度越来越快,这些工作岗位也有更高的创新产出。然而,20世纪80年代以来,与信息通信技术紧密相关的创新对新工作提出了什么样的技能要求,仍然存在很大的不确定性。与此相反的就是,受教育程度较高的工作岗位的供给到底发生了哪些变化仍然是不确定的。

尽管新技术对工资的具体影响还难以确定,但工资两极化已经很明显。20世纪80年代以来,大部分国家的工资差距都在逐步拉大(更一般地说,是收入差距)。这是由经济结构、企业战略以及政府政策等方面的变化所导致的。可以肯定,技术变革对这种趋势的形成也起到了促进作用,但技术创新与工资差距二者之间的具体联系还没有弄清楚。工资的分化及不平等趋势,反映了劳动力市场的发展、就业形式、社会关系和国家政策等不断演化过程中的更广泛的、同时发生的趋势。

总需求和宏观经济环境非常重要。在已有研究创新的文献中,尽管需求的作用常不被重视,但需求因素可能有助于解释20世纪90年代欧洲处于低增长时期时创新对就业产生的负面影响(本书第18章)。

创新与贸易的相互作用。在开放经济中,贸易作为一个十分重要的因素——与创新并列——影响着就业和工资。现有证据(主要针对美国)表明,技术变革对失业(尤其是对低技能工人)和工资下降的影响,比国际贸易对失业和工资下降的影响要更大。但创新与贸易之间的相互作用决定了竞争力的水平(见本书第20章)、技术变革的方向、劳动分工的演化,以及就业效果。

国家创新体系是重要的中坚力量,影响着技术创新及其扩散对就业的效应。一个国家的技术机会,及其长期学习能力与创新能力的提升,是由该国国家创新体系的性质和特点决定的。一个国家中创新对就业的影响,很可能反映了该国国家创新体系的优势、方向和重点(见本书第7章)。

劳动力市场的条件和制度是非常重要的。技术变革的就业效应取决于劳动力市场的作用，以及工资制度和影响工人学习、流动性及福利保护制度的作用。劳动力市场制度也影响劳动力供给(从而影响劳动力供给与技能要求和能力要求的匹配)和新技术的就业效应。

21.5.2 未来研究方向

通过本章前面的分析，我们认为以下问题可能成为未来有前景的研究方向。

对于创新与就业之间的关系，理论和实证研究都应该努力发展出在各个不同层面(企业、产业和整体经济层次)上具有一贯性的解释和预测。而情况常常是，某一层面的研究结论与更高层面的结论是相互矛盾的。若要实现这个目标，要求企业层面的数据必须能代表整个行业，并且要求研究范围包含经济中尽可能多的产业(包括服务业)。如果能够得到创新调查数据，这个目标就可能实现。

企业层面对创新-就业问题的研究，必须要考虑到企业和市场结构的演化——通过多样化过程(通过创新)和选择过程(Nelson and Winter 1982)。这类研究认为，能创造多少新的就业岗位，取决于企业成长机制和新企业的产生机制。

创新研究面临的一项重要挑战是，将实证研究拓展至服务行业，而不是仅局限于制造业。从理论视角来看，将结构变革和技术(以及组织)变革联系起来进行分析，非常有助于理解经济发达国家中服务业的壮大。产业层面有关服务业的数据越来越多(比如欧洲的创新调查)，使实证研究向服务业拓展成为可能。因为大多数新工作都是由服务业创造的，所以从政策视角讲，这种拓展也是绝对必要的。

前面已经指出，应该更加重视组织创新及其与技术创新的联系。这似乎是未来研究的一个重要方向。

为了研究技术发展(供给方面)和增长潜力(需求方面)之间的相互作用，以及在对增长和就业施加影响的过程中创新与贸易之间的相互作用,将创新-就业关系研究置于宏观的开放经济背景下,也是非常重要的。

生产国际化已成为产业结构的一个重要方面(尤其是在制造业),因此有可能出现一个新的分析层面——在全球层面上研究单个产业。数据方面受到了很严重的限制,但我们已经可以从跨国企业的国际生产网络中获得大量资料,也有可能获得各相关国家的就业方面的数据。

劳动力市场的合理安排,是未来可研究的又一领域。劳动力市场的合理安排有助于在创新与高数量和高质量的就业和工资之间形成良性循环——通过加强学习、能力建设,以及改善工作环境。

最后,正如前面已提到的,我们还可以研究创新在整个经济中的分配效应。迄今为止,创新主要是有利于企业和消费者——通过利润提升和价格降低。但是,当考虑创新对工资两极化的影响时,就会出现一个有很强政策关联性的问题:收入分配越来越不公平。

参考文献

ANDREASEN, L., CORIAT, B., DEN HARTOG, F., and KAPLINSKY, R. (eds.) (1995), *Europe's Next Step — Organisational Innovation, Competition and Employment*, London: Frank Cass.

ARCHIBUGI, D., and MICHIE, J. (1997), *Technology, Globalisation and Economic Performance*, Cambridge: Cambridge University Press.

——and LUNDVALL, B.- Å. (eds.) (2000), *The Globalizing Learning Economy: Major Socio economic Trends and European Innovation Policy*, Oxford: Oxford University Press.

AROCENA, R., and SOTZ, J. (2000), "Interactive Learning Places and

Development Policies in Latin America," DRUID Working Paper no. 13.

ARROW, K. J. (1971), "Political and Economic Evaluation of Social Effects and Externalities," in M. Intrilligator (ed.), *Frontiers of Quantitative Economics*, North Holland, 3~23.

ARUNDEL, A., and SOETU, L. (eds.) (1993), *An Integrated Approach to European Innovation and Technology Diffusion Policy: A Maastricht Memorandum*, Brussels. CEC: Sprint.

BERNAL, J. D. (1939), *The Social Function of Science*, London: Routledge & Kegan Paul.

* BIEGELBAUER, P., and BORRAS, S. (eds.) (2003), *Innovation Policies in Europe and the US. The New Agenda*, Aldershot: Ashgate.

BoRRAS, S. (2003), *The Innovation Policy of the EU*, Cheltenham: Edward Elgar.

CANTNER, U., and PYKA, A. (2001), "Classifying Technology Policy from an Evolutionary Perspective," *Research Policy* 30: 759~775.

COLEMAN, J. (1988), "Social Capital in the Creation of Human Capital," *American Journal of Sociology* 94(Suppl.): 95~120.

CONCEIçÃO, P., HEITOR, M., and LUNDVALL, B. - Å. (eds.) (2003), *Innovation, Competence Building and Social Cohesion in Europe: Towards a Learning Society*, Cheltenham: Edward Elgar.

COZZENS, S., HEALEY, P., RIP, A., and ZIMAN, J. (eds.) (1990), *The Research System in Transition*, Dordrecht: Kluwer Academic.

DALUM, B., JOHNSON, B., and LUNDVALL, B.-Å. (1992), "Public Policy in the Learning Society," *in Lundvall* 1992: 296~317.

* DODGSON, M., and BESSANT, J. (1996), *Effective Innovation Policy: A New Approach*, London: International Thomson.

DERTOUTZOS, M. L., LESTER R. K., and SOLOW, R. M. (1989), *Made in America*, Cambridge, Mass.: The MIT – Press.

EDQOIST, C. (ed.) (1997), *Systems of Innovation: Technologies, Institutions and Organizations*, London: Pinter.

——and HOMMEN, L. (1998), "Government Technology Procurement and Innovation Theory," *TSER – publication*, Linköping: University of Linköping, Department of Socialand Technological Change.

——and TSIPOURI, L. (eds.) (2000), *Public Technology Procurement and Innovation.* London: Kluwer Academic.

ERGAS, H. (1987), "The Importance of Technology Policy," in P. Dasgupta and P. Stoneman (eds.), *Economic Policy and Technological Performance*, Cambridge: Cambridge University Press.

FAGERBERG, J. (1995), "Is there a Large Country Advantage in High – Tech?" NUPI Working Paper no. 526, Oslo: NUPI.

——(2002), *Technology, Growth and Competitiveness*, Cheltenham: Edward Elgar.

——and VERSPAGEN, B. (1996), "Heading for Divergence? Regional Growth in Europe Reconsidered," *Journal of Common Market Studies*, No. 34.

——and MARJOLEIN, C. (1997), "Technology, Growth and Unemployment across European Regions," *Regional Studies* 31(5): 457~466.

FRANSMAN, M. (1995), *Japan's Computer and Communications Industry*, Oxford: Oxford University Press.

FREEMAN, C. (1982), "Technological Infrastructure and International Competitiveness," Draft paper submitted to the OECD Ad hoc – group on Science, Technology and Competitiveness, August 1982, mimeo.

——(1987), *Technology and Economic Performance: Lessons from Japan*,

London: Pinter.

* ——(1992), *The Economics of Hope*, London: Pinter.

——(1995), "The National Innovation Systems in Historical Perspective," *Cambridge Journal of Economics* 19(1): 5~24.

——and LUNDVALL, B.-Å. (eds.) (1988), *Small Countries Facing the Technological Revolution*, London: Pinter.

——and PEREZ, C. (1988), "Structural Crises of Adjustment: Business Cycles and Investment Behaviour," in G. Dosi et al., *Technology and Economic Theory*, London: Pinter, 38~66.

GEORGHIOU, L. (1998), "Global Cooperation in Research," *Research Policy* 27: 611~626.

GIBBONS, M., et al. (1994), *The New Produaion of Knowledge*, London: Sage.

GITTELMAN, M., and KOGUT, B. (2003), "Does Good Science Lead to Valuable Knowledge? Biotechnology Firms and the Evolutionary Logic of Citation Patterns," *Management Science* 49(4): 366~382.

GUZZETTI, L. (1995), *A Brief History of European Union Research Policy*, Luxembourg: Office for Official Publications.

HIRSCHMAN, A. O.(1969), *The Strategy of Economic Development*, New Heaven: Yale University Press.

JASANOFF, S. (ed.) (1997), *Comparative Science and Technology Policy*, Cheltenham: Edward Elgar.

* ——(ed.) (2002), *Handbook of Science and Technology Studies*, 2nd edn., London: Sage.

KATZENSTEIN, P. J. (1985), *Small States in World Markets. Industrial Policy in Europe*, New York: Cornell University Press.

KLINE, S. J., and ROSENBERG, N. (1986), "An Overview of Innovation," in R. Landau and N. Rosenberg (eds.), *The Positive Sum Game*, Washington, DC: National Academy Press, 275~305.

KRISTENSEN, P. H., and STANKIEWICZ, R. (eds.) (1982), *Technology Policy and Industrial Development in Scandinavia*, Lund: Research Policy Unit.

KRULL, W., and MEVER - KRAMER, F. (eds.) (1996), *Science and Technology in Germany*, London: Cartemills.

KUENH, T. J., and PORTER, A. L. (eds.) (1981), *Science, Technology and National Policy*, London: Cornell University Press.

KUTZNETS, S. (1960), "Economic Growth of Small Nations," in E. A. G. Robinson (ed.), *Economic Consequences of the Size of Nations*, Proceedings of a Conference'held by the International Economic Association, London: Macmillan.

LANGLOIS, R., and MOWERY, D. C. (1996), "The Federal Role in the Development of American Computer Software Industry: An Assessment," in D. C. Mowery (ed.), *The International Computer Software Industry*, New York: Oxford University Press.

LIST, F. (1841), *Das Nationale System der Politischen Ökonomie*, Basel: Kyklos (trans. and pub. as The National System of Political Economy by Longmans, Green and Co., London, 1841).

LUNDVALL, B. - Å. (1985), *Product Innovation and User - Producer Interaction*, Aalborg: Aalborg University Press.

——(1988), "Innovation as an Interactive Process: From User - Producer Interaction to the National Innovation Systems," in G. Dosi, C. Freeman, R. R. Nelson, G. Silverberg, and L. Soete (eds.), *Technology and Economic Theory*,

London: Pinter, 349~369.

——(ed.) (1992), *National Innovation Systems: Towards a Theory of Innovation and Interactive Learning*, London: Pinter.

——(1996), "The Social Dimension of the Learning Economy," DRUID Working Paper, No. 1.

——(2002), *Innovation, Growth and Social Cohesion: The Danish Model*, Cheltenham: Edward Elgar.

——and JOHNSON, B. (1994), "The Learning Economy," *Journal of Industry Studies* 1 (2): 23~42.

* ——and BORRÁS, S. (1998), *The Globalising Learning Economy. Implications for Innovation Policy*, Brussels: European Commission.

——and TOMLNSON, M. (2001), "Policy Learning by Benchmarking National Systems of Competence Building and Innovation," in G. P. Sweeney (ed.) *Innovation, Economic Progress and Quality of Life*, Cheltenham: Edward Elgar.

——MENDONÇA, S. (2003), "Política de Ciência, Technologia e InovaÇão: Principios, tendências e questões," mimeo, ISCTE University.

LUUKKONEN, T. (1998), "The Difficulties in Assessing the Impact of EU Framework Programmes," *Research Policy* 27(6): 599~610.

MARTIN, B., and SALTER, A. (1996), *The Relationship Between Publicly Funded Basic Research and Economic Performance. A SPRUReview* (July 1996). Report prepared for HM Treasury.

* METCALFE, S. (1995), "The Economic Foundations of Technology Policy: Equilibrium and Evolutionary Perspectives," in P. Stoneman (ed), *Handbook of the Economics of Innovation and Technological Change*, Oxford: Oxford University Press, 409~512.

——and GEORGHIOU, L. (1998), "Equilibrium and Evolutionary Foundations of Technology Policy," *STI Review* 22: 75~100.

* MOWERY, D. C. (1994), "US Post - war Technology Policy and the Creation of new Industries," in OECD, *Creativity, Innovation and Job - Creation*, Paris: OECD.

——and SAMPAT, B. N. (2001), "University Patents and Patent Policy Debates in the USA, 1925 ~ 1980," *Industrial and Corporate Change* 10: 781~814.

NATIONAL ACADEMY OF ENGINEERING (1993), *Prospering in a Global Economy*, Washington, DC: National Academy Press.

* NELSON, R. (1959), "The Simple Economics of Basic Economic Research," *Journal of Political Economy* 67: 393~348.

——(1977), *The Moon and the Ghetto: An Essay on Public Policy Analysis*, New York: Norton.

——(ed.) (1982), *Government and Technical Progress: A Cross Industry Analysis*, New York: Pergamon Press.

——(1984), *High - Technology Policies: A Five - Nation Comparison*, Washington DC: American Enterprise Institute.

——(1988), "Institutions Supporting Technical Change in the United States," in G. Dosi, C. Freeman, R. R. Nelson, G. Silverberg, and L. Soete (eds.), *Technology and Economic Theory*, London: Pinter, 312~329.

——(ed.) (1993), *National Innovation Systems: A Comparative Analysis*, Oxford: Oxford University Press.

PECK, M. J., and KALACHEK, E. (1967), *Technology, Economic Growth and Public Policy*, Washington, DC: The Brookings Institution.

OECD (1963a), *Science, Economic Growth and Government Policy*, Paris:

OECD.

——(1963b), "Proposed Standard Practice for Surveys of Research and Development," Directorate for Scientific Affairs, DAS/PD/62. 47, Paris: OECD.

——(1971), *Science, Growth and Society*, Paris: OECD.

——(1980), *Technical Change and Economic Policy*, Paris: OECD.

——(1981), *Science and Technology Policy for the 1980s*, Paris: OECD.

——(1991), *Technology and Productivity*, Paris: OECD.

——(1992), *Technology and the Economy*, Paris: OECD.

——(1994), *The OECD lobs Study: Facts, Analysis, Strategies*, Paris: OECD.

——(1996), *Transitions to Learning Economies and Societies*, Paris: OECD.

*——(2000), *Knowledge Management in the Learning Society*, Paris: OECD.

——(2001), *The New Economy: Beyond the Hype*, Paris, OECD.

OSTRY, S. (1996), "Policy Approaches to System Friction: Convergence Plus," in S. Berger and R. Dore (eds.), *National Diversity and Global Capitalism*, Ithaca and London: Cornell University Press.

PAVITT, K. (1995), "Academic Research, Technical Chance and Government Policy," in J. Krige and D. Pestre (eds.), *Science in the 20th Century*, Harwood Academic Publishers, 143~158.

——(1998), "The Inevitable Limits of EU R&D Funding," *Research Policy* 27 (6): 559~568.

*——(2001), "Public Policies to Support Basic Research: What Can the Rest of the World Learn from the US Theory and Practice (And What they Should not Learn)," *Industrial and Corporate Change* 10(3): 761~779.

PEREZ, C. (2002), *Technological Revolutions and Financial Capital*, Cheltenham: Edward Elgar.

PETERSON, J. (1991), "Technology Policy in Europe: Explaining the Framework Programmeand Eureka in Theory and Practice," *Journal of Common Market Studies* 29(3): 269~290.

——and SHARV, M. (1998), *Technology Policy in the European Union*, London: Macmillan.

PUTNAM, R. D. (1993), *Making Democracy Work: Civic Traditions in Modern Italy*, Princeton: Princeton University Press.

RIP, A., and VAN DER MEULEN, B. J. R. (1997), "The Post - Modern Research System," in R. Barré, M. Gibbons, J. Maddox, B. Martin, and P. Papon (eds), *Science in Tomorrow's Europe*, Paris: Economica International, 51~67.

ROMER, P. M. (1990), "Endogenous Technological Change," *Journal of Political Economy* 98: 71~102.

ROSENBEIRG, N. (1972), *Technology and American Growth*, New York: M. E. Sharpe.

ROTHWELL, R., and ZEGVELD, W. (1980), *Innovation and Technology Policy*, London: Pinter.

SHARP, M. (2003), "The UK - Experiment: Science, Technology and Industrial Policy in Britain 1979~2000," in P. Biegelbauer and S. Borrás (eds), *Innovation Policies in Europe and the US. The New Agenda*, Aldershot: Ashgate, 17~41.

SVENNLLSON, I. (1960), "The Concept of the Nation and its Relevance to Economic," in E. A. G. Robinson (ed.) *Economic Consequences of the Size of Nations*, Proceedings of a Conference held by the International Economic

Association, London: Macmillan.

WAGNER, M. E (1998), *Det polytekniske gennembrud*, Aarhus: Aarhus Universitetsforlag. WESXLING, H. (1991), *Technology Procurement: For Innovation in Swedish Construction*, Stockholm: Council for Building Research.

——(1996), *Cooperative Procurement. Market Acceptance for Innovative Energy - Efficient Technologies*, Stockholm: NUTEK.

WOOLCOCK, M. (1998), "Social Capital and Economic Development: Toward a Theoretical Synthesis and Policy Framework," *Theory and Society* 27(2): 151~207.

YAKVSHIJI, T. (1986), "Technological Emulation and Industrial Development," Paper presented at The Conference on Innovation Diffusion in Venice, mimeo.

ZUCIKER, L., and DARBY, M. (1998), "Intellectual Human Capital and the Birth of US Biotechnology Enterprises," *American Economic Review* 88(1): 290~306.

* 星号表示建议延伸阅读的条目。

第 22 章　科学、技术和创新政策

本特阿克·伦德瓦尔(Bengt-Åke Lundvall)
苏珊娜·博拉斯(Susana Borrás)

22.1 引　言

本章主要介绍政府为实现国家目标可实施的或者已实施的促进科学技术知识的生产、扩散和应用的相关政策。

本章首先以讲故事的方式陈述一些历史事实,目的是为了说明创新政策很早就存在,且包括相当多的具体措施,而这些政策措施在今天仍然具有重要意义。接下来,本章再简单介绍创新政策的发展历史,并根据经济合作与发展组织(OECD)的已有文献及其他相关资料将其区分为科学政策、技术政策以及创新政策这三种类型。最后本章探讨创新政策的未来挑战,指出下一步研究的方向。

22.1.1 从大炮……

16 世纪上半叶,英国国王亨利八世在铁制加农炮的生产过程中引入了竞争机制,这是早期取得成功的技术政策的一个实例。这一技术政策的背景是,英国急需大量的加农炮以赢得与法国的战争,但当时投入使用的青铜大炮因原料稀少而造价昂贵(Yakushiji 1986)。

这项政策取得成功的原因可能是英国有足够多的铁矿石以及可用作燃料的森林资源；另外一个原因是，当时大量技艺娴熟的铁匠从欧洲大陆(特别是法国)移居到了英国。他们当中有些人原来受过宗教压迫，有些人带着一技之长来到了英国。在纽布里奇(Newbridge)皇家钢铁厂厂长威廉·李维特(William Leavitt)的领导下英国成立了一个联盟，联盟集中了各国的专家——特别是那些来自法国的铸工——共同开发铁制加农炮。最终，这一项目取得了成功。

那时的技术和创新政策，以及很多相关的方法和措施一直沿用至今。比如，促进移民的政策使得技术扩散加速，另外，保护竞争的做法、完善产权的体制以及加强政府采购等措施也成效显著。在英国的创新政策实行不久，英国政府就允许一些企业以相互竞争的方式出口加农炮(有趣的是，海盗成为加农炮的领先用户之一)，但加农炮的生产权被授予了一个垄断厂商拉尔夫·胡戈(Ralph Hogge)。英国政府颁布了相关的技术人员流动至欧洲大陆的限制性措施，并对产品的出口实施了许可证的做法。当然，政府采购也是推动技术进步的一个政策措施。在这个关于英国铁制加农炮的例子中，政府采购的目的是为了维护国家安全。

22.1.2 ……到黄油

19 世纪中叶，丹麦经济很大一部分依赖于对英国的谷物出口。丹麦的黑麦是英国的基础交通工具——马匹——的“燃料”。到了 19 世纪下半叶，特别是 70 年代，海上运输费用的急剧下降使俄国和美国的谷物得以轻易地进入英国以及其他欧洲市场。最后，谷物价格的下跌使丹麦农场丧失了竞争力，并引发了一场重大的农业危机。

当时丹麦早已出口包括黄油在内的动物制品，特别是来自丹麦某些农庄的动物制品。但最大的问题在于黄油产品质量的不稳定。丹麦要想从谷物的生产和出口转向黄油及其他动物制品，必须实施标准化。这一转变涉及技术和社会变革的结合，也涉及政府和非政府因素的结合。政府的公共政策是“以扩散为目的”而不是“以使命为目的”。这一时期丹麦的标准化实践给丹麦的创新系统烙下了深深的印痕,直到今天我们仍在讨论其影响。

标准化的最核心技术与奶制品加工相关,即将脂肪从牛奶中分离出来。“分离器”是由瑞典制造的,但最早的用户却是丹麦的奶制品产业。需要说明的是,促使标准化转变成功的最关键创新不是技术因素而是社会因素,而这种因素既不是来自政府也不是来自于市场。身兼牧师、哲学家和民族主义者于一身的戎维(Grandtvig)是改变丹麦农业生产模式的社会运动中的关键人物。在他的著作和全国巡讲中,他一直强调农民接受教育并掌握自己命运的重要性。在很短的时间内,各地“民间高校”在各城市的郊区迅速蔓延开来。

由于这种理念的鼓励以及经济需求的驱使,农民在本地新成立的奶制品厂中实行了合作所有制。结果,在 19 世纪 80 年代,合作所有制的奶制品工厂从三家迅速增长到了 700 家。1850~1900 年间,丹麦出口到英国的黄油市场份额从零增长到 60%。可以说,合作所有制为奶制品技术的扩散及标准化提供了有力的支持。

与此同时,丹麦政府的政策也促进了这一转变。哥本哈根农业大学在 1856 年成立(Wagner 1998),奶制品咨询人员在技术扩散的成功实践过程中扮演了重要角色。在这个基础上,以奶制品为主要研究领域的农业研究所在丹麦于 1883 年成立。

这个例子对于实行“软政府”控制的发展中国家而言可能具有特殊的重要意义。在这些国家中,由政府领导的一般性的科学、技术以及创新政策可能不足以克服其在经济发展过程中遇到的障碍。为了克服障碍,并实现社会进步及经济发展,政府进行广泛的社会动员是十分必要的。

22.1.3 介于大炮和黄油之间的现代创新政策

如果从技术的角度去考察处于世界经济领先地位的美国,我们将发现前面两个故事中的某些元素在美国现有的创新系统中同样存在。在洛斯阿拉莫斯实验室进行的原子弹项目和前面提到的大炮故事很相似。作为一个紧急的任务导向的项目,由于其对赢得战争的重要性,全球各地的技术人员短时间内聚集到原子弹工程中。这个项目不仅为美国,也为世界上其他国家的技术政策提供了很多参考及借鉴经验。

然而,美国的创新系统与前述的加农炮故事中的情况并不完全一样。美国创新政策的最成功例子是美国农业在农产品和生产力上的结构升级。美国的很多大学因“赠予土地”而成立,大学创建之后,大学对周围农户进行培训,并进行相关新技术及新产品的研发,还有,大学将新的理念快速地灌输给农民,所有这些做法对美国农业创新系统的影响非常突出。尽管这一政策在农业上很成功,但美国并没有在制造业和服务业引入类似的“以扩散为导向”的创新政策①。美国自 20 世纪 80 年代末开始了“制造业伙伴计划”(MEP),虽然这一计划的效果现在还是未知数,但由于政治原因这一计划仍然在实施。不过,“以扩散为目的”的类似尝试在美国的建筑业却以失败告终(Nelson 1982)。

22.2 科学政策、技术政策以及创新政策

从本书的其他章节以及上述的两个故事可以得知,创新政策包含了多种多样的举措。因此,有必要对复杂的现实环境进行结构化的分析。方法之一就是从纷繁混杂的现实现象中提炼出一些独特的“理想化模型”。

---

① 厄加斯(Ergas)根据对一些科学技术领域发展的事实以及对科学技术基础发展的政策支持,提出了“以任务(或使命)为导向”和“以扩散为导向”这两种政策设计的区别(Ergas 1987)。这个分析方法同样使用在比较各个国家科学和技术政策的风格上。人们认为日本和法国的政策是以任务为导向的,而德国的政策被描述为以扩散为导向的政治风格的典型。同样重要的是,我们要指出本章中所提到的理想化类型政策,这种简单的分类可能丢掉一些建立国内创新体系的重要复杂性因素。

这里所说的“独特”是指我们需要考虑科学政策、技术政策和创新政策的不同。对于这三个方面的政策,我们将分别讨论它们是如何形成清晰的政策范畴的,它们遇到的主要问题,它们关注创新体系的哪个部分,它们涉及的主要参与者以及所使用的方法。并且,我们将指明支持这些政策的数据资料。鉴于 OECD 作为国际组织在创新政策理念的推广过程中起了特殊的作用,我们将使用 OECD 的各类报告来说明二战后创新政策经历的一些重要变化。

科学政策、技术政策和创新政策并不是在时间上前后相继的历史阶段,实际上,这三者之间紧密联系。例如科学政策中的一些典型问题如今依然在创新或者技术政策议程中占据相当的研究分量(Pavitt 1995;Martin and Salter 1996)。现代生物和医药科技的发展缩短了基础研究和商业应用之间的距离,因此大学的地位和作用成了一个主要问题(见第 8 章)。基因工程技术带来了伦理道德方面的问题,而我们通常会将其与科学政策联系起来。不过,现实世界中的这些问题的表现形式更加错综复杂。

专栏 22.1

OECD 的科学、技术和创新政策的演变

OECD 在不同的时间对于本章讨论的科学、技术和创新政策有不同的政策侧重点,这对我们理解本章主题有一定的帮助。该组织提供了科学、技术和创新方面的国际间可比的数据。相关的数据资料来自 OECD 定期出版的政策回顾报告以及不断更新的数据库,但是 OECD 秘书处组织的政策讨论同样具有吸引力。在 OECD 各年报告中提出的一些政策意见以及由专家团提出的政策建议不一定都能在 OECD 成员国中实施,但至少这反映了一些新的观点(事实上这些报告都有可能在下一个 10 年到来之前实现)。因此在这里对一些重要报告进行总结。

OECD 1963 报告:科学政策合理化并与经济增长联系起来。20 世纪 60

年代初,OECD 完成了一份报告(OECD 1963a),报告首次明确科学政策服务于经济增长的目标。该报告由克里斯托夫·弗里曼、雷蒙·波依嫩(Raymond Poignant)和英瓦·斯文尼尔森(Ingvar Svennilsson)共同完成,他们强调国家支持科学发展计划的重要性,这是非常值得称赞的。该报告出版的时间就在弗拉斯卡蒂会议召开的那一年,弗拉斯卡蒂会议为新的弗拉斯卡蒂指南收集研究和开发的相关数据。报告还认为研究和开发数据应该与更具体化的政策有紧密的联系。报告的目的很明显,就是要为包括政府的教育和科学部门在内的其他部门找到"合法"的政策依据以支持科学发展。

OECD 1970 报告:将人性和社会因素纳入技术政策的考虑范畴。该报告——《布鲁克斯报告》(*Brooks Report*)——认为科技政策应该考虑社会与生态发展问题。它同时强调,在评估研发和应用新技术时,需要将公民的意见纳入。这一新的观点反映了人们对于迅速发展的新技术所带来的不良社会后果的担忧,虽然技术变革本身的确为人类创造了很多财富。该报告希望社会能对此类人性和社会因素给予更多的关注,而原有的不加批判的乐观主义受到了挑战。

OECD 1980 报告:创新政策成为经济政策的一部分。OECD 的专家报告《技术变革和经济政策》[*Technical Change and Economic Policy* (OECD 1980)]重新定义了在"新的经济和社会背景下"的创新政策议程。该报告指出国家经济发展速度变慢以及失业率的增长并不能依靠宏观经济的扩张政策来解决。该报告没有建议政府增加科学以及研究和开发方面的投资。与以往关于科学和技术的报告相比,该报告把关注点放在了对新技术的吸收上,强调提高技术吸收能力。撰写该报告的专家包括弗里曼、纳尔逊和帕维特。有趣的是,这篇报告与另一篇关于创新政策的相对传统的文件(1980)几乎同时公布。这段时期,创新政策开始被政府接受,并合法化。

OECD 1990 报告:创新是一种互动的过程。由弗朗索·谢内(Francois Chesnais)和外部专家中的领头人物吕克·索易特(Luc Soete)共同修改,相比以前完成的TEP项目,本报告将一系列关于创新的最新研究成果整合到一个连贯的框架下,并利用这一框架指出了创新政策的新方向(OECD 1990)。该报告首次提出了"创新是一种互动过程"这一观点并将国家创新体系作为一种有组织的概念放在显著的位置。该报告更加强调网络产生、机构形成以及产业动态发展这些概念。报告还着重强调了需求、企业提升新技术吸收能力以及供应方获得用户回馈的重要性。该报告还建立了系统分析创新政策的基础框架。

OECD 2001报告:浮华背后的新经济。20世纪90年代中期,在美国联邦储备委员会主席艾伦·格林斯潘(Alan Greenspan)等的倡导下,以信息通信技术创新和创业为基础的新经济理念开始在美国广泛传播。在千禧年的年末,OECD研究了这一现象并于2001年发表了21世纪的第一份报告。非常有趣的是这些报告是由隶属于OECD的经济部整理出版的,而经济部一直以来特别关注纯粹的市场创新政策,对创新政策一向不太重视。在这份报告中,与创新政策相关的条目比此前OECD的经济学家所总结的要多得多,比如关于就业的研究(OECD 1995)。新经济时代之所以引人注目,这是由于创新被作为需要分析和了解的最基本因素首次被经济学家们广为接受。但是,由于创新政策的基本假设过于简单,结果是支持创新的政策建议仍然被OECD经济学家们所坚持的支持市场反对政府的传统观念所主导。

22.2.1 从科学政策……

上述大炮和黄油的两个故事都属于技术政策范畴,而不是属于科学政策范畴。科学政策的概念产生于二战以后。二战以前,地方和联邦政府出资支持大学研究和科学家培养。但他们这样做主要是由于历史和文化的原因。当时,科学是生产力的概念主要存在于一些计划经济体制的国家。

克里斯托夫·弗里曼认为,贝尔纳(Bernal 1939)首先将科学政策视为一个独立的政策领域。贝尔纳是测量英国研究和开发投入的先行者。他确信研究和开发投入可以刺激经济增长,并增加社会的福利,因此强烈主张在这方面加大力度。在美国,万尼瓦尔·布什在1945年所作的报告《科学:无止境的前沿》中对美国战后科学(以及技术)政策提出了明确的定义。这份报告将科学政策的任务定义为对国家安全、卫生和经济增长的贡献。像贝尔纳一样,布什着重强调了通过加强科学投资来对经济发展产生影响。

科学政策的突破,或者说政府对研发的公共投资大量增长的确切时间可能是二战结束后(同时冷战开始)。洛斯阿拉莫斯工程(Los Alamos Project)①成功研制出原子弹,这促使人们思考科学和技术对国家安全的重要性,并使人们相信,如果政府对科学(特别是物理、化学和生物)进行大量投资,必然有助于科学和技术的发展。这种政府对科学投资的压力在美国和苏联之间的军备、航天竞赛中又被大大增强了。1957年,苏联发射了人造地球卫星,这给西方,特别是美国带来了巨大的压力,导致美国对国防和空间研究进行了大量投资。

科学政策的主要问题在于资源配置,即对不同的科学活动合理地分配资源,保证所有的资源被有效地利用并为社会福利作出贡献。因此,研究专家和学者的数量和质量特别值得关注。政府的科学政策不仅追求社会、国家安全、经济等目标,还包括国家威信和文化价值等方面的因素。

创新体系中被关注的要素包括大学、研究所、技术部门以及研究和开发实验室。科学政策既关乎这些要素内部的管控规则,又关注它们与包括政府和产业界在内的外部环境之间的联系。不过,相比较而言,技术政策和创新政策更加强调这种联系。

关于科学政策目前存在大概两种争论。第一个争论是科学进步与通常所说的社会发展在多大的程度上是一致的。持批评态度的学者认为科学被滥用

---

① 曼哈顿工程(Manhattan Project)的说法更准确。1943年,在原洛斯阿拉莫斯农场学校的基础上,美国物理学家奥本海默决定在此建立研究制造原子弹的实验室。——译者

于控制人类和自然,其中包括操控基因以及破坏生态的可持续发展。但对科学持肯定态度的学者反驳说,造成以上问题的主要责任都不在科学本身,而在于对科学的不正确使用。人文以及社会科学的学者通常会支持第一种看法,而科学家和技术专家比较倾向于后者。

第二个争论是关于科学服从于国家和资本的程度或者说科学自主的程度。知识社会学家已经对此给予了高度关注,这与不同国家的研发政策体系有关——有的更多地受到政府操控,有的则较少,对应的是政府对研发活动的投资规模大小(Rip and Van de Meulen 1997, Jasanoff 1997)。其他人则认为研发和知识产生的方式发生了变化,这对科学的自主性产生了不同的影响(Cozzen et al. 1990, Gibbons et al. 1994, Jasanoff 2002)。

出于两方面的原因,大学学者倾向于支持学术研究的自由和自主性。第一个是偶然科学发现的长期价值——只有当基础研究沿其自身的轨迹发展时,才能产生新的应用研究和技术的解决方案。第二,科学是现代民主制度的重要元素。独立来源的科学知识是开放、透明、有代表性的政治决策的重要依据。大多数创新学者认为这中间存在权衡取舍,将基础科学看作是完全自由的(完全没有方向和特定用途),这一观点是不切实际的,但是将科学置于政治和经济利益之下的从属地位将对社会及经济造成长期危害。

研发公共部门的主要政策参与者是政府的教育和研究管理部门以及研究委员会。但掌管健康、国防、能源、交通以及环境的政府产业部门也有自己的研发机构,因此它们也会发挥一定作用。在一些工业化国家中,甚至大部分公共研发投入来自于这些部门。财政部门制定用于研发的总预算,代表消费者和公民的民间组织则会部分修正过于强调商业利益所带来的政策偏差。

如果希望给大学等公共研究机构提供研发预算,其中包括对大学以及私人企业的各种补贴或者税务减免,那么与其说对大学、公共研究机构提供政策等激励,不如说将大学、公共研究机构及研究成果的使用者联系在一起才是根本问题。如果我们把目光转向技术和创新政策,那么这个问题将变得更加重要,因此我们在稍后的部分将详细讨论这些措施(制度)。值得一提的是,如今,知识产权对大学而言已经成了一个主要问题(Granstrand,本书第10章;Mowery and Sampat,本书第8章)。

对研发进行评估是一个重要的政策工具,它可以既是有效激励研发学者和机构的机制,也可以是分配公共资金的有效做法。学术生活已将评估过程融入其中。要走上学术生涯道路,需要通过考核,著作和论文需要得到同行评阅。在运转正常的部门内,每周例行的研讨会将使正在进行的工作接受同事们的评价。现在,这样的评价过程越来越多地引入了国际专家的参与。

评价的标准主要来自科学机构内部。可能有人认为这些标准受到了外部权威的误导。根据学科专业而组织的同行评估活动可能会遵循"中庸之道",而不是提供来自跨学科交流的新思想。当出现这种情况时,学者们虚心接受跨学科的其他资源将会更有益处。欧洲的研究和开发项目的框架计划表明了欧洲学者在这一领域已经开始有所进展。

政策制定者可能觉得内部评价过于松散,实际并非如此。在英国就是这种情况,英国政策要求从事研究和教育的学者们经历烦琐而细致的各类内部报告。目前看来,这一评价体系耗费了英国学者的大量时间,即将太多时间用于汇报工作,而不是用于研发,并最终使这些学者成为最不满意自己工作环境的专业群体。这种严格的体制把研究成果的量化指标与获得公共资金资助联系了起来,虽然在短期内可能有助于打破过去的保守机制,但如果不适度放宽要求的话,可能会对整个创新系统造成损害。

科学政策中最基本的问题之一是"好的研究是否是有用的研究?"或者更准确地说"科学含量更高的研究是否就是更有用的研究?"如果回答是肯定的,那就应该给学术机构配置更多的资源。然而事实证明,答案并不是一致的。祖克和达贝(1998)提出明星科学家对生物技术企业的成功是非常重要的;吉特尔曼(Gittelman)和库古特(2003)证明,至少在生物科技领域,权威性出版物与有重要影响力的创新是没有明确关系的,即使有关系,那也是负相关的(Mowery and

Sampat 2001)。

可以预计,在科学发现与创新距离较远的其他领域,科学研究与技术开发之间的区别是非常大的。实际上科学同样需要在与使用者交流的过程中学习。最佳的创新系统应该包含很多不同的层次,其中一些人只专注于在某一科学领域中做到出类拔萃,另一些人则只需要关注使用者的需要,还有一些人从事介于两者之间的工作。

自20世纪90年代初以来,政治家们一直强调基础科学需要在社会和经济方面发挥作用。在预算紧缩时期,欧洲和美国将之称为"基础科学的新社会契约"(Martin and Salter 1996)。一些研究者认为,这种"以金钱作为衡量标准"的态度忽略了科学政策中一些本质的东西,比如对科学家和技术专家的培训,对于科学研究成果的利用前景不明而私人投资者望而却步的领域的资助(Sharp 2003),人们应该认真审视美国、斯堪的纳维亚和瑞士的经验教训(Pavitt 2001)。

22.2.2 ……到技术政策

技术政策是指关注技术和产业发展的政策。技术政策时期是指核能、空间技术、计算机、药物以及基因工程等以科学为基础的技术被视为经济增长核心的时期。这些技术成为关注焦点的原因很多:一方面,它们激发了人们的想象,使一些不可思议的事情成为了现实,把科学和科幻联系了起来;另一方面它们创造了新的商机。这些技术有着较高的创新率并且引起了市场的快速发展。

对发展中国家和发达国家而言,对大国和小国而言,技术政策的意义是不同的。在发达的大国,技术政策的重点是培养能够产生最新科学技术的能力,并且将它们应用于实践。较小国家面临的主要问题是如何能够在市场上出现新技术时吸收和使用它们。发展中国家在追赶发达国家时需要努力利用新技术进入前景广阔的产业领域。

这些策略都试图定义“战略性技术”，有时候涉及这些技术的产业也被定义为战略性产业。战略性产业的概念大概与佩罗克斯和赫希曼(Hirschman)有关，两人都是熊彼特的学生。佩罗克斯使用诸如“工业化产业”和增长极之类的概念，而赫希曼将不平衡增长作为一种可能的战略引入了欠发达国家(Perroux 1969, Hirschman 1969)。

在发达国家，当国家的政治或经济利益受到威胁时——这种威胁可能与对特定技术的掌握有关，政府就会寻求技术政策并采取相关行动。前苏联的人造地球卫星引起了美国对空间技术的关注。冷战激发了美国对技术政策空前的需求。在欧洲，沙尔文·施莱伯(Servan Schreiber)的著作《美国人的挑战》(*Le Défi américain*, Servan Schreiber 1967)描绘了美国的跨国企业如何在高技术产业中逐渐上升并取得占统治优势的地位。这激励了法国、英国和德国等欧洲大国为国内特定产业取得领先地位而制定相关政策。计算机技术的禁运首先阻碍了法国发展其核技术，促使法国开始制定有关的领先技术政策，此后其他欧洲国家也纷纷实行了相应政策。

日本以及后来如韩国、中国台湾地区这些国家/地区技术政策背后的动机是不同的。它是由追赶强国的国家战略所驱使。日本要追溯到明治维新时期，当时的现代化始于对西方先进技术的模仿。

在这一点上我们需要注意关于技术政策的一些基本问题：

- 在发展特定产业或技术时，国家出于商业原因通过技术政策加以干涉是否合理和有效？或者说，只有国家为紧急的社会问题制定技术政策才是唯一合理的，例如发展军事力量？这个问题在对技术政策进行高度政府干涉的国家(如美国)成为一个悖论，因为大多数的政策都受非商业的因素所影响，并且舆论上人们总是认为市场能解决的是不需要政府干预的。非常清楚，日本的技术政策是由商业驱动的，政府的作用在其中也得到了承认。至少从涉及的公共资金的数量来看，日本政府的干涉是比较适度的。

- 应该支持什么类型的技术？是否只应该对高技术和以科学为基础的产业给予更多关注？相比美国以及欧洲大国，日本以及其他小国对现有旧产业的现代化更感兴趣。
- 应该在什么阶段提供支持？是否应该只在“竞争前”阶段提供支持？或者说可以在新产品引入市场时提供帮助？对于后者，实际上是政府对新技术的支持与或多或少的开放式保护主义的结合。
- 对公共产业应该有怎样的限制？如果政府是技术的主要用户，技术政策有其合理性，但如果市场才是新技术开发的动力，那么政府在技术开发中的作用必须适度。历史经验表明，政府如果有明确的技术选择，那么技术的发展就缺乏多样性的路径，并且很可能以失败告终。例如，20世纪90年代初法国的“Minitel”网络①和欧洲高清晰度电视②的技术政策。
- 如何把提高技术或产业的发展与竞争更好地联系起来？20世纪80年代，欧洲国家扶植单个企业成为国家领先企业的政策并不十分成功。然而，日本让大量企业处于“受控竞争”的发展策略则取得了很好的效果。

技术政策的目标与科学政策的目标没有太大的不同，政策目标正从宽泛的哲学考虑向更加实际的国家竞争力以及经济目标转变。技术政策是在人们对于技术发展持乐观态度的时期发展的。在1986年学生运动觉醒之后，与技术评价相关的公众关注与民众的利益成了政策关注的议题(OECD 1971)。

此时，创新系统关注的要素依然是大学、研究机构、技术机构以及研究和

---

① 互联网在全球得到迅速发展之前的20世纪70年代，法国电信就率先建设Minitel网络，并成为世界上第一个最大的电子商务网络。但由于缺乏图形等功能，速度很慢，受到了Internet的挑战，20世纪90年代中后期，法国政府敦促法国电信开发Internet服务，以逐步取代Minitel网络。——译者

② 1986年欧洲发布了高清晰度电视研究计划——尤里卡95计划，并于1989年成功开发MAC制式为模拟制式，受到了美国通用仪器公司(GI)于1990年开发出的全数字制式KigiCipher的挑战，原有的领先优势不复存在。——译者

开发实验室。但关注焦点从大学的学术理论转向了实际的工程应用,从大学内部组织转向了大学与产业界的联系。技术政策可以进一步拓展,即将技术的商业化包括在内,这时就进入了创新政策的研究范畴。

在一些国家,例如美国,技术政策所指的公共产业是与通信、国防、公共卫生、交通、能源等技术相关的产业部门,产业官员通过政府政策,包括采购来促进这些产业及其技术的进步。包括日本在内的其他国家,技术政策的主要参与者则是负责产业和贸易的部门。教育和研究部门之所以重要,是由于它们可以加强培训科学家和工程人员。负责规制竞争的有关部门以及其他权威机构可能对技术政策和技术发展有着重要的影响。公共部门也可能成为技术政策的要素,它们组织技术评估以及其他与公民有关的活动。

为促进特定技术和产业的发展,政府需要用到许多政策手段,其中最有效的也许是和涉及公共采购领域的政策手段结合起来。当政府拥有了领先用户的能力,判断哪种手段更有用就比较容易了(Edquist et al. 2000)。除了公共采购,政府也可以采用直接的经济刺激,如对企业给予补贴和减免税务。在科学领域支持大学进行基于新科技的研究也可以看作是公共的使命性政策的重要部分。这些政策的危险在于"工业联合体",即将部分公共用户的既定利益与部分商业利益结合起来,并通过不透明性来运作。一个更微妙的问题是,这一联合体可能会就技术轨道达成某种一致,进而排除新的更好的技术的出现(Lundvall 1985)。

对于那些主要应用于商业的新技术领域,政府所使用的政策手段可能是某个特定产业或技术的需求刺激与或多或少的保护性贸易政策的结合。比如,20 世纪 90 年代初欧洲对高清晰度电视的技术政策就是如此。当时,欧洲试图定义模拟的高清晰度电视技术标准,一方面给新兴的数字电视标准构筑技术壁垒,另一方面有效地激励欧洲生产企业加入其中。这些措施可以为欧洲的相关企业创造一个保护环境,甚至于政府可以借助一些政府支持的指定项目来鼓励各个企业和一些知识机构集中在一起来开发共性技术和通用技术,而且还能让这些企业和知识机构在项目组织内部展开激烈的竞争。实践表明,通过对项目在内容和时间进行较好的定义,以及对某些特殊技术问题解决方案的公开,政府可以做到既保持竞争,又能限制竞争带来的负面影响。

科学政策有一个非常重要的方面,那就是对科学成果的评价。评价作为一个基本的政策工具,对技术政策的制定和修改也是有帮助的。技术预测是掌握技术趋势的一种方法。询问科学家、领先企业以及领先用户中的主要专家关于哪些技术正在发展,有助于预测出新的"战略性技术"。为了避免私人企业独自垄断公众福利的供给,就需要特殊的、主动的、独立的政策评估。许多评估都是针对项目解决使用者问题的功效为目标,如果项目做的好则希望能更多地按照这种做法继续下去。在这种情况下,应该考虑是否要给予"局外人"评估的权利,如同在其他情况下一样参与者意见的过于统一会导致一种信息闭塞和决策的错误。像科技类企业一样,公共政策中也应该提倡"工作轮换"和"跨职能团队"等机制。

正如前面指出的一样,科学政策和技术政策都是理想化的政策类型,它们为我们提供了分析的框架。然而,在现实的发达资本主义经济体中,要将科学和技术的政策焦点、政策措施和参与者清晰地区分为这种或那种理想化类型并不容易。下面我们将进入对创新政策的讨论,它更进一步提出了一系列更为广泛的政策议题。

22.2.3 ……以及创新政策

创新政策以两种不同形式出现。第一种形式是放任主义,它持一种非干涉主义态度,认为应关注"框架条件"而不是某个特定的技术或产业。通常在这种情况下所有特定的措施都被冠以具有负面意味的"挑选赢家"的名号,其极端形式表现为基础研究和普通教育被视为唯一合法的公共活动,保护知识产权被看作政府规范的唯一手段。其较为适中的表现形式是鼓励创业和在公众中提倡对科学技术的积极看法。

另一种是"系统化"的创新政策,由此引出了"创新系统"的概念。这种观点认为大多数主要的政策领域需要以其对创新的贡献为出发点。审视和重新设计创新系统内各部分之间的联系成了创新政策的基本方面。前一种观点的经济学假设,即企业明白其最优选择并会采取相应的行动(市场失灵的情况除外)。后一种观点则考虑到了企业能力的不同,以及开发、吸收和使用新技术的最佳实践并不能在所有企业之间迅速扩散。这种"失灵"超越了新古典经济学里"市场失灵"的概念,包括了机构在协调、联结和解决不同系统需求等方面的"失灵"(参见本书第7章)。

这两种方法牵涉到创新过程的各个方面,包括新技术的扩散、使用和营销。从某种意义上来说它们可以被视为注重创新而非资本分配的"经济政策"。它们比科学政策和技术政策更强调对"机构"和"组织"的重视。在放任主义方法中,以市场和竞争为主导成为创新的先决条件,它认为单一的机构设计方法在原则上对任何国家都是适用的。

在"系统化"方法中,竞争的重要性得到了承认。因此这种方法认为在生产者和用户之间进行纵向的紧密合作,以及在竞争者之间——有时为了发展共性技术——进行横向合作是十分必要的。这种方法认识到在不同国家的经济环境中建立的机构是不同的,因此它可以为特定国家发展适合自己的技术和产业提供启示。也就是说,为特定国家设计创新政策需要具备对其机构特点的洞察力。

创新政策并不代表对高技术和低技术的优劣偏好。"系统化"方法为工业系统引入了一种纵向的观点,把它看作一种网络或价值链,特定的企业可能适合于其中的某些发展阶段。

这两种创新政策方法的不同理论基础分别是:(1)新古典主义经济学在创新方面的应用;(2)对创新和演化经济学的长期研究结果(Metcalfe 1995, Metcalfe and Georghiou 1998)。"系统化"方法把创新中最重要的论据集中到了一起,综合运用了有关的经验资料和创新研究、制度经济学及演化经济学中的分析模型。

导致创新政策概念得到更加广泛应用的原因是1970年左右的经济增长减速和战后第一个10年迟缓的经济发展。迄今仍没有对"全要素生产力"发展速度下滑原因的清晰解释,但是过去曾有人认为这是由缺少技术开发能力所导致的。与此同时,对通货膨胀的担忧制约了公共经济政策,因此,从供应方面理解经济发展的可能性变得尤其重要。

这意味着创新政策的主要目标是经济增长和提高国际竞争力。在欧盟,"社会融合"及公平等目标也在考虑范围之内。创新还可以看作是环境污染、能源、都市化和贫穷等重要问题的解决方法。然而,创新政策主要的关注点还是在创造经济福利方面。

创新的政策措施包括知识产权和风险资本两方面。在原有机构环境内促进创新的措施,与改变机构环境以促进创新的措施显著不同。前者与科学和技术政策措施存在重叠,后者则可能涉及对大学、教育、劳动市场、资本市场、受管制行业以及竞争法律的改革。

这里的一个基本问题是,在这些领域的政策能够并且应该在多大程度上适应或促进创新的需要。大学和教育机构显然除了支持创新和经济增长外还有很多其他任务。管理它们的有关部门通常会根据与创新不同的逻辑行事。一个有趣的例子是关于劳动力市场的政策。通常人们认为市场的灵活性是十分重要,这里的灵活性指的是劳动力的流动性和工资的灵活性。对于如何设计劳动力市场的机制以使其有助于能力培养及创新的思考可能会导致关于"功能健全的劳动市场"的不同看法和结论。

另一个问题是关于对公共部门干涉的限制。如果可以证明企业内部组织方式的不同可以解释其对创新绩效和经济增长的重要影响,那么政府是否可以在扩散这些企业的最佳实践方面发挥作用,或者这应该留给企业主及企业管理人员自己去解决?政府应该支持扩散技术实践,而回避扩散组织实践吗?

这一点值得仔细推敲。

如图 22.1 所示，创新系统的要素仍然包括大学、研究所、研究机构、技术机构和研发实验所。然而创新政策的重心从大学和技术研发部门（科学和技术政策

创新政策

重点：经济中创新的总体绩效

手段：

- 改进个人技能和学习能力（通过普通教育和劳动培训）
- 改进组织绩效和学习（比如ISO9000标准、质量监控等）
- 改进获取信息的渠道：信息社会
- 环境管制
- 生物伦理规制
- 企业法
- 竞争规制
- 消费者保护
- 改进区域发展的社会资本：集群和工业区
- 智能基准测试
- 智能、灵活性和民主性预测

技术政策

重点：产业技术知识的进步和商业化

手段：

- 公共采购
- 对战略性产业的公共支持
- 建立机构之间的联系（研究与产业界之间）
- 劳动力培训和提高技能
- 设立标准
- 技术预测
- 对产业部门进行基准测试

科学政策

重点：产生科学知识

手段：

- 以竞争的方式批准公共研究资金
- 公共（半公共）的研究机构（比如：实验室、大学、研究中心……）
- 对企业的税务激励
- 高等教育
- 知识产权

图 22.1 科学、技术、创新政策之间的关系

的核心)转向了经济体中所有对创新过程有影响的主体。这就是为什么图22.1中很多创新政策的手段同时也是科学和技术政策的工具的原因。创新政策对创新系统中的组织和机制作用格外关注,包括了能力培养和组织绩效等方面的内容。创新政策需要打开创新过程的“黑箱”,从社会和复杂过程的角度去理解创新。

政府经济部门和工业部门在创新政策中起着协调作用,但大多数部门原则上都可以进一步参与到国家创新系统的构建工作中来。这在诸如芬兰、荷兰和丹麦等经历了20世纪90年代末开始的“创新政策转变”的国家尤其突出(Biegelbauer and Borrás 2003)。在政府有关部门和商会、贸易联盟以及知识协会之间建立互动和对话关系对于发展与社会有关的清晰的政策方针是十分必要的。

创新政策的分析基础既包括对全球范围内技术和竞争的最佳实践的总体洞察,也包括对特定国家创新系统特点的洞察。我们可以通过其专业化程度、体制建立以及参与全球经济的角度来分析创新系统,甚至可以尝试通过智能对标(intelligent benchmarking)来分析优势、劣势、威胁和机遇。创新系统各要素联系是紧密还是松散对创新系统自身的分析是非常重要的。人力资源的发展和使用也是分析工作的一个重要维度。最后,创新政策的分析工作需要对国际化给予越来越多的关注。

专栏22.2

创新政策的新古典主义经济学

在新古典主义经济学理论中,公共政策干预的一个必要条件是市场失灵。如果市场正常就没有干预的必要。市场失灵可能有多种原因,但在创新政策方面最常见的一个原因就是缺少对知识投资的激励。知识容易被看作是具有非竞争性和非排他性的公共物品。如果知识是竞争的而又是非排他的,政府可以通过知识产权保证对知识投资的激励。如果知识是非竞争的和非排他的,政府应该补贴以公用为目的的知识生产,或甚至自己负责知识生产。

对问题的分析仍在继续。政府当然有很多理由对知识生产和创新提供支持——事实上大多数政策措施远在新古典主义经济学出现之前就已经得到使用了。问题在于提供支持的理论假设基础与动态变化的经济是不相符的,在动态变化的经济环境中创新是持续的、扩散的过程。

关于理性、市场和竞争

创新研究表明创新在现代经济中是普遍存在的。在这样的经济下,认为"代表性企业"可以精确地计算并从清晰定义的选项中作出选择的想法是值得怀疑的。肯尼斯·阿罗等人认为创新的基本定义就包含着不确定性。罗森博格指出"建立知识的生产函数是不可能的",因为其结果是未知的。(Rosenberg 1972: 172)

如果我们认为经济主体自己知道能力培养应该与否,就会错失学习经济中竞争的真正意义的机会。关于市场是"纯净"的,以及生产者和使用者之间互相匿名的假设在逻辑上与创新行为旨在产生创新产品的事实矛盾。这个悖论的解答在于,现实中的市场组织为生产者和使用者之间的交互学习过程构建了框架。(Lundvall 1985)

22.3 科学技术和创新政策评估以及影响测量

新的政策领域的演化特点表明,定量分析有助于建立政策的合法性。在这些领域里,如果这些政策的影响效果能够被评估和衡量,那么很明显政府对这类政策给予更多的关注,相反,那些不能评估的政策也许效果很好,但政府难以给予较多的支持。因此,接下来的一个特别重要的研究就是评价政策的影响。

22.3.1 衡量科学技术和创新政策的影响

在 20 世纪 30 年代,贝尔纳首次尝试采用英国研发投入占国民收入的比例来测量科学活动。20 世纪 50 年代末及 60 年代初,克里斯托夫·弗里曼为发展科学政策的基础分析作出重大贡献。值得注意的是,他同时也是《弗拉斯卡蒂手册》的撰稿人之一。该手册于 1963 年问世,为经济发展与合作组织和有关国家提供了测量研发活动及进行跨国比较的方法。(OECD 1963b)

如今,关于国家研发活动的统计数据已经非常详细。这些数据显示了私人和公共部门研发活动以及这些研发活动的资金来源。这一花费可以通过细化目录进行分析。目录式的方法让我们能够找到每个国家相对较强的科学领域,这可以通过分析成果的引用频率甚至是不同国家的研究活动的质量来进行。

原则上,可以用科学文献的数量除以科研活动的人力、财力投入来构造衡量科学研究的标准。当然,这是比较简单和初级的方法,据此制定政策可能存在一定问题,比如,其他的科研产出无法用这种办法进行测度。科学家和学者队伍的数量和质量已经被包括进了分析框架,而与知识机构之外的使用者的交流互动则不容易被量化。

在技术领域,专利的数据格外受重视,这是因为它们已经存在了很长时间并且包含了许多关于技术和相关代理机构的丰富信息。专利统计数据可以用来比较国家创新系统的技术专业化程度——甚至包括技术的先进性——以及可以通过专利被引用的数量和分布来区分这些技术的相对重要性。

然而,需要注意的是专利在不同产业的作用是大不相同的。在某些产业(比如医药和生物科技),专利和企业绩效之间的相关关系比在其他产业(比如软件)要强。专利数据主要用来分析系统的演化发展,而不是用作判断技术政策效率的指标。

从系统角度看待创新政策,以上这些衡量标准是测量经济体创新绩效的必要条件,而不是充分条件。1990 年的《奥斯陆手册》对创新数据收集作出了建议和指导,是这方面的一个重要里程碑。目前,欧洲创新共同体已经多次对大多数成员国进行了创新调查。(本书第 6 章)

这些调查得到的数据信息包括了不同国家、不同产业内企业的新产品销售额占企业总销售额的比例。这个指标衡量了产品创新在经济中的扩散,仍非直接衡量企业的创新绩效。另一个衡量技术扩散的领域是信息和通信技术领域。这些新技术的扩散及有效的使用是评价创新政策的重要指标。

此外,还应建立指标以衡量工艺创新、服务创新、组织创新的扩散,以及经验学习过程。然而,即使这些指标都建立起来了,从定量评价的角度得出简单明确的结论也不是件容易的事。

因此,案例分析对于政策研究依然十分重要,因为它综合考虑了定性及定量的信息,并且建立了与政策实践者之间的对话渠道。这方面研究的翘楚是理查德·纳尔逊(Nelson, Peck and Kalachek 1967;Nelson 1982/1984/1988/1993)。至少在十分关注机构和制度因素的创新政策领域,仅靠定量分析无法为政策研究提供坚实的基础。

专栏 22.3

创新系统和创新政策

创新系统不像新古典主义或者演化式经济学一样是个经济理论,而是一个结合理论和几十年研究经验的洞察力的概念。

创新看上去是一种累积过程,它与方法和环境有关。这就是创新政策需要建立在特定环境的洞察力之上,同时“最棒的方法”不能从一个创新体系中移植到另一个体系的原因。创新还被看作是互动的过程。单个创新企业的能力很重要,但是供应商、使用者、知识机构和决策者的能力同样重要。互动间的关联和互动的质量对结果很重要。所以最大限度地关注补贴和保护知识提供者的创新政策是不完整的。从坏的方面来说它们拉大了技术机遇和吸收容量之间的距离。至少应该同样关注使用者和关联的情况。

创新系统可以看作是创新和培养能力的框架。能力培养包括学习和更新创新必需的知识和洞察力。创新过程是合作生产的过程,在该过程中重要的成果是创新和能力的提升。学习发生在个人与组织的互动之中。包括信任、力量、忠诚在内的"社会气候"有助于促成学习过程开花结果。这就是为什么即使创新的目标是推动创造经济财富,创新政策还需要考虑到更广泛的社会框架。

最后,在创新政策的时代里,机构有着空前的重要性。单纯的定量分析是不足以构成创新政策的基础的。

22.3.2 评价科学技术和创新政策及项目

随着科学技术和创新(STI)政策及项目的发展,政府对评价这方面公共投入的效果和影响越来越感兴趣。评价涉及对项目或相关的公共投入所达到的目标进行系统的评估。在政治过程中,评价应该是重要的一环。也就是说,政府部门为了将来能做得更好,应从过去的经历中吸取经验教训,或通过评价对正在进行的项目做出取舍决定。评价过程通常由外部独立的人员来执行,他们要运用一系列方法,也包括那些项目实施者的自我评价。正如不同政府部门的行政风格各不相同一样,每个政策评价者所采用的方法也可能有所不同。

鉴于科学技术和创新政策及项目的效果遍布在整个创新系统之中,有人认为这种评价工作特别困难。比如,微观层面的评价(项目层面)比宏观层面的评价要来得可靠,因为在宏观评价中诸如特定政策或项目是否能够加强一国经济的竞争力这样的问题是很难确定的(Luukkonen 1998)。类似地,人们指出大多数项目在它们狭隘的初始目标之外还有其他重要影响。比如科学技术和创新政策有助于建立标准,使得创新者能够承受创新的风险,培养企业建立长期的研发战略,以及促进新技能和知识的获得(Peterson and Sharp 1998)。紧密相关的还包括政策及项目评价者的时间表与政策及项目制定者的时间表之间协调一致的问题——一些大项目的效果没有数年甚至 10 年以上的时间是看不出来的。

专栏 22.4

制定科学技术和创新政策的标准化原则

活力:决策和社会结构应该经得起未来不同情况的考验。

灵活:出现突然社会经济变动时,有关部门应该能够迅速改变方向。

内部多样:所建立的结构不相似的特点必须能够适应选项环境的变化。

外部多样:不同机构的不同关联有助于在环境变化时及时作出调整。

机会之窗:面对路径依赖的系统性环境要注意时机和顺序。

积少成多:只有累积每一个细小的变化才有可能改变全局。

谨慎试验:新的政策理念在全面实施前应该进行地区试点的检验。

资料来源:Sandro MendonÇa

22.4 美国、日本与欧洲的科学技术和创新政策

我们基于经济合作与发展组织的文献对科学、技术和创新政策的演化进

行了讨论。但是经济合作与发展组织所讨论的是一回事,国家政府影响科学、技术和创新时真正做的却是另一回事了。没有一个国家仅仅关注以上介绍的三种政策中的一种。所有国家都把科学、技术和创新政策的要素结合在了一起。但是,各国在这些要素的结合和政策规划方面却是大不相同的。在这里,我们试图找到美国、日本和欧洲(既包括欧洲大国也包括欧盟整体)最基本的特点,并且对它们未来将面临的挑战进行讨论。

22.4.1 美国的公共目标技术政策

我们前面提到万尼瓦尔·布什在 1945 年发表的题为《科学:无止境的前沿》的重要报告。对该报告中一些主要建议的忽视对技术政策的演化造成了重大影响。布什建议在国家级别建立一个协调部门,即"国家研究基金会"。但"国家科学基金会"却在五年之后才建立起来。在此期间,负责外包研究项目的核能、国防、航空和卫生等不同产业部门都雄心勃勃地提出了各自的研究项目,它们的研究预算远远超出国家科学基金会的所有资源的预算(Mowery 1994)。

美国的技术政策因此被看作平行的工业综合体——在纵向上跨越不同的学科、技术和产业,但同时也考虑了公共利益和私人利益。政策上有关各方的协调不多,却能够从支持基础研究和教育培训到公共采购技术系统、元件等问题上保持一致。例如,国防预算很少与短期军事需求直接相关。计算机技术和软件技术研究得到了大量的预算支持,在满足短期的军事需要之外,也产出了很多基础的、通用的知识(Langlois and Mowery 1996)。

与公共目标技术政策有关的一个主要问题是缺少协调。消极方面是它导致了政策对军事和空间投入的倾斜。与解决贫民窟所面临的问题比起来,政府似乎更喜欢将人力、财力等直接用在登月这些项目上,因为这要简单得多(Nelson 1997)。这一方面部分反映了私人利益集团及组织良好的院外游说集团的力量,另一方面也反映了纳尔逊所说的在解决如城市贫困或基础教育等问题时遇到的巨大困难。另一个问题则是,在国家尊严受到挑战时,对预期成本和收益的分析有可能被忽略,或者由于想让项目看起来更有吸引力而产生一些系统性的偏差。还有一个问题是错误地认为科学技术是解决所有问题的捷径,从而片面地只强调以科学为基础的产业和技术的发展。更多的一般性的产业可能被忽视,因为它们关注客户,并且不需要什么高科技就能解决问题。

然而,美国式的国家创新系统除了绝对的规模优势外还有其他强项。有关机构乐于为基础研究和研究培训提供资金,同时依然希望能从研究中获得有用的东西,这一事实可能克服由供给方导致的不公。美国试图建立具有有效反馈的"链环式创新模型"(Kline and Rosenberg 1986)。其中最主要的元素就是多样性。不同机构相互竞争可以给"好"的研究提供资金支持,这有助于促进科学研究的多样性。同时,大型的私人基金会根据研究团队过去的表现来决定资源投入,这也有助于促进多样性。目前欧洲第六框架计划有关的研究政策和"欧洲研究纪元"(European Research Era)与欧洲的集中性措施联系在一起,在这方面欧洲可以向美国学习——美国不但从规模中获益,而且更多地是从多样性中获益。

22.4.2 日本的产业技术政策

美国技术政策关注的是企业的国际竞争力,这是一个隐性的而非显性的政策目标。这和日本的技术政策是不同的。日本比其他任何市场经济体都更注重采用显性的国家政策来发展特定的产业——最终目标是刺激经济增长和提升竞争力。弗里曼(1987)认为,日本这样显著的政策特点与其特定历史背景有关,即由通产省(MITI)内具有工程背景的专家设计政策的时代在 20 世纪 50 年代就结束了,取而代之的是日本银行中强调"比较优势"的经济学家。

通产省在制定政策方面并非形单影只。在通信领域,垄断了通信服务的公共企业日本电报电话公司在协调包括日立和 NEC 在内的主要电子企业的技术开发活动方面发挥了重要作用。日本的政策措施并不牵涉到大规模的补贴。与美国不同,日本的公共部门对私立研发活动的财政支持要少得多(Nelson 1984)。

政府对汽车、消费类电子产品、“大型电子”等产业的战略性发展政策综合运用了多种不同措施,包括对共性技术研发的补贴以及对幼稚工业的保护。通产省的一个重要作用是把竞争企业集中在一起,以解决这些企业共同面临的问题。这是建立在通过技术预测来了解技术和市场发展趋势的基础之上的。

通产省技术政策的一个引人注目的特点是它不仅仅关注高科技产业。比如,为了能够实现纺织业和服装业的现代化,通产省带动银行把生产纺织品和纺织机器的企业与电子企业结合在一起发展。

22.4.3 欧洲的科学技术和创新政策：从国家领先到欧洲框架计划

与美国和日本相比,欧洲更加多样化。英国、法国、德国的大学体系是不同的。产业中的工程因素以及企业治理也是不同的。一些不太富裕的国家如葡萄牙和希腊的加入使欧洲国家在研发和创新类型方面更加异质化。因此,在不强调其多样性和分散性的前提下,把欧洲看作一个地区来与美国、日本就进行研发或专利方面的比较是没什么用处的。

欧洲发展科学和技术的普遍形式依然在演变中。图 22.2 在欧盟范围内指出欧洲科学和技术架构的要素。正如图中所示,一些国际研究组织建立于 20 世纪 50 年代,蓬勃发展于 20 世纪 70 年代初。这不包括欧洲标准化体制(ETSI、CEN、CENELEC①)和欧洲专利权保障组织(像 EPO、OHIM 和共同体维护植物多样性局②),

① ETSI：欧洲通信标准体制;CEN：欧洲标准化委员会;CENELEC：欧洲电子技术标准化委员会。这三个组织根据技术的不同分工实施各自不同的标准化活动。

② EPO：欧洲专利权局;OHIM：国际市场协调办公室。分别致力于专利权、商标以及其他知识产权。

这些机构也在发展科学、技术以及创新协同中发挥了作用。

CERN① 是其中历史最悠久、最成功的组织。它致力于核能源的研究。其成功与其“孪生兄弟”——隶属于欧共体、同样负责核能源研究的联合研究中心(JRC)——的麻烦形成鲜明对比。20 世纪 60 年代法国和德国关于核反应堆设计的纠纷削弱了这个组织,这种局面直到专注于核融化的欧洲核聚变联合研究计划(JET)的启动才得以改变(Guzzetti 1995)。其他非欧盟的欧洲科学技术组织在 20 世纪六七十年代相继出现,包括联合了各国研究协会的欧洲南方研究所(航天方面)、欧洲分子生物研究所(EMBL)、欧洲航天局(ESA)、欧洲科学基金会(ESF)、采集物国家研究委员会(Gathering National Research Councils),以及空中客车公司——该企业是大量投资航空技术的公私合营企业。所有这些组织都是国际化的,并且专注于一个特定科学技术领域。

1971 年,科学技术合作组织(COST)作为一个政府间的项目计划成立了。该组织的特点在于它涉及多个科学领域并且合作形式非常灵活。之后尤里卡计划(EUREKA)进一步成为深化欧洲与欧洲之外国家进行合作的有效途径。这主要是由于该组织的市场化导向以及企业的积极参与。

20 世纪 80 年代,发展计算机和信息技术依然只是法国、英国和德国国内的政策,其基本战略是为了争取国家的领先地位。它们的成功是有限的,这也是 ESPRIT② 项目于 20 世纪 80 年代早期在欧洲启动的重要原因。ESPRIT 受到了日本式的技术政策的启发,建立了欧盟委员会和欧洲 15 个最大的计算机和信息技术企业首脑之间的咨询机制(Peterson 1991)。

第一个欧洲框架计划于 1984 年启动。这个方案历时多年,是跨产业(涉及很多科学领域)、跨国家的项目(保证资金投入的项目必须来自至少三个欧洲国家的研究人员)。最近的框架计划(第六个)志在通过建立欧洲研究领域(European Research Area)

---

① CERN 是欧洲粒子物理研究所(European Laboratory for Particle Physics)的简称。——译者

② ESPRIT:European Strategic Programme for Research and Development in Information Technology,欧洲信息技术研究与发展战略计划。——译者

和减少国内障碍以发扬欧洲广阔的网络优势。此外,2002 年欧洲各国的科技部都雄心勃勃地制定了目标,研发经费需要占各国国民生产总值(GNP)的 3%(通常 2%来自私人,1%来自国家)。这一点也在 2000 年里斯本首脑峰会得以体现,各国领导人宣布欧洲要在 2010 年成为全球最具竞争力的知识经济体,同时要在社会凝聚力方面也获得同样的成就。

总而言之,欧洲科学技术和创新政策的强有力支持对于欧洲的建设十分重要。与日本、美国相反,欧洲在这方面是说的多而做的少。委员会分发给各个成员国家的研发经费依然很少。另一个问题是布鲁塞尔当局(欧盟委员会)承担了一些超过其能力的任务,这些任务包括定义研究项目、评估研究结果的应用和管理研究项目。作为研究项目的协调者,它过于苛求了。还有一个重要问题则是欧洲研究领域的总体思想是规模、理性、协调以及集中的。相对来说,它对多样化和竞争的关注要少得多,而这两项是创新系统的重要成功因素(Lundvall and Borrás 1998,Borrás 2003)。

框架计划作为推动欧洲一体化的手段毫无疑问对欧洲广泛建立长期研究

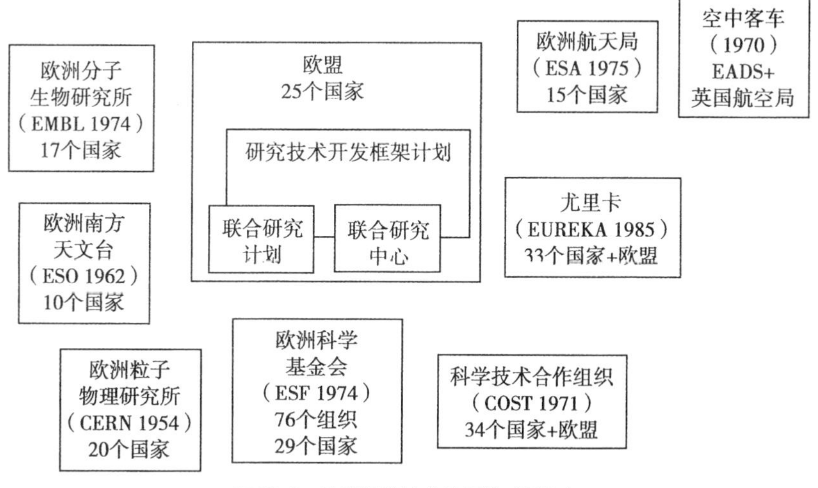

图 22.2 欧洲科学技术的架构,2001 年

来源:Borrás 2003

合作发挥着重要作用。除了管理问题之外,资金问题依然引人关注。这个问题在一些国家比较突出,例如,芬兰之类的拥有很少的自由资金的国家,以及如英国之类利用欧盟投入以减少国内投入的国家。

22.4.4 美国、日本、欧洲面临的挑战

目前存在着过分崇拜那些赢得国际竞争力国家的创新系统及创新政策的趋势。在20世纪90年代初,日本被看作是最好的榜样,欧洲紧随其后,而美国则被看作是在技术领域既有威胁又具实力的一股力量。如今,它们的角色却反过来了。事实上,每个系统都有其各自的优势和劣势,而这些优势和劣势不会随经济的高速发展而消失。

如果对人力资源的投资更广泛,更公平,美国经济可以表现得更好。非常明显的是,加利福尼亚居民对纳税的消极态度导致硅谷学生使用电脑没有北欧学生方便。在有经验和缺乏经验的工人中存在的工作分工差别导致了他们的工资差异,也降低了新技术使用和扩散的效率。我们相信在创新政策这个广泛的领域里,美国会面临许多重要挑战。

日本创新系统的一个主要劣势与科学政策有关。日本的大学缺乏发展高质量研究的激励和传统。欧洲的主要挑战来自科学-技术政策的结合。所谓欧洲悖论——欧洲科学方面做的很好而技术方面却较弱——可能与欧洲内部的多样化无关(Pavitt 1998)。然而在某些高速发展的领域和市场,欧洲似乎在科学和技术的方面都很弱,至少在生物科技和医药业方面是如此。

22.4.5 三方游戏

自冷战开始,共同的敌人使美国、欧洲和日本的科学合作加强了。由于美国试图拥有单边的优势以及欧盟试图建立统一的欧洲研究领域,三者的科学

技术和创新政策出现越来越多的冲突。目前这三个国家/区域有一种趋势，就是将知识获取作为政治手段——就像 500 年前英国一直用来对付欧洲天主教国家的政治手段一样。越来越多的技术被认为与军事有关，这可能成为全球知识社会的一个主要问题。

对贸易有关以及延伸到软件、服务业的知识产权保护的日益重视可能给正在努力追赶的国家造成巨大障碍，并且减少他们模仿日本和其他新兴工业化国家（NICs）的成功战略的可能性。这方面的一个有趣的问题是，欧洲和日本是否准备与美国竞争以成为世界上的中心国家。比较好的前景可能是这三方各展所能，共同促进对其他欠发达的国家的知识使用及扩散。在任何环境下，知识生产和扩散的全球化程度以及不同形式已成为重要的分析议题（Archibugi and Michi 1997，Georghiou 1998），并且需要给予更多的关注。

22.5 结　　论

综上所述，十分清楚的是，政策议程中最急切的问题因国家而异。即便如此，也存在一些所有国家的共同问题，而这些问题向学者提出了新的研究挑战。我们按顺序讨论了科学政策、技术政策以及创新政策。在最新的关于学习经济以及以知识为基础社会的争论中，我们可以看到一个新的政策轮廓，可以称之为“知识政策”①。这表示创新和能力培养涉及各种不同的知识来源，并且创新本身就是一个学习的过程。这需要多方面考虑政策的组织和实施，甚至需要重新思考和分析。

对科学、技术和经济绩效之间关系的进一步分析越来越重要。新经济的

① 知识政策的概念与欧洲的政策制定有关系，它是 2000 年里斯本高峰会议的产物。作为里斯本战略背后的一个始作俑者，玛利亚·罗德里格斯（Maria Rodrigues）定义知识政策是“以加强和加快向知识为基础的社会转变为目标的政策”。（Concecaio，Heitor and Lundvall 2003）

起伏证明它们之间的简单化和直接化关系的假设是站不住脚的。在新技术与经济绩效之间,包括诸如“社会资本”在内的“松弛因素”的创新系统和企业的组织特点影响了这种关系。目前,还没有人对此问题进行研究。在公共政策方面,我们需要进一步深化政府与企业的管理人员和员工的合作,将那些可持续的最佳实践扩散到更多的地方。说到研究机会,对技术创新与组织方面变化互相影响的分析既有重要性,又有必要性。商业组织和创新系统研究的学术传统必须紧密结合,这样才能有助于解答组织变化如何影响创新过程的问题。

另外一个问题与总需求有关。人们对通货紧缩的担忧越来越多,积极性货币政策的空间有限,我们应重新思考凯恩斯主义对知识经济的意义。建立大规模军事技术项目(例如,里根和布什政府时期的星球大战计划)可能被看作现代版的“金字塔”。其他小规模的、以社会为导向的项目值得关注。可以通过税务豁免建立特定的企业或产业的发展基金,用来对所有人员进行技能升级培训,或在经济低迷时期由政府进行额外的研发投入。

还有一个值得共同关注的问题,即如何协调影响创新的不同政策。目前的普遍做法是将财政部门作为单独协调各特定领域政策的部门。另一方面,特定领域的部门专注于发掘自己的“客户”的利益,而对社会的总体目标关注不够。其实,可以在次国家级或者国家级的层次上建立新型机制,例如,着眼于创新和能力培养的跨部门或跨学科委员会(芬兰总理同时也是国家科学技术委员会的主席)。通过跨学科的互相补充,政府可以促进合作研究,以期开发出适应创新系统发展趋势,并评估出未来科学技术和创新政策对创新系统的影响的方式。就政府部门对创新的全面理解而言,这些先进的创新指标是十分关键的。

1961年,OECD的专家组——弗里曼、斯文尼尔森以及其他专家——就如何使科学政策与经济政策相结合,并影响经济的增长开始了政策手册①的设

① 即《弗拉斯卡蒂手册》。——译者注

计。或许类似的完善国家创新政策的建议可较好地结束本章讨论的话题，但是，本章所要传达的信息是，如果没有对一个国家内部的创新系统——包括其知识和能力的生产及再生产的方式，及其与其他国家情况的比较——进行深入分析，就无法为其设定有效的创新政策。经济发展阶段和规模会对计划和实施行动产生影响。影响技术吸收、技术应用的架构及体制在小国家和发展中国家的重要性比在那些推动前沿技术进步的国家要高得多。大国必然更关注新技术进步，但它们也需要充分考虑创新和新知识的吸收和有效应用。

参考文献

* ACEMOGLU, D. (2002), "Technical Change, Inequality and the Labor Market," *Journal of Economic Literature*, 40(1): 7~72.

* ADDISON, J., and TEIXEIRA, P. (2001), "Technology, Employment and Wages," *Labour* 15(2): 191~219.

ADLER, P. (ed.) (1992), *Technology and the Future of Work*, New York: Oxford University Press.

ANTONELLI, C. (2001), *The Microeconomics of Technological Systems*, Oxford: Oxford University Press.

ANTONUCCI, T., and PIANTA, M. (2002), "The Employment Effects of Product and Process Innovations in Europe," *International Review of Applied Economics* 16(3): 295~308.

APPELBAUM, E., and BATT, R. (1994), *The New American Workplace*, Ithaca: ILR Press.

AUTOR, D., KATZ, L., and KRUEGER, A. (1998), "Computing Inequality: Have Computers Changed the Labor Market?" *Quarterly Journal of*

Economics 113: 1169~1214.

BARTEL, A. P., and LICHTENBERG, F. R. (1991), "The Age of Technology and its Impact on Employee Wages," *Economics of Innovation and New Technology* 1: 215~231.

——and SICHERMAN, N. (1999), "Technological Change and Wages: An Interindustry Analysis," *Journal of Political Economy* 107: 285~325.

BAUMOL, W., and WOLFF, E. (1998), *Side Effects of Progress: How Technological Change Increases the Duration of Unemployment*, Jerome Levy Economics Institute of Bard College, Public Policy Brief 41.

* BERMAN E., BOUND, J., and GRILICHES, Z. (1994), "Changes in the Demand for Skilled Labor Within US Manufacturing Industries: Evidence from the Annual Survey of Manufactures," *Quarterly Journal of Economics* 109: 367~398.

——and MACHIN, S. (1998), "Implications of Skill Biased Technological Change: International Evidence," *Quarterly Journal of Economics* 113: 1245~1279.

BLACK, S., and LYNCH, L. (2000), "What's Driving the New Economy: The Benefits of Workplace Innovation," NBER working paper 7479.

BOYER, R. (1988a), "Technical Change and the Theory of Régulation," in Dosi et al. 1988: 67~94.

——(1988b), "Formalizing Growth Regimes," in Dosi et al. 1988: 608~635.

BRAVERMAN, H. (1974), *Labour and Monopoly Capital*, New York: Monthly Review Press.

BRESNAHAN, T. F., BRYNJOLFSSON, E., and HITT, L. M. (2002), "Information Technology, Workplace Organization and the Demand for Skilled

Labor：Firm－Level Evidence，" *Quarterly Journal of Economics* 117：339～376.

BROUWER，E.，KLEINKNECHT，A.，and REIJNEN，J. O. N.（1993），"Employment Growth and Innovation at the Firm Level：An Empirical Study，" *Journal of Evolutionary Economics* 3：153～159.

BRYNJOLFSSON，E.，and HITT，L. M.（2000），"Beyond Computation：Information Technology，Organisational Transformation and Business Performance，" *Journal of Economic Perspectives* 14：23～48.

CAROLI，E.（2001），"New Technologies，Organizational Change and the Skill Bias：What do we Know?" in Petit and Soete 2001：259～292.

——and VAN REENEN，J.（2001），"Skill Biased Organizational Change? Evidence From a Panel of British and French Establishments，" *Quarterly Journal of Economics* 116(4)：1149～1192.

CASAVOLA，P.，GAVOSTO，A.，and SESTITO，P.（1996），"Technical Progress and Wage Dispersion in Italy：Evidence from Firms' Data，" *Annales d'Economie et de Statistique*（Jan.－June）：387～412.

CHENELLS，L.，and VAN REENEN，J.（1999），"Has Technology Hurt Less Skilled Workers? An Econometric Survey of the Effects of Technical Change on the Structure of Pay and Jobs，" London：Institute for Fiscal Studies working paper 27.

CYERT，R. M.，and MOWERY，D. C.（eds）（1988），"The Impact of Technological Change on Employment and Economic Growth，" Cambridge，Mass.：Ballinger.

DOMs，M.，DUNNE，T.，and TROTSKE，K.（1997），"Workers，Wages，and Technology，" *Quarterly Journal of Economics* 112：253～289.

DOSI，G.，FREEMAN，C.，NELSON，R.，SILVERBERG，G.，and SOETE，L.（eds），（1988），*Technical Change and Economic Theory*，London：

Pinter.

EDQUIST, C., HOMMEN, L., and McKELVEY, M. (2001), *Innovation and Employment: Product versus Process Innovation*, Cheltenham: Edward Elgar.

ENTORF, H., GOLLAC, M., and KRAMARZ, F. (1999), "New Technologies, Wages and Worker Selection," *Journal of Labor Economics* 17 (3): 464~491.

EUROPEAN COMMISSION – EUROSTAT (2001), *Statistics on Innovation in Europe. Data 1996~1997*, Luxembourg: European Commission.

EUROPEAN FOUNDATION FOR THE IMPROVEMENT OF LIVING AND WORKING CONDITIONS (2001), *Third European Survey on Working Conditions* 2000. Dublin: European Foundation for the Improvement of Living and Working Conditions.

EVANGELISTA, R., and SAVONA, M. (2002), "The Impact of Innovation on Employment and Skill in Services. Evidence from Italy," International Review of Applied Economics.

——(2003), "Innovation, Employment and Skills in Services. Firm and Sectoral Evidence," *Structural Change and Economic Dynamics* 14: 449~474.

FAGERBERG, J., GUERRIERI, P., and VERSPAGEN, B. (eds) (1999), *The Economic Challenge for Europe: Adapting to Innovation Based Growth*, Northampton: Elgar.

* FREEMAN, C., and LOUÇÃ, F. (2001), *As Time Goes By. From the Industrial Revolution to the Information Revolution*, Oxford: Oxford University Press.

——and SOETE, L. (1994), *Work for All or Mass Unemployment?* London: Pinter.

——(eds.) (1987), *Technical Change and Full Employment*, Oxford: Basil

Blackwell.

——CLARK, J., and SOETE, L. (1982), *Unemployment and Technical Innovation*, London: Pinter.

FREY, L. (1997), "Illavoronei servizi versoil secolo XXI," *Quaderni di Economia del Lavoro* 57, Milan: Angeli.

GREENAN, N. (2003), "Organisational Change, Technology, Employment and Skills: An Empirical Study of French Manufacturing," *Cambridge Journal of Economics* 27: 287~316.

——and GUELLEC, D. (2000), "Technological Innovation and Employment Reallocation," *Labour* 14(4): 547~590.

* GREENAN, N., L' HORTY, Y., and MAIRESSE, J. (eds.) (2002), *Productivity, Inequality and the Digital Economy*, Cambridge: Mass.: MIT Press.

HANSEN, A. H. (1964), *Business Cycles and National Income*, London: Allen and Unwin (expanded edn.).

HEERTJE, A. (1973), *Economics and Technical Change*, London: Weidenfeld and Nicolson.

HOWELL, D. (1996), "Information Technology, Skill Mismatch and the Wage Collapse: A Perspective on the US Experience," in OECD 1996: 291~306.

——and WOLFF, E. (1992), "Technical Change and the Demand for Skills by US Industries," *Cambridge Journal of Economics* 16: 128~146.

IPTS - ESTO (Institute for Prospective Technology Studies, European Science and Technology Observatory) (2001), *Impact of Technological and Structural Change on Employment. Prospective Analysis 2020, Synthesis Report and Analytical Report*, Seville: European Commission Joint Research Centre.

KALMBACH, P., and KURZ, H. D. (1990), "Microelectronics and Employment: A Dynamic Input - Output Study of the West German Economy,"

Structural Change and Economic Dynamics 1: 317~386.

KARAOMERLIOGLU, A., and ANSAL, T. (2000), "Compensation Mechanisms in Developing Countries," in Vivarelli and Pianta 2000: 165~181.

KATSOULACOS, Y. S. (1986), *The Employment Effect of Technical Change*, *Brighton*: Wheat sheaf.

* KRUEGER, A. (1993), "How Computers have Changed the Wage Structure: Evidence from Micro Data 1984 ~ 1989," *Quarterly Journal of Economics* 108: 33~60.

LAYARD, R., and NICKELL, S. (1985), "The Causes of British Unemployment," *National Institute Economic Review* 111: 62~85.

LEONTIEF., W., and DUCHIN, F. (1986), *The Future Impact of Automation on Workers*, Oxford: Oxford University Press.

LUNDVALL, B. Å. (1987), "Technological Unemployment in a Small Open Economy," in R. Lund, P. Pedersen, and J. Schmidt - Sorensen (eds), *Studies in Unemployment*, Copenhagen: New Social Science Monographs, Institute of Organisation and Industrial Sociology, 21~48.

MACHIN, S. (1996), "Changes in the Relative Demand for Skills," in A. Booth, and D. Shower (eds), *Acquiring Skills*, Cambridge: Cambridge University Press, 129~146.

——and VAN REENEN, J. (1998), "Technology and Changes in Skill Structure: Evidence from Seven OECD Countries," *Quarterly Journal of Economics* 113: 1215~1244.

——and WADHWANI, S. (1991), "The Effects of Unions on Organisational Change and Employment: Evidence from WIRS," *Economic Journal* 101: 324~330.

MEGHIR, C., RYAN, A., and VAN REENEN, J. (1996), "Job Creation,

Technological Innovation and Adjustment Costs: Evidence from a Panel of British Firms," *Annales d'economie et statistique* 41~2: 256~273.

MEYER - KRAMER, F. (1992), "The Effects of New Technologies on Employment," *Economics of Innovation and New Technology* 2: 131~149.

NELSON, R., and PHELPS, E. (1966), "Investment in Humans, Technological Diffusion and Economic Growth," *AEA Papers and Proceedings* 56: 69~75.

——and WINTER, S. (1982), *An Evolutionary Theory of Economic Change*, Cambridge, Mass.: Belknap Press.

NOBLE, D. (1984), *Forces of Production: A Social History of Industrial Automation*, New York: Knopf.

OECD (1994), *The OECD Job Study. Evidence and Explanations. Part I, Labour Market Trends and Underlying Forces of Change*, Paris: OECD.

——(1996), *Employment and Growth in the Knowledge - Based Economy*, Paris: OECD.

PADALINO, S., and VIVARELLI, M. (1997), "The Employment Intensity of Economic Growth in the G - 7 Countries," *International Labour Review* 136: 191~213.

PASINETTI, L. (1981), *Structural Change and Economic Growth*, Cambridge: Cambridge University Press.

PEREZ, C. (1983), "Structural Change and the Assimilation of New Technologies in the Economic and Social Systems," *Futures* 15(5): 357~375.

* PETIT, P. (1995), "Employment and Technological Change," in P. Stoneman (ed), *Handbook of the Economics of Innovation and Technological Change*, Amsterdam: North Holland, 366~408.

* ——and SOETE, L. (eds) (2001a), *Technology and the Future of*

European Employment, Cheltenham: Edward Elgar.

——(2001b), "Technical Change and Employment Growth in Services: Analytical and Policy Challenges," in Petit and Soete 2001a: 166~203.

PIANTA, M. (2000), "The Employment Impact of Product and Process Innovation," in Vivarelli and Pianta 2000: 77~95.

——(2001), "Innovation, Demand and Employment," in Petit and Soete 2001a: 142~165.

——EVANGELISTA, R., and PERANI, G. (1996), "The Dynamics of Innovation and Employment: An International Comparison," *Science, Technology Industry Review* 18: 67~93.

PINI, P. (1995), "Economic Growth, Technological Change and Employment: Empirical Evidence for a Cumulative Growth Model with External Causation for Nine OECD Countries, 1960~1990," *Structural Change and Economic Dynamics* 6: 185~213.

——(1996), "An Integrated Cumulative Growth Model: Empirical Evidence for Nine OECD Countries, 1960~1990," *Labour* 10: 93~150.

PIVA, M., and VIVARELLI, M. (2002), "The Skill Bias: Comparative Evidence and an Econometric Test," *International Review of Applied Economics* 16(3): 347~358.

RICARDO, D. (1951), *Principles of Political Economy and Taxation*, in P. Sraffa (*ed.*), *The Works and Correspondence of David Ricardo*, vol. 1, Cambridge: Cambridge University Press (3rd edn. 1821).

SANDERS, M., and TER WEEL, B. (2000), "Skill Biased Technical Change: Theoretical Concepts, Empirical Problems and a Survey of the Evidence," Druid working paper, Copenhagen Business School and Aalborg University.

SCHUMPETER, J. A. (1934), *Theory of Economic Development*, Cambridge, Mass.: Harvard University Press (1st edn. 1911).

SHAIKN, H. (1984), *Work Transformed: Automation and Labor in the Computer Age*, New York: Holt, Rinehart and Winston.

SIMONETTI, R., TAYLOR, K., and VIVARELLI, M. (2000), "Modelling the Employment Impact of Innovation: Do Compensation Mechanisms Work?" in Vivarelli and Pianta 2000.

SIMONETTI, R. and TANCIONI, M. (2002), "A Macroeconometric Model for the Analysis of the Impact of Technological Change and Trade on Employment," *Journal of* Interdisciplinary Economics 13: 185~221.

SMOLNY, *W.* (1998), "*Innovation, Prices and Employment: A Theoretical Model and an Application for West German Manufacturing Firms*," Journal of Industrial Economics 46: 359~381.

SPIEZIA, V., and VIVARELLI, M. (2002), "*Innovation and Employment: A Critical Survey*," *in Greenan, L'Horty, and Mairesse* 2002: 101~131.

SYLOS LABINI, P. (1969), Oligopoly and Technical Progress, *Cambridge, Mass.: Harvard University Press (1st edn.* 1956).

VAN REENEN, J. (1996), "*The Creation and Capture of Economic Rents: Wages and Innovation in a Panel of UK Companies*," Quarterly Journal of Economics 111(1): 195~226.

——(1997), "*Employment and Technological Innovation: Evidence from U. K. Manufacturing Firms*," Journal of Labor Economics 15: 255~284.

——*EVANGELISTA, R., and PIANTA, M.* (1996), "*Innovation and Employment in the Italian Manufacturing Industry*," Research Policy 25: 1013~1026.

* *VIVARELLI, M.* (1995), The Economics of Technology and

Employment: Theory and Empirical Evidence, *Aldershot: Edward Elgar.*

* *and PIANTA, M. (eds.)* (2000), The Employment Impact of Innovation: Evidence and Policy, *London: Routledge.*

WHITLEY, J. D., and WILSON, R. A. (1982), "*Quantifying the Employment Effects of MicroElectronics*," Futures 14(6): 486~495.

WOLFF, E. (1996), "*Technology and the Demand for Skills*," Science Technology Industry 18: 95~124.

* 星号表示建议延伸阅读的条目。

自主创新丛书
第一辑

《剑桥创造力手册》

本书共22章,深入浅出地呈现了关于人类创造力研究的高度复杂的思考和技术方法,包括个案分析、历史测量、心理测量、实验法等,涵盖了创造力研究领域广泛的要点和话题,研究面广、信息量大。创造力与智力有什么不同?我们如何才能测量一个人的创造力?在创造性思维中涉及哪些认知过程?一个创造性产品是如何产生的?什么样的经历会造就一个创造性的人?创造性个体具有什么特征?是什么在激励着具有创造性的人?创造力的生物和进化基础是什么?社会或文化情境是如何影响创造力的?创造力是少数精英的特权?还是每个人都可以有创造力?创造力是如何发展的?人们可以通过学习而变得更有创造性吗?这些就是本书所涉及的问题。本书可以帮助读者很好地了解创造力研究的观点、方法和主要的研究成果。

《创新的先知:熊彼特传》

本书由哈佛大学商业史学者、普利策奖得主托马斯·麦克劳主笔。熊彼特是20世纪享有盛誉的世界著名经济学家,他对企业家精神和创新的强调,对资本主义、社会主义和民主的分析,以及他对经济思想史的梳理,无不影响深远。在中小企业大发展、技术不断创新的今天,重读熊彼特更具有十分重要的现实意义。本书以熊彼特一生的经历为线索,以熊彼特所处的时代背景为基础,以熊彼特的心路历程为依托,以熊彼特的感情生活为点缀,以熊彼特的学术贡献为旨归,以熊彼特的工作情况为补充,向读者讲述了熊彼特的主要思想是什么、他是如何提出这些思想的、他提出这些思想的依据是什么这三方面的问题,全面真实地展现了熊彼特波澜壮阔、别开生面的一生。

《研发组织管理:用好天才团队》(第三版)

随着人类的经济活动从生产商品转向生产信息,研发组织的作用变得越来越重要。本书探讨了改善研发组织生产力和促进业绩的各种途径,对如何制定研发组织战略、如何建立高效的研究开发机构、如何进行针对科学家的职业设计、如何领导研发组织、如何对待组织中的冲突、如何评价科学家的贡献、如何实现技术转移等问题作了分析。从跨文化的角度论述了美国、欧洲以及环太平洋国家和地区研发组织的不同形式和政策,并讨论了研发组织特有的战略规划要素。新版还增加了研发机构如何进行创新的内容。

《用户创新:提升公司的创新绩效》

在不断发展的计算机和通信技术的帮助下,用户越来越善于为自己开发新产品和新服务,并采取多种形式把这些成果向他人无偿公开。本书密切关注这种以用户为中心的创新系统,对这一现象进行了详尽阐述,解释了背后深层次的社会和经济因素。作者通过信息产品和物质产品领域的实例,提出制造商需要正视这一挑战,重新设计自身的创新流程,把握其中的机遇,通过各种可能的方式如提供设计工具箱,参与这一伟大的创新变革。作者还呼吁政府调整有关政策,以消除用户创新的障碍,发挥用户创新对社会福利的积极效应。

图书在版编目（CIP）数据

牛津创新手册 / (挪威) 詹·法格博格等主编；柳卸林等译. —上海：东方出版中心, 2021.3
ISBN 978-7-5473-1797-6

Ⅰ. ①牛… Ⅱ. ①詹… ②柳… Ⅲ. ①创新管理－手册 Ⅳ. ①F273.1-62

中国版本图书馆CIP数据核字（2021）第043711号

上海市版权局著作权合同登记：图字09-2021-0255号

牛津创新手册

主　　编　[挪]詹·法格博格　[美]戴维·C. 莫利　[美]理查德·R. 纳尔逊
译　　者　柳卸林　郑　刚　蔺　雷　李纪珍
丛书策划　刘　忠
本书策划　唐丽芳　潘灵剑
责任编辑　唐丽芳
封面设计　李　果

出版发行　东方出版中心
地　　址　上海市仙霞路345号
邮政编码　200336
电　　话　021- 62417400
印 刷 者　上海盛通时代印刷有限公司

开　　本　890mm × 1240mm　1/32
印　　张　25
字　　数　663千字
版　　次　2021年3月第1版
印　　次　2021年3月第1次印刷
定　　价　198.00元